WISSENSCHAFTLICHE BEITRÄGE
AUS DEM TECTUM VERLAG

Reihe Rechtswissenschaften

WISSENSCHAFTLICHE BEITRÄGE AUS DEM TECTUM VERLAG

Reihe Rechtswissenschaften

Band 116

Julia Fromm

Privatautonome Vorsorge

Gestaltung, Registrierung, Durchsetzbarkeit

Tectum Verlag

Julia Fromm

Privatautonome Vorsorge. Gestaltung, Registrierung, Durchsetzbarkeit
Wissenschaftliche Beiträge aus dem Tectum Verlag:
Reihe: Rechtswissenschaften; Bd. 116

Zugl. Diss. Georg-August-Universität Göttingen 2018
ISBN: 978-3-8288-4252-6
ISSN: 1861-7875
E-PDF: 978-3-8288-7180-9
ePub: 978-3-8288-7181-6
Druck und Bindung: CPI buchbücher.de, Birkach
Printed in Germany

Bibliografische Informationen der Deutschen Nationalbibliothek
Die Deutsche Nationalbibliothek verzeichnet diese Publikation in der Deutschen Nationalbibliografie; detaillierte bibliografische Angaben sind im Internet über http://dnb.d-nb.de abrufbar.

Vorwort

Die vorliegende Arbeit wurde im Wintersemester 2016/2017 fertiggestellt und im Sommersemester 2018 von der juristischen Fakultät der Georg-August-Universität Göttingen als Dissertation angenommen – Gesetzeslage, Rechtsprechung und Literatur sind bis Januar 2017 berücksichtigt.

Sehr herzlich möchte ich mich bei meinem Doktorvater, Herrn Prof. Dr. Andreas Spickhoff, bedanken, der diese Arbeit im Rahmen meiner wissenschaftlichen Mitarbeit am Institut für Notarrecht in Göttingen angeregt und ermöglicht hat. Herrn Prof. Dr. Dr. h.c. Volker Lipp danke ich für die Übernahme und Erstellung des Zweitgutachtens sowie Frau Prof. Dr. Inge Kroppenberg für die angenehme mündliche Prüfung.

Von ganzem Herzen danke ich meinem Mann und meiner Familie, die mich fortwährend begleitet und in jeglicher Hinsicht unterstützt haben. Besonders dankbar bin ich meinem lieben Großvater, ohne den es diese Arbeit letztlich nicht geben würde – ihm ist sie in liebevollem Gedenken gewidmet.

Oldenburg
im August 2018

Julia Fromm,
geb. Schmidt

Für meinen lieben Großvater

Inhaltsverzeichnis

Abkürzungsverzeichnis

a.A.	anderer Ansicht
a.E.	am Ende
ABGB	Allgemeines Bürgerliches Gesetzbuch Österreich
a.F.	alter Fassung
Abs.	Absatz
AcP	Archiv für die civilistische Praxis
AG	Amtsgericht
AGB	Allgemeine Geschäftsbedingungen
Alt.	Alternative
Anm.	Anmerkung
AnwGH NRW	Anwaltsgerichtshof Nordrhein-Westfalen
AO	Abgabenordnung
Art.	Artikel
ArztR	Arztrecht (auch: Zeitschrift)
AT	Allgemeiner Teil
BÄK	Bundesärztekammer
BayGGVG	Gesetz zur Ausführung des Gerichtsverfassungsgesetzes und von Verfahrensgesetzen des Bundes
BayGVBl.	Bayerisches Gesetz- und Verordnungsblatt
Bd.	Band
Begr.	Begründer
Beschl.	Beschluss
BeurkG	Beurkundungsgesetz
BGB	Bürgerliches Gesetzbuch
BGBl.	Bundesgesetzblatt
BGH	Bundesgerichtshof
BGHSt	Entscheidungen des Bundesgerichtshofes in Strafsachen
BGHZ	Entscheidungen des Bundesgerichtshofs in Zivilsachen
BMG	Bundesministerium für Gesundheit
BNotO	Bundesnotarordnung
BR-Drucks.	Drucksache des Bundesrates
bspw.	beispielsweise
BT-Drucks.	Drucksache des Bundestages
BtÄndG	Betreuungsrechtsänderungsgesetz
BtBG	Betreuungsbehördengesetz
BtKomm	Systematischer Praxiskommentar Betreuungsrecht
BtG	Betreuungsgesetz
BtPrax	Betreuungsrechtliche Praxis (Zeitschrift)
BtR	Betreuungsrecht
BVerfG	Bundesverfassungsgericht

BWNotZ	Zeitschrift für das Notariat in Baden-Württemberg
bzgl.	bezüglich
bzw.	beziehungsweise
ca.	circa
DÄBl.	Deutsches Ärzteblatt
ders.	derselbe
d.h.	das heißt
dies.	dieselbe(n)
DJT	Deutscher Juristentag
DNotI-Report	Informationsdienst des Deutschen Notarinstituts
DNotZ	Deutsche Notarzeitschrift
Dt.h	Deutsc
ebda.	ebenda
Einf v	Einführung von
Einl.	Einleitung
etc.	et cetera
ErbR	Erbrecht
evtl.	eventuell
f./ff.	folgende/fortfolgende
FamFG	Gesetz über das Verfahren in Familiensachen und in den Angelegenheiten der freiwilligen Gerichtsbarkeit
FamFR	Zeitschrift für Familienrecht und Familienverfahrensrecht
FamR	Familienrecht
FamRZ	Zeitschrift für das gesamte Familienrecht
FD-ErbR	Fachdienst Erbrecht
Festschr f	Festschrift für
FGG	Gesetz über die Angelegenheiten der freiwilligen Gerichtsbarkeit
FGprax	Praxis der freiwilligen Gerichtsbarkeit (Zeitschrift)
FGO	Finanzgerichtsordnung
Fn.	Fußnote
FPR	Familie Partnerschaft Recht (Zeitschrift)
FPPK	Forensische Psychiatrie, Psychologie, Kriminologie (Zeitschrift)
FuR	Familie und Recht (Zeitschrift)
GBO	Grundbuchordnung
gem.	gemäß
GG	Grundgesetz
ggf.	gegebenenfalls
GNotKG	Gesetz über Kosten der freiwilligen Gerichtsbarkeit für Gerichte und Notare
grds.	grundsätzlich
Hk-BGB	Handkommentar BGB
Hrsg.	Herausgeber

i.d.R.	in der Regel
i.V.m.	in Verbindung mit
IPrax	Praxis des internationalen Privat- und Verfahrensrechts (Zeitschrift)
i.S.v.	im Sinne von
i.S.d.	im Sinne des/der
jM	juris – Die Monatszeitschrift
JR	Juristische Rundschau (Zeitschrift)
Jura	Juristische Ausbildung (Zeitschrift)
JuS	Juristische Schulung (Zeitschrift)
JZ	Juristenzeitung (Zeitschrift)
Kap.	Kapitel
KG	Kammergericht
KostO	Kostenordnung
krit.	kritisch
LG	Landgericht
lit.	litera (Buchstabe)
LPartG	Gesetz über eingetragene Lebenspartnerschaft
LS	Leitsatz
m. krit. Anm.	mit kritischer Anmerkung
MedR	Medizinrecht (auch: Zeitschrift)
MittBayNot	Mitteilungen des Bayerischen Notarvereins, der Notarkasse Bayern und der Landesnotarkammer Bayern (Zeitschrift)
MittRhNotK	Mitteilungen der Rheinischen Notarkammer (Zeitschrift)
Mio.	Million
MRRG	Melderechtsrahmengesetz
MünchKomm	Münchener Kommentar
m.w.N.	mit weiteren Nachweisen
m.W.v.	mit Wirkung vom
NJW	Neue Juristische Wochenzeitschrift
NJW-RR	NJW-Rechtsprechungs-Report (Zeitschrift)
NJOZ	Neue Juristische Online-Zeitschrift
notar	Zeitschrift des Deutschen Notarvereins
NotBZ	Zeitschrift für die notarielle Beratungs- und Beurkundungspraxis
Nr.	Nummer
NStZ	Neue Zeitschrift für Strafrecht
OLG	Oberlandesgericht
OLG-NL	OLG-Rechtsprechung Neue Länder
PEG	perkutane endoskopisch kontrollierte Gastrostomie
PflR	Pflegerecht (Zeitschrift)
PsychKG	Psychisch-Kranken-Gesetz

R&P	Recht und Psychiatrie (Zeitschrift)
RDG	Rechtsdienstleistungsgesetz oder: Rechtsdepesche für das Gesundheitswesen (Zeitschrift)
resp.	respektive
Rn.	Randnummer
RNotZ	Rheinische Notar-Zeitschrift
Rpfleger	Der Deutsche Rechtspfleger (Zeitschrift)
RpflStud	Rechtspfleger Studienhefte (Zeitschrift)
Rspr.	Rechtsprechung
RVG	Rechtsanwaltsvergütungsgesetz
Rz.	Randzeichen
s.	siehe
S.	Seite oder Satz
SchlHA	Schleswig-Holsteinische Anzeigen (Zeitschrift)
SGB	Sozialgesetzbuch
sog.	sogenannt
StGB	Strafgesetzbuch
str.	streitig
StRspr.	Stetige Rechtsprechung
TPG	Transplantationsgesetz
u.	und
u.a.	unter anderem
UBG	Unterbringungsgesetz
u.s.w.	und so weiter
u.U.	unter Umständen
Überbl v	Überblick von
VersR	Versicherungsrecht (Zeitschrift)
VerwR	Verwaltungsrecht
vgl.	vergleiche
Vorbem	Vorbemerkung
VRegV	Vorsorgeregister-Verordnung
z.B.	zum Beispiel
ZEKO	Zentrale Ethikkommission
ZErbR	Zeitschrift für die Steuer- und Erbrechtspraxis
ZEV	Zeitschrift für Erbrecht und Vermögensnachfolge
ZfLt	Zeitschrift für Lebensrech
ZfRV	Zeitschrift für Europarecht, Internationales Privatrecht und Rechtsverglei-chung
ZGB	Schweizerisches Zivilgesetzbuch
ZNotP	Zeitschrift für die Notarpraxis
ZPO	Zivilprozessordnung
ZRP	Zeitschrift für Rechtspolitik
ZStW	Zeitschrift für die gesamte Strafrechtswissenschaft
ZVG	Zwangsvollstreckungsgesetz

ZVR	Zentrales Vorsorgeregister
zzgl.	zuzüglich

§ 1 Einführung in das rechtliche Themenumfeld

A. Vorbemerkung

Die Möglichkeit eigener Schwäche und Hilflosigkeit, wie sie durch Unfall, Krankheit oder Altersgebrechen denkbar ist, wird in einer sensibilisierten Gesellschaft nicht mehr ohne vorsorgende Planung und Regelung der persönlichen Angelegenheiten hingenommen. Betroffen sind deshalb nicht nur ältere, sondern auch jüngere Menschen, die sich rechtlich auf die Situation der eigenen Unzulänglichkeit vorbereitet wissen möchten. Das deutsche Rechtssystem bietet hierzu verschiedene Gestaltungsmöglichkeiten: Es sind die Institute der Patientenverfügung, der Vorsorgevollmacht und der Betreuungsverfügung, die dazu dienen, die Unbekanntheit des eigenen Willens zu vermeiden und der später möglichen Gefahr unerwünschter Entscheidungen sowie ungewollter Rechtshandlungen vorbeugend entgegenzuwirken.[1] Da diese drei Institute diverse Maßnahmen und Regelungen für den Bereich privatautonomer Vorsorge anordnen, werden sie auch unter dem Oberbegriff „Vorsorgeverfügungen" zusammengefasst.[2] Die Einführung der rechtlichen Betreuung (§§ 1896 ff. BGB) zur Ablöse der Entmündigungs- bzw. Vormundschaftsregelungen[3] und zugleich die Ausformung der Rechtsinstitute zur privaten Vorsorge für die Zeit geminderter Einsichts- und Handlungsfähigkeit haben nicht nur veränderte Grundhaltungen und Lebensansichten innerhalb der Gesellschaft hervorgebracht, sondern sind vor allem auch Zeugnisse für einen modernen Erwachsenenschutz.[4] Abseits gesetzlicher Vorgaben und gesellschaftspolitischer Einflussnahme sorgen höhere Alterserwartung[5] sowie geänderte Sozial- und Familienstrukturen,[6] natürlich aber auch der stetige medizinische

---

1 Vgl. auch *Jung/Lichtschlag-Traut/Ratzel* in: Ratzel/Luxenburger, MedR, Kap. 13 Rn. 361.

2 Näher *Seitz* BtPrax 3/2002, Editorial. Vom streng juristischen Standpunkt aus betrachtet, handelt es sich bei allen dreien nicht um eine im rechtstechnischen Sinn zu verstehende einseitige Verfügung bzw. auch nicht um eine Verfügung von Todes wegen, vgl. *Bienwald* BtPrax 2002, 227 (227 (Fn. 1)), *Deutsch/Spickhoff*, Medizinrecht, Rn. 1007, dort explizit für die Patientenverfügung.

3 Gesetz zur Reform des Rechts der Vormundschaft und Pflegschaft für Volljährige (Betreuungsgesetz zum 01.01.1992), BGBl. 1990 I, S. 2002.

4 So *Röthel* AcP 211 (2011), 196 (197). Zu Rechtsentwicklung und Reformprozessen hinsichtlich des Erwachsenenschutzes auf europäischer Ebene siehe *Röthel* FamRZ 2004, 999 ff.

5 Prognose bis zum Jahr 2060: Anstieg des Bevölkerungsanteils der über 80-Jährigen auf 14% (Stand: 2008, bei einem Anteil von 5 %), vgl. Statistisches Bundesamt, Bevölkerung Deutschlands bis 2060. Ergebnisse der 12. koordinierten Bevölkerungsvorausberechnung, 3.2. Nähere Literaturangaben bei *Röthel* AcP 211 (2011), 196 (196 Fn. 1).

6 Zum Wandel des Rechtsverständnisses vom Begriff „Familie" siehe auch BVerfG NJW 2013, 847 [Stärkung des Adoptionsrechts für Homosexuelle]. Vorsorgevollmacht auch während des Bestehens einer nichtehelichen Lebensgemeinschaft empfehlenswert, vgl. *Caspary* in: Krenzler/Borth, Anwalts-Handbuch FamR, I 16 f. Siehe auch *A.Albrecht* in: Grziwotz, Notarielle Gestaltung bei geänderten Familienstrukturen, S. 29 (31 ff.).

Fortschritt, die Apparatemedizin und deren Ausmaß an lebensverlängernden bzw. -erhaltenden Wirkungen als eigendynamische Ursachenphänomene für eine beständige Aktualisierung des öffentlichen Interesses an der privaten Vorsorgegestaltung.[7] Dieses zunehmende, medial geförderte Absicherungsverlangen eröffnet den Weg zu neuen Einrichtungen wie dem Zentralen Vorsorgeregister, das eine Registrierungsstelle für private sowie notarielle Vorsorgevollmachten, Betreuungsverfügungen und Patientenverfügungen aus dem gesamten Bundesgebiet bereitstellt.[8] Akzeptanz und Effektivität der Vorsorgeinstrumente sollen auf diese Weise zunehmend gefördert werden.[9] Dabei lassen die unentwegt ansteigende Zahl der aktuellen Registrierungen – die Eintragungen im Online-Register haben mittlerweile die Millionengrenze überwunden – genauso wie deren vermehrten Abfragungen durch die Justiz die aktuelle Bedeutungsdimension vermuten.[10] Die hier zu fokussierenden Arten der Erklärungsvorsorge – Vorsorgevollmacht, Betreuungsverfügung und Patientenverfügung – stehen unter der selbstbestimmten und freien Gestaltung desjenigen, der seine Angelegenheiten geregelt wissen möchte. Die individuell ausgestaltete Privatvorsorge entspricht der gesetzgeberischen Zielvorstellung zur Vermeidung der rechtlichen Betreuung bzw. zu individueller Einflussnahme auf den Fall der Betreuungsbedürftigkeit.[11] Nach dem Prinzip des geringsten Eingriffs wird der privatautonomen Vorsorgemaßnahme der Vorrang vor hoheitlichen Maßnahmen eingeräumt, was mitunter auch zu einer erheblichen Entlastung des gesetzlichen Betreuungswesens samt Kosten- und Justizaufwand führt.[12] Dies gilt primär für eine errichtete Vorsorgevollmacht. Die Betreuungsverfügung soll gerade nicht zur Vermeidung der staatlich initiierten Betreuung führen. Eine gesonderte Stellung nimmt die Patientenverfügung ein: Eine alles abdeckende privatautonome Fürsorge-Organisation kann durch sie nicht erreicht werden, sie bezieht sich vornehmlich auf den gesundheitlichen Bereich, d.h. auf medizinische Behandlungen. Dass die privatrechtliche Vorsorgegestaltung sozial- wie rechtspolitisch gewollt ist und dass deren Tendenz zur Errichtung als weiter steigend zu erlesen ist, darf jedoch nicht verklären, dass gleichzeitig auch Berührungsängste und Unsicherheiten bestehen.[13] Für Vorsorge-Entschlossene ergeben sich dabei mindestens zwei Fragestellungen: In einem ersten Schritt kann nach dem „Ob“ gefragt werden, d.h. inwiefern es überhaupt notwendig oder vorteilhaft erscheint, eine individuelle Vorsorgegestaltung für seine persönlichen Angelegenheiten zu treffen und welche Vorsorgegestaltung gewählt werden sollte. Hieraus ergibt sich im Weiteren die Frage nach dem „Wie“, d.h. auf welche Art und Weise bzw. mit welcher Tragweite der

7 Vgl. *Renner* in: Müller/Renner, BtR und Vorsorgeverfügungen, Rn. 234 ff.
8 Siehe http://www.vorsorgeregister.de.
9 *Spickhoff* in: Spickhoff, MedR, § 1896 BGB Rn. 12.
10 Statistik des Zentralen Vorsorgeregisters mit Quartalsstand vom 30.09.2016: Gesamtanzahl der Eintragungen: 3.320.760 sowie Abfragungen der Justiz 2016: 169.320. Abgerufen unter: www.vorsorgeregister.de/Presse/Statistik/2016/index.php.
11 Vgl. *Lipp* in: Lipp, Vorsorgeverfügungen, § 3 Rn. 6; *Renner* in: Müller/Renner, BtR und Vorsorgeverfügungen, Rn. 236.
12 BT-Drucks. 15/2494.
13 Vgl. *von Crailsheim/Mühlbauer* in: Heussen/Hamm, Beck'sches Rechtsanwalts-Handbuch, § 32 Rn. 109 f.

eigene Wille vorsorgend festgehalten werden soll. Insbesondere Letztgenanntes soll in dieser Arbeit näher betrachtet werden. Leitende Frage ist hierbei, welche Chancen und Risiken sich aus dem heutigen Erwachsenenschutz, d.h. den drei Vorsorgeinstituten, ergeben können und in welchem Verhältnis untereinander diese Institute zu begreifen sind. Im Kern mündet diese Fragestellung – praxisorientiert – in der tatsächlichen und rechtlichen Durchsetzungsfähigkeit der Vorsorgeverfügungen. Hierbei verknüpfen sich nicht nur Fragen zur Nachweisbarkeit mit solchen zur „richtigen" Umsetzung des Selbstbestimmungswillens; eine nähere Untersuchung soll in Anbetracht eines später denkbaren Abänderungsbedürfnisses auch der möglichen „Versteinerungsgefahr" der Vorsorgeverfügungen gewidmet werden, wie sie in dieser Arbeit insbesondere im Zusammenhang mit der Registrierung im Zentralen Vorsorgeregister zu hinterfragen sein wird. Aus juristischer Perspektive ist zum Themenfeld privatautonomer Vorsorge ein immenser Bedarf an anwaltlicher und notarieller Beratungstätigkeit zu vernehmen. Die Gestaltung der Vorsorgeverfügungen sowie deren Um- und Durchsetzung ermöglichen die Sicherung neuer Betätigungsfelder im Vorsorge- und Betreuungsrecht, was zur entsprechenden Positionierung der fachanwaltlichen Dienstleistung beiträgt.[14] Nicht unwesentlich ist dieser Bereich der privaten Vorsorgegestaltung vor allem aber auch mit notariellen Tätigkeiten verbunden – dem ist ein Zeichen durch die Koordination des Zentralen Vorsorgeregisters durch die Bundesnotarkammer gesetzt.[15] Die hier in den Fokus genommenen Vorsorgeinstitute tangieren vielfältige Bereiche, die von dogmatischen und rechtlichen Problemstellungen geprägt sind; eine thematische Aufarbeitung und Dokumentation zum aktuellen Wissensstand ist bereits angesichts der Entwicklungen in der Rechtsprechung und der hinzugekommenen gesetzlichen Regelungen in den letzten Jahren von wissenschaftlichem Interesse.[16] Zugleich gibt eine Zusammentragung des rechtlichen Wissensstandes Aufschluss über die aktuellen Anforderungen an die Gestaltungspraxis und im Ergebnis schließlich über das, was in Mandanten- und Beratungsgesprächen zu vermitteln ist.

14 *Hack* in: Rudolf/Bittler/W.Roth, Vorsorgevollmacht, S. 2. Siehe „VorsorgeAnwalt" (www.vorsorge-anwalt.de). BtPrax 2010, 272, BtPrax 2011, 205 f. (zulässige anwaltliche Werbung, siehe AnwGH NJW 2013, 318). Weitere anwaltliche Vereinigung auch die „Deutsche Vereinigung für Vorsorge- und Betreuungsrecht e.V. – dvvb".

15 Allein die beim Zentralen Vorsorgeregister der Bundesnotarkammer erfassten Vollmachten werden zu 90% von Notaren angemeldet, vgl. *Renner* in: Münch, FamR in der Notar- und Gestaltungspraxis, § 16 Rn. 1.

16 Zusammentragungen im Rahmen einer Dissertation bspw. bei: *Langenfeld*, Vorsorgevollmacht, Betreuungsverfügung und Patiententestament (1994) sowie *Walter*, Die Vorsorgevollmacht (1997).

B. Rechtslage ohne private Vorsorgegestaltung

I. Überblick

Um das rechtliche Bezugsfeld der Vorsorgevollmacht, der Betreuungsverfügung und der Patientenverfügung einleitend näher zu bringen und um das individuelle Anwendungsbedürfnis der Vorsorgeinstrumente aufzuzeigen, soll zunächst ein Überblick über die Rechtslage ohne private Vorsorgegestaltung gegeben werden. Zu fokussieren ist die dauerhafte bzw. vorübergehende Lage, in der ein Erwachsener der eigenverantwortlichen Wahrnehmung seiner persönlichen Angelegenheiten außerstande gestellt ist. Die alltagsbestimmenden und oftmals routinierten Angelegenheiten, aber auch solche die im Leben überraschend und nur vereinzelt zu bewältigen sind, erstrecken sich dabei auf verschiedene Bereiche: Rechnungen und Miete zahlen, Rente und Vermögen verwalten, sich mit Steuern und Bankgeschäften befassen, Versicherungsverträge abschließen sowie über ärztliche Behandlungsmaßnahmen, Therapien, Operationen und Krankenhausaufenthalte zu entscheiden etc.[17] Aus dem Blickwinkel privatautonomer Vorsorge sind die Situationen des Unvermögens zu eigenverantwortlicher Bewältigung und Entscheidung auf ihren (vorsorge-)rechtlich relevanten Gehalt zu reduzieren.

II. Ohne Vorsorgevollmacht

Im Hinblick auf das rechtliche Bezugsfeld der Vorsorgevollmacht ist dabei vor allem die Vornahme von Rechtsgeschäften und rechtsgeschäftsähnlichem Handeln angesprochen. Die rechtliche Lage, an welche eine privatautonom errichtete Vorsorgevollmacht anknüpfen würde bzw. für welche sie Abhilfe schaffen würde, offenbart sich wie folgt:

1. Regelungen über die Handlungsunfähigkeit

Im Vordergrund steht hierbei die eigenständige Unfähigkeit zur Teilnahme am Rechtsverkehr, ausschlaggebend für den Betroffenen ist somit die Abklärung seiner rechtlichen Handlungsfähigkeit.

a) Allgemeines

Grundsätzlich geht das Gesetz von der Regel aus, dass jeder Erwachsene mit Vollendung des 18. Lebensjahres unbeschränkt handlungsfähig ist, also fähig ist, rechtlich bedeutsame Handlungen[18] vorzunehmen, d.h. Rechte und Pflichten durch eigenes

17 Weitere Beispiele bei *Zimmermann*, Vorsorgevollmacht, S. 25.
18 Vgl. Palandt/*Ellenberger*, Einf v § 104 BGB Rn. 1; *Bork*, AT des BGB, Rn. 276 f.

Handeln begründen sowie generell Rechtsfolgen herbeiführen zu können.[19] Gesetzlich geregelt ist daher nicht der Tatbestand der Handlungsfähigkeit, sondern vielmehr deren Ausnahme: Die gesetzlichen Umschreibungen, wie bspw. „Zustand krankhafter Störung der Geistestätigkeit“ in §§ 104 Nr. 2, 827 S. 1 BGB oder „Geistesschwäche“ in § 2229 Abs. 4 BGB, determinieren den Zustand der Handlungsunfähigkeit und legen ihm kennzeichnend natürliche Defizite bzw. geistige Anomalien zugrunde.[20] Hieraus ist zu folgern, dass der Begriff der Handlungsfähigkeit bzw. der Handlungsunfähigkeit in seiner positiven wie in seiner negativen Formulierung als ein Oberbegriff verstanden werden muss, auch wenn er als solcher keine namentliche Erwähnung im Rahmen des BGB[21] erhält.[22] Dogmatisch handelt es sich um eine Aufspaltung der Handlungs(un)fähigkeit in mehrere Ausschnitte, die sich auf Rechtsgeschäfte oder (erlaubte) Rechtshandlungen beziehen.[23] Die teilweise genannten Formen wie die Geschäftsfähigkeit bzw. die in Sonderausprägung[24] zur Geschäftsfähigkeit ausgestalteten Formen der Ehe-, Testier- und Prozessfähigkeit können unter dem Terminus der Handlungsfähigkeit zusammengefasst werden sowie daneben auch die im Gesetz nicht explizit erwähnte Deliktsfähigkeit.[25] All diese Fähigkeiten sind gleichsam Fähigkeiten zur Selbstbestimmung und – mit Blick auf die Deliktsfähigkeit – auch zur Selbstbestimmung in der Verantwortlichkeit gegenüber Dritten.[26]

b) Geschäftsunfähigkeit

Im Fokus der Vorsorgevollmacht steht nun die Geschäftsunfähigkeit, schließlich soll die Vollmacht über die in der Zukunft liegende Unfähigkeit der Teilnahme am Rechtsverkehr hinweghelfen. Die anderen Ausschnitte der Handlungsunfähigkeit lassen sich zwar in direktem Bezug zur Geschäftsunfähigkeit anführen, sind der Vorsorgevollmacht in ihrem rechtlichen Kontext aber als stellvertretungsfeindliche Bereiche nicht zugänglich, bspw. die Ehe- oder Testierunfähigkeit.[27] Nicht von Relevanz ist daher auch die Deliktsunfähigkeit; anders verhält es sich natürlich im Hinblick auf die Prozessfähigkeit, d.h. die Möglichkeit den prozessunfähigen Betroffenen in einem

---

19 *Wolf/Neuner*, AT des Bürgerlichen Rechts, § 12 Rn. 1.

20 So MünchKommBGB/*Schmitt*, § 104 Rn. 10; *Lipp*, Freiheit und Fürsorge, S. 46, 68, 85 a.E.; *Mankowski* AcP 211 (2011), 153 (178 f.).

21 Anders nur bei der Regelung im VwVfG: § 12 VwVfG definiert handlungsfähig als „fähig zur Vornahme von Verfahrenshandlungen“.

22 Vgl. Palandt/*Ellenberger*, Einf v § 104 BGB Rn. 1. Der Begriff der Handlungsfähigkeit geht auf die gemeinrechtliche Lehre zurück, näher siehe *von Sachsen Gessaphe*, Der Betreuer, S. 82 ff. (§ 5) m.w.N.

23 Näher hierzu *von Sachsen Gessaphe*, Der Betreuer, S. 322 ff.

24 Vgl. *Spickhoff* AcP 208 (2008), 345 (374 ff.).

25 Geschäftsfähigkeit: §§ 104 ff. BGB; Deliktsfähigkeit: § 827 f. BGB; Ehefähigkeit: § 1303 f. BGB; Testierfähigkeit: § 2229 BGB; Prozessfähigkeit: §§ 51 ff. ZPO. Auch die gesetzlich nicht geregelte Einwilligungsfähigkeit gehört zu den Formen der Handlungsfähigkeit, siehe hierzu unter § 1 B. III. 1. b).

26 Siehe *Spickhoff* AcP 208 (2008), 345 (359 f.).

27 *Spickhoff* in: Becker/M.Roth, Recht der Älteren, S. 101 (117, 120) mit Verweis auf die Ausnahme eines Scheidungsbegehrens, zu dessen Antrag zumindest Stellvertretung denkbar sei.

rechtlichen Verfahren zu vertreten.[28] Als geschäftsunfähig erkennt das Gesetz gemäß §§ 104 Nr. 2 , 105 Abs. 1 BGB denjenigen an, der sich in einem die freie Willensbestimmung ausschließendem Zustand krankhafter Störung der Geistestätigkeit befindet, sofern nicht der Zustand der Natur nach ein vorübergehender ist (§ 105 Abs. 2 BGB). Ebenso wie im Fall der dauerhaften Geschäftsunfähigkeit wird zwar auch der Zustand einer vorübergehenden Störung der Geistestätigkeit oder eine Bewusstlosigkeit unter gesetzlichen Schutz gestellt, indem die Nichtigkeit für vorgenommene Willenserklärungen und entsprechend auch rechtsgeschäftsähnliche Handlungen zu folgern ist (vgl. (§ 105 Abs. 1 bzw. Abs. 2 BGB)[29], begrifflich sind Betroffene eines solchen vorübergehenden Zustands jedoch nicht geschäftsunfähig.[30] Deutlich wird diese Unterscheidung im besonderen Fall des § 105a BGB: Diese Vorschrift ermöglicht es volljährigen Geschäftsunfähigen seit Einführung im Jahr 2002, geringwertige Alltagsgeschäfte vorzunehmen, also eingeschränkt am Rechtsverkehr teilzunehmen.[31] Betroffen sind die in § 104 Nr. 2 BGB genannten Personen, die dauerhaft handlungsunfähig sind. Die Anwendbarkeit des § 105a BGB auf Geschäfte von Personen, die sich bei deren Abschluss in einem Zustand der Bewusstlosigkeit oder der vorübergehenden Störung der Geistestätigkeit nach § 105 Abs. 2 BGB befunden haben, wie es etwa bei vorübergehend altersbedingten, hirnorganischen Leiden der Fall sein kann[32], ist nach dem Wortlaut und Zweck der Vorschrift zu verneinen, da diese Personen gerade nicht dauerhaft geschäftsunfähig sind.[33] Für das Vorliegen der Geschäfts(un)fähigkeit kommt es darauf an, dass der Betroffene seinen Willen frei und unbeeinflusst von einer vorliegenden Geistesstörung bilden kann und unabhängig von einer objektiv zu definierenden Vernunft imstande ist, nach dieser Einsicht zu handeln.[34] Bloße Willensschwäche oder leichte Beeinflussbarkeit sind zwar als Einschränkungen, nicht aber als Ausschluss der Willensbildung zu verstehen und können nicht ausreichen, um eine Geschäftsunfähigkeit zu attestieren, solange am Ende des Abwägungs- und Erkenntnisprozesses eine freie, willentliche Entscheidung möglich ist.[35] Als krankhafte Beeinträchtigung der geistigen Betätigung kommen allgemein

28 Dem Begriff der Geschäftsfähigkeit im materiellen Recht entspricht für das Verfahrensrecht der Begriff der Prozessfähigkeit, siehe Soergel/*Hefermehl*, Vor § 104 BGB Rn. 9.

29 § 105 Abs. 1 BGB bezieht sich nur auf die Abgabe einer Willenserklärung durch den Geschäftsunfähigen, für den Empfang gilt § 131 Abs. 1 BGB. Dies gilt analog auch für rechtsgeschäftsähnliche Handlungen, vgl. Soergel/*Hefermehl*, Vor § 104 BGB Rn. 20, § 104 BGB Rn. 2; Staudinger/*Knothe*, Vorbem zu §§ 104-115 BGB Rn. 86.

30 Sie werden aber mit Geschäftsunfähigen gleichgestellt, MünchKommBGB/*Schmitt*, § 105 Rn. 37.

31 BT-Drucks. 11/4528, S. 137; BT-Drucks. 14/9266, S. 43; *Löhnig/Schärtl* AcP 204 (2004), 25 (27); *Wedemann* Jura 2010, 587 (590).

32 Beispiel aus BGH FamRZ 1970, 641; allerdings wurde hier ein Ausschluss der freien Willensbestimmung – der wie in § 104 Nr. 2 BGB Voraussetzung für § 105 Abs. 2 BGB ist (RGZ 103, 99) – für nicht erwiesen angesehen. § 104 Nr. 2 BGB und § 105 Abs. 2 BGB unterscheiden sich lediglich im Merkmal der Dauerhaftigkeit der Störung, siehe *Spickhoff* in: Spickhoff, MedR, § 105a BGB Rn. 5.

33 Staudinger/*Knothe*, § 105a BGB Rn. 4 (2011) m.w.N.; a.A. *Lipp* FamRZ 2003, 721 (725).

34 Zur Rechtsprechung: BGH NJW 1953, 1342; 1970, 1680; 1996, 916. Soergel/*Hefermehl*, § 104 BGB Rn. 4; *Spickhoff* in: Becker/M.Roth, Recht der Älteren, S. 101 (112).

35 Vgl. *Jürgens* in: Jürgens, BtR, § 104 BGB Rn. 3; *Spickhoff* in: Becker/M.Roth, Recht der Älteren, S. 101 (112f.).

Geisteskrankheiten und Geistesschwächen in Betracht, die maßgeblich geeignet sind, den Ausschluss einer freien Willensbestimmung als ursächlich herbeizuführen.[36] Besonders relevant für den vorsorgespezifischen Bereich, einmal abgesehen von unfallbedingten Hirnverletzungen (etwa Schädelhirntraumata und dergleichen), sind Demenzerkrankungen, da diese mit dem altersbedingt fortschreitenden Hirnabbauprozess zwangsläufig auch das Stadium der Geschäftsunfähigkeit erreichen.[37] Für die Annahme der Geschäftsunfähigkeit kommt es dabei auf den Ausprägungsgrad dieser geistigen Anomalie an.[38] Vorübergehende Ausfallerscheinungen führen nicht zu dieser Annahme, andersherum wird aber auch der „lichte Moment“ als kurzzeitiger Zwischenraum eines ansonsten dauerhaft bestehenden kranken Zustands nicht von der Geschäftsunfähigkeit erfasst.[39]

c) Vorsorgerelevante Bewertung

Schwierig ist nun, dass der Zustand, an welchen das Gesetz die entsprechende Nichtigkeitsfolge knüpft, kein Abstufungssystem nach dem Grad der Beeinträchtigung beinhaltet, weshalb sich nur schubweise auftretende Störungen als Vorstufen der Handlungsunfähigkeit dem gesetzlichen Regelungsbereich entziehen können.[40] Außerdem kann der gesetzliche Schutzmechanismus nur dann zum Tragen kommen, wenn überhaupt für die Geltendmachung der Handlungsunfähigkeit gesorgt wird.[41] Kommt es zu einem gerichtlichen Verfahren, so trägt derjenige, der sich auf die Voraussetzungen der Geschäftsunfähigkeit berufen will, anders als bei der gemäß § 56 ZPO von Amts wegen zu berücksichtigenden Prozessfähigkeit, die Beweislast.[42] Der Betroffene, der an eine von ihm getroffene Willenserklärung nicht gebunden sein will, ist also beweispflichtig dafür, dass er im Zeitpunkt ihrer Abgabe geschäftsunfähig war.[43] Gelingt ihm dieser Beweis nicht, ist vom Vorhandensein der Geschäftsfähigkeit auszugehen.[44] Realistisch betrachtet wird schon die Geltendmachung außerhalb der Möglichkeiten des Betroffenen liegen,[45] mit fortschreitender Zeitdauer erschwert sich zunehmend auch die Beweisführung.[46] Die Feststellung fehlender Geschäftsfähigkeit volljähriger

36 Bamberger/H.Roth-*Wendtland*, § 104 BGB Rn. 5; Staudinger/*Knothe*, § 104 BGB Rn. 8 f., 10: Psychische und geistige Anomalien; d.h. Psychosen oder Schwachsinn in Form der Debilität, Imbezillität, Idiotie und die Alzheimer Erkrankung (Demenz). Vgl. auch Soergel/*Hefermehl*, § 104 BGB Rn. 5: „Altersschwachsinn mit manischer Färbung auf hysterischer Grundlage“ kann Geschäftsunfähigkeit auslösen, ebenso wie manische Depression.

37 OLG München FamRZ 2009, 2033 = NJW-RR 2009, 1599.

38 Staudinger/*Knothe*, § 104 BGB Rn. 9.

39 Bamberger/H.Roth-*Wendtland*, § 104 BGB Rn. 6 ff.

40 Siehe hierzu *Lipp* in: Lipp, Vorsorgeverfügungen, § 2 Rn. 77.

41 *Lipp* in: Lipp, Vorsorgeverfügungen, § 2 Rn. 77.

42 BGH NJW 1972, 681; BayObLG RPfleger 1982, 286 = FamRZ 1982, 1138; vgl. Bamberger/H.Roth-*Wendtland*, § 104 Rn. 13 f.

43 Vgl. *Spickhoff* in: Becker/M.Roth, Recht der Älteren, S. 101 (108) für den Betreuten unter Einwilligungsvorbehalt.

44 Staudinger/*Knothe*, Vorbem zu §§ 104-115 BGB Rn. 7.

45 Vgl. OLG München FamRZ 2009, 2033 = NJW-RR 2009, 1599; *Lipp* in: Lipp, Vorsorgeverfügungen, § 2 Rn. 77.

46 Vgl. *Spickhoff* in: Becker/M.Roth, Recht der Älteren, S. 101 (108).

Personen ist in der Praxis daher mit Schwierigkeiten verbunden.[47] Die Durchsetzung derjenigen Rechte, die aus der Unwirksamkeit der Rechtshandlung resultieren, liegt außerhalb der gesetzlichen Schutzreichweite – hierzu ist das Dazwischentreten einer Hilfsperson notwendig.[48] Ist die Handlungsunfähigkeit jedoch zweifelsfrei zu belegen oder offensichtlich, so greift zwar der gesetzliche Schutzmechanismus, gleichzeitig bedeutet dies aber auch, dass die betroffene Person gehindert ist, wirksame Rechtshandlungen in eigener Angelegenheit vorzunehmen. Dass dem Betroffenen die „Fähigkeit“ zur Selbstbestimmung genommen ist, tangiert dabei nicht sein „Recht“ zur Selbstbestimmung.[49] Dieses Recht muss jedoch erst wahrgenommen, verwirklicht, umgesetzt und durchgesetzt werden, um die Teilnahme am Rechtsverkehr (wieder-)herstellen zu können – möglich ist dies u.a. über das Institut der Vorsorgevollmacht.[50]

2. Einrichtung der rechtlichen Betreuung

In gleicher Schutzrichtung ist die rechtliche Betreuung aufgestellt: Auch sie verhilft dem Betroffenen zur wirksamen Teilnahme am Rechtsverkehr[51] durch die Nutzbarmachung zivilrechtlicher Handlungsinstrumente.[52] Sie ist dabei mehr als eine Aufgabenwahrnehmung durch Stellvertretung: Vorrangig geht es um die Beratung und Unterstützung des Betroffenen, er soll zu eigenständigem Handeln motiviert und an einer Selbstschädigung gehindert werden.[53] Anlass und Grundlage der staatlichen Rechtsfürsorge sind schließlich das öffentliche Interesse an der Schutzbedürftigkeit des Einzelnen.[54]

a) Voraussetzungen der Betreuerbestellung

Materiell-rechtlich wird für die Anordnung einer Betreuung gemäß § 1896 Abs. 1, Abs. 2 BGB sowohl eine vom Betreuungsgericht festzustellende Betreuungsbedürftigkeit (Abs. 1) als auch ein in den jeweiligen Angelegenheiten erforderlicher Betreuungsbedarf (Abs. 2) vorausgesetzt. Die Betreuungsbedürftigkeit verlangt dabei einen bestimmten medizinischen Befund und ein kausal hierauf beruhendes Unvermögen des Betroffenen zur Besorgung seiner eigenen und tatsächlich auch an-

---

47 *Renner* in: Müller/Renner, BtR und Vorsorgeverfügungen, Rn. 253; *Walter*, Das neue Patientenrechtegesetz, S. 76.

48 Siehe *Lipp* in: Festschr f Schapp, S. 383 (392 (Fn. 47)).

49 Vgl. *Lipp* in: Lipp, Vorsorgeverfügungen, § 2 Rn. 8; *Spickhoff* in: Becker/M.Roth, Recht der Älteren, S. 101 (105).

50 Vgl. *Lipp/Brauer* in: Wiesemann/Simon, Patientenautonomie, S. 106 (117).

51 Siehe auch *Lipp*, Freiheit und Fürsorge, S. 237, 75: Herstellung der Rechtsperson mit gleichberechtigtem Zugang zum Rechtsverkehr.

52 So auch MünchKommBGB/*Schramm*, Vorb § 164 Rn. 69.

53 Stellvertretendes Handeln darf nur subsidiär zum Einsatz kommen, siehe *Lipp* in: Festschr f Schapp, S. 383 (393).

54 BVerfGE 10, 302 (310) [verfassungsrechtliche Fürsorgepflicht]; BVerfGE 54, 251 = FamRZ 1980, 765; Staudinger/*Bienwald*, § 1896 BGB Rn. 1, 3.

stehenden Angelegenheiten.[55] Angeordnet werden darf die Betreuung nur für Aufgabenkreise, in denen eine Betreuung erforderlich ist, d.h. in denen der Betroffene weder subjektiv noch objektiv in der Lage ist, für sich selbst Sorge zu tragen.[56] Dieses Erforderlichkeitsprinzip, auf welches das Betreuungsrecht mehrfach hinweist[57], ist für jeden Aufgabenkreis zu prüfen.[58] Im Einzelnen betreffen solche Aufgabenkreise die Vermögenssorge sowie Angelegenheiten der Gesundheits- bzw. Personensorge.[59] Maßgeblich hierbei ist, dass die Betreuung primär als eine rechtliche Fürsorge für den Betroffenen ausgestaltet ist.[60] Deshalb ist die Betreuungsanordnung gemäß § 1896 Abs. 2 S. 2 BGB auch subsidiär gegenüber anderen Hilfen im tatsächlichen Bereich bspw. durch Angehörige, Nachbarn oder Freunde, die sich durch private Unterstützung und faktische Umsorgung einbringen – gleiches gilt gegenüber öffentlichen Hilfsdiensten bzw. gegenüber zur Hilfestellung gesetzlich verpflichteten Behörden[61] oder bei Vorliegen einer wirksam erteilten Vorsorgevollmacht.[62]

b) Verfahren

Zumeist wird das Betreuungsgericht auch überhaupt erst aufgrund der Auskünfte von Angehörigen, Nachbarn, Ärzten u.s.w. auf den Fürsorgefall eines Betroffenen aufmerksam.[63] Aufgrund formell-rechtlicher Zwecksetzung werden diese Mitteilungen als Anregungen nach § 24 FamFG ausgelegt, da eine Betreuung nur auf Antrag des Betroffenen oder von Amts wegen angeordnet werden kann und ein Antragsrecht „Dritter" von Gesetzes wegen nicht vorgesehen ist.[64] Das zuständige Amtsgericht mit der Abteilung Betreuungsrecht leitet sodann im Rahmen seiner Amtsermittlungspflicht anknüpfend an diese Anregungen ein entsprechendes Verfahren ein.[65] Bevor das zuständige Betreuungsgericht zur Überzeugung gelangen kann, dass die Voraussetzungen für eine Betreuung gegeben sind, ist es verfahrensrechtlich verpflichtet, den Betroffenen persönlich anzuhören und ein Sachverständigengutachten einzuholen,

---

55 Bamberger/H.Roth-*Müller*, § 1896 BGB Rn. 10, 15, 18.

56 *Spickhoff* AcP 208 (2008), 345 (367).

57 Vgl. §§ 1897 Abs. 1; 1903 Abs. 1; 1906 Abs. 1; 1908a, 1908d Abs. 2, 3 BGB; näher siehe BT-Drucks. 11/4528, S. 58.

58 OLG München BtPrax 2006, 30; KG FamRZ 2008, 919; BGH FamRZ 2013, 619; *Jürgens* in: Jürgens, BtR, § 1896 BGB Rn. 15. Der Erforderlichkeitsgrundsatz dient vornehmlich als Korrektiv für das weit reichende Vorkommnis an möglichen Betreuungsfällen, vgl. BT-Drucks. 11/4528, S. 58, 120; Bamberger/H.Roth-*Müller*, § 1896 BGB Rn. 20.

59 Einzelne Beispiele siehe Palandt/*Götz*, § 1896 BGB Rn. 18 ff.

60 *Müller* in: Müller/Renner, BtR und Vorsorgeverfügungen, Rn. 36.

61 Bspw. das Sozialamt bei Wohnungsangelegenheiten oder das Ordnungsamt bei Entmüllungen (siehe Palandt/*Götz*, § 1896 BGB Rn. 12).

62 *Böhm/Marburger/Spanl*, BtR, S. 36; Bamberger/H.Roth-*Müller*, § 1896 Rn. 24 ff.

63 Anlässe für Betreuungen bei Älteren: Sicherheitsbedenken eines allein lebenden alten Menschen (Stürze, Hygiene, allgemeine Gefahren), teilweise unangemessenes Verhalten (Sucht, Wahn, Aggressivität), darauffolgender Heimeintritt, evtl. auch nach einem „Pflege-Kollaps" innerhalb der Familie, sowie gesundheitliche das Freiheitsrecht tangierende Einzelmaßnahmen (Bettgitter, Unterbringung), vgl. *P.Hoffmann/Hütter/Tamayo Korte* in: P.Hoffmann/Pilgram, Autonomie im Alter, S. 35 (38).

64 *Böhm/Marburger/Spanl*, BtR, S. 34.

65 *Böhm/Marburger/Spanl*, BtR, S. 34.

vgl. §§ 278 Abs. 1, 280 Abs. 1 FamFG.[66] Eventuell ist gemäß § 276 Abs. 1 S. 1 FamFG auch die Bestellung eines Verfahrenspflegers zur Wahrnehmung der Interessen des Betroffenen erforderlich.[67] Zudem hat das Betreuungsgericht vor der Bestellung eines Betreuers gemäß § 279 Abs. 2 FamFG die jeweils zuständige Betreuungsbehörde anzuhören, sofern es der Sachaufklärung dient oder wenn es der Betroffene verlangt.[68] In jedem anhängigen Betreuungsverfahren ist es dabei geboten, dass das Betreuungsgericht von der Betreuungsbehörde einen Sozialbericht nach § 8 Abs. 1 BtBG einholt.[69] Außerdem besteht unter bestimmten Umständen und in dringenden Fällen bzw. bei Gefahr in Verzug die Möglichkeit zum vorläufigen Erlass einer einstweiligen Anordnung.[70] Solche „Eilbetreuungen" können sich bspw. ergeben, wenn eine kurzfristig durchzuführende Operation ansteht.[71] Zusammen mit dem Verfahren zur Einrichtung der Betreuung erfolgt auch die Entscheidung zur Auswahl der Betreuerperson.[72] Hierbei sind eventuelle Vorschläge des Betroffenen zu berücksichtigen, anderenfalls sucht das Betreuungsgericht nach Maßgabe von § 1897 Abs. 5 BGB eine geeignete Person aus.[73] Auf verwandtschaftliche und tragfähige persönliche Bindungen ist bei der Personenauswahl Rücksicht zu nehmen.[74] Mit der Wirksamkeit der Entscheidung des Gerichts, welche nach § 287 Abs. 1 FamFG an die Bekanntmachung gegenüber dem Betreuer geknüpft ist, kommt es zum gesetzlichen Rechtsverhältnis der Betreuung.[75]

c) Rechtswirkungen der Betreuung

Fortan ist der Betreuer gemäß § 1902 BGB für den Betreuten im Rahmen der festgelegten Aufgabenkreise als gesetzlicher Stellvertreter zu handeln befugt und soll ihn darüber hinaus im Rahmen seiner Kompetenzen nach § 1901 Abs. 2 S. 1 BGB beraten und unterstützen.[76] Dabei lässt die Anordnung der Betreuung die Geschäftsfähigkeit und andere Selbstbestimmungsfähigkeiten wie etwa die Einwilligungsfähigkeit unberührt.[77] Ein geschäftsfähiger Betreuter kann daher weiterhin selbst Geschäfte tätigen, ohne dass diese unwirksam i.S.d §§ 104 Nr. 2, 105 Abs. 1 BGB wären. Außerdem besteht andersherum trotz dauerhafter Geschäftsunfähigkeit die Möglichkeit zu Geschäften des täglichen Lebens i.S.v. § 105a BGB. Von diesem Grundsatz, dass die Be-

66 Das Verfahren in Betreuungssachen ist seit der am 01.09.2009 in Kraft getretenen Reform durch das FamFG in den §§ 271 ff. FamFG geregelt. Gemäß § 23c Abs. 1 GVG sind die Betreuungsgerichte für diese Verfahren zuständig.

67 Bamberger/H.Roth-*Müller*, § 1896 BGB Rn. 50.

68 *A.Roth* in: Dodegge/A.Roth, BtKomm, A 159.

69 Siehe *Meier/Deinert*, Handbuch Betreuungsrecht, Rn. 116.

70 Vgl. §§ 300 Abs. 1, 301 FamFG.

71 *Breidenstein*, Pflegerecht, S. 31.

72 Sog. Einheitsentscheidung, siehe *Müller* in: Müller/Renner, BtR und Vorsorgeverfügungen, Rn. 34.

73 BGH BtPrax 2015, 149 [evtl. Mitbetreuung in anderen Aufgabenkreisen].

74 In Betracht kommen nicht nur Eltern, Kinder sowie Ehegatten und Lebenspartner, sondern auch Nachbarn und Freunde, vgl. Palandt/*Götz*, § 1897 BGB Rn. 18.

75 Bamberger/H.Roth-*Müller*, § 1896 BGB Rn. 53.

76 Vgl. *Lipp* in: Lipp, Vorsorgeverfügungen, § 2 Rn. 39.

77 Näher hierzu *Spickhoff* AcP 208 (2008), 345 (368 ff.).

treuung keine Auswirkungen auf die Handlungsfähigkeit nimmt, gibt es die Ausnahme des Einwilligungsvorbehalts: Das Gericht kann für solche Fälle, in denen es den Betroffenen der erheblichen Gefahr einer Selbstschädigung oder einer Vermögensschädigung ausgesetzt sieht,[78] einen Einwilligungsvorbehalt nach Maßgabe des § 1903 BGB anordnen. Zur wirksamen Teilnahme am Rechtsverkehr braucht der Betreute sodann die Einwilligung seines Betreuers. Zustimmungsfrei bleiben aber solche Willenserklärungen, die lediglich rechtlich vorteilhaft sind und grundsätzlich auch solche, die nur geringfügige Geschäfte des täglichen Lebens betreffen.[79] Auf höchstpersönliche Entscheidungen hat die Betreuerbestellung keinen Einfluss, ein Einwilligungsvorbehalt ist daher für Willenserklärungen betreffend der Eheschließung oder der Errichtung eines Testaments ausgeschlossen.[80] Auch das Wahlrecht steht einem Betreuten weiterhin zu, es sei denn, dass die Betreuung umfassend zur Besorgung aller seiner Angelegenheiten eingerichtet worden ist und dabei nicht in Form einer nur einstweiligen Anordnung besteht.[81]

d) Vorsorgerelevante Bewertung

Zu den Phänomenen, die im Rahmen der staatlichen Rechtsfürsorge in Erscheinung treten, gehört u.a., dass die rechtliche Betreuung ihre Schutzwirkung verfahrensgemäß erst entfalten kann, wenn sie eingerichtet worden ist. Bis zur Einrichtung der Betreuung, d.h. von der Einschaltung des Gerichts bis hin zum Wirksamwerden des Beschlusses, sind angesichts des bürokratischen Aufwands gewisse Verzögerungen hinzunehmen.[82] Die private Rechtsfürsorge in Form der Vorsorgevollmacht, sofern sie organisiert wurde, kann dagegen sofort zum Einsatz kommen. Bedingt durch den Katalog an Genehmigungspflichten, die neben vermögensrechtlichen Angelegenheiten insbesondere Angelegenheiten der Gesundheits- und Personensorge umfassen, ist das Verfahren vor dem Betreuungsgericht entsprechend schwerfällig.[83] Die Betreuung wird daher oft als zu aufwendig, zu bürokratisch und – angesichts ihres vermehrten Aufkommens – auch aus staatlicher Sicht als zu teuer angesehen.[84] Offensichtlich wird in diesem Zusammenhang auch die Arbeitsbe- bzw. -überlastung der Betreuungsgerichte. So wird seitens kritischer Beobachter angemerkt, dass neben verfahrensrechtlichen Verzögerungen naturgemäß auch Fehler nicht auszuschließen seien: Gerade die Ablehnung einer erst einmal angeregten Betreuerbestellung gestalte sich – mit Blick auf einen zügigen Verfahrensabschluss – zumeist aufwändiger und schwieriger als ihre Anordnung.[85] Ebenso sollte das Spannungsverhältnis von subjektiven

78 Etwa bei Gefährdung der körperlichen Integrität und bei erheblichen Vermögensverlusten, siehe *Spickhoff* in: Spickhoff, MedR, § 1903 BGB Rn. 2.

79 Palandt/*Götz*, § 1903 BGB Rn. 8.

80 Siehe § 1903 Abs. 2 BGB.

81 Siehe § 13 Nr. 2 Bundeswahlgesetz (BWG).

82 *Lipp* in: Lipp, Vorsorgeverfügungen, § 2 Rn. 79.

83 *Renner* in: Müller/Renner, BtR und Vorsorgeverfügungen, Rn. 241; *Zimmermann*, Vorsorgevollmacht, S. 42 f.

84 *Röthel* FamRZ 2004, 999 (1004).

85 So *Bienwald* RpflStud 2013, 81 (84).

Wünschen und objektiv verstandenem Wohl, welches vom Betreuer oder vom Betreuungsgericht zu ermitteln ist, vergegenwärtigt werden. Als Beispiel kann hier die Auswahl der Person des Betreuers genannt werden, die zwar nach § 1897 Abs. 4 S. 1 BGB auf Vorschlag des Volljährigen zu ergehen hat, jedoch unter dem Einschränkungsvorbehalt, dass dies seinem Wohl nicht zuwider laufe.[86] Zuzugestehen ist abseits hiervon jedoch, dass eine Betreuung auch Vorzüge beinhaltet, so etwa, dass ein gesetzlicher Betreuer anders als ein Vorsorgebevollmächtigter durch das Betreuungsgericht kontrolliert wird (Bericht, Rechnungslegung, Genehmigungserfordernisse); hierüber wird daher eine Überwachung des stellvertretend Handelnden sichergestellt.[87] Zwar kommt missbräuchliches Verhalten auch bei Betreuern vor, nicht selten auch dann, wenn sie aus dem familiären oder persönlichen Umfeld stammen[88], manche sehen jedoch drastischerweise gerade bei der außerhalb staatlicher Kontrolle liegenden, privatrechtlichen Vorsorgevollmacht ein Institut, welches „Erbschleicherei" in moderner Form möglich mache, jedenfalls sofern keine privatautonomen Vorkehrungen zur Absicherung und Kontrolle getroffen worden seien.[89] Zu berücksichtigen ist zudem, dass die Einrichtung der Betreuung gegen den freien Willen des Betroffenen nicht möglich ist, § 1896 Abs. 1a BGB.[90] Wird sie eingerichtet, so ist sie gemäß §§ 1901 Abs. 2 und 3, 1901a BGB nach den Wünschen und Vorstellungen des Betroffenen zu gestalten und darf nur zu seinem Wohl erfolgen. All diese Anforderungen gewährleisten und wahren das Selbstbestimmungsrecht des Betroffenen.[91] Dass sich der Betreuungsbedürftige durch die Außenbeteiligung von Gericht und Behörden sowie durch die Einrichtung der Betreuung psychischen Belastungen ausgesetzt sehen und sich in seinem gesellschaftlichen Ansehen sowie in seinem Status als freien Menschen beeinträchtigt fühlen kann, unterliegt dabei individuell geprägten (Stigmatisierungs-)Empfindungen.[92] Sicherlich klingen gesellschaftlich noch die Zeiten der Entmündigung und Vormundschaft nach, die heutige Anordnung staatlicher Rechtsfürsorge in Form der rechtlichen Betreuung ist rechtstechnisch betrachtet jedoch nicht mit ihr gleichzusetzen.[93] Grundlegend müssen sich sowohl Hilfebedürftige als auch deren betroffene Angehörige ins Bewusstsein rufen, ob eine „staatliche Einmischung" in ihre familiären Angelegenheiten erwünscht ist oder nicht und ob

86 *Lipp* in: Lipp, Vorsorgeverfügungen, § 2 Rn. 80.

87 §§ 1904 Abs. 1, 1906 Abs. 1, 1907 Abs. 1, 1908i Abs. 1 BGB.

88 *Von Sachsen Gessaphe*, Der Betreuer, S. 493.

89 So *Ramstetter* in: Bonefeld/Wachter, Der Fachanwalt für Erbrecht, § 21 Rn. 1.

90 Siehe BGH ZNotP 2012, 397 (398): Es ist zu prüfen, ob die Ablehnung einer Betreuung auf einem freien Willen beruht. Dabei ist der Begriff der freien Willensbestimmung i.S.d. § 1896a BGB und des § 104 Nr. 2 BGB im Kern deckungsgleich. Die beiden entscheidenden Kriterien sind die Einsichtsfähigkeit und die Fähigkeit, nach dieser Einsicht zu handeln. Fehlt es an einem dieser beiden Elemente, liegt kein freier, sondern nur ein natürlicher Wille vor.

91 Hierzu *Faupel*, Die Betreuungsverfügung, S. 15.

92 Hierauf hinweisend: *Bittler* in: Krug/Rudolf/Kroiß, ErbR, § 2 Rn. 158 (2001); *Langenfeld*, Vorsorgevollmacht, S. 24 f.; *Zimmermann*, Vorsorgevollmacht, S. 42 f.

93 *Truong*, Vorsorgevollmacht, S. 31; *Perau* MittRhNotK 1996, 285 (298).

anstelle eines persönlichen Vertrauten, der im Grundsatz unter privater Abschirmung agiert, zukünftig Behörden, Gerichte und evtl. Berufsbetreuer involviert sein sollen.[94]

3. Geschäftsführung ohne Auftrag

Ausgehend von Situationen der Handlungsunfähigkeit oder der vorübergehenden Bewusstlosigkeit können sich zudem Not- und Eilfälle ergeben, in denen eine rechtliche Stellvertretung nicht mehr rechtzeitig möglich oder noch gar nicht initiiert worden ist.[95] Da der Betroffene selbst nicht imstande ist, die rechtlichen Angelegenheiten zu regeln, insbesondere Verträge zum Abschluss zu bringen[96], werden Dritte zu einem entsprechenden Tätigwerden im fremden Rechtskreis veranlasst.[97] Allgemeine Tätigungen im Zeichen der Hilfsbereitschaft und sonstige Hilfsmaßnahmen zur Abwendung von Nachteilen mögen dabei in Entsprechung zur Vielgestaltigkeit der Aufgaben im Leben und der Abwicklung von Rechtsgeschäften denkbar sein. Klassischerweise sei das Bezahlen fremder Rechnungen genannt.[98] Inwieweit im Übrigen im vermögensrechtlichen Bereich Situationen auftreten können, die unaufschiebbar erscheinen (zur Vermeidung finanzieller Mehraufwendungen), also eine besondere Dringlichkeit der Erledigung hervorrufen, mag dahin gestellt bleiben.[99] Von besonderer Bedeutung, da eine plötzlich auftretende Eilbedürftigkeit und Unaufschiebbarkeit typischerweise im Kontext zu medizinischen Notfallsituationen steht, ist im Rahmen privatautonomer Vorsorge vor allem die eilbedürftige Behandlung eines handlungsunfähigen Schmerzpatienten oder eines bewusstlosen Unfallopfers.[100] Freilich hat hier die ärztliche Versorgung des Betroffenen oberste Priorität, Fragen zum Abschluss eines Vertrages und zum ärztlichen Honorar sind offenkundig nachrangig zu stellen.[101] Zum Zeitpunkt der Notfallbehandlung eines nicht ansprechbaren und handlungsunfähigen Patienten ist der Abschluss eines Behandlungsvertrages[102] jedenfalls (vorerst)

---

94 Vgl. *Hack* in: Rudolf/Bittler/W.Roth, Vorsorgevollmacht, S. 5; *Tamm* in: Tamm/Tonner, Verbraucherrecht, § 25 Rn. 192 (2012).

95 Vgl. *Katzenmeier*, Arzthaftung, S. 109.

96 Bei Notfallpatienten ergibt sich das Scheitern des Vertragsschlusses weniger aus Gründen der dauerhaften Geschäftsunfähigkeit (§ 104 Nr. 2, § 105 Abs. 1 BGB), da der Notfall diesen Zustand erstmalig herbeiführt, im weiteren Verlauf aber zu einem dauerhaften Zustand führen kann, sondern vielmehr aus Gründen der vorübergehenden Bewusstseinstrübung (§ 105 Abs. 2 Alt. 1 BGB) infolge Unfallschock, Kopfverletzungen, Schmerzen, Fieberwahn oder Alkohol und Drogen; seltener vorliegend im Notfallbereich, aber denkbar, ist die geistige Bewusstseinsstörung (§ 105 Abs. 2 Alt. 2 BGB), etwa wegen akuter Suizidgefahr aufgrund einer Psychose; für die Anwendung von § 105a BGB verbleibt kein Raum: Die Norm erfasst nur dauerhaft Geschäftsunfähige, außerdem ist ein medizinischer Notfall kein Geschäft des täglichen Lebens, so die Ausführungen bei *Killinger*, Arzthaftung im medizinischen Notfall, S. 95 ff.; vgl. auch *Kern* in: Laufs/Kern, ArztR, § 43 Rn. 2 ff.

97 *Lipp* in: Lipp, Vorsorgeverfügungen, § 2 Rn. 24, 35.

98 Palandt/*Sprau*, § 677 BGB Rn. 4 (Bewusste Tilgung fremder Schulden).

99 Ähnlich *Lipp* in: Lipp, Vorsorgeverfügungen, § 2 Rn. 34.

100 *Spickhoff* in: Spickhoff, MedR, § 680 BGB Rn. 1.

101 Vgl. *Brennecke*, Ärztliche Geschäftsführung, S. 239.

102 Die Regelungen über den Behandlungsvertrag in §§ 630a ff. BGB finden sowohl für den privat wie für den gesetzlich versicherten Patienten Anwendung; das Behandlungsverhältnis zwischen Patient

nicht machbar.[103] Derartige Situationen lassen sich daher über die Regelungen der Geschäftsführung ohne Auftrag gem. §§ 677ff. BGB handhaben.[104]

a) Einzelne Voraussetzungen

Die §§ 677, 678, 683 BGB stellen dabei bestimmte Anforderungen an die unbeauftragte Wahrnehmung im fremden Rechts- und Interessenkreis.[105] Doch kann in der medizinischen Behandlung durch den Arzt, der ohne Auftrag oder sonstige Berechtigung tatsächlich tätig wird, im Normalfall unproblematisch eine Geschäftsbesorgung gesehen werden, welche, da sie ausschließlich im Rechtskreis des Patienten bzw. Geschäftsherrn liegt, auch als objektiv fremdes Geschäft zu erachten ist, für das die widerlegbare Vermutung des Vorliegens eines Fremdgeschäftsführungswillens bis zum Beweis des Gegenteils gilt.[106]

b) Verhältnis von Wille und Interesse

Berechtigt ist eine Heilbehandlung im Rahmen der Geschäftsführung ohne Auftrag dann, wenn ihre Übernahme dem Interesse *und* dem wirklichen oder mutmaßlichen Willen des Patienten entspricht (§ 683 BGB).[107] Diese aus dem Gesetz hervorgehende Kombination aus objektiven und subjektiven Merkmalen, die ein gleichberechtigtes Nebeneinander beider Elemente nahelegt, hat dazu geführt, dass die Einzelheiten in Bezug auf das Rangverhältnis von Interesse und Wille – sollte ein Widerspruch zwischen beiden Komponenten auftreten – umstritten sind.[108] Vielfach wird vertreten, dass dem Interesse des Geschäftsherrn gegenüber seinem abweichenden Willen der

---

und dem Arzt bzw. Krankenhausträger ist zivilrechtlicher Rechtsnatur, siehe hierzu *Kubella*, Patientenrechtegesetz, S. 112 ff. (120 f.) m.w.N.

103 In der Praxis stellt es sich zumeist so dar, dass der Behandlungsvertrag nachträglich zustande kommt: Ist der Wille der Parteien darauf gerichtet, dass der Vertrag ex nunc zustande kommt, sind die Regeln der Geschäftsführung ohne Auftrag bis zu diesem Zeitpunkt anwendbar (*Brennecke*, Ärztliche Geschäftsführung, S. 63 f., 239), naheliegender gilt es jedoch zu vermuten, dass es ihren Willen entspricht, dass der Vertragsschluss rückwirkend, also ex tunc zustande kommt, vgl. OLG Frankfurt VersR 1987, 1118; *Lipp* in: Laufs/Katzenmeier/Lipp, ArztR, Kap. III Rn. 58; *Spickhoff* in: Spickhoff, MedR, §§ 677-680 BGB Rn. 4; *Killinger*, Arzthaftung im medizinischen Notfall, S. 98 f.; *Brauer*, Autonomie und Familie, S. 141 (Fn. 683). Dies geschieht konkludent, etwa durch die Duldung der weiteren Behandlung oder der Entgegennahme der Rechnung, *Katzenmeier*, Arzthaftung, S. 110; kritisch zur Auslegung der ex tunc-Wirkung: *Brennecke*, Ärztliche Geschäftsführung, S. 64 f.

104 Näher hierzu *Brennecke*, Ärztliche Geschäftsführung, S. 113 ff. mit kritischer Besprechung zu OLG München NJW 2006, 1883 ff. (Annahme einer notfallbedingt fingierten Auftragsvereinbarung (§ 662 BGB) anstelle der Anwendung der Regelungen über die Geschäftsführung ohne Auftrag §§ 677 ff. BGB). Siehe auch *H.Roth* NJW 2006, 2814 (2815).

105 Zur Dogmatik und Rechtsnatur der Regelung vgl. MünchKommBGB/*Seiler*, Vor § 677 Rn. 1.

106 Näher ausführend *Burchardt*, Stellvertretung, S. 52; *Brauer*, Autonomie und Familie, S. 138 f.; *Killinger*, Arzthaftung im medizinischen Notfall, S. 117 ff.

107 *Katzenmeier*, Arzthaftung, S. 109.

108 Zum Diskussionsstand vgl. MünchKommBGB/*Seiler*, § 677 Rn. 52 m.w.N.; vertiefend Staudinger/*Bergmann*, § 677 BGB Rn. 16 f.

Vorrang eingeräumt werden solle,[109] während die Gegenansicht maßgeblich auf den wirklichen oder mutmaßlichen Willen abstellt.[110] Richtigerweise ist jedoch dahingehend zu differenzieren, dass es auf ein interessengemäßes Handeln nur dann ankommt, wenn der subjektive Wille nicht oder nicht rechtzeitig ermittelbar ist.[111] Damit wird anerkannt, dass nicht das objektive Interesse vorrangig maßgebend ist, sondern lediglich als ein hilfreiches Indiz die widerlegbare Vermutung dahin begründet, dass das objektiv Nützliche auch dem subjektiven Willen des Geschäftsherrn entspricht.[112] Für die Praxis bedeutet letztere Ansicht, dass medizinisch indizierte und nicht mehr aufschiebbare Maßnahmen[113] grundsätzlich im objektiven Interesse des entscheidungsunfähigen Betroffenen stehen und dass der betroffene Patient – solange über höchstpersönliche Präferenzen nichts Konkretes bekannt ist – auch subjektiv mit dieser indizierten Behandlung einverstanden ist.[114] Ein entgegenstehender Wille des Geschäftsherrn ist dann prinzipiell nach §§ 677, 683 BGB beachtlich und kann nicht durch objektive Interessenerwägungen verdrängt werden, selbst wenn er gemeinhin als „unvernünftig" betrachtet werden kann.[115] Dass die Voraussetzungen für eine berechtigte Geschäftsführung ohne Auftrag vorliegen, ist auch insoweit von Bedeutung, als der behandelnde Arzt in diesem Fall einen Anspruch auf Ersatz seiner Aufwendungen, d.h. in Form seines üblichen Honorars, geltend machen kann, §§ 677, 683 S. 1, 670 BGB.[116] Im Vordergrund steht also zunächst ihre Funktion eines speziellen gesetzlichen Ausgleichsschuldverhältnisses, da die Interessenwahrnehmung ander-

---

109 Bamberger/H.Roth-*Gehrlein*, § 677 BGB Rn. 19; Jauernig/*Mansel*, § 677 BGB Rn. 9; MünchKommBGB/*Seiler*, § 677 Rn. 52; Palandt/*Sprau*, § 677 BGB Rn. 12; a.A. Soergel/*Beuthien*, § 683 BGB Rn. 5.

110 Staudinger/*Bergmann*, § 683 BGB Rn. 15; Soergel/*Beuthien*, § 683 BGB Rn. 5; *Schöllhammer*, Die Rechtsverbindlichkeit des Patiententestaments, S. 132 ff. So wohl auch *Ohly*, Volenti non fit iniuria, S. 222, der aber an anderer Stelle (S. 224) in Anknüpfung an *Taupitz* in: Taupitz, Gutachten zum 63. DJT, D 51 von einem „subjektiven Korrekturvorbehalt" der objektiven Interessenlage ausgeht, da dieser Grundgedanke dem Institut der Geschäftsführung ohne Auftrag zugrundeliege.

111 So Staudinger/*Bergmann*, § 677 BGB Rn. 17; *Spickhoff* in: Spickhoff, MedR, §§ 677–680 BGB Rn. 6; *Lipp* in: Lipp, Vorsorgeverfügungen, § 2 Rn. 25. Kritisch hierzu *Knauf*, Mutmaßliche Einwilligung, S. 95.

112 Staudinger/*Bergmann*, § 683 BGB Rn. 30; Soergel/*Beuthien*, § 683 BGB Rn. 5; *Deutsch/Spickhoff*, Medizinrecht, Rn. 430 f.; Definition: Mutmaßlicher Wille ist derjenige Wille, der dem objektiven Interesse des Geschäftsherrn mangels anderer Anhaltspunkte entspricht (vgl. BGH NJW 1967, 1959 (1960); Palandt/*Sprau*, § 683 BGB Rn. 5).

113 Gemeint sind vital oder absolut indizierte Maßnahmen zur Abwendung einer Lebensgefahr oder einer Gesundheitsbeeinträchtigung, *Katzenmeier*, Arzthaftung, S. 109; *Lipp* in: Laufs/Katzenmeier/Lipp, ArztR, Kap. III Rn. 55; *Kubella*, Patientenrechtegesetz, S. 122 (Fn. 67).

114 *Spickhoff* in: Spickhoff, MedR, §§ 677- 680 BGB Rn. 6; *Kern* in: Laufs/Kern, ArztR, § 17 a Rn. 54.

115 Zu den problematischen Fällen eines im Ergebnis ausnahmsweise unbeachtlichen Willens im Bereich des Suizidversuchs: *Killinger*, Arzthaftung im medizinischen Notfall, S. 128 ff. Anders LG Deggendorf ZfL 2014, 95 = PflR 2014, 384: Beachtlichkeit des Suizidwillens aufgrund der Wertungen des Selbstbestimmungsrechts und demgemäß auch von § 1901a Abs. 2 und 3 BGB; hier jedoch mit Blick darauf, dass in dieser Hinsicht kein Raum für eine strafrechtliche Sanktionierung unterlassener Rettungsbemühungen verbleiben soll.

116 BGHZ 65, 384 (390) = NJW 1976, 748 (749); *Lipp* in: Laufs/Katzenmeier/Lipp, ArztR, Kap. III Rn. 56; *Kern* in: Laufs/Kern, ArztR, § 39 Rn. 14; *Spickhoff* in: Spickhoff, MedR, §§ 677-680 BGB Rn. 10; *Brauer*, Autonomie und Familie, S. 139.

weitig nicht durch Vertrag oder Gesetz geregelt wird.[117] Darüber hinaus wird die berechtigte Geschäftsführung ohne Auftrag allgemein auch als Rechtfertigungsgrund innerhalb des Deliktrechts anerkannt.[118]

c) Vorsorgerelevante Bewertung

Das Institut der Geschäftsführung ohne Auftrag gewährleistet grundlegend, dass das Selbstbestimmungsrecht des Betroffenen trotz fehlender Selbstbestimmungsfähigkeit im Rechtsverkehr zur Geltung gelangt, schließlich wird die Bindung an den Willen des Betroffenen gesetzlich aufoktroyiert.[119] Hierbei geht es jedoch um eine Art rechtliche Überbrückung und die Anwendung auf den akuten Notfall, sodass sie nicht als eine dauerhafte Garantie für eine sichere Willensbefolgung oder vollumfängliche Interessendurchsetzung missverstanden werden darf, die obendrein einer rechtlichen Stellvertretung gleichkäme.[120] Für eine kontinuierliche Interessenwahrnehmung ist somit ein Vertreter unverzichtbar.[121]

III. Ohne Vorsorgevollmacht und ohne Patientenverfügung

Über die rechtsgeschäftliche Handlungsebene hinaus gehören insbesondere Einwilligungen im personalen Bereich zum vorsorgespezifischen Anwendungsfeld. Angesprochen ist hierüber der Regelungskomplex, der sich in Patientenverfügungen widerspiegelt und – da der rechtlichen Stellvertretung zugänglich – vor allem auch derjenige einer auf gesundheitsspezifische Entscheidungen ausgerichteten, personalen Vorsorgevollmacht.[122] Die Rechtslage ohne die privatautonomen Vorsorge-Institute der personalen Vorsorgevollmacht und Patientenverfügung liest sich dabei parallel vor dem soeben Erarbeiteten: Auch hier spielen Handlungsunfähigkeit, rechtliche Betreuung und – als Pendant zur Geschäftsführung ohne Auftrag – die Grundsätze der mutmaßlichen Einwilligung eine tragende Rolle. Im Einzelnen ist folgendes zu berücksichtigen:

---

117 MünchKommBGB/*Seiler*, Vor § 677 Rn. 3, 6.

118 *Zitelmann* AcP 99 (1906), 1 (104 ff.); Jauernig/*Mansel*, Vor § 677 BGB Rn. 4; *Lipp* in: Lipp, Vorsorgeverfügungen, § 2 Rn. 26; Palandt/*Sprau*, Einf v § 677 BGB Rn. 5; a.A. mit umfassender Besprechung: Staudinger/*Bergmann*, Vorbem zu §§ 677 ff. BGB Rn. 243 f.; siehe auch MünchKommBGB/*Seiler*, Vor § 677 Rn. 17 m.w.N.

119 *Lipp/Brauer* in: Wiesemann/Simon, Patientenautonomie, S. 106 (117).

120 *Lipp* in: Lipp, Vorsorgeverfügungen, § 1 Rn. 2, § 2 Rn. 26; MünchKommBGB/*Seiler*, Vor § 677 Rn. 6; Palandt/*Sprau*, Einf v § 677 BGB Rn. 3.

121 Vgl. *Lipp* in: Festschr f Schapp, S. 383 (392, 394).

122 Zur Begrifflichkeit im Einzelnen unter § 2 A. I. 2. a) bb).

1. Regelungen über die Handlungsunfähigkeit

Als Unterart der Handlungsfähigkeit ist auch die gesetzlich nicht geregelte[123] Einwilligungsfähigkeit einzuordnen, mit welcher der einzelne seine Rechtsverhältnisse eigenverantwortlich gestalten kann.[124] Sie bedeutet die Fähigkeit, einem Dritten die Vornahme einer tatsächlichen Handlung im eigenen Rechtskreis wirksam erlauben oder verbieten zu können.[125]

a) Wirksame Einwilligung

Die Einwilligung, auf die sich die Einwilligungsfähigkeit bezieht, umfasst dabei solche geschäftsähnlichen Handlungen[126] mit einem starken höchstpersönlichen Einschlag, wie es bei Eingriffen in eigene Rechte oder Rechtsgüter,[127] etwa bei Eingriffen bzw. Dispositionen im Hinblick auf die körperliche Integrität, Gesundheit und Freiheit, der Fall ist.[128] Somit eröffnen insbesondere ärztliche Eingriffsmaßnahmen, die rechtlich als eine tatbestandsmäßige Körperverletzung (§ 823 BGB, § 223 StGB) einzuordnen sind,[129] das einschlägige Anwendungsfeld der diesbezüglich mit Legitimationswirkung ausgestatteten Einwilligungen.[130] Kurzum: Die wirksame Einwilligung des Betroffenen rechtfertigt den Heileingriff.[131] Die Wirksamkeit dieser Einwilligung steht gemäß § 630d Abs. 2 BGB unter der Voraussetzung, dass der Betroffene über alle relevanten Umstände i.S.d. § 630e BGB aufgeklärt worden ist.[132] Um die Aufklärung über die eingriffsspezifischen Risiken oder über die Notwendigkeit, die Dringlichkeit, sowie über Art, Umfang und Behandlungsziel zu verstehen und um eine Entscheidung über die Behandlungsmaßnahme treffen zu können, muss sich der Patient in einem einwilligungsfähigen Zustand befinden.[133]

---

123 Eine generelle Regelung zur Einwilligungsfähigkeit besteht weder im StGB noch im BGB; Spezialgesetzliche Regelungen sind aber vorhanden (Bsp.: § 40 Abs. 1 Nr. 3 lit. a AMG). Näher hierzu *Taupitz* in: Taupitz, Gutachten zum 63. DJT, D 77. Im BGB wird sie seit 2009 in § 1901a BGB bzw. seit 2013 in § 630d BGB zumindest begrifflich erwähnt.

124 *Lipp*, Freiheit und Fürsorge, S. 47 (Einwilligungsunfähigkeit als „bereichsspezifische Form der Handlungsunfähigkeit“).

125 *Wolf/Neuner*, AT des Bürgerlichen Rechts, § 12 Rn. 12.

126 Bloßer Realakt: BGHZ 29, 33 (36); Willenserklärung: RGZ 68, 431 (433); BGHZ 7, 198 (207); *Kohte* AcP 185 (1985), 105 (142); *Ohly*, Volenti non fit iniuria, S. 210. Zum Diskussionsstand der umstrittenen Rechtsnatur der Einwilligung siehe auch *von Sachsen Gessaphe*, Der Betreuer, S. 334 ff. m.w.N.

127 Hierher gehören auch Vermögensrechte wie etwa Urheberrechte.

128 Vgl. Palandt/*Ellenberger*, Überbl v § 104 BGB Rn. 8.

129 So die stRspr: RGSt 25, 375 (377ff.); RGZ 68, 431 (434); BGHZ 29, 46 (49 ff.); 29, 176 (179 f.); 67, 48 (49); 106, 153 (156 f.); 106, 391 (397 f.); MünchKommBGB/*Wagner*, § 823 Rn. 757 m.w.N. in Fn. 3468.

130 BGHZ 29, 46 (49, 54); 106, 391 (397 f.). Als weitere Ausrichtungen der Einwilligung ist auch die Zustimmung in die Gefahr der Behandlung sowie in die patientenspezifische Datenerhebung einzuholen, siehe *Deutsch* AcP 192 (1992), 161 (167).

131 Staudinger/*Knothe*, Vorbem zu §§ 104–115 BGB Rn. 56, 59 (volenti non fit iniuria).

132 *Walter*, Das neue Patientenrechtegesetz, S. 62 f.

133 Zu den verschiedenen Typen der Aufklärung vgl. *Katzenmeier* in: Laufs/Katzenmeier/Lipp, ArztR, Kap. V Rn. 14 ff.

b) Einwilligungsunfähigkeit

Einwilligungsfähig ist dabei grundsätzlich jeder Volljährige, der Wesen, Bedeutung und Tragweite eines Eingriffs begreifen kann und imstande ist – zumindest in groben Zügen – Nutzen und Risiken gegeneinander abzuwägen.[134] Abgestellt wird auf eine natürliche Einsichts- und Steuerungsfähigkeit[135], die sich nach dem individuellen Verständnis und Reifegrad der Person bemisst und gerade in Relation zum konkreten „Geschäft" und dessen Komplexität im Einzelfall zu betrachten ist.[136] Es kommt also auf die konkrete Situation und die konkrete Eingriffsmaßnahme an, wobei der Zustand des intellektuellen Ausfalls bzw. der Einsichtsunfähigkeit vorübergehender Natur, aber auch dauerhaft sein kann, wie etwa im Fall des Wachkomas.[137] Angesichts der Relativität und der Unangemessenheit der Festlegung auf eine starre Altersgrenze, lässt sich die Einwilligungsfähigkeit aber nicht durch ein Abbild der Geschäftsfähigkeit bestimmen.[138] Lediglich als Bezugsgröße sind in Ansehung von psychologisch und psychiatrisch fundierten Erkenntnissen sowie von Religionsmündigkeit aber zumindest das Fähigkeitsmaß und der Reifegrad eines durchschnittlichen 14-Jährigen vorgeschlagen worden.[139] Hat ein Patient im einwilligungsunfähigen Zustand eine Einwilligung erteilt, so ist diese Einwilligungserklärung unwirksam, was gleichermaßen die Rechtswidrigkeit der ärztlichen Maßnahme nach sich zieht.[140]

c) Vorsorgerelevante Bewertung

Für die Feststellung, ob ein Patient einwilligungsunfähig ist oder nicht gilt ähnliches wie bei der Feststellung der Geschäftsfähigkeit – allerdings mit dem Unterschied, dass primär zunächst der jeweilige Arzt über die Einwilligungsfähigkeit des zu behandelnden Patienten zu entscheiden hat.[141] Eine klare „Ja-oder-Nein"-Entscheidung durch den aufklärenden Arzt ist bedingt durch den jeweilig divergierenden Grad der Beein-

---

134 BT-Drucks. 16/8442, S. 13; vgl. hierzu schon BGHZ 29, 33 (36) = BGH NJW 1959, 811; BGH NJW 1964, 1177 (1178); BGH NJW 1972, 335; Bamberger/H.Roth-*Müller*, § 1901 a BGB Rn. 10; MünchKommBGB/*Wagner*, § 823 Rn. 731; Palandt/*Götz*, § 1901 a Rn. 10; Soergel/*Spickhoff*, § 823 BGB Anh I Rn. 106; *Lipp* in: Lipp, Vorsorgeverfügungen, § 2 Rn. 18; *Taupitz* in: Taupitz, Gutachten zum 63. DJT, D 77.

135 BT-Drucks. 16/8442, S. 12 f. Zur Thematik der natürlichen Einsichts- und Steuerungsfähigkeit siehe *Amelung* R&P 1995, 20 (23 f.); *Mankowski* AcP 211 (2011), 153 (180 m.w.N).

136 Staudinger/*Fahse*, § 227 BGB Rn. 19; Bamberger/H.Roth-*Müller*, § 1904 BGB Rn. 6.

137 Vgl. *Spickhoff* in: Becker/M.Roth, Recht der Älteren, S. 101 (120).

138 Zur Unterscheidung zwischen Einwilligungs- und Geschäftsfähigkeit, siehe auch Bamberger/H.Roth-*Müller*, § 1904 BGB Rn. 6; *Deutsch/Spickhoff*, Medizinrecht, Rn. 420 [Regeln über die Geschäftsfähigkeit nicht bindend, aber wesentlicher Orientierungspunkt]; *Taupitz* in: Taupitz, Gutachten zum 63. DJT, D 76 f.

139 Siehe Bamberger/H.Roth-*Spindler*, § 823 BGB Rn. 638; *Lipp* in: Lipp, Vorsorgeverfügungen, § 2 Rn. 20; *Ganner*, Selbstbestimmung im Alter, S. 245; *Lipp*, Freiheit und Fürsorge, S. 79 ff.; *Taupitz* in: Taupitz, Gutachten zum 63. DJT, D 81 m.w.N. (84); kritisch hierzu *Spickhoff* ZfRV 2008, 33 (38); ablehnend MünchKommBGB/*Schwab*, § 1904 Rn. 13.

140 *Deutsch/Spickhoff*, Medizinrecht, Rn. 413; *von Sachsen Gessaphe*, Der Betreuer, S. 352.

141 Vgl. *Spickhoff* in: Spickhoff, MedR, § 630d BGB Rn. 4 f.

trächtigung der Einwilligungsfähigkeit[142] nicht immer eindeutig möglich[143] – in Zweifelsfällen sollte ein fachärztlicher Rat mit entsprechend psychiatrischer oder neurologischer Ausrichtung eingeholt werden.[144] Da die Entscheidung hierüber stets in Bezug auf die konkret anstehende Behandlung vorgenommen werden muss, kann es vorkommen, dass ein Patient einfachere medizinische Maßnahmen (noch) verstehen kann, komplexere hingegen nicht.[145] Als rechtshindernde Einwendung ist die Einwilligungsunfähigkeit dabei von demjenigen zu beweisen, der sich auf sie beruft.[146] Dadurch, dass die Einwilligungsfähigkeit Voraussetzung für eine wirksame Einwilligung ist, diese wiederum als Rechtfertigungsgrund zum Gegenstand arzthaftungsrechtlicher Prozesse gehört und die Beweislast für das Eingreifen eines Rechtfertigungsgrundes im Zivilrecht grundsätzlich beim Anspruchsgegner liegt, ist die Beweisführung für die Einwilligung und ihrer Wirksamkeitsvoraussetzungen der Seite des Arztes zuzuordnen.[147] Dennoch müsste auch hier im Vorfeld überhaupt jemand dafür sorgen, dass die Zweifel im Hinblick auf den einwilligungsfähigen Zustand bei der konkreten Behandlung geltend gemacht werden.

2. Einrichtung der rechtlichen Betreuung

Bezüglich der Einrichtung einer rechtlichen Betreuung kann in diesem Zusammenhang auf die obigen Ausführungen verwiesen werden. Es sollte ergänzt werden, dass sich das spezifische Anwendungsfeld von Patientenverfügung und personaler Vorsorgevollmacht im Besonderen auf die Aufgabenkreise der Gesundheits- und Personensorge konzentriert. Auswirkungen auf die Einwilligungsfähigkeit bestehen nicht, im Unterschied zum oben Gesagten ist jedoch kein Einwilligungsvorbehalt auf personaler Ebene möglich.[148] Zu vervollständigen ist, dass für Maßnahmen im Bereich der §§ 1904 Abs. 5 und 1906 Abs. 5 BGB das Erfordernis einer betreuungsgerichtlichen Genehmigung im Gleichlauf für den Betreuer wie für den Bevollmächtigten besteht.[149] Dem Betreuer und dem Vorsorgebevollmächtigten als sogenannte Patientenvertreter werden hierbei im Wesentlichen gleichgestellte Rollen zuteil. Das Fehlen einer Patientenverfügung allein macht dabei für sich genommen nicht die Bestellung eines Betreuers erforderlich: Vielmehr ist darauf abzustellen, ob für den Betroffenen die rechtliche Besorgung seiner gesundheitsspezifischen Angelegenheiten organisiert werden muss und die Einrichtung einer rechtlichen Betreuung aus diesem Anlass heraus notwendig wird.[150]

---

142 Vgl. *Magnus* NStZ 2013, 1 (2) zur Demenz als Fall der Entscheidungsunfähigkeit.

143 Bislang gebe es keine übereinstimmenden Konzepte zur Ermittlung der Fähigkeit zum informed consent, vgl. *Magnus* NStZ 2013, 1 (2) m.w.N.

144 Siehe auch Empfehlungen der BÄK und ZEKO zum Umgang mit Vorsorgevollmacht und Patientenverfügung in der ärztlichen Praxis bei BÄK DÄBl. 2013, A 1580 (A 1584).

145 Vgl. Bamberger/H.Roth-*Müller*, § 1904 BGB Rn. 6.

146 BT-Drucks. 17/10488, S. 23.

147 *Deutsch/Spickhoff*, Medizinrecht, Rn. 427.

148 MünchKommBGB/*Schwab*, § 1903 Rn. 24.

149 LG Ellwangen RNotZ 2004, 468; *Lipp* FamRZ 2013, 903 ff.

150 Vgl. MünchKommBGB/*Schwab*, § 1896 Rn. 74 f., 79; § 1901a Rn. 33.

3. Grundsätze der mutmaßlichen Einwilligung

Für die oben angesprochene rechtliche Konstellation der Wahrnehmung fremder Angelegenheiten durch Dritte im Notfall gehören auf Einwilligungsebene, d.h. auf Ebene der Einwilligung in die medizinische Behandlung in Unterscheidung zum Abschluss des Behandlungsvertrages mit dem Arzt oder dem Krankenhausträger,[151] die sog. Grundsätze der mutmaßlichen Einwilligung. Ist ein erwachsener Patient unfähig in eine Behandlung einzuwilligen oder diese zu untersagen und fehlt es darüber hinaus an einer ausdrücklichen Einwilligung bzw. ist ein Abwarten einer ausdrücklichen Entscheidung des (gegenwärtig) Entscheidungsunfähigen nicht angezeigt, da durch einen Aufschub Gefahren für dessen Leben und Gesundheit drohen würden[152], so ist der zu ermittelnde, mutmaßliche Wille von maßgebender Bedeutung.[153]

a) Ermittlung des mutmaßlichen Willens

Der Inhalt des mutmaßlichen Willens ergibt sich primär aus den persönlichen Umständen des Betroffenen und seinen individuellen Interessen.[154] Frühere mündliche oder schriftliche Äußerungen des Patienten sind ebenso zu berücksichtigen wie ethische und religiöse Überzeugungen oder sonstige persönliche Wertvorstellungen.[155] Allgemeine Wünsche und Wertvorstellungen liefern insofern bedeutsame Indizien zur Feststellung des mutmaßlichen Willens.[156] Vorangegangene Willensbekundungen des Betroffenen müssen daher bspw. durch die Befragung Angehöriger[157] und nahe stehender Personen ermittelt werden, sofern es die zeitlichen Umstände überhaupt zulassen.[158] Gegenüber dem tatsächlich geäußerten Willen ist der mutmaßliche Wille – gerade wegen der nur unsicheren Anbindung an das Selbstbestimmungsrecht – immer subsidiär.[159] Der mutmaßliche Patientenwille rückt an die Stelle eines erklärten Willens, so dass auch bei Verlust der Fähigkeit zu selbstbestimmten Entscheidungen das Selbstbestimmungsrecht des Betroffenen fortwirkt.[160]

---

151 Staudinger/*Knothe*, Vorbem zu §§ 104-115 BGB Rn. 59.

152 *Greiner* in: Spickhoff, MedR, § 839 BGB Rn. 283, 285; *Taupitz* in: Taupitz, Gutachten zum 63. DJT, A 39; siehe auch BT-Drucks. 17/10488, S. 24.

153 Diese Ausnahmeregel wird auch durch § 630d Abs. 1 S. 4 BGB bestätigt.

154 BT-Drucks. 17/10488, S. 24.

155 StRspr BGH NJW 1977, 337 (338); JZ 1988, 1021 (1022); NJW 2000, 885 (886); BGHSt 40, 257 (263): sog. Kemptener Entscheidung.

156 Vgl. auch § 1901a Abs. 2 S. 2 und 3 BGB.

157 Vgl. § 1901b Abs. 2 BGB.

158 BGHZ 107, 222 (226); BGH NJW 1993, 2372 (2374) [mutmaßlicher Wille bei Geburtsfällen]; vgl. auch Grundsätze der Bundesärztekammer zur ärztlichen Sterbebegleitung, *BÄK* DÄBl. 2011, A 346 (A 347). Näher zum allgemeinen Kreis der Befragungs- oder Entscheidungspersonen *Spickhoff* AcP 208 (2008), 345 (396).

159 *Taupitz* in: Taupitz, Gutachten zum 63. DJT, D 45.

160 BGHZ 154, 205 (217) = NJW 2003, 1588 (1591); *Lipp* in: Lipp, Vorsorgeverfügungen, § 2 Rn. 28 f.

b) Verhältnis von Wille und Interesse

Dadurch, dass die mutmaßliche Einwilligung in ihrem rechtlichen Bezugsfeld zur Rechtfertigung eines Heileingriffs sowohl im Straf- als auch im Zivilrecht anknüpft, wird ihre dogmatische Begründung entsprechend unterschiedlich angegangen und bewertet.[161] Nach heute vorherrschender Auffassung[162] wird der Vorrang des subjektiven, mutmaßlichen Willens zur Verwirklichung der Patientenautonomie betont.[163] Von verstärkt strafrechtlicher Seite wird sich auf das Rechtsinstitut der mutmaßlichen Einwilligung verständigt, das als eigenständiger Rechtfertigungsgrund[164] Anerkennung findet.[165] Objektive Interessengesichtspunkte haben danach keine eigenständige Bedeutung. Maßgebend anzuerkennen ist der mutmaßliche Wille deshalb ebenfalls dann, wenn er sich als objektiv „unvernünftig" erweist.[166] Das Selbstbestimmungsrecht schützt den Individualismus einer Person und daher auch „unvernünftige" Entscheidungen.[167] Erst das Fehlen etwaiger subjektiver Anhaltspunkte führt zum hilfsweisen Rückgriff auf objektive Interessengesichtspunkte.[168] Zumal hierbei deutlich

---

161 Zivilrechtliche Bewertung: Rechtfertigungsgrund der mutmaßlichen Einwilligung folgt aus den legitimierenden Vorgaben von §§ 677 ff. BGB, vgl. *Zitelmann* AcP 99 (1906), 1 (102 ff.); *Deutsch* AcP 192 (1992), 161 (168); *Spickhoff* in: Spickhoff, MedR, §§ 677 – 680 BGB Rn. 6 [in Differenzierung zu § 630d Abs. 1 S. 4 BGB, auf den nur abzustellen sei, wenn zuvor ein Behandlungsvertrag geschlossen worden sei]; *Heyers*, Passive Sterbehilfe, S. 99, 101. Ähnlich: *Taupitz* in: Taupitz, Gutachten zum 63. DJT, D 51 [Zweistufigkeit der mutmaßlichen Einwilligung: 1. Objektive Interessenabwägung, 2. Subjektiver Korrekturvorbehalt]; zustimmend diesbezüglich *Ohly*, Volenti non fit iniuria, S. 224, 469, der in diesem Gedanken ebenfalls die Geschäftsführung ohne Auftrag als Regelungsgrundlage für die mutmaßliche Einwilligung bestätigt sieht. Kritisch hierzu *Knauf*, Mutmaßliche Einwilligung, S. 59 ff., 91 ff.; *Geißendörfer*, Selbstbestimmung, S. 142 f. (Fn. 481). Strafrechtliche Bewertung: Kein Unterfall des § 34 StGB, aber auch keine Ableitung von der zivilrechtlichen Geschäftsführung ohne Auftrag begründbar; vielmehr gewohnheitsrechtlich anerkannter, eigenständiger Rechtfertigungsgrund, siehe *Fischer*, Vor § 32 StGB Rn. 4; Schönke/Schröder-*Lenckner/Sternberg-Lieben*, Vorbem §§ 32 ff. StGB Rn. 54; Leipziger Kommentar/*Rönnau*, Vor § 32 StGB Rn. 215 f.

162 Vgl. nur BVerfG NJW 2002, 2164 (2165).

163 Bestätigt auch in § 630d Abs. 1 S. 4 BGB, vgl. BT-Drucks. 17/10488, S. 24.

164 BVerfG NJW 2002, 2164 (2165); RGZ 68, 431; 151, 349 (354); 163, 129 (138); BGHZ 29, 46 (52); 29, 176 (185); BGH NJW 1966, 1855; OLG Frankfurt MDR 1970, 694 (695); BayObLG JZ 1983, 268; OLG Düsseldorf NZV 1991, 77; RGSt 25, 375 (382); 61, 242 (256); BGHSt 16, 309 (312); 35, 246 (249); 40, 257 (263); 45, 219 (221); *Fischer*, Vor § 32 StGB Rn. 4; Schönke/Schröder-*Lenckner/Sternberg-Lieben*, Vorbem zu §§ 32 ff. StGB Rn. 54; Staudinger/*Bergmann*, Vorbem zu §§ 677 ff. BGB Rn. 99; *Ulsenheimer* in: Laufs/Kern, ArztR, § 139 Rn. 65; *Knauer/Brose* in: Spickhoff, MedR, § 223 StGB Rn. 9; *Brennecke*, Ärztliche Geschäftsführung, S. 226; *Tachezy*, Mutmaßliche Einwilligung, S. 42 f.

165 Es erscheint angesichts der Funktionsunterschiede zwischen strafrechtlicher und privatrechtlicher Disziplin, wie sie sich bei der Tatbestandsbildung oder auf Rechtswidrigkeitsebene zeigen, nur konsequent, dass die Einwilligungsdogmatik uneinheitlich beurteilt wird (*Ohly*, Volenti non fit iniuria, S. 466). In beiden Teilrechtsordnungen geht es praktisch um dieselben Wirksamkeitskriterien; die Widerspruchsfreiheit der Rechtsordnung, wie sie durch das Prinzip der Einheit der Rechtsordnung eingefordert wird, bleibt daher auch bei unterschiedlichem Zuschnitt der Rechtfertigungsgründe gewahrt (*Ohly*, Volenti non fit iniuria, S. 108 ff., 466; *Knauf*, Mutmaßliche Einwilligung, S. 154 ff.; *Geißendörfer*, Selbstbestimmung, S. 145 f.; *Tachezy*, Mutmaßliche Einwilligung, S. 45).

166 Bamberger/H.Roth-*Spindler*, § 823 BGB Rn. 644.

167 Siehe *Ganner*, Selbstbestimmung im Alter, S. 289; *Taupitz* in: Taupitz, Gutachten zum 63. DJT, D 44 m.w.N.

168 Leipziger Kommentar/*Rönnau*, Vor § 32 StGB Rn. 214; *Tachezy*, Mutmaßliche Einwilligung, S. 45.

wird, dass das vorrangige Abstellen auf den mutmaßlichen Patientenwillen genauso auch zu einer Mitberücksichtigung der objektiven Interessenlage führen kann und muss, da in der Praxis (z.B. in der Notaufnahme) oft nichts Näheres über die subjektiven Präferenzen des betroffenen Patienten bekannt ist und sich ein Abweichen vom „Vernünftigen“ und „Normalen“ nur mit entsprechender Gewissheit und deutlichen Anhaltspunkten einleiten lassen lässt.[169] Anders formuliert: Der individuelle mutmaßliche Patientenwille unterliegt zwar der vorrangig subjektiven Überprüfung, eine daraus resultierende etwaige Ergebnisleere ist aber mit objektiven Interessengesichtspunkten zu füllen.[170] Fehlt es demgemäß an (rechtzeitiger) Erkenntnis über den subjektiven Willen der entscheidungsunfähigen Person, ist auf das objektive Interesse abzustellen,[171] welches grundsätzlich darauf ausgerichtet ist, das Leben zu erhalten und die Gesundheit wiederherzustellen.[172] In Notsituationen, in denen weder der tatsächliche noch der mutmaßliche Wille sicher feststellbar ist, gilt daher der Grundsatz: „in dubio pro vita“.[173] Das Institut der mutmaßlichen Einwilligung beinhaltet dabei die Legitimationswirkung für das ärztliche Eingreifen. Eine zwar interessen- aber nicht willensgerechte Behandlung führt zwingend dazu, die Vornahme selbiger als nicht gerechtfertigt zu betrachten.

c) Vorsorgerelevante Bewertung

Sofern es also zur Situation kommt, dass der mutmaßliche Wille wegen fehlender, jedoch dringend erforderlicher Einwilligung ermittelt werden muss, wahrt und gewährleistet das Institut der mutmaßlichen Einwilligung das Selbstbestimmungsrecht des selbstbestimmungsunfähigen Betroffenen.[174] Auch hier geht es aber darum, einen vorgefundenen Zustand rechtlich zu überbrücken und die Zeit einer unsicheren Anbindung an das personale Selbstbestimmungsrecht kurz zu halten.[175] Dies zeigt sich vor allem daran, dass nur in unaufschiebbaren Notfällen vom Institut der mutmaßlichen Einwilligung Gebrauch gemacht werden darf. Es ist subsidiär zu einem tatsächlichen und einholbaren Willen. An diese Überbrückung knüpft Abhilfe schaffend sowohl die Patientenverfügung als auch der Einsatz eines Patientenvertreters[176] an. Zu bedenken gilt nämlich, dass sich die Möglichkeiten vollmachtloser Angehöriger oder sonstiger Bezugspersonen eines einwilligungsunfähigen Patienten in Grenzen halten: Wertvorstellungsweisende Angaben und Meinungsbeiträge der Angehörigen oder

169 Vgl. *Taupitz* in: Taupitz, Gutachten zum 63. DJT, D 42; *Geißendörfer*, Selbstbestimmung, S. 145; *Knauf*, Mutmaßliche Einwilligung, S. 65.

170 Vgl. *Taupitz* in: Taupitz, Gutachten zum 63. DJT, D 51; *Spickhoff* in: Spickhoff, MedR, § 630d BGB Rn. 12 (1. Objektive Interessenabwägung; 2. Subjektiver Korrekturvorbehalt).

171 BGHSt 40, 257 (263) = NJW 1995, 204 (205); BGHSt 35, 246 (249 f.) = NJW 1988, 2310; Bamberger/H.Roth-*Spindler*, § 823 BGB Rn. 644; *Lipp* in: Lipp, Vorsorgeverfügungen, § 2 Rn. 29; *Ohly*, Volenti non fit iniuria, S. 220.

172 Staudinger/*Hager*, § 823 BGB Rn. I 117.

173 *Ganner*, Selbstbestimmung im Alter, S. 290; *Spickhoff* NJW 2000, 2297 (2299).

174 *Lipp/Brauer* in: Wiesemann/Simon, Patientenautonomie, S. 106 (117).

175 Vgl. *Taupitz*, in: Canaris, 50 Jahre Bundesgerichtshof, S. 497 (520).

176 Vordergründig ist hier die Situation ohne Vorsorgebevollmächtigten gemeint, gleiches gilt aber auch in Bezug auf einen Betreuer, der dann ggf. bestellt werden muss.

sonstigen Personen entfalten trotz ihrer wichtigen und hilfreichen Aussagekraft über die Lebensumstände des Betroffenen lediglich indizielle Wirkung und stellen prinzipiell unverbindliche Abwägungsgesichtspunkte in der medizinischen Gesamtbeurteilung dar.[177] In Einzelfällen der Zeitnot kann es naturgemäß vorkommen, dass weder eine eventuell vorhandene Patientenverfügung, noch ein Patientenvertreter oder die Angehörigen zur entsprechenden Einbeziehung organisiert werden können. Den Patientenwillen zu rekonstruieren, insbesondere, wenn über den Verzicht auf eine lebenserhaltende Behandlung bzw. den Behandlungsabbruch entschieden werden muss, bedeutet, dass strenge Anforderungen überwunden werden müssen, um im Zweifelsfalle nicht dem Grundsatz „in dubio pro vita" Folge zu leisten.[178] Angesprochen ist damit vornehmlich auch der Bereich der Sterbehilfe, der für die hier relevante Konstellation um die Durchsetzung des Patientenwillens zumeist zwar weniger von Zeitnöten geprägt ist, den es aber umso mehr durch vorsorgliche Willensbekundungen rechtzeitig und autonom zu steuern gilt, um Unwägbarkeiten, mit denen die Feststellung des mutmaßlichen Willens behaftet ist, von vornherein entgegen zu wirken.[179]

IV. Ohne Betreuungsverfügung

Die Rechtslage ohne eine privatautonom errichtete Betreuungsverfügung konvergiert mit derjenigen ohne (personale) Vorsorgevollmacht bzw. ohne Patientenverfügung. Der Unterschied besteht nur darin, dass die Betreuungsverfügung auf die privatautonome Ausgestaltung der gesetzlichen Betreuung ausgerichtet ist, die Rechtslage mit Betreuungsverfügung also den gesetzlichen Regelfall mit seinen Vor- und Nachteilen[180] als erwünscht übernimmt.[181] Die „staatliche Einmischung" ist hierbei gewollt, auf das Verfahren, die Person des Betreuers und auf die Ausführung der Betreuung kann über die vorsorgliche Verfügung jedoch Einfluss ausgeübt werden.[182]

C. Zwischenergebnis

Dass es der Gestaltung privater Vorsorge bedarf, lässt sich – gemessen an Einzelfallkonsequenzen und individuellen Lebensumständen – entsprechend nur durch die persönlich empfundene Unzulänglichkeit des gesetzlichen Regelfalles entscheiden.[183]

177 Vgl. *Ulsenheimer* in: Laufs/Kern, ArztR, § 139 Rn. 66.
178 Hierzu BGH NJW 2014, 3572 (3577).
179 Hierzu auch *Diederichsen* in: Festschr f Schreiber, S. 636 (646 ff.); *Dreier* JZ 2007, 317 (323 f.).
180 Siehe hierzu oben unter § 1 B. II. 2. Gegenüberstellung der Vor- und Nachteile von Vorsorgevollmacht und Betreuungsverfügung bei *A.Roth* in: Dodegge/A.Roth, BtKomm, C 75 ff.
181 Bei der Betreuungsverfügung ist die Bejahung des gesetzlichen Regelfalls der Bezugspunkt, während die Vorsorgevollmacht an die Vermeidung des gesetzlichen Regelfalls anknüpft.
182 *Renner* in: Müller/Renner, BtR und Vorsorgeverfügungen, Rn. 413; *Thar/Raack*, Leitfaden Betreuungsrecht, S. 27; *Faupel*, Die Betreuungsverfügung, S. 5.
183 So auch *Lipp* in: Lipp, Vorsorgeverfügungen, § 2 Rn. 76.

Ohne eine Vorsorgevollmacht errichtet zu haben, greifen zum Schutze des Betroffenen für die Zeit einer etwaigen, späteren Handlungsunfähigkeit – ob nun in Bezug auf die Geschäftsunfähigkeit oder die Einwilligungsunfähigkeit – die oben beschriebenen Regelungen in ihrer Allgemeingültigkeit. Ein spezieller Schutzmechanismus, der bereits im Falle des Vorliegens von Fürsorgebedürftigkeit, d.h. unabhängig von einem Zustand der Handlungsfähigkeit, zum Tragen kommt, ist mit der staatlichen Einrichtung der rechtlichen Betreuung gewährleistet. Die rechtliche Betreuung kommt zum Einsatz, sofern keine (gleich gut geeignete) Vorsorgevollmacht vorhanden ist. Im Notfallbereich überbrückt das Institut der Geschäftsführung ohne Auftrag bzw. das Institut der mutmaßlichen Einwilligung den Zustand von Handlungsunfähigkeit und der Ermangelung einer gesondert befugten Stellvertreterperson. Insbesondere die Regelungen über die Einwilligungsunfähigkeit – die ggf. zur Anwendung der Grundsätze der mutmaßlichen Einwilligung überleiten – sind speziell für den Bereich „ohne Patientenverfügung“ ausschlaggebend. Ohne dass im Übrigen eine Betreuungsverfügung zur individuellen Einflussnahme auf die rechtliche Betreuung besteht, wird eine Betreuung bei Vorliegen der gesetzlichen Voraussetzungen gleichermaßen eingerichtet und – soweit anderweitig ermittelbar – an den subjektiven Vorstellungen des Betroffenen ausgerichtet. Für jeden Erwachsenen stellt sich somit vorsorgend, d.h. über die Zeit der eigenen Handlungsunfähigkeit hinaus, die Möglichkeit sein Selbstbestimmungsrecht zu „verlängern“ und somit den Rückgriff auf Fremdbestimmung oder Fremdmitbestimmung zu vermeiden.[184] Die private Vorsorgeregelung bedeutet daher die individuelle Abänderung der gesetzlichen Ordnung sowie einhergehend damit die ausdrückliche Verpflichtung auf den individuellen Willen.[185]

184 *Spickhoff* ZfRV 2008, 33 (39).

185 *Lipp* in: Lipp, Vorsorgeverfügungen, § 2 Rn. 81; *Bittler* in: Krug/Rudolf/Kroiß, ErbR, § 2 Rn. 158 (2001).

§ 2 Spezifische Merkmale und wesentliche Aspekte zur Gestaltung privater Vorsorge

Im Wesentlichen folgt die Daseinsberechtigung der drei Rechtsinstitute zur persönlichen Vorsorge aus dem Bedürfnis nach Entscheidungsfreiheit und Willensdurchsetzung.

A. Vorsorgevollmacht

Die charakteristische Motivationslage zur Erstellung einer Vorsorgevollmacht fußt dabei – generalisierend formuliert – auf der Abwehrhaltung gegenüber einem staatlich bestellten und ggf. fremden (Berufs-)Betreuer. In unserem Rechtssystem sind betroffene Angehörige nur dann zu rechtsverbindlichen Erklärungen oder Entscheidungen befugt, wenn für die Angelegenheiten eine Betreuung gerichtlich bestellt oder eine entsprechende Vollmacht rechtsgeschäftlich erteilt wurde. Somit sind (volljährige) Kinder gegenüber ihren Eltern oder auch Ehegatten bzw. Lebenspartner gegenüber dem anderen Gatten bzw. Partner nicht automatisch, d.h. kraft Gesetzes,[186] zur Vertretung ermächtigt.[187]

I. Rechtliche Ausgangslage

1. Begriffliche Bedeutung im Rahmen des Betreuungsrechts

Wer die rechtliche Betreuung für sich und seinen familiären Vertrauenskreis ausblenden bzw. staatliche Hilfen in Form einer Betreuerbestellung vermeiden möchte, dem steht die Möglichkeit offen, eine Bevollmächtigung zu erteilen. Hierzu legt § 1896 Abs. 2 S. 2 BGB – als rechtspolitische Verankerung[188] der Vorsorgevollmacht –

---

186 Eine gesetzliche Vertretung naher Angehöriger ist in Teilen des europäischen Auslands jedoch möglich und auch gesetzlich verankert: So etwa in Österreich (§ 284b ABGB) und in der Schweiz (Art. 374 ff. ZGB).

187 Im Rahmen des 2. Gesetzes zur Änderung des Betreuungsrechts (BtÄndG) [vgl. BR-Drucks. 865/03, BT-Drucks. 15/4874] gab es die Idee, den Angehörigen als sog. „Nahbereichspersonen" gesetzliche Vertretungsbefugnisse in Angelegenheiten der Gesundheits- und Vermögenssorge einzuräumen – der entsprechende Gesetzesentwurf wurde allerdings aus verfassungsrechtlichen Gründen (Unvereinbarkeit mit dem Schutz auf Selbstbestimmung) abgelehnt, zum Ganzen u.a. *Gödicke* FamRZ 2003, 1894; *Röthel* FamRZ 2004, 999 (1004).

188 *W.Bienwald* BtPrax 2002, 244 (244) spricht von einer „amtlichen Bewilligung" der Vorsorgevollmacht durch In-Kraft-Treten des Betreuungsgesetzes am 01.01.1992 und somit der Regelung des

ausdrücklich fest, dass eine Betreuungsanordnung nicht erforderlich ist, soweit die Angelegenheiten eines Volljährigen durch einen Bevollmächtigten „ebenso gut“[189] wie durch einen Betreuer besorgt werden können.[190] Grundsätzlich kann jede Vollmacht objektiv geeignet sein die Anordnung eines Betreuungsverfahrens zu verhindern, was insbesondere für Generalvollmachten gilt,[191] aber auch für explizite Bankvollmachten nicht ausgeschlossen ist.[192] Um zumindest begrifflich als Vorsorgevollmacht bezeichnet werden zu können,[193] muss der Anlass für die Erteilung der Vollmacht gerade vorsorgend auf die zukünftige Handlungsunfähigkeit bzw. Betreuungsbedürftigkeit gemünzt sein.[194] Außerdem muss sie über den Eintritt der Handlungsunfähigkeit hinaus rechtswirksam fortgelten.[195] Durch diesen Hintergrund unterscheidet sich die Vorsorgevollmacht von anderen Vollmachten, ohne dass sie einen eigenständigen Vollmachtstypus darstellen würde.[196] Da § 1896 Abs. 2 S. 2 BGB aber lediglich von Bevollmächtigung spricht, kann eine hinreichende Bevollmächtigung auch in einer unabhängig vom Fürsorgefall erteilten Vollmacht gesehen werden, solange nur das Fürsorgebedürfnis sachlich abgedeckt wird bzw. mit umfasst ist und die Vollmacht über den Eintritt des Fürsorgefalles bzw. über den Eintritt einer etwaigen Handlungsunfähigkeit hinaus wirksam ist.[197] Ob eine Vorsorgevollmacht vorliegt, kann zumeist nur gesamtbetrachtend ermittelt werden; Indizien, die gegen eine Vorsorgevollmacht sprechen, können u.a. das Fehlen einer Zweckbestimmung oder das Fehlen einer begleitenden Betreuungs- und/oder Patientenverfügung genauso wie das Fehlen einer Bevollmächtigung in Angelegenheiten der Personensorge sein.[198]

---

§ 1896 Abs. 2 S. 2 BGB. Auch vor ihrer ausdrücklichen Regelung war die Bevollmächtigung bereits zulässig, wenn auch nicht in allen Teilen der Bundesrepublik Deutschland verbreitet, vgl. Staudinger/*W.Bienwald*, § 1896 BGB Rn. 265.

189 Kritisch zu diesem Qualitätsvergleich in Schieflage: Soergel/*Zimmermann*, § 1896 BGB Rn. 79.

190 Die Feststellung der Subsidiarität verlangt eine genaue Prüfung, vgl. BayOLG FamRZ 2004, 1403 (trotz umfassend erteilter und wirksamer Vorsorgevollmacht kann wegen heftiger innerfamiliärer Streitigkeiten eine Betreuung eingerichtet werden) oder AG Lübeck FamRZ 2012, 898 (Betreuung wird abgelehnt aufrgund wirksam erteilter Vollmacht für betreffende Angelegenheit).

191 BT-Drucks. 15/2253, S. 18; *Görk* in: Schippel/Bracker, § 78a BNotO Rn. 1; *Baumann* MittRhNotK 1998, 1 (6).

192 Sog. faktische Hilfen. Vgl. auch *Lipp*, Freiheit und Fürsorge, S. 194 (Fn. 6); *Perau* MittRhNotK 1996, 285 (292).

193 Weitere uneinheitlich verwendete Begrifflichkeiten sind bspw. die „Altersvorsorge-vollmacht“, die „Betreuungsvollmacht“ oder die „Vorsorgeverfügung“. Vorrangig kritisiert werden die erstgenannten Begriffsvarianten, da sie als unpräzise (Vorsorge ist nicht an ein ohnehin schlecht definierbares Kriterium wie „Alter“ geknüpft) und missverständlich (leicht zu verwechseln mit der Betreuungsverfügung) eingestuft werden, vgl. *Coeppicus*, Patientenverfügungen und Sterbehilfe, S. 46; *Spalckhaver* in: Lipp, Vorsorgeverfügungen, § 8 Rn. 2 f. m.w.N.

194 Vorsorgezweck als begriffsbestimmendes Merkmal, vgl. OLG Thüringen FamRZ 2014, 1139 (LS); *Rezori* in: Armbrüster/Preuß/Renner, § 20a BeurkG Rn. 3.

195 Bamberger/H.Roth-*Müller*, § 1896 BGB Rn. 27; *Zimmermann*, Vorsorgevollmacht, S. 38.

196 Sie ist insbesondere kein neues Rechtsinstitut, vgl. *Coeppicus*, Patientenverfügungen und Sterbehilfe, S. 47; *Walter*, Vorsorgevollmacht, S. 266.

197 MünchKommBGB/*Schwab*, § 1896 Rn. 49; *Rezori* in: Armbrüster/Preuß/Renner, § 20a BeurkG Rn. 5.

198 *Heinemann* in: Grziwotz/Heinemann, § 20a BeurkG Rn. 4.

2. Rechtliche Grundlagen

Eine gesetzliche Definition der Vorsorgevollmacht fehlt indes,[199] sie wird lediglich begrifflich an verschiedenen Stellen im Gesetzestext erwähnt, so etwa in der Überschrift zu § 1901c BGB oder in § 1908f Abs. 1 Nr. 2a, Abs. 4 BGB, weiter aber auch in §§ 78 ff. BNotO und in § 20a BeurkG.[200] Die rechtlichen Grundlagen zur Vorsorgevollmacht sind daher den Vorgaben von § 1896 Abs. 2 S. 2 BGB sowie den allgemeinen Vorschriften zur Vollmacht in §§ 166 Abs. 2 S. 1, 167 ff. BGB bzw. zur Stellvertretung in §§ 164 ff. BGB zu entnehmen. Da der äußere Handlungsrahmen um die Vorsorgevollmacht durch die Konstruktion einer Stellvertretung bestimmt wird,[201] ist die für nahe Angehörige oder Vertrauenspersonen gewünschte Vertretungsmacht im Außenverhältnis gegenüber Dritten durch Vollmachtserklärung im Innenverhältnis rechtsgeschäftlich zu initiieren.

a) Vollmacht für rechtsgeschäftliches und rechstgeschäftsähnliches Handeln

aa) Anwendung der allgemeinen Vorschriften der §§ 164 ff. BGB

Jeder, der Hilfspersonen zum Einsatz bringen möchte und dabei bestimmte Erklärungsfolgen für sich beanspruchen will, kann sich bei der Abgabe oder dem Empfang von rechtsverbindlichen (Willens-)Erklärungen eines Vertreters bedienen.[202] Eine Vollmacht wird daher typischerweise zur Vornahme von Rechtsgeschäften, aber auch zur Vornahme von rechstgeschäftsähnlichen Handlungen erteilt. Der Bevollmächtigte kann mit der privatautonom verliehenen Rechtsmacht durch rechtsgeschäftliches Handeln im Namen des Vollmachtgebers Rechtswirkungen herbeiführen, die unmittelbar für und gegen diesen gelten, § 164 Abs. 1 S. 1 BGB.[203] Die Vollmacht ist daher gemäß §§ 166 Abs. 2, 167 BGB eine durch Rechtsgeschäft erteilte Vertretungsmacht und ein Mittel, den eigenen rechtsgeschäftlichen Wirkungskreis, d.h. die Möglichkeit zur Teilnahme am Rechtsverkehr, zu erweitern.[204] Gleiche Rechtswirkungen gelten für Vertretergeschäfte in Form des rechtsgeschäftsähnlichen Handelns, wie z.B. zur Vornahme von Fristsetzungen und Mahnungen. In Bezug auf die §§ 164 ff. BGB ist dessen Analogiefähigkeit allgemein anerkannt.[205]

---

199 Anders § 284f Abs. 1 S. 1 ABGB („Vollmacht, die nach ihrem Inhalt dann wirksam werden soll, wenn der Vollmachtgeber die zur Besorgung der anvertrauten Angelegenheiten erforderliche Geschäftsfähigkeit oder Einsichts- und Urteilsfähigkeit oder seine Äußerungsfähigkeit verliert“).

200 Näherer Überblick zu den gesetzlichen Sonderregelungen bei *Jurgeleit* in: Jurgeleit, BtR, § 1896 BGB Rn. 16.

201 Zur Anwendung der Stellvertretungsregelungen im Falle der „personalen Vorsorgevollmacht“ bzw. „Einwilligungsvollmacht“ siehe § 2 A. I. 2. a) bb).

202 Vgl. *Medicus*, AT des BGB, Rn. 880.

203 MünchKommBGB/*Schubert*, § 167 Rn. 1.

204 Palandt/*Ellenberger*, Einf v § 164 BGB Rn. 5; § 167 BGB Rn. 1.

205 Palandt/*Ellenberger*, Einf v § 164 BGB Rn. 3.

bb) Art und Weise der Erteilung

Die Erteilung einer (Vorsorge-) Vollmacht kann als empfangsbedürftige Willenserklärung auf verschiedene Weise geschehen. In aller Regel wird die Vorsorgevollmacht zur Vornahme von Rechtsgeschäften und rechtsgeschäftsähnlichen Handlungen dabei als Innenvollmacht erteilt, d.h. sie wird gegenüber dem zu Bevollmächtigenden erklärt, vgl. § 167 Abs. 1 Alt. 1 BGB.[206] Dies ist vor allem dem Umstand geschuldet, dass sich nicht vorhersehen lässt, mit welchen dritten Personen nach Eintritt des eigenen Unvermögens Rechtsgeschäfte abzuwickeln sein werden.[207] Ausgeschlossen ist es jedoch trotzdem nicht, sie als Außenvollmacht gegenüber demjenigen zu erklären, gegenüber dem die Vertretung stattfinden soll, vgl. § 167 Abs. 1 Alt. 2 BGB, etwa gegenüber der Bank. Eine solche Vollmachtserteilung wirft im Allgemeinen jedoch Zweifel an der Allumfänglichkeit auf, die zur Deckung mehrerer erledigungsbedürftiger Aufgaben und damit zur Deckung des Betreuungsbedarfs über den Einzelfall hinaus dauerhaft vonnöten erscheint.[208] Unwahrscheinlicher ist im Bereich der Vorsorgevollmacht daher auch die nach außen mitgeteilte Innenvollmacht, bei der der Vollmachtgeber eine Innenvollmacht erteilt und sie nach außen bekannt gibt.[209]

cc) Innen- und Außenverhältnis

Im Rahmen der Vorsorgevollmacht muss zwischen Grundverhältnis und Vollmacht bzw. zwischen Innen- und Außenverhältnis unterschieden werden. Die Vollmacht selbst ermächtigt den Bevollmächtigten zum Handeln, sodass die Bevollmächtigung die Handlungskompetenz bzw. die Vertretungsmacht des Bevollmächtigten als das rechtliche Können nach außen begründet.[210] Der für den Bevollmächtigten erlaubte Handlungsrahmen ergibt sich jedoch aus dem internen Rechtsverhältnis, das der Vollmacht zugrunde liegt.[211] Dieses Innenverhältnis kann im Fall einer Vorsorgevollmacht auch als Vorsorge-Grundverhältnis oder als Vorsorgeverhältnis bezeichnet werden.[212] Die Vollmacht, m.a.W. die erteilte Vertretungsmacht, betrifft daher das Außenverhältnis gegenüber Dritten, während das zugrunde liegende Rechtsverhältnis das Innenverhältnis zwischen Vertreter und Vollmachtgeber und damit das rechtliche Dürfen ausgestaltet.[213] Innen- und Außenverhältnis sind dabei nicht nur rechtlich voneinander zu trennen, sondern auch hinsichtlich ihrer Wirksamkeit abstrakt voneinander zu beurteilen.[214] Dennoch sind sie zumindest dergestalt miteinander ver-

---

206 *W.Bienwald* in: W.Bienwald/Sonnenfeld/Harm, BtR, § 1896 BGB Rn. 103; *Renner* in: Münch, FamR in Notar- und Gestaltungspraxis, § 16 Rn. 50.

207 *A.Roth* in: Dodegge/A.Roth, BtKomm, C 28.

208 So auch *W.Bienwald* in: W.Bienwald/Sonnenfeld/Harm, BtR, § 1896 BGB Rn. 103.

209 *Medicus*, AT des BGB, Rn. 927.

210 MünchKommBGB/*Schubert*, § 164 Rn. 206; Palandt/*Ellenberger*, § 167 BGB Rn. 15.

211 *Flume*, AT II, § 50 1. (S. 839); *Wolf/Neuner*, AT des Bürgerlichen Rechts, § 49 Rn. 100.

212 Vgl. *Lipp*, Freiheit und Fürsorge, S. 194 (Fn. 5), der von einem „Vorsorgeverhältnis" spricht, zurückgehend auf *Langenfeld*, Vorsorgevollmacht, S. 116 ff.

213 *Bork*, AT des BGB, Rn. 1487.

214 Sog. Abstraktheit von Vollmacht und Grundverhältnis, hierzu grundlegend *Laband* ZHR 10 (1866), 183 ff.

bunden, dass der Akt der Verleihung von Rechtsmacht überhaupt erst durch das Innenverhältnis einen Sinn ergibt, denn in ihm ist zumeist der Anlass für die Erteilung der Vertretungsbefugnis zu sehen.[215]

dd) Begründung einer schuldrechtlichen Verpflichtung

Mit einer solchen Vereinbarung im Innenverhältnis wird das Pflichtenprogramm zwischen Vollmachtgeber und Bevollmächtigtem verbindlich festgelegt. Im Hinblick auf die Vollmacht wird daher vorrangig die Gefahr eines Verzichts oder einer Zurückweisung[216] durch den Bevollmächtigten eingedämmt sowie – in Ansehung einer möglichen Haftungspflicht – auch diejenige eines Vollmachtsmissbrauchs.[217] Die Regelung bietet darüber hinaus im Innenverhältnis die Möglichkeit, die inhaltliche Gestaltung des Vollmachtsgebrauchs zu konkretisieren, d.h. Richtlinien und individuelle Vorstellungen betreffend der späteren Aufgabenwahrnehmung und Lebensführung festzuhalten bzw. interne Rücksichtnahme- und Rücksprachepflichten zu treffen[218] – was vor allem auch als Orientierungs- bzw. Entscheidungshilfe für den Bevollmächtigen bedeutsam sein kann.[219] Außerdem kann je nach Belastung durch die Aufgabenbewältigung die Option einer Vergütungsregelung[220] oder einer Haftungsbeschränkung mit aufgenommen werden.[221] Gleichermaßen können auch gesundheitsspezifische Wertvorstellungen bzw. der Patientenwille im Innenverhältnis festgehalten werden, weshalb dann ausdrücklich auch eine etwaige Patientenverfügung wesentliche Teilbestimmung eines solchen Grundverhältnisses sein kann.[222] Bei den verschiedenen Rechtsverhältnissen, die hierfür in Betracht kommen,[223] handelt es sich vorwiegend um ein unentgeltliches Auftragsverhältnis im Sinne des § 662 BGB. Die Leitlinien des Handelns ergeben sich dabei nicht nur aus der vertraglichen Vereinbarung (Grundverhältnis), sondern auch aus den Weisungen (§ 665 S. 1 BGB) des Vollmachtgebers,

---

215 Vgl. Soergel/*Leptien*, Vor § 164 BGB Rn. 39, *Flume*, AT II, § 50 1. (S. 839).

216 Zurückweisung analog § 333 BGB, vgl. *Tamm* in: Tamm/Tonner, Verbraucherrecht, § 25 Rn. 187 (2012).

217 Vgl. *Walter*, Vorsorgevollmacht, S. 113.

218 Zur grundlegenden Bedeutung der internen Pflichtenlage, siehe *Schwab* FamRZ 2014, 888 (890). Einzelne Musterformulierungen bei *Sarres* ZEV 2013, 312 (313 ff.).

219 Vgl. *A.Roth* in: Dodegge/A.Roth, BtKomm, C 53 ff.

220 Näher zur Vergütung des Vorsorgebevollmächtigten *Zimmermann* FamRZ 2013, 1535 ff.

221 *A.Roth* in: Dodegge/A.Roth, BtKomm, C 58 f.; *Langenfeld*, Vorsorgevollmacht, S. 127 ff., 138 f. Beispielkatalog für Pflichten, Vorbehalte, Vergütung und Haftung bei *Renner* in: Münch, FamR in der Notar- und Gestaltungspraxis, § 16 Rn. 141, der eine solch weitumfassende Festlegung allerdings für überflüssig hält.

222 *Knittel*, Die Vorsorgevollmacht, S. 8 f.; *Putz/Steldinger*, Patientenrechte, S. 113; *Vossler* BtPrax 2002, 240 (241). Siehe auch § 2 A. I. 2. a) bb) (3).

223 Im Fall der Entgeltlichkeit handelt es sich um einen Geschäftsbesorgungsvertrag nach § 675 BGB; möglich ist ggf. auch ein sog. Typenkombinationsvertrag, der die Elemente mehrere Verträge zusammenfasst. Haben die Dienste keinen Bezug zu Vermögensbelangen wie im Rahmen der sog. Einwilligungsvollmacht für persönliche Angelegenheiten, weshalb die rechtliche Qualifikation als Geschäftsbesorgungsvertrag ausscheidet, liegt ein reiner Dienstvertrag (§ 611 BGB) vor, näher hierzu *Spalckhaver* in: Lipp, Vorsorgeverfügungen, § 15 Rn. 7 ff.; *Walter*, Vorsorgevollmacht, S. 112; *Sauer* RNotZ 2009, 79 (81).

die der Beauftragte zu befolgen hat, wenn das Auftragsverhältnis zustande gekommen ist.[224] Diese Weisungen konkretisieren also (zusätzlich) die Pflichten aus dem Auftragsverhältnis und müssen sich im Rahmen des vertraglich Vereinbarten bzw. des Zumutbaren halten.[225] Abweichungen davon sind nur unter engen Voraussetzungen möglich.[226] Kann der Vollmachtgeber infolge seiner Geschäftsunfähigkeit keine Weisungen mehr erteilen, muss der Bevollmächtigte sein Verhalten und seine Entscheidungen anhand des früher erklärten, wirklichen bzw. mutmaßlichen Willens seines vollmachtgebenden Geschäftsherrn ausrichten.[227] Der besondere Stellenwert des Grundverhältnisses ergibt sich also daraus, dass anders als bei herkömmlichen Vollmachten, die Möglichkeit der Rücksprache mit dem Vollmachtgeber bei der Vorsorgevollmacht ab dem Zeitpunkt der Entscheidungsunfähigkeit wegfällt. In der Beratungspraxis wird zunehmend auf die Regelung des Vorsorgeverhältnisses hingewiesen.[228]

ee) Vollmacht ohne Regelung im Innenverhältnis

In Abkehr zu diesen rechtspraktischen Erwägungen zu einer Regelung im Innenverhältnis, kann eine Vollmacht auch isoliert und ohne interne Vereinbarung erteilt werden. Bedingt durch die Abstraktheit der Vollmacht ist deren Wirksamkeit unabhängig vom Bestand eines möglichen Innenverhältnisses. Von einer solchen isolierten Vollmacht ist ggf. auszugehen, sofern der Bevollmächtigte weder konkret noch allgemein beauftragt wird, im Interessenkreis des Vollmachtgebers tätig zu werden, oder wenn eine Regelung im Innenverhältnis nicht beabsichtigt ist.[229] Dies setzt voraus, dass der Bevollmächtigte, der an der einseitigen Vollmachtserklärung nicht beteiligt sein muss,[230] generell nicht in das Geschehen einbezogen wird, vielleicht sogar von der erteilten Vollmacht überrascht ist. Ob oder wie die Vollmacht im bereits eingetretenen Ernstfall (bspw. im Rahmen einer vorsorglich erteilten Kontovollmacht)[231] benutzt wird bzw. werden soll, wäre dann in das Belieben des Bevollmächtigten gestellt.[232] Dass eine interne Regelung nicht überdacht wird, liegt wohl auch daran, dass bei familiären Verbindungen zumeist davon ausgegangen wird, dass der andere schon

224 Bamberger/H.Roth-*Fischer*, § 665 BGB Rn. 4; MünchKommBGB/*Seiler*, § 665 Rn. 9.
225 MünchKommBGB/*Seiler*, § 665 Rn. 9, 12.
226 Ausnahmen zur Abweichung ergeben sich nur bei einer mutmaßlichen Billigung (§ 665 S. 1 BGB) oder bei Gefahr eines Aufschubs der Besorgung (§ 665 S. 2 BGB). Siehe hierzu unter § 5 A. II. 2.
227 Vgl. *Brauer*, Autonomie und Familie, S. 46.
228 Mit zunehmender Empfehlung der (Notar-)Praxis: *Reetz* in: Grandel/Stockmann, FamR, Nr. 269 Rn. 14 m.w.N.; *Müller* in: Limmer (u.a.), Würzburger Notarhandbuch, Kap. 3 Teil 3 Rn. 50; *Kropp* FPR 2012, 9 (10); *Litzenburger* NotBZ 2007, 1 ff.; *Sarres* ZEV 2013, 312 (313 ff.); *Schwab* FamRZ 2014, 888 (890); differenzierter: *Renner* in: Müller/Renner, BtR und Vorsorgeverfügungen, Rn. 626 ff.
229 LG Düsseldorf Rpfleger 1985, 358; *Bork*, AT des BGB, Rn. 1488 (sog. isolierte Vollmacht). Vertiefend hierzu Staudinger/*Schilken*, § 167 BGB Rn. 2 mit umfassenden Nachweisen.
230 Als einseitiges Rechtsgeschäft bedarf die Vollmachtserteilung keiner Annahme, vgl. *Bühler* FamRZ 2001, 1585 (1590).
231 Beispiel bei *Bork*, AT des BGB, Rn. 1489.
232 Vgl. auch *Spalckhaver* in: Lipp, Vorsorgeverfügungen, § 15 Rn. 4; *Walter*, Vorsorgevollmacht, S. 112.

weiß, was später als richtig oder vernünftig zu tun sein wird: Musterformulare zur Vorsorgevollmacht werden bspw. ausgefüllt, evtl. auch schon überreicht.[233] Eine nähere Auseinandersetzung, insbesondere auch zu gesundheitsspezifischen Themen, unterbleibt jedoch oder wird verschoben, weil der Ernstfall noch weit entfernt scheint. Ein vertragliches Grundverhältnis ist nun aber nicht schon wegen der Bevollmächtigung im Familienkreis entbehrlich: Innereheliche, innerpartnerschaftliche bzw. innerfamiliäre Verpflichtungen zu Beistand und Rücksichtnahme, wie sie einen Ehegatten, einen Lebenspartner, ein volljähriges Kind oder einen Elternteil gemäß §§ 1353 Abs. 1 S. 2 BGB, § 2 LPartG, § 1618a BGB treffen können,[234] beinhalten keine Handlungspflicht zur Wahrnehmung von allgemein umfassenden Angelegenheiten, wie etwa der vollständigen Vermögenssorge.[235] Auch in derartigen Nähebeziehungen entsteht eine etwaige Regelung im Innenverhältnis nicht automatisch mit Erteilung der Vollmacht.

Gleichgültig inwiefern eine nähere Auseinandersetzung stattgefunden hat oder nicht, kann eine isolierte Vollmacht auch deshalb bestehen, weil der Bevollmächtigte aus reiner Gefälligkeit tätig wird.[236] Kennzeichnend hierfür sind zunächst die Uneigennützigkeit und Unentgeltlichkeit des Bevollmächtigtenhandelns.[237] Da beide Kriterien auch der Situation des Vorsorgebevollmächtigten innerhalb eines Auftragsverhältnisses zugeschrieben werden können, ist vorrangig anhand des Rechtsbindungswillens zu bestimmen, ob im Innenverhältnis eine vertragliche Verpflichtung besteht oder nicht. Für den Anwendungsbereich der Vorsorgevollmacht ist nun offensichtlich, dass länger andauernde und umfassende Tätigkeiten zur Bewältigung durch den Bevollmächtigten anstehen können.[238] Erkennbar geht es zudem oftmals um wesentliche Interessen oder evtl. auch erhebliche Vermögenswerte, die bei tatsächlicher Übernahme entsprechender Tätigkeiten durch einen Bevollmächtigten umso mehr auf ein rechtsverbindliches Innenverhältnis schließen lassen.[239] Da die vertragliche Einigung im Übrigen nicht nur in Schriftform ergehen kann, sondern auch auf Absprache basieren kann bzw. im Wege konkludenter Erklärung(en)[240] denkbar ist, wird

233 Sofern in Musterformularen vorgesehen ist, dass der Bevollmächtigte die Vollmacht mit unterzeichnen soll, so ist dies rein rechtlich nicht erforderlich, dokumentiert indirekt aber die Annahme des Auftrags und stellt damit die Bereitschaft des Bevollmächtigten sicher. Eine isolierte Vollmacht wäre hier also zu verneinen.

234 Näher *Kappler/Kappler*, Handbuch Patchworkfamilie, S. 270.

235 *Zimmermann*, Vorsorgevollmacht, S. 109; *Walter*, Vorsorgevollmacht, S. 113; *Sauer* RNotZ 2009, 79 (80).

236 *Bork*, AT des BGB, Rn. 1488; *A.Roth* in: Dodegge/A.Roth, BtKomm C 53; *Walter*, Vorsorgevollmacht, S. 111 f.; ablehnend: *Zimmermann*, Vorsorgevollmacht, S. 108 ff. Zur Abgrenzung vgl. OLG Schleswig FamRZ 2014, 1397.

237 Siehe *Walter*, Vorsorgevollmacht, S. 111 f.

238 So auch *Renner* in: Münch, FamR in der Notar- und Gestaltungspraxis, § 16 Rn. 140 (Fn. 161), der ein reines Gefälligkeitshandeln aber im engsten Familienkreis für möglich hält, insbesondere bei Vollmachten unter Ehegatten. Siehe auch *Ramstetter* in: Bonefeld/Wachter, Der Fachanwalt für ErbR, § 21 Rn. 25.

239 Zur Vorsorgevollmacht: OLG Schleswig FamRZ 2014, 1397 (hier: wesentliche Interessen wirtschaftlicher Art); allgemein: BGH NJW 2012, 3366 Tz. 15; OLG Hamm FamRZ 2003, 97; Palandt/*Sprau*, Einf v § 662 BGB Rn. 4. Näher *Beetz*, Stellvertretung, S. 121 f.

240 Bspw. mit Beginn der Ausführung, vgl. Palandt/*Sprau*, § 662 BGB Rn. 2.

im Regelfall ein Auftragsverhältnis mit entsprechender Rechtsverbindlichkeit gegeben sein.[241] Sofern ausdrückliche Absprachen fehlen, sind dennoch die allgemeinen gesetzlichen Bestimmungen maßgebend.[242] Andersherum formuliert dürfte es daher weder im Allgemeinen[243] noch speziell für die Vorsorgevollmacht[244] zutreffen, dass die Erteilung einer isolierten Vollmacht ohne schuldrechtliche Verpflichtung zur Tätigkeit gezielt und beabsichtigt geschieht. In der allgemeinen Praxis führt eher die (unbeabsichtigte) Nichtigkeit des Grundgeschäfts infolge eines Mangels[245] zur isolierten Vollmacht.[246] Selbiges gilt im Bereich der Vorsorgevollmacht.

b) Vollmacht zur Einwilligung im personalen Bereich

Rechtlich erlaubt ist darüber hinaus die Erteilung einer Vollmacht, die einen Dritten zu Einwilligungen bzw. auch zur Nichteinwilligung in die Verletzung im höchstpersönlichen Gesundheitsbereich befugt und weiter auch den Widerruf einer ergangen Einwilligung umfasst (sog. Einwilligungsvollmacht[247]; bereichsspezifischer auch Gesundheitsfürsorge-Vollmacht[248] bzw. Gesundheitsvollmacht[249] oder Unterbringungsvollmacht[250] genannt), vgl. §§ 1904 Abs. 5, 1906 Abs. 5 BGB. Zum Vollmachtsgegenstand gehören hier also keine Rechtsgeschäfte oder rechtsgeschäftsähnlichen Handlungen, sondern Einwilligungen[251] in die Verletzung höchstpersönlicher Rechtsgüter, wie etwa die körperliche Unversehrtheit oder die persönliche Freiheit, vornehmlich also Einwilligungen in medizinische Behandlungsmaßnahmen oder in aufenthaltsrechtliche und freiheitsentziehende Maßnahmen.[252]

---

241 So auch OLG Schleswig FamRZ 2014, 1397; *A.Roth* in: Dodegge/A.Roth, BtKomm, C 53; *Spalckhaver* in: Lipp, Vorsorgeverfügungen, § 15 Rn. 4 f.; *Brauer/Lipp* MedR 2016, 231 (233).

242 Vgl. auch *Knittel*, Die Vorsorgevollmacht, S. 9.

243 So etwa, wenn eine Generalvollmacht u.U. als isoliert erteilte Vollmacht gewollt ist (Staudinger/*Schilken*, § 167 BGB Rn. 2; Soergel/*Leptien*, § 167 BGB Rn. 1). Dies generell ablehnend *Flume*, AT II, § 50 1. (S. 840): Eine Vollmacht wird nicht so erteilt, dass sie nach der Absicht des Vollmachtgebers als „isolierte" Vollmacht bestehen soll.

244 Vgl. nur *Müller* in: Limmer (u.a.), Würzburger Notarhandbuch, Teil 3 Kap. 3 Rn. 52 ff.; *Bühler* FamRZ 2001, 1585 (1593); *Litzenburger* NotBZ 2007, 1 ff.

245 OLG Zweibrücken OLGZ 1985, 45 f.; LG Düsseldorf Rpfleger 1985, 358. (Irrtum, beschränkte Geschäftsfähigkeit).

246 BGH DNotZ 2003, 836; LG Düsseldorf Rpfleger 1985, 358; Bamberger/H.Roth-*Valenthin*, § 167 BGB Rn. 2; Staudinger/*Schilken*, § 167 BGB Rn. 2; *Flume*, AT II, § 50 1. (S. 840) (Fn. 4).

247 Vgl. *Taupitz* in: Taupitz, Gutachten zum 63. DJT, D 140 mit Kritik an der Mehrdeutigkeit des Begriffs „Einwilligung" z.B. als Unterfall der Zustimmung i.S.d. §§ 183, 184 BGB. Auch „Einwilligungsermächtigung", siehe *Kern* NJW 1994, 753 (757).

248 *Taupitz* in: Taupitz, Gutachten zum 63. DJT, D 140.

249 *Perau* MittRhNotK 1996, 285 (293).

250 Bspw. MünchKommBGB/*Schwab*, § 1906 Rn. 118.

251 Im Verlauf der Bearbeitung wird kurzfassend nur auf die Einwilligung (§ 1904 Abs. 5 S. 2 HS. 1, § 1906 Abs. 5 S. 1 BGB) abgestellt, die Nichteinwilligung und der Widerruf der Einwilligung (§ 1904 Abs. 5 S. 2 HS. 2 BGB) sind mitbedacht und werden benannt, sofern es explizit erforderlich ist.

252 Hierzu näher unter § 2 A. III. 1. b): Angelegenheiten der Gesundheits- bzw. Personensorge.

aa) Zulässigkeit der Stellvertretung

Nach kontroversen Diskussionen über die Zulässigkeit einer Übertragung der personalen Bestimmungsbefugnisse durch Vollmachtserteilung für den Bereich der Gesundheitsangelegenheiten einerseits in der Literatur[253] und andererseits in der Rechtsprechung, deren uneinheitliches Meinungsbild vor dem 01.01.1999 im Übrigen dazu führte, dass Vollmachten in Gesundheitsangelegenheiten je nach Gerichtsbezirk anerkannt wurden[254] oder nicht,[255] besteht mittlerweile durch die eindeutige Möglichkeit der Erteilung einer Einwilligungsvollmacht, für die sich der Reformgesetzgeber mit dem 1. BtÄndG[256] vom 25.06.1998 entschieden hat, Einigkeit[257] über dessen rechtliche Zulassung.

bb) Anwendbarkeit der §§ 164 ff. BGB

Trotz Gewissheit über die Zulässigkeit einer solchen (Vorsorge-) Vollmacht bleibt die Rechtsdogmatik dieser vertretungsrechtlichen Konstruktion in der Trübe.[258] In einem ersten Gedankenschritt wird deutlich: Die Erteilung einer personalen Einwilligungsvollmacht erfährt zwar ihre rechtliche Bestätigung[259] bereits durch die §§ 1896 Abs. 2 S. 2, 1904 Abs. 5, 1906 Abs. 5 BGB,[260] rekurriert aber auf die allgemeine Vollmachtsdogmatik, sodass es die rechtsgeschäftlichen Vorschriften der §§ 164 ff. BGB sein müssen, die das Grundgerüst der Vorsorgevollmacht vorgeben bzw. zur Anwendung kommen und auf die dann auch der Fall der personalen Einwilligungsvollmacht passen muss.[261]

Pauschal und auch nur teilweise wird in der Literatur darauf verwiesen, dass die stellvertretungsrechtliche Konstruktion zur Einwilligungsvollmacht, in Konsequenz zur verschiedentlichen Einordnung der Rechtsnatur der Einwilligung, entweder eine direkte[262] oder analoge[263] Anwendung der §§ 164 ff. BGB erfahren müsse. An anderer

---

253 Ausführlicher Überblick zu den Vertretern und Nichtvertretern der Zulässigkeit bei *Diekmann*, Stellvertretung, S. 86 ff.

254 LG Göttingen VersR 1990, 1401; LG Stuttgart BtPrax 1994, 64; OLG Stuttgart BtPrax 1994, 99.

255 LG Frankfurt a.M. FamRZ 1994, 125; OLG Düsseldorf FamRZ 1997, 904 = BtPrax 1997, 162; LG Wiesbaden FamRZ 1994, 778.

256 BT-Drucks. 13/7158, S. 34: Inkrafttreten der §§ 1904 Abs. 2, 1906 Abs. 5 BGB (a.F.) am 01.01.1999. Später mit 3. BtÄndG §§ 1904 Abs. 5, 1906 Abs. 5 BGB (in Kraft seit 01.09.2009).

257 Vorherrschende Ansicht, vgl. *Ulsenheimer* in: Laufs/Kern, ArztR, § 132 Rn. 46 (Fn. 3) m.w.N.

258 Siehe *Lipp* in: Lipp, Vorsorgeverfügungen, § 1 Rn. 5; *Ohly*, Volenti non fit iniuria, S. 458; *Truong*, Vorsorgevollmacht, S. 52.

259 *Lipp* in: Lipp, Vorsorgeverfügungen, § 3 Rn. 9.

260 Im Ergebnis auch Palandt/*Ellenberger*, Einf v § 164 BGB Rn. 4 (§§ 1904 Abs. 2, 1906 Abs. 5 BGB als Sonderregelungen zum Ausschluss der Stellvertretung); genauso *Kern* NJW 1994, 753 (757) [hier noch mit Fokus auf § 1896 Abs. 2 S. 2 BGB, der als familienrechtliche Spezialregel die grundsätzliche Stellvertretungsfeindlichkeit außer Kraft setze].

261 Kritisch hierzu *Truong*, Vorsorgevollmacht, S. 52 f.

262 *Heyers*, Passive Sterbehilfe, S. 162. Folgerichtig eigentlich auch *Kothe* AcP 185 (1985), 105 (142), er lehnt dies aber prinzipiell angesichts der Höchstpersönlichkeit ab.

263 Soergel/*Leptien*, § 164 BGB Rn. 4; *Füllmich*, Der Tod im Krankenhaus, S. 99 f.; *Perau* MittRhNotK 1996, 285 (293); mit näherer Auseinandersetzung *Beetz*, Stellvertretung, S. 115 ff.; *Burchardt*, Vertretung durch Angehörige, S. 56; *Röver*, Einflussmöglichkeiten des Patienten, S. 186 f.

Stelle wird hierzu geschwiegen[264] oder vorgeschlagen, die Regelungen über die Stellvertretung nur in Grundgedanken[265] anzuwenden. Oftmals wird auch nach Funktion und Rechtsgutsbezogenheit differenziert: So wird eine analoge Anwendung für die Einwilligung zu Eingriffen in vermögenswerte Rechte bisher sowohl in der Literatur als auch in der Rechtsprechung anerkannt, etwa wenn es sich um Urheberrechte u.s.w. handelt.[266] Für die Stellvertretungsbefugnis zur Einwilligung in die Verletzung von Leben, Körper, Gesundheit und Freiheit wird zumeist nur darauf hingewiesen, dass die (analoge) Anwendung der Stellvertretungsvorschriften jedenfalls nicht ohne entsprechende Rücksichtnahme auf das Selbstbestimmungsrecht möglich sein kann.[267] So ist es bspw. im rechtsgeschäftlichen Bereich der gesetzliche wie tatsächliche Regelfall, dass der Vertreter die Vertretungsmacht auch während der weiterhin bestehenden Handlungsfähigkeit des Vollmachtgebers ausübt, was Ausdruck moderner und wirtschaftlich effizienter Arbeitsteilung ist. Eine solche Handlungsparallelität bzw. Doppelzuständigkeit von Vertreter und Vertretenem ist indes für den Bereich höchstpersönlicher Einwilligungserklärungen nicht denkbar.[268] Der Wirksamkeitsbeginn der Vertretungsbefugnis in einwilligungsspezifischen Angelegenheiten kann sich demnach nur auf die Zeitspanne einer vorliegend eingetretenen wie konkret festzustellenden Einwilligungsunfähigkeit[269] des Betroffenen beziehen.[270] Vorrangig festzuhalten gilt daher, dass der Vollmachtnehmer nur dann für den Vollmachtgeber handeln kann, wenn dieser nicht selbst einwilligungsfähig ist[271] – oder, wie später zu zeigen sein wird, nicht bereits selbst im Vorhinein eine patientenautonome Entscheidung diesbezüglich getroffen hat.[272] Ähnliche Einschränkungen ergeben sich auch im Hinblick auf das Prinzip der Abstraktheit: Grundsätzlich wäre bspw. die gegenüber dem behandelnden Arzt erklärte Einwilligung auch dann wirksam, wenn der Bevollmächtigte den im Innenverhältnis geltenden Anordnungen zuwiderhandelt, d.h. gegen den Patientenwillen handelt. Insofern muss das rechtliche Können durch das

---

264 MünchKommBGB/*Schwab*, § 164 Rn. 9; *Wolf/Neuner*, AT des Bürgelichen Rechts, § 49 Rn. 8.

265 *Winterstein* in: Jürgens, BtR, § 164 BGB Rn. 1.

266 BGHZ 15, 249 (270); MünchKommBGB/*Schubert*, § 164 Rn. 88; Staudinger/*Schilken*, Vorbem zu §§ § 164 ff. BGB Rn. 38.

267 Soergel/*Leptien*, § 164 BGB Rn. 4; Staudinger/*Schilken*, Vorbem zu §§ 164 ff. BGB Rn. 38.

268 So auch *von Sachsen Gessaphe*, Der Betreuer, S. 277. Näher auch *Walter*, Vorsorgevollmacht, S. 191 („Die Person des Betroffenen ist kein Wirtschaftsgut, dessen Verfahrensfähigkeit über weite Distanzen hinweg gesichert werden müsste").

269 Im Zweifel muss der Patient die Einwilligung selbst gegenüber dem behandelnden Arzt erklären, sicherheitshalber gibt der Bevollmächtigte eine übereinstimmende Erklärung ab, so *Knittel*, Die Vorsorgevollmacht, S. 41.

270 OLG Stuttgart BtPrax 1994, 99 (100); AG Frankfurt a.M. FamRZ 2003, 476; Palandt/*Diederichsen*, Einf v § 1896 BGB Rn 8 (54. Auflage); im Ergebnis ebenso *Füllmich*, Der Tod im Krankenhaus, S. 99 ff.; *Rolf/Marschner* in: Jürgens, BtR, § 1904 BGB Rn. 2; *Lipp* in: Lipp, Vorsorgeverfügungen, § 16 Rn. 37 f.; *von Sachsen Gessaphe*, Der Betreuer, S. 277; *Spickhoff* AcP 208 (2008), 345 (386); *Uhlenbruck* MedR 1992, 134 (140).

271 *Müller* in: Limmer (u.a.), Würzburger Notarhandbuch, Teil 3 Kap 3 Rn. 21; *Meier*, Handbuch Betreuungsrecht, Rn. 244; *Bühler* FamRZ 2001, 1585 (1588); *Perau* MittRhNotK 1996, 285 (294).

272 Dies betrifft das Verhältnis der Einwilligungsstellvertretung gegenüber der Patientenverfügung nach § 1901a Abs. 1 BGB, siehe unter § 2 C. VI. 2. und unter § 2 C. VII.

rechtliche Dürfen entgegen der Abstraktheit von Vollmacht und Grundverhältnis beschränkt werden.[273]

Dass sich die rechtlichen Wirkungen der Stellvertretung in denjenigen Grenzen bewegen müssen, wie sie durch das Selbstbestimmungsrecht über die körperliche Unversehrtheit und andere höchstpersönliche Güter vorgezeichnet sind, spricht nicht gegen die analoge Anwendung der Stellvertretungsregelungen per se.[274] Zwar ist allgemein bekannt, dass ein generelles, schablonenhaftes Projizieren auf zentrale rechtsgeschäftliche Vorschriften bei der Einwilligung als geschäftsähnliche Handlung mit höchstpersönlichem Einschlag nicht sachgerecht erscheint.[275] Wer hierzu also den jeweiligen Wortlaut der betreffenden Normen im Sinne der hiesigen Stellvertretungskonstellation gedanklich auf die Probe stellt, begreift umgehend, dass sich eine analoge Anwendung einzelner Normen zum Teil eher ad absurdum darstellt, so etwa bei §§ 166 Abs. 1, 177, 178, 181 BGB. Bei anderen Normen ist dagegen zu ersehen, dass sie eine Art „Grundstock" zur Regelung der Stellvertretungssituation bieten, welcher auch für die Stellvertretung in einwilligungsspezifischen Angelegenheiten „gefiltert" und fruchtbar gemacht werden kann. In Entsprechung des Regelungsgehalts von § 164 Abs. 1 S. 1 BGB etwa, müsste die Einwilligungserklärung, die jemand innerhalb der ihm zustehenden Vertretungsmacht im Namen des Vertretenen abgibt, unmittelbar für und gegen den Vertretenen wirken. Dies erscheint nachvollziehbar, die rechtlichen Folgewirkungen[276] treffen den vertretenen Patienten so, als hätte er die Einwilligungserklärung selbst vorgenommen.[277] Kraft Natur der Situation einer stellvertretenden Einwilligung im Verhältnis gegenüber Dritten ist auch der Wille der Vertreterperson, im fremden Namen zu handeln und nicht für sich selbst, offensichtlich. Eine wertungsmäßige Gleichstellung gelingt auch im Anwendungsfall von § 167 Abs. 1 BGB bzw. § 166 Abs. 2 HS. 1 BGB: Die Einwilligungsvollmacht ist hiernach eine durch Rechtsgeschäft erteilte Vertretungsmacht, ihre Erteilung kann gegenüber dem zu Bevollmächtigenden oder dem Dritten, dem gegenüber die Vertretung

273 Vgl. hierzu auch *Truong*, Vorsorgevollmacht, S. 69 f., die einen solchen Missbrauchsfall aber in Ermangelung des tatsächlichen Bekanntwerdens gegenüber dem behandelnden Arzt in der Praxis als abwegig einstuft.

274 Vgl. Soergel/*Leptien*, § 164 BGB Rn. 4: „Eine Einschränkung ist bei der Einwilligung in höchstpersönliche Rechtsgüter zu machen; bei ihr muss die Selbstbestimmung des Rechtsgutsträgers respektiert werden und hat unter Umständen Vorrang."

275 Die zentralen Vorschriften der Rechtsgeschäftslehre passen nicht auf den Grundtypus der Einwilligung, vgl. MünchKommBGB/*Wagner*, § 823 Rn. 762, der sich aber nicht näher zu §§ 164 ff. BGB äußert.

276 Siehe auch *Lipp* in: Lipp, Vorsorgeverfügungen, § 16 Rn. 6: Stellvertretung bei der Ausübung von Rechten.

277 Die Einwilligung erstrebt und bewirkt als (faktische) Rechtsfolge die Rechtmäßigkeit einer sonst widerrechtlichen Beeinträchtigung des Rechtsguts, vgl. MünchKommBGB/*Schwab*, § 1904 Rn. 9, der die Einwilligung daher begrifflich als Willenserklärung einordnet, die Theorie der geschäftsähnlichen Handlung aber als praxisorientiert flexibler vorzieht. Ähnlich auch schon *Schwab* in: Festschr f Henrich, S. 511 (511, Fn. 4).

stattfinden soll, erfolgen.[278] Vornehmlich wird es sich dabei um eine als Innenvollmacht erteilte Vollmacht handeln.[279]

Mit den hier hervorgehobenen Regelungen, die bereits Grundlegendes zur Vollmachts- und Stellvertretungsdogmatik aufzeigen, kann die Analogiefähigkeit der §§ 164 ff. BGB bejaht werden, obgleich dies nicht generell, sondern nur in einzelnen Teilstücken bzw. in Absätzen und Halbsätzen sinnvoll erscheint.[280] Im Vergleich zur Einwilligungserklärung und dem Verhältnis ihrerseits zu den Vorschriften über Willenserklärungen ist diese Herangehensweise in Bezug auf die Einwilligungsvollmacht als privatautonomes Folgekonstrukt zur Einwilligung stringent.[281] Die §§ 164 ff. BGB können somit in Grundgedanken bzw. als Orientierungsparameter herangezogen werden und erlauben in zentralen Teilstücken auch eine analoge Anwendung auf den Fall dieser personalen Einwilligungsvollmacht. Den Wertungen des Selbstbestimmungsrechts kann über entsprechende Modifikationen Rechnung getragen werden.

Unabhängig von den Regelungen in §§ 164 ff. BGB existieren derweil auch weitere Lösungsmodelle, die das rechtliche Konstrukt der Einwilligungsvollmacht zu erklären versuchen: Hierzu gehört zum einen eine Art stellvertretungsangelehnte Konstruktion, deren dogmatische Grundlage in der Disposition des allgemeinen Persönlichkeitsrechts zur Überlassung für eine Ausübung durch einen Dritten[282] zu finden sein soll, zum anderen wird das Rechtsinstitut einer „Treuhand“[283] diskutiert.[284] Im Grunde geht es insoweit darum, die rechtstheoretisch effektivste Übertragungsform der Einwilligungsbefugnis zu bestimmen.[285] An der Praxis geht dieser Theorienstreit um ein rechtliches Konstrukt dagegen vorbei. Das liegt vor allem daran, dass nicht die Stellvertretungskonstellation an sich, sondern die Wirksamkeit der Einwilligung aus Gründen der Rechtfertigung des Eingriffs in das höchstpersönliche Rechtsgut von zentraler Bedeutung ist. In eben diese Wirksamkeitsprüfung sind die speziellen Anforderungen an eine Einwilligungsvollmacht mit einzubeziehen. Das, was also tatsächlich relevant ist für die Einwilligungsvollmacht, erschöpft sich vor allem in zwei Fragen: Erstens, die Frage zur Effizienz der Vollmacht gegenüber der rechtlichen Betreuung (§ 1896 Abs. 2 S. 2 BGB) sowie zweitens, die Frage zu Schriftform und Kon-

---

278 Davon selbstverständlich ausgehend *Kaiser* in: Ratzel/Luxenburger, Medizinrecht, § 13 Rn. 536 (2011); *Taupitz* in: Taupitz, Gutachten zum 63. DJT, D 139; *Quaas/Zuck*, Medizinrecht, § 68 Rn. 185; andere indirekt: *Zimmermann*, Vorsorgevollmacht, S. 40, 46 f.

279 *Quaas/Zuck*, Medizinrecht, § 68 Rn. 185.

280 In diese Richtung allgemein auch *Spickhoff* AcP 208 (2008), 345 (386).

281 §§ 305 ff., 138, 130 Abs. 2 BGB eignen sich bspw. zur entsprechenden Anwendung in Bezug auf Einwilligungen, siehe hierzu *Spickhoff* AcP 208 (2008), 345 (386) mit Verweis auf BGHZ 154, 205 = NJW 2003, 1588.

282 *Füllmich*, Der Tod im Krankenhaus, S. 103 ff., 120: Dieser zieht den Vergleich zum Cosima-Wagner Fall des BGH (BGHZ 15, 249), bei dem es um die partielle Ausübungsübertragung der urheberrechtlichen Bestandteile des allgemeinen Persönlichkeitsrechts an einem Tagebuch ging, weshalb auch die Befugnis, in ärztliche Maßnahmen einzuwilligen oder nicht einzuwilligen zur Ausübung an einen Dritten übertragen können werden muss. Siehe auch *Langenfeld*, Vorsorgevollmacht, S. 93.

283 *Truong*, Vorsorgevollmacht, S. 97 ff., 133 ff.

284 Nähere Auseinandersetzung mit beiden Modellen bei *Beetz*, Stellvertretung, S. 115 ff.

285 Vgl. zu den Übertragungsmodi schon *von Sachsen Gessaphe*, Der Betreuer, S. 268 f. sowie *Beetz*, Stellvertretung, S. 116 f.

kretisierung (§§ 1904 Abs. 5, 1906 Abs. 5 BGB) als inhaltlich-formale Voraussetzung(en) zur Wirksamkeit der Einwilligung, Nichteinwilligung oder zum Widerruf der Einwilligung in ärztliche Maßnahmen.[286] Die Selbstbestimmung und der Schutz des Vollmachtgebers stehen an vorderster Stelle, die rechtliche Konstruktion an sich ist insoweit weniger von Belang.[287]

cc) Keine Regelung im Innenverhältnis?

Anders als in vermögensspezifischer Hinsicht wurde für den gesundheitsspezifischen Bereich zum Teil angemerkt, dass eine isolierte Vollmacht insofern denkbar sei, als dass die Entscheidungen über medizinische Maßnahmen im Innenverhältnis durchaus von reinem Gefälligkeitshandeln getragen werden können.[288] Hiergegen und für die Annahme eines Rechtsbindungswillens spricht jedoch, dass es um erhebliche Interessenbelange geht, die die Autonomie und Menschenwürde des Vollmachtgebers tangieren und darüber hinaus die Kompensation der zukünftig fehlenden Selbstbestimmungsfähigkeit betreffen.[289] Somit ist auch hier im Grundsatz von einem verbindlichen Auftragsverhältnis auszugehen.[290] Das Besondere der gesundheitsspezifischen Vollmacht ist nun, dass ihr zugleich der (vorweggenommene) Patientenwille zugrundeliegt, die Patientenverfügung also bspw. als Teil des Grundverhältnisses zu verstehen ist.[291] Dann ist aber die viel wesentlichere Frage betroffen, wie sich das Fehlen einer Patientenverfügung auf die Stellung des Vorsorgebevollmächtigten auswirkt. Die einen gehen davon aus, dass eine derartig „isolierte" Vollmacht[292] nicht dazu legitimieren kann, einen Behandlungsabbruch bzw. die Versagung einer medizinischen Maßnahme (darum geht es überwiegend) durchzusetzen, da es die Höchstpersönlichkeit nicht zulasse eine solche Entscheidung (faktisch vollständig) einem Bevollmächtigten zu überlassen.[293] Da aber das Gesetz die Stellvertretung im personalen und gesundheitsspezifischen Bereich erlaubt und eine zwingende Verknüpfung von Vollmacht und Patientenverfügung nicht vorgesehen ist – etwas anderes lässt sich den §§ 1901a ff. BGB gerade nicht entnehmen – ist es nicht einzusehen, warum einem

286 BGH FamRZ 2016, 1671 = NJW 2016, 3297 (LS); MünchKommBGB/*Schwab*, § 1904 Rn. 70, 72. Siehe zum Konkretisierungs- und Formerfordernis § 2 A. III. 2. b) aa); § 3 A. II. 1. a).

287 Vgl. auch *Beetz*, Stellvertretung, S. 116. Ein ähnliches Problem stellt sich auch bei der dogmatischen Konstruktion der Bevollmächtigung zur postmortalen Einwilligung in eine Organspende, vgl. *Weber* in: Höfling, § 4 TPG Rn. 55; *Borowy*, Organentnahme, S. 186 ff.

288 Siehe *Walter*, Vorsorgevollmacht, S. 112.

289 So *Brauer*, Autonomie und Familie, S. 44 f., 50.

290 Siehe auch *Brauer/Lipp* MedR 2016, 231 (233).

291 Vgl. *Lipp*, Patientenautonomie und Lebensschutz, S. 32 (35).

292 Da davon auszugehen ist, dass ein Grundverhältnis besteht, ist die Vollmacht nur „isoliert" im Verhältnis zu einer (nicht existierenden) Patientenverfügung.

293 Eine solche pauschale Befugnis ablehnend: *Duttge*, Preis der Freiheit, S. 70 ff.; differenzierter: *Sternberg-Lieben* in: Festschr f Lenckner, S. 349 (367 f.) [völlige Ungebundenheit des Patientenvertreters, d.h. eine Entscheidung nach „eigenen Wertmaßstäben", stünde im Widerspruch zur Selbstbestimmung des Vertretenen und zur Höchstpersönlichkeit dessen Entscheidung]; anzweifelnd auch: *Renner* in: Münch, FamR in der Notar- und Gestaltungspraxis, § 16 Rn. 190; ebenso *Reetz* in: Grandel/Stockmann, FamR, Nr. 269 Rn. 13.

Vorsorgebevollmächtigten nur in Abhängigkeit zu einer vorhandenen Patientenverfügung diese Entscheidungsbefugnis zustehen solle.[294] Auch ein Betreuer muss ggf. ohne Vorhandensein eines ausdrücklichen (ggf. mündlich bekundeten) Patientenwillens auf Grundlage des mutmaßlichen Willens entscheiden (§ 1901a Abs. 2 BGB) oder – sofern sich dieser nicht ermitteln lässt – seine Entscheidung auf Grundlage von § 1901 Abs. 2 S. 1 BGB am subjektiv verstandenen Wohl des Patienten ausrichten.[295] Diese Grundsätze gelten gleichermaßen für den Vorsorgebevollmächtigten: Ist ihm ausdrücklich die Entscheidungsbefugnis für diese Angelegenheiten eingeräumt worden, so ist der Bevollmächtigte durch diese Delegation auch ohne zwingendes Vorliegen einer Patientenverfügung berechtigt, über notwendige Behandlungsmaßnahmen für den Betroffenen zu entscheiden, wie sie in der jeweiligen Lebens- und Behandlungssituation seinem mutmaßlichem Willen (bzw. seinem Wohl) entsprechen.[296] Der Patientenwille, der als Weisung gemäß § 665 BGB im Innenverhältnis anzusehen ist,[297] sollte daher im besten Falle auch bekannt sein – er füllt das zugrunde liegende Auftragsverhältnis aus und definiert es.[298] Den Umfang der Bindung an den Patientenwillen bestimmt der Patient dabei selbst: Eine förmliche Patientenverfügung (§ 1901a Abs. 1 BGB) muss dem Stellvertreter dazu nicht zwingend in die Hände gelegt werden.[299] Angesichts der Unsicherheiten, die für die Beteiligten ohne nähere Anhaltspunkte zum Behandlungswillen aufkommen können – weil dieser weder schriftlich fixiert, noch besprochen wurde oder sich konkludent aus anderen Umständen herleiten lässt –, sollte eine insoweit „isolierte" Bevollmächtigung jedoch nicht beabsichtigt werden.[300] Diese Unsicherheit würde im Extremfall dazu führen, dass sich rein objektive Interessenerwägungen durchsetzen, um eine sachgerechte Entscheidung im situativen Behandlungskontext zu finden. Ein Bevollmächtigter ohne jedweden Zugang zum Patientenwillen wäre für den Ausgang der Entscheidung praktisch überflüssig, denn dasselbe Ergebnis, d.h. eine Entscheidung nach den objektiven Kriterien zum Wohle des Patienten, wäre auch ohne sein Mitwirken zustande gekommen.

294 Vgl. BT-Drucks. 16/8442, S. 15; klarstellend: BGH NJW 2014, 3572 ff. und zuletzt BGH FamRZ 2016, 1671 (1676) [Rz. 40, 42]: Es kann sogar festgelegt werden, dass eine (vorhandene) Patientenverfügung nicht unmittelbar gelten soll, sondern der Bevollmächtigte immer die Entscheidung über die Behandlung zu treffen hat, selbstverständlich aber: auf Grundlage des mutmaßlichen Willens bei entsprechendem Entscheidungsspielraum. Siehe auch *Albrecht/Albrecht* MittBayNot 2015, 110 (113).

295 *Wedlich* BtPrax 2014, 60 (62). Denkbar ist ebenso, ausschließlich objektive Kriterien heranzuziehen (dann: in dubio pro vita), wie bspw. im Fall der Übernahme der Berufsbetreuung eines fortgeschrittenen Dementen ohne jegliche Angehörige oder Vertrauenspersonen, siehe *Grotkopp* BtPrax 2015, 39 (42).

296 *Albrecht/Albrecht*, Die Patientenverfügung, Rn. 186; *Lipp* notar 2014, 111 (112).

297 Vgl. BT-Drucks. 16/8442, S. 17.

298 So auch *Sternberg-Lieben* in: Festschr f Lenckner, S. 349 (368).

299 *Lipp* notar 2014, 111 (112).

300 Im Ergebnis auch: *Sternberg-Lieben* in: Festschr f Lenckner, S. 349 (367, dort Fn. 87) und (368).

II. Adressaten- und Beteiligtenkreis

Dass die Vorsorgevollmacht in ihrem Grundgerüst von einem Innen- und einem Außenverhältnis geprägt ist und sich an juristischen Vorgaben auszurichten hat bzw. nicht nur in Themenbereiche des Vermögens, sondern auch der Gesundheit dringt, führt insgesamt dazu, dass von ihren Regelungsdimensionen verschiedene Personen und Institutionen betroffen und angesprochen sind. Auf diese Weise ergibt sich auf den jeweiligen Ebenen rund um die Vorsorgevollmacht ein entsprechender Adressaten- und Beteiligtenkreis.[301]

1. Information und Rechtsberatung

Das Vorfeld der Erteilung einer Vorsorgevollmacht ist typischerweise durch das Einholen von Informationen und Rechtsrat gekennzeichnet. Über die Justizverwaltungen von Bund und Ländern stehen bspw. Informationsbroschüren, Musterformulare und sonstiges Material zur Verfügung. Zahlreiche Angebote lassen sich auch über das Internet, die Stadtverwaltungen, Kirchen oder über soziale Einrichtungen ausfindig machen.[302] Sofern der Vorsorge-Entschlossene jedoch nicht eigenständig mit Hilfe dieses Informationsmaterials zur Errichtung einer Vorsorgevollmacht gelangen kann oder will – evtl. angesichts seiner Unsicherheit über die Anzahl an Textmustern und Gestaltungsmöglichkeiten oder der sich andeutenden juristischen Komplexität seines Falles –, wird eine individuelle rechtliche Beratung unumgänglich.[303] Hieran sind an vorderster Stelle die rechtsberatenden Berufe beteiligt: Namentlich Rechtsanwälte mit entsprechenden Fachkenntnissen (§ 3 Abs. 1 BRAO) sowie Notare (§ 1 BNotO).[304] Speziell im Bereich der Vorsorgevollmacht sind aber auch anerkannte Betreuungsvereine (§ 1908f Abs. 4 BGB) zur Rechtsberatung befugt.[305] Diese sind sozialen Einrichtungen wie der Arbeiterwohlfahrt, der Diakonie oder der Caritas angeschlossen.[306] Den Vereinen ist es im Einzelfall gestattet, bei der Erstellung einer Vorsorgevollmacht beratend tätig zu werden und hierfür auch eine Vergütung mit dem Ratsuchenden zu vereinbaren.[307] Sowohl die Rechtsberatung an sich als auch die Vergütung stehen im eigenen Ermessen des Vereins, was sich wohl oftmals auch anhand der Qualifikation des Personals entscheiden wird.[308] Betreuungsbehörden können dagegen keine individuelle Rechtsberatung erteilen, sie sollen lediglich i.S.d. § 6 Abs. 1 S. 2 BtBG in Form der Öffentlichkeitsarbeit, etwa durch Werbung und Veranstaltungen, zur Förderung der Aufklärung und Beratung über Vollmachten allgemein beitragen.[309] So-

---

301 Vgl. auch *Spalckhaver* in: Lipp, Vorsorgeverfügungen, § 12 Rn. 5 ff.
302 Vgl. *C.Bienwald* FPR 2012, 28 (30).
303 So auch *Renner* in: Münch, FamR in der Notar- und Gestaltungspraxis, § 16 Rn. 1.
304 *Offermann-Burckart* in: Krenzler, § 3 RDG Rn. 44 f., 49.
305 *Zimmermann* in: Damrau/Zimmermann, BtR, § 1896 BGB Rn. 104.
306 *Breidenstein*, Pflegerecht, S. 53.
307 BT-Drucks. 15/2494, S. 31; *A.Roth* in: Dodegge/A.Roth, BtKomm, C 10.
308 Vgl. *Zimmermann*, Vorsorgevollmacht, S. 41.
309 *Dodegge* in: Dodegge/A.Roth, BtKomm, J 71; *Kuhrke* in: Fröschle, Betreuungs- und Unterbringungsverfahren, § 6 BtBG Rn. 15 (Fn. 8); a.A.: *Winterstein* in: Jürgens, BtR, § 6 BtBG Rn. 9.

mit sind sie nicht berechtigt, eine Vorsorgevollmacht für den Einzelnen zu entwerfen.[310] Auch für Betreuungsgerichte gilt gem. § 278 Abs. 2 S. 2 FamFG lediglich eine Hinweispflicht bzgl. der Möglichkeit der Errichtung einer Vorsorgevollmacht.[311]

2. Vollmachtserklärung

Ist die Vorsorgevollmacht erklärt, richtet sich ihr Regelungsgehalt an die im Außenverhältnis stehenden Personen. Vornehmlich ist also der Rechtsverkehr angesprochen, dessen Adressatenkreis je nach inhaltlichem Einsatzgebiet der Vollmacht divergiert: Potentielle Geschäftspartner, Banken, Ärzte, Krankenhäuser und Pflegeheime, aber auch Behörden und sonstige Institutionen gehören zu den Adressaten der Vollmachtserklärung.[312] Mittelbar ist der Regelungsgehalt natürlich auch an das Betreuungsgericht adressiert, das sich evtl. von der Wirksamkeit der Vollmacht unter der zu prüfenden Fragestellung der Betreuungsvermeidung zu überzeugen hat.[313]

3. Grundverhältnis

Gleiches gilt in Bezug auf das Grundverhältnis: Auch hier hat das Betreuungsgericht ggf. zu prüfen, ob die Regelung im Innenverhältnis wirksam ist und aus betreuungsvermeidendem Anlass getroffen wurde.[314] Beteiligt sind am Vorsorge-Grundverhältnis sodann der Vollmachtgeber sowie sein auserwählter Bevollmächtigter, evtl. auch seine Bevollmächtigten.[315] Neben diesen Hauptbeteiligten können auch noch weitere Personen einbezogen werden, welche bspw. als Verwahr- oder Aushändigungspersonen (hier vor allem der Notar) bzw. als Gutachterpersonen (Hausarzt, Neurologe, Gerontolge) agieren, d.h. quasi als „Hilfsbeteiligte" dafür sorgen, dass die Voraussetzungen des Vollmachtsgebrauchs geschaffen werden.[316] Ob Hilfsbeteiligte involviert sind, hängt insoweit von der rechtlichen Ausgestaltung ab.

III. Inhaltliche Ausgestaltung und möglicher Umfang

Die Gestaltungsmodalitäten der Vorsorgevollmacht richten sich in Reichweite und Regelungsdichte an den individuellen Verhältnissen und persönlichen Vorstellungen des Einzelnen aus. Vor dem Hintergrund der Vermeidung einer Betreuung muss sowohl die Gestaltung des Umfangs als auch die inhaltliche Ausgestaltung mit Bedacht

310 *Heinemann* in: Grziwotz/Heinemann, § 20a BeurkG Rn. 2.

311 Zu einem faktischen Beratungs"recht" für den betreffenden Richter oder Rechtspfleger im Rahmen einer hinweisenden Erörterung vgl. *Zimmermann* in: Damrau/Zimmermann, BtR, § 278 FamFG Rn. 26; *Zimmermann*, Vorsorgevollmacht, S. 41.

312 *Meier* BtPrax 2002, 184 (187).

313 *Spalckhaver* in: Lipp, Vorsorgeverfügungen, § 12 Rn. 9.

314 *Spalckhaver* in: Lipp, Vorsorgeverfügungen, § 12 Rn. 7.

315 Haupt-, Kontroll- oder Ersatzbevollmächtigte, siehe *Spalckhaver* in: Lipp, Vorsorgeverfügungen, § 12 Rn. 6.

316 Vgl. hierzu *Spalckhaver* in: Lipp, Vorsorgeverfügungen, § 12 Rn. 6.

aufeinander abgestimmt sein, um zu erreichen, dass sämtliche erledigungs- und regelungsbedürftigen Angelegenheiten erfasst sind – anderenfalls könnte eine Betreuung trotz erteilter Vollmacht anzuordnen sein.[317]

1. Erfassbare Angelegenheiten

Bei der Ein- und Unterteilung der in einer Vorsorgevollmacht erfassbaren Angelegenheiten kann zunächst ein vielseitiges Begriffsspektrum dokumentiert werden. Ähnlich wie bei der Vormundschaft und bei der rechtlichen Betreuung lassen sich die Angelegenheiten aber schließlich in zwei große Tätigkeitsfelder unterscheiden. Gemeint sind die Angelegenheiten der Vermögens- und der Personensorge i.w.S. einhergehend mit der Sorge im personalen Bereich bzw. kurzum: solche mit vermögensrechtlichem und nicht-vermögensrechtlichem Bezug.

a) Vermögensrechtliche Angelegenheiten

aa) Vermögenssorge

Der Vermögensbereich, der möglichst eingehend durch die Vertretung abgedeckt werden sollte, umfasst im Wesentlichen sowohl die Verwaltung des beweglichen und unbeweglichen Vermögens als auch Verfügungen hierüber.[318] Hierher gehört also das Recht, Erklärungen aller Art abzugeben und entgegenzunehmen, geschäftsähnliche Handlungen vorzunehmen, Zahlungen und Wertgegenstände anzunehmen, Verbindlichkeiten einzugehen sowie das Recht, Sachen und Rechte zu erwerben oder zu veräußern und Rechte jeglicher Art zu bestellen, zu übertragen, zu kündigen, aufzugeben oder in sonstiger Weise über sie zu verfügen.[319] Auch Wohnungsangelegenheiten wie das Recht, ein betreffendes Mietverhältnis zu beenden oder neu zu begründen zählen hierzu.[320] Schließlich vollziehen sich Anmietung und Kündigung einer Wohnung oder eines Heimplatzes genauso wie die Anschaffung oder Entsorgung von Hausrat (Haushaltsauflösung) auf vermögensrechtlicher Grundlagenebene.[321] Gleiches gilt für Postsendungen sowie den gesamten Telekommunikationsbereich: Sofern Rechtsbeziehungen betroffen sind, durch die der Vollmachtgeber als Kunde mit entsprechenden Unternehmen in Verbindung steht, so sind diesbezügliche Vertreterhandlungen der Rubrik der Vermögenssorge zuzuordnen.[322]

317 *Jurgeleit* in: Jurgeleit, BtR, § 1896 BGB Rn. 68. Fallgruppen bei *Zimmermann* in: Damrau/Zimmermann, BtR, § 1896 BGB Rn. 124 ff.

318 *Kropp* FPR 2012, 9 (9).

319 *Müller* in: Limmer (u.a.), Würzburger Notarhandbuch, Teil 3 Kap. 3 Rn. 10; *M. Winkler*, Vorsorgeverfügungen, S. 41.

320 *M. Winkler*, Vorsorgeverfügungen, S. 41.

321 *Lipp* in: Lipp, Vorsorgeverfügungen, § 16 Rn. 125 f.: Ein personaler Bezug entsteht nur dort, wo Teile der wohnungseigenen Privatssphäre betroffen sind, vornehmlich im Hinblick auf das Hausrecht; vgl. auch *Breidenstein*, Pflegerecht, S. 51.

322 *Lipp* in: Lipp, Vorsorgeverfügungen, § 16 Rn. 122.

bb) Sonstige vermögensähnliche Angelegenheiten

Zu den sonstigen Angelegenheiten, die vermögensrechtliche Bezüge haben bzw. vermögensähnlich eingeordnet werden können, gehört bspw. die Vertretung in Geld-, Renten-, Versicherungs-, Sozial-, Bank- und Steuerangelegenheiten, meint aber auch die Vertretung gegenüber Gerichten,[323] Behörden, Notariaten und sonstigen öffentlichen Stellen.[324]

b) Nicht-vermögensrechtliche Angelegenheiten (Personensorge i.w.S./Personaler Bereich)

Ein besonders sensibler, weil grundrechtstangierender Bereich ist in den personalen Angelegenheiten zu sehen, durch welche das rechtliche Fassungsvermögen der privaten Vorsorge-Gestaltung in den letzten 20 Jahren stetig erweitert worden ist.

aa) Personensorge i.e.S.: Gesundheitsfürsorge

Den bedeutsamsten Teil des nicht-vermögensrechtlichen, personalen Bereichs bildet der Aufgabenkreis der Personensorge i.e.S. In dieser Aufgaben-Oberrubrik vermischen sich rein medizinische Angelegenheiten, welche die Schutzgüter „Gesundheit" und „Leben" tangieren, mit solchen Angelegenheiten, die zwar einen personensorgerechtlichen Einschlag haben und auch in gesundheitlichem Kontext stehen, aber überwiegend das Schutzgut der „Freiheit" betreffen.[325] Die unterschiedlichen Angelegenheiten, vergegenwärtigt man sich, dass diese im Einzelnen zwingend ausdrücklich und konkret zu benennen sind (§§ 1904 Abs. 5, 1906 Abs. 5 BGB), lassen sich auf diese Weise zutreffend unter der Gesamt-Rubrik „Gesundheitsfürsorge"[326] zusammenfassen.[327] Bei den Entscheidungen und Erklärungen, die stellvertretend für den einwilligungsunfähigen Betroffenen abzugeben sind, gilt es zu beachten, dass diese (grundsätzlich) dem Genehmigungsvorbehalt durch das Betreuungsgericht unterstellt sind (§§ 1904 Abs. 5 i.V.m. Abs. 1 u. 2 BGB, § 1906 Abs. 5 i.V.m. Abs. 2, 3a BGB), sodass eine Genehmigung initiierend durch den Bevollmächtigten eingeholt werden muss, bevor er in etwaige Maßnahmen einwilligen kann.[328] Innerhalb der Gesund-

---

323 Gerichte der freiwilligen und der ordentlichen Gerichtsbarkeit (hierzu § 51 Abs. 3 ZPO), sowie der Arbeits-, Finanz-, Sozial- und Verwaltungsgerichtsbarkeit.

324 Vgl. *Reetz* in: Heckschen (u.a.), Beck'sches Notar-Handbuch, F 182 f.; *Keim* in: Scherer, Münchener Anwaltshandbuch Erbrecht, § 44 Rn. 4; *M. Winkler*, Vorsorgeverfügungen, S. 41.

325 Vgl. § 1906 Abs. 5 i.V.m. Abs. 1 Nr. 2 oder Abs. 3 BGB.

326 Vgl. MünchKommBGB/*Schwab*, § 1906 Rn. 116; *Müller* ZEV 2013, 304 (306).

327 Aufgabenspezifische Differenzierungen sind aber im Hinblick auf die gerichtliche Betreuungsanordnung erforderlich; ein allgemeiner Gesamtbereich ohne näheres Eingehen auf einzelne Aufgaben ist nicht denkbar, vgl. MünchKommBGB/*Schwab*, § 1906 Rn. 116. Gleichgeschaltet gilt dies auch für die Vorsorge-Bevollmächtigung.

328 Im Anwendungsbereich von § 1904 Abs. 1 u. 2 BGB kann das Genehmigungserfordernis entfallen, sofern ein Einvernehmen zwischen Bevollmächtigten und behandelndem Arzt darüber besteht, dass die geplante Maßnahme vom Patientenwillen gedeckt ist (§ 1904 Abs. 5 i.V.m. Abs. 4 BGB). Für Maßnahmen i.S.d. § 1906 BGB ist eine Genehmigung zwingend einzuholen, Ausnahmen bestehen lediglich bei Gefahr im Verzug, bei der die Genehmigung aber unverzüglich nachzuholen ist (§ 1906 Abs. 2 BGB).

heitsfürsorge kann daher ein enormer Aufwand an Arbeit und eine große Verantwortung für den Bevollmächtigten entstehen.[329] In Reduktion auf die rechtsgestalterische Fragestellung – das Genehmigungsverfahren kann keineswegs privatautonom abbedungen werden[330] – soll hier schlicht ein Überblick über die Tragweite der Aufgabenfelder an sich gegeben werden.

(1) Medizinische Maßnahmen (Gesundheitsangelegenheiten)

(a) Untersuchung des Gesundheitszustands, Heilbehandlung, ärztlicher Eingriff

Zunächst ergibt sich aus §§ 1904 Abs. 5 S. 2 i.V.m. Abs. 1 S. 1 BGB, dass der Bevollmächtigte befugt ist, die Einwilligung in Untersuchungen des Gesundheitszustands, in Heilbehandlungen und in ärztliche Eingriffe jeglicher Art vorzunehmen. Dies gilt ausdrücklich für besonders riskante und lebensgefährliche Maßnahmen. Da medizinische Maßnahmen typischerweise gewisse Risiken mit sich bringen, lässt sich nur im Einzelfall und in Bezug auf den gesundheitlichen Zustand der betroffenen Person sowie im medizinischen Gesamtzusammenhang ermitteln, wie konkret und nahe liegend die Möglichkeit eines Versterbens oder eines Schadenseintritts einzuordnen ist.[331]

Im Allgemeinen gehören zu den Untersuchungsmethoden bspw. einfache Blutdruck-Messungen, Funktionsprüfungen der Atmung und des Kreislaufs, oder bakteriologische, virologische und morphologische Analysen,[332] weiter aber auch die Herzkatheterisierung und Untersuchungen am Gehirn oder Rückenmark.[333] Maßnahmen, die die Gesundheit des Vollmachtgebers wiederherstellen, Krankheitsfolgen lindern und Verschlimmerungen vorbeugen sollen, können unter den Begriff der Heilbehandlungen subsumiert werden und umfassen bspw. chirurgische, internistische Maßnahmen einschließlich der Anästhesie oder auch psychiatrische und zahnärztliche Tätigkeiten.[334] Ebenso zählen die Verabreichung von Medikamenten, insbesondere die Behandlung mit Psychopharmaka, und gleichwohl die Dauerkatheterisierung der Harnblase hierher.[335] Als sonstige ärztliche Eingriffe lassen sich solche verstehen, die keinen Heilzweck verfolgen, etwa Schönheitsoperationen.[336]

---

329 Vgl. auch *Doering-Striening* in: Richter (u.a.), Seniorenrecht, § 4 Rn. 126; insbesondere bei Entschluss zu einer Zwangsbehandlung: *Marschner* in: Jürgens, BtR, § 1906 BGB Rn. 36; *Thar* BtPrax 2013, 91 (93 f.).

330 BVerfG FamRZ 2015, 1365 m. Anm. *Schwab* (FamRZ 2015, 1357); BGH FamRZ 2012, 1372 = Btprax 2012, 206.

331 Vgl. *Marschner* in: Jürgens, BtR, § 1904 BGB Rn. 5.

332 Staudinger/*W.Bienwald*, § 1904 BGB Rn. 53; *Loth.Schreiber* FamRZ 1991, 1014 (1015 f.).

333 *Marschner* in: Jürgens, BtR, § 1904 BGB Rn. 6.

334 Erman/*A.Roth*, § 1904 BGB Rn. 14 f.; *Kieß* in: Jurgeleit, BtR, § 1904 BGB Rn. 36; MünchKommBGB/*Schwab*, § 1904 Rn. 23.

335 *Kieß* in: Jurgeleit, BtR, § 1904 BGB Rn. 39 f.; *Reetz* in: Grandel/Stockmann, FamR, Nr. 269 Rn. 23.

336 Vgl. BT-Drucks. 11/4528, S. 71; MünchKommBGB/*Schwab*, § 1904 Rn. 23.

(b) Lebenserhaltende/ -verlängernde Maßnahmen und Behandlungsverzicht

Darüber hinaus ist dem Bevollmächtigten seit Inkrafttreten des 3. BtÄndG[337] am 01.09.2009 (auch als „Patientenverfügungsgesetz“ bezeichnet) gemäß §§ 1904 Abs. 5 S. 2 i.V.m. Abs. 2 BGB ausdrücklich die Nichteinwilligung oder der Widerruf einer erteilten Einwilligung in Untersuchungen des Gesundheitszustands, in Heilbehandlungen oder ärztliche Eingriffe jeglicher Art erlaubt, obwohl diese medizinisch angezeigt wären. Gemeint ist hier das Unterlassen oder Abbrechen von medizinischen Maßnahmen, sodass gerade auch Entscheidungen über lebensverlängernde bzw. lebenserhaltende Maßnahmen und somit über den „Behandlungsabbruch“, der nunmehr zutreffender als Behandlungsverzicht auf die (weitere) Durchführung von lebensverlängernden bzw. lebenserhaltenden Behandlungsmaßnahmen zu verstehen ist,[338] einer gesetzlichen Regelung zugeführt wurden.[339] Die Befugnis des Bevollmächtigten kann demnach also die Versagung der Durchführung von einschlägigen Operationen (Amputationen, Transplantationen) sowie von Maßnahmen der Reanimation, der Dialyse, der Bekämpfung von Infektionserkrankungen oder Lungenentzündung und ebenfalls auch von Maßnahmen, die eine künstliche Flüssigkeits- und Nahrungszufuhr (Magensonde/ PEG-Sonde) betreffen, umfassen.[340]

(2) Aufenthaltsbestimmung und Freiheitsentziehung

Als dem Bereich der Personensorge i.e.S. angehörend, wenn auch vielfach im Zusammenhang mit der gesamten medizinischen Situation stehend, sind aufenthaltsbestimmungsrechtliche Maßnahmen zu nennen.

(a) Allgemein

Das heißt allgemein zunächst, dass der Bevollmächtigte befugt werden kann, den Aufenthaltsort des Vollmachtgebers gegenüber Dritten zu bestimmen.[341] Anders stellt sich die Rechtslage dar, wenn es um die Bestimmung gegenüber dem Betroffenen selbst geht: Der Akt zur „Auswahl eines Ortes“ kann als bloßes, selbstbestimmtes Realhandeln nicht durch einen Bevollmächtigten für und gegen den Betroffenen vorgenommen werden. Die Bestimmungsbefugnis über die eigene Person kann also kei-

---

337 Gesetz vom 29.07.2009, BGBl. I S. 2286.

338 *Lipp* FamRZ 2010, 1555 (1556) [Anm. zu BGH FamRZ 2010, 1551 „Fuldaer Fall“]; *Heyers*, Passive Sterbehilfe, S. 23 ff. Nähere Ausführungen hierzu im Kontext der Patientenverfügung, siehe § 2 C. V. 2.

339 Vgl. MünchKommBGB/*Schwab*, § 1904 Rn. 1, 3, 37.

340 BT-Drucks. 16/8442, S. 18; *Spickhoff* in: Spickhoff, MedR, § 1904 BGB Rn. 11.

341 Einräumung des Aufenthaltsbestimmungsrechts durch privatrechtliche Vollmacht möglich, vgl. MünchKommBGB/*Schwab*, § 1896 Rn. 96.

nem Dritten auf rechtsgeschäftlichem Weg eingeräumt werden.[342] Das liegt daran, dass eine Bestimmungsbefugnis zugleich Zwangsbefugnis wäre, sofern der Betroffene bewussten Widerstand gegen die (Fremd-)Bestimmung zeigt.[343] Insofern würde es einer gesetzlichen Regelung bedürfen, die ausdrücklich solche Zwangsbefugnisse im Bereich privater Vorsorge für zulässig erklärt.[344] Geht es also bspw. darum, den gebrechlichen Vollmachtgeber zu einer Geburtstags- oder Vereinsfeier zu bringen, einen Spaziergang (im Rollstuhl) oder einen Wochenend-Ausflug zu veranlassen, dann kann diese „Bestimmung“ im Normalfall nicht als Fremdbestimmung über die Person und ihre Freiheit gewertet werden; schließlich ist davon auszugehen, dass eine solche „Bestimmung“ vom ausdrücklichen oder jedenfalls vom mutmaßlichen Willen des Betroffenen getragen wird. Auf diesen tatsächlichen Bereich wirkt sich das Institut der Vorsorgevollmacht daher nicht aus, es sei denn im Innenverhältnis werden Wünsche zur Lebensgestaltung vermerkt, die bestimmte Unternehmungen und damit auch eine Art von „Aufenthaltswunsch“ beinhalten.[345]

(b) Maßnahmen der freiheitsentziehenden Unterbringung

Zum klassischen und vorsorgerechtlich relevanten Fall einer Aufenthaltsbestimmung zählt vielmehr die Unterbringung.[346] Begrifflich ist von einer Unterbringung dabei nur zu sprechen, wenn der Aufenthalt gegen den Willen[347] des Betroffenen geschieht, also mit einer Freiheitsentziehung[348] verbunden ist.[349] Die an sich gegebene körperliche und persönliche Bewegungsfreiheit muss dabei nach allen Seiten hin aufgehoben sein.[350] Anders liegt es, wenn die Wahl eines Aufenthaltsortes auf freiwilliger Basis

342 Anders für einen rechtlichen Betreuer, hierzu *Lipp*, Freiheit und Fürsorge, S. 94 ff., 108, 202 f. Näher noch *Lipp* in: Lipp/ Vorsorgeverfügungen, § 16 Rn. 8 ff.

343 Problem der Selbstentmündigung, vgl. *Lipp*, Freiheit und Fürsorge, S. 206.

344 Vertiefend *Lipp*, Freiheit und Fürsorge, S. 203 ff. mit Blick auf die bis dato ungeregelten Zwangsbefugnisse im Bereich der freiheitsentziehenden Unterbringung.

345 Vgl. *Ramstetter* in: Bonefeld/Wachter, Der Fachanwalt für ErbR, § 21 Rn. 16 (mit Anraten der schriftlichen Fixierung solcher konkreten „Aufenthalts“-fragen bzw. -wünsche). Erman/*A.Roth*, § 1906 BGB Rn. 5.

346 Erman/*A.Roth*, § 1906 BGB Rn. 5.

347 Wenn der Patient bewusstlos ist oder keinen bewussten, „natürlichen“ Willen mehr bilden kann, etwa ein Komapatient oder ein sehr gebrechlicher Patient, der infolge seines geistigen Verfalls unfähig ist, sich willentlich und bewusst fortzubewegen, so wird der Aufenthalt zwar ohne, aber nicht gegen seinen Willen bestimmt. Eine Freiheitsentziehung ist hier zu verneinen, siehe OLG Hamm FamRZ 1994, 1270 (1271); Erman/*A.Roth*, § 1906 BGB Rn. 6; *Kieß* in: Jurgeleit, BtR, § 1906 BGB Rn. 8; *Lipp* in: Lipp, Vorsorgeverfügungen, § 16 Rn. 98.

348 Gesetzliche Definition in § 415 Abs. 2 FamFG: Eine Freiheitsentziehung liegt vor, wenn einer Person gegen ihren Willen oder im Zustand der Willenlosigkeit insbesondere in einer abgeschlossenen Einrichtung, wie in einem Gewahrsamsraum oder einem abgeschlossenen Teil eines Krankenhauses, die Freiheit entzogen wird.

349 Vgl. BVerfG BtPrax 2016, 182 (186) m. Anm. *Loer/Brosey*; BT-Drucks. 11/4528, S. 146; Erman/*A.Roth*, § 1906 BGB Rn. 7 m.w.N.

350 BVerfG NVwZ 2011, 743 (746); *Dodegge* in: Dodegge/A.Roth, BtKomm, G 9.

stattfindet, bspw. in einem Altenheim, das der Betroffene jederzeit verlassen kann.[351] Die Einweisung in ein Krankenhaus oder eine Anstalt in Zusammenhang mit einer Freiwilligkeitserklärung der betroffenen Person ist daher rechtsbegrifflich keine Unterbringung.[352]

Maßgeblich ist insofern der Eingriff in die Fortbewegungsfreiheit des Betroffenen im Sinne einer Aufenthaltsbestimmungsfreiheit, sodass die Abgabe einer Einwilligungserklärung erforderlich ist.[353] Eben diese Einwilligungserklärung ist sodann stellvertretend für den selbst nicht einwilligungsfähigen Betroffenen abzugeben. Die freiheitsentziehende Unterbringung, d.h. die Unterbringung als das „Einsperren" des Betroffenen in ein geschlossenes Krankenhaus, eine andere geschlossene Einrichtung oder in den abgeschlossenen Teil einer solchen Einrichtung,[354] kann daher als unterbringungsrechtliche Angelegenheit zum Inhalt einer Vorsorgevollmacht gemacht werden, vgl. § 1906 Abs. 5 i.V.m. Abs. 1 BGB. Eine solche mit Freiheitsentziehung verbundene Unterbringung kommt in Betracht, sofern und solange sie zum Wohl des Vollmachtgebers erforderlich ist. Damit ist gemeint, dass aufgrund einer psychischen Krankheit oder geistigen oder seelischen Behinderung die Gefahr für den Betroffenen besteht, dass er sich selbst tötet oder einen erheblichen gesundheitlichen Schaden zufügt (vgl. § 1906 Abs. 5 i.V.m. Abs. 1 Nr. 1 BGB). Des Weiteren kann eine Unterbringung zu seinem Wohl erforderlich werden, weil eine Untersuchung des Gesundheitszustands, eine Heilbehandlung oder ein ärztlicher Eingriff notwendig ist, die aber ohne die Unterbringung des Vollmachtgebers nicht durchgeführt werden kann und der Vollmachtgeber aufgrund einer psychischen Krankheit oder einer geistigen oder seelischen Behinderung die Notwendigkeit der Unterbringung nicht erkennen oder nicht nach dieser Einsicht handeln kann (vgl. § 1906 Abs. 5 i.V.m. Abs. 1 Nr. 2 BGB). Für den Ernstfall einer bspw. medizinisch begründeten Unterbringung in einer geschlossenen Abteilung oder ebenso einer medizinisch indizierten dauerhaften Unterbringung in einer psychiatrischen Anstalt, zu deren Sinnhaftigkeit dem Betroffenen die Einsicht fehlt, kann also der Vorsorgebevollmächtigte – anstelle eines sonst zu bestellenden Betreuers – befugt werden, alles Erforderliche im Sinne des vollmachtgebenden Patienten zu regeln und zu entscheiden.[355]

(c) Unterbringungsähnliche Maßnahmen

Dadurch, dass die Freiheitsentziehung an räumlichen Kriterien festgemacht wird, d.h. an solchen, die die tatsächliche Bewegungsfreiheit durch Einsperren und Absperren beschränken, kommt es in der Praxis zu Abgrenzungsschwierigkeiten im Falle eines

351 *Lipp* in: Lipp/ Vorsorgeverfügungen, § 16 Rn. 78; ähnlich *Zimmermann*, Vorsorgevollmacht, S. 71, der in diesem Fall von „offener Unterbringung" spricht.

352 Erman/*A.Roth*, § 1906 BGB Rn. 7.

353 Ähnlich *Kieß*, in: Jurgeleit, BtR, § 1906 BGB Rn. 7.

354 BT-Drucks. 11/4528, S. 82; Erman/*A.Roth*, § 1906 BGB Rn. 10; Staudinger/*W.Bienwald*, § 1906 BGB Rn. 35.

355 Vgl. *Putz/Steldinger*, Patientenrechte, S. 124 f.

Aufenthalts in offenen oder halboffenen Einrichtungen.[356] Sofern keine Möglichkeit des freien Zutritts und Ausgangs (ohne Überwachung) besteht, kann auch ein solcher Aufenthalt als Freiheitsentziehung zu werten sein.[357] Hierbei kommt es darauf an, ob alle Bewohner einer solchen Einrichtung in gleicher Weise am Verlassen des Aufenthaltsortes gehindert sind oder nur der Einzelne. Falls alle betroffen sind, handelt es sich um Maßnahmen der freiheitsentziehenden Unterbringung. Ist nur der einzelne Betroffene gehindert, die Einrichtung zu verlassen, nicht aber die übrigen Bewohner, liegt eine freiheitsentziehende, unterbringungsähnliche Maßnahme für eben diese einzelne Person vor.[358] Als unterbringungsähnlich sind solche Maßnahmen deshalb einzuordnen, weil sie die persönliche Bewegungsfreiheit beschränken – zumindest in relativer Weise – und obendrein in ihren Auswirkungen einer Unterbringung gleichkommen.[359] Der Betroffene erfährt insoweit freiheitsentziehende Maßnahmen ohne im Sinne des § 1906 Abs. 1 Nr. 1 BGB „untergebracht" zu sein. Wenn sich der betroffene Vollmachtgeber also in einer Anstalt, einem Heim oder einer sonstigen Einrichtung[360] aufhält, ohne dort untergebracht zu sein, und ihm durch mechanische Vorrichtungen, Medikamente oder auf andere Weise, die Freiheit über einen längeren Zeitraum oder regelmäßig entzogen wird (vgl. § 1906 Abs. 5 i.V.m. Abs. 4 BGB), dann geht es einschlägig um freiheitsentziehende, unterbringungsähnliche Maßnahmen, deren Einwilligung sodann Angelegenheit des Bevollmächtigten ist. Auch hier ist die Freiheitsentziehung in Entsprechung zu § 1906 Abs. 1 Nr. 1 BGB nur insofern gerechtfertigt, als die Gefahr bestand, dass der psychisch Kranke oder der geistig oder seelisch Behinderte anderenfalls sich selbst tötet oder sich einen erheblichen gesundheitlichen Schaden zufügt bzw. in Entsprechung zu Abs. 1 Nr. 2 nur dann, wenn eine Untersuchung, eine Heilbehandlung oder ein ärztlicher Eingriff notwendig ist, ohne die die Maßnahme nicht durchgeführt werden kann und der Vollmachtgeber aufgrund einer psychischen Krankheit oder einer geistigen oder seelischen Behinderung die Notwendigkeit der Maßnahme nicht erkennen oder nicht nach dieser Einsicht handeln kann.[361] Zu den typischen Maßnahmen gehören dabei das Fixieren mit mechanischen Vorrichtungen, wie etwa mit Beckengurten und Bettgittern, aber auch die Vergabe von sedierenden, betäubenden Medikamenten, d.h. von Schlafmitteln und Psychopharmaka, sowie sonstige Maßnahmen, durch die das Verlassen der Einrich-

356 Näher zu Problemfällen *Dodegge* in: Dodegge/A.Roth, BtKomm, G 11: Nicht abgeschlossenes Heim mit unüberwindlichem Zaun; Einsatz eines Trickschlosses; Möglichkeit der Schlüsselvergabe; Offene Ausgangstüren, die aber mit Vorhängen und Bildtapeten kaschiert werden.

357 So bei Personenortungsanlagen, wenn der Betroffene immer wieder in einen umgrenzten Bereich zurückgebracht wird, siehe LG Lübeck FamRZ 2013, 577. Zu verneinen, wenn dadurch nur die Feststellung einer Gesundheitsgefahr ermöglicht werden soll, siehe OLG Brandenburg FamRZ 2006, 1481; vgl. auch *Kieß* in: Jurgeleit, BtR, § 1906 BGB Rn. 7; *Marschner* in: Jürgens, BtR, § 1906 BGB Rn. 4.

358 LG Ulm BtPrax 2010, 245; *Dodegge* in: Dodegge/A.Roth, BtKomm, G 11.

359 Vgl. Erman/*A.Roth*, § 1906 BGB Rn. 10; *Dodegge* in: Dodegge/A.Roth, BtKomm, G 9 (auch G 49 f.): Freiheitsentzug als die schwerste Form der Freiheitsbeschränkung.

360 Krankenhäuser und deren psychiatrische oder gerontopsychiatrische Abteilungen, Altenheime, Altenpflegeheime, Seniorenanlagen, auch privat betriebene Seniorenresidenzen, siehe *Dodegge* in: Dodegge/A.Roth, BtKomm, G 55.

361 Staudinger/*W.Bienwald*, § 1906 BGB Rn. 100.

tung verhindert werden soll; bspw. das Arretieren des Rollstuhls ohne Lösemöglichkeit oder die Wegnahme der Straßenbekleidung.[362]

(3) Ärztliche Zwangsmaßnahme (Zwangsbehandlung)

Anknüpfend an § 1906 Abs. 1 Nr. 2 BGB, d.h. wenn ein Betroffener bspw. nicht die Notwendigkeit einer medizinisch begründeten oder indizierten freiheitsentziehenden Unterbringung erkennen kann bzw. nicht nach dieser Einsicht handeln kann, kann zum Wohl des Betroffenen, aber entgegen seinem Willen, eine medizinische Zwangsbehandlung erforderlich sein. Derartige Zwangsmaßnahmen sind nur auf Grundlage einer gesetzlichen Ermächtigung möglich.[363] An dieser mangelte es bis zum In-Kraft-Treten des Gesetzes zur Regelung der betreuungsrechtlichen Einwilligung in eine ärztliche Zwangsmaßnahme, welches mit Wirkung vom 26.02.2013 Geltung erlangte.[364] Um eine Rechtsgrundlage zu schaffen, die den verfassungsrechtlichen Anforderungen an eine Einwilligung in betreuungsrechtliche Zwangsbehandlungen genügt, wurde in § 1906 Abs. 3 und 3a BGB neu geregelt, welche (strengen) Voraussetzungen einzuhalten sind, wenn der Betroffene gemäß § 1906 Abs. 1 Nr. 2 BGB freiheitsentziehend untergebracht ist bzw. werden soll.[365] Die ärztliche Zwangsmaßnahme ist somit ausnahmslos an die Voraussetzung einer freiheitsentziehenden Unterbringung geknüpft.[366] Über § 1906 Abs. 5 BGB erstreckt sich die Regelung auch auf den Vorsorgebevollmächtigten, sodass die Einwilligung in eine ärztliche Zwangsmaßnahme zu dessen Aufgabenverantwortung bestimmt werden kann.

Die ärztliche Zwangsmaßnahme wird in § 1906 Abs. 3 S. 1 BGB definiert als eine medizinische Behandlung gegen den natürlichen Willen.[367] Dieser natürliche Wille kann auch von einem Einwilligungsunfähigen gebildet werden.[368] Wichtig ist insofern, dass der Betroffene seinen natürlichen Willen zum Ausdruck bringt, gleichgültig ob verbal oder in Form entsprechend artikulierter Gesten.[369] Denn sofern der Betroffene sich überhaupt nicht äußert oder – was gleichbedeutend ist – nicht in der Lage ist, seinen natürlichen Willen zu äußern,[370] so kann folglich auch keine ärztliche

362 Vgl. z.B. *Kieß* in: Jurgeleit, BtR, § 1906 BGB Rn. 62 oder auch *Jacobs* BtPrax 2012, 99 (optische und verbale Täuschungen als Maßnahme „auf sonstige Weise").

363 BVerfG BtPrax 2012, 61.

364 BGBl. I 2013, S. 266 ff.

365 Näher hierzu *Müller* in: Beck'scher Online-Kommentar, § 1906 BGB Rn. 27 f. Zur Rechtsprechung des BGH vor der Neuregelung, siehe Überblick bei: *Marschner* in: Jürgens, BtR, § 1906 BGB Rn. 30 mit umfassenden Nachweisen und vgl. *Pauling* FamFR 2012, 385 ff.; *Lipp* FamRZ 2013, 913 (919).

366 BT-Drucks. 17/11513, S. 5 ff.; 17/12086, S. 1; BGH FamRZ 2015, 1484 (1486 f.); siehe hierzu auch *Dodegge* BtPrax 2015, 185 ff.

367 Auch die verdeckte Medikamentengabe, d.h. zerkleinert in Speisen und Getränken, ist eine Zwangsmaßnahme i.S.d. § 1906 Abs. 3 BGB, vgl. AG Ratzeburg BtPrax 2014, 93 ff. mit Besprechung *Weber/Leeb* BtPrax 2014, 119 ff. Kritisch zur Begrifflichkeit „natürlicher Wille" *Beckmann* JZ 2013, 604.

368 *Müller* in: Beck'scher Online-Kommentar, § 1906 BGB Rn. 27.

369 Vgl. *Dodegge* in: Dodegge/A.Roth, BtKomm, G 50; *Dodegge* NJW 2013, 1265 (1266); *Lipp* FamRZ 2013, 913 (920 f.).

370 BT-Drucks. 17/11513, S. 7 f.; *Dodegge* NJW 2013, 1265 (1266).

Zwangsmaßnahme bzw. Zwangsbehandlung im Sinne des Gesetzes angenommen werden.[371] Entscheidend kommt es darauf an, ob der Betroffene eine bestimmte Behandlung bewusst mit seinem natürlichen Willen ablehnt. Damit dies zum Ausdruck gelangt ist ein rein körperlicher Widerstand aber nicht erforderlich; andernfalls stünde gegen jemanden, der schlicht „aufgegeben" hat, der Zwangscharakter einer Behandlungsmaßnahme von vornherein nicht im Raum.[372]

Widersetzt sich der Betroffene nun mit natürlichem Willen der angedachten ärztlichen Maßnahme, so hat der Bevollmächtigte, bevor er sich zur Anordnung einer Zwangsbehandlung entschließt und hierzu die gerichtliche Genehmigung einholt, zusätzlich zu den §§ 1904, 1901, 1901a, 1901b BGB zu überprüfen, ob die in § 1906 Abs. 3 S. 1 BGB genannten Voraussetzungen in kumulativer Weise vorliegen.[373] Stets ist hierbei die medizinische Indikation für die Maßnahme erforderlich und gleichsam auch die fehlende Einsicht[374] des Betroffenen, die Notwendigkeit der ärztlichen Maßnahme nachzuvollziehen, was auf eine psychischen Krankheit oder einer geistigen oder seelischen Behinderung zurückzuführen sein muss (Nr. 1). Gesetzlich vorgeschrieben ist zudem auch der Versuch, den Betroffenen in einem Gespräch von der Notwendigkeit der Maßnahme zu überzeugen (Nr. 2).[375] Erst dann kann dazu übergegangen werden, die mögliche Zwangsmaßnahme danach zu hinterfragen, ob sie tatsächlich zur Abwendung eines drohenden erheblichen Gesundheitsschadens erforderlich ist (Nr. 3)[376] und ob keine anderen zumutbaren Maßnahmen zu dieser Schadensabwendung bestehen (Nr. 4). Einfache Erkrankungen werden deshalb

371 BGH FamRZ 2012, 83 (85); siehe *Grengel/A.Roth* ZRP 2013, 12 (15).

372 *Bünnigmann* BtPrax 2015, 91 (91) nennt deshalb als Beispiel für eine ärztliche Zwangsmaßnahme das verdeckte Verabreichen von Medikamenten durch Unterrühren unter den Speisebrei.

373 BGH FamRZ 2014, 1358; *Marschner* in: Jürgens, BtR, § 1906 BGB Rn. 36; *Müller* ZEV 2013, 304 (305).

374 Die Voraussetzung entspricht der des Abs. 1 Nr. 2, bezieht sich dort aber auf die Notwendigkeit der Unterbringung, hier konsequenterweise auf die Notwendigkeit der ärztlichen Maßnahme, vgl. *Dodegge* in: Dodegge/A.Roth, BtKomm, G 32g.

375 Festgelegt ist allerdings nicht, wer dieses Gespräch führen sollte. Wegen § 630c Abs. 2 S. 1 BGB und § 630e Abs. 5 BGB (Mitteilungs- und Aufklärungspflichten) muss der Arzt natürlich ohnehin mit dem Betroffenen sprechen. Das Aufklärungsgespräch des Arztes kann somit faktisch mit dem von § 1906 Abs. 3 S. 1 Nr. 2 BGB geforderten Überzeugungsversuch zusammenfallen, denn gerade zu Behandlungsbeginn muss der Patient vom Arzt überzeugt werden. Der Betreuer und insbesondere der Bevollmächtigte sollten als Vertrauenspersonen jedoch nicht außen vor gelassen werden, wenn auch ihr Überzeugungsversuch vielfach nur die „Wiederholung" der Worte des Arztes bedeuten wird. Für ein Zusammenwirken von Arzt und Vertreter: BGH FamRZ 2014, 1447 (1448) mit Anm. *Spickhoff*; ähnlich Palandt/*Götz*, § 1906 BGB Rn. 26 (argumentierend mit möglichem Vertrauensverhältnis zum Betreuer); wohl auch *Marschner* in: Jürgens, BtR, § 1906 BGB Rn. 34 (Arzt und Betreuer kumulativ); siehe auch *Lipp* FamRZ 2013, 913 (921) (zwingend Arzt, kumulativer Versuch mit Betreuer).

376 Bejaht bei: BGH NJW-RR 2013, 321; LG München II FamRZ 2014, 418; OLG Brandenburg FamRZ 2007, 1127; OLG Hamm NJW 1976, 378; BayObLG FamRZ 1993, 998; OLG Frankfurt/Main BtPrax 1993, 138. Verneint bei: OLG Brandenburg BtPrax 2007, 214; OLG München BtPrax 2006, 26; OLG Saarbrücken BtPrax 1997, 2002.

nicht erfasst,[377] Behandlungsalternativen[378] sollen stets vorrangig zum Einsatz kommen, um die Vornahme von Zwangsmaßnahmen zu reduzieren.[379] Letztlich darf die Belastung des Vollmachtgebers durch eine ärztliche Zwangsmaßnahme auch nicht außer Verhältnis zu ihrem Nutzen stehen (Nr. 5).[380] Der zu erwartende Nutzen muss deutlich gerade solche Nachteile übersteigen, wie sie durch den schwerwiegenden Eingriff einer Zwangsmaßnahme – mit Blick auf unerwünschte Nebenwirkungen bei der Zwangsmedikation oder auf die mit der Zwangsanwendung einhergehende Traumatisierung – entstehen können.[381]

Besonders zu vergegenwärtigen ist, dass eine ärztliche Zwangsbehandlung oder Zwangsmedikation immer nur im Kontext einer geschlossenen Unterbringung i.S.v. § 1906 Abs. 1 Nr. 2 BGB realisiert werden kann.[382] Daher muss nicht nur die angedachte medizinische Maßnahme selbst notwendig sein; auch die freiheitsentziehende Unterbringung ihrerseits muss für die Durchführung der medizinischen Maßnahme erforderlich sein.[383] Aus der strikten Kopplung der beiden Komponenten folgt eine doppelte Notwendigkeitsprüfung.[384] Die nach Maßgabe dieser Verzahnung zu verstehende Erforderlichkeit der freiheitsentziehenden Unterbringung ist deshalb nur dann gegeben, wenn die Annahme einer „Weglaufgefahr" begründet ist, d.h. wenn Anhaltspunkte dafür vorliegen, dass sich der Betroffene der medizinischen Maßnahme räumlich entziehen will.[385] Probleme entstehen angesichts dieser Verzahnung, wenn es der betroffenen Person bspw. krankheitsbedingt ohnehin nicht möglich ist, sich räumlich zu entziehen, also „wegzulaufen", eine notwendige medizinische Behandlung jedoch verweigert wird.[386] In dieser Konstellation fällt die Erforderlichkeit für die freiheitsentziehende Unterbringung weg und damit das wesentliche Kopplungs-Element. Außerhalb einer freiheitsentziehenden Unterbringung fehlt es an einer Ermächtigungsgrundlage, um Zwang auszuüben,[387] selbst wenn der Betroffene bereits stationär behandelt wird.[388] Es kommt zu einer Patt-Situation, die das Fürsorge-Instrument der ärztlichen Zwangsbehandlung aus dem eigenen Regelungssystem heraus blockiert. Der BGH sah sich in einem entsprechend gelagerten Fall daher gemäß Art. 100 Abs. 1 GG zu einer Vorlage an das BVerfG zur Entscheidung über die Verfassungs-

377 Bei bagatellartigen Beeinträchtigungen sollen keine Schmerztabletten gegen den natürlichen Willen des Betroffenen verabreicht werden können, gleiches gilt bei der bloßen Ruhigstellung und zur Gefügigmachung gegenüber dem Pflegepersonal, vgl. *Weber/Leeb* BtPrax 2014, 119 (121).

378 Bspw. sog. weiche Zimmer (Soteria); Home-Treatment oder die Begleitung durch Kriseninterventionsstellen, siehe *Dodegge* NJW 2013, 1265 (1268).

379 Zwangsbehandlung als ultima ratio, vgl. BT-Drucks. 17/11513, S. 7; sowie Stellungnahme der Zentralen Ethikkommission DÄBl. 2013, A 1334.

380 *Dodegge* in: Dodegge/A.Roth, BtKomm, G 32m.

381 Vgl. *Dodegge* in: Dodegge/A.Roth, BtKomm, G 32m; *Marschner* in: Jürgens, BtR, § 1906 BGB Rn. 35.

382 BT-Drucks. 17/11513, S. 5 ff.; 17/12086, S. 1.

383 BGH FamRZ 2015, 1484 (1486).

384 BGH FamRZ 2015, 1484 (1486): sog. doppeltes Notwendigkeitskriterium.

385 BGH FamRZ 2008, 866 (867).

386 Vgl. *Dodegge* BtPrax 2015, 185 (186).

387 Siehe hierzu *Dodegge* BtPrax 2015, 185 (186).

388 Siehe BGH FamRZ 2015, 1484.

konfirmität des § 1906 Abs. 3 BGB veranlasst.[389] Das BVerfG hat in seinem Beschluss vom 26.07.2016 nunmehr die Unvereinbarkeit des § 1906 Abs. 3 BGB mit Art. 2 Abs. 2 S. 1 GG insoweit festgestellt, als eine medizinische Zwangsbehandlung für stationär zu behandelnde Betreute ausgeschlossen ist, welche zwar nicht in der Lage sind, sich räumlich zu entfernen, für die aber ebenso eine Gefahr schwerwiegender gesundheitlicher Beeinträchtigung besteht.[390] Der Gesetzgeber ist daher verpflichtet, diese Schutzlücke für die Gruppe der „immobilen Betreuten" (und über § 1906 Abs. 5 BGB auch für die Gruppe der immobilen Vorsorgevollmachtgeber) unverzüglich durch eine entsprechende Neuregelung zu schließen.[391]

(4) Fälle im ambulanten Bereich

Hiervon zu unterscheiden sind Fallkonstellationen, die sich von vornherein außerhalb des Anwendungsfeldes von § 1906 BGB bewegen, weshalb von Fällen im ambulanten Bereich gesprochen werden kann.[392]

(a) Freiheitsentziehende Maßnahmen (Bettgitter usw.)

Zwar ist zumindest für freiheitsentziehende Maßnahmen außerhalb einer geschlossenen Unterbringung in § 1906 Abs. 4 BGB eine Regelung für sog. freiheitsentziehende, unterbringungsähnliche Maßnahmen getroffen worden, sodass bspw. auch in Altenheimen ein Bettgitter angebracht werden kann, ohne dass eine geschlossene Unterbringung nötig wäre. Doch ist die häusliche Pflege innerhalb der Familie nicht als Unterfall von § 1906 Abs. 4 BGB zu bewerten.[393] Das bedeutet zunächst, dass für freiheitsentziehende Maßnahmen im familiären Bereich die staatliche Aufsicht nicht vorgesehen ist.[394] Etwaige Genehmigungspflichten für bspw. die Anbringung eines Bettgitters greifen hier also nicht.[395] Solche häuslichen Maßnahmen müssen sich an den allgemeinen strafrechtlichen Vorschriften zur Freiheitsberaubung gemäß § 239 StGB messen lassen. Legitim sind sie dann, wenn sie sich innerhalb des Rechtfertigungsrahmens von Einwilligung bzw. Nothilfe (§ 34 StGB) bewegen.[396] So dürfen bspw. Sicherungsmaßnahmen in häuslicher Pflege durch die eigene Familie angewandt wer-

389 BGH FamRZ 2015, 1484.
390 BVerfG, Beschl. v. 26.07.2016 – 1 BvL 8/15 = BtPrax 2016, 182.
391 BVerfG, Beschl. v. 26.07.2016 – 1 BvL 8/15 – (Rz. 103), juris.
392 Zu dieser Unterscheidung siehe auch BVerfG, Beschl. v. 26.07.2016 – 1 BvL 8/15 – (Rz. 100), juris = BtPrax 2016, 182 (186).
393 BayObLG FamRZ 2003, 325; *Zimmermann* in: Damrau/Zimmermann, BtR, § 1906 BGB Rn. 85; a.A. AG Garmisch-Partenkirchen BtPrax 1999, 207.
394 *Dodegge* in: Dodegge/A.Roth, BtKomm, G 55; ebenso BayObLG BtPrax 2003, 37 f.; a.A. LG München BtPrax 1999, 242.
395 *Dodegge* in: Dodegge/A.Roth, BtKomm, G 55; *Kieß* in: Jurgeleit, BtR, § 1906 BGB Rn. 66 f.
396 *Zimmermann* in: Damrau/Zimmermann, BtR, § 1906 BGB Rn. 85; *Dodegge* in: Dodegge/A.Roth, BtKomm, G 55; *Marschner* in: Jürgens, BtR, § 1904 BGB Rn. 12.

den, wenn sie verhältnismäßig sind, d.h. von Form, Umfang und Dauer her zum Wohl des Pflegebedürftigen erforderlich erscheinen und zur Abwendung eines gesundheitlichen Schadens beitragen.[397] Dabei dürfen sie selbstverständlich nicht dem bloßen Zweck der reinen Pflege-Erleichterung dienen.[398] Als typisches Beispiel lassen sich nicht nur das Anbringen eines Bettgitters nennen, sondern auch das Befestigen eines Tischbrettes am Tagesstuhl oder das Abschließen der Wohnungstür.[399] Einerseits kann hier ein rechtliches Unsicherheitspotential vermerkt werden, denn auch im familiären Nahbereich ist das Vorliegen der Voraussetzungen von Straftatbeständen nicht undenkbar. So liegt es, wenn die Ehefrau ihren verwirrten Mann regelmäßig und über längere Zeit im Zimmer einsperrt.[400] Andererseits kann abseits derartiger Negativbeispiele wohl unter dem Eindruck des Schutzes der Familie, den der Pflegebedürftige im Normalfall freiwillig für sich beansprucht, die situative Bedrohlichkeit damit beschwichtigt werden, dass davon auszugehen ist, dass der Betroffene letztlich in übliche Maßnahmen durch seine ihm vertrauten Familienmitglieder wie bspw. in das Anbringen eines Bettgitters einwilligt oder jedenfalls mutmaßlich einwilligt, um nicht der Gefahr eines folgenschweren Hüftgelenkbruchs wegen eines nächtlichen Sturzes ausgesetzt zu sein.

(b) Ärztliche Zwangsmaßnahme (Zwangsmedikation, Zwangstherapie)

Eine größere Bedeutungsdimension in Rechtsprechung und Literatur hat jedoch eine Thematik erreicht, die unter dem Stichwort „ambulante Zwangsbehandlung" zu finden ist.[401] Betroffen hiervon ist nicht nur der familiäre Bereich, sondern vor allem der Bereich (offener) Pflegeheime, Krankenhäuser und ähnlicher Einrichtungen, die nicht als geschlossen stationär einzustufen sind. Die Durchführung einer ärztlichen Zwangsbehandlung ist innerhalb dieser Bereiche nicht zulässig, da eine gesetzliche Ermächtigungsgrundlage[402] wie in § 1906 Abs. 3, 3a BGB nicht existiert.[403] Sofern der vollmachtgebende Betroffene also eine ärztliche Behandlung im heimischen Umfeld ablehnt, er sich demnach mit natürlichem Willen bspw. gegen eine Medikation oder eine Krebstherapie wendet, müsste der Bevollmächtigte den Patienten zunächst freiheitsentziehend unterbringen lassen, bevor eine lebensrettende Medikation oder Dia-

---

397 *Breidenstein*, Pflegerecht, S. 124 f.

398 *Breidenstein*, Pflegerecht, S. 125.

399 *Zimmermann* in: Damrau/Zimmermann, BtR, § 1906 BGB Rn. 85; *Dodegge* in: Dodegge/A.Roth, BtKomm, G 55.

400 Vgl. *Zimmermann in: Damrau/Zimmermann*, BtR, § 1906 BGB Rn. 85.

401 BGH NJW 2001, 888; BGH FamRZ 2008, 866; indirekt: BGH FamRZ 2015, 1484 [Vorlagebeschluss zur Einholung einer Entscheidung des BVerfG] m. Anm. *Spickhoff* (1490); siehe weiter auch: *Spickhoff* in: Spickhoff, MedR, § 1906 BGB Rn. 15; *Dodegge* NJW 2013, 1265 (1270); *Dodegge* BtPrax 2015, 185; *Lipp* FamRZ 2013, 913 (920); *Milzer* DNotZ 2014, 95 (98); *Müller* ZEV 2013, 304 (304); *Zimmermann* NJW 2014, 2479.

402 Eine solche war zunächst im Entwurf des 2. BtÄndG vorgesehen (§ 1906a BGB-E, vgl. BT-Drucks. 15/2494, S. 7, 23, 30), wurde aber wegen verfassungsrechtlicher Zweifel auf Empfehlung des Rechtsausschusses verworfen (BT-Drucks. 15/4874, S. 8, 25 f.).

403 BGH BtPrax 2001, 31 = FamRZ 2001, 149; OLG Bremen NJW-RR 2006, 75.

lyse oder Krebsoperation durchgeführt werden könnte.[404] Die Voraussetzungen einer möglichen geschlossenen Unterbringung müssten angesichts der rechtlichen Grauzone, die außerhalb der Unterbringung besteht, hilfsweise zugewartet werden.[405] Eine Unterbringung würde also zum Schein erfolgen, sodass der Betroffene neben der Zwangsbehandlung zusätzlich eine Freiheitsentziehung erfahren müsste, anstatt zu Hause oder im Heim ambulant versorgt zu werden.[406] Dass eine Zwangsbehandlung bisher nur in stationär-geschlossenem Rahmen gestattet worden ist, obwohl eine ambulante Zwangsbehandlung mangels Freiheitsentzug gleichwohl weniger belastend wirken würde, wird bislang im Wesentlichen damit begründet, dass die praktische Umsetzung von staatlich verordnetem Zwang außerhalb der hierauf fachlich spezialisierten Einrichtungen bereits an der zwangsweisen Verbringung bspw. zu einer Krankenhausambulanz scheitern würde und auch nicht dem modernen psychiatrischen Verständnis eines kooperativen Arzt-Patienten-Verhältnisses gerecht werden könne.[407] Der Gesetzgeber hat sich im Rahmen des Gesetzgebungsverfahrens zum 2. BtÄndG vom 21.04.2005 aus diesen und anderen Gründen jedenfalls bewusst gegen die Regelung der ambulanten Zwangsbehandlung entschieden.[408] Ob anderweitig eine Rechtfertigungsgrundlage der ärztlichen Behandlung, nämlich über § 34 StGB, im Einzelfall gegeben sein kann, stößt daher auf Bedenken: Auf diese Weise würde nicht dem Gesetzgeber, sondern dem jeweils von der vorzunehmenden Interessenabwägung betroffenen Arzt in seiner Funktion als schlichtem Berufsträger, die Bürde auferlegt werden, eigens die Voraussetzungen für einen grundrechtssensiblen Regelungsbereich aufzustellen.[409] In Anbetracht von Rechtssicherheitsgebot und Wesentlichkeitstheorie muss eine solche Regelungsmaterie aber dem Gesetzgeber verantwortet sein.[410]

(c) Konsequenzen für die Gestaltungspraxis

Für die kautelarjuristische Praxis lässt sich aus alledem nur ableiten, dass sie die Gestaltung auf der Linie der gesetzlichen Vorgaben halten muss, weshalb im Vollmachtstext diesbezüglich auch nur auf die gesetzlich geregelten Fälle einzugehen ist.[411] Die beschriebene Unterbringungs- und Zwangsbehandlungsvollmacht kann aktuell letztlich auch nur in dieser Tragweite zum Einsatz kommen, d.h. soweit Maßnahmen zur

---

404 Vgl. *Spickhoff* FamRZ 2015, 1490 (1490) = Anm. zu BGH FamRZ 2015, 1484; *Milzer* DNotZ 2014, 95 (98).

405 *Dodegge* in: Dodegge/A.Roth, BtKomm, G 41. Äußerst kritisch auch *Spickhoff* in: Spickhoff, MedR, § 1906 BGB Rn. 15 (Kurzfristige Unterbringungen zum Schein können leicht in dauerhafte umschlagen).

406 Vgl. *Spickhoff* FamRZ 2015, 1490 f. = Anm. zu BGH FamRZ 2015, 1484.

407 Siehe hierzu BGH FamRZ 2015, 1484 (1489) m.w.N.

408 Vgl. BT-Drucks. 15/2494, S. 30; 15/4874, S. 8, 25 f., 27. Siehe hierzu *Lipp* FamRZ 2013, 913 (919 ff.).

409 Vgl. BGH FamRZ 2015, 1484 (1490).

410 Vgl. BGH FamRZ 2015, 1484 (1490).

411 *Lipp* in: Lipp, Vorsorgeverfügungen, § 16 Rn. 94 m.w.N. Zu näheren Gestaltungshinweisen vgl. *Milzer* DNotZ 2014, 95 (98); *Müller* ZEV 2013, 304 (306).

freiheitsentziehenden Unterbringung bzw. vergleichbare freiheitsentziehende Maßnahmen und die genannten Zwangsmaßnahmen nach Maßgabe des § 1906 Abs. 1, Abs. 3 und Abs. 4 BGB vorgenommen werden sollen. Ein Bevollmächtigter muss sich gegenüber den jeweiligen Einrichtungen und ihrem Personal sowie gegenüber dem Betreuungsgericht ausweisen und legitimieren können. Um die Gegebenheiten einschätzen zu können und das Richtige zu veranlassen, verlangt dieser Aufgabenkreis dem Bevollmächtigten offenkundig ein gesondertes Maß an verfahrensrechtlichen Kenntnissen ab.[412]

(5) Annexberechtigungen kraft Auslegung

Im Übrigen können zu den persönlichen Angelegenheiten der Gesundheitsfürsorge und der Aufenthaltsbestimmung solche Berechtigungen zählen, die für die Ausführung der Hauptangelegenheiten als notwendige Annexbefugnisse erforderlich sind. So umfasst die Übertragung von Aufgaben der Gesundheitsfürsorge zugleich auch die Befugnis zum Abschluss der hierfür notwendigen Rechtsgeschäfte, wie bspw. den Behandlungsvertrag bzw. den Krankenhausaufnahmevertrag.[413] Insbesondere ist aber auch die Entbindung von der ärztlichen Schweigepflicht oder die Befugnis zur Einsicht und Weitergabe von Krankenunterlagen bzw. die Befugnis zur Kontrolle der behandelnden Ärzte und des Pflegepersonals einhergehend mit dieser Aufgabenrubrik der persönlichen Angelegenheiten.[414] In logischer Folge hierzu müssen sich die genannten Befugnisse von der erteilten Hauptbefugnis zur Einwilligung (bzw. auch zur Nichteinwilligung und zum Widerruf) kraft Auslegung dieser Erteilung nach § 133 BGB ableiten lassen, da die Funktionsfähigkeit der personalen Einwilligungsvollmacht, wie sie vom Vollmachtgeber bei Erteilung gewollt war, andernfalls leerliefe.

In diesem Zusammenhang wird darüber hinaus für vertretbar erachtet, auch die Befugnis zur Ausübung des Besuchsrechts im Krankenhaus in den Katalog der Annexbefugnisse mit aufzunehmen, jedenfalls sofern persönliche Angelegenheiten vollumfänglich, insbesondere im Bereich der Gesundheitssorge und der Aufenthaltsbestimmung, erfasst sind.[415] Im Grunde handelt es sich bei der Bestimmung des Besuchsrechts um die Bestimmung der Wahrnehmung von Kontakten, d.h. des persön-

412 Bspw. um für die gerichtliche Genehmigung der Zwangsbehandlung einen Antrag nach Maßgabe des § 1906 Abs. 3a BGB an das Betreuungsgericht formulieren zu können, siehe Muster eines Antrages bei *Dodegge* BtPrax 2014, 3 (Anhang).

413 OLG Hamm NStZ 2008, 119 (119); *A.Roth* in: Dodegge/A.Roth, BtKomm, C 35; *Jürgens* in: Jürgens, BtR, § 1896 BGB Rn. 24.

414 *Reetz* in: Grandel/Stockmann, FamR, Nr. 269 Rn. 25. Sofern der Bevollmächtigte gleichzeitig auch für die Vermögenssorge zuständig ist, ist die Befugnis zum Abschluss von Rechtsgeschäften ohnehin erfasst, vgl. *Perau* MittRhNotK 1996, 285 (292).

415 AG Ellwangen, Beschl. v. 16.05.2014 – 2 C 221/14 = FamRZ 2014, 1927: Besuchs-, Kontakt- und Informationsverbot; *Kurze* in: Burandt/Rojahn, ErbR, § 164 BGB Rn. 16; *Reetz* in: Grandel/Stockmann, FamR, Nr. 269 Rn. 25.

lichen Umgangs des Betroffenen gegenüber Dritten.[416] Auch für einen Betreuer gilt insoweit, dass er zur Bestimmung des Umgangs- und Besuchsrechts befugt ist, wenn ihm diese Befugnis durch den Aufgabenkreis der „Personensorge" bzw. der „persönlichen Angelegenheiten" übertragen ist.[417] Das heißt, sofern der Aufgabenkreis der „Umgangsbestimmung" nicht explizit eingerichtet ist, ist die Befugnis infolge der umfassenden Übertragung der „Personensorge" in deren Umschreibung enthalten.[418] Die Aufgabenkreise „Aufenthaltsbestimmung" oder „Gesundheitsfürsorge" allein reichen allerdings nicht zur Festlegung des Umgangs aus.[419] Im sinngemäßen Gleichlauf ist dies auch auf den Bereich der Vorsorgevollmacht übertragbar.[420] Das patientenspezifische Besuchsrecht kann also ggf. als Annexbefugnis hergeleitet werden. Wird der Bevollmächtigte außerstande gestellt, den tatsächlichen oder mutmaßlichen Willen des Betroffenen durchsetzen zu können, ist schließlich auch in dieser Hinsicht das Leerlaufen der Funktionsfähigkeit der Vollmacht zu bejahen. Um eine solche Auslegungsproblematik zu vermeiden, bietet sich auch hier die Möglichkeit an, die Befugnis explizit einzuräumen.

bb) Umgangsbestimmung

Anders als für einen Betreuer ist die Möglichkeit der Befugnis zur Umgangsbestimmung für den Bereich der Vorsorgevollmacht nicht ausdrücklich von Gesetzes wegen zugewiesen, vgl. § 1908i Abs. 1 S. 1 i.V.m. § 1632 Abs. 2 BGB.[421] Demgemäß steht die Frage zur umgangsrechtlichen Befugnis auch deutlich weniger im Fokus. In der Praxis zur Vorsorgevollmacht sind derartige Fälle selten vor Gericht gekommen und in der Literatur nur wenig besprochen worden.[422] Dennoch steht die persönliche Umgangsbestimmung, d.h. die Entscheidung über die Wahrnehmung oder Verweigerung persönlicher Kontakte, zur Disposition des Selbstbestimmungsfähigen.[423] Ist die Ausübung des Umgangsrechts auf den Stellvertreter übertragen, so ist dieser zu Entscheidungen über den Umgang und den Kontakt des Vollmachtgebers im Verhältnis zu Dritten befugt.[424] Ähnlich wie bei der Aufenthaltsbestimmung ist die Rechtsnatur der

416 Vgl. *Schwab* FamRZ 2014, 888 (890 f.): Befugnis zur Kontaktverhinderung als Befugnis zur Umgangsbestimmung.

417 Vgl. *Meier* in: Dt. Caritasverband, Praxiswissen Betreuungsrecht, S. 191.

418 *Fröschle*, Betreuungsrecht, S. 91.

419 BayObLG FamRZ 2003, 402 (403); OLG München FamRZ 2008, 1030; MünchKommBGB/*Schwab*, § 1896 Rn. 93.

420 So durch Auslegung der Bevollmächtigung (§ 133 BGB) auch AG Ellwangen FamRZ 2014, 1927. Dem zustimmend: *Dodegge* BtPrax 2016, 3 (5) Fn. 66; kritischer *Schwab* FamRZ 2014, 888 (891): Befugnis zur Kontaktbestimmung nicht automatisch mit einer Vorsorgevollmacht verbunden; diese müsse sich zweifelsfrei aus dem Vollmachtsext ergeben.

421 Näher für die rechtliche Betreuung: *von Crailsheim* in: Jürgens, BtR, § 1632 BGB Rn. 7 ff.

422 Siehe AG Ellwangen FamRZ 2014, 1927; *Schwab* FamRZ 2014, 888 (891).

423 Vgl. MünchKommBGB/*Schwab*, § 1896 Rn. 95 f.; *Kurze* in: Burandt/Rojahn, ErbR, § 164 BGB Rn. 16; a.A. *Lipp* in: Lipp, Vorsorgeverfügungen, § 16 Rn. 8 ff., 120.

424 *Schwab* FamRZ 2014, 888 (891).

Bestimmung des Umgangs fraglich.[425] Der selbstbestimmte Akt der „Auswahl eines Ortes“ oder der Akt der „Wahrnehmung von Kontakten“ ist für sich genommen als bloßes Realhandeln nicht weiterführend rechtlich relevant.[426] Erst im Kontext einer Fremdbestimmung, d.h. im Fall eines fremdbestimmten Umgangs, kann im Sinne eines etwaigen Eingriffs in die Handlungs- und Entschließungsfreiheit bzw. in das persönliche Selbstbestimmungsrecht auch eine rechtliche Fall-Relevanz aufkommen.[427] Es zeigt sich, dass ein solcher Eingriff durch „Erzwingung einer Kontaktaufnahme“ für die Belange der Vorsorgevollmacht ein eher selteneres Phänomen im sozialen Nahbereich darstellen dürfte. Vermehrt wäre eine nicht im beiderseitigen Interesse liegende Kontaktaufnahme wohl als sozialtypisch hinnehmbare, zumeist kurzzeitige Bagatellbehelligung einzuordnen.[428] Die Besonderheit der Situation liegt nun aber gerade darin, dass sich der Betroffene im einwilligungsunfähigen, bspw. komatösen Zustand, einer einseitigen Kontaktaufnahme nicht erwehren könnte. Im Allgemeinen muss sich aber niemand dem Umgangsinteresse anderer beugen.[429] Dazu müsste jedoch wenigstens ein natürlicher Wille vorhanden sein, der gebeugt werden könnte – was im Fall eines komatösen Zustands zweifelhaft ist. Dennoch können Kontaktsperren gegenüber Dritten, darunter auch Besuchsverbote im Krankenhaus,[430] oder die Erteilung eines Hausverbots, für solche Menschen von Bedeutung sein, die beabsichtigen, sich bspw. angesichts ihrer gestörten Familienverhältnisse für die Zeit ihrer eigenen Hilflosigkeit vor ungewollten und nicht erwünschten Einflüssen abzusichern.[431] So könnte der Betroffene vorab selbstbestimmt anordnen, welche konkrete Person von seinem Kontaktbereich ausgeschlossen werden soll oder unter welchen Umständen und Voraussetzungen eine Kontaktsperre durchgesetzt werden soll. Das bedeutet, der Betroffene kann die Befugnis zur Abwehr von Kontakten in seinem Namen, auf den Bevollmächtigten übertragen (Außenverhältnis) und interne Vorgaben für die konkrete Umsetzung von Umgangsregelungen festhalten (Innenverhältnis). Die Aufgabenübernahme durch den Bevollmächtigten ist jedoch erst möglich, wenn der Vollmachtgeber selbst nicht mehr in der Lage ist, seinen Umgang nach außen zu regeln.[432] Entsprechend erklärt es sich, warum ein Besuchsverbot im Krankenhaus den wahrscheinlichsten Anwendungsfall darstellt. Weiter wäre es aber auch denkbar,

425 Betreffend der Aufenthaltsbestimmung: kein Rechtsakt, keine geschäftsähnliche Handlung, vgl. MünchKommBGB/*Schwab*, § 1896 Rn. 86 (Fn. 225) mit Verweis auf OLG Hamm FamRZ 1995, 433 (435).

426 Hierzu auch *Lipp* in: Lipp, Vorsorgeverfügungen, § 3 Rn. 16: Selbstbestimmung als Gebrauch der tatsächlichen Handlungsmöglichkeiten.

427 Vgl. MünchKommBGB/*Schwab*, § 1896 Rn. 86, hier nur zur Aufenthaltsbestimmung.

428 Anders nur bei sog. Stalking-Vorfällen i.S.d. § 238 StGB; hierfür muss sich jedoch eine gewisse Dauerhaftigkeit und eine schwerwiegende Beeinträchtigung der persönlichen Lebensgestaltung aufzeigen, siehe *Fischer*, § 238 StGB Rn. 3b, 9.

429 Für rechtliche Betreuung: *W.Bienwald* in: W.Bienwald/Sonnenfeld/Harm, BtR, § 1908i BGB Rn. 31.

430 So kraft Auslegung der persönlichen Angelegenheiten bei AG Ellwangen FamRZ 2014, 1927: Die vorsorgebevollmächtigte Mutter ihres volljährigen Kindes, das unfallbedingt auf Intensivstation liegt, will dem zugehörigen Vater den Umgang verbieten (Besuchs-, Kontakt- und Informationsverbot).

431 Vgl. *Schwab* FamRZ 2014, 888 (891).

432 *Schwab* FamRZ 2014, 888 (891). Gilt auch für den Betreuer: *Meier* in: Jurgeleit, BtR, § 1632 BGB Rn. 3.

in einem entsprechenden Zustand der Einwilligungsunfähigkeit zu Hause versorgt zu werden – auch die Ausübung des Hausrechts ginge einher mit der Verhinderung von bestimmten Kontaktaufnahmen.[433]

Da es hier um eine personale Angelegenheit geht, findet eine derartige Vertretungsmacht zu einer Kontaktentscheidung gegenüber Dritten ihre Grenzen in einem tatsächlich vorab geäußerten oder mutmaßlichen Willen des Betroffenen.[434] Diesen hat der Bevollmächtigte bei seiner Entscheidung zwingend zu berücksichtigen, ein Handeln gegen den (mutmaßlichen) Willen des Betroffenen führt zur Unwirksamkeit des Stellvertreterhandelns; denn das, was der Bevollmächtigte rechtlich kann, wird durch das, was er rechtlich darf, in Rücksichtnahme auf das Selbstbestimmungsrecht des Betroffenen begrenzt. Wichtigster Aspekt, insbesondere wenn keine ausdrückliche Anordnung im Innenverhältnis erfolgt ist, bleibt also, dass das rechtliche Dürfen konsequent durch den mutmaßlichen Willen des Betroffenen (mit) bestimmt wird. Frühere Äußerungen und Vorstellungen sowie Umfang, Dauer und Häufigkeit der tatsächlichen Kontaktaufnahme in der Vergangenheit können als Anhaltspunkte zur Ermittlung des mutmaßlichen Willens dienen. Dabei ist davon auszugehen, dass die Abwehr von solchen Kontakten, die objektiv gesundheitsbeeinträchtigend sind oder die in sonstiger Weise eine konkrete Gefahr für den Vollmachtgeber darstellen, mit dem mutmaßlichen Willen des Betroffenen korrespondieren. Gedanklich leiten diese Erwägungen kurzerhand in den strafrechtlichen Bereich über; ein Betroffener müsste ggf. unter polizeilichen Schutz gestellt werden. In allen anderen, womöglich trivial klingenden Fällen – etwa bei aufkommenden, persönlichen Bedenken gegenüber erbgieriger Bekanntschaft oder Verwandtschaft – kann vereinzelt Anlass bestehen, einen eigenen Schutzmechanismus zur späteren Kontaktverhinderung zu initiieren.[435] Ein allgemeingültiger Gestaltungsbedarf dürfte in dieser gesonderten Hinsicht nicht bestehen, rechtstechnisch betrachtet bleibt es jedoch möglich, eine entsprechende Befugnis zur Umgangsbestimmung zu erteilen.

cc) Sonstige persönliche Angelegenheiten

Innerhalb der denkbar erledigungsbedürftigen und regelungsfähigen Vollmachtsgegenstände, gibt es im Übrigen Angelegenheiten, die nicht oder jedenfalls nicht vollständig zum vermögensrechtlichen Bereich an sich gehören, aber auch nicht der Personensorge i.e.S. zugeordnet werden können und dennoch personale Bezüge aufweisen.

---

433 Zur Übertragung der Ausübung des Hausrechts vgl. *Lipp* in: Lipp, Vorsorgeverfügungen, § 16 Rn. 126 f.

434 Siehe auch AG Ellwangen FamRZ 2014, 1927 (1927).

435 Auch für den eigens in die Wege zu leitenden Rechtsschutz vor den Zivilgerichten bspw. in Form einer Unterlassungsklage dürfte ab einem bestimmten Zeitpunkt angesichts des persönlichen Unvermögens bzw. des geistigen Verfalls kein Raum mehr bestehen.

(1) Post und Telekommunikation

Ein solcher Sonderfall ergibt sich bspw. im Hinblick auf die Entgegennahme, das Öffnen oder Anhalten von Postsendungen bzw. von Fax und E-Mail oder von sonstigen telekommunikativen Mitteilungen (Abhören von Sprachnachrichten); auch Entscheidungen über Fernmelde- bzw. Telekommunikationsmöglichkeiten sind hierbei zu nennen.[436] In Anlehnung an § 1896 Abs. 4 BGB können solche sog. Post- und Telekommunikationsangelegenheiten, die den grundrechtssensiblen Bereich des Post- und Briefgeheimnisses sowie des Persönlichkeitsrechts tangieren, von der Vollmacht umfasst sein. Der Bevollmächtigte ist dann befugt, stellvertretend in Eingriffe Dritter in das Postgeheimnis einzuwilligen. Bedeutsamer ist allerdings die Befugnis des Bevollmächtigten, diese vom Willen des Betroffenen getragenen Eingriffe selbst vorzunehmen, d.h. die Post selbst entgegenzunehmen und zu öffnen sowie über den Fernmeldeverkehr zu entscheiden.[437]

(2) Wohnung

Ein personaler Rechtsbezug ist auch den Wohnungsangelegenheiten immanent, d.h. wenn die Rechte des Vollmachtgebers als Inhaber oder Bewohner einer Wohnung als Teil seiner Privatsphäre betroffen sind, wobei das Hausrecht gegenüber Dritten mit inbegriffen ist – also etwa im Hinblick auf das Betretendürfen der Wohnung.[438] Auch die Haushaltsauflösung, die oftmals in Zusammenhang mit einem Umzug und einer Heimunterbringung steht, greift in diese personalen Rechte ein. Wohnungsangelegenheiten können daher gleichzeitig auch Angelegenheiten der Aufenthaltsbestimmung tangieren.[439] Die Erteilung der Befugnis, diesen personalen Eingriff als Stellvertreter für den Betroffenen zu gestatten, ist daher möglich. Allerdings ist auch hier die Vornahme des – insoweit legitimen – Eingriffs in die Unverletzlichkeit der Wohnung etc. durch den Vorsorgebevollmächtigten selbst ggf. relevanter (Auflösen des Haushalts, Kündigung des Wohnraumvertrags) als dessen stellvertretende Einwilligung gegenüber Dritten (Ausübung des Hausrechts).[440]

dd) Totensorge

Gelegentlich wird im Zusammenhang mit Vorsorgevollmachten auch zu bestimmten Themen Rat ersucht, die den eigentlichen Regelungsbereich dieser Vollmacht verlassen.[441] Gemeint sind Fragestellungen, die sich auf die Zeit nach dem eigenen Ableben

---

436 Vgl. *Reetz* in: Grandel/Stockmann, FamR, Nr. 269 Rn. 29; *Lipp* in: Lipp, Vorsorgeverfügungen, § 16 Rn. 122.
437 Siehe zur Differenzierung *Lipp* in: Lipp, Vorsorgeverfügungen, § 3 Rn. 21, § 16 Rn. 124.
438 *Lipp* in: Lipp, Vorsorgeverfügungen, § 16 Rn. 126 f.
439 Vgl. auch *Dannhäuser* in: Dt. Caritasverband, Praxiswissen Betreuungsrecht, S. 9.
440 Zur Differenzierung vgl. zumindest *Lipp* in: Lipp, Vorsorgeverfügungen, § 3 Rn. 21.
441 *Renner* in: Müller/Renner, BtR und Vorsorgeverfügungen, Rn. 404.

beziehen, d.h. die dem Bereich der Totensorge angehören. Auf diese Weise ergeben sich quasi Überlappungen von Regelungen auf den Todesfall und der Vorsorge für die Lebenszeit,[442] sodass im Zweifelsfalle eine Kombination von beidem erzeugt wird. Der Bevollmächtigte ist insofern multifunktional und auf verschiedenen rechtstechnischen Ebenen aufgestellt.[443] Die unterschiedlichen Positionen des Bevollmächtigten erwachsen daher nicht aus ein und demselben Begründungsakt, vielmehr werden die „anderen" Bevollmächtigungen innerhalb der Vorsorgevollmacht mit dokumentiert.[444] Die Regelungsfähigkeit der Totensorge innerhalb einer Vorsorgevollmacht ist auch deshalb von Interesse, weil die rechtliche Betreuung, die mit dem Tod endet, nicht auf diese Fälle angelegt ist.[445]

(1) Bestattung

Regelungswünsche können sich nun zum Beispiel im Hinblick auf die Art und Weise der Bestattung ergeben. Das Recht über die eigene Bestattung zu bestimmen ist Teil des grundrechtlich geschützten Persönlichkeitsrechts (Art. 2 Abs. 1 GG) und umfasst die Dispositionsfreiheit des Menschen zu Lebzeiten selbst für die eigene Bestattung vorzusorgen.[446] Die Entscheidungsbefugnis über die Bestattungsangelegenheiten kann mittels einer Vorsorgevollmacht auf einen Dritten übertragen werden.[447] Das Recht der Totenfürsorge kann aber nur postmortal, also erst zum Todeszeitpunkt des Vollmachtgebers entstehen.[448] Dieses Recht soll dem Bevollmächtigten zu teil werden, sodass er über die Bestattungsfeierlichkeiten, das Grab und die Grabpflege zu entscheiden berechtigt ist.[449] Dabei hat er den Willen des Verstorbenen als maßgeblich

---

442 „Der Fachanwalt im Erbrecht wird sich zu diesem, dem Erbrecht vorgelagerten Bereich der privatrechtlichen Vorsorgeregelung in Zukunft nicht verschließen können, schon allein aufgrund der engen Verbindung zum Erbrecht und der immer größeren Nachfrage der Rechtssuchenden in diesem Bereich", so *Ramstetter* in: Bonefeld/Wachter, Der Fachanwalt für ErbR, § 21 Rn. 2. Vgl. auch *Kurze* in: Burandt/Rojahn, ErbR, § 164 BGB Rn. 3 f.

443 Ähnlich hierzu *Kurze* in: Burandt/Rojahn, ErbR, § 164 BGB Rn. 17 f.

444 So auch *Kurze* in: Kerscher (u.a.), Das erbrechtliche Mandat, § 34 Rn. 17. *Renner* in: Münch, FamR in der Notar- und Gestaltungspraxis, § 16 Rn. 113 f. versteht solche Angelegenheiten als Festlegung im Innenverhältnis zur Vorsorgevollmacht (hier in Bezug auf Bestattungsangelegenheiten). Auch die Organspendeerklärung kann als Teil der Patientenverfügung verstanden werden, die wiederum Teil des Innenverhältnisses der Vorsorgevollmacht ist, vgl. *Lipp* notar 2014, 111 (114 f.).

445 Hierzu Staudinger/*W.Bienwald*, § 1902 BGB Rn. 52, 115; *Spickhoff* in: Becker/M.Roth, Recht der Älteren, S. 254 f. (Rn. 17). Zu den Ausnahmen siehe auch *Diederichsen* in: Festschr f Schreiber, S. 635 (636 f.).

446 BGH NJW-RR 1992, 834; OLG Zweibrücken Rpfleger 2005, 666; BGH NJW 2012, 1648 (1649); AG Brandenburg, Urteil v. 05.07.2013 – 35 C 16/13 = BeckRS 2013, 11348; vgl. auch *Deinert* in: Festschr f Bienwald, S. 33 (37 f.); *Deinert* BtPrax 2016, 96 (98).

447 *Kurze* in: Burandt/Rojahn, ErbR, § 164 BGB Rn. 33.

448 AG Brandenburg, Urteil v. 05.07.2013 – 35 C 16/13 = BeckRS 2013, 11348.

449 *Renner* in: Müller/Renner, BtR und Vorsorgeverfügungen, Rn. 404.

zu berücksichtigen.[450] Außerhalb von Vorsorgevollmachten wird isoliert auch von „Bestattungsverfügungen“ bzw. von „Trauerverfügungen“ gesprochen.[451]

(2) Organspende und Sektion

Ein gewolltes Bevollmächtigtenhandeln nach dem Versterben des Vollmachtgebers kann sich auch auf die Einwilligung zur Entnahme von Organen und Gewebe richten (Organspende) oder – was wohl seltener der Fall ist – sich auf die Einwilligung in eine Sektion bzw. eine Spende des Leichnams an die Anatomie beziehen.[452] Die Möglichkeit der Bevollmächtigung im Rahmen einer Organspende (sog. Organspendevollmacht) ist dabei zumindest spezialgesetzlich geregelt (§ 4 Abs. 3 TPG) und – um vor allem die Spendebereitschaft innerhalb der Gesellschaft zu erhöhen[453] – auch im Rahmen einer Vorsorgevollmacht zulässig.[454] Die Vorsorgeverfügungen können auf diese Weise optimal aufeinander abgestimmt werden, was deren praktischen Durchsetzbarkeit zugute kommt und insbesondere angesichts möglicher Wechselwirkungen[455] für die Patientenverfügung und die Organspendeverfügung von äußerster Wichtigkeit sein kann.[456] Dies zu fördern entspricht bereits der rechtspolitischen Grundhaltung.[457] Zusätzlich ist der Umstand zu beachten, dass die Organspende-Erklärung bzw. diese als Teil einer Patientenverfügung nur in Kombination mit einer Vorsorgevollmacht beim Zentralen Vorsorgeregister registrierungsfähig ist, es an einem Organspende-Register trotz bestehender Ermächtigungsnorm in § 2 Abs. 3 TPG aber bisher fehlt.[458]

---

450 BGH NJW-RR 1992, 834.

451 Muster siehe *Kurze* in: Kurze/Goertz, Bestattungsrecht in der Praxis, § 17 Rn. 21; *Gottwald* NJW 2012, 2231 (2233 f.) Auch „Trauerverfügung“ siehe *K.Meyer-Götz* in: K.Meyer-Götz, FamR, § 18 Rn. 42 ff.

452 *Deutsch/Spickhoff*, Medizinrecht, Rn. 1041; *Lipp* in: Lipp, Vorsorgeverfügungen, § 16 Rn. 128; *Renner* in: Müller/Renner, BtR und Vorsorgeverfügungen, Rn. 406.

453 Vgl. nur das Gesetz zur Regelung der Entscheidungslösung im TPG vom 12.07.2012 (BGBl. 2012, S. 1504 ff.): Aufgabe der Krankenkassen ist es nun, die Spendenbereitschaft im 2-Jahres-Rhythmus abzufragen.

454 Vgl. *Kurze* in: Burandt/Rojahn, ErbR, § 164 BGB Rn. 3 f.; *Ulsenheimer* in: Laufs/Kern, ArztR, § 131 Rn. 11; siehe auch *Lipp* in: Lipp, Vorsorgeverfügungen, § 16 Rn. 72, 128 f. (zumindest für Organspende); a.A. (aus dogmatischer Ablehnung) *Walter*, Vorsorgevollmacht, S. 237 f.; dieser folgend *Borowy*, Organentnahme, S. 186 f.

455 Eventuell müssen intensivmedizinische Maßnahmen wie eine Beatmungstherapie zur Aufrechterhaltung der Transplantationsfähigkeit der Organe fortgeführt werden; dies stünde im Widerspruch zum Unterlassen von lebenserhaltenden Maßnahmen, wie sie in einer Patientenverfügung festgehalten sein können.

456 Vgl. vor allem das „Arbeitspapier zum Verhältnis von Patientenverfügung und Organspendeerklärung“ vom 18.01.2013 in DÄBl 2013, A 7. Speziell hierzu *Lipp* notar 2014, 111 (114 f.). Siehe auch *Renner* in: Müller/Renner, BtR und Vorsorgeverfügungen, Rn. 580 ff.; *ders.* in: Münch, FamR in der Notar- und Gestaltungspraxis, § 16 Rn. 201 ff.; *Lipp* in: Lipp, Vorsorgeverfügungen, § 16 Rn. 129; *Zimmermann*, Vorsorgevollmacht, S. 243.

457 Daher auch die Ausführungen und Regelungsmöglichkeiten in den Broschüren der Justizministerien auf Bundes- und Landesebene.

458 Zur Register-Möglichkeit vgl. *Engels* in: Höfling, § 2 TPG Rn. 41 ff.

Ebenfalls steht die Befugnis über den Umgang mit dem Leichnam zwecks späterer Durchsetzung der Spende des eigenen Leichnams für die Wissenschaft zur Disposition des Selbstbestimmungsfähigen, auch wenn – anders als bei der Organspendevollmacht – keine spezialgesetzliche Regelung hierzu existiert. Dies kann im Rahmen der Vorsorgevollmacht festgehalten werden und lässt sich als patienten- oder allgemein vorsorgespezifische Regelung genau wie die Organspendeerklärung auch zum Teilausschnitt der Patientenverfügung zuordnen.[459]

2. Reichweite der Vollmacht

Im Einklang zu den allgemeinen Vorschriften über die Vollmacht, ist es folglich ebenso im Rahmen der Vorsorgevollmacht möglich, den Umfang der Vollmacht als Spezial-, Gattungs- oder Generalvollmacht abzustecken. Diese Festlegung des Umfangs obliegt grundsätzlich dem Vollmachtgeber und muss im Zweifel mit den Auslegungsgrundsätzen gemäß §§ 133, 157 BGB ermittelt werden.[460]

a) Bereich der Vermögenssorge

Während die Vollmacht im vermögensrechtlichen Bereich anhand der typischen Merkmale zugeordnet werden kann, zeigt die Vollmacht im Bereich der gesundheitsrechtlich-personalen Anliegen Besonderheiten auf, die eine eigenspezifische Definition abverlangen.

aa) Spezial- und Gattungsvollmacht

Für den Vermögensbereich lässt sich vorerst Folgendes sagen: Die Erteilung einer Spezialvollmacht bietet sich für den Vollmachtgeber bspw. immer dann an, wenn sich die Vollmacht lediglich auf die Vornahme eines einzelnen, konkret zu bezeichnenden Rechtsgeschäfts beziehen soll.

Die Gattungsvollmacht betrifft dagegen – anders als die Spezialvollmacht – nicht ein einzelnes Rechtsgeschäft, sondern berechtigt zur Vornahme von einer bestimmten Art von Rechtsgeschäft, welches in seiner wiederkehrenden Gleichartigkeit oder in seiner Anknüpfung an eine Funktion zuordnungsfähig ist.[461] Die Tauglichkeit einer als Spezialvollmacht ausgestalteten Vorsorgevollmacht zum Zweck der Vermeidung einer Betreuung ist jedoch als gering einzuschätzen, da es sich um eine Vollmacht handelt, dessen Anwendungsbereich sehr eng gefasst ist.[462] Diejenigen Aufgaben, auf die sich die Spezialvollmacht nicht erstreckt, müssten dann durch eine rechtliche Be-

---

459 Vgl. *Deutsch/Spickhoff*, Medizinrecht, Rn. 1007.

460 BGH FamRZ 2012, 969; OLG Frankfurt FamRZ 2004, 1322. Betreffend der Auslegung der Vollmacht kommt es bei einer Innenvollmacht auf die Verständnismöglichkeit des Bevollmächtigten an, bei einer kundgetanen Außenvollmacht auf diejenige des jeweiligen Geschäftsgegners, vgl. Staudinger/*W.Bienwald*, § 1896 BGB Rn. 282.

461 Palandt/*Ellenberger*, § 167 BGB Rn. 6.

462 *Renner* in: Müller/Renner, BtR und Vorsorgeverfügungen, Rn. 293.

treuung abgedeckt werden.[463] Ähnliches lässt sich auch für die Gattungsvollmacht anführen: Eine Bankvollmacht etwa kann als Gattungsvollmacht wiederkehrende gleichartige Geschäfte betreffen und insofern als eine die Betreuung verhindernde (Vorsorge-)Bevollmächtigung dienen.[464] Ungenügend wäre eine solche Bankvollmacht aber bspw., wenn sie nur eines von mehreren Konten erfasst, eventuell auch bedingt durch Geschäftsbeziehungen zu verschiedenen Banken.[465] Außerdem bildet der Bereich „Bankgeschäfte" nicht den Abschluss der erledigungsbedürftigen Angelegenheiten, sodass eine Begrenzung jener von einer Betreuerbestellung (weiterhin) betroffenen Aufgabenkreise nur zum Teil gelingen würde.[466] Sowohl für die Spezial- als auch für die Gattungsvollmacht gilt deshalb, dass sie nur durch die Kombination mit weiteren (Spezial- und/oder Gattungs-) Vollmachten als eine Art Aneinanderreihung einzelner, verschiedentlicher Aufgabenbereiche zu einer Gesamtheit an Vorsorgevollmacht(en) zusammengefasst werden könnten,[467] zumal diese Vorgehensweise, evtl. auch noch unter Einsatz mehrerer Bevollmächtigter, zu erheblicher Intransparenz führen würde und – wenn überhaupt – nur bei überschaubaren einfachen Vermögensverhältnissen machbar erscheint.

bb) Generalvollmacht

Damit sämtliche vermögensrechtlichen Angelegenheiten in jedem Falle verkehrswirksam sowie betreuungsvermeidend erfasst sind, ist es interessengerecht, den Umfang einer Vorsorgevollmacht weit zu spannen. In der Praxis bietet sich deshalb die Erteilung einer Generalvollmacht an: Als unbeschränkt formulierte Vollmacht gibt sie für alle Angelegenheiten, bei denen eine Vertretung zulässig ist, Vertretungsmacht.[468]

cc) Faktisches Konkretisierungsbedürfnis: Zusätzliche Aufzählung von Beispielen?

Dadurch, dass es im Zweifelsfalle zu einer eingeschränkten Auslegung der Generalvollmacht in Bezug auf „völlig außergewöhnliche Geschäfte" kommen kann, die eine offensichtliche Schädigung des Vollmachtgebers nach sich ziehen,[469] wird in der Lite-

---

463 *A.Roth* in: Dodegge/A.Roth, BtKomm, C 45.

464 Palandt/*Ellenberger*, § 167 BGB Rn. 6; Palandt/*Götz*, Einf v § 1896 BGB Rn. 5; näher hierzu *Trimborn von Landenberg*, Vorsorgeverfügungen, § 1 Rn. 37; *Tersteegen* NJW 2007, 1717.

465 OLG Köln FamRZ 2000, 188; MünchKommBGB/*Schwab*, § 1896 Rn. 49; *M.Winkler*, Vorsorgeverfügungen, S. 43.

466 Ähnlich wie die Außenvollmacht nur einen bestimmten Geschäftspartner erreicht und hierdurch die Möglichkeiten auf eine Art Rechtsgeschäft begrenzt, geschieht dies auch durch den im Wege einer Gattungsvollmacht festgelegten Umfang.

467 Näher hierzu *Langenfeld*, Vorsorgevollmacht, S. 31 f. Siehe auch *Ramstetter* in: Bonefeld/Wachter, Der Fachanwalt für ErbR, § 21 Rn. 16.

468 Palandt/*Ellenberger*, § 167 BGB Rn. 7. Zur Einwilligungsvollmacht siehe § 2 A. III. 2. b).

469 OLG Frankfurt NJW-RR 1987, 482; OLG Zweibrücken NJW-RR 1990, 931 (Gründung einer GmbH im Namen einer 91-jährigen Vollmachtgeberin); OLG Hamm OLGR 1999, 269 (Vornahme einer strafbewehrten Handlung – Schwarzgeldabrede), MünchKommBGB/*Schwab*, § 167 Rn. 83 f.; Palandt/*Ellenberger*, § 167 BGB Rn. 7; *Keim* in: Scherer, Münchener Anwaltshandbuch Erbrecht, § 44 Rn. 4.

ratur[470] empfohlen, der Generalvollmacht eine beispielhafte Aufzählung bedeutsamer Rechtsgeschäfte unter gleichzeitiger klarstellender Formulierung eines nicht-abschließenden Charakters hinzuzufügen.[471] Eine gewisse Konkretisierung der Handlungsmöglichkeiten verhelfe dem Erklärenden dabei auch zur besseren Reflektion der Tragweite seiner Entscheidung.[472] Inzwischen wird aber ebenso darauf hingewiesen, dass die katalogartige Auflistung, die niemals den Anspruch auf Vollständigkeit zu erheben vermag und rechtstechnisch im Grunde sogar überflüssig ist, in der Praxis[473] dazu führen kann, dass die nicht aufgeführten Beispiele als nicht von der Vollmacht umfasst angesehen werden. Sofern eine betreffende Rechtshandlung, ob nun außergewöhnlich oder nicht, also nicht explizit in der Auflistung Erwähnung findet, kommt es häufig wiederum zu Anzweifelungen der umfassenden Vertretungsbefugnis, selbst wenn die Aufzählung als nicht abschließend deklariert ist.[474] Um Unsicherheiten im Rechtsverkehr entgegen zu wirken, erscheint es sachgerecht, es bei einer abstrakt formulierten Generalvollmacht zu belassen. Eine zusätzliche Aufzählung von Rechtshandlungsbeispielen zum Zwecke der Veranschaulichung belastet den Rechtsverkehr und ersetzt gerade nicht das Beratungsgespräch.[475]

b) Bereich der Gesundheitsfürsorge und sonstiger personaler Bereich

Die als Generalvollmacht erteilte Vorsorgevollmacht in Angelegenheiten der Vermögenssorge kann trotz gewünschter Vollumfänglichkeit jedoch nicht bis in den personalen Bereich hineinwirken.[476]

aa) Gesetzliches Konkretisierungserfordernis: Ausdrückliches Umfassen von Maßnahmen

Der Grund hierfür ist in §§ 1904 Abs. 5, 1906 Abs. 5 BGB zu sehen, durch welche die Vorsorgevollmacht im personalen Bereich gewisse Vorgaben erfährt. Genau genommen handelt es sich um Vorgaben in inhaltlicher und zugleich auch in formaler Hinsicht (Ausdrücklichkeits- und Schriftformerfordernis). Im Rahmen der Reichweite einer Vollmacht steht zuvörderst die inhaltliche Gestaltung und damit das Ausdrücklichkeitsgebot im Vordergrund. D.h. die Maßnahmen, die dort im Gesetz beschrieben

470 *Keim* in: Scherer, Münchener Anwaltshandbuch Erbrecht, § 44 Rn. 4; *Heinze* in: Herrler, Münchener Vertragshandbuch, VIII.53a (S. 631).; *Kordel* in: Kersten/Bühling, Formularbuch und Praxis der Freiwilligen Gerichtsbarkeit, § 96 Rn. 27; *Bühler* FamRZ 2001, 1585 (1587, 1596 f.); *Keilbach* DNotZ 2004, 164 (167 f.).

471 Vgl. Musterbeispiel bei *Müller* in: Limmer (u.a.), Würzburger Notarhandbuch, Teil 3 Kap. 3 Rn. 10.

472 Vgl. *Doering-Striening* in: Richter (u.a.), Seniorenrecht, § 4 Rn. 71.

473 Vgl. etwa OLG Köln FamRZ 2000, 1525; OLG München FamRZ 2012, 663 f.

474 *Coeppicus*, Patientenverfügungen und Sterbehilfe, S. 48 f.; *Müller* in: Limmer (u.a.), Würzburger Notarhandbuch, Teil 3 Kap. 3 Rn. 11; *Milzer* NJW 2003, 1836 (1838).

475 Auf dieser Linie: *Renner* in: Münch, FamR in der Notar- und Gestaltungspraxis, § 16 Rn. 75 f; *Müller* in: Limmer (u.a.), Würzburger Notarhandbuch, Teil 3 Kap. 3 Rn. 11; *Münch*, Ehebezogene Rechtsgeschäfte, Rn. 2129; *Milzer* NJW 2003, 1836 (1838). AG Schleswig SchlHA 2013, 439 (kein detaillierter Angelegenheiten-Katalog erforderlich).

476 A.A. *Baumann* MittRhNotK 1998, 1 (6).

sind, müssen ausdrücklich vom Inhalt der Vollmacht umfasst sein.[477] Damit die Übertragung der Entscheidungsbefugnisse über solche Maßnahmen der Gesundheitssorge (§ 1904 BGB) und insbesondere über solche, die im Näheren eine Aufenthaltsbestimmung und Freiheitsentziehung (§ 1906 Abs. 1 und Abs. 4 BGB) bedeuten,[478] nicht voreilig geschieht und damit sichergestellt werden kann, dass der Bevollmächtigende die Tragweite und Folgen dieser Vollmacht bewusst entschieden hat, müssen die einzelnen Maßnahmen nach §§ 1904, 1906 BGB hinreichend konkret beschrieben und explizit benannt werden.[479] Ein bloßer Verweis auf die §§ 1904, 1906 BGB – ohne deren Gesetzeslaut wörtlich zu übernehmen[480] – ist deshalb ungenügend, um Zweifel an der Reichweite der Vollmacht ausschließen zu können.[481] Die Maßnahmen müssen deshalb in der Vollmacht „hervorscheinen", sodass auch eine konkret erkennbare Umschreibung der in Bezug genommenen Maßnahmen aus §§ 1904, 1906 BGB ausreichend ist, ohne den Gesetzestext wortwörtlich abschreiben zu müssen.[482]

bb) Entsprechendes Konkretisierungserfordernis für sonstigen personalen Bereich?

Für die Kautelarpraxis ergibt sich nun die Frage, ob auch sonstige persönliche Angelegenheiten der Vorsorgevollmacht als zwingend ausdrücklich zu benennen sind. In diese Fragestellung sind vordergründig Wohnungs- sowie Post- und Telekommunikations-Angelegenheiten einbezogen, neuerdings können aber auch solche personalen Angelegenheiten, die die Umgangsbestimmung betreffen, miteinbezogen sein. Spezialgesetzliche Regelungen zur inhaltlichen Gestaltungsweise sind diesbezüglich jedenfalls nicht vorhanden. Die vermögensrechtlichen Befugnis-Elemente der Wohnungs- und Post- bzw. Telekommunikationsangelegenheiten lassen sich zunächst – ohne ausdrückliche Erwähnung – dem Bereich der Vermögenssorge entnehmen, vorausgesetzt dieser ist in der Vollmacht geregelt.[483] Ähnlich wie bei den Annexberechtigungen können auch diese Befugnisse kraft Auslegung der Vollmacht hergeleitet werden. Ungewiss erscheint demgegenüber, inwieweit die einwilligungsspezifischen, personalen Befugnisse von allgemeinen Formulierungen der Vollmacht „automatisch" kraft Auslegung umfasst sein können. Die Befugnis zur Umgangsbestimmung gegenüber Dritten ist hier gesondert zu erwähnen: Auch ihr können vermögensrechtsspezifische Be-

477 Zum Schriftformerfordernis siehe § 3 A. II. 1. a). Zur Analyse des Ausdrücklichkeitserfordernisses vgl. *Kühle*, Willenserklärung, S. 242 ff.

478 Die Ermächtigung zu freiheitsbeschränkenden Maßnahmen (§ 1906 Abs. 4 BGB) ist nicht ausreichend, um freiheitsentziehende Maßnahmen (§ 1906 Abs. 1 BGB) zu umfassen, vgl. LG Düsseldorf FamRZ 2000, 1315 f.; *Hack* in: Rudolf/Bittler/W.Roth, Vorsorgevollmacht, S. 18.

479 BT-Drucks. 13/7158, S. 34; BGH NJW 2016, 3297 (3298); OLG Düsseldorf FamRZ 1997, 904; LG Hamburg DNotZ 2000, 222; LG Krefeld MittRhNotK 1998, 17 OLG Stuttgart FamRZ 1994, 1417; *Hack* in: Rudolf/Bittler/W.Roth, Vorsorgevollmacht, S. 17 f.; MünchKommBGB/*Schwab*, § 1904 Rn. 75.

480 *Müller* DNotZ 1999, 107 (110 ff.).

481 BGH NJW 2016, 3297 (3298); OLG Zweibrücken FamRZ 2003, 113 (114); *Hack* in: Rudolf/Bittler/W.Roth, Vorsorgevollmacht, S. 18; MünchKommBGB/*Schwab*, § 1904 Rn. 74.

482 So *Diehn* FamRZ 2009, 1958 (1959) bzgl. § 1904 Abs. 5 S. 2 BGB.

483 *Lipp* in: Lipp, Vorsorgeverfügungen, § 16 Rn. 122, 125.

rührungspunkte zugewiesen werden, wie etwa die Auswahl eines Vertragspartners, die dem Bereich der Vermögenssorge funktionsgemäß immanent sein muss. Mehr noch als das bezieht sie sich aber auf den personell-informellen Nahbereich in Form von Besuchen und Kontaktaufnahmen. Wie oben angesprochen soll die Befugnis der Umgangsbestimmung gegenüber Dritten durch einzelfallbezogene Auslegung aus einer umfassenden und somit bereits konkretisierten, schriftlichen Vollmacht herzuleiten sein.[484] Offen bleibt jedoch, wie außerhalb solcher umfassenden Befugnisse zu verfahren ist und ob nicht von vornherein, wie bei §§ 1904 Abs. 5, 1906 Abs. 5 BGB, ein Konkretisierungs- und Schriftformerfordernis angezeigt wäre. Die Unsicherheiten, die durch den personalen Bezug dieser Angelegenheiten entstehen, werden in der gängigen Praxis dadurch beseitigt, dass sie „vorsorglich ausdrücklich“ mit in den Vollmachtstext aufgenommen werden.[485] Im Bemühen um eine rechtsmethodisch fundierte Handhabung wird aber auch vertreten, die §§ 1904 Abs. 5, 1906 Abs. 5 BGB analog anzuwenden.[486] Die in Rede stehenden Maßnahmen, die aus den personalen Angelegenheiten zur Wohnung u.s.w. hervorgehen, werden vom Wortlaut der §§ 1904 Abs. 5, 1906 Abs. 5 BGB unstreitig nicht erfasst. Sie passen nicht auf die Sinnhaftigkeit des Wortlauts, der von gesundheitsspezifischen sowie unterbringungsrechtlichen bzw. unterbringungsähnlichen Maßnahmen und Zwangsmaßnahmen ausgeht. Demnach kann hier richtigerweise allenfalls eine analoge Anwendung in Betracht kommen. Die entsprechende Anwendung über den Normtext der §§ 1904 Abs. 5, 1906 Abs. 5 BGB hinaus, erfordert nicht nur eine planwidrige Lücke des Gesetzgebers, sondern auch eine ähnlich gelagerte Interessenlage, um im Ergebnis eine wertungsmäßige Gleichstellung der gesetzlichen Regelung zum betreffenden Sachverhalt zu rechtfertigen.[487] Dadurch, dass die §§ 1904 Abs. 5, 1906 Abs. 5 BGB nicht den sonstigen personalen Bereich in Form der Angelegenheiten von Wohnung, Post- und Telekommunikation sowie der Umgangsbestimmung erfassen, liegt eine gesetzliche Regelungslücke vor. Im Mittelpunkt steht nun die Frage nach ihrer Planwidrigkeit, d.h. ob die Regelungslücke unbeabsichtigt ist. Hierzu müsste aus den bisherigen Gesetzesmaterialien, die die Regelungsabsicht des Gesetzgebers dokumentieren, zu filtern sein, dass die §§ 1904 Abs. 5, 1906 Abs. 5 BGB verallgemeinerungsfähig sind und somit eine umfassende Klärung der Rechtslage bei der privatrechtlichen Stellvertretung als vom Gesetzgeber gewollt zulassen.[488] So heißt es in der Gesetzesbegründung des 2. BtÄndG zu § 1904 Abs. 2 BGB a.F., die im Übrigen auch auf § 1906 Abs. 5 BGB bezogen werden kann,[489] dass sichergestellt werden soll, dass „Vorsorgevollmachten

484 Siehe oben § 2 A. III. 1. b) aa) (5).

485 Vgl. beispielhaft *Renner* in: Münch, FamR in der Notar- und Gestaltungspraxis, § 16 Rn. 111 oder *Reetz* in: Heckschen (u.a.), Beck'sches Notar-Handbuch, F 184 (Sinnvoll: Erweiterung auf Postsendungen; Verweis auf § 1896 Abs. 4 BGB). So auch das Musterformular in: *Bayerisches Staatsministerium der Justiz*, Vorsorge für Unfall, Krankheit, Alter, S. 24 f. bzgl. Aufenthalt und Wohnungsangelegenheiten sowie Post- und Fernmeldeverkehr.

486 *Lipp* in: Lipp, Vorsorgeverfügungen, § 16 Rn. 121, 123, 126. Ähnlich wohl auch *B.Hoffmann/Klie*, Freiheitsentziehende Maßnahmen, Kap. 6 Rn. 8 (hier in Bezug auf Post- und Telekommunikation).

487 Vgl. exemplarisch BGHZ 149, 165 (174); BGH NJW 2007, 992 (993).

488 Ablehnend *Walter* FamRZ 1999, 685 (693).

489 BT-Drucks. 13/7158, S. 34 (rechte Spalte); *Kühle*, Willenserklärung, S. 248.

in höchstpersönlichen Angelegenheiten" nicht voreilig erteilt werden. An dieser Stelle trifft der Gesetzgeber eine allgemein gehaltene Aussage zu „höchstpersönlichen Angelegenheiten", mit der er seinerzeit vor allem Gesundheitsangelegenheiten im Blick gehabt hatte, denn die Stellvertretungsmöglichkeit wurde in diesem Bereich stets mit dem Argument der „Höchstpersönlichkeit" abgelehnt.[490] Erklärtes Ziel der Norm(en) ist der Schutz vor Übereilung hinsichtlich solcher Vollmachten, die Angelegenheiten in grundrechtsrelevanter Eingriffsintensität berühren, mithin lassen sich bspw. auch die Wohnungsauflösung (Art. 13 GG), das Öffnen der Post (Art. 10 GG) oder die Vornahme einer Kontaktverhinderung (Art. 2 Abs. 1 GG bzw. i.V.m. Art. 1 Abs. 1 GG) hierher zuordnen.[491] Nun ist der Gesetzgeber bisher dem Schema gefolgt, die Detailregelungen zur Vollmacht an das Betreuungsrecht anzuknüpfen. Betreuungsrechtliche Regelungen zu Umgangs-, Wohnungs- und auch zu Post- und Telekommunikationsangelegenheiten existieren zudem.[492] Diese Regelungen sind aufgrund der Eingriffsintensität, die diese Aufgabenkreise mit sich bringen, schon aus verfassungsrechtlichen Gründen für das Betreuungsrecht unverzichtbar.[493] Von vollmachtsspezifischen Normen, die hieran anknüpfen, hat der Gesetzgeber jedoch keinen Gebrauch gemacht. Eine Entscheidung zur Nichtregelung, insbesondere in Anbetracht der mehrfachen Änderungen des Betreuungsrechts in den letzten Jahren, könnte darauf schließen lassen, dass die Lücke bewusst und nicht planwidrig vorliegt. Doch bedeutet dies noch nicht, dass diese nicht im Wege der Analogie geschlossen werden kann. Schließlich ist denkbar, dass es der Rechtsprechung und der Wissenschaft überlassen sein soll, selbige auszufüllen.[494] Naheliegender erscheint es jedoch die Planwidrigkeit dieser Lücke zu unterstellen, der Gesetzgeber kann es nicht beabsichtigt haben, den personalen Kreis in dieser Hinsicht schlechter regulieren zu wollen. Auch die mehrfachen Gesetzesänderungen können dafür sprechen, dass er den regelungsbedürftigen Sachverhalt übersehen hat – schließlich ging es im Betreff der Gesetzesänderungen auch nicht um vollmachtsspezifische Regulierungen.[495] Die Nichtregelung ist damit nicht als bewusst oder beabsichtigt einzustufen, sondern folgt wohl eher dem Mangel an rechtspolitischer Brisanz.

Darüber hinaus muss aber auch die Vergleichbarkeit der Interessenlage zu begründen sein. Um den Übereilungsschutz bei persönlichen Angelegenheiten zu verwirklichen, dürfte es aus Sicht des Gesetzgebers keinen qualitativen Unterschied machen, welche Grundrechtspositionen angesprochen sind. In Bezug auf den personalen Vollmachtsgegenstand sollte jedenfalls Gleichartiges in unserem Rechtssystem auch

490 Siehe § 2 A. I. 2. b) aa).

491 Vgl. *B.Hoffmann/Klie*, Freiheitsentziehende Maßnahmen, Kap. 6 Rn. 8 (hier in Bezug auf Post- und Telekommunikation).

492 Vgl. § 1896 Abs. 4 (Post- und Telekommunikation), § 1907 (Wohnung), § 1908i Abs. 1 S. 1 i.V.m. § 1632 Abs. 2 BGB (Umgang).

493 Vgl. *Fröschle*, Betreuungsrecht, S. 78 ff., 93.

494 Vgl. *Bork*, AT des BGB, Rn. 144.

495 Lediglich die Änderung in § 1906 BGB betraf die Erweiterung der Norm um die Rechtsgrundlage der Zwangsbehandlung, was zugleich eine Erweiterung des Vollmachtsgegenstands bedeutete, siehe § 2 A. III. 1. b) aa) (3).

gleich behandelt werden.[496] Der Verfassungsrang oder die Höherwertigkeit einzelner Schutzgüter – auf der einen Seite: Leben, Freiheit, Gesundheit und auf der anderen Seite: Wohnung, Briefgeheimnis, Persönlichkeitsrecht – kann in dieser Hinsicht zwar funktionell nicht von Belang sein, es macht im Hinblick auf die Vergleichbarkeit der Sachlage und in Bezug auf eine wertungsgemäße Gleichstellung aber einen großen Unterschied, ob es darum geht, dass jemand durch Vollmacht befugt sein soll, eine freiheitsentziehende Unterbringung zu veranlassen oder dazu befugt sein soll, über das Hausrecht oder das Öffnen von Briefen zu entscheiden. Das Ähnlichkeitskriterium allein an einer generellen Grundrechtssensibilität festzumachen, provoziert automatisch eine Kritik der Unbestimmtheit und Unschärfe; insbesondere wenn, wie hier, bei unterschiedlicher Eingriffsschwere der betroffenen Grundrechtspositionen von tatsächlichen Gegebenheiten auf einen Konkretisierungs- und Formzwang geschlossen werden soll.[497] Der Gesetzgeber begegnet der Regelung von gesetzlichen Formerfordernissen im Allgemeinen mit Zurückhaltung. Im Privatrecht gilt die Regel der Formfreiheit; ein Formzwang bildet die Ausnahme, obgleich zahlreiche Ausnahmen vorhanden sind.[498] Dies ist letztlich Ausfluss der gemäß Art. 2 Abs. 1 GG verfassungsrechtlich garantierten Privatautonomie als dem Freiheitsrecht zur Selbstgestaltung der eigenen privaten Rechtsverhältnisse.[499] Ein analoger Formzwang würde damit im Widerspruch zur privatrechtlichen Vorstellung eines Ausnahmesystems stehen.

Kritische Stimmen sehen die Verallgemeinerungsfähigkeit der §§ 1904 Abs. 5, 1906 Abs. 5 BGB daher als nicht ohne Restzweifel zu belegen an.[500] Hierzu ist im Besonderen zu vergegenwärtigen, welche Auswirkungen die Nichteinhaltung des Konkretisierungs- und Formerfordernisses nach sich ziehen würde: Die §§ 1904 Abs. 5, 1906 Abs. 5 BGB stellen zwar kein Wirksamkeitserfordernis der Vollmacht selbst dar, d.h. aus der Nichteinhaltung der gesetzlichen Vorgaben ergibt sich keine Nichtigkeit der Vollmacht i.S.v. § 125 BGB. Das inhaltlich-formelle Erfordernis bezieht sich allein auf die Vertreterhandlung zur rechtfertigenden Einwilligung – ihr ist die Wirksamkeit abzuerkennen, sodass die (weiterhin) wirksame Vollmacht in diesem Bereich praktisch nicht einsetzbar wäre.[501] Bei konsequenter analoger Anwendung hätte dies für bereits existierende Vollmachten zur Folge, dass konsequent neben der bestehenden Vorsorgevollmacht, die womöglich ausdrücklich zu Maßnahmen einer Unterbringung befugt, eine Betreuung für den jeweils betreffenden Aufgabenbereich, z.B. Post und Wohnung, angeordnet werden müsste, da der Bevollmächtigte es bspw. nicht durchsetzen könnte, die Wohnung aufzulösen oder Post entgegen zu nehmen. Eine

496 Vgl. zu den Definitionsebenen *Larenz/Canaris*, Methodenlehre, S. 202, 205, 207, 220 f.

497 Hierauf hinweisend *Milzer* FPR 2007, 69 (70) mit Blick auf Post- und Telekommunikationsangelegenheiten.

498 Vgl. *Medicus*, AT des BGB, Rn. 609.

499 Zur Privatautonomie vgl. *Flume*, AT II, § 1 1. (S. 1).

500 *Milzer* FPR 2007, 69 (70); *Walter* FamRZ 1999, 685 (693).

501 Hierzu MünchKommBGB/*Schwab*, § 1904 Rn. 73; *Lipp* in: Lipp, Vorsorgeverfügungen, § 16 Rn. 27 f.; *Zimmermann*, Vorsorgevollmacht, S. 51; *Brauer*, Autonomie und Familie, S. 69; *Burchardt*, Vertretung durch Angehörige, S. 57; *Geißendörfer*, Selbstbestimmung, S. 183; *Heyers*, Passive Sterbehilfe, S. 168; differenzierend nach „Gefährlichkeit" der Entscheidung *Taupitz* Jahrbuch für Wissenschaft und Ethik 2010, 155 (175 f.).

analoge Anwendbarkeit der Vorschriften scheitert somit an der Vergleichbarkeit der Sachlage, die es rechtfertigen würde, in wertungsmäßig gleichgeschalteter Intensität einen Form- und Konkretisierungszwang zu kreieren. Zwar liegt die Annahme der Analogiefähigkeit auf der Linie der bisherigen Gestaltungspraxis, ggf. müsste schließlich eine Betreuung auch deshalb eingerichtet werden, wenn bspw. Post-Angelegenheiten nicht schriftlich aufgelistet sind und die Vollmacht deshalb nicht akzeptiert wird. Der rechtliche Unterschied liegt aber darin, dass ein Anraten zur Verschriftlichung und Konkretisierung aus Zweckmäßigkeitsgründen nicht damit gleichzusetzen ist, dass dies gesetzlich in Entsprechung einer „ähnlichen“ Formvorschrift auch zwingend zu verlangen ist. Es bleibt somit weiterhin eine Frage der Auslegung jeder einzelnen Bevollmächtigung, wie weit die jeweiligen Befugnisse in ihr reichen sollen.

cc) Zuordnung des Vollmachtsumfangs

Fragwürdig erscheint darüber hinaus, wie sich die inhaltlichen Konkretisierungsvorgaben aus §§ 1904 Abs. 5, 1906 Abs. 5 BGB zum möglichen Umfang einer personalen Vollmacht verhalten. Dadurch, dass bei Nichtbeachtung dieses Erfordernisses „lediglich“ die wirksame Begründung zur Befugnis der Einwilligung ausgeschlossen ist, kann die personale Vollmacht auch als „Generalvollmacht“ ausgestaltet sein. Eine pauschal erteilte Vollmacht bspw. „für alle erdenklichen persönlichen Angelegenheiten“ wäre schließlich nicht unwirksam.[502] Ob dieser Vollmachtsumfang angesichts der inhaltlichen Vorgaben und des ausdrücklich zu bezeichnenden Einsatzgebiets nun als allumfassende, aber konkretisierungspflichtige „Generalvollmacht“ oder eher als Spezial- oder Gattungsvollmacht einzuordnen ist, kann nur eigenspezifisch und in Entsprechung zur allgemeinen Vollmachtsdogmatik definiert werden. „Allumfassend“ bzw. „vollumfänglich“ bedeutet für die Vollmacht in personalen Angelegenheiten, dass sich die Stellvertretungsbefugnis auf alles erstreckt, wofür in diesem Bereich eine Stellvertretung zulässig ist; also bspw. auf alles, was zum Regelungsprogramm der §§ 1904 Abs. 5, 1906 Abs. 5 BGB gezählt werden kann. Im Vergleich zum Vermögensbereich besteht der Unterschied nun darin, dass die Generalvollmacht in Vermögensangelegenheiten nicht einem gesetzlichen Konkretisierungserfordernis unterfällt, sondern lediglich einem aus Sicht der Praxis propagierten, faktischen Konkretisierungsbedürfnis folgt.[503] Dies zeigt deutlich, wie sehr ein etwaiger Vergleich „hinkt“. Allein die Begrifflichkeit führt in diesem Kontext zu Missverständnissen: Eine Generalvollmacht ist im Allgemeinen gerade nicht konkretisierungspflichtig und rein rechtlich betrachtet auch nicht konkretisierungsbedürftig. Die Gesundheits- und Unterbringungs- bzw. Zwangsbehandlungsvollmacht, entsprechend auch die Vollmacht in sonstigen persönlichen Angelegenheiten kann also für sich genommen und innerhalb der gesetzlichen Regelung als umfassend erteilt werden, der Begriff Generalvollmacht

502 MünchKommBGB/*Schwab*, § 1904 Rn. 73 (spricht von einem in der Rechtsordnung ungewöhnlichem Erfordernis).

503 *Renner* in: Müller/Renner, BtR und Vorsorgeverfügungen, Rn. 339 ff., 384.

passt hierauf jedoch nicht.[504] Bei einem derartig zwingenden Vollmachtsumfang müsste es sich zutreffender um eine Spezial- oder Gattungsvollmacht handeln – je nach dem, ob sich die Vollmacht auf eine spezielle Maßnahme oder einen Maßnahmenkomplex bezieht.[505] Ein ähnlicher Maßnahmenkomplex ist auch bei der Prokura zu finden, die als eine handelsrechtliche Vollmacht mit gesetzlich typisiertem und zwingendem Umfang zu Geschäften jeder Art ermächtigt, die der Betrieb eines Handelsgewerbes mit sich bringt, und somit eine Gattungsvollmacht darstellt.[506] Abhängig von der Regelungsweite wäre es prinzipiell also möglich, eine Spezial- oder Gattungsvollmacht zu konstruieren. Hierzu könnte die Gattung „personaler Anliegen" typisiert werden. Zumindest würde dies auch die persönlichen Angelegenheiten der Post- und Telekommunikations-, sowie Wohnungsangelegenheiten und diejenigen zur Umgangsbestimmung in ihrem Kerngehalt erfassen. Anderenfalls müsste sich wohl eine Aneinanderreihung von Gattungsvollmacht (z.B. ärztlicher, gesundheitlicher Maßnahmenkomplex) und/oder einer Spezialvollmacht (Umgangsbestimmung) ergeben. Abseits dieser Bemühungen um einen Übertragungsversuch des dogmatisch Gewohnten bleibt aus betreuungsvermeidender Sichtweise im Ergebnis festzuhalten, dass die Reichweite der Vollmacht ebenfalls möglichst umfassend zu regulieren sein sollte. Im praktischen Regelfall wird also die so umfassend wie möglich erteilte Vollmacht in personalen Angelegenheiten mit einer Generalvollmacht im Bereich der Vermögenssorge kombiniert.[507]

3. Sonstiger Klärungsbedarf

Es handelt sich bei der Vorsorgevollmacht in Vermögens- sowie in Gesundheitsfürsorge- und personalen Angelegenheiten um jeweils unterschiedlich angelegte Vollmachtsgegenstände, die ein entsprechend divergierendes Gestaltungskonzept mit sich bringen. Die Vorsorgevollmacht in vermögensrechtlichen Belangen kann dabei angesichts ihres weiterreichenden Regelungskomplexes dergestalt konkretisierungsbedürf-

---

504 So auch *Lipp* in: Lipp, Vorsorgeverfügungen, § 16 Rn. 31, 121, der aber eine klarstellende, allgemeine Formulierung als Einleitung in der Vollmacht anrät. Vgl. auch *Quaas/Zuck*, Medizinrecht, § 68 Rn. 185; *Dieckmann* BWNotZ 2013, 34 (44).

505 Vgl. auch *Winterstein* in: Jürgens, BtR, § 167 BGB Rn. 5; *Tamm* in: Tamm/Tonner, Verbraucherrecht, § 25 Rn. 189 (2012); *Röver*, Einflussmöglichkeiten des Patienten, S. 200 f. Ähnlich auch *B.Hoffmann*, Personensorge, § 3 Rn. 55 (hier in Bezug auf elterliche Vollmachten), sowie *Dieckmann* BWNotZ 2013, 34 (44): Allgemeine Formulierung einer bestimmten Gattung nach. Anders MünchKommBGB/*Schwab*, § 1904 Rn. 76: Partielle Vollmacht.

506 Vgl. *Reetz* in: Heckschen (u.a.), Beck'sches Notar-Handbuch, F 134.

507 Siehe auch *Reetz* in: Grandel/Stockmann, FamR, Nr. 269. Rn. 1: „Vorsorgevollmacht (auch als Teil einer Generalvollmacht)". Oder bei *Kordel* in: Kersten/Bühling, Formularbuch und Praxis der Freiwilligen Gerichtsbarkeit, § 96 Rn. 25: Wird für beide Bereiche (Vermögenssorge und personale Angelegenheiten) eine Vollmacht erteilt, spricht man von „General- und Vorsorgevollmacht", beschränkt sich die Vollmacht auf den personalen Bereich, ist häufig nur von „Vorsorgevollmacht" die Rede. Siehe auch *Milzer* NJW 2003, 1836 (1837): „Vermischung von General- und Personalvollmacht".

tig sein, als dass eine ausdrückliche Ausklammerung bestimmter Rechtsgeschäfte oder Rechtshandlungen in Betracht kommt.[508]

Die personale Vollmacht, die bereits in Rücksichtnahme auf das Selbstbestimmungsrecht und auch wegen der gesetzlichen Vorgaben in §§ 1904, 1906 BGB inhaltlich gedeckelt ist, kann ohnehin nur in bestimmten inhaltlichen Teilfragen ausgestaltet werden, da die meisten Regelungen über Willenserklärungen bzw. die gestalterisch vorzunehmenden Einschränkungen im Umfang sinngemäß ohnehin nicht auf die Einwilligungssituation passen: So verhält es sich etwa in Gestaltungsfragen im Hinblick auf die Gestattung von Insichgeschäften (§ 181 BGB) oder von Schenkungen. Anders liegt es nur, wenn es um die Möglichkeit von Einzel- oder Gesamtvertretung geht oder um die Gestattung von Untervollmacht.

Vorweg sei klargestellt, dass es möglich ist, die folgenden Ausgestaltungen und Einschränkungen sowohl in der Vollmachtsurkunde selbst als auch in einer gesonderten vertraglichen Vereinbarung niederzulegen. Die Regelungen des Innen- und des Außenverhältnisses können also miteinander „vermischt“ werden.[509] Ob es ratsam und sinnvoll ist, Regelungen des Innenverhältnisses nach außen, d.h. zur Kenntnisnahme Dritter, einsehbar zu machen, bedarf wohl der Klärung im Einzelfall und kann nicht verallgemeinert werden.[510] Sicherlich können offensichtliche Überschreitungen der Vertretungsmacht auf diese Weise eingedämmt werden, andererseits kann ein offen gelegtes Innenverhältnis auch Unsicherheiten potentieller Geschäftspartner schüren und die Praktikabilität des Vorsorgeinstituts im Ganzen hemmen.[511]

a) Insichgeschäfte nach § 181 BGB

Unabhängig von der Fragestellung, wo etwas konkretisiert werden sollte, sollte im Rahmen einer die Vermögenssorge tangierenden Vollmacht jedenfalls geklärt werden, ob der Vorsorgebevollmächtigte gleichzeitig als Vertragspartner und als Vertreter des Vollmachtgebers auftreten kann, damit bei Vorliegen einer solchen Konstellation nicht die Beschränkungen des § 181 BGB greifen.[512] Diese bestehen darin, dass das Selbstkontrahieren bzw. die Mehrfachvertretung mit Ausnahme der Erfüllung einer Verbindlichkeit als unzulässiges Insichgeschäft ausgeschlossen ist.[513] Kommt es im Ernstfall zur Vornahme eines gesetzlich verbotenen Insichgeschäfts, handelt der Vertreter ohne Vertretungsmacht, weshalb die Wirksamkeit des abgeschlossenen Geschäfts nach den §§ 177 ff. BGB analog zu beurteilen ist.[514] Die Genehmigung des

508 Vgl. *Müller* in: Limmer (u.a.), Würzburger Notarhandbuch, Teil 3 Kap. 3 Rn. 15.

509 Eine Trennung empfehlen: *Scharf/Hack* in: Rudolf/Bittler/W.Roth, Vorsorgevollmacht, S. 52 f.; *Langenfeld*, Vorsorgevollmacht, S. 118 f.

510 Vgl. *A.Roth* in: Dodegge/A.Roth, BtKomm, C 55. Näher hierzu *Renner* in: Müller/Renner, BtR und Vorsorgeverfügungen, Rn. 638 ff.

511 Vgl. *Scharf/Hack* in: Rudolf/Bittler/W.Roth, Vorsorgevollmacht, S. 52; *Kordel* in: Kersten/Bühling, Formularbuch und Praxis der Freiwilligen Gerichtsbarkeit, § 96 Rn. 43 ff.

512 Die Befreiung von § 181 BGB ablehnend *Zimmermann* NJW 2014, 1573 (1574).

513 *Doering-Striening* in: Richter (u.a.), Seniorenrecht, § 4 Rn. 93 ff.

514 BGH NJW-RR 1994, 291; *Reetz* in: Heckschen (u.a.), Beck'sches Notar-Handbuch, F 86; *Winterstein* in: Jürgens, BtR, § 181 BGB Rn. 5.

schwebend unwirksamen Insichgeschäfts durch den bereits handlungsunfähigen Vertretenen ist nun aber rechtlich gerade nicht mehr möglich, daher sollte die rechtsgeschäftliche Gestattung[515] der Vornahme von Insichgeschäften im Voraus erfolgen.[516] Ist es hierfür zu spät und der Bevollmächtigte nach § 181 BGB am wirksamen Handeln für den Vollmachtgeber gehindert – auch die Generalvollmacht enthält nicht automatisch die Befreiung von den Bindungen des § 181 BGB[517] – kann gesetzt dem Fall, dass die Wahrnehmung der jeweiligen Aufgabe im Interesse des Vollmachtgebers liegt, ein Ergänzungsbetreuer bestellt werden.[518]

b) Schenkungen

Sofern dem Bevollmächtigten eine Befreiung der Beschränkungen des § 181 BGB gestattet worden ist, könnte er auch Übertragungen an sich selbst vornehmen. Durch diese Möglichkeit wird zugleich das nicht unbedeutende Themenfeld der Zulassung von Schenkungen beschritten. Ohne eine explizite Formulierung bzgl. der Berechtigung zu Schenkungen oder sonstigen Abschlüssen von Übergabeverträgen kann zumindest bei Generalvollmachten grundsätzlich davon ausgegangen werden, dass eine solche Befugnis von der Vollmacht umfasst ist.[519] Einschränkende Auslegungen werden in der Rechtsprechung jedoch dort gemacht, wo es um ganz außergewöhnliche, den Vollmachtgeber offensichtlich schädigende Geschäfte geht.[520] Das Risiko, dass der Umfang der Vollmacht aufgrund von Anzweifelungen als geringer eingeschätzt wird, kann insofern nur durch eine ausdrücklich aufgenommene Regelung vermieden werden.[521] In aktuellen Musterformularen ist sodann eine Formulierung zu finden, welche Schenkungen allgemein auf die rechtlichen Vorgaben beschränkt, wie sie einem Betreuer gestattet sind.[522] Nach §§ 1908i Abs. 2 i.V.m. § 1804 BGB gilt für den Betreuer ein grundsätzliches Schenkungsverbot mit der Rechtsfolge, dass das vorgenommene Rechtsgeschäft nichtig ist.[523] Ausnahmen bestehen insofern nur bei Pflicht- und Anstandsschenkungen i.S.d. § 1804 S. 2 BGB sowie im Fall von Gelegenheitsgeschenken gemäß § 1908i BGB, die dem (fortlaufenden) Wunsch des Betreuten entsprechen und die nach der Lebensweise des Betreuten als üblich zu bezeichnen

---

515 Anders im Rahmen einer Betreuung: Das Betreuungsgericht kann keine Befreiung des Verbots gem. § 181 BGB erteilen und auch keine betreuungsgerichtliche Genehmigung infolge eines unzulässigen Insichgeschäfts aussprechen, vgl. OLG Düsseldorf BtPrax 1993, 142; *Winterstein* in: Jürgens, BtR,§ 181 BGB Rn. 3.

516 *Doering-Striening* in: Richter (u.a.), Seniorenrecht, § 4 Rn. 95.

517 *Reetz* in: Heckschen (u.a.), Beck'sches Notar-Handbuch, F 88.

518 *Winterstein* in: Jürgens, BtR, § 181 BGB Rn. 5 (§ 1899 BGB Rn. 6: § 1908i i.V.m. § 1795 BGB für Betreuer); Hk-BGB/*Dörner*, § 181 BGB Rn. 7.

519 *Müller* in: Limmer (u.a.), Würzburger Notarhandbuch, Teil 3 Kap. 3 Rn. 16; *Doering-Striening* in: Richter (u.a.), Seniorenrecht, § 4 Rn. 96; *Spalckhaver* in: Lipp, Vorsorgeverfügungen, § 14 Rn. 134; *Langenfeld*, Vorsorgevollmacht, S. 46.

520 Siehe § 2 A. III. 2. a) cc).

521 *Müller* in: Limmer (u.a.), Würzburger Notarhandbuch, Teil 3 Kap. 3 Rn. 16.

522 Zurückgehend auf *Bühler* BWNotZ 1990, 1 (4). Vgl. Muster in: *Bayerisches Staatsministerium der Justiz*, Vorsorge für Unfall, Krankheit, Alter, S. 25.

523 KG Berlin BtPrax 2012, 123 (124): Verpflichtungs- und Verfügungsgeschäft sind nichtig.

sind, bspw. weil sie auch in der Vergangenheit häufig in diesem Umfang gemacht wurden.[524] So gehört zu den Pflichtschenkungen etwa die Unterstützung naher Angehöriger, wie bedürftiger Geschwister.[525] Zu den Anstandsgeschenken zählen im Näheren solche Geschenke, wie sie an Geburtstagen, Weihnachten, an Hochzeiten oder sonstigen (Lebens-) Ereignissen üblich sind.[526] Nicht anerkannt als Ausnahme vom Schenkungsverbot des § 1804 S. 2 BGB ist im Übrigen die belohnende Schenkung für Pflegeleistungen durch nahe Verwandte.[527] In diesem Zusammenhang, d.h. im Verhältnis zu § 1804 S. 2 BGB, normiert § 1908i Abs. 2 S. 1 BGB eine (vorsichtige) Erweiterung[528] der Ausnahmen auf Gelegenheitsgeschenke dahingehend, dass zusätzlich den Wünschen des Betreuten gemessen an seinen persönlichen Lebensverhältnissen zu entsprechen ist.[529] Somit werden hierüber sogar Zuwendungen an fürsorgliche Bekannte, Nachbarn oder das Pflegepersonal möglich.[530] Alle anderen Schenkungen, die über solche Pflicht-, Anstands- und Gelegenheitsschenkungen hinaus gehen, sind daher verboten. Es wird deutlich: Diese Formulierung ist nicht selbsterklärend und abgesehen davon irritierend, soll doch die rechtliche Stellung eines Betreuers ursprünglich vermieden werden. Zweck einer solchen, dem Betreuungsrecht entnommenen Regelung ist die Nachbildung der staatlich kontrollierten Handlungsreichweite, sodass sich eine entsprechende Klausel für diejenigen anbietet, die einen massiven Verlust ihres Vermögens durch Schenkungen des Bevollmächtigten befürchten und sich vor erheblichen finanziellen Gefahren absichern möchten.[531] Die Konsequenzen einer solchen Beschränkung, insbesondere das Risiko im Haftungsfall einen entsprechenden Nachweis über die Wunschvorstellung des Vollmachtgebers zu erbringen[532] oder die Unklarheit über die Begrenzung der Schenkungshöhe,[533] sollten bei der Gestaltung daher mitbedacht werden.[534] Eine vom Betreuungsrecht losgelöste Formulie-

---

524 Palandt/*Götz*, § 1804 BGB Rn. 2, § 1908i BGB Rn. 17. Grund und Grenze für diese Schenkungen werden zum einen also durch die Gebote der Sittlichkeit und des Anstands bestimmt: Das Ausbleiben der Schenkung müsste nach den Umständen des Einzelfalls als sittlich anstößig erscheinen oder den Ansichten und Gepflogenheiten sozial Gleichgestellter widersprechen, insbesondere zu einer Einbuße an Achtung in diesem Personenkreis führen (BGH NJW 1986, 1926; NJW 2000, 3488; Palandt/*Weidenkaff*, § 534 BGB Rn. 2 f.).

525 *Spalckhaver* in: Lipp, Vorsorgeverfügungen, § 14 Rn. 137; Palandt/*Weidenkaff*, § 534 BGB Rn. 1.

526 Palandt/*Weidenkaff*, § 534 BGB Rn. 2.

527 BGH NJW 1986, 1926; MünchKommBGB/*Koch*, § 534 Rn. 2 mit Nachweisen zu Ausnahmefällen in der Rechtsprechung.

528 BT-Drucks. 11/4528, S. 160.

529 Vgl. *Spickhoff* in: Spickhoff, MedR, § 1908i BGB Rn. 2 (Betreuer muss seiner Wunschbefolgungspflicht nachkommen).

530 Palandt/*Götz*, § 1908i BGB Rn. 17.

531 *A.Roth* in: Dodegge/A.Roth, BtKomm, C 32. Für eine Schenkungseinschränkung daher *Zimmermann* NJW 2014, 1573 (1574) mit Verweis auf BGH NJW 2013, 1085: Der Bevollmächtigte verschenkt das Vermögen der Vollmachtgeberin (Mutter) an seine volljährigen Kinder zum Nachteil des Bruders.

532 Siehe *Langenfeld*, Vorsorgevollmacht, S. 49.

533 *Bühler* BWNotZ 1990, 1 (4) empfiehlt den zu verschenkenden Betrag bspw. auf eine bestimmte Summe pro Jahr zu begrenzen.

534 Deshalb *Langenfeld*, Vorsorgevollmacht, S. 50, die anrät § 1908i BGB auszuklammern, also lediglich auf § 1804 BGB zu verweisen und darüber hinausgehende Schenkungen ohne Anbindung an einen Wunsch, aber mit Festlegung einer Jahreshöchstsumme zuzulassen.

rung, die den Bevollmächtigten ausdrücklich befugt, Schenkungen an sich oder Dritte vorzunehmen oder Übergabeverträge abzuschließen, ist andererseits vor allem dann empfehlenswert, sofern der Transfer von Vermögensgegenständen an künftige Erben angesichts der Ausnutzung von Steuerfreibeträgen oder der Minderung eventueller Pflichtteilsansprüche erwünscht ist.[535] Steuerlich motivierte Zuwendungen liegen nämlich außerhalb des einem Betreuer vorgegebenen Erlaubnisrahmens.[536] Der Vollmachtgeber muss daher nach jeweiliger Sachlage entscheiden, ob er die Schenkungsbefugnisse des Vertreters komplett bzw. auf die eines Betreuers beschränkt oder ihm in Kenntnis der bestehenden Risiken freie Hand lässt.[537]

c) Mehrere Bevollmächtigte

Eine weitere relevante Gestaltungsfrage ist zudem, ob der Vollmachtgeber eine oder mehrere Personen als Bevollmächtigte einsetzen möchte. Im Allgemeinen hat die Bestellung mehrerer Bevollmächtigter schon auf rein mentaler Ebene den Vorteil, dass die Bevollmächtigten die Entscheidungsverantwortung nicht allein tragen müssen und sich beraten können.[538] Gestalterischer Spielraum bleibt nun bei der Aufgabenverteilung und der Art der Vertretungsbefugnis.

aa) Mehrere Bevollmächtigte mit verschiedenen Aufgabenbereichen

Die Personen können zum einen jeweils nach getrennten Aufgabenbereichen eingeteilt werden: So kann bspw. der Sohn als Steuerberater den Bereich der Vermögenssorge abdecken und die Tochter als Arzthelferin den Bereich der Gesundheitssorge übernehmen. Jeder ist in seinem Bereich alleinbevollmächtigt und daher auch allein vertretungsbefugt.

bb) Mehrere Bevollmächtigte mit demselben Aufgabenbereich

Genauso möglich ist aber auf der anderen Seite eine Doppelbevollmächtigung, bzw. die Bevollmächtigung zweier oder auch mehrerer Personen für dieselben Aufgabenkreise. Gleichgültig, ob die Vorsorgevollmacht als General- oder Spezialvollmacht ausgestaltet ist, kann in diesem Fall Einzel- oder Gesamtvertretung anberaumt werden.[539] Der Unterschied besteht darin, dass eine Gesamtvertretung nur das gemeinsame Handeln der Bevollmächtigten zulässt, während eine Einzelvertretung ein voneinander unabhängiges Handeln forciert.

---

535 Vertiefend hierzu *Spalckhaver* in: Lipp, Vorsorgeverfügungen, § 14 Rn. 139 ff.; siehe auch *Doering-Striening* in: Richter (u.a.), Seniorenrecht, § 4 Rn. 97: Die Vorsorgevollmacht als Steuerungsinstrument für Vermögensverlagerungen außerhalb des Erbrechts.

536 BayObLGZ 1996, 118 ff.; *Spalckhaver* in: Lipp, Vorsorgeverfügungen, § 14 Rn. 143 (Fn. 157); *Bühler* FamRZ 2001, 1585 (1588).

537 *M. Winkler*, Vorsorgeverfügungen, S. 44.

538 Näher *Langenfeld*, Vorsorgevollmacht, S. 75 f.

539 *Doering-Striening* in: Richter (u.a.), Seniorenrecht, § 4 Rn. 80.

(1) Gesamtvertretungsbefugnis

Für den Fall der Gesamtvertretungsbefugnis ist die Einigkeit der Beteiligten zwingend, vielfach wird sie deshalb als Vorsichtsmaßnahme angeordnet.[540] Kompetenzen und Erfahrungswerte können auf diese Weise nutzbar gemacht werden, ein immanenter gegenseitig ausgerichteter Kontrollmechanismus der Vertreter untereinander wird zum Schutze des Vollmachtgebers geschaltet.[541] Zwar bedeutet die Beschränkung des persönlichen Umfangs durch Auferlegung der Gesamtvertretungsbefugnis nicht, dass die Bevollmächtigten stets gleichzeitig handeln müssten – insoweit können die Willenserklärungen auch getrennt und nacheinander abgegeben werden, müssen aber zu irgendeinem Zeitpunkt zusammenlaufen.[542] Hierzu genügt es, dass nur ein Vertreter nach außen auftritt und die anderen hierzu intern zugestimmt haben.[543]

Die Schwäche der Gesamtvertretung im Sinne der hiesigen Vorsorge-Konstellation besteht nun darin, dass die gemeinsame Entscheidungserörterung in der Alltagswirklichkeit nicht immer machbar sein wird.[544] Auch lässt die terminliche Verhinderung, ob nun urlaubs-, berufs- oder krankheitsbedingt, schließlich doch den Praktikabilitätswert der Gesamtvertretung sinken. Allein im Bereich der Gesundheitssorge soll das gemeinsame und beratschlagte Handeln effizient zur Durchsetzung des patientenautonomen Willens des Vollmachtgebers beitragen. Die im Gespräch mit dem behandelnden Arzt zu erörternde Entscheidung, etwa über lebensgefährliche Maßnahmen i.S.v. § 1904 BGB, setzt Einigkeit des Arztes und der gesamtvertretungsbefugten Bevollmächtigten voraus, um eine betreuungsgerichtliche Genehmigung zu vermeiden.[545] Ob die Gesamtvertretungsmacht diese Verfahrensweise unterstützt oder eher schwerfällig macht, hängt nun von der Handlungsfähigkeit und der Erreichbarkeit der betreffenden Bevollmächtigten ab.[546]

(2) Einzelvertretungsbefugnis

Um solche Unzulänglichkeiten in der Verwendung der Vollmacht zu verhindern, können deshalb auch mehrere Bevollmächtigte eingesetzt werden, die zwar demselben Aufgabenbereich zugeordnet sind, aber unabhängig von den anderen zur Vertretung befugt sind. Die eben angeführte Gesprächs- und Entscheidungssituation im Bereich Gesundheitssorge ließe sich – Handlungsfähigkeit und Erreichbarkeit wenigstens eines Bevollmächtigten vorausgesetzt –durch die Einzelvertretungsbefugnis über kurze Wege herbeiführen. Das naturgemäß angelegte Risiko der Uneinigkeit,

540 Sog. „Vier-Augen-Prinzip“, vgl. *Bork*, AT des BGB, Rn. 1435.
541 Bamberger/H.Roth-*Valenthin*, § 167 BGB Rn. 39; MünchKommBGB/*Schubert*, § 164 Rn. 194.
542 *Bork*, AT des BGB, Rn. 1439.
543 BGH WM 1976, 1053 (1054); NJW 1982, 1036 (1037); Bamberger/H.Roth-*Valenthin*, § 167 BGB Rn. 40.
544 *A.Roth* in: Dodegge/A.Roth, BtKomm, C 51.
545 § 1904 Abs. 5 BGB.
546 Vgl. *Doering-Striening* in: Richter (u.a.), Seniorenrecht, § 4 Rn. 82; *Reetz* in: Grandel/Stockmann, FamR, Nr. 269 Rn. 7.

insbesondere in verwandtschaftlichen Nähebeziehungen, kann jedoch auch im Rahmen der prinzipiell vorzugswürdigeren Einzelvertretung ein unerwünschtes Ausmaß annehmen: Wenn die Bevollmächtigten nicht miteinander kooperieren, können sich Weisungen und Erklärungen dergestalt widersprechen, dass sie den Widerruf der jeweils anderen Vertreterhandlung bedeuten, was folglich zu unhaltbarer Rechtsunsicherheit führen würde.[547] Genauso denkbar ist aber auch, dass der eine vom Tun des anderen mangels Absprache nichts weiß, worauf er aber vertraut oder eben nicht vertraut hatte, sodass die Angelegenheiten schließlich überhaupt nicht oder doppelt bewerkstelligt würden.[548] Es müsste daher ausdrücklich im Innenverhältnis geregelt werden, wie die Befugnisse im Fall der Uneinigkeit verteilt sind, etwa in welcher Reihenfolge die Bevollmächtigten nach außen auftreten sollen bzw. wem die Letztentscheidungsbefugnis obliegen soll.[549] Dies kann auch als eine Art Zuteilung in Tätigkeitsschwerpunkte für bestimmte Angelegenheiten gesondert festgelegt werden.[550]

d) Überwachungs- und Kontrollbevollmächtigung

Um sicherzustellen, dass die Aufgaben durch die Vertreter so wahrgenommen werden, wie es individuell für den Vorsorgefall anberaumt und gedacht war, kann zur Kontrolle und Überwachung des oder der Hauptbevollmächtigten ein weiterer Bevollmächtigter privatautonom bestellt werden, ein sog. Überwachungs- bzw. Kontrollbevollmächtigter.[551] Dieser soll bei zuverlässiger Kenntnis darüber, dass Unstimmigkeiten im Zusammenhang mit der Vorsorgevollmacht auftreten oder dass ein Fall von Missbrauch der Vollmacht vorliegt, die Rechte und Interessen des Vollmachtgebers wahrnehmen und durchsetzen.[552] Somit werden dem Kontrollbevollmächtigten die Rechte zugewiesen, die auch dem Vollmachtgeber bei der Überwachung der Vollmacht und des Grundverhältnisses zur Verfügung stehen, nämlich: Kontroll- und Herausgaberechte, Widerruf der Vollmacht oder die Kündigung des Grundverhältnisses.[553] Eine Vertretungsbefugnis wird dem Überwachungsbevollmächtigten aber nicht zuteil. Anders liegt es, wenn Hauptvollmacht und Überwachungsvollmacht so gestaltet sind, dass beide Personen nach außen vertretungsbefugt sein sollen, wobei der Überwachungsbevollmächtigte im Innenverhältnis dazu beschränkt wird, nur

547 Siehe *Zimmermann*, Vorsorgevollmacht, S. 87: Der bevollmächtigte Sohn erlaubt die Operation des Vaters, die Ehefrau des Vollmachtgebers widerruft die Erlaubnis bei ihrem nächsten Besuch, bei anschließender Gelegenheit erteilt der Sohn die Erlaubnis erneut. Für Rechtsgeschäfte gilt nach den allgemeinen Regeln: Verpflichtungsgeschäfte sind nebeneinander gültig, bei Verfügungen greift das Prioritätsprinzip, vgl. hierzu auch Gutachtenpraxis DNotI-Report 2014, 3 (4).

548 Vgl. *Müller-Freienfels* in: Festschr f Coing, S. 395 (420); *Langenfeld*, Vorsorgevollmacht, S. 76.

549 *Müller* in: Limmer (u.a.), Würzburger Notarhandbuch, Teil 3 Kap. 3 Rn. 58, *Doering-Striening* in: Richter (u.a.), Seniorenrecht, § 4 Rn. 85, *Sauer* RNotZ 2009, 79 (86).

550 *Müller* in: Limmer (u.a.), Würzburger Notarhandbuch, Teil 3 Kap. 3 Rn. 58.

551 Die Überwachungsbevollmächtigung spiele eine untergeordnete Rolle in der Praxis, so *Renner* in: Müller/Renner, BtR und Vorsorgeverfügungen, Rn. 657; a.A. *Platz*, Die Vorsorgevollmacht in der Bank- und Sparkassenpraxis, S. 67 f.

552 *Scharf/Hack* in: Rudolf/Bittler/W.Roth, Vorsorgevollmacht, S. 94 (Muster).

553 *Scharf/Hack* in: Rudolf/Bittler/W.Roth, Vorsorgevollmacht, S. 80; vgl. auch *Langenfeld*, Vorsorgevollmacht, S. 83 („echte Überwachungsvollmacht").

dann aktiv zu werden, wenn der Hauptbevollmächtigte verhindert ist.[554] Sofern keine geeignete Vertrauensperson hierfür in Frage kommt, kann auch ein Rechtsanwalt zur Ausübung der Überwachungs- und Kontrollvollmacht bestimmt werden.[555]

e) Ersatz- und Unterbevollmächtigung

Weniger für den Konflikt- oder Kontrollfall, sondern vielmehr zur Absicherung des Risikos der Verhinderung, des Wegfalls bzw. des Ausfalls der ernannten Vertreterperson(en) stehen die Gestaltungselemente der Ersatz- und Unterbevollmächtigung für den Vollmachtgeber bereit. Eine Ersatzperson zu bestellen ergibt vorrangig dann Sinn, wenn nur eine hauptbevollmächtigte Person vorhanden ist, gleichermaßen kann aber auch im Bereich der Gesamtvertretungsmacht der Ausfall eines Gesamtvertreters regelungsbedürftig sein. Die Ersatzbevollmächtigung sollte nun so gestaltet sein, dass sie nicht an den Eintritt einer Bedingung, wie etwa an den Fall einer „Verhinderung" des Hauptbevollmächtigten, anknüpft.[556] Eine solche Formulierung führt in der Praxis zu Schwierigkeiten der Definition und macht die Erbringbarkeit eines Nachweises faktisch unmöglich.[557] Ausgenommen hiervon ist die Bestellung einer Ersatzperson für den Todesfall des Hauptbevollmächtigten, da der Tod durch eine Sterbeurkunde nachgewiesen werden könnte.[558] Zur Empfehlung gelangt die Vorgehensweise, dem Haupt- und dem Ersatzbevollmächtigten unbedingte Einzelvollmachten zu erteilen und nur im Innenverhältnis festzuhalten, in welchem Bedingungsrahmen der Ersatzbevollmächtigte tätig werden soll.[559] Im Grunde könnte insofern auf den Begriff „Ersatzbevollmächtigung" verzichtet werden,[560] dieser wird aber für das Verständnis aus der Laiensphäre heraus nötig sein. Anstatt die Ersatzperson vorab zu bestimmen, könnte diese Möglichkeit im Übrigen auch dem Hauptbevollmächtigten übertragen werden, der dann seinerseits und zu gegebener Zeit einen Ersatzbevollmächtigten benennt.

Ähnliche Sinnrichtung hat die Ermächtigung zu einer Untervollmacht. Fehlt eine solche ausdrückliche Regelung jedoch, so muss selbst und gerade auch im Rahmen einer Generalvollmacht durch Auslegung ermittelt werden, ob die Befugnis, einen Unterbevollmächtigten zu benennen, wirklich von der Vollmacht umfasst sein soll.[561] Widerspricht die vorgenommene Unterbevollmächtigung dabei nicht dem besonderen Interesse des Vollmachtgebers, darf von ihrer Gestattung ausgegangen werden.[562]

---

554 *A.Roth* in: Dodegge/A.Roth, BtKomm, C 52; *Langenfeld*, Vorsorgevollmacht, S. 83 („unechte Überwachungsvollmacht"); *Bühler* BWNotZ 1990, 1 (4).

555 *Scharf/Hack* in: Rudolf/Bittler/W.Roth, Vorsorgevollmacht, S. 81.

556 Vgl. *Zimmermann*, Vorsorgevollmacht, S. 83 f.

557 Problem der Modalität zum Wirksamkeitsbeginn einer Ersatzvollmacht, vgl. *Müller* in: Limmer (u.a.), Würzburger Notarhandbuch, Teil 3 Kap. 3 Rn. 35; *Renner* in: Müller/Renner, BtR und Vorsorgeverfügungen, Rn. 650 (Fn. 946) m.w.N.

558 *Bühler* FamRZ 2001, 1585 (1589); *Zimmermann*, Vorsorgevollmacht, S. 84.

559 *Müller* in: Limmer (u.a.), Würzburger Notarhandbuch, Teil 3 Kap. 3 Rn. 35.

560 *Renner* in: Müller/Renner, BtR und Vorsorgeverfügungen, Rn. 651 schlägt die Bezeichnung „weiterer Bevollmächtigter" vor.

561 OLG Hamm BeckRS 2013, 6343; *Reetz* in: Heckschen (u.a.), Beck'sches Notar-Handbuch, F 60.

562 LG Köln MittRhNotK 1985, 39; MünchKommBGB/*Schubert*, § 167 Rn. 78 m.w.N.

Im Zweifelsfalle muss jedoch der personengebundene Vertrauenscharakter überwiegen, sodass die persönliche Wahrnehmung der anvertrauten Angelegenheiten durch den Bevollmächtigten unumgänglich ist.[563] Strenger noch gilt dies für den höchstpersönlichen Bereich: Eine Gesundheits- bzw. Unterbringungsvollmacht kann überhaupt nur dann zur Unterbevollmächtigung berechtigen, sofern dies ausdrücklich in ihr enthalten ist, andernfalls würden die schutzwürdigen Interessen des Vollmachtgebers verletzt.[564] Ein generelles „Verbot" zur Erteilung einer Unterbevollmächtigung kann hingegen mit den gleichen Argumenten abgewendet werden wie die Ansicht, die Vertretungsbefugnis in diesem Bereich müsse generell als unzulässig erachtet werden.[565] Nichts anderes kann für den sonstigen personalen Bereich festgehalten werden, so etwa für die Befugnis zum Öffnen der Post.

f) Geltung der Vollmacht über den Tod hinaus

Weg von den Gestaltungsmöglichkeiten rund um einen vertretungsbefugten Personenkreis, sollte im Weiteren abgeklärt werden, ob die Vollmacht über den Tod des Vollmachtgebers hinaus fortgelten soll. Das Erlöschen der Vollmacht richtet sich in erster Linie nach ihrem Inhalt, also nach dem, was privatautonom festgelegt wurde. Befristungen, auflösende Bedingungen, aber auch die Zweckerreichung zählen im Allgemeinen zu den inhaltlichen Erlöschensgründen einer Vollmacht.[566] Soweit die Bevollmächtigung selbst keine Regelung bzgl. des Todesfalls enthält, gelten gemäß § 168 BGB die Erlöschensgründe des Grundverhältnisses.[567] Liegt der Vollmacht ein Auftragsverhältnis zugrunde, ist grundsätzlich durch Auslegung zu ermitteln, ob der Tod des Vollmachtgebers zum Erlöschen von Auftrag und Vollmacht führen soll, vgl. §§ 168 S. 1, 672 S. 1 BGB.[568] Da das Konzept der Vorsorgevollmacht zumeist auf die lebzeitige Versorgung ausgerichtet ist, etwa die medizinische Behandlung oder die Aufenthaltsbestimmung, und vorrangig der Vermeidung der rechtlichen Betreuung dient, erübrigt sich die Vorsorgereglung in wesentlichen Teilen mit dem Tod des Auftrag- bzw. Vollmachtgebers.[569] Die Auslegung des Willens des Vollmachtgebers bzw. die Vertragsauslegung des Auftragsverhältnisses kann daher im Einzelfall ergeben, dass die Vorsorgevollmacht im Zweifel mit dem Tod des Vollmachtgebers erlöschen soll.[570] Dem Bevollmächtigten obliegt sodann nur noch die Durchführung von un-

563 BGH WM 1959, 377; OLG München WM 1984, 834; *Reetz* in: Heckschen (u.a.), Beck'sches Notar-Handbuch, F 60; Soergel/*Leptien*, § 167 BGB Rn. 58; *Trimborn von Landenberg*, Vorsorgeverfügungen, § 1 Rn. 34.

564 Vgl. *Renner* in: Münch, FamR in der Notar- und Gestaltungspraxis, § 16 Rn. 67 ff. mit Formulierungsvorschlag.

565 Die Unterbevollmächtigung ablehnend: Staudinger/*W.Bienwald*, § 1906 BGB Rn. 114.

566 Palandt/*Ellenberger*, § 168 BGB Rn. 1.

567 Palandt/*Ellenberger*, § 168 BGB Rn. 1.

568 Staudinger/*Schilken*, § 168 BGB Rn. 26 m.w.N.

569 *Winterstein* in: Jürgens, BtR, § 168 BGB Rn. 1; *Papenmeier*, Trans- und postmortale Vollmachten, S. 35.

570 OLG München FamRZ 2014, 1942 = NotBZ 2015, 62 (Gebotene Auslegung: Vorsorgevollmacht im Vermögensbereich erlischt nach dem Tod); OLG Hamm DNotZ 2003, 120 = FamRZ 2003, 324 (Vorsorge für den lebzeitigen Betreuungsfall). Differenzierend *Walter*, Vorsorgevollmacht, S. 123 f.

aufschiebbaren Maßnahmen, bis der jeweilige Erbe die Geschäfte übernimmt bzw. anderweitig Vorsorge treffen kann.[571] Bis die erbrechtlichen Verhältnisse geklärt sind, ein Erbschein oder ein Testamentsvollstreckerzeugnis[572] erteilt ist oder bis mögliche Streitigkeiten unter den Erben gerichtlich entschieden wurden, kann eine gewisse Zeit – unter Umständen bis zu einem halben Jahr – vergehen.[573] In Anbetracht eines rechtlichen Handlungsbedarfs in dieser Übergangszeit zwischen Erbfall und Erbennachweis und angesichts der Auslegungsproblematik im Hinblick auf Vorsorgevollmachten, wird es als ratsam erachtet, eine ausdrückliche Regelung zur Geltung über den Tod hinaus zu treffen.[574] Der Wirkungsbereich der Vorsorgevollmacht wird dabei mittels einer sog. transmortalen Vollmacht[575] dahingehend erweitert, dass die Vollmacht sowohl zu Lebzeiten des Vollmachtgebers besteht als auch durch den Tod des Vollmachtgebers nicht erlischt, d.h. gegen die Erben[576] fortbesteht.[577] Wenn die Bevollmächtigten also nicht gleichzeitig auch die unstreitigen Erben sind,[578] kann auf diese Weise jedenfalls in vermögensrechtlicher Hinsicht etwa die kontinuierliche Ver-

---

(Fortbestehen nur für vermögensrechtlichen Teil); darüber hinausgehend *Klie/Bauer* FPR 2004, 676 ff.; *Kurze* ZErb 2008, 399 ff.; *Zimmer* ZEV 2013, 307 (310) (grds. Fortbestehen).

571 Vgl. § 672 S. 2 BGB, hierzu *A.Roth* in: Dodegge/A.Roth, BtKomm, C 69; *Jurgeleit* in: Jurgeleit, BtR, § 1896 BGB Rn. 43.

572 Testamentsvollstreckung und transmortale Vorsorgevollmacht stehen als Instrumente zur Vertretung der Erben grundsätzlich nebeneinander und isoliert voneinander; d.h. es ist durch Auslegung zu ermitteln, ob die Vollmacht neben der Testamentsvollstreckung weiter bestehen soll oder nicht, vgl. OLG München ZEV 2012, 376; OLG Frankfurt ZEV 2012, 377; *Zimmer* ZEV 2013, 307 (310 f.) [mit Verweis auf die Aufgabe des Notars, dieser Auslegung vorzubeugen und eindeutige, inhaltlich genaue Erklärungen zu schaffen].

573 *Bittler* in: Krug/Rudolf/Kroiß, ErbR, § 2 Rn. 1 (2001); *Spanke* in: Kerscher (u.a.), Das erbrechtliche Mandat, § 7 Rn. 687; *Hack* in: Rudolf/Bittler/W.Roth, Vorsorgevollmacht, S. 4; *Doering-Striening* in: Richter (u.a.), Seniorenrecht, § 4 Rn. 24, 26.

574 Näher hierzu *Renner* in: Müller/Renner, BtR und Vorsorgeverfügungen, Rn. 325 ff. (Fn. 448) m.w.N.; *Ramstetter* in: Bonefeld/Wachter, Der Fachanwalt für ErbR, § 21 Rn. 19.

575 Eine postmortale Vollmacht, die erst mit dem Tod wirksam wird, käme insoweit auch in Betracht, um dem Bevollmächtigten mit dem Eintritt des Erbfalles ein sofortiges Handeln zu ermöglichen, vgl. *Bittler* in: Krug/Rudolf/Kroiß, ErbR, § 2 Rn. 3 ff. (5), Rn. 16, 48 (2001). Dies gilt jedoch auch völlig unabhängig von der Erteilung einer Vorsorgevollmacht; diese ist i.d.R als transmortal erteilt, so *Zimmer* ZEV 2013, 307 (310 f.); indirekt auch *Kurze* in: Burandt/Rojahn, ErbR, § 164 BGB Rn. 7; *Papenmeier* Trans- und postmortale Vollmachten, S. 34 (oben), S. 35 (4. Absatz), der dort nur von einer transmortalen Vollmacht spricht.

576 Umstritten ist, wessen Wille und wessen Interesse für die Tätigkeit des Bevollmächtigten maßgeblich ist: Die h.M. stellt auf den Erblasser ab, der die Vollmacht und den Auftrag erteilt hat (BGHZ 180, 191 = DNotZ 2009, 621; BGH NJW 1969, 1245 (1246); Staudinger/*Schilken*, § 168 Rn. 32 m.w.N.), die a.A. setzt auf die Maßgeblichkeit des Willens und des Interesses der Erben, da ihnen ansonsten die rechtlichen Folgen einer Geschäftsherrenstellung zuteil würden, ohne dass es auf ihren Willen ankäme (*Flume*, AT II, § 51 5b. (S. 849 ff.); *Medicus/Petersen*, BürgerlR, Rn. 399; *Sagmeister* MittBayNot 2013, 107 (110, 114); *Burandt/Jensen* FuR 2014, 254 ff. m.w.N.).

577 OLG Frankfurt ZEV 2012, 377 (378); *Reetz* in: Heckschen (u.a.), Beck'sches Notar-Handbuch, F 64; *Hack* in: Rudolf/Bittler/W.Roth, Vorsorgevollmacht, S. 4 f.; *Doering-Striening* in: Richter (u.a.), Seniorenrecht, § 4 Rn. 23; *Papenmeier*, Trans- und postmortale Vollmachten, S. 34 f.

578 Die Legitimation der Vollmacht im Außenverhältnis ist hierbei umstritten, denn unklar bleibt, ob die Verfügungsbefugnis von der Bevollmächtigung oder von der Stellung als Erbe auszugehen hat. Einerseits könnte der (Allein-)Erbe als solcher nicht sein eigener Vertreter sein (Erlöschen durch Konfusion), vgl. OLG Hamm, Beschl. v. 10.01.2013 – 15 W 79/12 = DNotI-Report 2013, 70 mit Verweis auf OLG Stuttgart NJW 1947/48, 627; andererseits darf die Legitimationswirkung der Voll-

mögensverwaltung bzw. der sofortige (weitere) Zugriff auf Bankkonten,[579] genauso aber auch die Inbesitznahme des Nachlasses[580] ermöglicht werden.[581] Auch die Organisation der Beerdigung kann hierzu gehören,[582] sofern für Bestattungsangelegenheiten nicht ohnehin eine explizite Regelung getroffen wurde.

g) Widerruflichkeit

Im Weiteren sind bei der Vorsorgevollmacht im Hinblick auf Vereinbarungen, die ihre Widerruflichkeit betreffen, einige Besonderheiten zu beachten.

aa) Ausschluss

So stellt sich die Frage, ob eine Vorsorgevollmacht als unwiderruflich erteilt werden kann, bspw. aus Gründen des Selbstschutzes vor einem späteren unüberlegten Widerruf der privaten Fürsorge.[583] Gemäß § 168 S. 2 BGB kann die Widerruflichkeit einer Vollmacht im Allgemeinen durch das zugrunde liegende Rechtsverhältnis ausgeschlossen werden. Hierzu bedarf es einer ausdrücklichen, mindestens aber stillschweigenden vertraglichen Vereinbarung zwischen den Beteiligten – eine einseitige Verzichtserklärung solle nach vorherrschender Ansicht nicht genügen.[584] Unwirksam ist eine solch vereinbarte Ausschlussregelung jedoch, wenn es sich um eine Generalvollmacht handelt, deren Unwiderruflichkeit zu einer unzulässigen Einschränkung

---

macht nicht durch die gleichzeitige, mögliche Erbenstellung beseitigt werden, vgl. LG Bremen RPfleger 1993, 235 m. Anm. *Meyer-Stolte*. Kritisch hierzu *Frohn* RpflStud 2013, 169 ff.: Die Versagung des Fortbestands der transmortalen Vollmacht, die gerade vom Vollmachtgeber und späteren Erblasser gewollt war, wirke befremdlich. Allerdings sei es wenig dogmatisch tragfähig, die Legitimationswirkung des konkreten Erben als Bevollmächtigung gegenüber einem „abstrakten" Erben zu deklarieren. Vermittelnde Ansicht zu Recht von *Frohn* daher: Erlöschen der Vollmacht durch Konfusion nicht von vornherein, sondern erst ab Handlungsfähigkeit des Erben, d.h. ex nunc mit Erteilung des Erbscheins. So auch OLG München ZErbR 2013, 33; *Kurze* in: Burandt/Rojahn, ErbR, § 164 BGB Rn. 37 ff. (38).

579 Vgl. auch BGHZ 180, 191 = BGH ZEV 2009, 306 = FamRZ 2009, 1053 (Transmortale Kontovollmacht befugt nicht zur Umschreibung des Kontos auf den Bevollmächtigten). Allgemein zu trans-/postmortalen Kontovollmachten *Servatius* in: Langenbucher/Bliesener/Spindler, Bankrechts-Kommentar, Kap. 35 Rn. 120 f.

580 OLG Frankfurt/Main FamRZ 2012, 155.

581 OLG Hamburg DNotZ 1967, 31; *Doering-Striening* in: Richter (u.a.), Seniorenrecht, § 4 Rn. 24; *Papenmeier*, Trans- und postmortale Vollmachten, S. 35. Zur Problematik von Schenkungen unter Lebenden und Schenkungen von Todes wegen siehe *Servatius* in: Langenbucher/Bliesener/Spindler, Bankrechts-Kommentar, Kap. 35 Rn. 122 ff.

582 *Papenmeier*, Trans- und postmortale Vollmachten, S. 35.

583 So *Walter*, Vorsorgevollmacht, S. 174.

584 RGZ 109, 333; BGH NJW 1988, 2603; BayObLG DNotZ 1997, 312 m. Anm. *Wufka*; Bamberger/H.Roth-*Habermeier*, § 168 BGB Rn. 23; Palandt/*Ellenberger*, § 168 BGB Rn. 6; H.Prütting/Wegen/Weinreich-*Frensch*, § 168 BGB Rn. 13; *Bischoff* in: Kersten/Bühling, Formularbuch und Praxis der Freiwilligen Gerichtsbarkeit, § 24 Rn. 49; a.A. Staudinger/*Schilken*, § 168 BGB Rn. 11; MünchKommBGB/*Schramm*, § 168 Rn. 20 m.w.N. in Fn. 50 (6. Auflage 2012).

der Privatautonomie führen würde.[585] Der betroffene Vollmachtgeber wäre mit einer solchen Unwiderruflichkeitsabrede vollständig der Fremdbestimmung durch den Bevollmächtigten ausgeliefert.[586] Ausgeschlossen ist eine solche Abrede deshalb auch dort, wo die Vollmachtserteilung überwiegend die Interessen des Vollmachtgebers bedient.[587] Dadurch, dass die Vorsorgevollmacht regelmäßig als Generalvollmacht erteilt wird und sie, gerade im personalen Bereich, ausschließlich in die Belange des Vollmachtgebers gestellt ist, ist die Vereinbarung zur Unwiderruflichkeit praktisch ausgeschlossen.[588] Nur bei sachlich begrenzten Spezialvollmachten im Bereich der Vermögenssorge wäre die Vereinbarung zur Unwiderruflichkeit aus dem zugrunde liegenden Rechtsverhältnis heraus denkbar.[589] Die Vollmacht in persönlichen Angelegenheiten – unabhängig davon, in welchem Umfang sie erteilt wurde – ist hingegen stets widerruflich.[590]

bb) Bei mehreren Bevollmächtigten

Vorsorgevollmachten sind also grundsätzlich widerruflich. Schwierig zu beurteilen ist daher die Rechtslage, die entsteht, wenn mehrere Bevollmächtigte involviert sind. Dies betrifft vornehmlich den Fall der Einzelvertretungsbefugnis, also mehrerer Einzelbevollmächtigter, aber auch den Fall der hierarchisch angelegten Ersatzbevollmächtigung.[591]

Im Problemfokus steht die gegenseitige Widerrufsmöglichkeit, deren Zulässigkeit sich anhand des gegebenen Vollmachtsumfangs bestimmen muss. Bejaht man dabei die gegenseitige Widerrufsmöglichkeit – wie sie von der Generalvollmacht als allumfassende Befugnis zur Vornahme aller einer Stellvertretung zulässigen Rechtsgeschäfte und rechtsgeschäftsähnlichen Handlungen prinzipiell gedeckt sein müsste,[592] so kann dies bei entsprechender Uneinigkeit unter den Vorsorgebevollmächtigten die Situation eines „Wettlaufs" provozieren.[593] Dies würde naturgemäß zu Lasten desjenigen Bevollmächtigten gehen, der es verpasst, als erster zu widerrufen. Verneint man die Widerrufsmöglichkeit hingegen als nicht vom stillschweigenden Vollmachtsumfang gedeckt, da angesichts der gegebenen Umstände und der Interessenlage einer (gleichrangigen) Mitbevollmächtigung die jeweilig erteilte Rechtsmacht beschränkt auszulegen sein muss, so gilt dieser Ausschluss auch in Bezug auf einen Missbrauchsfall, denn nur der Vollmachtgeber selbst kann grundsätzlich darüber befinden, ob

---

585 Unwirksamkeit der Ausschlussklausel gemäß §§ 307, 138 BGB (vgl. *Bork*, AT des BGB, Rn. 1509); über § 139 BGB bleibt die Vollmacht selbst i.d.R. bestehen, vgl. MünchKommBGB/*Schubert*, § 168 Rn. 28; Palandt/*Ellenberger*, § 168 BGB Rn. 6.

586 Staudinger/*Schilken*, § 168 BGB Rn. 8; MünchKommBGB/*Schubert*, § 168 Rn. 20 ff.

587 BGH NJW-RR 1991, 439 (442).

588 Palandt/*Götz*, § 1904 BGB Rn. 26; H.Prütting/Wegen/Weinreich-*Frensch*, § 168 BGB Rn. 13; *A.Roth* in: Dodegge/A.Roth, BtKomm, C 48; *Doering-Striening* in: Richter (u.a.), Seniorenrecht, § 4 Rn. 205.

589 *Kurze* in: Burandt/Rojahn, ErbR, § 168 BGB Rn. 2.

590 MünchKommBGB/*Schwab*, § 1896 Rn. 53; *Walter*, Vorsorgevollmacht, S. 176.

591 Näher *Renner* in: Münch, FamR in der Notar- und Gestaltungspraxis, § 16 Rn. 131 ff.

592 Vom Grundsatz der Widerruflichkeit durch jeden Bevollmächtigten ausgehend: *Knittel*, Die Vorsorgevollmacht, S. 19; siehe auch Gutachtenpraxis DNotI-Report 2014, 3 (4).

593 Siehe *Renner* RNotZ 2004, 388; *Sauer* RNotZ 2009, 79 (87).

und aus welchem triftigen Grund eine von ihm erteilte Vollmacht widerrufen werden soll.[594]

Ist er selbst infolge seiner Handlungsunfähigkeit am Widerruf gehindert, so muss gemäß § 1896 Abs. 3 BGB ein Überwachungs- bzw. Kontrollbetreuer bestellt werden, welcher dann ggf. eine oder alle Vorsorgevollmachten bzw. das Auftragsverhältnis gemäß § 671 BGB widerrufen darf.[595] Ob dieser Überwachungsbedarf erforderlich ist, unterliegt der gerichtlichen Überprüfung: Eine künftige Verletzung des Wohls des Betroffenen muss mit hinreichender Wahrscheinlichkeit und in erheblicher Schwere zu befürchten sein, wenn ein Betreuer zum Widerruf einer Vorsorgevollmacht bestellt werden soll;[596] mildere Maßnahmen als der Widerruf dürften zur Abwendung von Nachteilen nicht geeignet sein.[597] Meinungsverschiedenheiten zwischen mehreren Bevollmächtigten über die Gestaltung der Fürsorgebedürfnisse des Vollmachtgebers – bspw. über die Art der weiteren Pflege und Versorgung – rechtfertigen für sich allein genommen, d.h. ohne dass die ordnungsgemäße Umsetzung der Vollmachten und die Wahrnehmung der Interessen des Vollmachtgebers konkret beeinträchtigt sind, nicht die Bestellung eines Kontrollbetreuers.[598] Diese Umstände zeugen lediglich von den typischen Risiken, die eine Bevollmächtigung und ihre Umsetzung mit sich bringen – insbesondere, wenn sich die Auswahl bzw. die Kombination der Vertrauenspersonen im Nachhinein als schlecht erwiesen hat. Hieran zeigt sich, dass gerade im Kontext eines eklatanten Missbrauchs die Möglichkeit des gegenseitigen Widerrufs sinnvoll sein kann, um den mit der Mehrfachbevollmächtigung eigentlich verfolgten Zweck einer immanenten gegenseitigen Kontrolle – auch angesichts der Aufrechterhaltung einer funktionierenden privaten Fürsorgeorganisation ohne die Zwischenschaltung des staatlichen Wächteramts – zu verwirklichen.[599]

Mit Blick auf diese Unsicherheiten und die Tendenz der Rechtsprechung, die Herleitung eines solchen (gegenseitigen) Widerrufsrechts von mehreren Einzelbevollmächtigten abzulehnen, könnte daher nur eine explizit und individuell getroffene Regelung zu einer als im Einzelfall „gerecht" empfundenen Lösung führen. Für eine adäquat auf den Fall von gleichrangigen und einzelvertretungsbefugten Generalbevollmächtigten abgestimmte, inhaltliche Ausgestaltung der Vollmachtsurkunde kommt daher entweder der Ausschluss des gegenseitigen Widerrufsrechts in Betracht oder eben die explizite Einräumung der Widerrufsmöglichkeit aus wichtigem Grund, die

---

594 Dieser Ansicht: OLG Karlsruhe FamRZ 2010, 1762 (1763); *Zimmermann*, Vorsorgevollmacht, S. 150.

595 OLG Karlsruhe FamRZ 2010, 1762 (1763); *Bühler* BWNotZ 1990, 1 (3); *Mensch* BtPrax 2016, 92 (93); *Sauer* RnotZ 2009, 79 (87).

596 BGH FamRZ 2016, 1671 (1675).

597 BGH BtPrax 2015, 241; *Mensch* BtPrax 2016, 92 (93): Von einer konkreten Erforderlichkeit zur Bestellung eines Kontrollbetreuers dürfte im Falle von gegenseitigen Widerrufserklärungen unter den Bevollmächtigten auszugehen sein.

598 So BGH, Beschl. v. 14.10.2015 – XII ZB 177/15 = FamRZ 2016, 117 = DNotZ 2016, 128 [konkrete Mängel in der Geschäftsführung]; BGH NJW 2011, 2137 = ZNotP 2011, 273; LG Oldenburg, Beschl. v. 21. Juni 2013 – 8 T 340/13 –, juris.

599 *Renner* in: Müller/Renner, BtR und Vorsorgeverfügungen, Rn. 689 ff.; Gutachtenpraxis DNotI-Report 2014, 3 (4); a.A. OLG Karlsruhe FamRZ 2010, 1762 (1763); *Zimmermann*, Vorsorgevollmacht, S. 150; *Bühler* BWNotZ 1990, 1 (3); *Sauer* RnotZ 2009, 79 (87).

dann für jeden einzelnen Bevollmächtigten festgehalten werden sollte.[600] Vorzugswürdig erscheint es gesamtbetrachtend, die Widerrufsmöglichkeit auszuschließen, denn durch die dauerhaft bestehende „Bedrohlichkeit" der Zwischenschaltung eines Kontroll- bzw. Überwachungsbetreuers wird dem Extremfall der faktischen Außerkraftstellung der Vorsorgevollmachten infolge Zerstrittenheit Einhalt geboten. Fehlt es an Bestrebungen zum gegenseitigen Nachgeben im Wohlwollen um die Aufrechterhaltung der Funktionsfähigkeit des Vorsorgeinstituts, erscheint es zu Gunsten des betroffenen Vollmachtgebers sachgerecht und notwendig, auf die staatliche Auffangfunktion der rechtlichen Betreuung zurück zu kommen.

IV. Modalitäten des Wirksamkeitsbeginns von Vorsorgevollmachten

Neben ihrer inhaltlichen Ausgestaltung und ihrem Umfang, ist darüber hinaus der Wirksamkeitsbeginn einer Vollmacht von Bedeutung.[601] Grundsätzlich wird eine Vollmacht mit dem Zugang beim Bevollmächtigten wirksam – konsequenterweise muss die Vollmacht als einseitig empfangsbedürftige Willenserklärung zuvor wirksam abgegeben, d.h. willentlich in den Rechtsverkehr entäußert worden sein.[602] Nun liegt der Vorsorgevollmacht aber die Besonderheit zugrunde, dass sie auf einen in der Zukunft möglichen Fürsorgefall ausgerichtet ist und eine gewisse Zeit zwischen Formulierung und Einsatzbedürfnis vergehen kann. Neben der wirksamen Abgabe der Willenserklärung bzw. – unter Einbeziehung des Grundverhältnisses – der Willenserklärungen, muss daher zusätzlich sichergestellt sein, dass die Adressaten rund um die Vorsorgevollmacht (der Bevollmächtigte, Personen im Geschäftsverkehr, Behörden, Gerichte) die Abgabe der Willenserklärungen nachvollziehen können.[603] Die rechtlichen Gestaltungsmodalitäten, die in der Praxis hierzu hervorgebracht wurden, dokumentieren den Versuch, eine möglichst dem Adressatenhorizont angepasste und rechtsverkehrsfreundliche Vorsorgeregelung zu schaffen, um die Begründung und die Verwendung der Vollmacht zu garantieren.[604]

1. Aufschiebend bedingte Vollmacht

Es ist möglich und rechtlich auch zulässig[605] die Vorsorgevollmacht so zu gestalten, dass sie mit Eintritt einer aufschiebenden Bedingung gemäß § 158 Abs. 1 BGB Wirksamkeit erlangt. Mit einer solchen Bedingung wird das Außenverhältnis zu Dritten

600 *Renner* in: Münch, FamR in der Notar- und Gestaltungspraxis, § 16 Rn. 133.

601 *Müller* in: Limmer (u.a.), Würzburger Notarhandbuch, Teil 3 Kap. 3 Rn. 40 spricht von einem zentralen Gestaltungsproblem der Vorsorgevollmacht.

602 Erman/*Maier-Reimer*, § 167 BGB Rn. 2.

603 *Spalckhaver* in: Lipp, Vorsorgeverfügungen, § 12 Rn. 10.

604 Vgl. *Spalckhaver* in: Lipp, Vorsorgeverfügungen, § 12 Rn. 10.

605 Vgl. nur MünchKommBGB/*Schubert*, § 167 Rn. 6; Soergel/*Leptien*, § 167 BGB Rn. 4; Staudinger/*Schilken*, § 167 BGB Rn. 3; *Flume*, AT II, § 52 Rn. 3 (Fn. 22) (S. 865).

beschränkt: Erst mit Feststellung des Bedingungseintritts hat die Vollmacht Gültigkeit im Rechtsverkehr.

a) Bedingung: Eintritt der Geschäftsunfähigkeit

Vermehrt wurde früher der Eintritt der Geschäftsunfähigkeit als Bedingung für das Wirksamwerden der Vollmacht eingesetzt.[606] In der praktischen Handhabung wirkt sich die Feststellung der Geschäftsunfähigkeit allerdings mühselig aus: Ungewissheiten über den tatsächlichen Wirksamkeitsbeginn der Vollmacht zeigen sich als automatische Begleiterscheinung. Dies gilt insbesondere, wenn die Geschäftsfähigkeit auch nach ergiebigen Untersuchungen zweifelhaft bleibt bzw. nur partiell in Abrede gestellt werden kann.[607] Außerdem vollzieht sich das Voranschreiten vom Zustand der unbeschränkten Geschäftsfähigkeit zum Zustand der Geschäftsunfähigkeit nach § 104 Nr. 2 BGB zumeist in langsamen Übergangsintervallen, sodass bis zur endgültigen Feststellung bzw. bis der Bevollmächtigte tatsächlich über die Vollmacht verfügen kann, ein missliches Vakuum in der Versorgung des bereits auf (rechtliche) Hilfe angewiesenen Vollmachtgebers entstehen kann.[608] Um dieser Situation Abhilfe zu verschaffen, müsste vorübergehend ggf. ein Betreuer bestellt werden.[609] Es klingt bereits an, dass diese Ausgestaltungsvariante weder als zweckmäßig noch als praxistauglich angesehen werden kann[610] und sogar zu der Annahme führen kann, dass eine solche bedingt erteilte Vollmacht nicht gleich gut geeignet ist wie eine Betreuung.[611]

b) Bedingung: Eintritt der Fürsorgebedürftigkeit

Um die medizinisch wie juristisch gleichermaßen schwierig zu fixierende Geschäftsunfähigkeit zu umgehen, wurde deshalb teilweise angeraten, die Fürsorgebedürftigkeit als maßgebendes Kriterium für den Bedingungseintritt zu wählen.[612] Der Eintritt einer Fürsorge- bzw. Betreuungsbedürftigkeit setzt i.S.v. § 1896 BGB voraus, dass der betroffene Volljährige aufgrund einer psychiatrischen Krankheit oder einer körperlichen, geistigen oder seelischen Behinderung seine Angelegenheiten ganz oder teilweise nicht mehr besorgen kann.[613] Dass die Vollmacht schon ab dem Stadium dieser Hilfebedürftigkeit Gültigkeit erlangen soll, führt zwar möglicherweise zu einer Vermeidung der vorübergehenden Betreuerbestellung für den Zeitraum späterer Ge-

606 *Bühler* BWNotZ 1999, 25 (26).
607 *A.Roth* in: Dodegge/A.Roth, BtKomm, C 39.
608 *A.Roth* in: Dodegge/A.Roth, BtKomm, C 39; *Hack* in: Rudolf/Bittler/W.Roth, Vorsorgevollmacht, S. 10 f.
609 *A.Roth* in: Dodegge/A.Roth, BtKomm, C 39.
610 Exemplarisch: OLG Köln ZEV 2007, 592 m. Anm. *Müller*; *Tiedtke* MittBayNot 2006, 397 (399) bezeichnet diese Gestaltungsform als von der „notariellen Bildfläche verschwunden". Vgl. auch *Renner* in: Münch, FamR in Notar- und Gestaltungspraxis, § 16 Rn. 42 f. („Die bedingte Vollmacht ist tot").
611 KG Berlin FamRZ 2010, 835 = BtPrax 2010, 90; *Doering-Striening* in: Richter (u.a.), Seniorenrecht, § 4 Rn. 181.
612 So dokumentiert bei *A.Roth* in: Dodegge/A.Roth, BtKomm, C 41 f.
613 *Spickhoff* in: Becker/M.Roth, Recht der Älteren, S. 101 (109).

schäftsunfähigkeit,[614] der festzustellende Beginn der Fürsorgebedürftigkeit führt jedoch zur gleichen Problematik wie bei der Bedingung der Geschäftsunfähigkeit: Wer trifft die Entscheidung über den Bedingungseintritt und wie soll dies im Rechtsverkehr nachgewiesen werden?[615]

c) Bedingung: Eintritt der Einwilligungsunfähigkeit

Anders liegt es im Fall der Vorsorgevollmacht in Angelegenheiten der Gesundheitsfürsorge: Mit Blick auf die Höchstpersönlichkeit der Angelegenheit ist eine Stellvertretung nämlich nur möglich, soweit der Vollmachtgeber selbst nicht einwilligungsfähig ist. Für die rechtsgestalterische Umsetzung bedeutet dies, dass die personale Vollmacht überhaupt nur als Vollmacht unter der aufschiebenden Bedingung des Verlustes der Einwilligungsfähigkeit konzipiert werden kann.[616] So wäre die Vollmacht in dem Moment wirksam, in dem der Patient eingetrübt und kaum mehr kommunikationsfähig ist, im nächsten Moment wäre sie etwa wieder unwirksam, wenn der Patient sich klarer äußern und seinen Willen bilden kann.[617] Auch hier ist deutlich zwischen den rechtsgeschäftlichen Angelegenheiten (Behandlungsvertrag, Krankenhausaufnahmevertrag) und solchen zur Einwilligung in medizinische Maßnahmen zu unterscheiden. Während die Vollmacht anknüpfend an die Bedingung der Handlungsunfähigkeit für die vorzunehmenden Stellvertretungshandlungen in rechtsgeschäftlicher Hinsicht eher minder praktikabel erscheint,[618] trägt sie im Bereich zur Vornahme einer konkreten Einwilligung konsequent zur verfassungsrecht-lich eingeforderten Wahrung des Selbstbestimmungsrechts bzw. der Patientenautonomie bei. Der stellvertretenden Einwilligung oder evtl. auch der Nichteinwilligung bzw. dem stellvertretenden Widerruf einer Einwilligung geht also zwingend der Eintritt der Einwilligungsunfähigkeit voraus, sodass einer solchen Bevollmächtigung faktisch von vornherein die Anknüpfung an diese Bedingung immanent ist.[619]

d) Vorlage eines ärztlichen Attests

Abseits des grundrechtssensiblen Bereichs der Einwilligungsvertretung wird zur Lösung der in der Praxis auftretenden Feststellungs- und Abgrenzungsschwierigkeiten[620] sowie damit einhergehenden Anzweifelungen vorgeschlagen, die Wirksamkeit der bedingt erteilten Vollmacht von der gleichzeitigen Vorlage einer ärztlichen Be-

614 *A.Roth* in: Dodegge/A.Roth, BtKomm, C 41.

615 Vgl. hierzu KG Berlin, Beschl. v. 24.11.2009 – 1 W 49/09 = FamRZ 2010, 835; *Doering-Striening* in: Richter (u.a.), Seniorenrecht, § 4 Rn. 181; *Müller* in: Limmer (u.a.), Würzburger Notarhandbuch, Teil 3 Kap. 3 Rn. 40 f.; *Schmidt/Bayerlein/Mattern/Ostermann*, Betreuungspraxis, Rn. 13.

616 *Kaiser* in: Ratzel/Luxenburger, Medizinrecht, § 13 Rn. 532 (2011); *Taupitz* in: Taupitz, Gutachten zum 63. DJT, D 139.

617 Vgl. *Putz/Steldinger*, Patientenrechte, S. 115 f.

618 Näher *Putz/Steldinger*, Patientenrechte, S. 115 ff.

619 Siehe auch *Taupitz* in: Taupitz, Gutachten zum 63. DJT, D 139.

620 Zusätzliche Abgrenzungsprobleme schaffe das Institut der partiellen Geschäftsunfähigkeit, kritisch daher *Renner* in: Müller/Renner, BtR und Vorsorgeverfügungen, Rn. 251.

scheinigung über die fehlende Handlungsunfähigkeit bzw. Betreuungsbedürftigkeit abhängig zu machen.[621] Die Entscheidung in Bezug auf den Bedingungseintritt soll also auf eine unabhängige Vertrauensperson übertragen werden. Am sinnvollsten erscheint eine Übertragung auf den Hausarzt oder einen fachkundigen Arzt im Bereich Psychiatrie resp. Neurologie oder auf eine sonstige neutrale fachkompetente Person.[622] Im Weiteren wird auch vorgeschlagen, die Bedingung an die ärztliche Bescheinigung selbst zu knüpfen – anstatt an die Geschäftsunfähigkeit oder die Fürsorgebedürftigkeit.[623] Probleme bereitet jedoch so oder so die Frage nach der Aktualität der ärztlichen Bestätigung: Wird das Attest als überholt angesehen, kann der Bevollmächtigte die Vollmacht nicht (mehr) wirksam verwenden, die ständige Erneuerung des vorzulegenden Attests wäre gleichermaßen zwingend wie unpraktisch.[624] Vernachlässigt wird hierbei auch, dass der Arzt zunächst beauftragt werden müsste, wofür eine Autorisation des Vollmachtgebers nötig wäre.[625]

2. Unbedingt erteilte Vollmacht

Um Akzeptanz- und Durchsetzungsproblemen[626] im Außenverhältnis vorzubeugen, ist es insofern überzeugend, die Vorsorgevollmacht überhaupt frei von Bedingungen zu erteilen.[627] Das bedeutet, die Vollmacht erlangt mit ihrer wirksamen Erteilung sofortige Gültigkeit.

a) Keine sofortige Aushändigung

Zur Vermeidung der missbräuchlichen Verwendung der unbedingt erteilten Vollmacht vor Eintritt des Vorsorgefalls, kann die Benutzung der Vollmachts-urkunde erschwert werden, indem sie vorerst privat aufbewahrt wird. Das heißt, anstelle der sofortigen Aushändigung an den Bevollmächtigten, kann die Vollmacht auch eigens aufbewahrt oder bei einer Vertrauensperson, wie z.B. bei einem Steuerberater, einem Rechtsanwalt oder auch bei einer Bank in Verwahrung gegeben werden.[628] Die Frage nach der Einbeziehung des Bevollmächtigten kann bei der praktischen Umsetzung durchaus Probleme hervorrufen: Das liegt daran, dass die Vollmachtserteilung als einseitiges Rechtsgeschäft zwar nicht der Annahme durch den Bevollmächtigten bedarf, dass sie aber als empfangsbedürftige Willenserklärung nicht nur wirksam abgegeben, sondern auch wirksam zugegangen sein muss, vgl. § 130 Abs. 1 S. 1 BGB.[629] Es

621 *Bauer/Klie*, Vorsorgevollmacht, S. 57 f., 135; *Klie/Bauer* FPR 2004, 671 (673).
622 Vgl. *A.Roth* in: Dodegge/A.Roth, BtKomm, C 40, 42.
623 Hierzu *Renner* in: Müller/Renner, BtR und Vorsorgeverfügungen, Rn. 284 m.w.N.
624 Vgl. *Putz/Steldinger*, Patientenrechte, S. 116 mit dem Beispiel einer Demenzerkrankung, die in Wellen verläuft, und bei der der Grad an Willensfähigkeit ständig wechselt, bei insgesamt laufend abnehmender Tendenz.
625 So *C.Bienwald* FPR 2012, 28 (31).
626 OLG Frankfurt DNotZ 2011, 745; KG Berlin FamRZ 2010, 835 (836); OLG Schleswig NJW-RR 2010, 1316.
627 *Jurgeleit* in: Jurgeleit, BtR, § 1896 BGB Rn. 17.
628 *Coeppicus*, Patientenverfügungen und Sterbehilfe, S. 48.
629 Erman/*Maier-Reimer*, § 167 BGB Rn. 2.

reicht für das Wirksamwerden somit nicht aus, dass lediglich einseitig der Erklärungsvorgang abgeschlossen ist.[630] Bei der Vorsorgevollmacht wird es sich zumeist um eine Willenserklärung unter Abwesenden handeln, sodass es zu deren Wirksamkeit auf den Zugang ankommt.[631] Sofern der unwissende Bevollmächtigte die Vollmacht deshalb nicht erlangt oder auffinden kann, weil ihr Zugehen bzw. eine entsprechende Kenntniserlangung dem Zufall überlassen wird, ist das Wirksamwerden der Willenserklärung gefährdet und die Funktionsfähigkeit der Bevollmächtigung mit der Unsicherheit des Scheiterns behaftet.[632] Eine zwischenzeitig eintretende Geschäftsunfähigkeit nach Abgabe der Vollmachtserklärung aber vor Zugang selbiger schadet jedoch nicht, solange die Vollmacht tatsächlich wirksam zugeht.[633] Nicht nur aus diesem Grunde, sondern auch zur Klärung der bestehenden Bereitschaft, die Stellvertretung zu übernehmen, sollte die auserwählte Vertrauensperson in Kenntnis darüber gesetzt werden, wo sich die Vollmacht im Bedarfsfall orten lässt.[634] Über den Rechtsanwalt oder den Notar kann auch eine einfache Abschrift der Vollmachtsurkunde an den Bevollmächtigten ausgehändigt werden, um ihn zumindest unterrichtet zu haben.[635]

b) Weisung zur Verwendung im Innenverhältnis

Das gängigste Gestaltungsmodell verbindet eine im Außenverhältnis unbedingt erteilte Vollmacht mit der internen Anweisung, die Vollmacht erst im Bedarfsfall zu verwenden.[636] Eine solche Vereinbarung im Innenverhältnis, die im Übrigen auch mündlich oder konkludent geschlossen werden kann, zum Zwecke des späteren Nachweises aber schriftlich erfolgen sollte, bewirkt, dass von der Vollmacht erst im Vorsorgefall, d.h. mit Eintritt der Handlungsunfähigkeit bzw. der Fürsorgebedürftigkeit, Gebrauch gemacht werden darf.[637] Ob die Vollmachtsurkunde bei dieser Gestaltungsweise vorerst privat aufbewahrt oder sofort ausgehändigt wird, spielt keine Rolle, solange der involvierte Bevollmächtigte über den Aufbewahrungsort informiert ist und die Weisungen im Auftragsverhältnis angenommen hat. Eine etwaige Zugangsproblematik kann bei dieser Vorgehensweise nicht aufkommen, denn durch die Einbeziehung des Bevollmächtigten wird die Vollmachtserklärung im Zeitpunkt ihres Zugangs beim Bevollmächtigten sofort wirksam. Das Außenverhältnis wird hierbei von der hemmenden Überprüfung des Bedingungseintritts und von dem Nachweis-

630 So aber bei Errichtung eines Testaments mit dessen handschriftlichem Abfassen und eigenhändiger Unterzeichnung (§ 2247 BGB).

631 *Bork*, AT des BGB, Rn. 607 ff.; *Medicus*, AT des BGB, Rn. 263.

632 *Müller* DNotZ 1997, 100 (109 f.) m.w.N.

633 *Coeppicus*, Patientenverfügungen und Sterbehilfe, S. 48.

634 Ähnlich auch *Jurgeleit* in: Jurgeleit, BtR, § 1896 BGB Rn. 18.

635 *Müller* in: Limmer (u.a.), Würzburger Notarhandbuch, Teil 3 Kap. 3 Rn. 44; *Bühler* FamRZ 2001, 1585 (1591).

636 *Bischoff* in: Kersten/Bühling, Formularbuch und Praxis der Freiwilligen Gerichtsbarkeit, § 24 Rn. 119 M; *Müller* in: Limmer (u.a.), Würzburger Notarhandbuch, Teil 3 Kap. 3 Rn. 48 (Fn. 117) m.w.N.

637 *Böhm/Marburger/Spanl*, BtR, S. 41; Palandt/*Götz*, Einf v § 1896 BGB Rn. 5.

problem befreit. Rechtliche Auswirkungen infolge eines Missbrauchs oder anderer Unsicherheiten betreffen dann vordergründig das interne Verhältnis.[638] Die Bedingung des Eintritts des Vorsorgefalls und etwaige Richtlinien zur Tätigkeit des Bevollmächtigten sollten dabei nicht in die Vollmachtsurkunde aufgenommen werden.[639] Anderenfalls – also wenn doch Weisungen in die Vollmachtsurkunde eingebracht wurden – muss sich aus dem Vollmachtstext eindeutig ergeben, dass die Weisungen nur im Innenverhältnis gelten sollen.[640] Insgesamt garantiert diese Gestaltungsvariante einen zügigen Übergang auf die Fremdfürsorge, primäre Voraussetzung – zur Missbrauchsvermeidung – bleibt aber die Vertrauenswürdigkeit desjenigen, der bevollmächtigt werden soll.[641]

3. Vollmacht mit verzögerter Aushändigungsanweisung

Nicht nur für die Gestaltung des Wirkungsbeginns, sondern vielmehr als Modalität zur Übergabe der Vorsorgevollmacht hat es sich bewährt, dass der Notar[642] oder Rechtsanwalt die Originalurkunde verwahrt und gleichzeitig beauftragt wird, die Vollmacht erst dann an den Bevollmächtigten herauszugeben, wenn ein ärztliches Attest des Vollmachtgebers über dessen Geschäftsunfähigkeit oder Betreuungsbedürftigkeit vorliegt.[643] Ohne Vorlage von Urschrift oder Ausfertigung sind die Handlungsmöglichkeiten des Bevollmächtigten im Rechtsverkehr zwar beschränkt, die Vollmacht ist in materiell-rechtlicher Hinsicht aber dennoch bereits wirksam erteilt worden.[644] Daher müssen materielles und formelles Recht miteinander „synchronisiert" werden: Das „faktische Wirksamwerden" bzw. die volle Funktionsfähigkeit der Vollmacht wird dabei an den „Besitz" der Urkunde geknüpft.[645] Die Vollmacht kann somit nicht auf brauchbare Weise vor Eintritt des Vorsorgefalles benutzt werden. Aus Sicht der Praxis besteht der Nachteil dieser Gestaltungsvariante darin, dass die Nachweisprobleme auf den Notar oder Rechtsanwalt verlagert werden.[646] Aus Haftungs-

---

638 Vgl. *Hack* in: Rudolf/Bittler/W.Roth, Vorsorgevollmacht, S. 10 f.; *Müller* in: Limmer (u.a.), Würzburger Notarhandbuch, Teil 3 Kap. 3 Rn. 49.

639 Vgl. auch *Schmidt/Bayerlein/Mattern/Ostermann*, Betreuungspraxis, Rn. 14.

640 Vgl. OLG Frankfurt FGPrax 2011, 58; OLG Frankfurt FamRZ 2012, 61 (62); AG Lübeck FamRZ 2012, 898; *Keilbach* FamRZ 2003, 969 (981); *Müller* DNotZ 1997, 100 (111).

641 *Müller* in: Limmer (u.a.), Würzburger Notarhandbuch, Teil 3 Kap. 3 Rn. 49; *Bühler* FamRZ 2001, 1585 (1592).

642 Bei notariell beurkundeter Vollmacht kann der Notar über § 51 Abs. 2 BeurkG angewiesen werden, eine Ausfertigung zu erteilen, wenn ihm ein entsprechender Nachweis (hier: ärztliches Attest) übermittelt wird, vgl. *Müller* in: Limmer (u.a.), Würzburger Notarhandbuch, Teil 3 Kap. 3 Rn. 45.

643 *K.Meyer-Götz* in: K.Meyer-Götz, FamR, § 18 Rn. 13; *Renner* in: Münch, FamR in der Notar- und Gestaltungspraxis, § 16 Rn. 45. Oftmals propagiert als notarielles Standardmodell, zurückgehend auf *Bühler* FamRZ 2001, 1585 (1591).

644 *Renner* in: Münch, FamR in der Notar- und Gestaltungspraxis, § 16 Rn. 51 f.

645 *Renner* in: Münch, FamR in der Notar- und Gestaltungspraxis, § 16 Rn. 52 („Schein und Sein der Vollmacht" werden in einen „Gleichlauf" gebracht).

646 So *Renner* in: Münch, FamR in der Notar- und Gestaltungspraxis, § 16 Rn. 46; anzweifelnd auch *Reetz* in: Grandel/Stockmann, FamR, Nr. 269. Rn. 19; *Keim* in: Scherer, Münchener Anwaltshandbuch Erbrecht, § 44 Rn.. 9; *Kordel* in: Kersten/Bühling, Formularbuch und Praxis der Freiwilligen Gerichtsbarkeit, § 96 Rn. 66.

gründen sollte im Urkundentext der Vollmacht eine entsprechende Regelung aufgenommen werden, die beinhaltet, dass die Überprüfung der Richtigkeit des ärztlichen Attests nicht dem Notar bzw. Rechtsanwalt obliegt und dass Ausfertigungen bei Zweifeln oder Widersprüchen nicht zu erteilen sind.[647] Dabei sollte auch die Person des Arztes geklärt werden, um das Risiko der Fälschung zu verringern und auch um das Risiko der Abweisung durch den Arzt, der die Ausstellung eines Zeugnisses mit derartigen rechtlichen Folgen ggf. nicht voreilig verantworten möchte, einzudämmen.[648] Außerdem sollte ausdrücklich geregelt werden, dass der Bevollmächtigte auch weitere Ausfertigungen der Vollmachtsurkunde verlangen kann, etwa weil eine Ausfertigung bei der Bank hinterlegt werden soll oder weil die erste Ausfertigung mittlerweile unansehnlich oder abhanden gekommen ist.[649] Das praktische Problem besteht nämlich darin, dass dem Bevollmächtigten nur über die Zubilligungserklärung durch den Vollmachtgeber gem. § 51 Abs. 2 BeurkG ein solches Antragsrecht zuteil werden kann, ohne eine solche Erklärung muss der Notar die Ausfertigung im möglichen Bedarfsfall verweigern und kann erst durch die Entscheidung eines Betreuers, der dann zu bestellen ist, angewiesen werden, eine weitere Ausfertigung zu erstellen.[650]

V. Geschäftsfähigkeit des Vollmachtgebers

Die Modalitäten zum Wirksamkeitsbeginn bzw. zur Übergabe der Vollmacht gehören genauso wie deren möglicher Inhalt und Umfang zum rechtsgestaltenden Teil. Der persönlich favorisierte und auch gesetzlich normierte Vorrang der Vorsorgevollmacht kann aber im Weiteren nur greifen, wenn die Vollmacht ihren nicht abdingbaren Voraussetzungen nach wirksam erteilt worden ist. Da die Vollmachtserteilung als einseitige empfangsbedürftige Willenserklärung, vgl. § 167 Abs. 1 Alt. 1 BGB, selbst ein Rechtsgeschäft ist, muss der Bevollmächtigende zu deren Wirksamkeit zum Zeitpunkt der Erteilung, d.h. bei Abgabe der Willenserklärung, geschäftsfähig sein.[651] Die Geschäftsunfähigkeit i.S.d. § 104 Nr. 2 BGB oder ein Zustand gemäß § 105 Abs. 2 BGB führen zur Unwirksamkeit der Erklärung.[652]

1. Einwilligungsfähigkeit oder Geschäftsfähigkeit?

Dies gilt jedenfalls unstreitig für Vollmachten, die den Bevollmächtigten zu rechtsgeschäftlichem Handeln ermächtigen sollen, also für alle Angelegenheiten im vermögensrechtlichen Bereich. Bei der Bevollmächtigung in Gesundheitsangelegenheiten ist

647 Vgl. *Renner* in: Münch, FamR in der Notar- und Gestaltungspraxis, § 16 Rn. 47, *Spalckhaver* in: Lipp, Vorsorgeverfügungen, § 13 Rn. 167 ff.; *Keim* in: Scherer, Münchener Anwaltshandbuch Erbrecht, § 44 Rn.. 9; *Bühler* FamRZ 2001, 1585 (1592); *Müller* DNotZ 1997, 100 (111).

648 *Keim* in: Scherer, Münchener Anwaltshandbuch Erbrecht, § 44 Rn. 9.

649 *Müller* ZNotP 2012, 404 (411).

650 LG Nürnberg-Fürth RNotZ 2012, 302 (LS); *Müller* ZNotP 2012, 404 (411).

651 Umkehrschluss aus § 130 Abs. 2 BGB.

652 Näher hierzu MünchKommBGB/*Schwab*, § 1896 Rn. 50 mit Verweis auf vereinzelte Rechtsprechung.

infolge der Tatsache, dass die Einwilligung in gesundheitsbezogene Maßnahmen die natürliche Einsichts- und Steuerungsfähigkeit voraussetzt,[653] umstritten, ob zur wirksamen Übertragung der Einwilligungsbefugnis eine entsprechende Einwilligungsfähigkeit[654] oder Geschäftsfähigkeit[655] erforderlich ist. Es kommt nun darauf an, ob dogmatisch auf die Vollmachtserteilung als Rechtsgeschäft an sich oder auf den Gegenstand der Vollmacht – die Ermächtigung zur Einwilligung in zukünftige Maßnahmen der Gesundheitsfürsorge – mit seiner Auswirkung auf den Akt der Bevollmächtigung abzustellen ist. Geht man vom Erfordernis der Einwilligungsfähigkeit aus, so muss der Vollmachtgeber Bedeutung und Tragweite sowohl bezüglich der Bevollmächtigung selbst als auch im Hinblick auf die zukünftige mögliche Einwilligungserklärung des Bevollmächtigten einschätzen können.[656] Dies erscheint jedenfalls dann konsequent, wenn die Ausrichtung anhand der jeweiligen Vertretungshandlung erfolgt: Geschäftsfähigkeit im Fall der Befugnis zu rechtsgeschäftlichem Handeln und Einsichtsfähigkeit im Fall der Ermächtigung zur Einwilligungserklärung im personalen Bereich. Der Akt der Vollmachtserteilung ist jedoch von solchen Voraussetzungen, die zum entsprechenden Vollmachtsgegenstand gehören (hier der späteren stellvertretenden Einwilligung), zu trennen.[657] Da die Einwilligungsbefugnis gemäß §§ 166 Abs. 2 Hs. 1, 167 BGB analog auf den Stellvertreter zur Abgabe einer Einwilligungserklärung übertragen werden soll, muss in dogmatischer Konsequenz zum rechtsgeschäftlichen Vorgang der Erteilung auch Geschäftsfähigkeit eingefordert werden.[658] Für den Fall erheblicher Zweifel an der Geschäftsfähigkeit bei Erteilung einer diesbezüglichen Vorsorgevollmacht schafft im Übrigen das anerkannte Institut der partiellen Geschäftsfähigkeit[659] Abhilfe: Ein Geschäftsunfähiger kann sodann trotz allgemeiner Störung seiner Geistestätigkeit zumindest in bestimmten Lebensberei-

---

653 Siehe § 1 B. III.

654 Hierfür *B.Hoffmann* in: W.Bienwald/Sonnenberger/B.Hoffmann, § 1904 Rn. 22 (5. Auflage 2011); *W.Bienwald* in: W.Bienwald/ Sonnenberger/Harm, § 1896 Rn. 90 (kritischer aber Staudinger/*W.Bienwald*, § 1906 BGB Rn. 115); *Rolf/Marschner* in: Jürgens, BtR, § 1904 Rn. 1; *Reetz* in: Grandel/Stockmann, FamR, Nr. 269 Rn. 5 f.; *Keim* in: Scherer, Münchener Anwaltshandbuch Erbrecht, § 44 Rn. 3; Palandt/*Götz*, Einf v § 1896 BGB Rn. 5; § 1904 BGB Rn. 26; *Kaiser* in: Ratzel/Luxenburger, Medizinrecht, § 13 Rn. 536 (2011); *Tamm* in: Tamm/Tonner, Verbraucherrecht, § 25 Rn. 211 (2012); *von Sachsen Gessaphe*, Der Betreuer, S. 276; *Berger* JZ 2000,797 (803).

655 OLG Stuttgart FamRZ 1994, 1417; LG Wiesbaden FamRZ 1994, 778; MünchKommBGB/*Schwab*, § 1904 Rn. 71; Palandt/*Götz*, § 1904 BGB Rn. 26; *A.Roth* in: Dodegge/A.Roth, BtKomm, C 15; *Lipp* in: Lipp, Vorsorgeverfügungen, § 16 Rn. 21 ff.; *Renner* in: Müller/Renner, BtR und Vorsorgeverfügungen, Rn. 249 (m.w.N. in Fn. 319); *Ganner*, Selbstbestimmung im Alter, S. 412; *Taupitz* in: Taupitz, Gutachten zum 63. DJT, A 102; *Zimmermann*, Vorsorgevollmacht, S. 66; *Spickhoff* AcP 208 (2008), 345 (401); *Walter*, Vorsorgevollmacht, S. 45 ff., 230; *Keilbach* FamRZ 2003, 969 (979).

656 Staudinger/*W.Bienwald*, § 1904 BGB Rn. 113.

657 *Taupitz* in: Taupitz, Gutachten zum 63. DJT, A 101 f.; a.A. *Müller-Freienfels*, Die Vertretung beim Rechtsgeschäft, S. 203 ff.(Theorie der Einheit von Bevollmächtigung und Vertretergeschäft). Allgemein zur Eigenständigkeit der Vollmachtserteilung: *Wolf/Neuner*, AT des Bürgerlichen Rechts, § 50 Rn. 4.

658 Siehe auch MünchKommBGB/*Schwab*, § 1896 Rn. 52; *Zimmermann*, Vorsorgevollmacht, S. 66 (Rechtsgeschäftlicher Vorgang); *Burchardt*, Vertretung durch Angehörige, S. 33 (Fn. 167); *Röver*, Einflussmöglichkeiten des Patienten, S. 196.

659 StRspr BGH 18, 184; BGH NJW 1970, 1680; BayObLG NJW 1992, 2100; Palandt/*Ellenberger*, § 104 BGB Rn. 6.

chen in der Lage sein, seinen Willen frei und unbeeinflusst von der vorliegenden Störung zu bilden und nach dieser Einsicht zu handeln.[660] Anzumerken bleibt insofern, dass sich die betreffenden Definitionsebenen in miteinander verschwimmenden Grenzen bewegen,[661] weshalb Einwilligungsfähigkeit und Geschäftsfähigkeit nicht zwingend als gegensätzlich zu begreifen sind.[662] Insgesamt ist einzusehen, dass eine Vollmacht zu komplexen Gesundheits-, Unterbringungs- oder Zwangsbehandlungsangelegenheiten eine solche Einsichtsfähigkeit in die Zukunft voraussetzt – denn bei der Erteilung der Vollmacht fehlt es aktuell an einem konkreten Eingriff, auf den bezogen die Einwilligungsfähigkeit feststellbar wäre[663] –, welche dem Urteilsvermögen bei der rechtlichen Geschäftsfähigkeit gleichkommt.[664] Um Sinn und Tragweite einer Vollmacht erkennen zu können, muss der Vollmachtgeber letztlich sowohl einsichtswie auch geschäftsfähig sein. Es ist praktisch keine Situation vorstellbar oder bekannt geworden, in welcher ein Volljähriger[665] nicht mehr geschäftsfähig war, aber sein natürliches Einsichtsvermögen noch ausreichte.[666]

2. Feststellung der Geschäftsfähigkeit

Die Feststellung der Geschäftsfähigkeit birgt ein hohes Schwierigkeitspotential in sich.[667] In der Praxis sind es zunächst die Gerichte, die das Bestehen der Geschäftsfähigkeit zum Zeitpunkt der Erteilung der Vollmacht überprüfen müssen.[668] So hat etwa das Betreuungsgericht von Amts wegen die Wirksamkeit der Vollmacht zu ermitteln, während das Prozessgericht erst infolge einer entsprechenden Rüge die durch

660 Dieser Meinung: OLG München NJW-RR 2009, 1599 (1602); OLG München DNotZ 2011, 43; Bamberger/H.Roth-*Wendtland*, § 104 BGB Rn. 11; siehe auch MünchKommBGB/*Schwab*, § 1896 Rn. 52, § 1904 Rn. 71; *Jurgeleit* in: Jurgeleit, BtR, § 1896 BGB Rn. 72; *Lipp* in: Lipp, Vorsorgeverfügungen, § 16 Rn. 23; *Spickhoff* AcP 2008 (208), 345 (401); *Hack* in: Rudolf/Bittler/W.Roth, Vorsorgevollmacht, S. 8; *Bichler*, Patientenverfügung, S. 41.

661 Ob zwischen eindeutiger Einwilligungsfähigkeit und Geschäftsfähigkeit ein Graubereich besteht, ist bisweilen ungeklärt geblieben, vgl. *Deutsch/Spickhoff*, Medizinrecht, Rn. 992 im Zusammenhang zum Urteil des BGH VersR 2007, 66 (Einwilligung Minderjähriger und Vetorecht).

662 MünchKommBGB/*Schwab*, § 1904 Rn. 13 mit Verweis auf BayObLG FamRZ 1990, 1154 (1155).

663 *Spickhoff* AcP 208 (2008), 345 (401).

664 OLG Stuttgart DNotZ 1995, 687 (689); MünchKommBGB/*Schwab*, § 1904 Rn. 13 (Der Befund der natürlichen Einwilligungsfähigkeit ist identisch mit der Geschäftsfähigkeit einer Person in diesem Entscheidungsbereich); vgl. auch *Lipp* in: Lipp, Vorsorgeverfügungen, § 16 Rn. 23, (kein sachlicher Unterschied zwischen der „natürlichen" Geschäftsfähigkeit und der Einwilligungsfähigkeit).

665 Anders bei Jugendlichen, die trotz beschränkter Geschäftsfähigkeit einwilligungsfähig sein können, siehe hierzu auch *Deutsch/Spickhoff*, Medizinrecht, Rn. 992. Hier wird der Streitentscheid dafür relevant, ob auch Minderjährige zumindest den (Teil-)Bereich der Gesundheitssorge wirksam durch Vorsorgevollmacht regeln können (dieser Ansicht: *Tamm* in: Tamm/Tonner, Verbraucherrecht, § 25 Rn. 211 (2012)). Ein ähnliches Problem ist auch in der gesetzlichen Ausklammerung Minderjähriger von der Patientenverfügung gem. § 1901a Abs. 1 S. 1 BGB zu sehen, näher zu beiden Problemen *Bichler*, Patientenverfügung, S. 40 f., 65 ff.

666 *Renner* in: Müller/Renner, BtR und Vorsorgeverfügungen, Rn. 249; *Zimmermann*, Vorsorgevollmacht, S. 46.

667 Siehe oben § 1 B. II. 1. c).

668 Gemäß § 26 FamFG hat das Betreuungsgericht etwa bestehenden Zweifeln an der Geschäftsfähigkeit zum Zeitpunkt der Erteilung der Vorsorgevollmacht von Amts wegen nachzugehen, vgl. OLG Hamm NJW-RR 2010, 799; zum Umfang der Amtspflicht OLG Hamm FamRZ 2011, 1815.

den Bevollmächtigten im Namen des Vollmachtgebers getätigten Geschäfte auf ein Vorliegen der Geschäftsfähigkeit bei Erteilung der Vollmacht überprüfen muss.[669] Aber auch Notare sind im Fall eines Beurkundungsgesuchs für eine Vorsorgevollmacht dazu angehalten, sich von der Geschäftsfähigkeit des Erteilenden zu überzeugen, vgl. § 11 BeurkG. Die Feststellungen des beurkundenden Notars sind vor Gericht allerdings nicht verbindlich, sie haben die Qualität einer Zeugenaussage,[670] nicht jedoch die eines Sachverständigen.[671] Ein psychologisches bzw. neurologisches Sachverständigengutachten muss bei entsprechender Sachlage vom Gericht eingeholt werden.[672] Gleiches gilt vor dem Grundbuchamt, welches im Zweifel nach § 18 GBO im Rahmen einer Zwischenverfügung die Vorlage eines fachärztlichen Gutachtens verlangen kann.[673]

3. Bedeutung späterer Geschäftsunfähigkeit

Dass die Vollmacht über den Zeitraum des Wegfalls der Geschäftsfähigkeit wirksam bleibt, kennzeichnet die Vorsorgevollmacht neben dem Vorliegen ihres Fürsorgezwecks.[674] Die abstrakte Vollmacht bleibt grundsätzlich in ihrer Wirksamkeit unberührt, da sich dessen Erlöschen gemäß § 168 BGB nach dem Grundverhältnis bestimmt, welches typischerweise als Auftrag nach § 672 BGB bzw. als Geschäftsbesorgungsvertrag über § 675 i.V.m. § 672 BGB im Zweifel nicht mit dem Eintritt der Geschäftsunfähigkeit erlischt. Im tatsächlichen Sinne schlägt sich aber die Bedeutung der Geschäftsunfähigkeit im gleichzeitigen Wegfall der Weisungs- und Kontrollgewalt durch den Vollmachtgeber gegenüber dem Bevollmächtigten einerseits sowie der Informations- und Rechenschaftspflicht des Bevollmächtigten gegenüber dem Vollmachtgeber andererseits nieder.[675]

VI. Auswahl des Bevollmächtigten

Das reibungslose Funktionieren der privatrechtlichen Fürsorgeorganisation für die Zeit eigenen Unvermögens ist nun im Wesentlichen von derjenigen Person abhängig, die zu ihrer Ausübung bestimmt wurde. Die Auswahl einer vertrauenswürdigen Person und die damit verbundene Entscheidung, von welchen Kriterien zur persönlichen Eignung sich der Vollmachtgeber leiten lassen möchte, sind dabei allein dem individuellen Einschätzungsvermögen des Vollmachtgebers unterstellt. Zu berücksichtigen

---

669 Exemplarisch OLG München FamRZ 2010, 756; vgl. *Zimmermann*, Vorsorgevollmacht, S. 47.

670 Diese dürfte im Hinblick auf das Erinnerungsvermögen des Notars angesichts der Masse an Beurkundungsverfahren entsprechend (wenig) erfolgversprechend sein.

671 OLG Frankfurt FamRZ 2000, 603 mit Anm. *Günther* (Zum Nachweis der Geschäftsfähigkeit und zur Prüfung der Geschäftsfähigkeit durch den Notar); Soergel/*Zimmermann*, § 1896 BGB Rn. 80; *K.Winkler*, § 11 BeurkG Rn. 14.

672 *Zimmermann*, Vorsorgevollmacht, S. 47.

673 *Hack* in: Rudolf/Bittler/W.Roth, Vorsorgevollmacht, S. 9.

674 Vgl. oben unter § 2 A. I.

675 *Zimmermann*, Vorsorgevollmacht, S. 49.

sind aber auch bestimmte rechtliche Voraussetzungen, die in der Person des Bevollmächtigten erfüllt sein müssen.[676]

1. Eignung nach persönlicher Vorstellung

Eine Definition zur persönlichen Eignung kann in diesem Sinne nicht allgemeingültig hergeleitet werden. Lediglich gewisse Orientierungsparameter lassen sich formulieren: Die auserwählte Person sollte bspw. zumindest genügend Zeit für die Tätigkeit zur Verfügung haben und auch in der Nähe wohnen, sowie ausreichend Überblick über wirtschaftliche und rechtliche Vorgänge haben, die bewältigt werden müssen, weiter auch eine Reife bzw. ein Alter haben, worauf bezogen die Schwere und die zeitliche Übernahme der Aufgaben angemessen erscheint.[677] Viele weitere personenbezogene Kriterien, darunter auch speziell erwünschte Fertigkeiten (Lebens- und Geschäftstüchtigkeit) und sonstige Qualifikationen (Loyalität, familiärer Nähebezug), können gedanklich durchgespielt werden.[678] Im Ergebnis müssen jedenfalls die subjektiven Voraussetzungen des Bevollmächtigten mit den objektiven Anforderungen der anstehenden Tätigkeit bestmöglich übereinstimmen.[679] Nicht zu vergessen bleibt dann auch, Erkundigungen über die grundlegende Bereitschaft einer Aufgabenübernahme bei der betreffenden Person einzuholen.[680]

2. Eignung unter rechtlichen Aspekten

Da die Prüfung der persönlichen Eignung einer Person ausschließlich dem Vollmachtgeber obliegt, ist das Betreuungsgericht in das Geschehen um das individuelle Ausfindigmachen eines Bevollmächtigten folglich nicht involviert. Eine Auseinandersetzung durch das Betreuungsgericht kann sich im Nachhinein mit Blick auf § 1896 Abs. 2 S. 2 BGB aber dadurch ergeben, dass sich die auserwählte Person als ungeeignet erweist, den Vollmachtgeber in den geregelten Angelegenheiten zu vertreten.

a) Geschäftsfähigkeit

Um die erforderlichen Vertreterhandlungen wirksam vornehmen zu können, muss die stellvertretende Person ihrerseits zunächst einen rechtserheblichen Willen bilden können – Grundvoraussetzung zur rechtlichen Eignung ist daher die Geschäftsfähig-

---

676 Näher *Spalckhaver* in: Lipp, Vorsorgeverfügungen, § 11 Rn. 1 ff.

677 Vgl. *Zimmermann*, Vorsorgevollmacht, S. 91 f.

678 Ausführlich *Langenfeld*, Vorsorgevollmacht, S. 60 ff.

679 Vgl. für die Eignung eines Betreuers *W.Bienwald* in: W.Bienwald/Sonnenfeld/Harm, BtR, § 1897 BGB Rn. 112.

680 Vgl. *Zimmermann*, Vorsorgevollmacht, S. 91, der auch die Thematisierung einer Vergütung nahelegt.

keit der Stellvertreterperson.[681] Schwieriger zu bewerten ist nun der Einsatz von beschränkt geschäftsfähigen Minderjährigen: Im Sinne des § 165 BGB kann auch eine Vertreterperson im Alter von 7 bis 18 Jahren wirksam für den Vollmachtgeber handeln. Dies betrifft aber nur das Außenverhältnis zu Dritten. Das rechtliche Innenverhältnis, das im Rahmen der Vorsorgevollmacht ebenfalls von Bedeutung ist, kann angesichts der beschränkten Geschäftsfähigkeit gerade nicht oder jedenfalls nicht ohne die Gestattung durch den jeweiligen gesetzlichen Vertreter wirksam begründet werden.[682] Da ungewiss bleibt, zu welchem Zeitpunkt der Gebrauch der Vorsorgevollmacht erforderlich wird, die Minderjährigkeit als solche jedoch mit rechtlicher Gewissheit ein vorübergehender Zustand ist, könnte die Begründung des schuldrechtlichen Vertrags bei bereits erteilter Vollmacht mit dem späteren Eintritt der vollen Geschäftsfähigkeit nachgeholt werden – vorausgesetzt der Vollmachtgeber ist hierzu rechtlich ebenfalls imstande. Insofern würde zwischenzeitlich eine isolierte Vollmacht erteilt werden.[683] Anders liegt es nur, wenn der gesetzliche Vertreter seine Zustimmung ausspricht. Ist der Vollmachtgeber jedoch bspw. als Elternteil gleichzeitig der gesetzliche Vertreter verkompliziert sich die Angelegenheit dahin, dass nun von Rechts wegen infolge des Interessenkonflikts ein vom Betreuungsgericht bestellter Ergänzungspfleger hinzugeholt werden müsste.[684] Andere Lösungswege können bspw. darin bestehen, dass in der vorübergehenden Zeit bis zur Volljährigkeit der gewünschten Vertrauensperson eine Art Übergangsbevollmächtigter eingesetzt wird oder die Modalitäten zur vertraglichen Einigung so gestaltet werden, dass die Annahme – in Ansehung der Volljährigkeit – verzögert ergehen kann.[685] Die Schwierigkeiten, die sich hier zum Zeitpunkt der Erteilung der Vollmacht bezüglich des Innenverhältnisses ergeben, fallen unter dem Prüfungspunkt der rechtlichen Geeignetheit einer Bevollmächtigtenperson jedoch weniger ins Gewicht. Unter betreuungsvermeidendem Aspekt steht vielmehr die Funktionsfähigkeit der Vollmacht bzw. deren tatsächlicher Gebrauch durch einen minderjährigen Bevollmächtigten im Fokus: Haftungsrisiken und Anforderungen, welche die vermögensrechtlichen und gesundheitsspezifischen Angelegenheiten mit sich bringen, divergieren je nach Beschaffenheit der Vermögensverhältnisse und nach Komplexität der Aufgabenbewältigung. Demnach drängen sich vermehrt Anzweifelungen auf, eine solche Aufgabe einem zumeist lebensunerfahrenen beschränkt Geschäftsfähigen aufzubürden. Das Risiko, dass die Be-

681 Allgemein: BGHZ 53, 210 (215); OLG München JZ 1990, 1029; Staudinger/*Schilken*, § 165 BGB Rn. 3 m.w.N. Zur Vorsorgevollmacht: OLG Brandenburg NotBZ 2005, 362 ff.; *Hack* in: Rudolf/Bittler/W.Roth, Vorsorgevollmacht, S. 19.

682 Vgl. *Spalckhaver* in: Lipp, Vorsorgeverfügungen, § 11 Rn. 12 f.; *Doering-Striening* in: Richter (u.a.), Seniorenrecht, § 4 Rn. 133.

683 *Spalckhaver* in: Lipp, Vorsorgeverfügungen, § 11 Rn. 12.

684 Vgl. *Spalckhaver* in: Lipp, Vorsorgeverfügungen, § 11 Rn. 13: Die Bereitschaft des bestellten Pflegers, ein derartiges Innenverhältnis zu begründen, wird davon abhängen, ob zum Schutze des Minderjährigen eine weitgehende Haftungsfreistellung vereinbart wird.

685 Lösungsvorschläge bei *Spalckhaver* in: Lipp, Vorsorgeverfügungen, § 11 Rn. 12. Das verzögerte Wirksamwerden des Vorsorge-Grundverhältnisses ließe sich wohl über die Gestaltung eines Angebots unter aufschiebender Bedingung (Angebot unter Vorbehalt des Eintritts der Volljährigkeit) oder durch das Setzen einer entsprechend gewillkürten Annahmefrist herbeiführen, vgl. allgemein MünchKommBGB/*Busche*, § 145 Rn. 7 (Fn. 33); *Bork*, AT des BGB, Rn. 728.

stellung eines Betreuers oder zumindest eines Vollmachtsüberwachungsbetreuers gemäß § 1896 Abs. 3 BGB erforderlich wird, erhöht sich bei diesen Gegebenheiten immens.[686] Die Unsicherheit, einen Minderjährigen einzusetzen, wird zudem argumentativ noch dadurch ausgeweitet, dass beschränkt Geschäftsfähige in der Regel auch von der Stellung als Betreuer – für eben gleich betreffende Aufgabenkreise – ausgeschlossen werden.[687] Dennoch kann es im Einzelfall gerechtfertigt sein, einem verstandesreifen Minderjährigen, etwa im Alter von 17 Jahren und mit entsprechendem Nähebezug, die Betreuung zu überlassen bzw. in Konsequenz hierzu auch dessen Vorsorgebevollmächtigung als gleich gut geeignet anzuerkennen – insofern besteht für das zuständige Betreuungsgericht Ermessensspielraum.[688]

b) Nichteignung wegen konkreter Gefahr für das Wohl des Betroffenen

Das Gericht hat nach pflichtgemäßem Ermessen zu beurteilen, inwiefern die Interessenwahrnehmung durch den eingesetzten Bevollmächtigten eine konkrete Gefahr für das Wohl des betroffenen Vollmachtgebers begründet bzw. inwiefern in dieser Hinsicht ein Interessenkonflikt besteht.[689] Dabei darf es sich nicht um abstrakte Gefahren infolge konfliktanfälliger Umstände handeln,[690] wie sie bspw. durch die gleichzeitige Erbberechtigung des Vollmachtnehmers denkbar wären.[691] Es müssen demnach konkrete Anhaltspunkte für die Gefahr einer Interessenkollision vorliegen, was bejaht werden kann, wenn der Bevollmächtigte überhaupt nicht tätig werden will, seine Tätigkeit aufgegeben hat oder nicht in der Lage ist, von der Vollmacht im Interesse des Betroffenen Gebrauch zu machen.[692] So liegt es bspw., wenn die Vollmacht aufgrund heftiger innerfamiliärer Streitigkeiten im familiären Umfeld nicht anerkannt wird und der Bevollmächtigte es deshalb ablehnt, von der Vollmacht Gebrauch zu machen.[693] Wird der Vorsorgebevollmächtigte nun tatsächlich tätig, ist eine konkrete Gefahr für das Wohl des Betroffenen insbesondere dann begründet, wenn Anzeichen dafür sprechen, dass der Bevollmächtigte mit dem Umfang und der Schwierigkeit der

---

686 Näher *Doering-Striening* in: Richter (u.a.), Seniorenrecht, § 4 Rn. 133 ff.; *Spalckhaver* in: Lipp, Vorsorgeverfügungen, § 11 Rn. 8 f.

687 Vgl. *Dodegge* in: Dodegge/A.Roth, BtKomm, B 44; *Jurgeleit* in: Jurgeleit, BtR, § 1897 BGB Rn. 6; *Jürgens* in: Jürgens, BtR, § 1897 BGB Rn. 7. Den Minderjährigen als Betreuer generell ablehnend: *Faupel*, Die Betreuungsverfügung, S. 72 mit Verweis auf die Funktion des Betreuungsrechts und BT-Drucks. 11/4528, S. 125.

688 In diese Richtung auch *Jurgeleit* in: Jurgeleit, BtR, § 1897 BGB Rn. 6.

689 BayObLG FamRZ 1996, 968; FamRZ 2003, 704; KG FGPrax 2006, 182; LG Kleve NJOZ 2008, 2684; LG Bochum BeckRS 2010, 05507; *Zimmermann* in: Damrau/Zimmermann, BtR, § 1896 BGB Rn. 130; *Hack* in: Rudolf/Bittler/W.Roth, Vorsorgevollmacht, S. 19 f.

690 BT-Drucks. 11/4528, S. 128.

691 Beispiel bei *Langenfeld*, Vorsorgevollmacht, S. 72 f.; *Gernhuber* FamRZ 1976, 189 (191): Vollmachtnehmer will bspw. sein künftiges Erbvermögen vor unnötigen Schmälerungen sichern, das Interesse des Fürsorgebedürftigen geht aber dahin, sein Vermögen zur (noch) möglichen Verwirklichung seiner Lebensfreude einzusetzen.

692 OLG Schleswig BtPrax 2008, 132; *Zimmermann* in: Damrau/Zimmermann, BtR, § 1896 BGB Rn. 130; *Jurgeleit* in: Jurgeleit, BtR, § 1896 BGB Rn. 73 f.

693 BayObLG FamRZ 2004, 1403; a.A. Palandt/*Diederichsen*, § 1896 BGB Rn. 12 (71. Auflage 2012).

vorzunehmenden Geschäfte überfordert ist[694] oder wenn erhebliche Bedenken an der Redlichkeit des Bevollmächtigten bestehen: Verhaltensweisen, die hinreichend auf ein Missbrauchen der Vollmacht schließen lassen,[695] wie es oftmals im Rahmen von Kontoverfügungen[696] festzustellen ist, aber auch für den Fall eines plötzlichen, dem Wohl des Betroffenen zuwiderlaufenden Umgebungswechsels[697] nicht auszuschließen ist, können Anlass dazu geben, dem unredlichen Vorsorgebevollmächtigten keine Restzuständigkeiten zu lassen und eine Vollbetreuung für alle erforderlichen Aufgabenkreise einzurichten.[698] Bloße Zweifel am Charakter oder am Intellekt der auserwählten Person genügen hierbei jedoch genauso wenig zur erforderlichen Anordnung einer Betreuung wie die Tatsache, dass ein professioneller Betreuer schlicht besser zur Aufgabenwahrnehmung geeignet wäre.[699]

c) Nichteignung der in § 1897 Abs. 3 BGB genannten Personen

Von Gesetzes wegen wird die Bevollmächtigung eines bestimmten Personenkreises aufgrund der in diesem Bereich typischerweise zu erwartenden Interessenkollisionen als gesondert überprüfungswürdig eingestuft: Hierbei handelt es sich über die Vorgaben des § 1896 Abs. 2 S. 2 BGB i.V.m. § 1897 Abs. 3 BGB um solche Personen, die zu einer Anstalt, einem Heim oder sonstigen Einrichtung gehören, in der der Betroffene untergebracht ist bzw. wohnt, oder zu denen er in einem Abhängigkeitsverhältnis oder in einer sonstigen engen Beziehung steht. Im Wesentlichen wird hierdurch bestimmt, dass der grundsätzlich geltende Vorrang der Vollmacht gegenüber der Betreuung ausgeschaltet wird, wenn der Bevollmächtigte dem bezeichneten Personenkreis angehört. Diese Regelung bedeutet dabei keineswegs einen generellen Ausschluss der genannten Personen von der privatautonom zu treffenden Bevollmächtigten-Auswahl.[700] Auch die Wirksamkeit der Vollmacht wird hiervon nicht berührt.[701] Vielmehr wird bestimmt, dass die an sich bestehende vorrangige Geltung der Bevollmächtigung gegenüber der Betreuung für diesen Personenkreis als ausgeschaltet bzw. (gegenwärtig) blockiert anzusehen ist – schließlich können äußere Umstände im Sinne eines Arbeitsplatz- oder Heimwechsels auch divergieren.[702] Demgemäß wird das Betreuungsgericht in diese Art Sonderfall zwischengeschaltet, um für den konkreten Einzelfall und auch erst im Zeitpunkt der zu entscheidenden Maßnahme zu überprüfen, ob die Erforderlichkeit einer Betreuungsanordnung gegeben ist

694 BGH FamRZ 2016, 1671 (1675).
695 LG Bielefeld FamRZ 2012, 1671.
696 BGH FamRZ 2014, 738 (ungeklärtes Abhandenkommen von 15.000 €); BGH FamRZ 2013, 465; BGH FamRZ 2013, 693; BGH NJW 2011, 2135 Rn. 35; BayObLG FamRZ 2004, 1814; BayObLG 2001, 1402; OLG Zweibrücken FamRZ 2006, 1710.
697 BayObLG FamRZ 2003, 1219.
698 *Jurgeleit* in: Jurgeleit, BtR, § 1896 BGB Rn. 73; *Fröschle*, Betreuungsrecht, S. 24.
699 OLG Brandenburg NJW 2005, 1587; *Hack* in: Rudolf/Bittler/W.Roth, Vorsorgevollmacht, S. 19.
700 Palandt/*Diederichsen*, Einf v § 1896 BGB Rn. 5 (71. Auflage 2012).
701 Ein Fall des § 134 BGB liegt nicht vor, auch kommt § 138 BGB als Nichtigkeitsgrund wohl eher selten in Betracht, vgl. hierzu MünchKommBGB/*Schwab*, § 1896 Rn. 62 (Fn. 180), *Zimmermann*, Vorsorgevollmacht, S. 93.
702 Vgl. *Zimmermann*, Vorsorgevollmacht, S. 93.

oder nicht.[703] Die Einrichtung einer rechtlichen Betreuung ist insofern zwar nicht zwingend,[704] im Regelfall wird jedoch eine Vollmachtsüberwachungsbetreuung unumgänglich sein.[705] Entscheidend ist deshalb, dass die Benennung der in § 1897 Abs. 3 BGB genannten Personen als Bevollmächtigte nicht von vornherein unzulässig ist, ihre rechtliche Nichteignung aber faktisch daraus folgt, dass ihrer Benennung das dem privaten Vorsorgezweck zuwiderlaufende Risiko einer möglichen Betreuerbestellung anhaftet.

d) Rechtsanwälte als Vorsorgebevollmächtigte

Als mit dem 2. BtÄndG am 01.07.2005 die Pauschalvergütung für die Übernahme einer rechtlichen Betreuung eingeführt wurde, ist zugleich der Antrieb für einen „neuen" Markt anwaltlicher Dienstleistung im Bereich Berufsbevollmächtigung geschaffen worden.[706] Einem Rechtsanwalt ist damit nicht nur die Tätigkeit als Berufsbetreuer oder auch als Verfahrenspfleger gestattet, sondern er kann auch als Vorsorgebevollmächtigter beauftragt werden.[707] Da ein Rechtsanwalt die hierzu nötigen Kenntnisse hervorzubringen vermag und der Anwaltschaft bereits kraft ihres Standes Loyalität zuzuschreiben ist, ist ein Rechtsanwalt schon von Berufs wegen geeignet, mit derartigen Aufgaben betraut zu werden.[708] Daher gibt es einen Verein „Vorsorge Anwalt e.V.",[709] in welchem Rechtsanwälte organisiert sind, die sich auf die Übernahme von Vorsorgebevollmächtigungen bzw. auf die Unterstützung und Kontrolle von Hauptbevollmächtigten spezialisiert haben.[710] Eine ähnliche Zielsetzung verfolgt auch der Verein „dvvb – Deutsche Vereinigung für Vorsorge- und Betreuungsrecht e.V.".[711] Ein Bedürfnis zu anwaltlicher Bevollmächtigung kann dort aufkommen, wo es an einer Vertrauensperson fehlt, die sich für die Aufgabenwahrnehmung bereit erklärt oder die dazu geeignet ist.[712] Für die Beauftragung eines Berufsträgers sind Besonderheiten im Hinblick auf die Ausgestaltung des Innenverhältnisses zu beachten.[713] Im Näheren betrifft dies vor allem die Frage der Vergütung, deren Konditionen auch für einen Rechtsanwalt ausdrücklich vereinbart werden müssen.[714] Ohne

703 MünchKommBGB/*Schwab*, § 1896 Rn. 62; Staudinger/*W.Bienwald*, § 1906 BGB Rn. 118; Bamberger/H.Roth-*Müller*, § 1896 BGB Rn. 30: Die Regelung soll den Gerichten die Gelegenheit bieten, die Erforderlichkeit individuell zu prüfen.

704 BT-Drucks. 13/7158, S. 33; *W.Bienwald* in: W.Bienwald/Sonnenfeld/Harm, BtR, § 1897 BGB Rn. 56.

705 Bamberger/H.Roth-*Müller*, § 1896 BGB Rn. 30; *Zimmermann*, Vorsorgevollmacht, S. 93.

706 *Ramstetter* BtPrax 2005, 88 (88 f.); *ders.* in: Bonefeld/Wachter, Der Fachanwalt für ErbR, § 21 Rn. 3.

707 Zum Ganzen *C.Bienwald* FPR 2012, 28 ff.

708 *C.Bienwald* FPR 2012, 28 (30).

709 Auch ist eine dahingehende Werbung mit dem Zusatz „Vorsorgeanwalt" als zulässig anzusehen, siehe AnwGH NRW NJW 2013, 318.

710 Vgl. *Hack* in: Rudolf/Bittler/W.Roth, Vorsorgevollmacht, S. 24 (Fn. 84).

711 Vgl. *Ramstetter* BtPrax 2005, 88 (89); *Renner* in: MünchR, FamR in der Notar- und Gestaltungspraxis, § 16 Rn. 146 f. (Fn. 168).

712 *Hack* in: Rudolf/Bittler/W.Roth, Vorsorgevollmacht, S. 24.

713 Muster der Regelung eines Innenverhältnisses bei anwaltlicher Bevollmächtigung gemäß der Empfehlung der dvvb (Deutsche Vereinigung für Vorsorge- und Betreuungsrecht e.V.) abgedruckt bei *Scharf/Hack* in: Rudolf/Bittler/W.Roth, Vorsorgevollmacht, S. 89 ff.

714 *C.Bienwald* FPR 2012, 28 (31).

explizite Vergütungsregelung besteht auch für den Anwalt kein Vergütungsanspruch.[715] Allenfalls für anwaltsspezifische Leistungen, etwa die Verfahrens- oder Prozessführung in einem Rechtsstreit, der in Zusammenhang mit den Aufgaben aus der Vorsorgebevollmächtigung steht, darf ein Anwalt diese – auf besonderem Anwaltsauftrag beruhenden – Leistungen nach dem Rechtsanwaltsvergütungsgesetz (RVG) abrechnen.[716] In der Regel werden hierzu Zeitvergütungen vereinbart.[717] Zuzugeben ist daher, dass die Möglichkeit einer anwaltlichen Bevollmächtigung nicht an die breite Bevölkerungsmasse adressiert ist.[718]

B. Betreuungsverfügung

Der Fokus richtet sich vorwiegend auf die Erteilung einer Vorsorgevollmacht und deren Vermeidung einer Betreuung. Überhaupt wird dem Institut der rechtlichen Betreuung in der Gesellschaft eher mit Distanz begegnet. Solche Vorurteile grassieren mutmaßlich noch aus den Erfahrungen der früheren Vormundschaft, obgleich diese seit nun mehr als 20 Jahren abgeschafft ist.[719] Die Möglichkeit einer sog. Betreuungsverfügung, der eben keine betreuungsvermeidende, sondern eine betreuungsgestaltende Funktion innewohnt,[720] verblasst neben der Vorsorgevollmacht deshalb weitestgehend.[721]

I. Begriffsbestimmung

Im Gesetzestext sind gleich mehrere dogmatische Anknüpfungspunkte für die Legitimation einer Betreuungsverfügung ausfindig zu machen, vgl. nur §§ 1897 Abs. 4 S. 1 u. 2, 1901 Abs. 2 S. 2, Abs. 3 S. 1 u. 2 oder § 1901c Abs. 1 S. 1 BGB, eine Legaldefinition fehlt indes. Die Betreuungsverfügung ist dabei als eine privatautonome Regelung zu verstehen, in der jemand für den Fall seiner Betreuungsbedürf-

---

715 *C.Bienwald* FPR 2012, 28 (31).

716 § 1 Abs. 2 RVG bestimmt, dass das RVG nicht für eine Tätigkeit als Vormund, Betreuer, Pfleger, Verfahrenspfleger oder eine ähnliche Tätigkeit gilt; die Vergütung nach dem RVG knüpft nur an berufsspezifische anwaltliche Leistungen an; die Tätigkeit als Vorsorgebevollmächtigter ist keine anwaltliche Berufstätigkeit, siehe *Doering-Striening* in: Richter (u.a.), Seniorenrecht, § 4 Rn. 254 ff.; *C.Bienwald* FPR 2012, 28 (31).

717 *Hack* in: Rudolf/Bittler/W.Roth, Vorsorgevollmacht, S. 24. Was die Höhe der Vergütung anbelangt, so sollten sonstige Risiken einkalkuliert und Kosten von Aufwendungen, wie etwa notwendige Versicherungen, mit bedacht werden, näher hierzu *Doering-Striening* in: Richter (u.a.), Seniorenrecht, § 4 Rn. 260 ff.

718 *Ramstetter* in: Bonefeld/Wachter, Der Fachanwalt für ErbR, § 21 Rn. 3 spricht von einem „Zweiklassensystem" im Betreuungsrecht (Menschen mit staatlich pauschalvergütetem Betreuer oder Menschen mit geeigneter Vertrauensperson bzw. mit spezialisiertem Anwalt).

719 Ähnlich *Müller* ZNotP 2012, 404 (404).

720 Zur Abgrenzung siehe OLG Frankfurt/Main FamRZ 2004, 1322 f.

721 *P.Hoffmann/Schumacher* Btprax 2002, 191 (194 f.) (Betreuungsverfügung weitestgehend unbekannt); *Müller* ZNotP 2012, 404 (404).

tigkeit und der Bestellung eines Betreuers Vorschläge zur Person und/oder Wünsche zur Wahrnehmung der Betreuung festlegt.[722] D.h. durch die Möglichkeit der individuellen Einflussnahme auf eine später einzurichtende Betreuung soll die selbstbestimmte, privatautonome Vorsorge auch in den Bereich der staatlichen Rechtsfürsorge hineinwirken können.[723]

II. Verhältnis zur Vorsorgevollmacht

Im Vergleich zur Vorsorgevollmacht ist der privatautonome Gestaltungsspielraum dabei deutlich kleiner, eine Betreuungsverfügung lässt sich deshalb eher mit den Worten der „Mitgestaltung“ oder „Mitsprachemöglichkeit“ beschreiben.[724] Zumeist wird von ihr als Mittel zur Absicherung der Vorsorgekombination aus Vorsorgevollmacht und Patientenverfügung Gebrauch gemacht,[725] d.h. hilfsweise wird der Vorsorgebevollmächtigte auch als gewünschte Betreuungsperson mit angegeben,[726] falls eine Betreuung für eine nicht bedachte Angelegenheit oder für einen einzelnen, sich aus einer späteren Änderung des Gesetzes ergebenden Wirkungskreis erforderlich wird.[727]

Schließlich gibt es auch Bereiche, in denen nur das Handeln eines gesetzlichen, nicht aber dasjenige eines rechtsgeschäftlichen Vertreters erlaubt ist: Dies betrifft vor allem die Vertretung für den Fall der eidesstattlichen Versicherung, bspw. zur Beantragung eines Erbscheins.[728] Darüber hinaus ist im Familienrecht häufig nur ein gesetzliches Vertreterhandeln erlaubt, etwa im Hinblick auf Eheverträge oder die Vaterschaftsanerkennung bzw. -anfechtung.[729] Sofern solche Fälle zur Erledigung anfallen, müsste eine entsprechende Betreuung (ergänzend) angeordnet werden. Dies gilt im Übrigen auch für das Stellen von Strafanträgen (§ 77 Abs. 3 StGB)[730] oder für den Bereich der Meldepflicht, bei welchem die Zulässigkeit der gewillkürten Stellvertretung jedenfalls nicht in allen Ländern gegeben ist (nur in Bayern, Mecklenburg-Vorpommern und Sachsen).[731] Umstände bereiten kann auch die durch den Bevollmächtigten zu leistende Unterschrift unter einer Steuererklärung, da das Gesetz in § 150 Abs. 3 S. 1 AO nur im Ausnahmefall von dem Erfordernis der Eigenhändigkeit der Unter-

722 Vgl. Staudinger/*W.Bienwald*, § 1901c BGB Rn. 1.

723 BT-Drucks. 11/4528, S. 128, 134; *Lipp* in: Lipp, Vorsorgeverfügungen, § 2 Rn. 47, § 18 Rn. 3.

724 Vgl. auch *von Sachsen Gessaphe*, Der Betreuer, S. 255.

725 Sog. „Vorsorgepaket“ zurückgehend auf *Langenfeld*, Vorsorgevollmacht, S. 184.

726 Sog. „ergänzende“ Betreuungsverfügung im Unterschied zur „eigenständigen“ Betreuungsverfügung, siehe *Lipp* in: Lipp, Vorsorgeverfügungen, § 18 Rn. 132 ff.

727 *Breidenstein*, Pflegerecht, S. 52.

728 *Kordel* in: Kersten/Bühling, Formularbuch und Praxis der Freiwilligen Gerichtsbarkeit, § 96 Rn. 21. Näher zum erbrechtlichen Bereich *Renner* in: Münch, FamR in der Notar- und Gestaltungspraxis, § 16 Rn. 116 f. mit Verweis auf LG Leipzig FamRZ 2010, 403 ff. = NJW-Spezial 2010, 71 f.: Gleichstellung von Bevollmächtigtem und Betreuer bei der Passivvertretung zu einem Widerruf eines gemeinschaftlichen Testaments oder Erbvertrages (str., a.A. *Zimmer* ZEV 2007, 159 (162)).

729 *Renner* in: Münch, FamR in der Notar- und Gestaltungspraxis, § 16 Rn. 117 mit weiteren Beispielen.

730 Siehe auch *Renner* in: Münch, FamR in der Notar- und Gestaltungspraxis, § 16 Rn. 118; *Müller-von Münchow* NotBZ 2010, 31 (33).

731 *Kurze* in: Burandt/Rojahn, ErbR, § 164 BGB Rn. 20.

schrift absieht. Dass die Betreuungsverfügung generell nur ein Dasein als „Auffangregelung" führen sollte,[732] wird mit Recht gerügt.[733] So ist es mehrheitlich nicht geläufig, dass auch die eigenen Familienmitglieder als Betreuer oder Betreuerin (ehrenamtlich) eingesetzt werden können und nicht zwangsläufig eine fremde, unvertraute Person die Zuständigkeit übernehmen muss.[734] Die staatlichen Kontroll- und Überwachungsmechanismen können zudem von Vorteil sein. Dies betrifft insbesondere den Fall, dass eine zur Vorsorge entschlossene Person niemanden kennt, den sie bevollmächtigen kann oder will.[735] Zusätzlich wirkt es sich relativierend aus, dass im Bereich der Gesundheitsfürsorge betreuungsgerichtliche Genehmigungsvorbehalte gelten, denen der Bevollmächtigte genauso unterworfen ist wie der rechtliche Betreuer.[736] Beide Institute, Vorsorgevollmacht und Betreuung, dienen gleichermaßen der Verwirklichung der Autonomie des Betroffenen und sollen seinen Schutz gewährleisten.[737] Aus dieser gemeinsamen Zielvorstellung heraus lässt sich bspw. eine infolge Geschäftsunfähigkeit unwirksam erteilte Vorsorgevollmacht auch in eine Betreuungsverfügung umdeuten.[738] Übergeordnetes rechtspolitisches Ziel bleibt jedoch, die selbstbestimmte private Vorsorge zu fördern und dabei, als erstrebtes Nebenziel, die Staatskassen zu entlasten.[739] Die Betreuungsverfügung soll deshalb nicht mehr, aber auch nicht weniger als eine mögliche Alternative zur Vorsorgevollmacht sein.[740]

III. Adressaten- und Beteiligtenkreis

Anders als bei Vorsorgevollmachten ist angesichts des weniger zu Buche schlagenden Regelungsgehalts bei einer Betreuungsverfügung – sie kann eben auch auf den schlichten Vorschlag einer Person reduziert sein – in der Regel kein besonders hoher Beratungsaufwand erforderlich. Dies ändert sich, wenn eine umfassende, auf die inhaltlichen Wünsche abgestimmte Regelung zur Durchführung der Betreuung formuliert werden soll[741] oder wenn sich das Vorsorgevorhaben gleichzeitig auch auf eine Patientenverfügung bezieht. Insgesamt führt die Betreuungsverfügung aber eher, ver-

---

732 Deutlich dieser Einschätzung *Putz/Steldinger*, Patientenrechte, S. 128.

733 Vgl. bereits *Lipp* in: Festschr f Bienwald, S. 177 (177); *Lipp* FamRZ 2013, 913 (915, 918, 922).

734 So auch *Breidenstein*, Pflegerecht, S. 28.

735 Nur für diesen Fall sei das Instrument der Betreuungsverfügung gerechtfertigt, *Putz/Steldinger*, Patientenrechte, S. 128.

736 Siehe § 2 A. III. 1. b) aa).

737 Zur Gleichschaltung beider Institute *Lipp* FamRZ 2013, 913 (915, 918, 922 f.); bereits *ders.*, Freiheit und Fürsorge, S. 205.

738 *A.Roth* in: Dodegge/A.Roth, BtKomm, C 135; *Langenfeld*, Vorsorgevollmacht, S. 173.

739 Siehe zuletzt auch 4. BtÄndG zur Stärkung der Funktionen der Betreuungsbehörde zum 01.07.2014 (BGBl. I, S. 3393 f.): Ziel des Gesetzgebers ist die verstärkte Beachtung der Subsidiarität der rechtlichen Betreuung gegenüber den primären sozialrechtlichen Hilfesystemen, siehe *Ackermann/Kania* BtPrax 2014, 101 (101). Der steigenden Anzahl der Betreuungen soll praxisorientiert durch die Stärkung der Funktionen der Betreuungsbehörde im Vorfeld und während des Betreuungsverfahrens begegnet werden, vgl. *Diekmann* BtPrax 2014, 103 (103).

740 Vgl. *Lipp* notar 2014, 111 (113).

741 *Lipp* in: Lipp, Vorsorgeverfügungen, § 18 Rn. 140.

mehrt sicherlich auch aus der ablehnenden Grundhaltung gegenüber der rechtlichen Betreuung heraus, ein „Schattendasein" in der Beratungspraxis von Notaren und Rechtsanwälten.[742] So verwundert es nicht, dass auch die Betreuungsvereine im Hinblick auf eine Betreuungsverfügung keine individuelle Rechtsberatung leisten müssen, sie sollen nur planmäßig über sie informieren.[743] Auch die Betreuungsbehörden sollen lediglich deren Aufklärung und Wahrnehmung innerhalb der Gesellschaft fördern.[744] Vorrangig ist die Betreuungsverfügung nun an das Betreuungsgericht adressiert, welches im Betreuungsverfahren den vorsorgenden Anordnungen des Betroffenen Geltung zu verschaffen hat. Hinsichtlich der vorsorgenden Regelungen, die die nähere Ausgestaltung sowie Durchführung der Betreuung betreffen, richtet sich die Betreuungsverfügung vor allem auch an die zur Übernahme bestimmte Person des Betreuers.

IV. Inhaltliche Gestaltungsmöglichkeiten

1. Vorschlag zur Auswahl der Betreuerperson

Schlägt ein Volljähriger eine Person vor, die zum Betreuer bestellt werden kann, so ist diesem Vorschlag zu entsprechen, wenn es dem Wohl des Betroffenen gemäß § 1897 Abs. 4 S. 1 BGB nicht zuwiderläuft und die Unvereinbarkeitsregelung des § 1897 Abs. 3 BGB nicht entgegensteht.[745] Hier gilt das Gleiche wie bei der Auswahl des Bevollmächtigten. Konkrete Gefahren für das Wohl des Betreuten durchbrechen insoweit die Bindung des Gerichts.[746] Darüber hinaus sollen auch solche Wünsche berücksichtigt werden, bei denen der Betroffene bestimmte Personen von der Betreuerbestellung ausschließt, § 1897 Abs. 4 S. 2 BGB.[747] Die positiven oder negativen Vorschläge hat das Gericht folglich während des Verfahrens zu beachten.[748] Länger zurückliegende Äußerungen müssen dabei genauso wie aktuelle Wünsche und Willensbekundungen mit in die Bewertung einbezogen werden.[749] Maßgebend ist, was der Betroffene im Entscheidungszeitpunkt wünscht, §§ 1897 Abs. 4, 1901 Abs. 3 S. 2 BGB.[750] Auch kann er mehrere Personen für unterschiedliche Aufgabenbereiche benennen.[751] Bei der Festlegung der Aufgabenkreise des Betreuers sind diese

742 Explizit aus notarieller Sicht: *Renner* in: Münch, FamR in der Notar- und Gestaltungspraxis, § 16 Rn. 150.

743 § 1908f Abs. 4 BGB gilt nur für die Errichtung einer Vorsorgevollmacht, vgl. *Zimmermann* in: Damrau/Zimmermann, BtR, § 1901 c BGB Rn. 3.

744 Gleiches gilt für die Vorsorgevollmacht, siehe § 6 Abs. 1 S. 2 BtBG.

745 *Bittler* in: Krug/Rudolf/Kroiß/Bittler, ErbR, § 2 Rn. 125.

746 Näher hierzu *Lipp* in: Festschr f Bienwald, S. 177 (182 ff.).

747 Näher zur Unterscheidung der Ablehnung einzelner Betreuer oder der Ablehnung der Betreuung als solcher *Lipp* in: Festschr f Bienwald, S. 177 (182 f.).

748 *Jürgens* in: Jürgens, BtR, § 1897 BGB Rn. 17.

749 *W.Bienwald* in: W.Bienwald/Sonnenfeld/Harm, BtR, § 1896 BGB Rn. 144.

750 *Lipp* in: Lipp, Vorsorgeverfügungen, § 18 Rn. 4.

751 Denkbar sind auch Alternativ- und Ersatzvorschläge, vgl. *W.Roth* in: Rudolf/Bittler/W.Roth, Vorsorgevollmacht, S. 187.

Vorstellungen regelmäßig zu berücksichtigen, damit die Betreuung in Anpassung an die Bedürfnisse des Verfügenden vom Betreuungsgericht umgesetzt werden kann.

2. Anordnungen zur Durchführung der Betreuung (Betreuungsverhältnis)

Anordnungen hinsichtlich der Durchführung der Betreuung richten sich in erster Linie an den handelnden Betreuer, mittelbar aber auch an das Betreuungsgericht, das die Einhaltung der durch die Betreuungsverfügung geäußerten Wünsche evtl. zu überprüfen bzw. zu kontrollieren hat.[752] Solche Wünsche des Betroffenen können sich auf Geld- und sonstige Vermögensangelegenheiten beziehen. Getroffen werden können daher ganz allgemeine Hinweise auf die gewünschte Vermögensverwaltung, im Näheren können aber auch konkrete Richtlinien festgehalten werden, etwa in Bezug auf die Höhe von Schenkungsbeträgen oder in welcher Größenordnung auf den Vermögensstamm zurückgegriffen werden kann, insbesondere im Hinblick auf die Lebensgestaltung und deren laufende Finanzierung.[753] Weiter können sich die Wünsche auch auf Gesundheitsangelegenheiten beziehen und Regelungen zum Aufenthalt, zur Organisation der Pflege oder zu einer etwaigen Heimunterbringung beinhalten.[754] Teilweise kann es bei diesen Vorausbestimmungen über die Ausübung der Betreuung (Wünsche nach § 1901 Abs. 3 BGB) zu Überschneidungen mit betreffenden Teilen einer Patientenverfügung kommen.[755] Es ist aber nicht von Belang im Namen welcher Vorsorgeregelung sie dann durchgesetzt werden.[756] Im Übrigen sind die Wünsche und Vorgaben im Rahmen einer Betreuungsverfügung insoweit zu beachten, als dass sie nicht dem Wohl des Betroffenen zuwiderlaufen und ihre Befolgung dem Betreuer zuzumuten ist, § 1901 Abs. 3 S. 1 BGB. Zum Wohl des Betroffenen gehört auch die Möglichkeit, im Rahmen seiner Fähigkeiten sein Leben nach seinen eigenen Wünschen und Vorstellungen zu gestalten, § 1901 Abs. 2 S. 2 BGB, was bedeutet, dass das Wohlempfinden subjektiv zu interpretieren und an den jeweiligen persönlichen Lebensverhältnissen zu bemessen ist.[757] Es ist im Allgemeinen Rücksicht auf alternative Lebensentwürfe zu nehmen. Grenzen sind jedoch dort zu ziehen, wo sich konkrete Gefährdungen und Interessenkonflikte aufzeigen. Soll der Betreuer bspw. dem alkoholkranken Betreuten Alkohol besorgen,[758] so läuft dieser Wunsch dem Wohl des Betroffenen offenkundig zuwider. Es steht dem Betreuer nicht zu, sich an derartigen Selbstschädigungen zu beteiligen.[759] Und auch sonst gilt die Unbeachtlichkeit für solche Wünsche, die die gesamte Lebens- und Versorgungssituation des Betroffenen verschlechtern würden.[760] Im Hinblick auf die Gesundheitsfürsorge dürfen ebenfalls nur

---

752 Überwachungs- und Genehmigungstätigkeit, vgl. Bamberger/H.Roth-*Müller*, § 1901c BGB Rn. 2.
753 Vgl hierzu *A.Roth* in: Dodegge/A.Roth, BtKomm, C 172.
754 Bamberger/H.Roth-*Müller*, § 1901c BGB Rn. 2; *A.Roth* in: Dodegge/A.Roth, BtKomm, C 175.
755 *Müller* in: Limmer (u.a.), Würzburger Notarhandbuch, Teil 3 Kap. 3 Rn. 114.
756 *Putz/Steldinger*, Patientenrechte, S. 130.
757 BT-Drucks. 11/4528, S. 134.
758 *Müller* in: Limmer (u.a.), Würzburger Notarhandbuch, Teil 3 Kap. 3 Rn. 116.
759 *A.Roth* in: Dodegge/A.Roth, BtKomm, C 166.
760 BGH FamRZ 2009, 1656 (1657); *W.Roth* in: Rudolf/Bittler/W.Roth, Vorsorgevollmacht, S. 191.

solche Maßnahmen eingeleitet werden, die dem Wunsch bzw. dem (mutmaßlich) aktuellen Willen des Betroffenen entsprechen.[761]

V. „Willensäußerungsfähigkeit" des Vorsorgenden

Der Vorsorge-Entschlossene muss nun auch fähig sein, eine Betreuungsverfügung errichten zu können. Aus dem Gesetz ergibt sich nicht eindeutig, mit welchen Anforderungen hier zu operieren ist, d.h. von welchem Grad intellektueller Fähigkeit ausgegangen werden darf. Weitestgehend einheitlich wird sich darauf verständigt, dass diese antizipierte Erklärung nicht als Willenserklärung, sondern als Willensäußerung einzuordnen ist[762] – schließlich geht es um Wünsche und Vorstellungen und nicht um rechtsgeschäftliches Handeln –, was zur Folge hat, dass Geschäftsfähigkeit hier nicht erforderlich ist.[763] Insofern wird angeführt, dass der Betroffene zumindest „Einsicht" in die von ihm gewünschten und geforderten Maßnahmen haben soll und auch fähig sein soll, deren Folgen begreifen zu können, d.h. nach dieser Einsicht zu handeln.[764] Diese Einsichtsfähigkeit soll weder mit der Geschäftsfähigkeit noch mit der Einwilligungsfähigkeit gleichzusetzen sein.[765] Betreuungsrechtsspezifisch nachvollziehbar wird sich bezüglich der Einsichtsfähigkeit an der Ausrichtung eines möglichst weitgehend zu berücksichtigenden „natürlichen Willens" orientiert.[766] Ohne die Fähigkeit zur Einsichtnahme, d.h. ohne ein intellektuelles Erfassen im Großen und Ganzen, fehlt es an einem freien, natürlichen Willen (§ 1896 Abs. 2 BGB).[767] Es kann daher von einer betreuungsrechtlichen „Willensäußerungsfähigkeit" gesprochen werden.

C. Patientenverfügung

Neben den bisher besprochenen Instituten der Vorsorgevollmacht und der Betreuungsverfügung gehört im Weiteren die Patientenverfügung zur bekanntesten Option privatautonomer Vorsorge. Über die Möglichkeit einer Patientenverfügung ist in

761 Im Zweifel ist ein Behandlungsabbruch nicht vorzunehmen, vgl. LG Kleve BtPrax 2009, 199 f.; AG Mannheim BtPrax 2009, 256 f.; *W.Roth* in: Rudolf/Bittler/W.Roth, Vorsorgevollmacht, S. 191.

762 BT-Drucks. 11/4528, S. 127; *A.Roth* in: Dodegge/A.Roth, BtKomm, C 131; Palandt/*Götz,* § 1897 BGB Rn. 13; Staudinger/*W.Bienwald*, § 1901c BGB Rn. 1; *Langenfeld*, Vorsorgevollmacht, S. 156.

763 BT-Drucks. 11/4528, S. 127; Bamberger/H.Roth-*Müller*, § 1901 BGB Rn. 6; Palandt/*Diederichsen*, § 1897 BGB Rn. 13 (71. Auflage 2012); § 1901 BGB Rn. 5; *Böhm/Marburger/Spanl*, BtR, S. 51; *Renner* in: Müller/Renner, BtR und Vorsorgeverfügungen, Rn. 417; *Langenfeld,* Vorsorgevollmacht, S. 157 f.

764 Vgl. *Böhm/Marburger/Spanl*, BtR, S. 51.

765 Palandt/*Diederichsen*, § 1897 BGB Rn. 13 (71. Auflage 2012); *Lipp* in: Lipp, Vorsorgeverfügungen, § 18 Rn. 5, 11; *Tamm* in: Tamm/Tonner, Verbraucherrecht, § 25 Rn. 219 (2012); *Lipp* in: Festschr f Bienwald, S. 177 (178); *Zimmermann*, Vorsorgevollmacht, S. 214 f.

766 *Renner* in: Müller/Renner, BtR und Vorsorgeverfügungen, Rn. 417.

767 Vgl. *Spickhoff* in: Becker/M.Roth, Recht der Älteren, S. 252 (Rn. 10 f.).

Deutschland erstmalig vor über mehr als 30 Jahren diskutiert worden.[768] Ähnlich wie bei der Vorsorgevollmacht entstammt die Idee dieses Rechtsinstituts amerikanischer Rechtspraxis,[769] der Begriff „Patientenverfügung" musste sich in Deutschland demnach erst entwickeln.[770]

I. Begriffliche Einordnung und Rechtsnatur

Nach kontroversen Diskussionen in der Literatur sowie grundlegenden BGH-Entscheidungen[771] und einem gescheiterten Versuch einer gesetzlichen Regelung im Jahr 2004,[772] ist die Patientenverfügung seit dem 01.09.2009 durch das 3. BtÄndG gesetzlich normiert.[773] Legal definiert ist sie in § 1901a Abs. 1 BGB seither als eine schriftliche Festlegung eines einwilligungsfähigen Volljährigen. Mit dieser Willensbekundung trifft der Betroffene für den Fall seiner Einwilligungsunfähigkeit Entscheidungen über die Einwilligung oder Nichteinwilligung in noch nicht unmittelbar bevorstehende Untersuchungen seines Gesundheitszustandes, Heilbehandlungen oder in ärztliche Eingriffe.[774] Neben der klassischen Patientenverfügung (§ 1901a Abs. 1 BGB) unterscheidet das Gesetz nunmehr weitere Formen vorsorglicher Willensbekundungen, darunter den Behandlungswunsch (§ 1901a Abs. 2 S. 1 Alt. 1 BGB) und die Mitteilung von allgemeinen Wünschen und Wertvorstellungen (§ 1901a Abs. 2 S. 1 Alt. 2 BGB), die einer entsprechenden Differenzierung bedürfen.[775]

Behandlungswünsche können dabei alle Äußerungen über Art, Umfang, Dauer und die Umstände einer Behandlung sein, welche Festlegungen für eine konkrete Lebens- und Behandlungssituation des Betroffenen enthalten. Sie kommen in Betracht, wenn die Festlegungen in einer Patientenverfügung die Anforderungen i.S.d. § 1901a Abs. 1 BGB etwa deshalb nicht erreichen, weil sie nicht schriftlich abgefasst wurden, keine antizipierenden Entscheidungen treffen oder weil sie nicht zweifelsfrei in Kongruenz mit der aktuellen Lebens- und Behandlungssituation des Betroffenen

768 Überblick bei *Schumann* in: Albers, Patientenverfügungen, S. 215 (215 ff.); erstes Formular einer Patientenverfügung zurückgehend auf *Uhlenbruck* NJW 1978, 566 ff.

769 Sog. „living will", siehe *Schumann* in: Albers, Patientenverfügungen, S. 215 (216, Fn. 4); *Kahlert* in: Bergmann/Pauge/Steinmeier, MedR, § 1901a BGB Rn. 1; *Deutsch/Spickhoff*, Medizinrecht, Rn. 1030.

770 Vgl. zur Begriffsentwicklung *Uhlenbruck* in: Festschr f Deutsch, S. 663 (667). Andere Vorschläge waren bspw. Patientenbrief, Patiententestament oder Patientenschutzbrief.

771 Rechtssprechungsgrundsätze bei *Olzen* JR 2009, 345 (355).

772 Kurzer Überblick zur Gesetzeshistorie bei *Kahlert* in: Bergmann/Pauge/Steinmeier, MedR, § 1901a BGB Rn. 1 ff.

773 BGBl. I 2009, S. 2286.

774 Palandt/*Götz*, § 1901a BGB Rn. 3; *Müller* ZNotP 2012, 411 (412).

775 Oftmals wird nicht zwischen Behandlungswunsch und mutmaßlichem Willen unterschieden; ihre Abgrenzung erscheint nicht eindeutig, da den bisherigen Kategorien des Medizinrechts nur die Figur des mutmaßlichen Willens entspricht, hierzu *Lemmerz*, Die Patientenverfügung, S. 113; *Lipp* notar 2014, 111 (113); die erforderliche Unterscheidung klarstellend auch BGH NJW 2014, 3572 ff.

stehen.[776] Solche Behandlungswünsche, die nicht formgebunden sind und deshalb nicht zwangsläufig mündlich ergangen sein müssen, sind insbesondere dann aussagekräftig, wenn sie in Ansehung der jeweiligen Erkrankung zeitnah geäußert worden sind, (noch) konkrete Bezüge zur aktuellen Behandlungssituation aufweisen und die Zielvorstellungen des Patienten erkennen lassen.[777]

Demgegenüber ist der mutmaßliche Willen nur maßgebend, wenn sich ein auf die aktuelle Lebens- und Behandlungssituation bezogener Wille des Betroffenen nicht feststellen lässt.[778] Auf die Rekonstruktion des Patientenwillens soll es nur hilfsweise ankommen, d.h. wenn und soweit der wirklich geäußerte Wille des Patienten in Form einer Patientenverfügung oder eines Behandlungswunsches nicht ermittelbar ist.[779] Die Ermittlung des mutmaßlichen Willens erfolgt sodann anhand konkreter Anhaltspunkte, insbesondere anhand früherer mündlicher oder schriftlicher Äußerungen, die aber ohne konkreten Behandlungsbezug getroffen wurden, sowie anhand ethischer oder religiöser Überzeugungen und sonstiger persönlicher Wertvorstellungen des Betroffenen (§ 1901a Abs. 2 S. 2, Abs. 3 BGB).[780] § 1901a Abs. 2 BGB lässt sich dabei als Auffangregelung zu § 1901a Abs. 1 BGB verstehen: Die Äußerungen in „gescheiterten" Patientenverfügungen lassen sich demnach als konkrete Behandlungswünsche oder als allgemeine Indizien für den mutmaßlichen Willen des Betroffenen weiterverarbeiten.[781]

Die Rechtsnatur der Patientenverfügung ist dabei umstritten, woran sich auch durch die Einführung des § 1901a BGB nichts geändert hat.[782] Mit dem Erfordernis der Einwilligungsfähigkeit hat sich zumindest die Einordnung der Patientenverfügung als Willenserklärung im rechtstechnischen Sinn erübrigt.[783] Die Willensfestlegung, wie in § 1901a Abs. 1 BGB beschrieben, steht demgegenüber der rechtfertigenden Einwilligung in Funktions- und Wirkweise sehr nahe. Bestätigend durch § 630d Abs. 1 S. 2 BGB geht der Gesetzgeber davon aus, dass diese Willensfestlegung identisch mit der Einwilligung als Rechtfertigungsgrund für den medizinischen Eingriff ist.[784] So kann sie als eine Sonderform der Einwilligung bezeichnet werden, welche deren Rechtsnatur einer geschäftsähnlichen Handlung mit höchstpersönlichem

---

776 Siehe BGH, Beschl. v. 17.09.2014 – XII ZB 202/13, Z. 25 = BGHZ 202, 226 = NJW 2014, 3572 = FamRZ 2014, 1909. Auflistung denkbarer Konstellationen bei *B.Hoffmann* in: W.Bienwald/Sonnenfeld/B.Hoffmann, BtR, § 1901a BGB Rn. 57 (5. Auflage 2011).

777 BGH NJW 2014, 3572 (3575 f.); MünchKommStGB/*Schneider*, Vorbem zu §§ 211 ff. Rn. 156.

778 BGH NJW 2014, 3572 (3576); *Wedlich* BtPrax 2014, 60 (61 f.).

779 *Lipp* notar 2014, 111 (113 f.); *Wedlich* BtPrax 2014, 60 (61 f.).

780 Siehe oben § 1 B. III. 3. a).

781 So auch *Kieß* in: Jurgeleit, BtR, § 1901a BGB Rn. 12, 49; *Jürgens* in: Jürgens, BtR, § 1901a BGB Rn. 16; Palandt/*Götz*, § 1901a BGB Rn. 5; *B.Hoffmann* R&P 2010, 201 (202); *Reus* JZ 2010, 80 (82); *Brauer*, Autonomie und Familie, S. 122.

782 So auch *Zimmermann*, Vorsorgevollmacht, S. 206.

783 Vgl. *Spickhoff* in: Spickhoff, MedR, § 1901a BGB Rn. 4. Für die Einordnung als Willenserklärung: *Diederichsen* in: Festschr f Schreiber, S. 635 (646 ff.); *Heyers*, Passive Sterbehilfe, S. 106 f., siehe hierzu auch Erman/*A.Roth*, § 1901a BGB Rn. 8.

784 Siehe *Walter*, Das neue Patientenrechtegesetz, S. 72 (a.A. *Bichler*, Patientenverfügung, S. 64 (Fn. 269): Das Patientenrechtegesetz hat keinen Einfluss auf die Einordnung der Rechtsnatur); vgl. auch MünchKommBGB/*Schwab*, § 1901a Rn. 16 (allerdings ohne Bezug zu § 630d BGB).

Einschlag teilt.[785] Die Rechtsprechung hat sich bisher nicht explizit gegen eine solche rechtsterminologische Einordnung ausgesprochen. Sie versteht die Patientenverfügung als „antizipative Willensbekundung“ mit Wirkung für die Zukunft, die einer geschäftsähnlichen Handlung nahe ist.[786]

II. Voraussetzungen zum wirksamen Bestehen

Die konstitutiven Grundvoraussetzungen einer wirksamen Patientenverfügung gemäß § 1901a Abs. 1 S. 1 BGB umfassen zunächst, dass ein einwilligungsfähiger Volljähriger eine schriftliche Festlegung bezüglich seines Patientenwillens trifft.

1. Einwilligungsfähigkeit und Volljährigkeit

Einwilligungsfähig ist, wie oben bereits erörtert und in der Gesetzesbegründung zur Patientenverfügung beschrieben, „wer Art, Bedeutung und Tragweite – auch die Risiken – der Maßnahme zu erfassen und seinen Willen hiernach zu bestimmen vermag“.[787] Da die Einwilligungsfähigkeit relativ und unabhängig von den Regelungen über die Geschäftsfähigkeit ist, können auch Demenzkranke und Minderjährige einwilligungsfähig sein. Allerdings hat der Gesetzgeber in § 1901a Abs. 1 S. 1 BGB Minderjährige von der Möglichkeit, eine Patientenverfügung zu verfassen, ausgenommen. Dies liegt wohl daran, dass die Vorschriften zur Patientenverfügung im Betreuungsrecht verortet sind und dieses nur für Volljährige gilt.[788] Hierin sehen viele einen Wertungswiderspruch, der zum Verstoß gegen die Grundrechte aus Art. 2 Abs. 1 und Art. 3 Abs. 1, Abs. 3 S. 1 GG führt.[789] Das medizinische Selbstbestimmungsrecht wird in dieser Hinsicht derart beschränkt, dass es für den einwilligungsfähigen Minderjährigen entwertet ist.[790] Doch können auch schwer erkrankte Jugendliche ihr Schicksal mit einer hohen Reife und reflektierten Einsichtnahme nachempfinden.[791] Abseits von Extremfällen bzw. chronischen Erkrankungen kann sich ebenso ein großes Be-

785 Staudinger/*W.Bienwald*, § 1901a und b BGB Rn. 54 (vorweggenommene Einwilligung); *Spickhoff* in: Spickhoff, MedR, § 1901a BGB Rn. 4; *ders.* MedR 2015, 845 (845, 852 f.); *Walter* in: Wenzel, Medizinrecht, Kap. 4 Rn. 913; *Lipp* in: Lipp, Vorsorgeverfügungen, § 17 Rn. 123; *Lange*, Inhalt und Auslegung von Patientenverfügungen, S. 36.

786 BGH NJW 2003, 1588 ff.; NJW 2005, 2385 f.; dem folgend: *Ulsenheimer* in: Laufs/Kern, ArztR, § 132 Rn. 39; *Bichler*, Patientenverfügung, S. 64.

787 BT-Drucks. 16/8442, S. 9; vgl. auch BGHZ 29, 33 = NJW 1959, 811.

788 *Sternberg-Lieben/Reichmann* NJW 2012, 257 (258). Siehe auch in den Empfehlungen der BÄK und der ZEKO zum Umgang mit Vorsorgevollmacht und Patientenverfügung in der ärztlichen Praxis vom 19.08.2013, DÄBl. 2013, A 1580 bzw. im Anhang zu *Lipp* notar 2014, 111 (115).

789 Palandt/*Götz*, § 1901a BGB Rn. 10; *Spickhoff* in: Spickhoff, MedR, § 1901a BGB Rn. 5; *Renner* ZNotP 2009, 371 (377); *Schumacher* FPR 2010, 474 (478); *Sternberg-Lieben/Reichmann* NJW 2012, 257; *Müller* ZNotP 2012, 404 (412).

790 Näher *Sternberg-Lieben/Reichmann* NJW 2012, 257 (258, 260).

791 *Kostroman*, Umsetzung des Patientenwillens, S. 15; *Putz* FPR 2012, 13 (16).

dürfnis nach Selbstbestimmung entwickeln.[792] So können sich verantwortungsbewusste Jugendliche, die sich mit Therapieentscheidungen in lebenskritischen Situationen auseinandersetzen und an der Entscheidungsfindung beteiligt sein wollen, dazu veranlasst sehen, Vorsorge zu treffen.[793] Den sorgeberechtigten Eltern bliebe zunächst die Möglichkeit, einer Vorsorgevollmacht in Gesundheitsangelegenheiten als gesetzliche Vertreter zuzustimmen,[794] denn eine Patientenverfügung könnte wegen ihres höchstpersönlichen, vertretungsfeindlichen Charakters nicht rechtswirksam mit ihrer elterlichen Gestattung errichtet werden.[795] Eine solche Vorgehensweise würde zumindest theoretisch einen Ausweg bieten. Die praktische Umsetzbarkeit ist aber entscheidend vom Vertrauensverhältnis zwischen Eltern und Kind abhängig. Mit der Auswahl des Stellvertreters, gleichgültig, ob ein näherer Verwandter oder auch ein gleichaltriger Freund (§ 165 BGB), müssten dann schließlich auch die erziehungsberechtigten Eltern einverstanden sein, da das Rechtsgeschäft der Vollmachtserklärung von ihnen zu gestatten ist.[796] Die eigenen Eltern zu benennen erübrigt sich vor dem Hintergrund, dass diese als Erziehungsberechtigte und gesetzliche Vertreter ohnehin für die Behandlungsentscheidung des einwilligungsunfähigen Minderjährigen verantwortlich sind.[797] Sie sind außerdem gemäß § 1626 Abs. 2 BGB verpflichtet, die mit dem Älterwerden verbundene Fähigkeit und das wachsende Bedürfnis des Kindes zu selbstständigem, verantwortungsbewussten Handeln zu berücksichtigen.[798] Deshalb richten sich die vorsorglichen Willensäußerungen, die ein Jugendlicher als „Patientenverfügung" verfasst hat, zunächst an dessen sorgetragende Eltern, die im Kontext ihrer gesetzlichen Befugnisse und mit wachsender Einwilligungsreife des Minderjährigen entsprechende Äußerungen zu beachten haben.[799] Die ursprünglich eigene Erklärung muss demnach einen Umweg über die Eltern nehmen. Um im Ergebnis eine Bindung der Eltern an das, was der Minderjährige verfügt hat, mit gesetzlich fundier-

792 *H.Meyer-Götz* FPR 2010, 270 (270) nennt als Beispiel religiöse Motive, etwa die Verweigerung von Bluttransfusionen eines minderjährigen Zeugen Jehovas.

793 So aus ärztlicher Perspektive: *Jox/Führer/Borasio* Monatsschrift Kinderheilkunde 2009, 26 (29). Demgegenüber erscheint eine Rechtsberatung zu Verfügungen Minderjähriger, insbesondere der Wunsch nach einer notariellen Beurkundung, als ein eher seltenes Vorkommnis, vgl. hierzu *Renner* ZNotP 2009, 371 (377); *Rieger* FamRZ 2010, 1601 (1603).

794 *Sternberg-Lieben/Reichmann* NJW 2012, 257 (261); *Quaas/Zuck*, Medizinrecht, § 68 Rn. 173. Näher hierzu auch *Bichler*, Patientenverfügung, S. 40 f.

795 *Müller* in: Limmer (u.a.), Würzburger Notarhandbuch, Teil 3 Kap. 3 Rn. 89.

796 Diejenigen, die zur Vollmachtserteilung Einwilligungsfähigkeit voraussetzen, haben an dieser Stelle also keine Schwierigkeiten, abgesehen von solchen, die den tatsächlichen Nachweis einer (bereits) bestehenden Einwilligungsreife betreffen.

797 Vgl. Grundsätze der BÄK zur Sterbebegleitung DÄBl. 2011, A 346 (A 347 f.). Die Entscheidungsbefugnis zur Beendigung lebenserhaltender Maßnahmen ist vom Sorgerecht gedeckt (alleinige Verantwortungskompetenz der Eltern), vgl. *Schwedler* NJOZ 2014, 1 (2 f.) mit Verweis auf OLG Hamm NJW 2007, 2704 und OLG Brandenburg NJW 2000, 2361 sowie auf rechtliche Unklarheit darüber, ob das Umsetzen dieser Kompetenz wegen Kindeswohlgefährdung einen Sorgerechtsmissbrauch darstellen könnte.

798 *Putz* FPR 2012, 13 (16).

799 Vgl. Empfehlungen der BÄK und der ZEKO zum Umgang mit Vorsorgevollmacht und Patientenverfügung in der ärztlichen Praxis vom 19.08.2013 (DÄBl. 2013, A 1580) im Anhang zu *Lipp* notar 2014, 111 (115). Zum Konflikt um die Einwilligungsberechtigung siehe auch *Spickhoff* in: Spickhoff, MedR, § 1901a BGB Rn. 5; *Sternberg-Lieben/Reichmann* NJW 2012, 257 (259 f.).

ter Begründung zu erzielen, wird in der Literatur erwogen, § 1901a Abs. 2 BGB analog bzw. deren gesetzlichen Wertungen entsprechend heranzuziehen.[800] Dadurch, dass keine Patientenverfügung i.S.d. § 1901a Abs. 1 BGB vorliegt – ob nun mangels Volljährigkeit oder mangels Schriftform[801] –, würden die Willensbekundungen des Minderjährigen über § 1901a Abs. 2 BGB als beachtlich „aufgefangen“ werden und die Eltern müssten (sinngemäß anstelle des Betreuers) die Behandlungswünsche oder den mutmaßlichen Willen des Minderjährigen feststellen und auf dieser Grundlage entscheiden.[802] Dies entspricht im Ergebnis jedenfalls der materiellen Verbindlichkeit von „Behandlungswünschen“ und den tradierten Grundsätzen im Medizinrecht.[803]

2. Schriftliche Festlegung

Durch das in § 1901a Abs. 1 S. 1 BGB normierte Schriftformerfordernis (§ 126 BGB) wird postuliert, dass nur in diesem Falle die „klassische“ Definition einer Patientenverfügung vorliegt, mündlich erklärte „Patientenverfügungen“ gibt es rein begrifflich nicht mehr. Hierbei handelt es sich um mündliche Willensbekundungen, die i.S.d. § 1901a Abs. 2 BGB als Behandlungswünsche oder als Indizien zur Ermittlung des mutmaßlichen Willens auszulegen sind. Bereits vor Erlass des 3. BtÄndG war die Praxis der Schriftlichkeit üblich, das nunmehr zwingende Erfordernis der Schriftform trägt nicht nur dazu bei, die Entscheidung mit Bedacht zu treffen, sondern erhöht durch ihre schriftliche Verkörperung auch die Sicherung ihres Nachweises.[804]

3. Bei positiver Patientenverfügung: Ärztliche Aufklärung oder Aufklärungsverzicht

Wie oben angesprochen trifft der Einwilligungsfähige in seiner Patientenverfügung Entscheidungen über die Einwilligung oder Nichteinwilligung in noch nicht unmittelbar bevorstehende ärztliche Maßnahmen. Mit dem Inkrafttreten des Patientenrechtegesetzes werden nunmehr die Voraussetzungen zu einem wirksamen Bestehen der Patientenverfügung, wie sie den Vorgaben von § 1901a BGB zunächst zu entnehmen sind, um die Voraussetzungen aus § 630d Abs. 2 i.V.m § 630e Abs. 1 bis 3 BGB erweitert.[805] Es kommt hiernach differenzierend darauf an, ob eine positive oder eine negative Patientenverfügung vorliegt: Bei einer positiven Patientenverfügung, welche die Anordnung einer Einwilligung zum Gegenstand hat, ist anders als bei einer negativen Patientenverfügung, die die Anordnung zur Versagung oder zum Widerruf

800 MünchKommBGB/*Schwab*, § 1901a Rn. 10; *Höfling/Engels* in: D.Prütting, MedR, § 1901a BGB Rn. 5a; *Spickhoff* in: Spickhoff, MedR, § 1901a BGB Rn. 5; *A. Roth* in: Dodegge/A. Roth, BtKomm, C 107; *Sternberg-Lieben/Reichmann* NJW 2012, 257 (261); *Beermann* FPR 2010, 252 (253); *Putz* FPR 2012, 13 (16); *Spickhoff* FamRZ 2009, 1949 (1950 f.). Eine „pauschale Analogie“ ablehnend: *Rieger* FamRZ 2010, 1601 (1603).

801 *Deutsch/Spickhoff*, Medizinrecht, Rn. 1009.

802 *Spickhoff* in: Spickhoff, MedR, § 1901a BGB Rn. 5.

803 *Deutsch/Spickhoff*, Medizinrecht, Rn. 1009; *Putz* FPR 2012, 13 (16).

804 Vgl. BT-Drucks. 16/13314, S. 7; *Lemmerz*, Die Patientenverfügung, S. 85.

805 Entspricht der allgemeinen Rechtslage zuvor, vgl. bspw. BGHZ 29, 46 (49 ff.) = FamRZ 1959, 156; BGH NJW 1980, 1333; NJW 1993, 2372 (2373 f.). Kritisierend *Spickhoff* VersR 2013, 267 (275).

einer Einwilligung als Gegenstand aufweist, eine Aufklärung des Patienten selbst oder ein entsprechender Verzicht erforderlich.[806] Hintergrund ist, dass für das wirksame Bestehen einer Einwilligung über § 630d Abs. 2 BGB die vorherige ärztliche Aufklärung eingefordert wird, es sei denn der Patient verzichtet i.S.v. § 630c Abs. 4 und § 630e Abs. 3 BGB ausdrücklich hierauf.[807] Gleiches gilt daher für die Wirksamkeit der positiven Patientenverfügung.[808] Eines von beiden – Aufklärung oder ihr Verzicht – muss also aus der Patientenverfügung hervorgehen, anderenfalls kann dieser Anordnungsteil nur über § 1901a Abs. 2 BGB beachtet werden.[809] Für das Untersagen einer Behandlungsmaßnahme ist indes keine vorherige Aufklärung oder ein entsprechender Verzicht nötig.[810] Die Wirksamkeit der Versagung von ärztlichen Maßnahmen ist demnach unabhängig von einem ärztlichen Aufklärungsgespräch oder einem dokumentierten Aufklärungsverzicht, was gleichermaßen für eine vorweggenommene Ablehnung innerhalb einer Patientenverfügung gelten muss.[811] Typischerweise handelt es sich bei Patientenverfügungen um negative Verfügungen, da in der Untersagung von Maßnahmen in der Regel ihr eigentlicher Sinn liegt.[812]

III. Voraussetzungen zum verbindlichen Bestehen

Um verbindlich i.S.d. § 1901a Abs. 1 BGB bestehen zu können, d.h. um konkret zur Anwendung kommen zu können, muss die Patientenverfügung neben den Anforderungen der Einwilligungsfähigkeit, der Volljährigkeit, der Schriftform und ggf. der Aufklärung bzw. des Aufklärungsverzichts noch weitere Voraussetzungen erfüllen.

1. Bestimmtheitserfordernis

Hierzu zählt, dass sich die Patientenverfügung auf „bestimmte" Untersuchungen des Gesundheitszustands, Heilbehandlungen oder ärztliche Eingriffe beziehen muss, vgl. § 1901a Abs. 1 S. 1 BGB. Dieses Bestimmtheitserfordernis ist konstitutiv und führt dazu, dass Patientenverfügungen, in denen nur allgemeine Formulierungen oder Richtlinien für künftige Behandlungen und pauschale Anweisungen getroffen wurden,[813] zwar nicht gänzlich unbrauchbar sind, dass sie aber ihre unmittelbar verbind-

806 BT-Drucks. 17/10488, S. 23.

807 BT-Drucks. 17/10488, S. 23; 16/8442, S. 14; MünchKommBGB/*Schwab*, § 1901a Rn. 16; wohl auch *Kieß* in: Jurgeleit, BtR, § 1901a BGB Rn. 23 f.; a.A. *Lipp/Brauer* in: Höfling, Patientenverfügungsgesetz, S. 17 ff. (39) [für eine konkludente Verzichtserklärung durch Errichtung der Patientenverfügung].

808 Jauernig/*Mansel*, § 630d BGB Rn. 4; Hk-BGB/*K.Schreiber*, § 630d BGB Rn. 4.

809 BT-Drucks. 17/10488, S. 23; 16/8442, S. 14; Palandt/*Götz*, § 1901a BGB Rn. 13, *Olzen/Lilius-Karakaya* BtPrax 2013, 127 (130).

810 BT-Drucks. 17/10488, S. 23; 16/8442, S. 14; *Olzen* JR 2009, 354 (357); a.A. *Lipp* in: Lipp, Vorsorgeverfügungen, § 17 Rn. 139; *Brauer*, Autonomie und Familie, S. 121 (Fn. 516).

811 BT-Drucks. 16/8442, S. 14; Jauernig/*Mansel*, § 630d BGB Rn. 4.

812 Vgl. *Spickhoff* NJW 2000, 2297 (2302).

813 Beispiele aus der Gesetzesbegründung (BT-Drucks. 16/8442, S. 13), die nicht bestimmt genug sind: „Wenn ich einmal sehr krank und nicht mehr in der Lage bin, ein für mich erträgliches umweltbe-

liche Wirkung einbüßen müssen, da solche vermeintlichen „Patientenverfügungen" lediglich über das Verfahren des § 1901a Abs. 2 BGB berücksichtigt werden können.[814]

Verlangt wird also eine konkret zu bezeichnende Entscheidung des Betroffenen. Diese konzentriert sich ausweislich des Gesetzeswortlauts zunächst auf ärztliche Maßnahmen. Nun ist eine festgelegte Entscheidung über eine Behandlungsmaßnahme – wie bspw. das Untersagen von künstlicher Ernährung – aber nur dann zu befolgen, wenn sie in den Kontext einer Behandlungssituation gestellt wird, also den Fall beschreibt, in welchem sie als Anordnung gelten soll.[815] Dass die in der Patientenverfügung festzulegende Entscheidung als Beschreibung einer konkreten Maßnahme in Zusammenhang mit der Behandlungssituation formal ausgestaltet werden muss, ist dabei indirekt dem § 1901a Abs. 1 S. 1 Hs. 2 BGB zu entnehmen, der für die Verbindlichkeit der Patientenverfügung postuliert, dass die Festlegungen mit der aktuellen Lebens- und Behandlungssituation korrespondieren müssen.[816] So gesehen ergibt sich damit faktisch ein „doppeltes" Bestimmtheitserfordernis bezogen auf die jeweilige Behandlungsmaßnahme und die jeweilige zu beschreibende Fallsituation.[817] Unklar sind bisher jedoch die genauen Anforderungen an die Spezifizierung dieser situativ zu beschreibenden Behandlungsmaßnahmen, sodass deren Bestimmtheitsgrad im Problemfokus steht.[818] In der Literatur wird hierzu vertreten, den Grad an Bestimmtheit mit derjenigen Bestimmtheit gleichzusetzen, wie sie von einem Einwilligungsfähigen und seiner Entscheidung in eine konkrete Behandlung verlangt wird.[819] Nach diesem Verständnis ist ein Bestimmtheitsgrad gefordert, der sich an einem engen Maßstab orientiert und abstrakt gehaltene Formulierungen als zu pauschal erscheinen lässt.[820] Zusammen mit dem Umstand, dass eine ärztliche Beratung zur Errichtung einer Patientenverfügung nicht zwingend ist und der medizinische Fortschritt schnellen Entwicklungen unterliegt, wird offensichtlich, dass exakte Festlegungen und präzise Anweisungen in Wirklichkeit derart vorausschauend nicht geleistet werden können.[821] Zudem ist einzusehen: Je enger das gesetzliche Bestimmtheitserfordernis interpretiert wird, desto umfangreicher müssten auch die Formulierungen aus-

---

zogenes Leben zu führen, möchte ich würdevoll sterben dürfen" oder „wenn bei mir die Indikation zur künstlichen Ernährung vorliegen sollte, darf bei mir keine PEG-Sonde gelegt werden", ferner auch die Formulierung „apparative, sterbensverlängernde Maßnahmen lehne ich ab".

814 Vgl. BT-Drucks. 16/8442, S. 13; *Dommermühl* in: Rudolf/Bittler/W.Roth, Vorsorgevollmacht, S. 113; *Beermann* FPR 2010, 252 (253).

815 MünchKommBGB/*Schwab*, § 1901a Rn. 20.

816 Staudinger/*W.Bienwald*, § 1901a und b BGB Rn. 18; *Kurze* in: Burandt/Rojahn, ErbR, § 1901b BGB Rn. 19; *Müller* DNotZ 2010, 169 (180); *Schumacher* FPR 2010, 474 (475).

817 Auch bei BGH FamRZ 2016, 1671 (1676 f.) werden beide Begrifflichkeiten („keine lebensverlängernden Maßnahmen" und „schwerer Dauerschaden des Gehirns") als unpräzise bzw. unscharf festgestellt.

818 Überblick hierzu bei *Taupitz* Jahrbuch für Wissenschaft und Ethik 2010, 155 (162).

819 Dieser Auffassung: *Albrecht/Albrecht*, Die Patientenverfügung, Rn. 163 ff.; *dies.* MittBayNot 2009, 426 (428).

820 *Albrecht/Albrecht*, Die Patientenverfügung, Rn. 171; *Lange* ZEV 2009, 537 (542).

821 So vor allem *Albrecht/Albrecht*, Die Patientenverfügung, Rn. 92, 168; vgl. auch Palandt/*Götz*, § 1901a BGB Rn. 5; *Beermann* FPR 2010, 252 (253); *Müller* ZNotP 2012, 404 (412).

fallen.[822] Wer entsprechende Texte zu formulieren versucht, würde trotz seiner Bemühungen um eine umfassende Konkretisierung Anzweifelungen an der Vollständigkeit seiner Auflistung riskieren.[823] Anders könnte sich dies nur bei einer sog. „situations- bzw. gesundheitsangepassten Patientenverfügung" darstellen, die erst nach Eintritt einer konkret abschätzbaren Erkrankung oder nach Eröffnung der ärztlichen Diagnose errichtet wird.[824] Im Grunde hilft man sich bei den Formulierungen zu Behandlungsmaßnahmen in Patientenverfügungen damit, diese allgemeingültig an solchen Erkrankungen auszurichten, die statistisch betrachtet häufig auftreten und typischerweise im Zusammenhang zu unnötiger Leidensverlängerung wahrgenommen werden.[825] Hierzu zählen bspw. Tumor- und Hirnerkrankungen bei infauster Prognose sowie Erkrankungen, die aus Altersschwäche oder infolge fortgeschrittener Demenz zu Tage treten. Bei derartigen Erkrankungen ist im Prinzip vorprogrammiert, welche medizinischen Maßnahmen typischerweise Anwendung finden werden. Anhand dieser pauschalen Orientierung werden sodann die konkreten Maßnahmen festgelegt: Keine PEG-Sonde, keine Reanimation, keine Beatmung, keine Antibiotikatherapie, keine Dialyse oder keine intensivmedizinische (Krankenhaus-)Behandlung.[826] Insoweit stellt es an sich keine Schwierigkeit dar, die zumindest nach dem jetzigen medizinischen Stand bekannten Maßnahmen konkret zu benennen.[827] Ohnehin müssen die Formulierungen im Sinne des Betroffenen und nicht nach Maßgabe eines objektiven Empfängerhorizonts verstanden werden. Das bedeutet, – und so hält es auch die Rechtsprechung – dass die Anforderungen an das Bestimmtheitsmerkmal der Formulierungen innerhalb der Patientenverfügung nicht „überspannt" werden dürfen.[828] Es kann nicht verlangt werden, dass der Vorsorge-Erklärende in der Patientenverfügung seine eigene Biografie als Patient vorausahnt und die zukünftigen Fortschritte in der Medizin berücksichtigt.[829] Die für § 1901a Abs. 1 BGB erforderliche Konkretisierung kann durch die Benennung bestimmter ärztlicher Maßnahmen oder die Bezugnahme auf ausreichend spezifizierte Krankheiten oder Behandlungssituationen erfolgen.[830] Demnach müssen die Formulierungen bestimmt genug sein, um im Idealfall eine

822 *Müller* ZNotP 2012, 404 (412).

823 So *Schmitz* FamFR 2009, 64 (67).

824 Die Patientenverfügung als praktisch auf diesen Anwendungsfall beschränkt erachtend siehe *Albrecht/Albrecht*, Die Patientenverfügung, Rn. 168, 171; kritisch rezipierend *Müller* DNotZ 2010, 169 (180); siehe auch *Sternberg-Lieben* in: Festschr f Roxin, S. 537 (542 Fn. 32).

825 Kritisch gegenüber dieser Generalisierungsgefahr *Schreiber* Medizinische Klinik 2005, 429 (432).

826 Hierzu *Klasen/Klasen* jM 2016, 227 (229 ff.), die zusätzlich darauf hinweisen, dass auch Handlungsanweisungen zur „Deaktivierung eines Defibrillators" innerhalb der Patientenverfügung getroffen werden sollten, da dieser bei auftretenden Herzrhythmusstörungen unentwegt dafür sorgt, dass das Herz mit einem Stromstoß traktiert wird; hierdurch wird ein friedlicher Tod verhindert und das Leiden im Sterbeprozess verlängert.

827 Auch im Fall des BGH FamRZ 2016, 1671 = BtPrax 2016, 187 wäre eine konkrete Benennung bspw. in Form von „keine künstliche Ernährung durch Magensonde" erforderlich gewesen.

828 BGH FamRZ 2016, 1671 (1676) [ungenügend: „keine lebensverlängernden Maßnahmen"]; BGH JZ 2015, 39 m. krit. Anm. *Duttge* (S. 43, 45); Palandt/*Götz*, § 1901a BGB Rn. 5; *Röthel* in: Hausmann/Hohloch, Handbuch des Erbrechts, S. 1099; *Müller* ZNotP 2012, 404 (412); *dies.* DNotZ 2010, 169 (180 f.); *Renner* ZNotP 2009, 371 (375); *Schumacher* FPR 2010, 474 (475).

829 BGH FamRZ 2016, 1671 (1676); BGH FamRZ 2014, 1909 (1912) m. Anm. *Spickhoff*.

830 BGH FamRZ 2016, 1671 (LS).

Feststellung des Inhalts und – hieran anknüpfend – der Passgenauigkeit für die aktuelle Situation zuzulassen.[831]

2. Sachlicher Geltungsbereich

Dies führt zugleich über in den gemäß § 1901a Abs. 1 S. 1 BGB vorausgesetzten sachlichen Geltungsbereich.

a) Aktuelle Lebens- und Behandlungssituation

Da die Patientenverfügung nur dann verbindlich wirkt, wenn die in ihr dokumentierten Festlegungen der aktuellen Lebens- und Behandlungssituation entsprechen, ist es als obligatorisch zu verstehen, dass in einer Patientenverfügung auch auf die Situationen, in denen sie Geltung erlangen soll, formal eingegangen werden muss.

In Bezug auf die Behandlungssituation geht es zumeist um die Festlegung der Ablehnung konkreter medizinscher Maßnahmen. In Musterformularen werden diese Anwendungssituationen derweil zustandsbezogen beschrieben, was in Anbetracht der Vielzahl an komplexen Beschwerden und Krankheitsverläufen, die im Voraus nicht konkret bestimmbar erscheinen, wiederum nur in abstrahierter Weise möglich scheint: So bspw. mit der Umschreibung „unabwendbar im unmittelbaren Sterbeprozess", „Endstadium einer unheilbaren, tödlich verlaufenden Krankheit" oder „unwiederbringlich erloschene kognitive Fähigkeiten infolge Gehirnschädigung" sowie „sehr weit fortgeschrittener Hirnabbauprozess".[832]

Im Verhältnis zum Begriff der Behandlungssituation ist der Begriff der Lebenssituation naturgemäß weiter gespannt, da er sämtliche Lebensumstände des Patienten zu erfassen vermag.[833] Die konkrete Beschreibung von Lebenssituationen wird offenkundig wenig in den Fokus genommen, was schon dadurch begründet ist, dass zukünftige Entwicklungen, plötzliche Erkrankungen und sonstige Lebensumstände wenig beherrschbar erscheinen.[834] Formulierungen, die zumindest einer Auseinandersetzung mit der eigenen (zukünftig erwarteten) Lebenssituation entsprechen, lassen sich in persönlichen Wertvorstellungen wiederfinden. Es geht insofern auch darum, die Anordnungen in einer Patientenverfügung bewusst zu verarbeiten. Hintergrund für die Auseinandersetzung mit den eigenen Wertvorstellungen ist daher nicht nur die selbstbestimmte Reflektion, sondern gleichzeitig auch der Selbstzweck, die künfti-

831 Kongruenz zwischen Formulierungen und aktueller Situation als Frage der Auslegung, siehe Palandt/*Götz*, § 1901a BGB Rn. 18; *Wietfeld*, Selbstbestimmung und Selbstverantwortung, S. 299; *Schumacher* FPR 2010, 474 (475).

832 Vgl. *Bayerisches Staatsministerium der Justiz*, Vorsorge für Unfall, Krankheit, Alter, S. 35; *Renner* in: Münch, FamR in der Notar- und Gestaltungspraxis, § 22 Rn. 49; siehe auch *Kordel* in: Kersten/Bühling, Formularbuch und Praxis der Freiwilligen Gerichtsbarkeit, § 96 Rn. 118 M, der zusätzlich noch die Situation „im Wachkoma ohne Aussicht auf Wiedererlangung des Bewusstseins" mit aufzählt.

833 *Baltz*, Lebenserhaltung als Haftungsgrund, S. 66 f.

834 Nähere Untersuchung der Problematik „Änderung der äußeren Umstände" im Kontext der Patientenverfügung unter § 5 A. IV.

gen Adressaten der Patientenverfügung zu unterstützen. Die Einstellung zu Leben und Sterben, auch eine religiöse Anschauung mögen eine Rolle spielen.[835]

Die Überprüfung des verbindlichen Zutreffens der Patientenverfügung beinhaltet nun im Wesentlichen, ob die Patientenverfügung eine bestimmte Entscheidung für die aktuelle Situation (Behandlungs- und Lebensumstände) enthält und ob diese Entscheidung (noch) dem Willen des Patienten entspricht.[836] In die Kritik wird dabei immer wieder genommen, dass eine Entscheidung im Voraus angesichts der Komplexität des menschlichen Körpers sowie der Vielgestaltigkeit des Lebens, seiner Sachverhalte und seiner Wandlungen nicht für die spätere Situation greifbar gemacht werden kann. Das Problem selbst liegt offenkundig in dem willensgemäßen „Zusammenpassen" der konkret benannten Maßnahmen zur jeweiligen Anwendungssituation: So mag bspw. die Ablehnung der PEG-Sonde bei gesichert fortgeschrittener Demenz aus Gründen einer unnatürlichen wie unnötigen Leidensverlängerung durch die zwangsweise künstliche Ernährung nachvollziehbar sein; bei reversiblen Schluckstörungen infolge eines Schlaganfalls oder eines Schädel-Hirn-Traumas kann der mittelfristige (ggf. auch langfristige) Einsatz einer Magensonde dagegen medizinisch sinnvoll sein, um eine weitere Schwächung des Allgemeinzustands zu verhindern.[837] Was genau aber meinte der nun betroffene Patient mit der Festlegung in seiner Patientenverfügung? Wie verhält es sich, wenn ein Vorsorgeverfügender nicht „an Maschinen hängen" will bzw. im Konkreten die künstliche Beatmung ablehnt, nunmehr aber an einem akuten Lungenödem leidet, sodass die eigene Atmung unzureichend erschwert ist, eine vorübergehende maschinelle Beatmung aber Abhilfe schaffen könnte?[838] Demgemäß kritisch zu hinterfragen wäre bspw. auch die Situation, in der eine 80-jährige, an Demenz erkrankte und entsprechend intellektuell eingetrübte Person, die den Umständen nach zufrieden im Heim lebt, im Fall einer aufkommenden Lungenentzündung oder im Fall eines Harninfekts keine Antibiotika erhalten soll, weil sie vor einigen Jahren verfügt hat, dass sie eine Antibiotika-Behandlung[839] im Fall eines „sehr weit fortgeschrittenen Hirnabbauprozesses" ablehne.[840] Eine Nichtbehandlung dieser Art von Erkrankungen kann für entsprechend immungeschwächte Patienten schnell in einer Lungenembolie bzw. einer Sepsis und damit tödlich enden.[841] Inso-

835 Siehe nur *May/Kreß/Verrel/Wagner* (Hrsg.), Patientenverfügungen, S. 19 ff. (katholische Sicht), S. 23 ff. (evangelische Sicht), S. 29 ff. (Evangelische Freikirchen: Baptisten), S. 33 ff. (Zeugen Jehovas), S. 37 ff. (jüdisch), S. 43 ff. (muslimisch), S. 49 ff. (buddhistisch); zu einer „Christlichen Patientenverfügung" bereits *Beykirch/Knüppel* NJW 2000, 1776 ff.

836 Vgl. BT-Drucks. 16/8442, S. 8.

837 So *Klasen/Klasen* jM 2016, 227 (229). Siehe auch BGH FamRZ 2016, 1671 = BtPrax 2016, 187 [Abbruch der Sondenernährung bei Patientin nach Hirnschlag].

838 Vgl. *Klasen/Klasen* jM 2016, 227 (230).

839 Die aktuelle Mustervorlage des *Bayerisches Staatsministerium der Justiz*, Vorsorge für Unfall, Krankheit, Alter, S. 35 ff. sieht eine Ablehnung von Antiobiotika nicht vor; anders aber die Formulierungshilfen bei *Bundesministerium der Justiz und für Verbraucherschutz*, Patientenverfügung, S. 25 sowie *Renner* in: Münch, FamR in der Notar- und Gestaltungspraxis, § 22 Rn. 49, der aber eine Einschränkung dahingehend vorsieht, eine Gabe von Antibiotika zumindest zur Linderung von Beschwerden zuzulassen.

840 Beispiel in Anlehnung an *Spickhoff* ZfRV 2008, 33 (41) und *Klasen/Klasen* jM 2016, 227 (230).

841 Siehe *Klasen/Klasen* jM 2016, 227 (230 f.).

weit steht es zur Frage, ob wirklich genau diese Situation mit der Patientenverfügung gemeint war.

Gesamtbetrachtend muss also im Sinne der Auslegung der Patientenverfügung eruiert werden, ob die vorabverfügte Entscheidung tatsächlich der aktuell vorgefundenen Lebens- und Behandlungssituation entspricht, ob sie also aktuell und situativ zutreffend ist.[842] Dieser Prüfungspunkt entscheidet über ihre verbindliche Umsetzung und birgt in Ansehung des sich möglicherweise eröffnenden Beurteilungsspielraumes[843] eine gewichtige Aufgabe für alle Beteiligten in sich, die für die Auslegung, Deutung und Umsetzung der Patientenverfügung zuständig sind.[844] Aus diesen Gegebenheiten heraus lässt sich die Patientenverfügung als eine Art „Interpretationsstück" kennzeichnen, das in besonderem Ausmaße bereits für sich selbst „sprechen" muss. Im Einzelfall – nämlich bei vehementen Unsicherheiten über ihre Einschlägigkeit – muss es also nicht erleichternd wirken, eine Patientenverfügung der betroffenen Person zur Hand zu haben, in der mehr oder weniger „schwarz auf weiß" geschrieben steht, was zu tun bzw. nicht zu tun ist.[845] Sofern die Anordnungen in der Patientenverfügung nicht auf die aktuelle Lebens- und Behandlungssituation zutreffen, d.h. nicht eindeutig sind, richtet sich die Ermittlung des betreffenden Patientenwillens – genauso wie bei mangelnder Einhaltung des Bestimmtheitserfordernisses bezüglich der konkreten Behandlungsmaßnahme selbst – nach dem (Auffang-) Verfahren des § 1901a Abs. 2 BGB.[846] Kritische Stimmen erachten § 1901a Abs. 2 BGB angesichts der einzelfallbezogenen Interpretationsproblematik daher für den künftigen Regelfall.[847] Die Festlegungen in der Patientenverfügung sind danach als Behandlungswunsch bzw. im Weiteren als Indiz für den mutmaßlichen Willen beachtlich.[848] Auf diese Weise nimmt das „Interpretationsstück" seinen Lauf.

b) Noch nicht unmittelbar bevorstehende Maßnahme

Im Übrigen sollen Patientenverfügungen nach § 1901a Abs. 1 BGB nur solche Situationen verbindlich erfassen, in denen bestimmte Untersuchungen, Heilbehandlungen oder ärztliche Eingriffe „noch nicht unmittelbar bevorstehen". Der sachliche Geltungsbereich ist demnach nicht auf die gewöhnliche Behandlungsentscheidung in eine aktuell bevorstehende Maßnahme terminiert.[849] Derartige Einwilligungen oder

842 Vgl. Palandt/*Götz*, § 1901a BGB Rn. 17 f.

843 Siehe auch *Spickhoff* in: Löhnig/Schwab/Henrich/Gottwald/Kroppenberg, Vorsorgevollmacht und Erwachsenenschutz in Europa, S. 27 (39 f.).

844 Zum Adressatenkreis der Patientenverfügung siehe § 2 C. VI.

845 Siehe nur im Fall des BGH FamRZ 2016, 1671 = BtPrax 2016, 187.

846 BT-Drucks. 16/8442, S. 15; *B.Hoffmann* BtPrax 2009, 7 (12).

847 Dies attestierend: *Albrecht/Albrecht* MittBayNot 2009, 426 (428). Kritische Tendenz auch zu vernehmen bei MünchKommBGB/*Schwab*, § 1901a Rn. 20, der dies aber nicht als „Schaden" betrachtet; siehe auch bei *Spickhoff* in: Spickhoff, MedR, § 1901a BGB Rn. 7, der den Anwendungsbereich von Abs. 1 ebenfalls durch das Bestimmtheitsmerkmal als relativiert einschätzt.

848 Im Ergebnis müssen unklare Fälle, ob nun unklar angesichts der Bestimmtheit oder unklar wegen der Uneindeutigkeit auf die aktuelle Lebenssituation, über das Verfahren nach § 1901a Abs. 2 BGB abgewickelt werden.

849 Vgl. MünchKommBGB/*Schwab*, § 1901a Rn. 12.

Untersagungen sind weiterhin mündlich oder auch durch konkludentes Handeln möglich – insofern geht es um die Abgrenzungsfrage bezüglich des Schriftformererfordernisses.[850] Die zeitnahe Einwilligung in einen Operationseingriff, der anästhesiebedingt zur (vorübergehenden) Einwilligungsunfähigkeit führt, kann also mündlich erklärt werden.[851]

IV. Keine Voraussetzungen zur Wirksamkeit

1. Ärztliche und/oder rechtliche Beratung

Eine ärztliche oder rechtliche Beratungspflicht ist von Gesetzes wegen zur Errichtung einer Patientenverfügung indes nicht vorgesehen.[852] Der Gesetzgeber verweist hierzu auf die Möglichkeit des freiwilligen Einholens von Beratungsangeboten, sodass es dem Vorsorge-Entschlossenen selbst überlassen ist, ob und welchen fachkundigen Rat er sich einholen möchte.[853] Das gilt sowohl für die rechtliche als auch die ärztliche Beratung, denn als zwingendes Wirksamkeitserfordernis könnte sich die Beratung schließlich auch als formale Erschwernis zur Errichtung einer Patientenverfügung auswirken.[854] Selbstbestimmung meint insofern auch das eigene Interesse, fachkundigen Rat zu ersuchen und anderenfalls das eigene Risiko einer fehlenden Bindungswirkung zu verantworten.[855] In Österreich zeigt sich die gesetzliche Grundlage zur Patientenverfügung, die im Jahre 2006 geschaffen wurde, angesichts der hohen formalen Hürden sehr konträr zum deutschen Regelungsverständnis einer Patientenverfügung.[856] So muss von ärztlicher Seite über die Wirkungsweise einer Patientenverfügung aufgeklärt worden sein, was zu dokumentieren ist, und zusätzlich muss sich die ärztliche Aufklärung auf spezifische Krankheiten beziehen, an denen der Patient selbst leidet oder die er zumindest aus dem nächsten familiären Umfeld kennt.[857] Hieran schließt sich noch eine rechtliche Aufklärung durch einen Notar oder Rechtsanwalt an, die ebenso in der Verfügung zu dokumentieren ist.[858] In Deutschland wird zumindest auch ohne eine diesbezüglich zwingende Regelung die Wichtigkeit der Besprechung der künftigen medizinischen Versorgung, d.h. des Dia-

850 Vgl. MünchKommBGB/*Schwab*, § 1901a Rn. 12, 18.

851 BT-Drucks. 16/8442, S. 13.

852 Kritisch hierzu: *Höfling* NJW 2009, 2849 (2852) oder *Bavastro*, Patientenverfügung – Vorsorgevollmacht, S. 120, der im Übrigen auch die Tatsache, dass die Ablehnung einer ärztlichen Maßnahme (anders als die Einwilligung in eine solche) nicht von einer Beratung oder einer Aufklärung abhängig ist, für verfehlt erachtet. In gleicher Richtung: *Schumann*, Dignitas – Voluntas – Vita, S. 66 ff.

853 BT-Drucks. 16/13314, S. 19, 21 f.; *Deutsch/Spickhoff*, Medizinrecht, Rn. 1016; *Bavastro*, Patientenverfügung – Vorsorgevollmacht, S. 119 ff.

854 *Kahlert* in: Bergmann/Pauge/Steinmeier, MedR, § 1901a BGB Rn. 5.

855 Vgl. BT-Drucks. 16/8442, S. 14; *Müller* in: Limmer (u.a.), Würzburger Notarhandbuch, Teil 3 Kap. 3 Rn. 92.

856 Überblick mit weiteren Nachweisen bei *Röthel* in: Lipp, Vorsorgeverfügungen, § 23 Rn. 36 ff. Siehe auch *Heggen* ZNotP 2008, 184 ff.

857 *Heggen* FPR 2010, 272 (274).

858 *Heggen* FPR 2010, 272 (274).

logs zwischen Arzt und Patient, betont – bspw. in den Empfehlungen der Bundesärztekammer (BÄK) und der Zentralen Ethikkommission (ZEKO).[859] Ärzte sollen hiernach zudem aufgerufen sein, sich mit den „rechtlichen Implikationen" für solche vorsorglichen Willensbekundungen auseinanderzusetzen, obgleich die Rolle der Ärzte im Hinblick auf ihre medizinisch-ethische Beratungskompetenz schon aus der Natur der Sache überwiegen muss.[860] Dabei wird für die ärztliche Beratung zur Abfassung einer Patientenverfügung keine Gebühr aufgeführt, sie ist also nicht als Kassenleistung von der Gebührenordnung für Ärzte (GOÄ) erfasst.[861] Dies ist ein misslicher Umstand, denn als Leistung der gesetzlichen Krankenversicherung könnte das Fehlen einer Beratungspflicht zumindest abgefedert werden.[862] Die praktische Umsetzung vollzieht sich deshalb eigendynamisch, ein ärztliches Beratungsgespräch wird wohl an ein sonstiges Patientengespräch anknüpfen und sich in zeitlichen Grenzen[863] halten müssen. Vorwiegend werden hierzu vermutlich Hausärzte konsultiert, die zumeist aber wenig Erfahrung im intensiv-medizinischen Bereich haben.[864] Liegen bereits genetisch bedingte Krankheiten vor oder bestehen sonstige Vorerkrankungen, bietet es sich an, den jeweiligen behandelnden Facharzt um Rat zu beten.[865] Dem Ratsuchenden steht es insofern frei, den Arzt seines Vertrauens auszuwählen.[866] Unabhängig von einer fachkundigen Beratung gilt nach der allgemeinen Rechtslage, dass die Wirksamkeit einer in der Patientenverfügung angeordneten Einwilligung in eine ärztliche Maßnahme zu ihrer Gültigkeit die vorherige ärztliche Aufklärung erfordert, sofern nicht ein entsprechender Aufklärungsverzicht durch den Betroffenen in der Verfügung für diesen Fall enthalten ist.[867]

2. Aktualisierung

Aktualisierungen in Form der Neugegenzeichnung mit versehenem Datum sind zwar keine Wirksamkeitsvoraussetzung der Patientenverfügung, werden aber vermehrt als notwendig erachtet, da sie hilfreiche Indizien dazu liefern, ob die Vorsorgeregelung

---

859 Vgl. Empfehlungen der BÄK und der ZEKO zum Umgang mit Vorsorgevollmacht und Patientenverfügung in der ärztlichen Praxis vom 19.08.2013, DÄBl. 2013, A 1580.

860 Vgl. Empfehlungen im Anhang zu *Lipp* notar 2014, 111 (115); so auch von ärztlicher Seite *Hoppe* FPR 2010, 257 (257). Insgesamt zur Beratungspraxis *Bickhardt* in: Borasio (u.a.), Patientenverfügung, S. 45 ff. (57 ff.).

861 Trotz, dass sie zeitraubend für den Arzt und bedeutsam für den Patienten ist, so *Kern* in: Laufs/Kern, ArztR, § 75 Rn. 10. Weiter hierzu auch *Vorländer*, Medizinische Indikation und Selbstbestimmung, S. 231 f.

862 Vgl. auch *Beermann* FPR 2010, 252 (254) (Fn. 41).

863 Ebenfalls den Aspekt der adäquaten ärztlichen Honorierung als problematisch betrachtend: *Bavastro*, Patientenverfügung – Vorsorgevollmacht, S. 123 (eine sinnvolle und vernünftige Beratung müsse mindestens eine Stunde oder länger dauern).

864 So *Kurze* in: Burandt/Rojahn, ErbR, § 1901b BGB Rn. 35.

865 Vgl. auch *Noe* Seniorenrecht aktuell 2014, 13 (14) zur Beratung über neue Behandlungsmethoden oder neuzugelassene Medikamente.

866 Empfehlung auch bei *Renner* NotBZ 2014, 11 (13).

867 BT-Drucks. 16/8442, S. 14; 17/10488, S. 23. Siehe oben unter § 2 C. II. 3.

auf die aktuelle Lebens- und Behandlungssituation zutrifft.[868] Besonders bei größeren Zeitabständen zwischen Erstellung oder letztmaliger Bestätigung und dem betreffenden Behandlungszeitpunkt ist dies zu überprüfen.[869] In Österreich muss eine Patientenverfügung alle 5 Jahre praktisch neu errichtet werden, wobei auch erneut ärztlicher und rechtlicher Rat eingeholt werden muss.[870] Auf diese Weise ist der Vorsorge-Erklärende „gezwungen", sich mit seiner Patientenverfügung auseinanderzusetzen und kann eventuelle Fortschritte in der Medizin in seine Überlegungen zur erneuten Errichtung mit einbeziehen.[871] In Deutschland behält eine einmal erstellte Patientenverfügung ihre Wirksamkeit bei, auch wenn sie nicht regelmäßig aktualisiert worden ist.[872] Um die verbindliche Wirkweise über das rechtlich Notwendige hinaus abzusichern, insbesondere auch um sich selbst zu vergewissern, ob die Anordnungen in der Patientenverfügung noch den eigenen, aktuellen Wünschen entsprechen, kann eine erneute Beschäftigung nur empfohlen werden.

3. Registrierung

Ebenso wie andere europäische Rechtsordnungen hat sich der deutsche Gesetzgeber gegen die verpflichtende Registrierung von Patientenverfügungen entschieden.[873] Da die Patientenverfügung zur optionalen Erklärungsvorsorge gehört, steht es in zumutbarer Verantwortung des Betroffenen für die Kenntniserlangung in seinem Umfeld zu sorgen.[874] Ist das Auffinden der Patientenverfügung aus Eigenversäumnis des Betroffenen nicht möglich, was in der Praxis demgemäß ihre Nichtbeachtung zur Konsequenz hat, so kann hieraus in Ansehung dieser selbstverschuldeten faktischen Beeinträchtigung grundrechtsspezifisch erhöhter Positionen keine gesetzgeberische Handlungspflicht zur Einführung einer obligatorischen Registrierung erwachsen.[875] Gegen eine Registrierungspflicht wird zudem ins Feld geführt, dass mit ihr eine nicht hinnehmbare „Einbuße an Privatheit und Autonomie" einhergehen würde.[876] Alles in al-

868 BT-Drucks. 16/8442, S. 14, 19 f.; *Putz/Steldinger*, Patientenrechte, S. 152 f.; *Müller* in: Limmer (u.a.), Würzburger Notarhandbuch, Teil 3 Kap. 3 Rn. 93.

869 BT-Drucks. 16/8442, S. 14; MünchKommBGB/*Schwab*, § 1901a Rn. 14.

870 Siehe § 7 PatVG; hierzu *Heggen* ZNotP 2008, 184 (186 f.); *ders.* FPR 2010, 272 (274); *Olzen* JR 2009, 354 (359 ff.).

871 *Heggen* ZNotP 2008, 184 (186). Im Fall von „wesentlichen Änderungen" im Stand der medizinischen Wissenschaft tritt die Patientenverfügung gemäß § 10 Abs. 1 Nr. 3 PatVG sogar gesetzlich außer Kraft, vgl. *Heggen* FPR 2010, 272 (274); *Olzen* JR 2009, 354.

872 BT-Drucks. 16/8442, S. 14, 20; *Beermann* FPR 2010, 252 (253).

873 *Lemmerz*, Die Patientenverfügung, S. 91.

874 *Taupitz* in: Taupitz, Gutachten zum 63. DJT, A 119; *Lemmerz*, Die Patientenverfügung, S. 91.

875 Vgl. *Taupitz* in: Taupitz, Gutachten zum 63. DJT, A 119; *Lemmerz*, Die Patientenverfügung, S. 91. Kritisch *Duttge* Jahrbuch der Juristischen Gesellschaft Bremen 2014, 66 (78): Der Gesetzgeber lade den Bürgern eine Bringschuld auf und überlasse die nötige Informationsübermittlung dem Geschick des einzelnen Betroffenen sowie dem glücklichen Zufall.

876 Vgl. *Lemmerz*, Die Patientenverfügung, S. 91; in Bezug auf die Vorsorgevollmacht: *Röthel/Woitge* IPrax 2010, 494 (498).

lem wird jedoch insbesondere aus Sicht der (medizinischen) Praxis der Nutzen und das Bedürfnis eines abrufbaren sog. Patientenverfügungsregisters betont.[877]

V. Inhaltliche Gestaltungsmöglichkeiten und -grenzen

Nachdem die gesetzlichen Anforderungen an eine Patientenverfügung und auch ihr Verbindlichkeitscharakter skizziert worden sind, richtet sich das Augenmerk naturgemäß auf das, was als Anweisung und Wunsch innerhalb einer Patientenverfügung zulässig ist.[878] Die Frage nach ihrem Verbindlichkeitscharakter ist dabei eng verzahnt mit dem rechtlich erlaubten Anwendungsfeld, welches vorgibt, von welchen Lebens- bzw. vielmehr: Behandlungssituationen das Gesetz überhaupt ausgeht. Das bedeutet: Prinzipiell ist der Vorsorge-Entschlossene natürlich frei in seiner inhaltlichen Gestaltungsweise, jedoch justiert sich das, was rechtsverbindlich anzuerkennen ist, an der Rechtsordnung bzw. an strafrechtlichen Vorgaben und an ärztlichem Standesrecht.[879] Inhalte einer Patientenverfügung, die gegen das Gesetz (§ 134 BGB) bzw. die guten Sitten (§ 138 BGB) verstoßen, sind daher nichtig.[880] Nur Anweisungen zu rechtlich erlaubten Handlungen können zu verpflichtendem Inhalt erhoben werden, denn faktisch kein Adressat einer Patientenverfügung will sich der Gefahr eigener Strafverfolgung ausgesetzt sehen.[881] Die Möglichkeiten und Grenzen dieser Inhalte sollen hier deshalb näher ins Auge gefasst werden.

1. Unabdingbar: Sterbebegleitung (Schmerztherapie ohne lebensverkürzendes Risiko)

Rechtlich erlaubt, ethisch geboten und auch ärztlich verpflichtend sind zunächst solche schmerzlindernden Maßnahmen, die nicht mit dem Risiko der Lebensverkürzung verbunden sind.[882] Bei dieser Therapie geht es vorwiegend um die palliativ-medizinische Versorgung des lebensbedrohlich erkrankten Patienten zur Linderung von Schmerzen, Atemnot und Übelkeit, genauso wie um das Stillen von Hunger und Durst auf natürlichem Wege, also um die Symptomkontrolle.[883] Zwar ist die Palliativmedizin nicht zwingend mit der Sterbebegleitung gleichzusetzen, sie findet dennoch ihr größtes Anwendungsfeld in diesem Bereich, namentlich bei unheilbaren Tumor-Erkrankungen oder bei schwersten neurologischen, kardialen oder respiratorischen

877 Diesbezügliche Vorschläge waren auf dem 113. Deutschen Ärztetag zu vernehmen, hierauf hinweisend *Lemmerz*, Die Patientenverfügung, S. 92 (Fn. 517).

878 Vgl. *Dommermühl* in: Rudolf/Bittler/W.Roth, Vorsorgevollmacht, S. 118.

879 Vgl. *Ulsenheimer* in: Laufs/Kern, ArztR, § 132 Rn. 42.

880 BT-Drucks. 16/13314, S. 6; zwar handelt es sich bei der Patientenverfügung nicht um eine Willenserklärung, die §§ 134 und 138 BGB gelten dem Grundsatz der Einheit der Rechtsordnung folgend jedoch entsprechend.

881 *Dommermühl* in: Rudolf/Bittler/W.Roth, Vorsorgevollmacht, S. 119.

882 *Putz/Steldinger*, Patientenrechte, S. 188; *Dommermühl* in: Rudolf/Bittler/W.Roth, Vorsorgevollmacht, S. 119.

883 BT-Drucks. 16/8442, S. 13; vgl. auch die Präambel der Grundsätze der Bundesärztekammer zur ärztlichen Sterbebegleitung BÄK DÄBl. 2011, A 346 (A 347).

Erkrankungen im Terminalstadium.[884] Solche sterbebegleitenden Palliativmaßnahmen gehören zur sog. Basisbetreuung, für welche Arzt und Pflegepersonal in jedem Fall zu sorgen haben.[885] Sie brauchen also nicht extra angeordnet werden. Die Basisversorgung selbst darf in einer Patientenverfügung somit auch nicht abbedungen werden, da das Strafrecht und die medizinische Ethik der Verbindlichkeit einer Patientenverfügung hierzu eine Grenze setzt.[886] Andersherum bedeutet dies aber, dass die Regelungen in einer Patientenverfügung für solche Maßnahmen zugänglich sind, die diesbezüglich eine Einwilligung erforderlich machen, etwa, wenn für die Aufrechterhaltung von Grundfunktionen des Organismus eine Sonden- oder intravenöse Ernährung nötig ist.[887] Hierzu muss angesichts ihres Eingriffscharakters auch die Maßnahme des Legens eines Blasenkatheters zählen.[888]

2. Zulässig: Sterbehilfe durch Verzicht auf (Weiter-)Behandlung

Die für den Bereich der Patientenverfügung relevanteste Form der Sterbehilfe ist nun diejenige der (vormals) „passiven" Sterbehilfe,[889] die auch als „Behandlungsabbruch"[890] bezeichnet wird bzw. zutreffender als „Behandlungsbegrenzung"[891] oder „Behandlungsverzicht" zu bezeichnen ist.[892] Im Anwendungsfeld einer medizinischen Behandlung geht es dabei um den Verzicht auf die (weitere) Durchführung von lebensverlängernden bzw. lebenserhaltenden Behandlungsmaßnahmen.[893] Bis zur gesetzlichen Regelung durch das 3. BtÄndG (2009) ist der situative Kontext, in welchem die erlaubte „passive" Sterbehilfe ansetzen darf, lange Zeit nicht abschließend geklärt gewesen. In der Rechtsprechung[894] war zunächst der Grundsatz entwickelt worden, dass es sich kennzeichnend für das Vorliegen einer Sterbehilfe-Situation auch um einen Patienten handeln muss, der sich unmittelbar im Sterbeprozess befindet.[895]

---

884 Näher *Heyers*, Passive Sterbehilfe, S. 24.

885 BT-Drucks. 16/8442, S. 13.

886 MünchKommBGB/*Schwab*, § 1901a Rn. 22.

887 BT-Drucks. 16/8442, S. 13, Palandt/*Götz*, § 1901a BGB Rn. 9.

888 *Sternberg-Lieben* in: Festschr f Roxin, S. 537 (541); *Albrecht/Albrecht*, Die Patientenverfügung, Rn. 78.

889 Der BGH geht nunmehr in seinem kehrtwendenden Urteil (BGHSt 55, 191 = NJW 2010, 2963) vom Begriff der „Sterbehilfe durch Unterlassen, Begrenzen oder Beenden (Behandlungsabbruch)" aus. Die rechtstechnische Unterscheidung zwischen aktiv und passiv wurde aufgegeben und die Sterbehilfe neu strukturiert.

890 BGHSt 55, 191 = NJW 2010, 2963 = FamRZ 2010, 1551 [„Fuldaer Fall"].

891 Verrel, Gutachten zum 66. DJT, C 60; *Lipp* FamRZ 2010, 1555 (1556) [Anm. zu BGH FamRZ 2010, 1551].

892 *Lipp/Brauer* in: Höfling, Patientenverfügungsgesetz, S. 22; *Verrel* NStZ 2010, 673. Näher hierzu *Brauer*, Autonomie und Familie, S. 35 (38): Da die Basisbetreuung weiterhin durchzuführen ist, wird die medizinische Behandlung nicht zur Gänze abgebrochen; es handelt sich vielmehr um eine Umstellung des Behandlungsziels bzw. um eine Begrenzung der Behandlung, bei der nicht nur ein Abbruch, sondern auch die Nichtaufnahme einer (noch nicht begonnenen) Behandlung denkbar ist.

893 *Lipp* FamRZ 2010, 1555 (1556) [Anm. zu BGH FamRZ 2010, 1551 „Fuldaer Fall"]; *Heyers*, Passive Sterbehilfe, S. 23 ff.

894 BGHZ 154, 205 = NJW 2003, 1588 = MittBayNot 2003, 387 [Lübecker-Entscheidung].

895 Wird der Tod in kurzer Zeit eintreten, sodass das Grundleiden des Kranken nach ärztlicher Überzeugung unumkehrbar (irreversibel) ist, wird auch von Sterbehilfe im engeren bzw. eigentlichen

Dieses Verständnis ist 1994 sodann auf Fälle erweitert worden, bei denen der konkrete Sterbevorgang zwar noch nicht eingesetzt hatte, das Vorfeld des Sterbens für den unheilbar Erkrankten aber schon erreicht worden war.[896] In dieser Folge ist das Kriterium der Todesnähe vom 12. Zivilsenat missverständlich adaptiert worden, was zu Widersprüchlichkeiten innerhalb der straf- und zivilrechtlichen Judikatur führte.[897] Nunmehr ist durch § 1901a Abs. 3 BGB gesetzlich klargestellt worden, dass es für die verbindliche Beachtung des Patientenwillens nicht auf Art und Stadium einer Erkrankung ankommt, mithin also auch die Situation der Sterbehilfe zwar im Kontext einer Behandlung,[898] aber unabhängig vom jeweiligen Krankheitszustand zu beurteilen ist.[899] Losgelöst von einer objektiven Grenze muss das Selbstbestimmungsrecht demnach auch dann verwirklicht werden können, wenn ein Behandlungsverzicht im Kontext einer nicht unheilbaren Erkrankung steht, die Erkrankung aber ohne medizinische Intervention lebensbedrohlich ist und einzig die ärztliche Behandlung den Tod verhindern könnte.[900] Im Einzelnen kommt es schließlich für die Zulässigkeit der medizinischen Behandlung (bzw. hier: der Behandlungsbegrenzung) – wie auch sonst – auf die medizinische Indikation und den in Einklang hierzu stehenden Patientenwillen an (hier: in Gestalt einer Patientenverfügung).[901]

a) Unumkehrbarer Sterbeprozess mit unmittelbarer Todesnähe

Gerade im Fall eines unumkehrbar im Sterbeprozess befindlichen Patienten[902] ist eine lebenserhaltende Behandlung mit den Mitteln der Intensivmedizin, die sich ohne Nutzen für den Sterbenden als sinnlose Verlängerung des Todeskampfes darstellen würde, jedoch nicht mehr indiziert.[903] Bei Fehlen der medizinischen Indikation ist es dem Arzt in eigener Entscheidung[904] erlaubt, auf die (Weiter-) Behandlung zu ver-

---

Sinne gesprochen (MünchKommStGB/*Schneider*, Vorbem. zu §§ 211 ff. Rn. 102; *Erlinger/Warntjen* in: Widmaier, Münchener AnwaltsHandbuch Strafverteidigung, § 50 Rn. 121).

896 Dies betrifft den Bereich der Sterbehilfe im weiteren Sinne (BGHSt 40, 257, Kempten-Entscheidung).

897 Zur Missverständlichkeit um die Reichweitenbeschränkung in der Rechtsprechung des 12. Zivilsenats (BGHZ 154, 205 (215) = NJW 2003, 1588 (1590)), vgl. *Rosenau* in: Festschr f Rissing-van Saan, S. 547 (550 f.).

898 Kriterium der Behandlungsbezogenheit, vgl. BGHSt 55, 191 (205) = NJW 2010, 2963 (2965 f); *Lipp* in: Laufs/Katzenmeier/Lipp, ArztR, Kap. VI Rn. 100; *Brauer*, Autonomie und Familie, S. 39.

899 BT-Drucks. 16/8442, S. 16 ff. mit Verweis auf BGHZ 163, 195 = NJW 2005, 2385 (als nachfolgender Beschluss zu BGHZ 154, 205).

900 Hierzu *Magnus* NStZ 2013, 1 (3); *Verrel* NStZ 2010, 671 (673) mit Verweis auf den zwar lebensbedrohlichen, medizinisch jedoch ohne weiteres beherrschbaren Fall einer zulässigen Verweigerung von Bluttransfusion von einem Zeugen Jehovas.

901 BGH NJW 2003, 1588 (1589, 1593); BGH NJW 1991, 2357; *Lipp* in: Lipp, Vorsorgeverfügungen, § 17 Rn. 82; *Krüger/Helm* GesR 2012, 456 (456 f.).

902 Siehe auch die Grundsätze zur ärztlichen Sterbebegleitung BÄK DÄBl. 2011, A 346 (A 347): Ein Sterbender ist ein kranker oder verletzter Patient, bei dem ein oder mehrere vitale Funktionen irreversibel versagen und bei dem der Eintritt des Todes in kurzer Zeit zu erwarten ist.

903 BT-Drucks. 16/8442, S. 17; BGH NJW 1995, 204; *Walter* in: Wenzel, Medizinrecht, Kap. 4 Rn. 912; *Lipp/Brauer* in: Wiesemann/Simon, Patientenautonomie, S. 106 (109).

904 OLG München NJW 2007, 3506 (3508); *Coeppicus*, Patientenverfügungen und Sterbehilfe, S. 36 f.; *Kutzer* FPR 2007, 59 (62); *Olzen* JR 2009, 354 (355).

zichten.[905] Ohne medizinische Indikationsstellung kommt es also nicht auf den Patientenwillen an, gleichermaßen braucht auch eine Patientenverfügung nicht zur Anwendung kommen.[906] Bei Aussichtslosigkeit weiterer Maßnahmen ist auf die Behandlung also entweder schon wegen der fehlenden medizinischen Indikation oder wegen eines entsprechenden Patientenwillens zu verzichten.[907]

b) Unabhängig von Art und Stadium der Erkrankung

Maßgebend für die Begrenzung der lebenserhaltenden Behandlung durch den Arzt ist der Patientenwille dann, wenn die Behandlung aus medizinischer Sicht überhaupt (noch) indiziert ist.[908] Dies betrifft vor allem diejenigen Fälle, in denen der entscheidungsunfähige Patient lebensbedrohlich erkrankt ist, ohne dass sein Versterben – trotz schlechter Prognose – in absehbarer Zeit eintreten wird.[909] Ein solcher Zustand kann durch entsprechende medizinische Maßnahmen zum Teil über viele Jahre (künstlich) aufrecht erhalten werden.

aa) Wachkoma

Diese Sterbehilfe-Situation zeigt sich praktisch am häufigsten bei Wachkoma-Patienten, da diese lange überlebensfähig sind, nämlich durchschnittlich zwei bis fünf Jahre, in Einzelfällen auch mehrere Jahrzehnte,[910] ohne dass sich etwas an ihrem Zustand der Dauerbewusstlosigkeit und einhergehenden Einwilligungsunfähigkeit ändert.[911] Abzulesen ist dies auch von der höchstrichterlichen Rechtsprechung, die sich bisher überwiegend mit Fällen des Wach-Komas zu befassen hatte.[912] Das Wachkoma[913] wird auch als „apallisches Syndrom“[914] bezeichnet oder – unter Einbeziehung der internationalen Terminologie – als „persistent-“ bzw. als „permanent-vegetative-sta-

905 BGHSt 40, 257 (260) = BGH NJW 1995, 204 ff.; *Erlinger/Warntjen* in: Widmaier, Münchener AnwaltsHandbuch Strafverteidigung, § 50 Rn. 121; *Coeppicus*, Patientenverfügungen und Sterbehilfe, S. 36 f.

906 MünchKommBGB/*Schwab*, § 1904 Rn. 38; *Walter* in: Wenzel, Medizinrecht, Kap. 4 Rn. 912; *Lipp* FamRZ 2004, 317 (318 f.). Nähere Besprechung zum einseitigen, ärztlichen Behandlungsverzicht, der unabhängig vom Patientenwillen anerkannt wird, siehe Schönke/Schröder-*Eser/Sternberg-Lieben*, Vorbem §§ 211 ff. StGB Rn. 29 ff.

907 *Coeppicus*, Patientenverfügungen und Sterbehilfe, S. 37.

908 BGHSt 40, 257 (260) = BGH NJW 1995, 204 ff.; Schönke/Schröder-*Eser/Sternberg-Lieben*, Vorbem §§ 211 ff. StGB Rn. 27, 31.

909 Vgl. BT-Drucks. 15/3700, S. 38; *Heyers*, Passive Sterbehilfe, S. 26.

910 Siehe *Merkel* ZStW 107 (1995), 545 (564); *Höfling/Rixen* JZ 2003, 884 (884). Hauptursache des Todeseintritts sind dann bspw. Atem- und Harnwegsinfekte neben Multiorganversagen, siehe *Wegner*, Rechtsfragen des Wachkomas, S. 31.

911 *Hörr*, Passive Sterbehilfe, S. 58, 60.

912 BGHZ 163, 195 = FamRZ 2005, 1474 [„Traunstein“]; BGHZ 154, 205 = FamRZ 2003, 748 [„Lübeck“]; BGHSt 40, 257 = BGH NJW 1995, 204 ff. [„Kempten“]; BGHSt 55, 191 = BGH FamRZ 2010, 1551 [„Fulda“]; BGH NJW 2014, 3572 (3576).

913 Zu Begriff und klinischem Erscheinungsbild siehe Kurzüberblick bei *Duttge* in: Lenk (u.a.), Ethik und Recht der Forschung am Menschen, S. 403 (403).

914 Vgl. *Pschyrembel*, Klinisches Wörterbuch, S. 1869, 2059.

te".[915] Medizinisch ist das Wachkoma vom Koma zu unterscheiden.[916] Ursächlich für ein Koma sind schwere zerebrale Schädigungen und Funktionsstörungen, die auf unterschiedliche Auslöser zurückgehen können, bspw. auf traumatische Einwirkungen (Kopfunfälle), Gehirnentzündungen, Tumore, Hirnblutungen oder Sauerstoffunterversorgung (Lungenversagen).[917] Während das Koma als eine erhebliche Störung der Wachheit und als ein Stadium tiefer Bewusstlosigkeit, d.h. eines tiefen Schlafes, nicht jedoch als Defektzustand einzuordnen ist, ist das Wachkoma als ein Stadium zwischen Koma und Wachbewusstsein zu verstehen, das sowohl End- als auch Durchgangsstadium sein kann.[918] Der Wachkoma-Patient ist dabei trotz geöffneter Augen nicht zur Kommunikation oder sonstiger sinnhafter Interaktion fähig – die vegetativen Elementarfunktionen, wie bspw. die Temperatur-, Kreislauf- und Atemregulation oder auch das Schlucken, sind hingegen erhalten, genauso wie die früh bekannten Tiefenreflexe in Form des Saug- oder Greifreflexes.[919] Im Grundsatz wird das apallische Syndrom je nach Einzelfall-Prognose nach drei oder nach zwölf Monaten für irreversibel erklärt.[920] Ein Erwachen ist im Ausnahmefall zwar möglich, im Regelfall aber ausgesprochen unwahrscheinlich und falls doch, dann sind schwere Folgeschädigungen nicht auszuschließen.[921] Die Prognose hängt vom Ausmaß der zerebralen Schädigungen ab sowie von der Dauer des Zustands – auch das Alter spielt eine Rolle, weshalb die Prognose bei Kindern und Erwachsenen unter 40 Jahren besser sein soll als bei älteren Wachkoma-Patienten.[922] Im Hinblick auf die Wahrnehmung oder das Empfinden von Schmerzen und psychischen Belastungen während des Zustands der andauernden Bewusstlosigkeit lassen sich aufgrund der Subjektivität des Erlebens bei gleichzeitigem Unvermögen über die objektive Nachweisbarkeit einer entsprechenden Reaktion des Betroffenen bisweilen keine sicheren oder klaren wissenschaftliche Erkenntnisse vermitteln.[923] Da es für die Rechtmäßigkeit der Weiterbehandlung auch bei dieser Erkrankung unabhängig von Art und Stadium entscheidend auf den Willen des nunmehr einwilligungsunfähigen Koma-Patienten ankommt, ist in Ansehung einer gewünschten Behandlungsbegrenzung ein auf diese Situation zutreffender, in

915 „Persistent" d.h. andauernd ist das Wachkoma bereits nach einem Monat, dabei kann es sich auch um ein Durchgangsstadium handeln; „permanent", also irreversibel, ist das Wachkoma nach drei oder zwölf Monaten, vgl. *Vollmert*, Richter über Leben und Tod?, S. 4; *Hörr*, Passive Sterbehilfe, S. 59 f.; *Demertzi* (u.a.) in: Jox/Kühlmeyer/Borasio, Leben im Koma, S. 21 ff. (22). Siehe auch *Wegner*, Rechtsfragen des Wachkomas, S. 17 ff.

916 Vgl. *Pschyrembel*, Klinisches Wörterbuch, S. 1013, 1869, 2059. Zu weiteren Abgrenzungen (Minimally Conscious State oder Locked-in-Syndrom) siehe *Prange* in: Kettler/Simon/Anselm/Lipp/Duttge, Selbstbestimmung am Lebensende, S. 69 (71 ff.).

917 *Wegner*, Rechtsfragen des Wachkomas, S. 23 f.

918 *Wegner*, Rechtsfragen des Wachkomas, S. 23 f.

919 Vgl. *Höfling/Rixen* JZ 2003, 884 (884); *Choi*, Patientenverfügung und Patientenautonomie, S. 67.

920 *Höfling/Rixen* JZ 2003, 884 (884); *Hörr*, Passive Sterbehilfe, S. 58; *Choi*, Patientenverfügung und Patientenautonomie, S. 69.

921 *Hörr*, Passive Sterbehilfe, S. 57 f.

922 *Höfling/Rixen* JZ 2003, 884 (884).

923 Vgl. *Duttge* in: Lenk (u.a.), Ethik und Recht der Forschung am Menschen, S. 403 (403 f.) m.w.N.; *Wegner*, Rechtsfragen des Wachkomas, S. 26; *Höfling/Rixen* JZ 2003, 884 (885).

der Patientenverfügung festgehaltener Wille verbindlich.[924] Hierbei hat der Vorsorgende selbstbestimmt und individuell darüber zu entscheiden, ob er ein evtl. jahrelanges Wachkoma mit geringer Wahrscheinlichkeit eines Aufwachens hinnehmen und auf die Chance eines Aufwachens mit allen denkbaren Konsequenzen vertrauen möchte oder ob er dies durch eine entsprechende vorsorgliche Untersagung für sich ausschließen möchte.[925] Eine Vorhersage, ob ein jahrelanger Wachkomapatient zu den wenigen Personen gehören wird, die in ein selbstbestimmtes Leben zurück finden oder zu den vielen, die den Rest ihres Leben als Pflegefall betreut werden müssen, ist medizinisch nicht möglich.[926] Für die Gestaltung einer Patientenverfügung wird in diesem Zusammenhang vorgeschlagen, Angaben dazu zu machen, bis zu welchem Zeitpunkt, d.h. wie viele Monate oder Jahre abgewartet werden solle, bis die Maschinen abgeschaltet, die lebenserhaltenden Maßnahmen also beendet werden sollen.[927] Diese Lösung stellt im Grunde genommen einen Kompromiss dar, um den Wahrscheinlichkeiten-Zwiespalt zwischen der Verlängerung eines als sinnlos empfundenen, unbewussten Daseins und einer etwaigen Chance auf die Rückkehr ins Leben zu relativieren.

bb) Demenz

Eine weitere relevante Fallgruppe im Bereich der Sterbehilfe bilden Patienten, die an einer Demenz-Erkrankung leiden, zumal diese Fälle bisher mehr in der Literatur besprochen werden,[928] als dass sie Gegenstand gerichtlicher Verfahren gewesen wären.[929] Die wörtliche Übersetzung des lateinischen Begriffs „Demenz“ bedeutet „weg vom Geist“ bzw. „ohne Geist“.[930] Demenz ist medizinisch betrachtet aber mehr als nur eine Gedächtnisstörung; sie ist ein anhaltender oder fortschreitender Abbauzustand in den Bereichen des Gedächtnisses.[931] Demenzerkrankungen können dabei viele verschiedene Ursachen haben.[932] Ausgerichtet an diesen vielfach denkbaren Ursachen unterteilt man die Formen der Demenz grundsätzlich in einen primären und einen sekundären Katalog.[933] Sekundäre Demenzen sind Folgeerscheinungen von zu-

924 BGH NJW 2014, 3572 ff.; MünchKommBGB/*Schwab*, § 1901a Rn. 22.

925 *Coeppicus*, Patientenverfügungen und Sterbehilfe, S. 39; *Putz* FPR 2012, 13 (15).

926 Vgl. *Bayerisches Staatsministerium der Justiz*, Vorsorge für Unfall, Krankheit, Alter, S. 31.

927 Siehe *Litzenburger* FD-ErbR 2016, 380731 (dort unter Praxishinweise).

928 Vgl. bspw. *Wunder* in: Albers, Patientenverfügungen, S. 39 (48) oder *Becker-Schwarze* in: Albers, Patientenverfügungen, S. 133 (146 f.).

929 Im Kontext einer Patientenverfügung: LG Siegen RDG 2008, 155 (Vorinstanz AG Siegen PflR 2008, 183); im Hinblick auf Sterbehilfe siehe auch StA München I NStZ 2011, 345 (345 f.): Das Nichteingreifen von Angehörigen bei der Selbsttötung eines bewusstlos gewordenen Alzheimer-Erkrankten ist straflos, sofern der Suizid in Eigenverantwortung und im Bewusstsein der vollen Tragweite des Betroffenen geschehen ist.

930 Vgl. *Bundesministerium für Gesundheit*, Wenn das Gedächtnis nachlässt, S. 7; *Kurz* (u.a.), Demenz, S. 6.

931 *Kurz* (u.a.), Demenz, S. 6.

932 *Bundesministerium für Gesundheit*, Wenn das Gedächtnis nachlässt, S. 7 (bis zu 100 verschiedene Ursachen).

933 Vgl. *Bundesministerium für Gesundheit*, Wenn das Gedächtnis nachlässt, S. 7.

meist außerhalb des Gehirns liegenden Grunderkrankungen, wie bspw. Stoffwechselerkrankungen oder alkohol- bzw. medikamentenbedingte Vergiftungserscheinungen, und machen nur ca. 10 Prozent aller Krankheitsfälle aus.[934] Diese Grunderkrankungen sind therapier- und zum Teil auch heilbar.[935] Der Großteil der Erkrankungen fällt bei 90 Prozent jedoch auf die primären Demenzen, die durch unmittelbare Krankheiten des Gehirns hervorgerufen werden[936] und nach aktuellen Erkenntnissen zwar therapierbar, aber nicht heilbar sind.[937] Aufgrund dieser Erkrankungen kommt es zu einem fortschreitenden Abbau der Funktionsbereiche im Gehirn, der mitunter die Zerstörung von Hirngewebe, d.h. der Nervenzellverbindungen und der hirnversorgenden Blutgefäße, zur Folge hat. Die häufigste Hirnerkrankung ist dabei die Alzheimer-Demenzerkrankung, die in drei Phasen verläuft.[938] Je nach Stadium der kognitiven und intellektuellen Funktionsstörungen sind deshalb unterschiedliche Einschränkungen der Alltags- und Gesundheitssituation zu bemerken. Während im Anfangsstadium lediglich Gedächtnis- und Konzentrationsschwierigkeiten den Alltag beeinträchtigen (Vergesslichkeit, Orientierungslosigkeit, Einschränkungen der Wortwahlfindung), ist im Endstadium der dementiellen Entwicklung von einem Totalverlust des Gedächtnisses, des Denkvermögens, der Sprache, der Orientierungsfähigkeit und schließlich auch der Identität und der emotionalen wie körperlichen Kontrolle auszugehen.[939] Die lebensessentielle Aufnahme von Nahrung und Flüssigkeit wird bspw. vergessen, die Hilfebedürftigkeit der Betroffenen mündet unweigerlich in der vollständigen Abhängigkeit von anderen, sodass der Übergang in die Handlungsunfähigkeit – rechtlich wie tatsächlich – nicht mehr aufzuhalten ist. Durchschnittlich führt die Demenzerkrankung dabei nach sechs bis zehn Jahren zum Tode.[940] Insgesamt stellt daher auch die Demenzerkrankung eine Lebens- bzw. Behandlungssituation dar, die als unabhängig von Art und Fortschritt der Erkrankung innerhalb einer Patientenverfügung regelungsfähig ist.[941] Eine vorsorgliche Willensbekundung in Form behandlungsbegrenzender Anordnung, wie etwa die Versagung künstlicher Ernährung, ist daher auch bei der Demenzerkrankung verbindlich.[942] Sofern der Betroffene also trotz pflegerischer Hilfestellung nicht mehr eigenständig in der Lage ist, Nahrung und

---

934 Vgl. *Bundesministerium für Gesundheit*, Wenn das Gedächtnis nachlässt, S. 7 f.

935 Vgl. *Bundesministerium für Gesundheit*,, Wenn das Gedächtnis nachlässt, S. 7.

936 Vgl. *Bundesministerium für Gesundheit*, Wenn das Gedächtnis nachlässt, S. 8.

937 *E.Bühler/Riedel/Stolz* BtPrax 2014, 197 (198) mit Verweis auf die therapeutischen Möglichkeiten nach den DEGAM-Leitlinien Nr. 6, abrufbar unter www.awmf.de.

938 Hierzu *E.Bühler/Riedel/Stolz* BtPrax 2014, 197 ff.

939 *Magnus* NStZ 2013, 1 (1) m.w.N.; vgl. auch *Prange* in: Kettler/Simon/Anselm/Lipp/ Duttge, Selbstbestimmung am Lebensende, S. 69 (75): Alltagspraktische Fertigkeiten wie Waschen, Ankleiden, Essen, persönliche Hygiene (…) seien schließlich nicht mehr möglich.

940 *Magnus* NStZ 2013, 1 (1) m.w.N.

941 BT-Drucks. 16/8442, S. 17 f.; *Bühler/Riedel/Stolz* BtPrax 2014, 197 (198). Zur Legitimation der Patientenverfügung bei Demenz bereits *Verrel*, Gutachten zum 66. DJT, S. 86 ff.; aus medizinethischer Sicht siehe *Steenbreker* MedR 2012, 725 ff.; die Regelungsfähigkeit ablehnend: *Lange* NotBZ 2008, 357 (357 f.) [Anm. zu AG Siegen NotBZ 2008, 353]; *ders.* ZEV 2009, 537 (542); *Schmidl* ZErb 2005, 399 (399 f.). Kritisch: *Albrecht/Albrecht*, Die Patientenverfügung, Rn. 167; *Spickhoff* FamRZ 2009, 1950 (1951).

942 *Albrecht/Albrecht* MittBayNot 2015, 110 (112 f.).

Flüssigkeit auf natürlichem Wege zu sich zu nehmen, wäre die künstliche Ernährung als lebenserhaltende Behandlung zwar medizinisch indiziert, die Patientenverfügung würde der (Weiter-) Behandlung jedoch entgegenstehen.[943] Die Nichtdurchführung betrifft dabei nur die ärztliche Eingriffsmaßnahme in Form der künstlichen Ernährung, d.h. durch Magensonde über Mund, Nase, Bauchdecke oder Vene, die Basisversorgung als unabdingbare Form pflegerischer Maßnahmen bzw. eine allgemeine Hilfestellung (Stichwort: Schnabeltässchen) ist hiervon jedoch nicht umfasst.[944] Auf diese Weise ist ein natürlicher Tod ohne künstliche Gerätschaft wegen fehlender eigener Kräfte zur Nahrungs- und Flüssigkeitsaufnahme die Folge. Im Grunde zielt das praktische Anwendungsfeld der Patientenverfügung bei (schwerster) Demenz auf eben diese Situation ab, außerstande zu sein, Flüssigkeit und Nahrung selbstständig aufzunehmen. Hierfür soll eine dauerhafte künstliche Ernährung als sinnlose Leidensverlängerung verhindert werden, was auch in aktuellen Musterformularen berücksichtigt und betont wird. Dort soll die Patientenverfügung für die Situation gelten: „Wenn ich infolge eines sehr weit fortgeschrittenen Hirnabbauprozesses (z.B. bei Demenzerkrankung) auch mit ausdauernder Hilfestellung nicht mehr in der Lage bin, Nahrung und Flüssigkeit auf natürliche Weise zu mir zu nehmen".[945] Andere Anordnungen, wie bspw. die Ablehnung von Antibiotika oder von Wiederbelebungsmaßnahmen, sind nach der Gesetzeslage aber ebenfalls auf die Situation „Demenz" anwendbar. Wie oben[946] angesprochen kann sich in dieser Hinsicht und bezogen auf den Einzelfall ein größerer Bedarf zur Überprüfung der Passgenauigkeit der Patientenverfügung ergeben.[947]

3. Unzulässig: Direkte Sterbehilfe

In entgegengesetzter Richtung zur Sterbehilfe in Form der sterbebegleitenden Maßnahmen und der Behandlungsbegrenzung ist die direkte Sterbehilfe[948] unzulässig, da sie den Todeseintritt gezielt herbeiführt und somit außerhalb des Kontexts einer medizinischen Behandlung steht. Anders als in den Niederlanden, Belgien oder in Lu-

943 So auch *Albrecht/Albrecht* MittBayNot 2015, 110 (113), jedoch mit dem Hinweis in Fn. 11, dass bei fortgeschrittener Demenz eine künstliche Ernährung [Sondenernährung] aus medizinischer Sicht häufig gerade nicht indiziert sei.

944 Vorherrschende Ansicht: *Hufen* NJW 2001, 849 (853); *Saliger* JuS 1999, 16 (20); *Magnus* NStZ 2013, 1 (3). Anders *Eibach* MedR 2002, 123 ff. [künstliche Ernährung als Teil der unabdingbaren Grundversorgung].

945 *Bayerisches Staatsministerium der Justiz*, Vorsorge für Unfall, Krankheit, Alter, S. 35; *Renner* in: Münch, FamR in der Notar- und Gestaltungspraxis, § 22 Rn. 49; *Kordel* in: Kersten/Bühling, Formularbuch und Praxis der Freiwilligen Gerichtsbarkeit, § 96 Rn. 118 M.

946 Siehe § 2 C. III. 2. a).

947 Siehe auch BT-Drucks. 16/8442, S. 15.

948 Vgl. zur Änderung des Sprachgebrauchs „aktive und passive Sterbehilfe" wegen der geänderten Rechtsprechung des BGH auch *Knause/Brose* in: Spickhoff, MedR, § 216 StGB Rn. 11; *Rosenau* in: Festschr f Roxin, Bd. 1, S. 577 (580). Die ursprünglichen Begrifflichkeiten beibehaltend: *Putz/Steldinger*, Patientenrechte, S. 187 ff.

xemburg – und dort auch nur unter bestimmten Voraussetzungen[949] – ist in Deutschland die direkte Sterbehilfe, also die vorsätzliche Tötung eines Patienten bspw. durch Injektion einer überhöhten Medikamentendosis („Todesspritze") i.S.d. §§ 212, 216 StGB[950] strafrechtlich verboten.[951] Auch wenn die erklärte Anordnung hierzu selbst nicht strafbar ist, „darf" eine Patientenverfügung keine zu direkter Sterbehilfe auffordernde Anordnung enthalten; über § 134 BGB ist eine solche Patientenverfügung nichtig.[952] Ein solches Verlangen kann daher auch nicht als „Mittel zur Schmerzbeseitigung" im Rahmen einer Patientenverfügung durchgesetzt werden.[953] Abzugrenzen hiervon ist die Unterstützung eines freiverantwortlichen Suizids, der strafrechtlich als erlaubte Sterbehilfe einzuordnen ist.[954] Auch für Ärzte wäre eine solche Unterstützungshandlung nach derzeitiger Strafrechtslage zulässig, jedoch existieren berufsrechtliche Regelungen, die einen sog. ärztlich assistierten Suizid verbieten.[955] Die ärztliche Suizidbeihilfe ist daher „lediglich" nicht mit dem Standesrecht zu vereinbaren. Auf die strafrechtliche Verantwortung hat diese „berufsethische Bevormundung"[956] aber keine Auswirkung.[957] Daneben stellen aber bspw. die §§ 43 ff., 95 AMG die unbefugte Abgabe von Arzneimitteln unter Strafe.

4. Zulässig: Indirekte Sterbehilfe (Schmerztherapie mit ggf. lebensverkürzender Auswirkung)

Anders als die direkte Sterbehilfe mit gezielter Lebensverkürzung ist die sog. indirekte Sterbehilfe straffrei.[958] Zwar tritt der Tod hierbei als unbeabsichtigte, aber unvermeidbare Nebenfolge ein, vordergründiges Ziel ist aber die medizinisch notwendige Schmerztherapie, mithin die Ermöglichung eines Todes in Würde und Schmerzfrei-

949 Hierzu *Müller* in: Müller/Renner, BtR und Vorsorgeverfügungen, Rn. 935, 937; *Simon* in: Kettler/Simon/Anselm/Lipp/Duttge, Selbstbestimmung am Lebensende, S. 115 ff. (Niederlande und Belgien); *Heggen* FPR 2010, 272 (273); *Röthel* FPR 2007, 79 (80).

950 *Deutsch/Spickhoff*, Medizinrecht, Rn. 980 (Fn. 51) ergänzt die Möglichkeit des heimtückischen Mordes (§ 211 StGB) mit Verweis auf BGH ZfL 2008, 58.

951 BGHSt 37, 376; BGH NStZ 1987, 365; LG Bamberg ZfL 2013, 57; Schönke/Schröder-*Eser/Sternberg-Lieben*, Vorbem §§ 211 ff. StGB Rn. 21 ff.; *Deutsch/Spickhoff*, Medizinrecht, Rn. 980; *Müller* in: Limmer (u.a.), Würzburger Notarhandbuch, Teil 3 Kap. 3 Rn. 76; *Putz/Steldinger*, Patientenrechte, S. 187; *Röthel* FPR 2007, 79 (80).

952 Näher zu diesbezüglichen Problemfällen in der notariellen Gestaltungspraxis *Renner* in: Müller/Renner, BtR und Vorsorgeverfügungen, Rn. 567 ff.

953 BT-Drucks. 16/8442, S. 3, 7; *Dommermühl* in: Rudolf/Bittler/W.Roth, Vorsorgevollmacht, S. 119.

954 *Knauer-Brose* in: Spickhoff, MedR, § 216 StGB Rn. 4 (Straflose Beihilfe).

955 Standesrechtliche Bestimmungen zur ärztlichen Suizidbeihilfe sind in der Musterberufsordnung (MBO) der Deutschen Ärztekammer sowie zum Teil in den von den Landesärztekammern erlassenen Berufsordnungen (BO) enthalten (hierzu *Sowada* ZfL 2015, 34 ff.; *Verrel/Koranyi* FPPK 2013, 273 (278 ff.) Siehe auch Grundsätze der Bundesärztekammer zur ärztlichen Sterbebegleitung, BÄK DÄBl. 2011, A 346 (Präambel); *Gaidzik* in: Bergmann/Pauge/Steinmeier, Medizinrecht, § 12 Rn. 10 ff.; *Kuschel*, Der ärztliche Suizid, S. 30 ff., 81 ff.; *E.Reimer* ZfL 2015, 66 (67).

956 *Verrel* BtPrax 2015, 173 (176).

957 Näher *Verrel/Koranyi* FPPK 2013, 273 (278).

958 Anerkannt seit der sog. Dolantin-Entscheidung BGHSt 42, 301 = NJW 1997, 807. Dies war lange umstritten, siehe *Roxin* in: Roxin/Schroth, Medizinstrafrecht, S. 86 ff.

heit gemäß dem erklärten oder mutmaßlichen Patientenwillen.[959] Dieses Rechtsgut ist als höherwertiger einzustufen, als die Aussicht unter schwersten Schmerzen, insbesondere sog. Vernichtungs-schmerzen, noch kurze Zeit länger leben zu müssen.[960] Therapieziel ist deshalb die totale Symptomkontrolle – der Sterbeprozess wird als Nebenwirkung beschleunigt.[961] Oftmals versterben die betroffenen Patienten in einer palliativen Tiefen-Sedierung.[962] Eine gezielte, zum Tode führende Überdosierung der Schmerzmittel wäre demnach als verbotene direkte Sterbehilfe strafbewehrt.[963] Die indirekte Sterbehilfe kann somit als gezielte Schmerzlinderung unter der Inkaufnahme einer lebensverkürzenden Wirkung beschrieben werden.[964] Sie darf zum Gegenstand einer Patientenverfügung erhoben werden und ist nicht nur beim Sterbenden zulässig, sondern muss auch für den tödlich Erkrankten möglich sein, bspw. für einen Patienten, der von einer unheilbaren Krebserkrankung betroffen ist.[965] Um unerträgliche Schmerzen zu lindern, können auch dem Demenzkranken in zulässiger Weise medizinisch indizierte und eventuell lebensverkürzende Seditiva verabreicht werden, wenn dies seinem Willen entspricht.[966]

5. Medizinische Maximalbehandlung nur bei ärztlicher Indikation

Im Normalfall geht es dem Vorsorge-Entschlossenen um den Wunsch nach Begrenzung der medizinischen Behandlung, nur selten oder höchst unwahrscheinlich wird es auf den Wunsch zu einer medizinischen Maximalbehandlung ankommen.[967] Es geht dann darum, alle erdenklichen Maßnahmen zur Anwendung gelangen zu lassen, um das Leben aufrecht zu erhalten. In der Literatur existieren entsprechende Formulierungsmuster hierzu.[968] Da die medizinischen Maßnahmen indiziert sein müssen, d.h. von ärztlicher Seite angeboten werden müssen, kann eine geforderte Therapie al-

959 BGHSt 37, 376 = BGH NJW 1991, 2357; BGHSt 42, 301 (305); 46 279 (284 f.), *Erlinger/Warntjen* in: Widmaier, Münchener AnwaltsHandbuch Strafverteidigung, § 50 Rn. 120; *Schumann*, Dignitas – Voluntas – Vita, S. 32.

960 BGH NJW 1997, 807 (810); BGH NJW 2010, 2963 (2967); *Dommermühl* in: Rudolf/Bittler/W.Roth, Vorsorgevollmacht, S. 120.

961 *Roxin* in: Roxin/Schroth, Medizinstrafrecht, S. 313 (327) geht über die Annahme eines Eventualvorsatzes hinaus und lässt auch bei sicherem Wissen über die Beschleunigung des Todeseintritts die Schmerztherapie als indirekte, straflose Sterbehilfe zumindest dann zu, wenn sich bei starken Schmerzen eine ethische Verpflichtung zu ärztlichem Handeln in Form einer hohen Schmerzmitteldosis aufdrängen muss.

962 Vgl. Schönke/Schröder-*Eser/Sternberg-Lieben*, Vorbem §§ 211 ff. StGB Rn. 26a; *Heyers*, Passive Sterbehilfe, S. 21. Zum Begriff der terminalen bzw. palliativen Sedierung: *Nauck/Jaspers/Radbruch* in: Höfling (u.a.), Palliativmedizin, S. 67 ff.; *Müller-Busch* in: Kettler/Simon/Anselm/Lipp/Duttge, Selbstbestimmung am Lebensende, S. 124; *Choi*, Patientenverfügung und Patientenautonomie, S. 58 f., 225 f.

963 *Duttge*, Preis der Freiheit, S. 86 ff. (Terminale Sedierung als Sonderfall der erlaubten indirekten Sterbehilfe).

964 *Quaas/Zuck*, Medizinrecht, § 68 Rn. 187.

965 BGHSt 46, 279 (285); Soergel/*Spickhoff*, § 823 BGB Rn. 32; *Verrel*, Gutachten zum 66. DJT, C 103; *Baltz*, Lebenserhaltung als Haftungsgrund, S. 8.

966 *Magnus* NStZ 2013, 1 (3).

967 *Renner* in: Münch, FamR in der Notar- und Gestaltungspraxis, § 16 Rn. 199.

968 Siehe *M.Winkler*, Vorsorgeverfügungen, S. 70, 72 oder *Schobert* NJW 2000, 2724 ff.

lerdings nicht uneingeschränkt mittels einer etwaigen positiven Patientenverfügung erzwungen werden.[969] Die Anordnung der Maximalbehandlung kann daher nur unter der Voraussetzung der ärztlichen Indikationsstellung umgesetzt werden.[970]

6. Besonderheiten im psychiatrischen Bereich

Dadurch, dass die Regelungen zur Beachtung und Umsetzung von Patientenverfügungen unabhängig von Art und Stadium einer Erkrankung gelten und dass hierüber sichergestellt werden soll, dass schwerkranke Menschen keine Zwangsbehandlungen erdulden müssen, gewinnt die Patientenverfügung auch für solche Menschen große Bedeutung, die an einer psychischen Erkrankung leiden und sich mit ihrer Gesundheit und den Konsequenzen einer Behandlung oder Nichtbehandlung vorsorglich auseinandersetzen wollen.[971]

Dies kann die künftige medizinisch-psychiatrische Behandlung betreffen, etwa die Ablehnung von bestimmten Behandlungsarten wie der Elektroschockbehandlung oder der Einnahme von Psychopharmaka.[972] Maßnahmen der Unterbringung i.S.v. § 1906 BGB können nur insoweit beeinflusst werden, als dass diese tatbestandlich an medizinische Maßnahmen anknüpfen, so etwa bei § 1906 Abs. 1 Nr. 2 BGB.[973] Durch die Versagung von bestimmten ärztlichen Untersuchungen, Heilbehandlungen oder ärztlichen Eingriffen wird nämlich der Unterbringung nach § 1906 Abs. 1 Nr. 2 BGB schlichtweg ihre rechtliche Grundlage entzogen, eine diesbezügliche Unterbringung liefe ins Leere.[974] Mittelbar kann eine solche Unterbringung also durch das Abfassen einer Patientenverfügung verhindert werden. Gleiches gilt für unterbringungsähnliche Maßnahmen auf eben dieser Grundlage (§ 1906 Abs. 4 i.V.m. Abs. 1 Nr. 2 BGB).[975]

Darüber hinaus können unzweifelhaft auch ärztliche Zwangsmaßnahmen nach § 1906 Abs. 3 BGB von einer Patientenverfügung erfasst werden,[976] eine Einschränkung ist von Gesetzes wegen jedenfalls nicht zu erkennen.[977] Grenzen zeigen sich je-

969 BGH NJW 2003, 1588 (1592 f.): Selbstbestimmungsrecht als Abwehrrecht gegen, nicht aber als Anspruch auf eine bestimmte Behandlung. Siehe auch *Müller* in: Limmer (u.a.), Würzburger Notarhandbuch, Teil 3 Kap. 3 Rn. 77; *Renner* in: Münch, FamR in der Notar- und Gestaltungspraxis, § 16 Rn. 199.

970 So *Albrecht/Albrecht*, Die Patientenverfügung, Rn. 175 ff. mit Verweis auf die mögliche Ablehnung der Finanzierung der gewünschten Behandlung durch die Krankenkasse, sollte sich ein Arzt finden, der die maximale Versorgung für indiziert erachtet. Auch *B.Hoffmann* R&P 2010, 201 (202): kein Anspruch auf eine sozialleistungsrechtlich nicht vorgesehene Maßnahme.

971 Ausführlich *Brosey* BtPrax 2010, 161 ff.; *Olzen/Schneider* MedR 2010, 745 (747 ff.).

972 *Brosey* BtPrax 2010, 161 (162).

973 *Olzen/Schneider* MedR 2010, 745 (748).

974 *Diener*, Patientenverfügungen psychisch Kranker, S. 166.

975 Dies gilt sowohl im Fall von mechanischen Vorrichtungen oder auf „andere Weise" als auch für die medikamentöse Sedierung zur Freiheitsentziehung, vgl. *Diener*, Patientenverfügungen psychisch Kranker, S. 169 ff., 175 ff. Die Sedierung gilt dabei als sonstiger ärztlicher Eingriff, da bei ihr nicht der Zweck der Heilung verfolgt wird. Ablehnend demgegenüber *Olzen/Schneider* MedR 2010, 745 (748).

976 *Bünnigmann* BtPrax 2015, 91 (91 f.).

977 *Diener*, Patientenverfügungen psychisch Kranker, S. 166.

doch, wenn die Unterbringung wegen Eigengefährdung nach § 1906 Abs. 1 Nr. 1 BGB betroffen ist: Da es diesbezüglich nicht um medizinische Maßnahmen geht und sich eine schrankenlose Ausweitung des Anwendungsbereichs von § 1901a Abs. 1 BGB verbietet, kann eine Unterbringung nach § 1906 Abs. 1 Nr. 1 BGB nicht durch eine Patientenverfügung abbedungen werden.[978] Selbiges gilt für unterbringungsähnliche Maßnahmen, die tatbestandlich hieran anknüpfen.[979] Im Übrigen kann die öffentlich-rechtliche Unterbringung (PsychKG bzw. UBG oder UnterbrG)[980] wegen Fremd- oder Selbstgefährdung nicht durch eine Patientenverfügung ausgeschlossen werden: Hierbei muss das Selbstbestimmungsrecht des Betroffenen zugunsten der Gefahrenabwehr und des Rechtsgüterschutzes Dritter eingeschränkt werden, andersherum kann das Selbstbestimmungsrecht keine krankheitsbedingte Selbstschädigung rechtfertigen – auch hier überwiegt der staatliche Schutzauftrag zur Erhaltung des Grundrechts auf Leben.[981]

Die Patientenverfügung für den psychiatrischen Bereich beruht hierbei auf denselben Prinzipien wie sonstige Patientenverfügungen, ist aber gegenständlich spezieller auszurichten und der psychischen Erkrankung anzupassen.[982] Probleme in Bezug auf das Bestimmtheitserfordernis oder ihre Passgenauigkeit auf aktuelle Gegebenheiten ergeben sich gleichermaßen.[983] Im Unterschied zur allgemeinen Kasuistik von Patientenverfügungen ist jedoch ein dem psychiatrischen Bereich immanenter Umstand zu bedenken: Psychisch Kranke sind häufig in ihren Entscheidungsfähigkeiten und -möglichkeiten beschränkt, ihre Erkrankung verläuft oftmals chronisch und phasenhaft, eine vernünftige Willensbildung kann (zeitweise) aufgehoben sein.[984] Für sie ist eine Patientenverfügung keine Verfügung für einen Ausnahmefall, sondern sie betrifft in der Regel wiederkehrende Situationen.[985] So ergeben sich gesonderte Schwierigkeiten weniger in Bezug auf ihre inhaltlichen Grenzen und Möglichkeiten als vielmehr im Hinblick auf das aus dem jeweiligen psychiatrischen Zustand resultierende rechtliche Unvermögen, eine Patientenverfügung überhaupt wirksam errichten zu können.[986]

---

978 Gegen eine Analogiefähigkeit des § 1901a Abs. 1 BGB auch *Diener,* Patientenverfügungen psychisch Kranker, S. 151 f.; *Olzen/Schneider* MedR 2010, 745 (748).

979 *Diener,* Patientenverfügungen psychisch Kranker, S. 177, 230.

980 Die öffentlich-rechtliche Unterbringung ist in den jeweiligen Landesgesetzen geregelt; trotz begrifflicher Unterschiede sind die Regelungen im Ergebnis einheitlich, Überblick hierzu *Diener,* Patientenverfügungen psychisch Kranker, S. 187 f. (Fn. 247).

981 Die Selbstgefährdung resultiert aus der psychischen Erkrankung und stellt gerade keine selbstbestimmte Entschlussfassung dar, siehe *Diener*, Patientenverfügungen psychisch Kranker, S. 190.

982 *B.Hoffmann/Klie,* Freiheitsentziehende Maßnahmen, S. 16; *Choi,* Patientenverfügung und Patientenautonomie, S. 164 f.; rechtlich relevante Unterschiede sieht *Hartmann* NStZ 2000, 113 (119).

983 *Nepodil* in: Borasio (u.a.), Patientenverfügung, S. 123 (127); *B.Hoffmann/Klie,* Freiheitsentziehende Maßnahmen, S. 17.

984 *Nepodil* in: Borasio (u.a.), Patientenverfügung, S. 123 (123).

985 *Nepodil* in: Borasio (u.a.), Patientenverfügung, S. 123 (123).

986 *Choi,* Patientenverfügung und Patientenautonomie, S. 164 f. (166); *Diener,* Patientenverfügungen psychisch Kranker, S. 230.

VI. Adressaten- und Beteiligtenkreis

Nach allem was an Voraussetzungen, Möglichkeiten und Grenzen zum wirksamen und verbindlichen Bestehen einer Patientenverfügung zu beachten ist, soll im Folgenden gezeigt werden, wie der Adressaten- und Beteiligten-kreis der Patientenverfügung in der Praxis aufgestellt ist.

1. Beratungs-/Informationsebene

Anders als die privatautonomen Vorsorgemaßnahmen zur Bestimmung eines rechtsgeschäftlichen oder gesetzlichen Vertreters tangiert die Patientenverfügung ausschließlich den Gesundheitsbereich. Zwar ist die Beratungstätigkeit von Rechtsanwälten und Notaren zur juristischen Überprüfung der Patientenverfügung offensichtlich. Ihr medizinischer Regelungsgegenstand führt aber zu einer interdisziplinären Besonderheit: Eine Beratung über das Erstellen einer Patientenverfügung kann deshalb nicht nur von rechtlicher, sondern auch von medizinischer Seite geboten sein.[987] Was die medizinische Seite anbelangt so vermag ein juristischer Berater keineswegs den umfassenden ärztlichen Informationsstand abzudecken – insofern bleibt nur der Verweis an einen ärztlichen Ansprechpartner.[988] Auszugehen ist davon, dass zumeist ein Allgemeinmediziner aufgesucht wird, am ehesten der eigene Hausarzt.[989] Bei Fachärzten bietet sich eine Beratung für den Fall einer entsprechenden Vorerkrankung an, d.h. um eine sog. gesundheitsangepasste Patientenverfügung zu besprechen. Klargestellt werden sollte erneut, dass weder die rechtliche, noch die ärztliche Beratung gesetzlich verpflichtend ist. Ein ärztliches Aufklärungsgespräch ist nur dann erforderlich, wenn es um den (selteneren) Fall einer positiven Patientenverfügung geht. Und selbst hierfür ist optional die Festlegung eines Aufklärungsverzichts möglich.[990] Ein ärztliches Beratungsgespräch wird dennoch genauso wie das Einholen von Rechtsrat empfohlen.[991] Informationsbroschüren und Hilfsmaterial sind bekanntermaßen über die Justizministerien,[992] zusätzlich aber auch über die Ärztekammern abrufbar.[993] Im Unterschied zur Vorsorgevollmacht und zur Betreuungsverfügung gibt es für die Beratung über eine Patientenverfügung im Übrigen keinen gesetzlichen Zuständigkeitsverweis an den Betreuungsverein oder die Betreuungsbehörde.

987 Vgl. *Lipp* notar 2014, 111 (111) (Fn. 5) m.w.N. zur Entwicklung von beratungsspezifischem und interdisziplinär erstelltem Material.

988 *Rieger* FamRZ 2010, 1601 (1603). Vgl. auch *Renner* in: Münch, FamR in der Notar- und Gestaltungspraxis, § 16 Rn. 176, der empfiehlt den Entwurf der Patientenverfügung mit einem Arzt zu besprechen, sodass eine erfolgte ärztliche Aufklärung dokumentiert werden kann.

989 Vgl. *Krüger/Helm* GesR 2012, 456 (457).

990 Siehe § 2 C. II. 3.

991 Näher hierzu *Tamm* in: Tamm/Tonner, Verbraucherrecht, § 25 Rn. 254 (2012).

992 Siehe *Bundesministerium der Justiz und für Verbraucherschutz*, Patientenverfügung, S. 1 ff.; *Bayerisches Staatsministerium der Justiz*, Vorsorge für Unfall, Krankheit, Alter, S. 1 ff.

993 Vor dem Material einzelner Landesärztekammern warnend *Putz/Steldinger*, Patientenrechte, S. 156.

2. Adressatenebene

Bedeutsamer noch als die Beteiligten auf Beratungsebene sind die Adressaten, an die sich die Patientenverfügung in Zukunft wendet und welche von ihr gebunden sein sollen und werden.

a) Allgemeinverbindliche Außenwirkung

Die Patientenverfügung ist als nach außen gerichtete Willensfestlegung allgemeinverbindlich, das heißt sie bindet jeden Beteiligten, der von ihr Kenntnis erlangt.[994] Zu den Adressaten gehören allgemein daher solche, die ausdrücklich genannt sind, sowie Ärzte, Pflegende, Familienangehörige, Betreuer, Bevollmächtigte, das Betreuungsgericht und andere Personen, die am Behandlungsgeschehen bzw. an der Behandlungsentscheidung beteiligt sind.[995] Die Adressaten der Patientenverfügung sind demnach diejenigen, die es angeht. Während sich die Patientenverfügung nicht nur an das im Eilfall zuständige Betreuungsgericht wendet (§§ 1908, 1846 BGB) oder auch an den Verfahrenspfleger als Interessenwahrer nach §§ 298 Abs. 2, 276 FamFG, sind insbesondere dem behandelnden Arzt und dem Betreuer bzw. Vorsorgebevollmächtigten (im Folgenden: Patientenvertreter) gemäß §§ 1901a ff. BGB verpflichtende Aufgaben zugewiesen.[996]

b) „Rangverhältnis" der Adressaten?

Was auf den ersten Blick einen abgeklärten und geordneten Adressatenkreis zu vermitteln vermag – was generalisiert auch zutrifft –, erweist sich bei näherem Hinsehen als unstimmig. Im Einzelnen geht es um die jeweilige (Rang-) Stellung der Adressaten untereinander. In der Literatur sind diesbezüglich die unterschiedlichsten Meinungsbeiträge und -tendenzen zu finden.[997] Aus kautelarjuristischer Sichtweise ist die Klärung der Adressatenstellung nicht unbedeutsam, da diese auch Auskunft darüber gibt, in welcher Wirkung das jeweilige Vorsorgeinstrument zum Einsatz kommt und in welchem Verhältnis die einzelnen Instrumente zu einander stehen.

994 Palandt/*Götz*, § 1901a BGB Rn. 16.

995 BT-Drucks. 16/8442, S. 15; BGHSt 55, 191 (205 f.); Palandt/*Götz*, § 1901a BGB Rn. 16; *Höfling/Engels* in: D.Prütting, Medizinrecht, § 1901a BGB Rn. 10; Staudinger/*W.Bienwald*, § 1901a BGB Rn. 40.

996 Vgl. *Doering-Striening*, Die Patientenverfügung und ihr Adressat, S. 7.

997 Siehe nur: Erman/*A.Roth*, § 1901a BGB Rn. 8; *Deutsch/Spickhoff*, Medizinrecht, Rn. 1015 ff., 1019; *Bichler*, Patientenverfügung, S. 51 ff., 59 ff.; *Diener*, Patientenverfügungen psychisch Kranker, S. 101 ff.; *Lemmerz*, Die Patientenverfügung, S. 105 ff.; *Schork*, Ärztliche Sterbehilfe, S. 117 ff.; *Wassem*, In dubio pro vita?, S. 129 ff.; *Wietfeld*, Selbstbestimmung und Selbstverantwortung, S. 320 ff.; *Boemke* NJW 2013, 1412 (1414); *Brosey* BtPrax 2010, 161 (162); *Duttge* Jahrbuch der Juristischen Gesellschaft Bremen 2014, 66 (69, 72) *Roglmeier* FPR 2010, 282 (284); *Ihrig* notar 2009, 380 ff.; *Niemeck* Berliner Ärzte 2009, 15 (16, 18); *Olzen/Schneider* MedR 2010, 745 (745 ff.).

aa) Behandelnde(r) und Patientenvertreter

Im Näheren betrifft dies die Stellung des Patientenvertreters und des behandelnden Arztes bzw. der Behandlungsseite generell.[998] Es stehen sich also die Institute der Stellvertretung – Betreuung(sverfügung) und Vorsorgevollmacht – einerseits und das Institut der Patientenverfügung andererseits gegenüber. Aufhänger der Diskussion ist zum einen die Formulierung des § 1901a BGB, die sich bezüglich der Umsetzung einer Patientenverfügung scheinbar nur auf den Kontext einer bestehenden oder einzurichtenden Betreuung bzw. einer vorliegenden Bevollmächtigung (§ 1901a Abs. 5 BGB) bezieht und zum anderen der in den §§ 1901a, 1901b, 1904 BGB geregelte Verfahrensablauf, der die Mitwirkung des Patientenvertreters voraussetzt, ihn dazu verpflichtet, den Patientenwillen festzustellen, diesem Geltung zu verschaffen und eventuelle betreuungsgerichtliche Genehmigungen einzuholen.[999] Diese Regelungen lassen die Annahme zu, dass der Gesetzgeber des 3. BtÄndG in Zusammenhang mit einer vorliegenden Patientenverfügung von der Idealvorstellung des Vorhandenseins eines Patientenvertreters ausgeht und hieran entsprechende Konsequenzen zu knüpfen sind.

Die andauernde Kontroverse darüber, an wen sich die Patientenverfügung primär richten soll, bestand dabei schon vor Inkrafttreten des 3. BtÄndG.[1000] Allem Anschein nach ist der Gesetzgeber das Adressatenproblem nicht differenziert genug angegangen,[1001] jedenfalls ist wohl auch nach Einführung des Patientenrechtegesetzes eine gewisse Unsicherheit darüber zu vernehmen, wie sich das Institut der Patientenverfügung gegenüber dem Institut der Betreuung(sverfügung) bzw. der Vorsorgevollmacht verhält.[1002]

(1) Vorrangig: Patientenvertreter?

Einige sehen nun eine so starke Rolle des Patientenvertreters, dass sie seine Beteiligung bzw. Mitwirkung für stets zwingend erachten, auch wenn oder gerade weil „nur" eine Patientenverfügung vorliegt.

998 Im Grunde gibt es „den" behandelnden Arzt nicht; gemeint ist daher nicht nur der behandelnde Arzt, sondern auch das behandelnde Ärzteteam oder das Pflegepersonal, siehe bspw. Palandt/*Götz*, § 1901a BGB Rn. 4, 24; *Kostroman*, Umsetzung des Patientenwillens, S. 28.

999 Zu den Einzelheiten siehe Darstellung bei *Bichler*, Patientenverfügung, S. 51 ff.

1000 Meinungsstand bei *Müller* DNotZ 2010, 169 ff.

1001 Vgl. *Doering-Striening*, Die Patientenverfügung und ihr Adressat, S. 9 m.w.N.

1002 Vgl. nur *Brauer*, Autonomie und Familie, S. 122 ff. oder *Diener*, Patientenverfügungen psychisch Kranker, S. 101 ff.

(a) Keine direkte Geltung der Patientenverfügung – Umsetzung der Patientenverfügung nur indirekt über Vertreter möglich

Diese Ansicht hält sich auf der strikten Linie, dass die Patientenverfügung keine unmittelbare Wirkung entfalten könne und ihre Umsetzung stets der Mitwirkung eines Vertreters bedürfe.[1003] Dabei gleicht sie einer Rückkopplung an diejenigen Stimmen, die der Patientenverfügung eine lediglich indizielle Wirkung zugewiesen wissen woll(t)en.[1004] Konsequenz wäre dann zum einen, dass die Umsetzungsfähigkeit der Patientenverfügung in strikter Abhängigkeit von einer Stellvertretung stünde: Der Vertreter müsste stets selbst für den Patienten *einwilligen*, die Angaben in der Patientenverfügung müssten bei dieser stellvertretenden Einwilligungsentscheidung als Indiz für den Patientenwillen bedacht werden.[1005] Trotz vorliegend wirksamer und eindeutig zutreffender Patientenverfügung müsste der behandelnde Arzt das Eintreffen des Patientenvertreters abwarten, ein Handeln ohne die wirksame Einwilligung des Vertreters wäre rechtswidrig. Nur im medizinischen Not- und Eilfall könnte der Behandelnde die Patientenverfügung selbst überprüfen und entsprechend dem Patientenwillen vorgehen.[1006] Die Patientenverfügung wäre dann nichts weiter als ein Teil des Innenverhältnisses, das Außenverhältnis gegenüber dem Arzt bliebe hiervon unberührt, da ihr hiernach nur eine indirekte Geltung zugeschrieben wird.[1007] Ohne das Zutun eines Stellvertreters wäre die Patientenverfügung praktisch funktionslos.[1008]

(b) Standpunkt der Rechtsprechung?

Auch der zweite Strafsenat des Bundesgerichtshofs hat die Stellung des Patientenvertreters in seinen bisherigen Entscheidungen bestärkt.[1009] Insbesondere mit Beschluss vom 10.11.2010 (2 StR 320/10)[1010] hat der Senat im Hinblick auf den Behandlungsabbruch ausgeführt, dass die Feststellung des behandlungsbezogenen Patientenwillens verfahrensrechtlich abgesichert werden müsse, was zugleich bedeute, dass die Voraus-

---

1003 *Albrecht/Albrecht*, Die Patientenverfügung, Rn. 108 ff., 124 ff., 226, 298; *dies.* MittBayNot 2009, 426 (432 ff.); *Reetz* in: Heckschen (u.a.), Beck'sches Notar-Handbuch, F 200; *Ihrig* notar 2009, 380 ff.; *ders.* DNotZ 2011, 583 ff.; *Kordel* in: Kersten/Bühling, Formularbuch und Praxis der Freiwilligen Gerichtsbarkeit, § 96 Rn. 105; *Kurze* in: Burandt/Rojahn, § 1901b BGB Rn. 71, 73; *Diehn/Rebhan* NJW 2010, 326 (327); *Locher* FamRB 2010, 56 (61 f.); ähnlich *Boemke* NJW 2013, 1412 (1413 f.).

1004 Dies ist aus heutiger Sicht als überholt zu betrachten, BT-Drucks. 16/8442, S. 14, vgl. bereits *Vossler* BtPrax 2002, 240 (241). Für eine indizielle Wirkung: *Albrecht/Albrecht* MittBayNot 2003, 348 (349).

1005 *Diehn/Rebhan* NJW 2010, 326 (327); *Locher* FamRB 2010, 56 (61 f.).

1006 So *Diehn/Rebhan* NJW 2010, 326 (327); *Niemeck* Berliner Ärzte 2009, 14 (18). Kritisch hierzu MünchKommBGB/*Schwab*, § 1901a Rn. 29; *Renner* in: Münch, FamR in der Notar- und Gestaltungspraxis, § 16 Rn. 170; *Holzhauer* FamRZ 2006, 518 (525 f.).

1007 So *Albrecht/Albrecht* MittBayNot 2009, 426 (433); *dies.*, Die Patientenverfügung, Rn. 298; *Ihrig* DNotZ 2011, 583.

1008 In diese Richtung *Boemke* NJW 2013, 1412 (1414).

1009 BGH, Beschl. v. 25.06.2010 – 2 StR 454/09 = NJW 2010, 2963 [Fuldaer Fall]; BGH, Beschl. v. 10.11.2010 – 2 StR 320/10 = NJW 2011, 161 [Kölner Fall].

1010 BGH DNotZ 2011, 622 mit Anm. *Ihrig* DNotZ 2011, 583 ff. = NJW 2011, 161.

setzungen der §§ 1901a, 1901b BGB in Zukunft zu beachten sein werden [müssen], wenn es um die Bestimmung der Grenze einer möglichen Rechtfertigung von kausal lebensbeendenden Maßnahmen geht.[1011] Hierin werden Anhaltspunkte dafür gesehen, dass sich auch der BGH gegen die unmittelbare Bindungswirkung der Patientenverfügung ausspricht.[1012] Auf dieser strikten Linie verstehe es sich deshalb von selbst, dass das Verfahren zum Schutze des Betroffenen verpflichtend eingehalten werden müsse und dass die Patientenverfügung nur im Innenverhältnis zwischen Patient und Vertreter Wirkung entfalten könne.[1013] Für die Aufgaben- und Rollenverteilung, mithin für den „Rang" des jeweiligen Entscheidungsträgers, würde dies bedeuten, dass dem behandelnden Arzt hiernach kein Ermittlungs- oder Umsetzungsrecht zugesprochen werden dürfte, lediglich die Pflicht zur Feststellung der medizinischen Indikation und zur Teilnahme am Konsultationsverfahren sei ihm zugewiesen.[1014] Eine derartige „exklusive oder vorrangige Entscheidungskompetenz" des Patientenvertreters verkennt jedoch erstens, dass das Gesetz in § 1904 Abs. 4 BGB davon ausgeht, dass auch der behandelnde Arzt die Kongruenz der Patientenverfügung überprüfen muss, da ihn zumindest auch die (Kontroll-)Kompetenz des Nichteinschaltens des Betreuungsgerichts trifft und zweitens, dass dem Vertreter allein nicht die medizinische Fachkompetenz zuzuweisen ist, um die Tragweite der Behandlungssituation richtig einschätzen zu können.[1015] Abgesehen von dieser unzutreffenden Pauschal-Rollenverteilung ist es im Ergebnis verfassungsrechtlich untragbar, die unmittelbare Wirkungskraft der Patientenverfügung in Abrede zu stellen.[1016] Diese strikte Ansicht ist mit der Aufrechterhaltung des Selbstbestimmungsrechts des Patienten nicht in Einklang zu bringen. Die patientenautonome Vorabentscheidung liefe ins Leere, wenn ihre direkte Bindungswirkung im Arzt-Patienten-Verhältnis verklärt wird.[1017] § 1901a Abs. 1 BGB normiert keineswegs eine ausschließliche, allein den Patientenvertreter treffende Verbindlichkeit der Patientenverfügung, nur weil dieser dort als einziger Adressat benannt wird.[1018] Die Rolle des Patientenvertreters muss vielmehr

---

1011 BGH DnotZ 2011, 622 (623).

1012 *Ihrig* DNotZ 2011, 583 (585); *Kordel* in: Kersten/Bühling, Formularbuch und Praxis der Freiwilligen Gerichtsbarkeit, § 96 Rn. 105; *Kurze* in: Burandt/Rojahn, ErbR, § 1901b BGB Rn. 71, 73.

1013 So *Kurze* in: Burandt/Rojahn, ErbR, § 1901b BGB Rn. 71, 73.

1014 BGH DNotZ 2011, 622 mit Anm. *Ihrig* DNotZ 2011, 583 (585): Konsultationsverfahren nach § 1901b BGB.

1015 Siehe MünchKommBGB/*Schwab*, § 1901a Rn. 25; *Deutsch/Spickhoff*, Medizinrecht, Rn. 1015; a.A. *Kordel* in: Kersten/Bühling, Formularbuch und Praxis der Freiwilligen Gerichtsbarkeit, § 96 Rn. 105: Passive Evidenzkontrolle als schlichter Reflex zur ärztlichen Pflicht zur medizinischen Beratung.

1016 Hierzu bereits *Müller* DNotZ 2010, 169 (172 ff., 175 ff.), die angesichts der Aufrechterhaltung des Selbstbestimmungsrechts danach differenziert, dass die Patientenverfügung zwar unmittelbare Wirkungskraft entfalte, dass aber ein Patientenvertreter (grundsätzlich) zwingend formal zu beteiligen sei (formale Absicherung des Patientenwillens). Nur Not- und Eilfälle, bei denen weder die (vorläufige) Bestellung eines Betreuers noch eine Eilentscheidung des Gerichts (§§ 1908i Abs. 1 S. 1, 1846 BGB) abgewartet werden könne, sollen von der zwingenden Notwendigkeit der Beteiligung des Vertreters ausgenommen sein. Ähnlich auch *Olzen* JR 2009, 354 (358).

1017 Vgl. *Müller* DNotZ 2010, 169 (175 f.); *Coeppicus* NJW 2011, 2085 (2086).

1018 *Wedlich* BtPrax 2014, 60 (61).

im Gesamtblick des betreuungsrechtlichen Systems betrachtet werden.[1019] Ob die angeführte Rechtsprechung des Strafsenats tatsächlich die Einordnung auf diese strikte Linie verdient, ist dabei eher eine Frage der argumentativen Draufsicht, was innerhalb der Literatur offenkundig dazu führt, dass sie entsprechend der unterschiedlichen Meinungen auch unterschiedlich nutzbar gemacht wird.[1020]

Eine deutlichere Richtungsweisung der Rechtsprechung erlaubt indes der Beschluss des Zwölften Zivilsenats vom 17.09.2014 (XII ZB 202/13) mit der Feststellung, dass bei Vorliegen einer Patientenverfügung und dem Zutreffen ihrer Festlegungen auf die konkrete Lebens- und Behandlungssituation die erforderliche Einwilligung bereits durch den Betroffenen selbst erteilt wurde.[1021] Der Patientenverfügung wird damit grundlegend unmittelbare Außenwirkung zugesprochen; dem Patientenvertreter obliegt es in diesem Fall „nur noch" dem in der Patientenverfügung niedergelegten Willen zur Durchsetzung zu verhelfen. Dies betont der BGH auch mit dem zuletzt ergangenen Beschluss vom 06.07.2016 (XII ZB 61/16), wobei in beiden Beschlüssen ein Systemkontext zum Patientenrechtegesetz,[1022] das zum 26.02.2013 in Kraft getreten ist, unerwähnt bleibt.[1023]

(2) Vorrangig: Behandelnder?

Die Frage einer stets zwingenden Beteiligung eines Patientenvertreters im Range einer nach § 1901a Abs. 1 BGB bestehenden Patientenverfügung scheint insoweit nicht nur von der Rechtsprechung verneinend beantwortet zu sein. Eine Antwort hat auch der Gesetzgeber durch Einführung des § 630d Abs. 1 S. 2 BGB gegeben.[1024]

(a) Direkte Geltung – direkte Umsetzung

Dieser besagt, dass die Einwilligung eines Berechtigten (also bspw. eines Patientenvertreters) nur einzuholen ist, soweit nicht eine Patientenverfügung nach § 1901a Abs. 1 S. 1 BGB die Maßnahme gestattet oder untersagt. Der behandelnde Arzt kann also im Fall einer validen und eindeutigen Patientenverfügung selbst auf

1019 Siehe auch *Wedlich* BtPrax 2014, 60 (61) mit Verweis auf AG Nordenham, Beschl. v. 20.03.2011 – 9 XVII 8/00.

1020 Vgl. nur *Coeppicus* NJW 2013, 2939 (2941) im Gegensatz zu *Ihrig* DNotZ 2011, 583 ff. oder zu *Boemke* NJW 2013, 1412 (1413 f.).

1021 BGH NJW 2014, 3572 (3574).

1022 Vom 20.02.2013, BGBl. I, S. 277.

1023 *Grotkopp* BtPrax 2015, 39 (42) spricht deshalb von einer Eintrübung der vermeintlichen Klarheit dieser Ausführungen.

1024 So BT-Drucks. 17/10488, S. 23, 55; *Knauer/Brose* in: Spickhoff, MedR, § 216 StGB Rn. 19, 22; *Schwedler* MedR 2013, 652 (652 f.); *Diener*, Patientenverfügungen psychisch Kranker, S. 101 ff. (104 ff.); kritisch *Olzen/Lilius-Karakaya* BtPrax 2013, 127 (130); a.A. *A.Roth* in: Dodegge/A.Roth, BtKomm, C 111a.

Grundlage dieser patientenautonomen Regelung entscheiden.[1025] Dies hatten einige Stimmen in der Literatur bereits vor Inkrafttreten des Patientenrechtegesetzes befürwortet.[1026] Der Gesetzgeber bestätigt damit die direkte Geltung der Patientenverfügung i.S.d. § 1901a Abs. 1 BGB, die in erster Linie auch und ggf. allein den behandelnden Arzt trifft.[1027] Es ist dann der Patient selbst, der im Außenverhältnis über seine Patientenverfügung die Einwilligung abgibt, wie sie zur zivil- und strafrechtlichen Rechtfertigung maßgeblich ist.[1028] Als vorweggenommene Entscheidung des Betroffenen erübrigt die Patientenverfügung schlichtweg eine (zusätzliche) Einwilligung durch die Vertreterperson.[1029] Den Arzt trifft demgemäß (auch) eine Prüfungs- und Umsetzungsbefugnis bzw. vielmehr -pflicht in Bezug auf die ihn direkt bindende Patientenverfügung.[1030] Soweit er davon überzeugt ist, dass die Patientenverfügung ausreichend präzise formuliert ist und passgenau auf die medizinische Situation zutrifft, hat er der Anordnung in der Patientenverfügung Folge zu leisten.[1031]

(b) Sonstige rechtliche Interessenwahrnehmung?

Aus dem bisher Gesagten könnte sich zunächst die Schlussfolgerung ziehen lassen, dass die unmittelbare inter-omnes Wirkung der Patientenverfügung den oder die Behandelnden wegen § 630d Abs. 1 S. 2 BGB de jure zum primären Adressaten erhebt. Situativ bedingt ist der Arzt freilich schon deshalb zwingender Beteiligter des Geschehens, weil ohne ihn keine medizinische Behandlung denkbar ist. Dies entspricht zwar einem situationsbezogenen „Vorsprung" des Arztes, damit ist aber nicht eine adressatenbezogene „Vorrangigkeit" des Arztes und vor allem nicht eine solche gegenüber einem ebenfalls vorhandenen Patientenvertreter gemeint.[1032] Insbesondere soll nicht

---

1025 So auch die Gesetzesbegründung BT-Drucks. 17/10488, S. 23; siehe auch Empfehlungen der BÄK und der ZEKO DÄBl. 2013, A 1580; *Olzen/Lilius-Karakaya* BtPrax 2013, 127 (130); *Schwedler* MedR 2013, 652 (652 f.); allgemein auch: *Höfling/Engels* in: D.Prütting, MedR, § 1901a BGB Rn. 13; Hk-BGB/*Kemper*, § 1901a BGB Rn. 12 f.; *Coeppicus* NJW 2013, 2939 (2942).

1026 *Kaiser* in: Ratzel/Luxenburger, Medizinrecht, § 13 Rn. 511 (2011); *Renner* in: Müller/Renner, BtR und Vorsorgeverfügungen, Rn. 482 ff.; *Leutheusser-Schnarrenberger* in: Borasio (u.a.), Patientenverfügung, S. 145 (146 f.); *Coeppicus* NJW 2011, 2085 (2086 f.); *Hoppe* FPR 2010, 257 (259); *Kostorz* ArztR 2010, 116 (120); *Kutzer* MedR 2010, 531 (532); *Putz* FPR 2012, 13 (16); *Renner* ZNotP 2009, 371 (375 f.); *Spickhoff* NJW 2011, 1651 (1652).

1027 Siehe bereits MünchKommBGB/*Schwab*, § 1901a Rn. 8 (Fn. 10), 25; *Renner* ZNotP 2009, 371 (375 f.).

1028 BGH BtPrax 2010, 226; OLG Oldenburg BtPrax 2010, 246; Bamberger/H.Roth-*Müller*, § 1901a BGB Rn. 17; *Kieß* in: Jurgeleit, BtR, § 1901a BGB Rn. 39; Palandt/*Diederichsen*, § 1901a BGB Rn. 16, 20 ff. (71. Auflage 2012); *Renner* in: Müller/Renner, BtR und Vorsorgeverfügungen, Rn. 482 ff.; *Brosey* BtPrax 2009, 175 ff.; *Olzen* JR 2009, 354 (358); *Reus* JZ 2010, 80 (83); a.A. *Albrecht/Albrecht*, Die Patientenverfügung, Rn. 39, 298; *Diehn/Rebhan* NJW 2010, 326 (327 f.).

1029 BT-Drucks. 16/8442, S. 14; Palandt/*Weidenkaff*, § 630d BGB Rn. 3; Hk-BGB/*Kemper*, § 1901a BGB Rn. 12 f.; *Coeppicus* NJW 2013, 2939 (2940 f.); *B.Hoffmann* BtPrax 2009, 7 (12); differenzierend *Müller* DNotZ 2010, 169 (178); *Olzen* JR 2009, 354 (358).

1030 MünchKommBGB/*Schwab*, § 1901a Rn. 25.

1031 So nunmehr auch *Albrecht/Albrecht* MittBayNot 2015, 110 (110 f.) zugleich Besprechung des BGH-Beschlusses vom 17.09.2014 (XII ZB 202/13).

1032 Hierzu sogleich unter § 2 C. VI. 2. b) aa) (3).

suggeriert werden, dass mit dem Aufsetzen einer Patientenverfügung aus Sicht eines Vorsorge-Entschlossenen alles Erforderliche zur rechtlichen Organisation privatautonomer Vorsorge getan ist, weil mehr als ihre grundlegende verbindliche Wirkung an die Behandlungsseite nicht erreicht werden braucht. Dies entspricht nicht der Rechtswirklichkeit. Die rechtliche Interessenwahrnehmung geht zum einen über den Funktionsbereich der Patientenverfügung hinaus, denn diese trifft schlicht und ergreifend „nur" die Anordnung darüber, ob eine Einwilligung in eine medizinische Behandlung erteilt oder versagt werden soll. Zum anderen lässt sich die Passgenauigkeit der Patientenverfügung – sollte das Schriftstück dem Behandelnden überhaupt ohne Weiteres bekannt sein und vorliegen – in der Mehrheit der Fälle nicht zweifelsfrei feststellen.[1033] Rechtsgeschäftliche Erklärungen einerseits und medizinische Entscheidungen andererseits, die von der unmittelbar geltenden Patientenverfügung gerade nicht gedeckt sind, bedürfen daher weiterhin der Umsetzung.[1034] Hierzu gehört gleichermaßen die Entscheidung über einen Arzt- oder Krankenhauswechsel.[1035] Weiterhin gilt das Umsetzungsbedürfnis umso mehr, sofern die Patientenverfügung nicht anerkannt oder akzeptiert wird, ihre unmittelbare Wirkung also vereitelt wird.[1036] So muss evtl. dafür Sorge getragen werden, dass die Beachtung des Patientenwillens auf dem Rechtsweg durchgesetzt wird, etwa weil sich Arzt oder Pflegepersonal der Umsetzung verweigern.[1037] Es wird deutlich, warum die Behandlungsseite nicht gleichzeitig für den Patienten und gegen sich selbst agieren kann.[1038]

(3) Nebeneinander von Behandelndem und Patientenvertreter

Im Ergebnis führt insbesondere die unsichere Ausgangslage um die Richtigkeitsgewähr einer Patientenverfügung auf das System der §§ 1901a ff. BGB: Dort ist das Adressatenverhältnis von Patientenvertreter und Behandelndem als ein kooperatives Nebeneinander zu verstehen.[1039] Der Gesetzgeber selbst favorisiert das Vorhanden-

1033 Dies setzt eine zweifellose ärztliche Überzeugung voraus, die in den meisten Fällen nicht gegeben ist, hierzu *Laube* FPR 2010, 255 (256): Die Zahl der Fälle von einschlägigen Patientenverfügungen sei als gering einzuschätzen. Siehe auch die eigens erhobene Studie bei *Vorländer*, Medizinische Indikation und Selbstbestimmung, S. 249 ff. (257): Im Durchschnitt erachteten die befragten Teilnehmer ihnen begegnende Patientenverfügungen zu 41,21 % für nicht direkt anwendbar.

1034 Vgl. BT-Drucks. 16/8442, S. 15; *B.Hoffmann* in: W.Bienwald/Sonnenfeld/B.Hoffmann, BtR, § 1901a BGB Rn. 51 (5. Auflage 2011).

1035 BT-Drucks. 16/8442, S. 15; *Brauer*, Autonomie und Familie, S. 123 f.

1036 *Geißendörfer*, Selbstbestimmung des Entscheidungsunfähigen, S. 69; *Lipp/Brauer* in: Höfling, Patientenverfügungsgesetz, S. 17 ff. (32 f.).

1037 Vgl. Staudinger/*W.Bienwald*, § 1901a und b BGB Rn. 59; *Lipp*, Patientenautonomie und Lebensschutz, S. 34; *Brauer*, Autonomie und Familie, S. 123 f.; zu diesbezüglichen Erfahrungen aus der Praxis siehe *Putz/Steldinger*, Patientenrechte, S. 57 ff.

1038 So auch *Doering-Striening*, Die Patientenverfügung und ihr Adressat, S. 12 mit Verweis auf den Rechtsgedanken nach §§ 1897 Abs. 3, 1896 Abs. 2 BGB.

1039 So auch *Doering-Striening*, Die Patientenverfügung und ihr Adressat, S. 10. Anders formuliert, im Ergebnis aber gleichlautend: *Lipp* in: Laufs/Katzenmeier/Lipp, ArztR, Kap. VI Rn. 171 [Vorrang des Patientenvertreters im Verfahren, aber keine ausschließliche Zuständigkeit für die Feststellung des Patientenwillens].

sein eines Patientenvertreters bei gleichzeitigem Vorliegen einer Patientenverfügung (bzw. sonstiger vorsorglicher Willensbekundung), vgl. §§ 1901a ff. BGB.

(a) Gesetzlicher Idealfall: Gleichrangige Adressaten

Für diesen Idealfall hat das Gesetz klare Regeln aufgestellt was den Verfahrensablauf und das Handeln des Vertreters und des Arztes anbelangt.[1040] Die Beteiligten werden dabei als gleichrangige Adressaten von der Patientenverfügung gebunden. So obliegt es zunächst dem Arzt – wie es bereits seinen berufsrechtlichen Pflichten entspricht – die medizinische Indikation zu stellen (§ 1901b Abs. 1 S. 1 BGB).[1041] Hieran schließt das dialogische Beratungsgespräch zwischen Arzt und Patientenvertreter an: Die indizierte Maßnahme soll unter Berücksichtigung des Patientenwillens erörtert werden (§ 1901b Abs. 1 S. 2 BGB).[1042] Der Patientenvertreter spricht dabei für den Patienten, wobei er die in § 1901a und 1901b BGB umschriebenen Funktionen zu erfüllen hat.[1043] Hierzu gehört, dass er überprüft, ob die Patientenverfügung wirksam ist und ob die in ihr getroffene Anordnung auf die aktuelle Lebens- und Behandlungssituation einschlägig zutrifft; ist dies der Fall, hat er ihr Ausdruck und Geltung zu verschaffen, sie also durchzusetzen.[1044] Die Einwilligung oder Nichteinwilligung in die medizinische Behandlungsmaßnahme erklärt aber nicht der Patientenvertreter, da diese Entscheidung bereits vom Patienten selbst getroffen worden ist.[1045] Der Arzt muss hierbei Acht geben, dass für sein Tun die nötige Legitimationsgrundlage besteht, die Maßnahme also von der Patientenverfügung gedeckt ist.[1046] Teilt er nicht die Auffassung des Patientenvertreters, dass die Patientenverfügung wirksam ist oder in Kongruenz zur aktuellen Lebens- und Behandlungssituation steht, muss diese Meinungsverschiedenheit der gerichtlichen Klärung zugeführt werden (§ 1904 Abs. 4 BGB).[1047] Bei Anhaltspunkten einer offensichtlichen Fehlentscheidung soll sich der Arzt demnach an das Betreuungsgericht wenden.[1048] Insgesamt ergibt sich aber sowohl für den Arzt als auch für den Patientenvertreter gleichermaßen eine ihrer Verantwortung entsprechende Einbindung in das Geschehen.[1049] Beide sind als Adressaten der Patien-

1040 Vgl. auch *Coeppicus*, Patientenverfügungen und Sterbehilfe, S. 64 (Fn. 76).
1041 BT-Drucks. 16/13314, S. 20.
1042 BT-Drucks. 16/13314, S. 20.
1043 Siehe BT-Drucks. 16/8442, S. 14. Zur möglichen Schadensersatzhaftung wegen Nichtumsetzung einer Patientenverfügung („Ausdruck und Geltung verschaffen"), vgl. *Coeppicus*, Patientenverfügungen und Sterbehilfe, S. 85.
1044 BT-Drucks. 16/8442, S. 11, 14 f.; MünchKommBGB/*Schwab*, § 1904 Rn. 19; *Lipp/Brauer* in: Höfling, Patientenverfügungsgesetz, S. 17 ff. (32).
1045 BT-Drucks. 16/8442, S. 14; *Reus* JZ 2010, 80 (83).
1046 MünchKommBGB/*Schwab*, § 1901a Rn. 25.
1047 MünchKommBGB/*Schwab*, § 1904 Rn. 22.
1048 Grundsätze der Bundesärztekammer zur Sterbebegleitung DÄBl. 2011, A 346 (A 347).
1049 Vgl. BT-Drucks. 16/8442, S. 11, 15.

tenverfügung direkt von ihr gebunden und verpflichtet diese auszulegen und den in ihr enthaltenen Patientenwillen festzustellen.[1050]

(b) Gesetzliche Grundoption: Behandelnder als „alleiniger" Adressat

Anders als es dem gesetzlichen Idealfall vorschwebt, ist es in der Praxis möglich, dass (noch) kein Betreuer bestellt bzw. kein Bevollmächtigter benannt ist, eine Patientenverfügung aber isoliert vorliegt. Die §§ 1901a ff. BGB wenden sich an den Patientenvertreter, sie regeln nicht die Wirkung der Patientenverfügung im Arzt-Patienten-Verhältnis – hierzu gelten vielmehr die allgemeinen Grundsätze.[1051] Lediglich in § 1901b Abs. 1 BGB werden diese Grundsätze ausschnitthaft und allenfalls klarstellend benannt.[1052] Ohne einen Patientenvertreter kommen die §§ 1901a ff. BGB daher nicht zur Anwendung, erst mit seiner Bestellung bzw. ab dem Zeitpunkt seiner Bevollmächtigung müssen sie beachtet werden.[1053] Dadurch, dass aber eine Patientenverfügung vorliegt, die eine eigenständige Legitimations- und Wirkungskraft forciert, kann zumindest auf Einwilligungsebene der medizinischen Behandlung an deren originäre Funktion angeknüpft werden. Dies bedeutet, dass der Arzt den Patientenwillen anhand der Patientenverfügung festzustellen und diesen direkt umzusetzen hat – jedenfalls sofern er ohne Restzweifel davon überzeugt ist, dass die Patientenverfügung wirksam ist[1054] und eindeutig auf die aktuelle Lebens- und Behandlungssituation zutrifft.[1055] Der behandelnde Arzt ist ohne den vorhandenen Patientenvertreter denknotwendig der „alleinige" Adressat der Patientenverfügung.[1056] Ein Rangverhältnis kommt gar nicht erst zur Entstehung. Doch ist hier weiter danach zu differenzieren, ob außerhalb dieses gemäß § 630d BGB von der Patientenverfügung voll abgedeckten Funktionsbereichs eine Stellvertretung, d.h. eine rechtliche Interessenwahrnehmung, nötig ist. Dies würde ggf. dazu überleiten, die Bestellung eines Betreuers beim Betreu-

1050 Vgl. *Lipp* in: Laufs/Katzenmeier/Lipp, ArztR, Kap. VI Rn. 152, 154, 172; *Spickhoff* MedR 2015, 845 (853); a.A. *Duttge* Jahrbuch der Juristischen Gesellschaft Bremen 2014, 66 (70 f.): Der Gesetzgeber habe gerade keine „checks and balances"-Situation zwischen Arzt und Stellvertreter geschaffen.

1051 *Lipp* in: Lipp, Vorsorgeverfügungen, § 17 Rn. 136.

1052 *Lemmerz*, Die Patientenverfügung, S. 106 f.

1053 *Coeppicus*, Patientenverfügungen und Sterbehilfe, S. 64 (Fn. 76); *Lipp/Brauer* in: Höfling, Das neue Patientenverfügungsgesetz, S. 17 (32); *Lemmerz*, Die Patientenverfügung, S. 109.

1054 Zu klären ist, ob dem wirksamen Bestehen kein (auch formlos denkbarer) Widerruf entgegensteht, *Brosey* BtPrax 2010, 161 (164). Sollte die Patientenverfügung eine positive Entscheidung zur Vornahme einer Behandlung enthalten, so ist außerdem zu beachten, dass die Patientenverfügung nur mit vorangegangener Aufklärung oder bei Aufklärungsverzicht wirksam ist, siehe BT-Drucks. 17/10488, S. 23; *Wedlich* BtPrax 2014, 60 (61); hierzu auch *Olzen/Lilius-Karakaya* BtPrax 2013, 127 (130).

1055 BT-Drucks. 17/10488, S. 23; Grundsätze der Bundesärztekammer zur ärztlichen Sterbebegleitung, BÄK DÄBl. 2011, A 346 (A 347); Empfehlungen der BÄK und der ZEKO für den Umgang mit Vorsorgevollmacht und Patientenverfügung in der ärztlichen Praxis, vgl. DÄBl. 2013, A 1580 (A 1582). Vgl. auch *Spickhoff* in: Spickhoff, MedR, § 1901a BGB Rn. 16.

1056 Auch wenn der Patientenvertreter nicht vorhanden ist und der Arzt insofern „allein" angesprochen ist, müssen ggf. die nahen Angehörigen und Vertrauenspersonen als Adressaten mitbedacht werden, näher § 2 C. VI. 2. b) bb).

ungsgericht anzuregen. Die Verantwortung dieser Überlegungen ist dabei in die Hände der Behandlungsseite gelegt. Sollte dem Arzt tatsächlich eine Patientenverfügung vorliegen, etwa weil der Patient sie zuvor selbst mitgebracht hat und womöglich noch Gelegenheit blieb, sie zu besprechen, und hält der Arzt diese dann auch für einschlägig, so hat er den Patientenwillen des nunmehr einwilligungsunfähigen Patienten umzusetzen.[1057] Im Übrigen dürfte die Anregung der Bestellung eines Betreuers beim Betreuungsgericht seitens der Ärzteschaft bzw. von Seiten des Sozialdienstes von Kliniken[1058] aber bereits aus eigener Vorsicht heraus den Regelfall darstellen,[1059] denn nur über das sodann einzuleitende Erörterungsverfahren nach § 1901b BGB oder ggf. über eine betreuungsgerichtliche Genehmigung nach § 1904 Abs. 4 BGB könnte Zweifeln über die Einschlägigkeit der Patientenverfügung begegnet werden.[1060] Eventuell weiß aber auch ein Betreuer, der erst jetzt bestellt wird und hinzukommt, nicht mehr über den Patienten und seinen Willen als der bisher am Geschehen beteiligte Arzt.[1061] Im Notfall müsste der Arzt im Übrigen „sogar" auf Grundlage des mutmaßlichen Patientenwillens entscheiden (§ 630d Abs. 1 S. 4 BGB), sollte er die ihm vorliegende Patientenverfügung nicht für valide und aktuell zutreffend erachten.[1062] Für die mögliche Einschaltung des Gerichts verbliebe notfallbedingt kein Raum.[1063]

Auftretende Anzweifelungen über die Richtigkeitsgewähr von Patientenverfügungen, die vermehrt wahrgenommen und über die Rechtsprechung belegbar gemacht werden können, sorgen für eine latente Beklommenheit.[1064] Dies verstärkt sich noch, bedenkt man, dass der denknotwendig beteiligte Mediziner in der hier beschriebenen Situation – ohne vorhandenen Patientenvertreter – allein dastehen muss, um die Deutungsaufgabe zu übernehmen.[1065] An dieser Stelle zeigt sich der gedankliche Kern des „Adressatenproblems": Muss nicht der Schutzmechanismus des in §§ 1901a ff. BGB vorgesehenen kooperativen Deutungs- und Durchsetzungsprozesses zwingend gerade auch dann greifen, wenn zunächst kein Patientenvertreter vorhanden ist?[1066] Um Ordnung in das Verhältnis des Instituts der rechtlichen Betreuung bzw. der Vorsorgevollmacht einerseits zum Institut der Patientenverfügung andererseits zu bringen, wird betreuungsrechtsspezifisch auf das Prinzip der Erforderlichkeit

---

1057 Siehe auch *Spickhoff* in: Spickhoff, MedR, § 1901a BGB Rn. 16.

1058 Vgl. *A.Albrecht* in: Hager, Die Patientenverfügung, S. 51 (56).

1059 Explizit: BÄK DÄBl. 2013, A 1580 ff. (A 1585).

1060 Hierzu *Albrecht/Albrecht* MittBayNot 2015, 110 (111 und 114).

1061 Allgemein zu Ermittlungsversagen und dem Risiko der Fehldeutung des Patientenwillens *Duttge* Jahrbuch der Juristischen Gesellschaft Bremen 2014, 66 (69 f.).

1062 Vgl. *Lipp* in: Laufs/Katzenmeier/Lipp, ArztR, Kap. III Rn. 55.

1063 Anders Bamberger/Roth-*Müller*, § 1901a BGB Rn. 20 die die Einschaltung des Gerichts und (damit einhergehend) die Bestellung eines Betreuers unabhängig vom Vorliegen einer Patientenverfügung für zwingend erachtet und nur den Eilfall als Ausnahme hierzu anerkennt.

1064 Exemplarisch: BGH FamRZ 2016, 1671 = BtPrax 2016, 187.

1065 Zum Problem der Deutungshoheit siehe auch *Duttge* JZ 2015, 43 (45 f.) [Anm. zu BGH JZ 2015, 39], der es als sträfliche Vernachlässigung betrachtet, dass der Deutungs- und Durchsetzungsprozess der Praxis (also Ärzten und Patientenvertretern) überlassen wird.

1066 *Höfling/Engels* in: D.Prütting, MedR, § 1901a BGB Rn. 12; *Spickhoff* in: Spickhoff, MedR, § 1901a BGB Rn. 16.

in § 1896 Abs. 2 BGB verwiesen.[1067] Die konsequente Anwendung dieses Grundsatzes äußert sich in zweierlei Hinsicht: Erstens kann die stellvertretende Interessenwahrnehmung für die Erklärungen und Entscheidungen erforderlich werden, die nicht von der Patientenverfügung erfasst werden, und zweitens, kann eine Stellvertretung erforderlich werden, wenn es um die rechtliche Durchsetzung der Patientenverfügung geht, die bisher bspw. wegen Unkenntnis oder Nichtakzeptanz vereitelt wird.[1068] Die adäquate und formelle Durchsetzung der Patientenverfügung betrifft dabei die Interessenwahrnehmung außerhalb der Einwilligungsebene, d.h. außerhalb der Behandlungsentscheidung.[1069] Dies ist die originäre Aufgabe, die das Gesetz dem Patientenvertreter in § 1901a Abs. 1 S. 2 BGB zuweist: Er soll der Patientenverfügung Ausdruck und Geltung verschaffen und muss für diesen Zuständigkeitsbereich erforderlichenfalls bestellt werden.[1070] Wenn der Gesetzgeber also erklärt, bei Vorliegen einer Patientenverfügung bedürfe es nicht zwingend eines Patientenvertreters, so bezieht sich dies auf das originäre Funktionsfeld der Patientenverfügung, nicht aber auf die sonstigen rechtlichen Anliegen, in Bezug derer der Patient anderenfalls schutzlos gestellt wäre.[1071]

Eine Entscheidung nach dem Prinzip der Erforderlichkeit zu treffen, ist jedoch dem Betreuungsgericht überantwortet, das in diesem Zusammenhang bspw. über die Bestellung oder Nichtbestellung eines Betreuers zu befinden hat. Der Zeitpunkt, an dem bereits erstmalig eine einzelfallbezogene Auswertung der Patientenverfügung in der jeweiligen Situation vorgenommen werden müsste und an dem bereits das jeweilige, ggf. noch zu komplettierende Adressatenbild erzeugt wird, ist der gerichtlichen Prüfung jedoch typischerweise vorgelagert. Die Überlegung darüber, ob die Patientenverfügung sofort umsetzbar ist oder – erforderlichenfalls – ein weitergehender Schutzbedarf für den Betroffenen besteht, fällt nach aktueller Gesetzeslage in der hier beschriebenen Situation daher de facto in den Verantwortungsbereich der behandelnden Ärzte. Damit hat es der Gesetzgeber dem Selbstbestimmungsfähigen in seiner Ei-

---

1067 BT-Drucks. 16/8442, S. 14 f.; AG Frankfurt FamRZ 2002, 1508; Grundsätze zur ärztlichen Sterbebegleitung DÄBl. 2011, A 346 (347); MünchKommBGB/*Schwab*, § 1901a Rn. 33; Staudinger/*W.Bienwald*, § 1901a und b BGB Rn. 55 ff., *B.Hoffmann* in: W.Bienwald/Sonnenfeld/B.Hoffmann, BtR, § 1901a BGB Rn. 50 (5. Auflage 2011); *Lipp* in: Lipp, Vorsorgeverfügungen, § 17 Rn. 46; *Heßler* in: Borasio (u.a.), Patientenverfügung, S. 140 (143); *Sternberg-Lieben* in: Festschr f Roxin, S. 537 (545); *Lipp/Brauer* in: Höfling, Patientenverfügungsgesetz, S. 17 ff. (32 f.); *Heyers*, Passive Sterbehilfe, S. 350 f.; *Vossler* BtPrax 2002, 240 ff.

1068 Vgl. BT-Drucks. 16/8442, S. 14 f.; *Geißendörfer*, Selbstbestimmung des Entscheidungsunfähigen, S. 69; *Lipp/Brauer* in: Höfling, Patientenverfügungsgesetz, S. 17 ff. (32 f.).

1069 Vgl. BT-Drucks. 16/8442, S. 14; *Lipp/Brauer* in: Höfling, Patientenverfügungsgesetz, S. 17 ff. (32 f.).

1070 BT-Drucks. 16/8442, S. 11; BGHZ 154, 205 = FamRZ 2003, 748; *B.Hoffmann* in: W.Bienwald/Sonnenfeld/B.Hoffmann, BtR, § 1901a BGB Rn. 50 (5. Auflage 2011); *Kieß* in: Jurgeleit, BtR, § 1901a BGB Rn. 43.

1071 Im Mittelpunkt der „Situation ohne Patientenvertreter" steht also die Bestellung eines Betreuers, da sich im Anwendungsfeld der Patientenverfügung die Frage nach einer jetzt auszuübenden Vollmachterteilung durch den Handlungsunfähigen erübrigt; ist ein Bevollmächtigter vorhanden, muss er im Regelfall (siehe oben) auch einbezogen werden; missverständlich daher BT-Drucks. 17/10488, S. 54 f. [Gegenäußerung der Bundesregierung zur Stellungnahme des Bundesrates]: „... der unzutreffende Eindruck, dass es im Falle einer vorliegenden Patientenverfügung zwingend *eines Bevollmächtigten oder der Bestellung eines Betreuers* bedarf."

genverantwortung freigestellt, eine Patientenverfügung auch ohne einen Stellvertreter – im Vertrauen auf ihre eigendynamische „Selbstdurchsetzung“[1072] – in die Welt zu schicken.[1073] Mit der Regelung in § 630d Abs. 1 S. 2 BGB geht daher die gesetzliche Option einher, dem behandelnden Arzt die Umsetzung der Patientenverfügung im Alleingang zu verantworten. Der Arzt darf und muss den einwilligungsunfähigen Patienten auf der Grundlage von §§ 677 ff. BGB bzw. aufgrund der einschlägigen, direkt geltenden Patientenverfügung gemäß § 630 Abs. 1 S. 2 BGB behandeln.[1074] Die §§ 1901a ff. BGB – obwohl sie in § 1901a Abs. 1 BGB zugleich auch die gesetzliche Verankerung der Patientenverfügung darstellen – umkleiden diese „Grundoption“ und ergänzen sie verfahrensspezifisch, soweit ein Stellvertreter in Gesundheitsangelegenheiten vorhanden ist.[1075] § 630d Abs. 1 S. 2 BGB fügt sich somit ohne Weiteres in das Systemverständnis der §§ 1901a ff. BGB ein.[1076]

(4) Schlussfolgerungen für die Praxis

Entscheidend für die Praxis ist gesamtbetrachtend das Zusammenwirken von Arzt und Patientenvertreter als prinzipiell gleichrangig verpflichtete Adressaten (§§ 1901a ff. BGB) – nur wenn kein Patientenvertreter vorhanden ist, ist der behandelnde Arzt als „alleiniger“ Adressat der Patientenverfügung befugt und verpflichtet, diese umzusetzen (§ 630d Abs. 1 S. 2 BGB).[1077] Nachzuvollziehen ist damit, dass zwar verfahrenstechnisch von einem idealisierten Nebeneinander von Stellvertretung und Patientenverfügung ausgegangen werden darf, sich in der praktischen Wirklichkeit jedoch „Verschiebungen“ ergeben können. Dies ist nicht nur von akuten Notfällen beeinflusst, sondern im Einzelfall auch davon, ob überhaupt eine entsprechend kombinierte Vorsorge getroffen wurde. Weiter steht zur Frage, ob die Institute ihrer Aufgabe und Funktion im Sinne des Patientenwillens gerecht werden: So darf man im Grundsatz Zweifel daran haben, ob ein Stellvertreter (generell) geeignet ist, die Interessen des Patienten wahrzunehmen oder daran, ob die Patientenverfügung allein zur ge-

---

1072 Sehr kritisch hierzu: *Duttge* JZ 2015, 43 (45); *ders.* in: Jahrbuch der Juristischen Gesellschaft Bremen 2014, 66 (73): Der Inhalt einer Patientenverfügung verstehe sich nicht von selbst; er könne sich nicht allein exekutieren.

1073 Das Gesetz lässt es ungeregelt, was passiert, wenn kein Betreuer bestellt oder kein Bevollmächtigter benannt wurde, vgl. *Höfling/Engels* in: D.Prütting, MedR, § 1901a BGB Rn. 12.

1074 Vgl. *Lipp* in: Laufs/Katzenmeier/Lipp, ArztR, Kap. III Rn. 55.

1075 An dieser Doppelausrichtung entsteht letztlich das Missverständnis um die Patientenverfügung und ihr Verhältnis zur Gesundheitsstellvertretung.

1076 Hiervon ausgehend: *Lipp* in: Laufs/Katzenmeier/Lipp, ArztR, Kap. VI Rn. 171; *Brauer,* Autonomie und Familie, S. 123; *Schwedler* MedR 2013, 652 (653). Anders *Diener*, Patientenverfügungen psychisch Kranker, S. 105 f. mit Verweis auf BR-Drucks. 312/1/12, S. 12 = BT-Drucks. 17/10488, Anlage 3, S. 37 (41) und den Widerspruch zwischen § 630d BGB und §§ 1901a, 1901b BGB. So auch *Duttge* Jahrbuch der Juristischen Gesellschaft Bremen 2014, 66 (73): § 630d Abs. 1 S. 2 BGB stehe mit seinen Erwägungen nicht nur in direktem Widerspruch zum Betreuungsrecht, sondern auch zum Grundmotiv der Stärkung der Patientenrechte.

1077 Eine „Patientenanweisung“, die extra für den Notfall und das Nichtvorhandensein eines Vertreters formuliert wird, ist daher überflüssig, so aber *Stolz* BtPrax 2011, 103 (105).

wünschten Umsetzung führt.[1078] Mit der umsichtigen Auswahl eines persönlichen Vertrauten und wegen des Bedürfnisses zu einer weitergehenden Wahrnehmung der rechtlichen Interessen außerhalb der Funktionsebene der Patientenverfügung, kann im Ergebnis jedoch die nachhaltige Tendenz erhoben werden, dass auf einen Vertreter weniger verzichtet werden kann als auf eine (isolierte) Patientenverfügung, die für sich selbst „sprechen" und sich eigendynamisch durchsetzen müsste.[1079]

bb) Nahe Angehörige, Vertrauenspersonen

Ein bedeutender Beitrag zur Ermittlung des Patientenwillens kann im Weiteren von nahen Angehörigen oder sonstigen Vertrauenspersonen ausgehen, die den Betroffenen und seine Wünsche und Vorstellungen infolge der persönlichen Beziehung näher einzuschätzen vermögen. Ihre Stellung als Adressat ist ebenfalls zu klären. Im Zusammenhang mit der Feststellung des in der förmlichen Patientenverfügung festgehaltenen Willens (§ 1901a Abs. 1 BGB) besagt § 1901b Abs. 2 BGB, dass die nahen Angehörigen oder sonstigen Vertrauenspersonen[1080] hinzugezogen werden „sollen", sofern dies ohne erhebliche Verzögerung möglich ist.[1081] Das heißt, dass nur im Ausnahmefall von der Einbeziehung derer abgesehen werden darf, denen „Gelegenheit zur Äußerung" gegeben werden soll.[1082] Teilfrage ist auch hier, wer überhaupt für diese Einbeziehung zuständig sein soll. § 1901b BGB versteht sich dabei als Folgeregelung zu § 1901a BGB. Auch hier ist das vom Gesetzgeber idealisierte Vorhandensein eines Patientenvertreters bei gleichzeitigem Vorliegen einer Patientenverfügung einzusehen, vgl. nur § 1901b Abs. 2 BGB: „des Betreuten". Gemäß der soeben erarbeiteten Nebeneinander-Kompetenz ist sowohl der Arzt als auch der Patientenvertreter für die Einschaltung von Angehörigen oder sonstigen Vertrauenspersonen verantwortlich.[1083] Mehr Schwierigkeiten bereitet der Fall, dass kein Patientenvertreter vorhanden ist, eine Patientenverfügung aber vorliegt. § 1901b BGB kann ohne vorhandenen oder erreichbaren Patientenvertreter nicht zur direkten Anwendung gelangen. Damit nahe Angehörige oder Vertrauenspersonen auch in diesen Fällen für den Arzt verpflichtend zu beteiligen sind, erscheint es angesichts der Achtung des Selbstbestimmungsrechts des Betroffenen hierbei vertretbar, § 1901b Abs. 2 BGB analog heranzuzie-

1078 Zum Ganzen *Lipp*, Patientenautonomie und Lebensschutz, S. 34. Besonders kritisch zur gesundheitsrechtsspezifischen Stellvertretung und zum Instrument der Patientenverfügung: *Duttge* Jahrbuch der Juristischen Gesellschaft Bremen 2014, 66 (69 f.); *ders.* in: Albers, Patientenverfügungen, S. 185 (194 f.); *ders.* JZ 2015, 43 (45 f.).

1079 Vgl. *Lipp* in: Festschr f Schapp, S. 383 (400); *Bavastro*, Patientenverfügung – Vorsorgevollmacht, S. 153.

1080 Angehörige: Ehegatten, Lebenspartner, Eltern, Geschwister und Kinder; Vertrauenspersonen: Pflegekräfte, gute Bekannte (BT-Drucks. 16/13314, S. 20).

1081 *Walter* in: Wenzel, Medizinrecht, Kap. 4 Rn. 927.

1082 *Spickhoff* in: Spickhoff, MedR, § 1901b BGB Rn. 3 f. Die Vorschrift kann abseits begründeter Ausnahmefälle faktisch als eine „Muss-Vorschrift" verstanden werden, hierfür *Lemmerz*, Die Patientenverfügung, S. 115.

1083 Vgl. BT-Drucks. 16/13314, S. 20 f.: „Entscheidungspraxis für den Betreuer und den behandelnden Arzt"; „Beratungen mit Dritten durch den Arzt und den Betreuer"; MünchKommBGB/*Schwab*, § 1901b Rn. 11.; a.A. *Ihrig* DNotZ 2011, 583 (588) [Anm. zu BGH DNotZ 2011, 622].

hen.[1084] Da der Arzt wie oben erarbeitet nur in bestimmten Fällen zum „alleinigen" Adressaten aufgerufen ist (nämlich bei Vorliegen einer zweifellos eindeutigen patientenautonomen Anordnung und Nichtvorhandensein eines Patientenvertreters bzw. in Notfällen) bestimmen letztlich die zeitbedingten Möglichkeiten den Schnittstellenbereich, in dem sich die Einbeziehung der genannten Personen als machbar darstellt.[1085] Bei den für eine Patientenverfügung relevanten Entscheidungen am Lebensende bleibt aber in der Regel genügend Raum, um Familienangehörige oder Vertrauenspersonen ohne erhebliche Zeitverzögerung einzubeziehen, d.h. um diese zu ermitteln und zu kontaktieren.[1086] Sinn und Zweck des § 1901b Abs. 2 BGB ist es jedenfalls, die Entscheidung des Arztes oder des Vertreters durch die Unterstützung dieser persönlichen Informationsträger auf eine umfassendere bzw. fundierte Grundlage zu stellen.[1087] Bei der Beteiligung des betreffenden Personenkreises kommt es nicht nur darauf an, ob dies unter objektiven Gesichtspunkten verhältnismäßig erscheint, weshalb die Dringlichkeit der medizinischen Maßnahmen, der Ermittlungsaufwand und die tatsächliche Erreichbarkeit der Person entscheidende Abwägungsparameter liefern, sondern darüber hinaus auch darauf, ob dies subjektiv im Einklang zum erklärten oder erkennbaren Willen des Patienten steht – der Betroffene es also überhaupt will, dass bestimmte Personen[1088] befragt werden.[1089] Von Bedeutung ist, dass den Angehörigen oder sonstigen Personen kein Recht auf Mitbestimmung oder Entscheidung zukommt.[1090] Für den Fall, dass die Angehörigen oder Vertrauenspersonen bzw. auch sonstige Dritte eine abweichende Auffassung bzgl. der Feststellung des Patientenwillens vertreten, können sie der Gefahr von Rechtsmissbrauch dadurch begegnen, dass sie ein Verfahren vor dem Betreuungsgericht[1091] oder ein strafrechtliches Ermittlungsverfahren in Gang setzen.[1092] Nahe Angehörige und Vertrauenspersonen werden von Gesetzes wegen genauso direkt von der Patientenverfügung gebunden wie

---

1084 Vgl. die Besprechung bei *Brauer*, Autonomie und Familie, S. 133, der dies nur für den Fall thematisiert, dass weder Vertreter noch Patientenverfügung vorhanden sind. Zur Gewichtung der Einbeziehung naher Angehöriger auch bei Nichtvorliegen einer Patientenverfügung bzw. eines tatsächlichen oder mutmaßlichen Willens siehe OLG Naumburg VersR 2014, 591 = PflR 2014, 181 m. Anm. *Roßbruch* (Arzthaftung bei fehlerhafter Nichtfortsetzung der Therapie eines Wachkomapatienten).

1085 *Grotkopp* BtPrax 2015, 39 (42) geht davon aus, dass bspw. ein behandelnder Stationsarzt eines größeren Klinikums – anders als etwa eine Spezialklinik mit eingerichtetem ethischen Konsil – keinesfalls dazu übergehen wird, mit eigenen Ermittlungen nach Verwandten oder Vertrauenspersonen zu fahnden, sollten nahe Angehörige nicht vor Ort präsent sein.

1086 *Brauer*, Autonomie und Familie, S. 129; vgl. auch *Renner* in: Münch, FamR in der Notar- und Gestaltungspraxis, § 16 Rn. 170.

1087 BT-Drucks. 16/8442, S. 16.

1088 Bamberger/H.Roth-*Müller*, § 1901b BGB Rn. 7 zweifelt es an, dass die Einbeziehung aller Angehörigen und Vertrauenspersonen ausgeschlossen werden kann. Die pauschale Abweisung aller denkbaren Personen dürfte in der Praxis unwahrscheinlich sein, dennoch aus der fortwirkenden Selbstbestimmung heraus rechtlich möglich. Der Betroffene ist dann so zu stellen, als hätte er keine Angehörigen und Vertrauten.

1089 BT-Drucks. 16/8442, S. 16.

1090 *Bahner*, Recht im Bereitschaftsdienst, S. 152.

1091 Exemplarisch hierzu: BGH FamRZ 2016, 1671 = BtPrax 2016, 187 [Antrag auf Anordnung einer Kontrollbetreuung i.S.d. § 1896 Abs. 3 BGB].

1092 BT-Drucks. 16/8442, S. 19, 16/13314, S. 4.

die anderen Adressaten, die involviert sind. Ihre Unterstützung trägt als Hilfe zur Auslegung der Patientenverfügung und damit zur ordnungsgemäßen Ermittlung des Patientenwillens bei. Ihre eher passive Rolle ist dabei nicht von der Hand zu weisen, sind sie doch vorwiegend beratend, informierend und letztlich kontrollierend in das Geschehen eingebunden.[1093]

cc) Zwischenergebnis zum „Rangverhältnis"

Zusammenfassend gilt für die Stellung der Adressaten untereinander damit Folgendes: Hauptakteure des Geschehens im Rahmen einer Patientenverfügung sind idealerweise der behandelnde Arzt und der Patientenvertreter. Das Verhältnis dieser beiden Akteure lässt sich in Anbetracht des jeweiligen patientenautonomen Funktions- und Bedeutungsgehalts nicht in einer starren Rangfolge schematisieren, ihr Verhältnis ist grundsätzlich als ein gleichrangiges Nebeneinander zu verstehen. Diesen beiden Hauptakteuren werden Familienangehörige und sonstige Vertrauenspersonen als wichtige Nebenakteure und Informationsträger zur Seite gestellt. Aus Perspektive der Patientenverfügung – und nur darum soll es gehen – sind diese am Geschehen Beteiligten allesamt gleichrangig aufgestellt, sie sind alle als Adressaten in die Umsetzung des Patientenwillens eingebunden.

c) Gerichte

Auch die Justiz gehört zu den Adressaten der Patientenverfügung. Dort, wo es um die Rechtmäßigkeit des medizinischen Eingriffs und um haftungs- bzw. strafrechtliche Fragen geht, richtet sich die Bedeutung der Patientenverfügung an die Zivil- bzw. Strafgerichte.[1094] Das Betreuungsgericht gehört vor allem dann zum Adressatenkreis, wenn eine Genehmigung der Einwilligung, Nichteinwilligung oder des Widerrufs einer Einwilligung in eine ärztliche Maßnahme nach Maßgabe des § 1904 BGB angezeigt ist.[1095] Selbiges gilt für Genehmigungen i.S.v. § 1906 BGB, sofern eine Patientenverfügung diesen speziellen Bereich in den oben[1096] aufgezeigten Grenzen inhaltlich erfasst.[1097]

1093 Familienangehörige als „Quelle der Information" und Kontrollfunktion von Familienangehörigen, näher hierzu *Brauer*, Autonomie und Familie, S. 127 ff.; *Brauer/Lipp* MedR 2016, 231 (234 f.).

1094 OLG München NJW-RR 2002, 811; BGH NJW 2005, 2385.

1095 Die gerichtliche Genehmigung soll den medizinischen Vorgang rechtssicher machen, ersetzt dabei aber nicht die Einwilligung selbst – diese muss durch den Patientenvertreter vorgenommen werden, vgl. Palandt/*Götz*, § 1904 BGB Rn. 25. Die Möglichkeit, einen Genehmigungsantrag beim Betreuungsgericht zu stellen, wird zur Entlastung der Vertretungsberechtigten und der Ärzte sehr umfassend gehandhabt: Nicht nur im Fall von Uneinigkeit über den Betroffenenwillen, auch bei Zweifeln über die Kongruenz von Wille und Situation sowie zur rechtlichen Absicherung trotz Einvernehmens muss (bzw. soll) das Betreuungsgericht angerufen werden (können), siehe BGH NJW 2014, 3572; *Grotkopp* BtPrax 2015, 39 (42 ff.).

1096 Siehe § 2 C. V. 6.

1097 Betroffen sind nur Genehmigungen nach § 1906 Abs. 2 i.V.m. Abs. 1 Nr. 2 BGB (Unterbringung) sowie nach § 1906 Abs. 4, Abs. 2 i.V.m. Abs. 1 Nr. 2 BGB (unterbringungsähnliche Maßnahme) und nach § 1906 Abs. 3a BGB (Zwangsbehandlung).

VII. Verhältnis zur Vorsorgevollmacht und zur Betreuungsverfügung

Während die Gestaltungsformen der Vorsorgevollmacht und der Betreuungsverfügung solche Dreieckskonstellationen betreffen, bei denen die Entscheidung über die Behandlung von einem Bevollmächtigten oder Betreuer getroffen werden soll, wirkt sich die Patientenverfügung – im Gleichlauf zur Einwilligung – im Zwei-Personen-Verhältnis zwischen Arzt und Patienten aus.[1098] Für den Vorsorgebevollmächtigten können sich aus der Patientenverfügung zunächst die essentiellen Parameter und Weisungen zur Entscheidungsfindung im Sinne des Betroffenen ergeben. Sie ist insofern als Teil der Vollmacht bzw. um genau zu sein als Ausgestaltung des Grundverhältnisses zwischen Vollmachtgeber und Bevollmächtigten anzuerkennen und durchzusetzen.[1099] Die Verknüpfung von Vorsorgevollmacht und Patientenverfügung ist dabei nicht zwingend. Insbesondere um die Diskrepanz von Vorsorgevollmacht und Patientenverfügung für den möglichen Fall einer Abänderung der Patientenverfügung zu vermeiden, wird sogar angeraten, die Vollmachtsurkunde frei von inhaltlichen Bestimmungen über den Patientenwillen zu gestalten.[1100] Dadurch, dass die Patientenverfügung vorweggenommen den wirklichen Willen ausdrückt, ist der in ihr verkörperte Wille beachtlich und dem Grundverhältnis immanent, selbst wenn nicht ausdrücklich hierauf Bezug genommen wird. Dies ergibt sich insoweit auch aus § 630d Abs. 1 S. 2 BGB, der klarstellt, dass im Fall der Einwilligungsunfähigkeit des betroffenen Patienten ein zur Einwilligung Berechtigter die Entscheidung zu treffen hat, es sei denn, die Patientenverfügung selbst gestattet oder untersagt die Maßnahme. Das Institut der Patientenverfügung und das Institut der Vorsorgevollmacht stehen in einem rechtlichen Nebeneinander, was sich auch auf den Adressatenhorizont der Patientenverfügung rückspiegelt. Beim wirksamen Bestehen einer Patientenverfügung mit unmittelbarer Wirkungskraft wird der Vorsorgebevollmächtigte im Verhältnis zum Funktionsbereich eben dieser Patientenverfügung faktisch zum Boten degradiert.[1101] Dies hält sich auf der Linie des der Vorsorgevollmacht für Gesundheitsangelegenheiten zugrunde gelegten dogmatischen Verständnisses: Dort, wo der betroffene, einwilligungsfähige Patient selber sprechen kann oder nun – infolge Einwilligungsunfähigkeit – seine Patientenverfügung sprechen lässt, verläuft aus Gründen der Höchstpersönlichkeit die Grenze der Zulassung zu einer Entscheidung in Stellver-

---

1098 Vgl. *Ohly*, Volenti non fit iniuria, S. 246.

1099 Vgl. *Müller* DNotZ 2010, 169 (173); *Baumann/Hartmann* DNotZ 2000, 594 (604); *Putz* FPR 2012, 13 (16); Hk-BGB/*Kemper*, § 1901a BGB Rn. 12 f.

1100 *Putz/Steldinger*, Patientenrechte, S. 113. Im Falle des BGH FamRZ 2016, 1671 wurde die Vorsorgevollmacht im Gesundheitsfürsorgebereich jedoch durch die Verknüpfung von Vollmacht und Patientenverfügung „gerettet": Nach der inhaltlichen Auslegung des BGH wurden nämlich die Maßnahmen i.S.d. § 1904 Abs. 5 S. 2 BGB durch die Bezugnahme der Vollmacht auf die in ihr enthaltenen und mit erfassten Patientenverfügungen inhaltlich in genügender Weise „umschrieben" (BGH FamRZ 2016, 1671 (1674)).

1101 BGH NJW 2003, 1588; *Kieß* in: Jurgeleit, BtR, § 1901a BGB Rn. 44. Andere Auffassung: *Albrecht/Albrecht*, Die Patientenverfügung, Rn. 39: Einem Boten stünde schließlich nicht die Möglichkeit zu, eine „eigene Entscheidung" abzugeben, so wie es das Gesetz dem Gesundheitsvertreter anheim stelle. Weiterhin auch *Albrecht/Albrecht* MittbayNot 2015, 110 (110 ff.).

tretung.[1102] Für alle anderen in der Patientenverfügung nicht vorweg getroffenen Entscheidungen, wie z.B. die Auswahl des Arztes oder des Krankenhauses sowie die vermögensrechtlichen Angelegenheiten in diesem Kontext, kommt es weiterhin auf die Entscheidungen und die Organisation des Patientenvertreters an.[1103] Erst wenn keine Patientenverfügung i.S.d. § 1901a Abs. 1 BGB existiert oder vorliegt, ist gemäß § 1901a Abs. 2 BGB allein die stellvertretende Entscheidung des Vorsorgebevollmächtigten auf Grundlage des Behandlungswunsches oder des mutmaßlichen Willens maßgebend.[1104] Diese Differenzierung ist zur Aufrechterhaltung und Anerkennung des Selbstbestimmungsrechts des Patienten erforderlich.[1105] Der Patientenverfügung ist insoweit eine gewisse „Janusköpfigkeit" zuzuweisen, da sie für sich genommen unmittelbare Wirkung entfaltet und sich gleichzeitig aber auch als Handlungsanweisung im Innenverhältnis der Vollmacht geriert.[1106] Das rechtliche Unsicherheitsmoment entsteht, weil sich erst im Einzelfall und je nach situativer Auswertung der (vermeintlichen) Patientenverfügung zu erkennen gibt, in welchem Verhältnis beide Institute nun tatsächlich zueinander stehen.[1107] Der Status dieses einzelfallbezogenen Sonderverhältnisses muss dabei in Entsprechung zu den äußeren Gesamtumständen aktualisiert und neu bewertet werden.

Im Hinblick auf die Betreuungsverfügung kann die Patientenverfügung ebenfalls Teil des Innenverhältnisses bzw. des sog. Betreuungsverhältnisses sein.[1108] Sie ist im Rahmen der rechtlichen Betreuung beachtlich, kann die Betreuung jedoch nicht generell überflüssig machen, da die Erforderlichkeit einer rechtlichen Vertretung mit dem gesundheitsspezifischen Inhalt einer Patientenverfügung nicht vollumfänglich erschöpft ist.[1109] Für diejenigen Angelegenheiten, die punktuell von der Patientenverfügung erfasst werden, d.h. solche, die die Entscheidungen zu bestimmten medizinischen Maßnahmen und zur aktuellen Lebens- und Behandlungssituation betreffen, kann sich die Bestellung eines Betreuers nach dem Erforderlichkeitsprinzip des § 1896 Abs. 2 BGB erübrigen.[1110] Zu differenzieren ist zum einen also danach, ob die Bestellung eines Betreuers erforderlich ist – was insbesondere für alle nicht in der Patientenverfügung enthaltenen und vorweggenommenen Entscheidungen und Rege-

1102 Vgl. oben § 2 A. I. 2. b) bb) und zur Rechtsnatur der Patientenverfügung: § 2 C. I.

1103 BT-Drucks. 16/8442, S. 15; Hk-BGB/*Kemper*, § 1901a BGB Rn. 13.

1104 Im Rahmen von § 1901a Abs. 2 BGB hat zwingend der Patientenvertreter eine eigene Entscheidung über die Zulässigkeit des ärztlichen Eingriffs zu treffen, vgl. BT-Drucks. 17/10488, S. 23; BT-Drucks. 16/8442, S. 14, Palandt/*Götz*, § 1901a BGB Rn. 28; *Zimmermann*, Vorsorgevollmacht, S. 224; a.A. *Diehn/Rebhan* NJW 2010, 326 (328 f.); *Krutzki* in: Richter (u.a.), Seniorenrecht, § 5 Rn. 156.

1105 Vgl. *Lipp* in: May (u.a.), Passive Sterbehilfe, S. 37 (55).

1106 Vgl. *Müller* DNotZ 2010, 169 (173); *Baumann/Hartmann* DNotZ 2000, 594 (604); *Putz* FPR 2012, 13 (16); Hk-BGB/*Kemper*, § 1901a BGB Rn. 12 f.; a.A. *Albrecht/Albrecht* MittBayNot 2009, 426 (432 f.).

1107 Hieran entscheidet sich dann bspw. auch, ob der Stellvertreter nur eine „Botschaft" überbringt oder ob er eine „eigene Entscheidung" abgibt.

1108 Staudinger/*W.Bienwald*, § 1901a und b BGB Rn. 8 spricht sogar von einem „besonderen Fall einer Betreuungsverfügung".

1109 Staudinger/*W.Bienwald*, § 1901a und b BGB Rn. 59, 61.

1110 Siehe oben § 2 C. VI. 2. b).

lungen zu bejahen ist – und zum anderen danach, ob die Vertreterentscheidung an sich notwendig ist – was zu verneinen ist, sofern die Patientenverfügung für die konkrete Situation wirksam und einschlägig ist.[1111] Eine betreuungsvermeidende Wirkung hat daher nur eine entsprechende Vorsorgevollmacht für den Bereich Gesundheitsfürsorge, sodass eine Patientenverfügung, die isoliert von einer betreuungsvermeidenden Vollmacht oder von einer Betreuungsverfügung errichtet wird, nur minder geeignet ist, die privatautonome Vorsorge auf zweckdienliche und effiziente Weise zu organisieren.[1112] Insgesamt wird deshalb stets angeraten, die Patientenverfügung mit einer Vorsorgevollmacht und/oder einer Betreuungsverfügung zu kombinieren.[1113]

1111 *Lipp* in: Laufs/Katzenmeier/Lipp, ArztR, Kap. VI Rn. 171 f.; vgl. auch *Knauer/Brose* in: Spickhoff, MedR, § 216 StGB Rn. 19.
1112 Vgl. *Lipp* in: Laufs/Katzenmeier/Lipp, ArztR, Kap. VI Rn. 172.
1113 Dies ergibt sich bereits aus dem System der §§ 1901a ff. BGB.

§ 3 Formfragen

Nachdem die spezifischen Merkmale und die wesentlichen Aspekte zur Gestaltung privatautonomer Vorsorge erarbeitet worden sind, soll das folgende Kapitel den Formfragen gewidmet sein. Für das deutsche Recht gilt der Grundsatz der Formfreiheit, sodass es den Betroffenen selbst überlassen ist, die Form ihres Erklärungsmittels frei zu wählen.[1114] Wird ausnahmsweise durch gesetzliche Formvorschriften ein Formzwang aufgestellt, so geht dessen Notwendigkeit darauf zurück, das juristische Bewusstsein zu wecken, die besonnene Überlegung herauszufordern sowie die Ernstlichkeit der gefassten Entschließung zu gewährleisten.[1115] Allgemein haben Formvorschriften also mehrere Funktionen, darunter die Warnfunktion und der Schutz vor übereilter Entscheidung, hinzuzunehmen sind darüber hinaus die Klarstellungs- bzw. Beweisfunktion.[1116] Zum Wissen um die Formgestaltung gehört, dass das Bürgerliche Gesetzbuch zwischen Schriftform, öffentlicher Beglaubigung und notarieller Beurkundung unterscheidet. Inwiefern diese Arten der Form nun im Verhältnis zu den drei Instrumenten zur Gestaltung privatautonomer Vorsorge stehen, soll im Folgenden angegangen werden.

A. Vorsorgevollmacht

Beginnend mit dem Institut der Vorsorgevollmacht lässt sich zunächst festhalten, dass die Effizienz der Vollmacht – ganz allgemein betrachtet – in Abhängigkeit zu ihrem Formgebilde steht, welches naturgemäß die Modalitäten darüber aufstellt, wie die Vollmacht im Rechtsverkehr überhaupt wahrgenommen werden kann.

I. Grundsatz der Formfreiheit

Wie für jede Bevollmächtigung besteht auch für die Vorsorgevollmacht grundsätzlich Formfreiheit i.S.d. § 167 Abs. 2 BGB.[1117] Der Gesetzgeber hat hinsichtlich der Vorsorgevollmacht sogar bewusst auf Schriftformerfordernisse verzichtet.[1118] So werden

---

1114 *Hübner*, BGB AT, Rn. 476; *Larenz*, SchuldR AT, S. 67.

1115 Motive zum BGB I 179 f. = *Mugdan* I 451 f. Zu den Nachteilen ebda. (*Medicus*, AT des BGB, Rn. 613).

1116 Vgl. dazu BGHZ 58, 386 (394); *Wolf/Neuner*, AT des Bürgerlichen Rechts, § 44 Rn. 3 ff.; Staudinger/*Hertel*, Vorbem zu §§ 127a, 128 BGB (BeurkG) Rn. 6.

1117 Palandt/*Ellenberger*, § 167 BGB Rn. 2.

1118 Diese bewusst gewählte Formfreiheit soll die in der Praxis gebräuchlichen stillschweigenden Vollmachten nicht erschweren, siehe *von Sachsen Gessaphe*, Der Betreuer, S. 257 (Fn. 475).

zwar mögliche Vorteile eines Formzwangs für den Rechtsverkehr in der Entwurfsbegründung zur Kenntnis genommen, ein Formbedürfnis wird jedoch als unnötige Erschwernis für die Akzeptanz der Vollmacht verneint.[1119] Die Freiheit zur Formlosigkeit bedeutet sodann, dass die Vorsorgevollmacht – wie jede andere formunabhängige Willenserklärung – nicht nur mündlich, sondern auch konkludent, d.h. durch nonverbales oder schlüssiges Verhalten erteilt werden kann.[1120] Dies ist im Einzelfall durch Auslegung zu ermitteln.

1. Vorkommnis formlos erteilter Vollmachten?

Auf eine mündliche oder konkludente Vollmacht wird es zumindest im Vorfeld von rechtlicher Fürsorgebedürftigkeit ankommen, also jenem Bereich, der durch tatsächliche Hilfen von Familienangehörigen und Freunden etc. abgedeckt wird. Es handelt sich dabei nicht zwingend um eine Vorsorgevollmacht oder jedenfalls nicht um eine, die als solche bezeichnet wird. Zumindest kann es sich aber um eine solche handeln, die dem Begriff der Bevollmächtigung i.S.d. § 1896 Abs. 2 S. 2 BGB genügt. Hier ist sogleich auch die Schnittstelle zur einführend beschriebenen Rechtslage ohne private Vorsorgegestaltung zu ziehen, bei der der Betroffene sodann völlig außerstande gestellt ist, überhaupt eine konkrete (Vorsorge-) Vollmacht zu erteilen.[1121] Vorab festzustellen gilt, dass es bei der Frage nach dem Vorkommnis formlos erteilter Vollmachten nicht um deren Wirksamkeit geht, sondern vielmehr um deren Akzeptanz im Rechtsverkehr und deren Möglichkeit zur Nachweiserbringung. Schließlich herrscht das Prinzip der Vertragsabschlussfreiheit[1122] und niemand ist gezwungen, sich auf einen Vertrag mit einem Vollmachtgeber einzulassen.[1123]

a) Bei alltäglichen Rechtsgeschäften

Für Rechtsgeschäfte des alltäglichen Lebens, etwa die Erledigung kleinerer Einkäufe und Besorgungen, reicht bspw. eine mündlich erteilte oder konkludente Bevollmächtigung aus, welche zusätzlich mit einer entsprechenden Beauftragung zur Verwendung der Geldmittel verknüpft sein kann.[1124] Auch der Einkauf rezeptfreier Medikamente für einen Hilfebedürftigen in der Apotheke gehört zu jenen Rechtsgeschäften,

1119 BT-Drucks. 11/4528, S. 122.

1120 BGH NJW 1973, 1789; Bamberger/H.Roth-*Valenthin*, § 167 BGB Rn. 7; Palandt/*Ellenberger*, § 167 BGB Rn. 1; *Medicus*, AT des BGB, Rn. 928.

1121 Siehe oben unter § 1 B.

1122 Zu den grundlegenden Prinzipien des BGB gehört nicht nur die positive Abschlussfreiheit, d.h. die Möglichkeit Privatrechtsverhältnisse durch Vertrag regeln zu können, sondern auch die negative Abschlussfreiheit, von dieser Möglichkeit keinen Gebrauch machen zu müssen, vgl. Staudinger/*Bork*, Vorbem zu §§ 145-156 BGB Rn. 12, 14; *Grunewald* AcP 182 (1982), 181 (186).

1123 *Klas* PflR 2002, 261 (271).

1124 Siehe *Langenfeld*, Vorsorgevollmacht, S. 28. Ohne Bevollmächtigung ist im Übrigen nicht nur eine Geschäftsführung ohne Auftrag möglich, es kommt auch ein einfaches Auftragsverhältnis mit Pflicht zur Herausgabe des Erlangten und umgekehrt zum Ersatz der Aufwendungen in Betracht, vgl. §§ 667, 670 BGB, was der Konstellation einer sog. mittelbaren bzw. indirekten Stellvertretung entsprechen kann (*Medicus*, AT des BGB, Rn. 883 f.).

bei denen es auf den Nachweis der Bevollmächtigung nicht ankommt, weil es sich im Außenverhältnis ohnehin um Geschäfte handelt, die nach den Grundsätzen des Geschäfts für den, den es angeht, wirksam abgewickelt werden können.[1125]

b) Bei weitreichenderen Rechtsgeschäften

Im Hinblick auf weitreichendere Rechtsgeschäfte ist die Akzeptanz von mündlichen bzw. konkludenten Vollmachten faktisch auszuschließen. Exemplarisch sollen hier diejenigen Rechtsgeschäfte hervorgehoben werden, denen in der Praxis zur Vorsorgevollmacht erhöhte Bedeutung zukommt und über deren formale Anforderungen auch in der Literatur diskutiert wird.

aa) Bankgeschäfte

Bei Bankgeschäften etwa ist die Legitimation des Bevollmächtigten durch schriftlichen Urkundennachweis als unverzichtbar anzusehen.[1126] Mündliche Vollmachten werden – letztlich für alle Seiten interessengerecht – nicht akzeptiert.[1127] Doch selbst die privatschriftliche Vorsorgevollmacht, gleichgültig ob als Spezial-, Gattungs- oder als Generalvollmacht ausgestaltet, erfährt zumeist Schwierigkeiten in ihrer Anerkennung vor Banken[1128], da diese darauf bestehen, dass bankinterne Formulare zur Vollmachterteilung verwendet werden.[1129] Das heißt, dass die Kreditinstitute nicht das Handeln im Rahmen einer Stellvertretung an sich ausschließen, sondern dass von Bank zu Bank unterschiedliche, ihrem Inhalt und ihrer Reichweite nach divergierende Formulare verlangt werden.[1130] Hintergrund ist, dass es die Möglichkeiten der Banken bzw. des einzelnen Bankmitarbeiters übersteigen würde, die rein privatschriftliche Vollmacht auf ihre Wirksamkeit zu überprüfen, etwa auf das Vorliegen der Geschäftsfähigkeit bei Erteilung, die Identität des Erklärenden bzw. die Echtheit der Unterschrift oder auf die Klarheit über ihren Regelungsumfang.[1131] Zu einer kritischen Überprüfung der Vollmacht ist die Bank, wie sich bspw. aus den AGB der Sparkassen ergibt, sogar verpflichtet.[1132] Dort ist festgehalten, dass die Bank Aufträge des

---

1125 Vgl. *von Sachsen Gessaphe*, Der Betreuer, S. 286 f., der allgemein auf mögliche Grenzüberschreitungen in der Praxis hinweist.

1126 Vgl. *Lipp* in: Lipp, Vorsorgeverfügungen, § 2 Rn. 34; *Tersteegen* NJW 2007, 1717 (1719).

1127 *Günther* NJW 2013, 3681 (3684).

1128 Gleiche Handhabung wird von den Banken scheinbar selbst für die notariell beurkundete Vollmacht getroffen, näher hierzu *Renner* in: Münch, FamR in der Notar- und Gestaltungspraxis, § 16 Rn. 78, der vorschlägt, es im Falle der Nichtanerkennung der notariellen Vollmacht auf einen Rechtsstreit mit der Bank ankommen zu lassen und begründet dies mit einem Vergleich zu einem BGH-Urteil von 2005 = BGH NJW 2005, 2779 ff. (Schadensersatzpflicht der Bank bei Nichtanerkennung eines notariellen Testaments und Einfordern eines Erbscheins); vgl. nunmehr auch LG Detmold BtPrax 2015, 120 (120).

1129 *Servatius* in: Langenbucher (u.a.), Bankrechts-Kommentar, Kap. 35 Rn. 115 f.; *Günther* NJW 2013, 3681 (3684); *Tersteegen* NJW 2007, 1717 (1717).

1130 *Müller* in: Limmer (u.a.), Würzburger Notarhandbuch, Teil 3 Kap. 3 Rn. 12.

1131 *Doering-Striening* in: Richter (u.a.), Seniorenrecht, § 4 Rn. 74; *Platz*, Die Vorsorgevollmacht in der Bank- und Sparkassenpraxis, S. 157 ff.; *Tersteegen* NJW 2007, 1717 (1719 f.).

1132 Mit näheren Verweisen *Günther* NJW 2013, 3681 (3684).

Kunden mit der Sorgfalt eines ordentlichen Kaufmanns auszuführen hat.[1133] Genauso trifft sie innerhalb einer laufenden Geschäfts- und Vertragsbeziehung aber auch die Pflicht, eine privatschriftlich erteilte Vorsorgevollmacht anzuerkennen.[1134] Eine Zurückweisung sollte nur dann gerechtfertigt sein, wenn gewichtige Zweifel an der Wirksamkeit der Vollmacht vorliegen.[1135] Mittlerweile gehen manche Banken allerdings dazu über, eine Regelung zur ausschließlichen Verwendung von bankeigenen Formularen in die Allgemeinen Geschäftsbedingungen mit auf zu nehmen, was zur Folge hätte, dass sich der Bankkunde den dergestalt vertraglich vereinbarten Modalitäten unterwerfen müsste.[1136] Ohne eine solche Vereinbarung ist ein Bevollmächtigter kraft einfach-privatschriftlicher (Vorsorge-)Vollmacht zu einer Verfügung über das betreffende Bankkonto des Vollmachtgebers berechtigt. Eine gesonderte Bankvollmacht ist von Rechts wegen nicht erforderlich – fordert die Bank sie dennoch ein, ist sie gegenüber dem Vollmachtgeber ggf. zum Schadensersatz verpflichtet.[1137]

bb) Behandlungsverträge

Bei einem Behandlungsvertrag ergibt sich schon aus der gesundheitsspezifischen Natur der Angelegenheit und einhergehend mit dem zumeist nötigen Erfordernis einer zumindest physischen Anwesenheit des Patienten eine anders gelagerte Stellvertretungssituation. Der mündlich oder konkludent Bevollmächtigte stimmt bspw. am Telefon der angebotenen Behandlung zu und vereinbart einen Termin für den betroffenen Angehörigen.[1138] Für den Fall, dass der Vollmachtgeber beim Termin unfähig ist, die Vollmacht und letztlich das Behandlungsvorhaben zu bestätigen, wird der Arzt schon aus beweis- und medizinrechtlichen Gründen von einer Durchführung absehen.[1139] Ist der Patient also voll äußerungs- und willensfähig, d.h. handlungsfähig, ist eine Bevollmächtigung zu rechtsgeschäftlicher Vertretung, also zum Abschluss des Behandlungsvertrags, in diesem Situationshergang nicht relevant. In Notfällen, in denen die Handlungsfähigkeit des Betroffenen ausgeschaltet ist, muss folgendes bedacht werden: Wie im einführenden Teil dieser Arbeit erläutert, kommt für die ärztliche Notfallbehandlung vornehmlich die rechtliche Grundlage der Geschäftsführung ohne Auftrag in Betracht.

1133 *Günther* NJW 2013, 3681 (3684).

1134 *Tersteegen* NJW 2007, 1717 ff.

1135 LG Detmold BtPrax 2015, 120 (120) [wenn Vorsorgevollmacht gefälscht, widerrufen, abgeändert oder eingeschränkt worden wäre]; *Kurze* in: Burandt/Rojahn, ErbR, § 167 BGB Rn. 27 f.; *Dodegge* BtPrax 2016, 3 (5); *Tersteegen* NJW 2007, 1717 (1720).

1136 *Putz/Steldinger*, Patientenrechte, S. 127 mit Hinweis darauf, dass eine solche Vereinbarung der ausschließlichen, finanziellen Sicherheit des Bankkunden diene. Wegen dieser erheblichen Unsicherheit soll dieses Vorgehen im Bereich der Vorsorgevollmacht auch kein Verstoß gegen § 309 Nr. 13 BGB sein, vgl. *Servatius* in: Langenbucher (u.a.), Bankrechts-Kommentar, Kap. 35 Rn. 116; a.A. *Kurze* in: Burandt/Rojahn, ErbR, § 167 BGB Rn. 22 ff. (26 f.); *Renner* in: Münch, FamR in der Notar- und Gestaltungspraxis, § 16 Rn. 78; *Tersteegen* NJW 2007, 1717 (1718 f.) mit AGB-Prüfung.

1137 LG Detmold BtPrax 2015, 120 (120); *Dodegge* BtPrax 2016, 3 (5).

1138 Vgl. *Burchardt*, Vertretung durch Angehörige, S. 97.

1139 Siehe *Burchardt*, Vertretung durch Angehörige, S. 97. Zur Akzeptanz Bevollmächtigter im Arzt-Patienten-Verhältnis siehe auch *W.Bienwald* in: W.Bienwald/Sonnenfeld/Harm, BtR, § 1896 Rn. 85 f.

Oftmals erübrigt sich der Rückgriff auf die §§ 677 ff. BGB im Nachhinein, weil der Vertragsschluss nachgeholt wird bzw. rückwirkend zustande kommt, wenn der Notfallpatient wieder bei Bewusstsein ist.[1140] In Anknüpfung an den Zeitpunkt der Notfallsituation ist es darüber hinaus aber auch denkbar, dass bspw. Bekannte stellvertretend für den Patienten tätig werden, indem sie den Arzt herbeirufen und beauftragen.[1141] Das Handeln des jeweiligen Stellvertreters, der den Arzt in fremden Namen bestellt, bemisst sich dann nach den allgemeinen Grundsätzen gem. §§ 164 ff. BGB.[1142] Hierbei ist zu differenzieren, ob das Handeln des Stellvertreters auf einer Vollmacht beruht, was den Behandlungsvertrag zu begründen vermag, oder ob der Stellvertreter vollmachtlos handelt, weswegen der (insoweit schwebend unwirksame) Behandlungsvertrag erst mit ex tunc Wirkung vom vertretenen Patienten genehmigt werden könnte, vgl. §§ 177 Abs. 1, 182 Abs. 1, 184 Abs. 1 BGB.[1143] Ob tatsächlich eine konkludent erteilte Bevollmächtigung gegeben ist, lässt sich nur anhand der Auslegungsmethoden und mit den hierzu erforderlichen Anhaltspunkten im Einzelfall entscheiden. Das Schriftform- und Konkretisierungserfordernis der Bevollmächtigung i.S.d. §§ 1904 Abs. 5, 1906 Abs. 5 BGB, wie es den personalen Gesundheitsfürsorgebereich durchzieht, wirkt sich auf rechtsgeschäftlicher Ebene des Behandlungsvertrags jedenfalls nicht aus. Das Erfordernis betrifft nur die Einwilligungsebene, weshalb eine formlose Bevollmächtigung rechtlich möglich, aus Gründen der Nachweisbarkeit aber nicht empfehlenswert ist.[1144] Auch hier gilt mit Ansinnen auf die Vertrags(abschluss-)freiheit prinzipiell, dass sich ein Arzt nicht auf einen durch eine formlose Vollmacht begründeten Vertragsabschluss einlassen muss bzw. hierauf blind vertrauen muss.[1145]

Gleichwohl steht dies nicht im Widerspruch zu einem notfallbedingten Kontrahierungszwang, welchen nur der Notfallpatient selbst auszulösen vermag. Richtig ist nämlich, dass den Arzt schon über § 323c StGB eine Behandlungspflicht zur ärztlichen Notfallversorgung trifft, sodass die zwingende Leistungserbringung – wie sie aus der strafrechtlichen Pflicht zur Rettungshandlung erwächst – zwar nicht zum Abschluss eines Vertrages mit bestimmtem Inhalt aufruft, in ihrer Folge aber zu einem „faktischen Kontrahierungszwang“ überleitet.[1146] Dieser Zwang ist vielmehr eine Pflicht zum Vertragsabschluss, wie sie die Krankenhäuser bzw. die dort beschäftigten Ärzte und den Notfallarzt in ihrem Verhalten steuert. Der Vertragsabschluss selbst

1140 *Kern* in: Laufs/Kern, ArztR, § 39 Rn. 18.

1141 Auch ein Hotelier für den bewusstlosen Gast, vgl. *Kern* in: Laufs/Kern, ArztR, § 39 Rn. 13; *Lipp* in: Laufs/Katzenmeier/Lipp, ArztR, Kap. III Rn. 11.

1142 Tritt der Wille in fremden Namen zu handeln, nicht erkennbar hervor (§ 164 Abs. 2 BGB) wird der vermeintlich stellvertretend Handelnde selbst als Vertragspartei berechtigt und verpflichtet (Umkehrschluss aus § 164 Abs. 1 BGB), vgl. *Lipp* in: Laufs/Katzenmeier/Lipp, ArztR, Kap. III Rn. 11.

1143 *Lipp* in: Laufs/Katzenmeier/Lipp, ArztR, Kap. III Rn. 11; *Killinger*, Arzthaftung im medizinischen Notfall, S. 98; *Lippert* GesR 2013, 583 (585 f.).

1144 *Lipp* in: Laufs/Katzenmeier/Lipp, ArztR, Kap. III Rn. 12; Bamberger/H.Roth-*Müller*, § 1904 BGB Rn. 16.

1145 Vgl. *Kern* in: Laufs/Kern, ArztR, § 40 Rn. 3 f., 7, 11; *Klas* PflR 2002, 261 (271).

1146 Der (faktische) Kontrahierungszwang ist die Regel; zu den Einzelheiten auch mit Blick auf standesrechtliche Pflichten vgl. *Brennecke*, Ärztliche Geschäftsführung, S. 62 ff., 85 ff., 239 f.

wird dadurch nicht fingiert, hier gelten wie sonst auch die Regelungen über Rechtsgeschäfte. Lediglich die jeweilige Annahme eines durch den Notfallpatienten (konkludent) angebotenen Vertragsabschlusses ist als verpflichtend und faktisch zwingend einzustufen.[1147] Ist der Patient bewusstlos oder geschäftsunfähig, so ist die notfallbedingte Kontrahierungspflicht in Ermangelung der Abgabe eines wirksamen Angebots nicht relevant.[1148] Die ärztliche Notfallbehandlung vollzieht sich dann auf Grundlage der Geschäftsführung ohne Auftrag.[1149]

Da das absichernde Vertragsverhältnis zielführend angestrebt wird, laufen die Möglichkeiten rechtlicher Konstellationen im Rahmen der Notfallbehandlung unter Zwischenschaltung eines (vermeintlichen) Stellvertreters in diesem Ergebnis wieder zusammen: Entweder der Arzt lässt sich von vornherein auf den Vertrag mit dem konkludenten Vollmachtgeber ein, auch auf die Gefahr eines schwebend unwirksamen Vertrages hin, der vom Patienten später genehmigt werden müsste, oder aber, er lässt sich nicht darauf ein, weshalb das ärztliche Handeln (zunächst) als Geschäftsführung ohne Auftrag erfasst wird, um ggf. später den Abschluss des Behandlungsvertrages mit dem Patienten (oder auch seinem Vertreter) nachzuholen.[1150]

c) Bei Einwilligung in medizinische Maßnahmen

In diesem gesundheitsspezifischen Bereich ist neben der Vollmacht auf rechtsgeschäftlicher Ebene vor allem auch die Vollmacht auf Einwilligungsebene zu berücksichtigen. Für letztere ist angesichts des Schriftform- und Konkretisierungserfordernisses in §§ 1904 Abs. 5, 1906 Abs. 5 BGB ein Handeln aufgrund einer mündlich oder konkludent erteilten Einwilligungsvollmacht (praktisch) weitestgehend auszuschließen.[1151] Das Schriftformerfordernis ist zwar nicht Wirksamkeitsbedingung für die Vollmacht, sie betrifft aber die Voraussetzungsmodalitäten für die Befugnis zur wirksamen Einwilligung.[1152] Ist der Patient selbst einwilligungsfähig kommt mangels möglicher Doppelzuständigkeit in dieser persönlichen Gesundheitsfürsorge-Angelegenheit ohnehin keine Vertretung bei der Einwilligung in Betracht. Deshalb wird in der Literatur vereinzelt für (Not-)Fälle, in denen von einer Einwilligungsunfähigkeit des Betroffenen auszugehen ist, darauf hingewiesen, dass aus Gründen der gängigen Praxis zumindest unter nahen Angehörigen, wie etwa Ehegatten oder Kindern, kon-

1147 *Killinger*, Arzthaftung im medizinischen Notfall, S. 100 f.

1148 Ohne Möglichkeit, das entsprechende Schriftstück der Befugnis zur Bevollmächtigung vorlegen zu können, kann hier mit dem Rechtsgedanken des § 174 BGB keine Abschlusspflicht in Bezug auf ein Angebot durch den Stellvertreter greifen. Der faktische Abschlusszwang gilt nur bzgl. der Annahme des Angebots des Notfallpatienten selbst.

1149 *Lipp* in: Laufs/Katzenmeier/Lipp, ArztR, Kap. III Rn. 52; *Kubella*, Patientenrechtegesetz, S. 122 f.

1150 Vgl. zu den Möglichkeiten der rechtlichen Gestaltung der Beziehungen zwischen den Beteiligten in einem Notfall: *Kern* in: Laufs/Kern, ArztR, § 39 Rn. 15 ff.; siehe auch *Lippert* GesR 2013, 583 ff. (587).

1151 *Keim* in: Münchener Anwaltshandbuch Erbrecht, § 44 Rn. 5; *Lipp* in: Lipp, Vorsorgeverfügungen, § 16 Rn. 31.

1152 MünchKommBGB/Schwab, § 1904 Rn. 73. Näher auch Erman/*A.Roth*, § 1904 BGB Rn. 33.

kludente Vollmachten annehmbar seien.[1153] Dies bezieht sich aber ausschließlich auf den Bereich von medizinischen Maßnahmen; Maßnahmen der geschlossenen Unterbringung oder Zwangsmaßnahmen werden von vornherein nicht diskutiert. Im Wesentlichen geht es nun um die Frage, ob solchen nahen Angehörigen rechtlich mehr als die Rolle einer bloßen Auskunftsperson für die Ermittlung des mutmaßlichen Willens zugewiesen werden kann.[1154] Das Erfordernis aus § 1904 Abs. 5 BGB gibt hierbei zwei Möglichkeiten des weiteren Gedankengangs: Zum einen ließe sich darauf verständigen nur die nach § 1904 Abs. 1 oder 2 BGB genannten und genehmigungsbedürftigen Maßnahmen, also solche die lebens- und gesundheitsgefährdend sind, erfasst zu sehen[1155]: So wäre folglich in alle übrigen medizinischen Maßnahmen auch über eine konkludente Vollmacht einzuwilligen.[1156] Demzufolge wären einfache Untersuchungen oder ungefährliche Heilbehandlungen durch Angehörige als Stellvertreter für den einwilligungsunfähigen Betroffenen möglich. Zum anderen, d.h. ohne die konkludente Vollmacht anzuerkennen, ist in diesem (Notfall-) Bereich – nach allgemeiner Ansicht – das Rechtsinstitut der mutmaßlichen Einwilligung einschlägig.[1157] Zuzugestehen ist insofern, dass die Ausgangssituation einer „formlosen Anbindung" gleichbleibt, jedoch mit dem Unterschied, dass ein konkludent Bevollmächtigter als handlungsfähiger und patientenautonom aufgestellter Vertreter zwischengeschaltet wäre und am Entscheidungsprozess mitwirken könnte.[1158] Die Stellvertretung wäre somit „höherwertiger" als die mutmaßliche Einwilligung einzustufen, da die mutmaßliche Einwilligung an sich kein (wirklicher) Akt der Selbstbestimmung ist.[1159] Andersherum argumentiert wäre der Unsicherheit über die formlose Anbindung eines mutmaßlichen Patientenwillens durch die Zulassung weiterer „formloser" Anbindungen (hier: einer konkludenten Bevollmächtigung) in diesem hochsensiblen Bereich jedoch auch nicht geholfen. Zumal es im Ergebnis darauf hinaus laufen würde, dass sich auch der Patientenvertreter bei seiner Entscheidung auf den mutmaßlichen Willen des Patienten stützen müsste (§ 1901a Abs. 2 S. 1 Alt. 2 BGB). Mit der Zwischenschaltung eines nahen Familienangehörigen, der auch ohne Vorliegen einer schriftlichen und ausdrücklichen Vollmacht mit entsprechender Rechtsmacht ausgestattet wäre, würde unter Beachtung des Betroffenenwillens letztlich dieselbe Behandlungsentscheidung hervorgerufen werden wie über das Institut der mutmaßlichen

1153 *Winterstein* in: Jürgens, BtR, § 167 BGB Rn. 3; *Lipp* in: Lipp, Vorsorgeverfügungen, § 2 Rn. 30 ff.; *von Sachsen Gessaphe*, Der Betreuer, S. 286; *Müller* DNotZ 1999, 107 (111); *Perau* MittRhNotK 1996, 285 (294).

1154 Vertiefend hierzu insgesamt *Lipp* in: Lipp, Vorsorgeverfügungen, § 2 Rn. 30 ff., 31.

1155 Dieser Ansicht: *B.Hoffmann* in: W.Bienwald/Sonnenfeld/B.Hoffmann, BtR, § 1904 BGB Rn. 29, 33 f. (5. Auflage 2011); *Marschner* in: Jürgens, BtR, § 1904 BGB Rn. 1; *Bücker/Viefhus* ZNotP 2007, 126 (127, 129).

1156 Aufzeigend *Lipp* in: Lipp, Vorsorgeverfügungen, § 2 Rn. 33.

1157 Siehe *Lipp* in: Lipp, Vorsorgeverfügungen, § 2 Rn. 32.

1158 Gerade in der Mitwirkung am Entscheidungsprozess liegt der Vorteil der Vorsorgevollmacht in Gesundheitsangelegenheiten; das Betreuerbestellungsverfahren muss nicht erst noch abgewartet werden, vgl. *Quaas/Zuck*, Medizinrecht, § 68 Rn. 185.

1159 Rechtsinstitut der mutmaßlichen Einwilligung sei ein bloßes „normatives Konstrukt", vgl. *Schwab* in: Festschr f Henrich, S. 511 (530 f); *Rieger*, Die mutmaßliche Einwilligung in den Behandlungsabbruch, S. 72 f.

Einwilligung.[1160] Soll bspw. einem stark demenzerkrankten, nicht mehr kommunikationsfähigen Patienten lediglich eine Infusionsspritze verabreicht werden, so müsste eine Einwilligung in diese Behandlungsmaßnahme gemutmaßt werden oder der zwischengeschaltete Familienangehörige würde auf Grundlage des mutmaßlichen Patientenwillens eine Einwilligung aussprechen.[1161] Der Weg zu diesem Ergebnis über die Stellvertretungskonstellation erscheint in seiner rechtlichen Begründung jedoch näher an der aktuellen Gesetzeslage zu sein – wie § 1901a Abs. 2 S. 1 Alt. 2 und § 630d BGB verdeutlichen – als der Gang über das anerkannte Institut der mutmaßlichen Einwilligung. Auch der BGH stellte zuletzt klar, dass sich das Ausdrücklichkeitserfordernis in § 1904 Abs. 5 S. 2 BGB nur auf Maßnahmen mit der nach § 1904 Abs. 1 S. 1 und Abs. 2 BGB qualifizierten Gefahrensituation bezieht.[1162] Alle übrigen Einwilligungen in harmlose, medizinische Maßnahmen bzw. deren Ablehnung werden hiervon nicht tangiert. Sie stehen auch nicht unter dem gerichtlichen Genehmigungsvorbehalt nach § 1904 Abs. 4 BGB. Da aber das Anwendungsfeld der konkludenten Bevollmächtigung derart gegenständlich beschränkt ist, ist gleichsam die Effizienz und Durchsetzungsfähigkeit solcher Vollmachten mit Bedacht der auf Dauer möglichen, schwerwiegenderen Gesundheitsanliegen als gering einzustufen.

2. Schriftform aus Gründen der Zweckmäßigkeit

Die Möglichkeit des Vorhandenseins von formlosen Vollmachten sowie deren rechtliche Gültigkeit an sich stehen außer Frage. Lediglich wegen der fehlenden Nachweismöglichkeit (bei Bankgeschäften wegen des ggf. besonders eingeforderten Formulars mit doppelter Schärfe) bzw. der fehlenden Möglichkeit zur wirksamen Begründung der Einwilligungsbefugnis in gesundheitsgefährdende Maßnahmen sind formlose Vollmachten weitestgehend praxisuntauglich.[1163] Zudem würde eine solche Vorsorgevollmacht generell auch mit Blick auf § 1896 Abs. 2 S. 2 BGB triftige Zweifel bzgl. der Entbehrlichkeit einer Betreuerbestellung aufwerfen.[1164]

1160 Allgemein zur Konkurrenz zwischen Vertreterentscheidung und mutmaßlichem Willen siehe auch *Baltz*, Lebenserhaltung als Haftungsgrund, S. 117 ff., die im Ergebnis aber von einem freien Nebeneinander der Legitimationsgründe ausgeht.

1161 Oder der Arzt handelt auf Grundlage der mutmaßlichen Einwilligung und die nahen Angehörigen liefern ihm dabei wichtige Informationen für die Ermittlung des mutmaßlichen Willens (vgl. auch § 1901b Abs. 2 BGB); in der Praxis zählt nur, dass die zu treffende Entscheidung letztlich dem Willen des Betroffenen entspricht.

1162 BGH FamRZ 2016, 1671 (1673) [Rz. 19]; BT-Drucks. 16/8442, S. 19; *Taupitz* Jahrbuch für Wissenschaft und Ethik 2010, 155 (176); a.A. *Lipp* in: Lipp, Vorsorgeverfügungen, § 2 Rn. 33: Es entspreche der Auffassung des Gesetzgebers des 2. BtÄndG, dass jede Vollmacht für medizinische Maßnahmen (Untersuchungen des Gesundheitszustands, Heilbehandlungen, ärztliche Eingriffe) unabhängig vom Genehmigungserfordernis (und somit unabhängig vom Gefährlichkeitsgrad) schriftlich und ausdrücklich sein müsse.

1163 *Spalckhaver* in: Lipp, Vorsorgeverfügungen, § 13 Rn. 17 ff.; *Baumann* MittRhNotK 1998, 1 (2 f.).

1164 So auch *Diekmann*, Stellvertretung, S. 83.

II. Erforderlichkeit der Schriftform

Über die Zweckmäßigkeit der Schriftform hinaus, existieren Ausnahmen zum Grundsatz der Formfreiheit gemäß § 167 Abs. 2 BGB, die eine formgebundene Erteilung bzw. mindestens die Schriftform notwendig machen. Auch die Erteilung einer Vorsorgevollmacht kann in vielerlei Hinsicht von etwaigen Regelungen zur Wahrung einer bestimmten Form betroffen sein. Die Ausnahmen vom Grundsatz der Formfreiheit unterscheiden sich in solche, die vom Gesetz ausdrücklich vorgeschrieben werden bzw. bei denen nicht für die Vollmacht selbst, sondern für deren Nachweis vor öffentlichen Stellen (Behörden, Gerichte) eine bestimmte Form von Gesetzes wegen verlangt wird und in solche, bei denen die Einhaltung einer bestimmten Form aus rechtsmethodischen Gründen erforderlich erscheint.[1165]

1. Gesetzliche Formerfordernisse

a) Ärztliche Maßnahmen, Unterbringung, unterbringungsähnliche Maßnahmen

Wie oben bereits vielfach in die nähere Betrachtung gezogen, wird für den grundrechtssensiblen Bereich medizinischer Maßnahmen, freiheitsentziehender Unterbringung sowie unterbringungsähnlicher Maßnahmen über die §§ 1904 Abs. 5 S. 2, 1906 Abs. 5 S. 2 BGB nicht nur ein die inhaltliche Gestaltung betreffendes Ausdrücklichkeitserfordernis vorgegeben, sondern – hieraus bereits sinngemäß resultierend – auch ein explizites Schriftformerfordernis. Diesbezüglich reicht die einfache Schriftform i.S.d. § 126 BGB.[1166]

b) Verbraucherdarlehen

Ein weiteres gesetzliches Formerfordernis gilt bei Erteilung von Vollmachten, die später eine Darlehensaufnahme für den Vollmachtgeber ermöglichen sollen, mithin zum Abschluss eines Verbraucherdarlehensvertrags berechtigen sollen, vgl. § 492 Abs. 4 S. 1 BGB. Auch hier genügt zunächst die einfache Schriftform i.S.d. § 126 BGB. Verlangt wird aber nicht nur die Schriftform mit der Unterschrift des Darlehensnehmers, zusätzlich muss die Vollmachtsurkunde die Bevollmächtigung nach § 167 Abs. 1 BGB sowie den jeweiligen Vertragsinhalt i.S.d. Vorgaben nach § 492 Abs. 1 und 2 BGB aufweisen.[1167] Das heißt, die Vollmachten für Verbraucherkreditverträge müssen die gleichen Mindestangaben wie die Darlehensverträge selbst enthalten, bspw. Angaben zum effektiven Jahreszins.[1168] Ausnahmen gelten gemäß § 492 Abs. 4 S. 2 BGB nur für die Prozessvollmacht, die nach § 80 ZPO formlos erteilt

1165 Soergel/*Leptien*, § 167 BGB Rn. 9 ff.

1166 § 126 BGB ist auch anwendbar, wenn die Schriftform nicht Wirksamkeitsvoraussetzung [der Vollmacht] ist, sondern daran andere Rechtsfolgen anknüpfen, vgl. Staudinger/*Hertel*, § 126 BGB Rn. 4.

1167 Palandt/*Weidenkaff*, § 492 BGB Rn. 6.

1168 *Renner* in: Müller/Renner, BtR und Vorsorgeverfügungen, Rn. 753.

werden kann und für die notariell beurkundete Vollmacht.[1169] Da bei Erteilung der Vollmacht zumeist noch nicht abzusehen ist, ob und wann ein solches Verbraucherdarlehen erforderlich ist, gilt die notarielle Beurkundung in diesem Fall als faktisch zwingend.[1170] Ein plötzlicher Finanzierungsbedarf, ob nun bedingt durch seniorengerechte Umbauten im Haus (Beispiel: Treppenlift für 10.000 €), die Bezahlung von Pflegekraft bzw. Heimunterbringung oder bedingt durch nicht mehr vom Versicherungsschutz umfasste, teure medizinische Leistungen, ist keinesfalls abwegig.[1171]

c) Ausschlagung einer Erbschaft

Darüber hinaus kann im erbrechtlichen Kontext die stellvertretend vorzunehmende Ausschlagung einer Erbschaft erforderlich werden, so etwa, wenn der Nachlass überschuldet ist.[1172] Ein Bevollmächtigter kann eine Erbschaft im Namen des Erben aber nur dann ausschlagen, wenn er aufgrund einer öffentlich beglaubigten Vollmacht handelt, vgl. § 1943 Abs. 3 BGB.[1173] Das gilt auch für Vorsorgevollmachten,[1174] gleichgültig ob sie als Spezial- oder auch als Generalvollmacht ausgestaltet sind.[1175] Hier würde die einfache Schriftform i.S.d. § 126 BGB nicht ausreichen.

d) Unternehmensbezogene Anliegen

Ferner gibt es Anliegen aus dem unternehmensbezogenem Bereich, zu deren Befugnis innerhalb einer Vorsorgevollmacht ein Formzwang vorgesehen ist.

aa) Gesellschaftsvertrag einer GmbH

Soll bspw. die spezielle Befugnis zum Abschluss eines Gesellschaftsvertrags einer GmbH von einer Vorsorgevollmacht mit umfasst sein, so ist für die Form der Bevollmächtigung gemäß § 2 Abs. 2 GmbHG die notarielle Beurkundung oder öffentliche Beglaubigung vorgeschrieben.

bb) Stimmrechte

Ein gesetzliches Schriftformerfordernis greift ebenfalls, sofern in der Vorsorgevollmacht eine Vollmacht zur Ausübung von Stimmrechten enthalten ist, vgl. § 47 Abs. 3 GmbHG, § 134 Abs. 3, 135 AktG.

1169 Palandt/*Weidenkaff*, § 492 BGB Rn. 6.

1170 *Renner* in: Münch, FamR in der Notar- und Gestaltungspraxis, § 16 Rn. 29; *Kurze* in: Burandt/Rojahn, ErbR, § 167 BGB Rn. 10 (§ 492 IV BGB sei gesetzgeberisch verunglückt).

1171 *Renner* in: Münch, FamR in der Notar- und Gestaltungspraxis, § 16 Rn. 29; *Bischoff* in: Kersten/Bühling, Formularbuch und Praxis der Freiwilligen Gerichtsbarkeit, § 24 Rn. 35; *Münch*, Ehebezogene Rechtsgeschäfte, Rn. 2106.

1172 Vgl. *Zimmer* ZEV 2013, 307 (308).

1173 *Kurze* in: Burandt/Rojahn, ErbR, § 1945 BGB Rn. 16.

1174 Missverständlich insofern OLG Zweibrücken DNotZ 2008, 384; ausführlich hierzu *Müller* DNotZ 2008, 384 (387), vgl. auch *Zimmer* ZEV 2013, 307 (308).

1175 *Zimmer* ZEV 2013, 307 (308).

2. Formalgesetzliche Anforderungen an den Nachweis

Neben den gesetzlichen Formerfordernissen, die explizit vorschreiben, dass eine Vollmacht formgebunden zu erteilen ist, bestehen auch Vorschriften, die nur für den Nachweis der Vollmacht eine bestimmte Form verlangen. Diese Unterscheidung wirkt sich auf die materielle Gültigkeit der erteilten Vollmacht aus. Grundsätzlich ist eine Vollmacht, die nicht die vorgeschriebene gesetzliche Form erfüllt, gemäß § 125 S. 1 BGB unwirksam. Betrifft das Formerfordernis lediglich den verfahrensrechtlichen Nachweis der Vollmacht, so bleibt ihre materiell-rechtliche Gültigkeit hiervon unberührt.[1176] Folgende Gegenstände gehören zu den Fällen, in denen ein formgebundener Nachweis über das Bestehen der Vollmacht erforderlich ist:

a) Grundbuch (§ 29 GBO)

Sofern die Vorsorgevollmacht Grundbucheintragungen ermöglichen soll, muss sie durch öffentliche Urkunden (§ 415 ZPO) oder öffentlich beglaubigte Urkunden (§ 129 BGB) lediglich nachgewiesen werden, vgl. § 29 Abs. 1 S. 2 GBO.[1177] Bei Fehlen der erforderlichen Formausgestaltung erkennt das Grundbuchamt die Vollmacht nicht an und die von einem Vertreter vorgenommenen Grundstücksgeschäfte können nicht vollzogen werden.[1178] Besondere Probleme ergeben sich daher, wenn eine bedingt erteilte Vollmacht Grundstücksangelegenheiten enthalten soll: Der Bedingungseintritt kann nämlich nicht in der Form des § 29 GBO nachgewiesen werden.[1179] Auch die Zwischenschaltung der Vorlage eines ärztlichen Attests hilft hierüber nicht hinweg – selbst wenn die Unterschrift des Arztes beglaubigt ist –, denn die inhaltliche Richtigkeit der ärztlichen Erklärung nimmt nicht an der formellen Beweiskraft der Urkunde teil (§ 415 ZPO).[1180]

b) Handelsregister (§ 12 HGB)

Ebenso formlos gültig, aber gegenüber der öffentlichen Stelle eines formgebundenen Nachweises bedürftig, ist die Vollmacht, die zu Anmeldungen im Handelsregister berechtigen soll. Wegen des Erfordernisses der öffentlichen Beglaubigung ist die Schriftform bereits als notwendig zu betrachten, § 12 Abs. 1 S. 2 HGB. Damit der Bevollmächtigte wirksam unternehmensrelevante Daten für den Betroffenen im Handelsregister eintragen lassen kann, ist das Einhalten dieser Form zwingend.

1176 Staudinger/*Hertel*, § 125 BGB Rn. 97 f.; Soergel/*Leptien*, § 167 BGB Rn. 9.

1177 Näher hierzu *Wolf* MittBayNot 1996, 266 (in Bezug auf eine Untervollmacht).

1178 Vgl. *M. Winkler*, Vorsorgeverfügungen, S. 14 (Fn. 75), der unzutreffend aber davon ausgeht, dass nur die notarielle Form die Erfordernisse des § 29 GBO erfülle.

1179 OLG Frankfurt a.M. DNotZ 2011, 745 mit Anm. *Müller*; OLG Frankfurt/Main FamRZ 2012, 61; OLG Schleswig NJW-RR 2010, 1316; OLG Köln FGPrax 2007, 102 ff.; *Doering-Striening* in: Richter (u.a.), Seniorenrecht, § 4 Rn. 181; *Müller* ZNotP 2012, 404.

1180 *Renner* in: Müller/Renner, BtR und Vorsorgeverfügungen, Rn. 284; *Doering-Striening* in: Richter (u.a.), Seniorenrecht, § 4 Rn. 181.

c) Prozess

Für die Bevollmächtigung zur gerichtlichen Vertretung eines prozessunfähigen Volljährigen fordert § 51 Abs. 3 ZPO eine schriftliche Vollmacht, obgleich sonstige Prozessvollmachten gemäß § 80 ZPO auch mündlich erteilt werden können.[1181] Vor Einfügung des § 51 Abs. 3 ZPO im Jahr 2005 konnte die geschäftsunfähig gewordene Person nicht durch einen Bevollmächtigten vertreten werden, da dieser nicht die Stellung eines gesetzlichen Vertreters innehatte.[1182] Ein Betreuer mit entsprechendem Aufgabenkreis musste deshalb bestellt werden.[1183] Nun aber steht der Vorsorgebevollmächtigte dem gesetzlichen Vertreter gleich, sofern die Voraussetzungen vorliegen.[1184] Im FamFG-Verfahren muss die Bevollmächtigung dabei schriftlich zu den Gerichtsakten vorliegen, vgl. § 11 FamFG.[1185]

3. Formerfordernis aus rechtsmethodischen Gründen

Im Weiteren können sich Formerfordernisse auch aus rechtsmethodischen Gründen ergeben.

a) Teleologische Reduktion des § 167 Abs. 2 BGB

Im Mittelpunkt steht dabei die in § 167 Abs. 2 BGB getroffene Regelung, die besagt, dass die Vollmacht in materiell-rechtlicher Hinsicht nicht der für das Vertretergeschäft vorgeschriebenen Form bedarf. In Schrifttum und Rechtsprechung herrscht Einigkeit darüber, dass diese grundsätzliche Formfreiheit dem Schutzzweck zahlreicher Formvorschriften des BGB entgegen steht.[1186] Zwar ist der Vollmachtgeber durch die Erteilung der Vollmacht nicht unmittelbar beeinträchtigt, da die Erteilung nicht die Vorwegnahme des Vertretergeschäfts selbst bedeutet,[1187] dennoch ist es möglich, dass der Vollmachtgeber bereits durch die Erteilung der Vollmacht rechtlich und tatsächlich in gleicher Weise gebunden wird wie durch den Abschluss des formpflichtigen

---

1181 Zöller/*Vollkommer*, § 80 ZPO Rn. 5 [Erteilung der Prozessvollmacht formlos möglich, Nachweis jedoch schriftlich]; *Zimmermann*, Vorsorgevollmacht, S. 51.

1182 *Zimmermann*, Vorsorgevollmacht, S. 95.

1183 BayObLG FamRZ 1998, 920; *Zimmermann* in: Damrau/Zimmermann, BtR, § 1896 BGB Rn. 110.

1184 *Zimmermann* in: Damrau/Zimmermann, BtR, § 1896 BGB Rn. 110. Kritisch zu dieser Regelung: *Sonnenfeld* FamRZ 2005, 941 (im Rahmen des Zivilprozesses müsste bei der Prüfung der Wirksamkeit der Vollmacht gleichzeitig mit geprüft werden, ob die Vertretung durch den Bevollmächtigten ebenso gut besorgt werden kann).

1185 Vgl. *Doering-Striening* in: Richter (u.a.), Seniorenrecht, § 4 Rn. 175 auch zu weiteren Beispielen: § 71 Abs. 2 ZVG – Vollmacht zur Vertretung eines Bieters im Zwangsversteigerungsverfahren (öffentlich beglaubigt), § 13 Abs. 1 SGB X – die Verfahrensvollmacht im sozialrechtlichen Verwaltungsverfahren (auf Verlangen schriftlich), § 80 Abs. 1 AO – Vollmacht im Steuerverfahren (auf Verlangen schriftlich), § 62 Abs. 6 FGO – Vollmacht im finanzgerichtlichen Verfahren (schriftlich zu den Gerichtsakten).

1186 So die einhellige Meinung im Schrifttum, vgl. bspw. MünchKommBGB/*Schubert*, § 167 Rn. 17; Staudinger/*Schilken*, § 167 BGB Rn. 20 m.w.N.

1187 Vgl. MünchKommBGB/ *Schramm*, § 167 Rn. 16 (6. Auflage 2012); *Lorenz* JuS 2010, 771 (771).

Rechtsgeschäfts.[1188] Dies ist im Allgemeinen durch die Unwiderruflichkeit der Vollmacht oder auch durch andere zusätzliche Vereinbarungen denkbar, obgleich die Vollmacht widerruflich ist.[1189] Eine derartige Bevollmächtigung würde den durch den Formzwang bezweckten Schutz der Vorschrift bei strikter Anwendung des § 167 Abs. 2 BGB unangemessen vereiteln.[1190] Dies gilt umso mehr, wenn der jeweiligen Formvorschrift neben der Beweisfunktion gerade auch die Warnfunktion zugeschrieben wird.[1191]

Nach den in der Rechtsprechung entwickelten Grundsätzen ist § 167 Abs. 2 BGB deshalb in solchen Fällen teleologisch zu reduzieren, in denen bereits durch die Vollmachtserteilung eine rechtliche oder tatsächliche Bindungswirkung erzeugt wird und in denen die Schutzfunktion der jeweiligen Formvorschrift – insbesondere die Warnfunktion – droht leer zu laufen.[1192] Der zu weit geratene Gesetzestext des § 167 Abs. 2 BGB muss demnach in bestimmten, teleologisch begründeten Fällen korrigiert werden.[1193] Es handelt sich hierbei um Fallgruppen, die stets eine differenzierende Beurteilung im Einzelfall erforderlich machen.[1194] Für die Vorsorgevollmacht gelten diese Grundsätze ebenso wie für sonstige Vollmachten. Es kommt dabei also einzelfallbezogen auf die jeweiligen Umstände der inhaltlichen Ausgestaltung und auf die für das jeweilige Rechtsgeschäft in Betracht zu ziehende Formvorschrift an.[1195]

b) Beurkundungsbedarf bei Grundstücksgeschäften (§ 311b Abs. 1 S. 1 BGB)

Soll die Vollmacht bspw. zur Vornahme von Grundstücksgeschäften, insbesondere zur Veräußerung oder zum Erwerb eines Grundstücks, ermächtigen, so muss einzelfallbezogen beurteilt werden, ob sich der Formzwang des § 311b Abs. 1 S. 1 BGB auch auf die Vollmachtserteilung zu erstrecken hat. Die Warnfunktion, die der Formvorschrift des § 311b Abs. 1 S. 1 BGB eigen ist, könnte schon für sich genommen dafür sprechen, eine generelle Erstreckung des Formzwangs auch auf eine diesbezügliche Bevollmächtigung vorzusehen.[1196] Anders als in der Literatur aus Gründen der Rechtssicherheit verlangt,[1197] soll die Warnfunktion allein jedoch nicht ausreichen,

1188 *A.Roth* in: Dodegge/A.Roth, BtKomm, C 22.

1189 Näher MünchKommBGB/*Kanzleiter*, § 311b Rn. 45 f. m.w.N.: Unwiderruflichkeit für eine nicht nur geringfügige Zeit; Vereinbarung einer Vertragsstrafe für den Fall des Widerrufs; Faktisches Leerlaufen des Widerrufsrechts über Befreiung von den Beschränkungen des § 181 BGB und den Abschluss durch Selbstkontrahieren innerhalb kurzer Frist.

1190 Palandt/*Ellenberger*, § 167 BGB Rn. 2; *A.Roth* in: Dodegge/A.Roth, BtKomm, C 22.

1191 MünchKommBGB/*Schubert*, § 167 Rn. 17.

1192 BGH NJW 1952, 1210 (1211); BGH WM 1965, 1006 (1007); BGH WM 1966, 761; BGH NJW 1971, 93 (94); BGH NJW 1979, 2306; BGH NJW 1996, 1467 f.

1193 Gesetzesimmanente Rechtsfortbildung, vgl. *Larenz/Canaris*, Methodenlehre, S. 216.

1194 MünchKommBGB/*Schubert*, § 167 Rn. 17 ff. (19); a.A.: Generelle Erstreckung von Formvorschriften (mit Warnfunktion) auf die Erteilung einer Vollmacht, vgl. Staudinger/*Schilken*, § 167 BGB Rn. 20.

1195 Siehe bereits *Walter*, Vorsorgevollmacht, S. 89 ff. (92).

1196 So bspw. *Doering-Striening* in: Richter (u.a.), Seniorenrecht, § 4 Rn. 176; *Milzer* FPR 2007, 69 (73).

1197 Staudinger/*Schilken*, § 167 BGB Rn. 20; Soergel/*Leptien*, § 167 BGB Rn. 11.

um die Formbedürftigkeit der Vollmachtserteilung herzuleiten.[1198] Hinzukommen muss eine tatsächliche oder rechtliche Bindung des Vollmachtgebers, wie sie sich nach gesetzlicher Vorstellung erst aus dem Abschluss des formpflichtigen Vertretergeschäfts ergeben würde.

Der Situation um die Vorsorgevollmacht liegt dabei die Besonderheit zugrunde, dass nach dem Eintritt des Fürsorgefalls, d.h. bei vorliegender Handlungsunfähigkeit, der Widerruf durch den Vollmachtgeber rechtlich unmöglich geworden ist. Dies gilt aber nur subjektiv für den Vollmachtgeber selbst, objektiv betrachtet kann weiterhin ein eventuell vorhandender Kontrollbevollmächtigter bzw. ein Kontrollbetreuer[1199] rechtlich Abhilfe schaffen, auch wenn bis dahin ein vorübergehender Kontrollverlust bzw. eine faktische Einschränkung der Widerrufsmöglichkeit hinzunehmen ist.[1200] Da die Vorsorgevollmacht in der Regel als Generalvollmacht konzipiert ist und vor allem im Bereich der persönlichen Angelegenheiten ausschließlich den Interessen des Vollmachtgebers dient, wäre es per se unzulässig, sie inhaltlich als unwiderruflich auszugestalten.[1201] Das bedeutet, dass für die Vorsorgevollmacht aus rechtlichen Gründen jedenfalls nicht von vornherein von einer Unwiderruflichkeit auszugehen ist.[1202] Ob möglicherweise eine der Unwiderruflichkeit gleichstehende faktische Bindung zu bejahen ist, lässt sich dann ebenso nur an Einzelfallumständen festmachen, so bspw. im Fall einer alten Dame, die infolge ihrer körperlichen Gebrechen vom Bevollmächtigten abhängig ist und deshalb keinen Widerruf erwägen würde.[1203] Eine faktische Bindung in rechtlicher bzw. tatsächlicher Hinsicht lässt sich allein durch das Vorliegen einer Vorsorgevollmacht vorab nicht pauschal festmachen.

Zusammenfassend ergibt sich hinsichtlich des Beurkundungsbedarfs bei Vollmachten, die Grundstücksgeschäfte tangieren, somit folgendes: Über § 29 GBO gilt zur Eintragungsbewilligung lediglich die formalgesetzliche Anforderung an eine öffentliche oder öffentlich beglaubigte Urkunde. So genügt in Grundbuchangelegenheiten regelmäßig die Beglaubigung.[1204] Der mit § 311b Abs. 1 S. 1 BGB verfolgte Zweck wird sodann dadurch erreicht, dass der jeweilige Vertreter zur Vertragserklärung vom

1198 MünchKommBGB/*Schubert*, § 167 Rn. 17; *A.Roth* in: Dodegge/A.Roth, BtKomm, C 23.

1199 Siehe hierzu *Nedden-Boeger* FamRZ 2014, 1589 ff. (1594), der auf die zulässige Rechtsgestaltung hinweist, den Vollmachtswiderruf durch Dritte, also auch durch einen Kontrollbetreuer, bis zum Eintritt der Geschäftsunfähigkeit privatautonom auszuschließen.

1200 Vgl. *Spalckhaver* in: Lipp, Vorsorgeverfügungen, § 13 Rn. 12 f.

1201 *Müller* in: Limmer (u.a.), Würzburger Notarhandbuch, Teil 3 Kap. 3 Rn. 33; MünchKommBGB/*Schwab*, § 1896 Rn. 53; allgemein hierzu: Palandt/*Ellenberger*, § 168 BGB Rn. 6, Staudinger/*Schilken*, § 168 BGB Rn. 8f.

1202 Anders *Dieckmann/Jurgeleit* BtPrax 2002, 135 (138).

1203 BGH DNotZ 1966, 92 (94); *Reetz* in: Heckschen (u.a.), Beck'sches Notarhandbuch, F 48. Ähnlich *Walter*, Vorsorgevollmacht, S. 90 (eine „Zwangslage" führt praktisch zum Nichtgebrauch der Widerrufsmöglichkeit).

1204 Speziell für die Vorsorgevollmacht: OLG Karlsruhe BtPrax 2015, 245 = FGPrax 2016, 10; OLG Naumburg NJOZ 2014, 1013 = NotBZ 2014, 234; OLG München NJW-RR 2010, 747; OLG Dresden NotBZ 2010, 409; LG Stuttgart ZEV 2008, 198; *Kurze* in: Burandt/Rojahn, ErbR, § 164 BGB Rn. 10; *Kordel* in: Kersten/Bühling, Formularbuch und Praxis der Freiwilligen Gerichtsbarkeit, § 96 Rn. 30; *Dodegge* BtPrax 2016, 3 (5); *Spanl* Rpfleger 2006, 455 ff.

Notar belehrt werden muss.[1205] Die Beurkundung der Bevollmächtigung wäre darüber hinaus natürlich möglich, da sie die öffentliche Beglaubigung als ein absicherndes „Mehr" ersetzen kann (§ 129 Abs. 2 BGB).[1206] Aus Gründen der Zweckmäßigkeit wird dies auch empfohlen.[1207] Denn ob die von der Rechtsprechung entwickelten Voraussetzungen für eine Beurkundungspflichtigkeit der Vollmacht im Einzelfall vorliegen oder vorliegen werden, wird sich vorwegnehmend nicht eindeutig beantworten lassen.[1208]

c) Sonstige beurkundungsbedürftige Angelegenheiten

Die von der Rechtsprechung entwickelten Grundsätze gelten im Übrigen auch für den sonstigen Bereich beurkundungspflichtiger Rechtsgeschäfte, die in Vertretung vorgenommen werden sollen. So im Fall einer Vollmacht, die zum Versprechen einer Schenkung (§ 518 BGB) oder einer Bürgschaft (§ 766 BGB) oder zum Erbverzicht (§§ 2348, 2351, 2352 BGB) ermächtigen soll.[1209]

d) Wohnungs-, Post-, Fernmeldeangelegenheiten, Umgangsbestimmung?

Eine analoge Anwendung der §§ 1904 Abs. 5, 1906 Abs. 5 BGB auf die Fälle, die personale Angelegenheiten betreffen wie Wohnungs-, Post- und Fernmeldeangelegenheiten sowie die Umgangsbestimmung, kommt nicht in Betracht, weshalb rechtsmethodisch an dieser Stelle kein Konkretisierungs-bzw. Formzwang herzuleiten ist.[1210] Es gilt jedoch aus Gründen der Nachweisbarkeit wie immer ein praktisches Bedürfnis zur Einhaltung der Schriftform.

III. Einzelne Formen

Nach dieser Auflistung, in welchem inhaltlichen Kontext die Vorsorgevollmacht von Formvorschriften tangiert sein kann, soll im Folgenden auf die einzelnen Formen und die diesbezüglichen rechtlichen (Gestaltungs-) Fragen eingegangen werden.

1205 *Bork*, AT des BGB, Rn. 1465.

1206 Näher *Spalckhaver* in: Lipp, Vorsorgeverfügungen, § 13 Rn. 11, 30 ff.; *Müller* in: Limmer (u.a.), Würzburger Notarhandbuch, Teil 3 Kap. 3 Rn. 36; *Walter*, S. 93 f.; *Langenfeld*, Vorsorgevollmacht, S. 28.

1207 *Reetz* in: Heckschen (u.a.), Beck'sches Notarhandbuch, F 45; zu den Vorteilen vgl. *Spalck-haver* in: Lipp, Vorsorgeverfügungen, § 13 Rn. 30 ff. Die bloße notarielle Beglaubigung, d.h. die Nichtbeurkundung, sogar als Amtspflichtverletzung rügend: *Langenfeld* ZEV 2003, 449 (450).

1208 *Bischoff* in: Kersten/Bühling, Formularbuch und Praxis der Freiwilligen Gerichtsbarkeit, § 24 Rn. 28.

1209 Vgl. MünchKommBGB/*Schramm*, § 167 Rn. 16 (6. Auflage 2012); *A.Roth* in: Dodegge/A.Roth, Bt-Komm, C 23. Weitere Beispiele bei *Spalckhaver* in: Lipp Vorsorgeverfügungen, § 13 Rn. 15.

1210 Siehe § 2 A. III. 2. b).

1. Einfache Schriftform

Die einfache Schriftform i.S.d. § 126 BGB ist die Ausgangsnorm für die gesetzlich eingeforderte Schriftform. Für die Vorsorgevollmacht ist sie aus Zweckmäßigkeitsgründen für den Nachweis im vermögensrechtlichen Bereich relevant, darüber hinaus ist sie zwingend erforderlich für das Gebiet der medizinischen, unterbringungsrechtlichen und unterbringungsähnlichen Maßnahmen sowie der Zwangsbehandlung. Für Wohnungs- und Post- bzw. Fernmeldeangelegenheiten, aber auch für etwaige Befugnisse zur Umgangsbestimmung gegenüber Dritten ist die einfache Schriftform zumindest als zweckmäßig zu erachten. Von Gesetzes wegen genügt die einfache Schriftform auch für die ein Verbraucherdarlehen betreffende Vorsorgevollmacht, rechtspraktisch betrachtet ist diese Form jedoch „zu wenig". Zuletzt ist die Form des § 126 BGB ausreichend im Rahmen einer mit der Vorsorgevollmacht deckungsgleichen Prozessvollmacht. Daneben gilt es die Schriftform einzuhalten, sollte eine Vertretung in Bezug auf die Ausübung von unternehmensbezogenen Stimmrechten beabsichtigt sein.

Für all diese bereichsspezifischen und vollmachtsgegenständlichen Überlappungen ist zu ihrer schriftlichen Verkörperung eine Urkunde erforderlich, die von dem Aussteller eigenhändig durch Namensunterschrift unterzeichnet worden ist. Der Urkundentext muss – anders als bei Testamenten – weder handschriftlich noch vom Erklärenden selbst verfasst worden sein. Zu beachten ist, dass die Unterschrift den Text räumlich abschließen muss, nachträglich Angefügtes unterhalb der bisherigen Unterschrift muss daher neu unterschrieben werden.[1211] Ansonsten können spätere Änderungen auch vom Parteiwillen erfasst sein, ohne dass eine nochmalige Unterschrift erforderlich ist.[1212] Bei längeren, mehrseitigen Texten, wie es bei Vorsorgevollmachten der Regelfall sein wird, genügt eine Unterschrift auf der letzten Seite, sofern die Einheitlichkeit der Urkunde durch die körperliche Verbindung – etwa Fadenheftung, Zusammenleimen bzw. „Tackern" – oder durch eine inhaltliche Bezugnahme, bspw. durch Nummerierung, gegeben ist.[1213] Die Namensunterschrift selbst ist mit dem Familiennamen[1214] und in ausgeschriebener Form zu leisten.[1215] Unleserlichkeit schadet nicht, solange der Schriftzug eine Zusammensetzung aus Buchstaben und nicht nur bloße Striche, Winkel oder Wellen zu erkennen gibt.[1216] Im Ergebnis geht es darum, dass die Unterschrift die Identität des Unterzeichnenden ausreichend kennzeichnet. Das Aufsetzen einer Vorsorgevollmacht steht u.a. im Zusammenhang mit einer betagten Lebenssituation. Gerade infolge von altersbedingten körperlichen und geistigen

1211 RGZ 110, 168; BGH WM 1990, 891; *Bork*, AT des BGB, Rn. 1056.

1212 Hk-BGB/*Dörner*, § 126 Rn. 4.

1213 Vgl. BGHZ 40, 263; 136, 361; 142, 160 f.; Hk-BGB/*Dörner*, § 126 Rn. 5.

1214 Der Vorname muss nicht mit aufgeführt sein, um die Person des Ausstellers kenntlich zu machen; dies gilt selbst bei häufig vorkommenden Nachnamen, vgl. Staudinger/*Hertel*, § 126 BGB Rn. 137.

1215 Jauernig/*Mansel*, § 126 BGB Rn. 2: „Eure Mutter" reicht nicht.

1216 Zumindest ein Buchstabe muss lesbar sein: BGH VersR 1984, 142; OLG Köln NJW-RR 2005, 1252; die Rechtsprechung legt aber einen großzügigen Maßstab an, wenn die Autorenschaft gesichert ist (BGH NJW 1997, 3380 f.); zum Ganzen Staudinger/*Hertel*, § 126 BGB Rn. 143 ff. (auch zu den vielen Grenzfällen).

Gebrechen können sich bei der eigenhändigen, handschriftlichen Unterschrift Schwierigkeiten ergeben – eine Schreibhilfe, bspw. durch das Führen der Hand, ist hierbei nur insoweit zulässig, als dass sich diese Unterstützungshilfe auf die Unterzeichnungshandlung beschränkt, der Schriftzug selbst aber von einem eigenständigen Willen des Ausstellers getragen ist.[1217] Daher kann das Unvermögen zur handschriftlichen Unterzeichnung dringende Anhaltspunkte für eine etwaige Geschäftsunfähigkeit liefern. Da auch eine Vorsorgevollmacht nur wirksam erteilt werden kann, wenn der Vollmachtgeber bei Abgabe der Erklärung geschäftsfähig ist, das Gesetz aber von der grundsätzlichen Handlungsfähigkeit eines Volljährigen ausgeht, ist das Vorliegen der Geschäftsfähigkeit keine von vornherein beweisbedürftige Voraussetzung.[1218] Bestehen im Einzelfall jedoch Anzeichen für eine Geschäftsunfähigkeit bei Erklärungsabgabe, so ist die Vorsorgevollmacht in zweierlei Hinsicht gefährdet: Erstens könnte mit entsprechender Beweislastverteilung für die Geltendmachung ihrer Nichtigkeit gesorgt werden (§§ 104 Nr. 2, 105 Abs. 1 BGB) und zweitens kann die bloße Andeutung oder Behauptung von Geschäftsunfähigkeit ihrer Akzeptanz im Rechtsverkehr schaden.[1219] Die einfache Schriftform enthält insofern keinen Beleg darüber, dass *keine* Anzeichen von Geschäftsunfähigkeit bei Abgabe der Vollmachtserklärung vorgelegen haben.[1220] Für die von dem Schriftformerfordernis des § 126 BGB betroffenen Vollmachtsgegenstände ist im Übrigen zu beachten, dass eine entsprechende Bevollmächtigungserklärung zu ihrer Wirksamkeit auch in Schriftform zugehen muss (§ 130 Abs. 1 S. 2 BGB). Der Bevollmächtigte muss also das Original erhalten, eine Kopie der Vollmachtsurkunde ohne erneute Originalunterschrift reicht dazu nicht aus.[1221]

Denkbar ist auch die elektronische Form des § 126a BGB, bei der die Vollmacht als elektronisches Medium mit einer qualifizierten elektronischen Signatur zu dokumentieren wäre. Als gleichwertig anzuerkennende Form kann sie die einfache Schriftform ersetzen, wenn sich nicht aus dem Gesetz ein anderes ergibt (§ 126 Abs. 3 BGB). Wegen des technischen Aufwands – für die Speicherung und Anwendung des Signaturschlüssels sind geeignete Soft- und Hardwareprogramme nötig – und der damit verbundenen Kosten hat die elektronische Form bislang keine große Verbreitung im allgemeinen Rechtsverkehr erfahren.[1222] Obgleich sich dies in Anbetracht der voranschreitenden Digitalisierung zukünftig ändern könnte, ergeben sich gegenwärtig auch für die Vorsorgevollmacht keine anderslautenden Besonderheiten.

1217 BGH NJW 1981, 1901; Hk-BGB/*Dörner*, § 126 Rn. 7; *Bork*, AT des BGB, Rn. 1059.
1218 Hierzu *Spalckhaver* in: Lipp, Vorsorgeverfügungen, § 13 Rn. 39.
1219 Vgl. *Spalckhaver* in: Lipp, Vorsorgeverfügungen, § 13 Rn. 39.
1220 *Spalckhaver* in: Lipp, Vorsorgeverfügungen, § 13 Rn. 39.
1221 Allgemein: Staudinger/*Hertel*, § 126 BGB Rn. 159.
1222 Bamberger/H.Roth-*Wendtland*, § 126a BGB Rn. 1; *Wolf/Neuner*, AT des Bürgerlichen Rechts, § 44 Rn. 37; *Roßnagel* NJW 2005, 385 (385, 388).

2. Öffentliche Beglaubigung

Anstelle einer Unterschrift ist zur Wahrung der Schriftform i.S.d. § 126 BGB darüber hinaus auch ein notariell beglaubigtes Handzeichen möglich (§ 126 Abs. 1 BGB). Die Beglaubigung ersetzt als höhere Form die einfache Schriftform – gleichgültig, ob in Bezug auf das Handzeichen oder auch in Bezug auf die Unterschrift (die die Form des § 126 BGB bereits umfasst).[1223] Für die Vorsorgevollmacht gilt die Besonderheit, dass auch der Betreuungsbehörde eine Beglaubigungsbefugnis zukommt (siehe sogleich) und somit auch diese eine die Schriftform des § 126 BGB ersetzende Beglaubigung des Handzeichens oder der Unterschrift vornehmen kann.

Abgesehen von der Ersetzungsfunktion für die Schriftform nach § 126 BGB ist die öffentliche Beglaubigung zwingend für die oben herausgearbeiteten, die Vorsorgevollmacht betreffenden Regelungsbereiche oder für ihren Nachweis im Rechtsverkehr. Hierzu zählen neben der Ausschlagung der Erbschaft (§ 1943 Abs. 3 BGB) auch die mögliche Erfassung der Abschlussbefugnis von Gesellschaftsverträgen oder der Ausübungsbefugnis von Stimmrechten. Relevant ist die öffentliche Beglaubigung im Übrigen auch für Eintragungen im Grundbuch oder im Handelsregister.

a) Beglaubigung durch den Notar

Die öffentliche Beglaubigung gemäß § 129 BGB fällt in die allgemeine Zuständigkeit der Notare, § 20 Abs. 1 S. 1 BNotO, §§ 39, 40 BeurkG. Dessen Mitwirkung bezieht sich hierbei lediglich auf die Unterschrift: Beglaubigt wird, dass die Unterschrift von einer Person stammt, die sich als Träger des betreffenden Namens erwiesen hat.[1224] Öffentlich ist die Erklärung nach § 129 BGB auch dann, wenn nicht die Unterschrift, sondern ein Handzeichen notariell beglaubigt wird. Dies ist vor allem für Schreibunkundige oder sonst am Schreiben gehinderte Personen von Bedeutung, da ein Handzeichen jedes beliebige eigenhändig gesetzte Zeichen sein kann, das keine Schriftzeichen verwendet, etwa ein Kreuz oder sonstiges Kürzel, vor allem aber auch der Fingerabdruck.[1225] Gemäß § 40 Abs. 1 BeurkG muss die Unterschrift – und entsprechend auch das Handzeichen – entweder vor dem Notar vollzogen werden oder im Beisein des Unterschreibenden vom Notar anerkannt werden.[1226] Da das Beurkundungsgesetz keine besonderen Regelungen für die Unterschriftbeglaubigung bei behinderten oder sprachfremden Beteiligten trifft, fällt es in das pflichtgemäße Ermessen des Notars, das an Maßnahmen Erforderliche zu ergreifen, um Zweifel oder Täuschungen auszuschließen.[1227] Wichtig ist, dass sich die Beglaubigung „nur" auf die Echtheit der

1223 Staudinger/*Hertel*, § 126 BGB Rn. 150.
1224 *Medicus*, AT des BGB, Rn. 621.
1225 *K.Winkler*, § 40 BeurkG Rn. 72.
1226 *Preuß* in: Armbrüster/Preuß/Renner, § 40 BeurkG Rn. 19; *Lerch*, § 40 BeurkG Rn. 33.
1227 Anders als bei Hör- oder Sprachgeschädigten ist eine schriftliche Verständigung oder das Erkennenkönnen der eigenen Unterschrift bei einem Blinden nicht möglich; eine Unterschriftsbeglaubigung scheidet aus; bei Sprachfremden kann ein Dolmetscher hinzugezogen werden, siehe *K.Winkler*, § 40 BeurkG Rn. 37 ff.; *Preuß* in: Armbrüster/Preuß/Renner, § 40 BeurkG Rn. 21; Staudinger/*Hertel*, § 129 BGB Rn. 71 f.

Unterschrift bzw. des Handzeichens erstreckt. Daher ist es zur Formwahrung nicht erforderlich, dass sich der Text der Erklärung bei Beglaubigung über der Unterschrift befand.[1228] Allerdings soll ein Notar eine solche „Blankounterschrift" nur beglaubigen, wenn die Beglaubigung vor der Festlegung des Urkundentexts benötigt wird (§ 40 Abs. 5 BeurkG).[1229] Abgesehen davon, dass ein entsprechender Beglaubigungsvermerk durch den Notar zu dokumentieren ist, entspricht dies im Normalfall wohl nicht der Situation der Vorsorgevollmacht, bei welcher die Beglaubigung gerade nicht dringend vorab benötigt wird.[1230] Für die Beglaubigung der Unterschrift unter einer mitgebrachten, d.h. selbst entworfenen oder von einem Anwalt entworfenen Vorsorgevollmacht, genauso wie auch unter einem aus dem Internet ausgedruckten bzw. sonstigen Musterformular, sind Kosten zwischen 20 € und maximal 70 € vorgesehen.[1231]

b) Beglaubigung durch die Betreuungsbehörde

Die öffentliche Beglaubigung der Vorsorgevollmacht kann seit dem am 01.07.2005 in Kraft getretenen 2. BtÄndG[1232] auch durch die Betreuungsbehörde vorgenommen werden, vgl. § 6 Abs. 2 BtBG, da ihre Urkundsperson befugt ist, Unterschriften oder Handzeichen zu beglaubigen.[1233] Hierbei handelt es sich – wie durch das Gesetz zur Änderung des Zugewinnausgleichs- und Vormundschaftsrechts klargestellt – um eine öffentliche Beglaubigung i.S.d. § 129 BGB.[1234] Die für die Beglaubigung zuständigen Betreuungsstellen sind bei den Stadt- bzw. Kreisverwaltungen angesiedelt und verlangen für die Beglaubigung der Unterschrift eine Verwaltungsgebühr von 10 €.[1235] Die Betreuungsbehörde ist im Einzelfall zudem ermächtigt, aus Billigkeitsgründen von einer Gebührenerhebung abzusehen.[1236] Die so beglaubigte Unterschrift kann für alle

1228 Soergel/*Hefermehl*, § 129 BGB Rn. 3.

1229 Soergel/*Hefermehl*, § 129 BGB Rn. 3.

1230 Beispiel bei *K. Winkler*, § 40 BeurkG Rn. 66: Erklärungen für ausländische Behörden, bei denen die sofortige Abfassung Schwierigkeiten bereitet.

1231 Vgl. *Renner* NotBZ 2014, 11 (12, 14, 23): Gebührensituation hat sich verschlechtert, da der Gebührensatz von „¼" auf „0,2" reduziert wurde; die Höchstgebühr wurde von 130 € auf 70 € herabgesetzt (Nr. 25100 KV).

1232 Gesetz v. 21.04.2005, BGBl. I, S. 1073.

1233 BT-Drucks. 15/2494, S. 15; *Schmidt/Bayerlein/Mattern/Ostermann*, Betreuungspraxis, Rn. 13.

1234 Bis zur Klarstellung durch das Gesetz zur Änderung des Zugewinnausgleichs- und Vormundschaftsrechts v. 06.07.2009 (BGBl. I, S. 1696; BT-Drucks. 16/10798, S. 31 f.) war die Rechtsqualität – wie sie vor allem für § 29 GBO oder § 12 HGB relevant ist – umstritten. Vor der Gesetzesneufassung ist diskutiert worden, ob es sich hierbei auch um eine amtliche Beglaubigung oder um einen Zwittertatbestand zwischen amtlicher und öffentlicher Beglaubigung handeln könnte, vgl. die Nachweise bei *Heinemann* in: Grziwotz/Heinemann, § 65 BeurkG Rn. 8 (Fn. 29); umfassende Darstellung bei *Preuß* in: Armbrüster/Preuß/Renner, § 1 BeurkG Rn. 32 ff. in der 5. Auflage. Immense Zweifel an dieser Klarstellung hat *Heinemann* FGPrax 2016, 11 (11) mit Verweis auf § 11 Abs. 7 MRRG, weshalb auch im Rahmen des § 6 BtBG eine ausdrückliche Gleichstellung von öffentlicher Beglaubigung und Beglaubigung durch Urkundsperson im Gesetzestext selbst hätte erfolgen müssen.

1235 *Breidenstein*, Pflegerecht, S. 48.

1236 *Kania/Langhoff* in: Jurgeleit, BtR, § 6 BtBG Rn. 18 ff.

Vollmachtsangelegenheiten, die das Formerfordernis der öffentlichen Beglaubigung verlangen, zum Einsatz kommen. So ist sie auch ausreichend für den Nachweis der Vertretungsmacht in grundbuchmäßiger Form.[1237] Gleiches muss für eine Vollmacht gelten, aufgrund derer bspw. eine Erbschaft ausgeschlagen oder eine Handelsregisteranmeldung vorgenommen werden kann.[1238] Hintergrund für die Einführung der zusätzlichen Beglaubigungsbefugnis durch die Betreuungsbehörden war die Problematik, dass Vorsorgevollmachten Anerkennungsschwierigkeiten im Rechtsverkehr, insbesondere vor Banken, hinzunehmen hatten, was gegenüber der erwarteten Durchsetzungskraft und der beabsichtigten Stärkung der Vorsorgeinstrumente abträglich erschien.[1239] Die Schwierigkeit der Nichtakzeptanz in Kombination mit der Hemmnis, diesbezüglich einen Notar aufzusuchen, sollte durch die Schaffung einer aufwandsgeringen Beglaubigungsmöglichkeit gelöst werden.[1240]

Diese Beglaubigungskompetenz wird von notarieller Seite in mehrfacher Hinsicht kritisiert.[1241] So wird hierin ein Verstoß gegen das Rechtsstaatsprinzip gesehen und auch auf die mangelnde sachliche und persönliche Unabhängigkeit sowie mangelnde fachliche Kompetenz der Urkundsperson bei der Betreuungsbehörde hingewiesen.[1242] Dennoch ist mit § 6 Abs. 2 BtBG eine weitere Zuständigkeit für die Beglaubigung von Unterschriften und Handzeichen für die Urkundsperson bei der Betreuungsbehörde eingeführt worden.[1243] Dabei beschränkt sich die Beglaubigungsbefugnis sachlich auf die Beglaubigung von Vorsorgevollmachten und Betreuungsverfügungen. Diese sachlich begrenzte Zuständigkeit mag im Hinblick auf die Betreuungsverfügung unproblematischer sein als in Bezug auf die Vorsorgevollmacht. Denn, wie bereits oben unter § 2 angeführt, fehlt es an einer gesetzlichen Definition der Vorsorgevollmacht und oftmals schließlich auch an der Trennschärfe gegenüber sonstigen (General-)Vollmachten. Ab wann von einer Vorsorgevollmacht und nicht nur von einer allgemeinen Vollmacht gesprochen werden kann, ist begrifflich mit Blick auf § 1896 Abs. 2 BGB nicht so sehr von Belang. Die Norm zielt vor allem darauf ab, dem Betroffenen einen effizienten Schutz anheim zu stellen. Sie fragt allgemein nach einer „Bevollmächtigung", die geeignet ist, die Anordnung einer Betreuung zu vermeiden. Hier geht es also um funktionelle, und zweckdienliche Erwägungen sowie solche der Verhältnismäßigkeit. Die Begrifflichkeit wird deshalb vom Gesetzgeber entsprechend flexibel und offen gehalten; selbst eine Vollmacht nur für Geschäfte mit einer bestimmten Bank kann eine rechtliche Betreuung – jedenfalls in diesem Bereich – erübrigen. § 6 Abs. 2 BtBG hingegen regelt die Amtsbefugnisse der Betreuungsbehörde im Hin-

1237 OLG Naumburg NJOZ 2014, 1013 = NotBZ 2014, 234 = Rpfleger 2014, 310; kritisch hierzu *Zimmer* NotBZ 2014, 237; vgl. auch *Breidenstein*, Pflegerecht, S. 48; *Renner* Rpfleger 2007, 367 (368 ff.).

1238 Vgl. *Krauß* BWNotZ 2006, 35 (37); *Spanl* RPfleger 2006, 455 ff.

1239 *Renner* Rpfleger 2007, 367 (370); *Röthel* FamRZ 2004, 999 (1005).

1240 Das Aufsuchen eines Notars werde häufig (zu Unrecht) als beschwerlich und kostspielig angesehen, vgl. *W.Bienwald* in: W.Bienwald/Sonnenfeld/Harm, BtR, § 6 BtBG Rn. 20; *Winterstein* in: Jürgens, BtR, § 6 BtBG Rn. 10.

1241 Vgl. nur *Heinemann* FGPrax 2016, 11 [Anm. zu OLG Karlsruhe FGPrax 2016, 10] oder *Zimmer* NotBZ 2014, 237 [Anm. zu OLG Naumburg NotBZ 2014, 234].

1242 *Heinemann* in: Grziwotz/Heinemann, § 65 BeurkG Rn. 8; *Renner* Rpfleger 2007, 367 (369).

1243 *Meier* BtPrax 2005, 82 (82 f.).

blick auf ihre Aufgabenzuständigkeit bei Beglaubigungen; die Beschränkung auf Vorsorgevollmachten versteht sich dabei in den fachspezifischen Grenzen, die dieser Behörde abverlangt werden können. Da ihr keine allgemeine Zuständigkeit zur Beglaubigung von Unterschriften zugewiesen ist, muss die Behörde also prüfen, ob die konkret verfahrensgegenständliche Vollmacht die Anforderungen an eine Vorsorgevollmacht erfüllt.[1244] Allgemeine Vollmachten, d.h. sonstige General- oder Spezialvollmachten, die unabhängig von einem betreuungsvermeidenden Vorsorgezweck erteilt worden sind, fallen daher gerade nicht in die Beglaubigungszuständigkeit der Betreuungsbehörde.[1245] Es kommt zuständigkeitsentscheidend eben darauf an, ob rechtsbegriffsspezifisch von einer Vorsorgevollmacht ausgegangen werden darf.[1246] Wichtige Indizien liefern offenkundig bspw. Regelungen zur Gesundheitsfürsorge und zu freiheitsentziehenden Maßnahmen.[1247] Im Übrigen dürfen die Hürden zur Bestimmung des Vorsorgecharakters jedoch nicht zu hoch angesetzt werden. Wird eine Vollmacht als Vorsorgevollmacht bezeichnet und unbedingt erteilt bzw. ist nur im Innenverhältnis (das nicht unbedingt für jedermann einzusehen sein soll) von einer Beschränkung auf den Vorsorgefall die Rede – wie es in der Handhabung zur Vorsorgevollmacht auch allseits angeraten wird – so muss eine solche Vollmacht ausreichend sein, um eine wirksame Unterschriftsbeglaubigung der Betreuungsbehörde zuzulassen.[1248] Dass es sich bei Vorsorgevollmachten im Kern um Generalvollmachten handelt, wie es zur Vermeidung der Anordnung einer Betreuung auch weitestgehend empfohlen wird, steht der behördlichen Beglaubigungskompetenz nicht im Wege. Die gegenteilige Sichtweise würde § 6 Abs. 2 BtBG im Zirkelschluss nahezu vollständig aushebeln bzw. den gesetzgeberischen Förderungszweck von Vorsorgevollmachten dauerhaft in seiner Umsetzung stören. Insgesamt kann daher nur klargestellt werden, dass die bei der Betreuungsbehörde vorgelegte Vollmacht mit höherer Intensität Anklang auf den Vorsorgecharakter finden muss als im Prüfbereich des § 1896 Abs. 2 BGB. Die Kriterien hierfür können dabei nicht auf den Mechanismus der Betreuungsvermeidung begrenzt werden: So wäre bspw. eine einfache Vollmacht, die ausschließlich zu Geschäften mit einer bestimmten Bank befugt, nicht beglaubigungsfähig i.S.d. § 6 Abs. 2 BtBG, obwohl eine solche Vollmacht unbestritten betreuungsvermeidende Wirkung haben kann. Andersherum kann eine Vollmacht, die ihrem Regelungsgehalt nach das typische Gestaltungskonzept einer Vorsorgevollmacht vorweist, dabei aber noch zusätzlich regelt, dass diese Vollmacht auch über den Tod hinaus Geltung erfahren soll, also transmortal erteilt ist, durchaus von der Betreuungsbehörde beglaubigt werden.[1249] Dass die postmortale Verwendung der Vollmacht keineswegs im Zusammenhang zu einem Betreuungsverfahren bzw. der Betreuungsvermeidung steht, schadet nicht, denn die als Vorsorgevollmacht ausgewiesene Vollmacht verliert durch die

1244 OLG Karlsruhe FGPrax 2016, 10 (10).

1245 Vgl. *Limmer* in: Eylmann/Vaasen, § 40 BeurkG Rn. 30.

1246 Siehe auch *Zimmer* NotBZ 2014, 237 (237).

1247 OLG Karlsruhe FGPrax 2016, 10 (10).

1248 Strikter und kritischer hierzu: *Demharter*, § 29 GBO Rn. 42; *Limmer* in: Eylmann/Vaasen, § 40 BeurkG Rn. 30; *Zimmer* NotBZ 2014, 237 (237).

1249 OLG Karlsruhe FGPrax 2016, 10.

Regelung einer postmortalen Fortgeltung nicht ihren Vorsorgecharakter.[1250] Dieser allein löst die Beglaubigungsfähigkeit der Unterschrift nach § 6 Abs. 2 BtBG aus. Dabei lässt sich die zu beglaubigende Unterschrift auf der gesamtregelnden Vorsorgevollmacht auch nicht künstlich in einen Teil „vor dem Tod" und in einen dem Vorsorgebereich originär nicht mehr angehörigen, aber nunmehr rechtsgeschäftlich einbezogenen Teil „nach dem Tod" aufspalten.[1251]

Ob eine Vorsorgevollmacht vorliegt ist eine Frage des tatbestandlichen Beurteilungsspielraums in § 6 BtBG, was die Behörde in Ansehung der Gesetzesmäßigkeit der Verwaltung und somit in ordnungsgemäßer Wahrnehmung ihrer Amtsbefugnisse zu überprüfen und zu verantworten hat.[1252] Da die Betreuungsbehörden im Hinblick auf Vorsorgevollmachten und Betreuungsverfügungen auch beratend tätig werden, darf von ihrer fachlichen Einschätzungskompetenz zum Vorliegen oder Nichtvorliegen der jeweiligen Vorsorgeverfügung in der Sache ausgegangen werden. Der Vorwurf, dass eine erforderliche Unterschriftsbeglaubigung unter dem „Mantel der Vorsorgevollmacht" bei der Betreuungsbehörde nur genutzt wird, um Notarkosten zu sparen,[1253] erscheint abwegig. Es ist nicht davon auszugehen, dass dem Einzelnen die Ausübung seiner Notartätigkeit infolge eines unangemessenen Auszehrungs- bzw. Verdrängungswettbewerbs durch die öffentliche Hand unmöglich gemacht würde.[1254] Bei der Tätigkeit des Notars werden öffentliche Aufgaben in private Hand gelegt.[1255] Die Beglaubigungskompetenz ist dem Notar staatlich verliehen; die Aufgabe der vorsorgenden Rechtspflege bzw. der Beglaubigung wird ihm mit der Zuständigkeitsregelung in §§ 1, 20 BNotO zugewiesen.[1256] Vor diesem Hintergrund erscheint eine nebengeschaltete Beglaubigungskompetenz in öffentlicher Hand aus sachlichen Gründen, nämlich: zur Förderung der privatautonomen Vorsorge sowie deren Zugänglichmachung, nachvollziehbar und zumutbar. Wegen der unterschiedlichen Kostengesichtspunkte des Beglaubigungsverfahrens obliegt es den Notaren aktuell selbst, sich durch die Vorzüge ihrer Beratung und Dienstleistung von den Betreuungsbehörden „abzugrenzen".[1257] Da die Notare gemäß § 17 Abs. 1 S. 1 BNotO an die Vorgaben des GNotKG gebunden sind, könnte aber die Einführung eines ähnlich moderaten Gebührentatbestands zugunsten der notariellen Beglaubigung von Vorsorgevollmachten das derzeitige Gefälle um die verschiedenen Beglaubigungskosten interessengerecht

1250 Vgl. OLG Karlsruhe FGPrax 2016, 10 (11).

1251 So aber *Heinemann* FGPrax 2016, 11 (11), der davon ausgeht, dass sich die Vorsorgevollmacht nach dem Tod in eine Nachlassvollmacht umwandelt; ihren Vorsorgekern verliere sie also ab diesem Zeitpunkt, weshalb denklogisch die Beglaubigungsbefugnis für diesen absehbaren Vollmachtsteil nicht greife.

1252 Keine Überschreitung der Grenzen ihrer Amtsbefugnisse, vgl. OLG München, Beschl. v. 28.01.2014 – Az. 34 Wx 318/13; hierzu auch *Zimmer* NotBZ 2014, 237 (237).

1253 Ausführlich hierzu und zur Gefahr von möglichen Umgehungsgeschäften *Renner* Rpfleger 2007, 367 (371), siehe auch *Zimmer* NotBZ 2014, 237 (237).

1254 Auch ein Notar kann sich auf den Schutz des Art. 12 GG berufen, vgl. BVerfGE 73, 280 (292).

1255 Vgl. BVerfGE 73, 280 (292); *Bracker* in: Schippel/Bracker, § 1 BNotO Rn. 7.

1256 Vgl. *Burgi* in: Preuß, Aufgabenübertragung auf Notare, S. 11 (37 ff.); *Sandkühler* in: Arndt/Lerch/Sandkühler, § 20 BNotO Rn. 1.

1257 Vgl. *Renner* NotBZ 2014, 11 (12).

minimieren.[1258] Festzuhalten bleibt abseits dieser Kostenfrage jedoch, dass die Beglaubigungsbefugnis der Betreuungsbehörde per se nicht gegen rechtsstaatliche Prinzipien verstößt. Ein Missbrauch, d.h. ein Verstoß gegen die von der Rechtsordnung erlaubte behördliche Beglaubigungsmöglichkeit, kann im Übrigen nicht dadurch konstruiert werden, dass eine Generalvollmacht mittels einer Vorsorgevollmacht „ummantelt" wird. Solange die Vollmacht objektiv als Vorsorgevollmacht einzuordnen ist, erfüllt sie (auch) den förderungswürdigen Zweck der privaten Vorsorge, zu welchem sich der Gesetzgeber veranlasst gesehen hat.[1259]

3. Notarielle Beurkundung

Die notarielle Beurkundung nach § 128 BGB ist unter den Formen des BGB die stärkste, sie ersetzt sowohl die Schriftform als auch die Form der öffentlichen Beglaubigung, §§ 126 Abs. 4, 129 Abs. 2 BGB. Wegen dieser Ersetzungsfunktion ist die notarielle Beurkundung im Kontext der Vorsorgevollmacht als ein „Mehr" jedenfalls immer möglich. Vorgeschrieben ist die notarielle Beurkundung, sollte die Vorsorgevollmacht die Befugnis zum Abschluss von Gesellschaftsverträgen enthalten. Ein faktischer Beurkundungszwang ergibt sich für den Fall, dass die Bevollmächtigung zum Abschluss von Verbraucherdarlehen ermächtigen soll. Von einem gesetzlichen Zwang zur Beurkundung der Vorsorgevollmacht ist im Übrigen grundsätzlich nicht auszugehen. Allenfalls besteht ein faktischer Beurkundungsbedarf als eine zukunftsorientierte Absicherungsmaßnahme, sofern die Vollmacht bspw. die Vornahme von Grundstücksgeschäften oder Schenkungen erlauben soll.

a) Allgemeines

Bei der notariellen Beurkundung der Vollmachtserklärung wird die gesamte Erklärung und nicht nur die Unterschrift beurkundet. Der Notar hat also auch den Text der Urkunde, den er regelmäßig – aber nicht zwingend[1260] – selbst formulieren wird, zu überprüfen.[1261] Hierbei muss vergegenwärtigt werden, dass die notarielle Beurkundung im Wesentlichen bedeutet, dass die in der Urkunde genannte Person in Gegenwart eines Notars eine Erklärung des jeweils beurkundeten Inhalts abgegeben hat.[1262] Somit sichert die Beurkundung die Beweiskraft dafür, dass der Unterzeichnende auch genau diese Erklärung abgegeben hat, die Urkunde also echt ist (§ 415 ZPO) – im Übrigen wird hierdurch aber nicht automatisch ihre inhaltliche Richtigkeit bewiesen, vielmehr untersteht die Richtigkeit des Inhalts der freien Beweiswürdigung (§ 286 ZPO).[1263]

1258 So schlägt *Heinemann* FGPrax 2016, 11 (11) einen Kostentatbestand in Anlehnung an Nr. 25101 KV GNotKG vor [die Gebühr würde somit 20 € betragen]; gleichzeitig spricht er sich jedoch für eine Abschaffung der Beglaubigungsbefugnis nach § 6 Abs. 2 BtBG aus.

1259 Vgl. auch BT-Drucks. 15/2494, S. 15.

1260 Eine notarielle Beurkundung kann auch auf einen anwaltlichen Vollmachtsentwurf hin erfolgen.

1261 *Medicus*, AT des BGB, Rn. 622.

1262 *Wolf/Neuner*, AT des Bürgerlichen Rechts, § 44 Rn. 49.

1263 § 415 ZPO; vgl. *Wolf/Neuner*, AT des Bürgerlichen Rechts, § 44 Rn. 49.

b) Prüfungs-, Beratungs-, Belehrungs- und Hinweispflichten

Als Amtsträger der vorsorgenden Rechtspflege (§ 1 BNotO) und als unparteiischer Betreuer der Beteiligten treffen den Notar gehörige Amtspflichten, darunter notwendigerweise Prüfungs-, Beratungs- und Belehrungspflichten, vgl. §§ 17 ff. BeurkG.[1264] Der Notar soll über die rechtliche Tragweite belehren und darauf Acht geben, dass Irrtümer und Zweifel vermieden werden und unerfahrene und ungewandte Beteiligte nicht benachteiligt werden (vgl. § 17 Abs. 1 BeurkG). Diese Pflichten bestehen grundsätzlich nur gegenüber den „formell" an einer Beurkundung Beteiligten (§ 6 Abs. 2 BeurkG). Diese sind typischerweise die Vollmachtgeber. Um die Schutz- und Belehrungsfunktion der notariellen Beurkundung vollumfänglich, d.h. für alle Beteiligten, gewährleisten zu können, sollten auch die „materiell" Beteiligten (§ 3 BeurkG) mit einbezogen werden.[1265] Ohne dass das Gesetz dies ausdrücklich vorsieht, liegt auf der Hand, dass eine Belehrung über die Tragweite und den Umfang der Vollmacht auch dem Vollmachtnehmer zum Vorteil gereicht. Deshalb soll der Notar bei der Beurkundung einer Vollmacht (die wegen ihrer rechtlichen Natur einseitig erteilt werden kann), soweit möglich, überprüfen, ob der Vollmachtgeber die Vollmacht von sich aus erteilt und ob der Bevollmächtigte eine Vertrauensperson des Vollmachtgebers ist.[1266] An einer isolierten Vollmacht darf der Notar bei berechtigten Anhaltspunkten dafür, dass der erkennbar schwächere Teil von der Belehrung systematisch ferngehalten werden soll, nicht mitwirken.[1267]

Gemäß § 20a BeurkG[1268] hat der beurkundende Notar im Übrigen auf die Möglichkeit der Registrierung bei dem Zentralen Vorsorgeregister hinzuweisen.[1269] Diese Norm dient offenkundig dazu, die Durchsetzungsfähigkeit der Vorsorgevollmacht zu erhöhen. Adressiert an den Notar, der hinweisen „soll", wird sie als Amtspflicht begründende Vorschrift verstanden und steht als Soll-Vorschrift[1270] nicht zur Disposition des Notars.[1271] Wegen der disziplinarischen und haftungsrechtlichen Konsequenzen, die aus einer Verletzung dieser Hinweispflicht resultieren können, soll ein ergangener Hinweis insbesondere dann in der Vollmachtsurkunde dokumentiert werden, wenn ein Vollmachtgeber die Registrierung ablehnt.[1272]

1264 Siehe hierzu BGH DNotZ 1987, 157; 1989, 45; *Bernhard* in: Heckschen (u.a.), Beck'sches Notarhandbuch, G 49 ff.

1265 *K. Winkler*, § 17 BeurkG Rn. 11 ff., 18, 22.

1266 *K. Winkler*, § 17 BeurkG Rn. 42.

1267 *K. Winkler*, § 17 BeurkG Rn. 42.

1268 Inkraftgetreten am: 31.07.2004, BGBl. I, S. 598.

1269 Zum näheren Inhalt und Umfang dieser Hinweispflicht siehe *Heinemann* in: Grziwotz/Heinemann, § 20a BeurkG Rn. 7 ff. m.w.N.

1270 Dass die Soll-Vorschrift als unbedingte Amtspflicht zu berücksichtigen ist, ergibt sich nicht unmittelbar aus dem Gesetz, sondern daraus, dass für die Abweichung von verfahrensrechtlichen Vorschriften per se kein sachlicher Grund ersichtlich ist, vgl. *Kanzleiter* DNotZ 1993, 434 (436).

1271 *Frenz* in: Eylmann/Vaasen, § 20a BeurkG; *Stuppi* in: Kilian/Sandkühler/vom Stein, Praxishandbuch Notarrecht, § 14 Rn. 24.

1272 *Frenz* in: Eylmann/Vaasen, § 20a BeurkG; *Bücker/Viefhues* ZNotP 2007, 126 (130).

c) Feststellungen zur Geschäftsfähigkeit

Nach § 11 Abs. 1 BeurkG hat sich der Notar regelmäßig von der Geschäftsfähigkeit des Vollmachtgebers zu überzeugen, sodass eine notarielle Beurkundung, die ohne Vermerk i.s.d. § 11 Abs. 1 S. 2 BeurkG vorgenommen wird, die Verkehrstauglichkeit der Vollmacht zu fördern vermag und als Nachweis der Authentizität dient.[1273] Anders formuliert: Eine Urkunde ohne Vermerk erzeugt einen Rechtsschein in Bezug auf die volle Geschäftsfähigkeit des Vollmachtgebers.[1274] Zu seiner eigenen und notwendigen Überzeugung darf der Notar eine Ermessensentscheidung treffen und sich am äußeren Erscheinungsbild des Vollmachtgebers orientieren.[1275] Bleiben ihm Zweifel an der Geschäftsfähigkeit oder wird er mit bestimmten (Sonder-) Fällen konfrontiert, wie etwa bei schwer kranken Personen (§ 11 Abs. 2 BeurkG) oder bei Testamenten und Erbverträgen (§ 28 BeurkG), so soll er in der Niederschrift vermerken, welche Feststellung er über die Geschäftsfähigkeit getroffen hat.[1276] Seine Wahrnehmung soll er dabei in solchen Formulierungen niederlegen, die eine konkrete Aussage zu den individuellen Wesensmerkmalen bzw. zur intellektuellen Leistungsfähigkeit des Betroffenen vermitteln.[1277] Hat der Notar jedoch die sichere Überzeugung von einer andauernden Geschäftsunfähigkeit bzw. einer im Sinne von § 105 Abs. 2 BGB relevanten vorübergehenden Störung der Geistestätigkeit des Vollmachtgebers, so muss er das Beurkundungsgesuch ablehnen.[1278] Er ist gesetzlich verpflichtet, die Beurkundung bzw. den Entwurf von Erklärungen, die nach seiner Überzeugung nichtig sind, zu versagen, vgl. § 15 BNotO i.V.m. § 4 BeurkG.[1279] Da bei der Beurteilung der Geschäftsfähigkeit im Ausgang ein medizinischer Sachverhalt juristisch gewürdigt werden muss,[1280] ist es für den Notar naheliegend, insbesondere in schwierigen Fällen, fachkundige Hilfe in Anspruch zu nehmen, d.h. bspw. einen Mediziner wegen der Stellungnahme zu den kognitiven Fähigkeiten des Vollmachtgebers zu ersuchen.[1281] Ohne gesonderte Anzeichen muss sich der Notar jedoch nicht veranlasst sehen, Nachforschungen einzuleiten – ihn trifft keine generalpräventive Ermittlungspflicht.[1282]

1273 *Von Sachsen Gessaphe*, Der Betreuer, S. 291 Fn. 688.

1274 Vgl. *Limmer* in: Eylmann/Vaasen, § 11 BeurkG Rn. 5; *Lichtenwimmer* MittBayNot 2002, 240 (244).

1275 *Stuppi* in: Kilian/Sandkühler/vom Stein, Praxishandbuch Notarrecht, § 14 Rn. 69.

1276 Vgl. *Limmer* in: Eylmann/Vaasen, § 11 BeurkG Rn. 6; *Waldner*, Beurkundungsrecht, S. 49. *A.Albrecht* in: Grziwotz (Hrsg.), Notarielle Gestaltung bei geänderten Familienstrukturen, S. 29 (43 f.) erachtet die in § 11 Abs. 1 S. 2 BeurkG festgelegte Vorgehensweise im Rahmen der Vorsorgevollmacht als praktisch wenig sinnvoll: Durch einen Zweifelsvermerk entstehe eine zwar regelkonforme, aber letztlich unbrauchbare Urkunde, da sich Erklärungsgegner nicht auf Unsicherheiten einlassen wollen würden.

1277 Vgl. *Lichtenwimmer* MittBayNot 2002, 240 (244).

1278 *Reetz* in: Heckschen (u.a.), Beck'sches Notar-Handbuch, F 159.

1279 *Frenz* in: Eylmann/Vaasen, § 14 BNotO Rn. 28 f.

1280 *Lichtenwimmer* MittBayNot 2002, 240 (244).

1281 *Reetz* in: Heckschen (u.a.), Beck'sches Notar-Handbuch, F 159; *K.Winkler*, § 11 BeurkG Rn. 14; *Stuppi* in: Kilian/Sandkühler/vom Stein, Praxishandbuch Notarrecht, § 14 Rn. 69.

1282 *Heinemann* in: Grziwotz/Heinemann, § 11 BeurkG Rn. 10.

d) Kostengesichtspunkte

Allgemein richten sich Notarkosten genau wie Gerichtskosten nach dem Geschäftswert.[1283] Wie dieser Wert zu ermitteln ist, wird u.a. im Gerichts- und Notarkostengesetz (GNotKG) reguliert.[1284] Trotz gesetzlicher Vorgabe wird die kostenrechtliche Behandlung von Vorsorgevollmachten in der notariellen Praxis als schwierig eingestuft.[1285] Die Schwierigkeit liegt darin, den Geschäftswert „richtig" zu bestimmen, denn dieser ist – sofern die Vorsorgevollmacht als General- oder Gattungsvollmacht ausgestaltet ist – vom Notar gemäß § 98 Abs. 3 GNotKG nach billigem Ermessen zu bewerten.[1286] Je nach Einzelfall entsteht durch die Gestaltungsmodalitäten der Vorsorgevollmacht in vermögensrechtlichen Belangen daher eine kostenrechtlich unterschiedlich zu bewertende Ausgangssituation.[1287] Eine Einzelfallentscheidung nach billigem Ermessen zu finden, bedeutet, das Vermögen des Vollmachtgebers einerseits sowie den Umfang der erteilten Vollmacht andererseits angemessen zu berücksichtigen.[1288] Das Vermögen als das betroffene Rechtsgut der Vollmacht meint das Aktivvermögen des Vollmachtgebers und zwar ohne Schuldenabzug, da Schulden außerhalb des Familien- und Erbrechts – entgegen der vorherigen Geschäftswertregelungen nach der KostO – keinen Abzugsposten darstellen, § 38 GNotKG.[1289] Nun kann der Umfang der Vollmacht (wie oben unter § 2 aufgezeigt) sehr verschiedenartig ausgestaltet sein. Bei weitestgehend unbeschränkten Generalvollmachten ist gemäß § 98 Abs. 3 S. 2 GNotKG als absolute Obergrenze als Geschäftswert das halbe Aktivvermögen des Vollmachtgebers ohne Schuldenabzug zu veranschlagen.[1290] Dies gilt auch für Vorsorgevollmachten.[1291] Umso mehr eine Vorsorgevollmacht sodann einer unbeschränkten Generalvollmacht entspricht, desto mehr ist bei der Bestimmung des Geschäftswerts von diesem halben Vermögenswert des Vollmachtgebers auszugehen.[1292] Eine Vorsorgevollmacht ist jedoch angesichts der Tatsache, dass sie sich an Zeiten des eigenen Unvermögens ausrichtet, in besonderem (Vorsichts-) Maße von Beschränkungen betroffen. Diese Beschränkungen können sich auf das Außen- aber auch auf das Innenverhältnis beziehen. Beschränkungen im Außenverhältnis, d.h. bspw. das Anknüpfen der Vollmacht an eine Bedingung wie das Ereignis der Geschäftsunfähigkeit, stoßen dabei unter dem Gesichtspunkt der Verkehrsuntauglich-

1283 Bei Beurkundungen von Vorsorgevollmachten fällt auf diesen Geschäftswert grundsätzlich ein Gebührensatz von 1,0 an (Nr. 21200 KV).

1284 Durch das Zweite Gesetz zur Modernisierung des Kostenrechts vom 23.07.2013 (BGBl. I, S. 2586) wurden die Kosten der freiwilligen Gerichtsbarkeit neu strukturiert. Am 01.08.2013 ist das GNotKG (zuvor: KostO) als einheitliches Gesetz für die Gerichts- und Notarkosten in Kraft getreten, vgl. *Reimann* in: Korintenberg, Einf. Rn. 1 ff.

1285 *Tiedtke* in: Korintenberg, § 98 GNotKG Rn. 21.

1286 *Diehn* in: Bormann/Diehn/Sommerfeldt, § 98 GNotKG Rn. 27.

1287 *Tiedtke* ZNotP 2013, 398 (398 f.). Fallbeispiele bei *Diehn*, Notarkostenberechnungen, Rn. 1314 ff.

1288 *Ländernotarkasse*, Leipziger Kostenspiegel, Teil 23 Rn. 4.

1289 *Tiedtke* in: Korintenberg, § 98 GNotKG Rn. 17; *Renner* NotBZ 2014, 11 (15).

1290 *Tiedtke* in: Korintenberg, § 98 GNotKG Rn. 22.

1291 *Ländernotarkasse*, Leipziger Kostenspiegel, Teil 23 Rn. 4.

1292 *Arnold* in: Renner/Otto/Heinze, Leipziger Kommentar-GNotKG, § 98 GNotKG Rn. 45; *Tiedtke* ZNotP 2013, 398 (398).

keit zeitlicher Beschränkungen allseits auf Ablehnung.[1293] In einem solchen Fall erscheint es zwar nach allgemeiner Ansicht sachgerecht, sog. Wertabschläge vorzunehmen, sodass sogar ein Geschäftswert unterhalb des halben Vermögenswerts i.S.v. § 98 Abs. 3 GNotKG für angemessen erachtet wird.[1294] Dieser Fall wird jedoch derart abgewiesen, dass er in der neueren Literatur zur notariellen Praxis nicht einmal mehr als Fallbeispiel aufgelistet wird.[1295] Von Belang ist vielmehr die bereits zu Zeiten der KostO umstrittene kostenrechtliche Behandlung einer im Außenverhältnis unbeschränkt erteilten Generalvollmacht, die lediglich im Innenverhältnis Einschränkungen erfährt, etwa im Hinblick auf die Modalitäten zu ihrer Verwendung.[1296] Vorherrschend wird hierzu auf das Außenverhältnis abgestellt, weswegen die Hälfte des Vermögenswerts ohne weitere Abschläge berechnet werden könne, so wie es § 98 Abs. 3 S. 2 GNotKG veranschlage.[1297] Der wirtschaftliche Wert einer Vollmacht bemesse sich letztlich danach, was nach außen mit ihr rechtlich möglich sei – entscheidend sei daher das rechtliche Können, nicht das rechtliche Dürfen.[1298] Einschränkungen infolge von Regelungen im Innenverhältnis änderten schließlich nichts am Charakter als Generalvollmacht.[1299] Andere sehen zur Bestimmung des Geschäftswerts nicht die Vertretungsbefugnisse im Außenverhältnis als maßgeblich an, sondern berücksichtigen auch die Einschränkungen bzw. Anweisungen aus dem Innenverhältnis.[1300] Wegen des dem Notar in § 98 Abs. 3 GNotKG eingeräumten Ermessensspielraums und der Tatsache, dass sich aus dem Gesetz nicht ableiten ließe, dass „Umfang" der Vollmacht nicht auch die Einbeziehung des „rechtlichen Könnens" *und* des „rechtlichen Dürfens" bedeute, seien weitere Wertabschläge gerechtfertigt.[1301] Zuzugeben ist zunächst, dass zu diesem Meinungsstreit, ob lediglich auf das Außenverhältnis oder auch auf das Innenverhältnis abzustellen ist, in den Gesetzesmaterialien zum GNotKG keine Erläuterungen getroffen wurden, obgleich dieses Problem bereits zur Rechtslage nach der KostO existierte.[1302] Aus Sicht der notariellen Praxis ist es handhabbarer, die Kostenberechnung an der ausschließlichen Betrachtung des Außenverhältnisses festzumachen. Diese Vorgehensweise dient der Vereinfachung und liefert einen verlässlichen Orientierungsparameter. Überzeugend ist zudem das Argument, sich auf das wirtschaftliche Wertpotential der Vollmacht zu verständigen und dieses von den denkbaren Rechtsfolgen abzuleiten, wie sie wegen der Reichweite der nach außen unbeschränkten Vertretungsmacht hervorgebracht werden können. Die Reichweite der Vollmacht, d.h. ihr Umfang, erschließt sich grundsätzlich aus dem Inhalt

1293 Siehe § 2 A. IV.

1294 Vgl. allgemein *Tiedtke* in: Korintenberg, § 98 GNotKG Rn. 19.

1295 *Diehn*, Notarkostenberechnungen, Rn. 1314 ff.; *Ländernotarkasse*, Leipziger Kostenspiegel, Teil 23 Rn. 11 ff.

1296 Siehe § 2 A. IV. 3.

1297 *Diehn* in: Bormann/Diehn/Sommerfeldt, § 98 GNotKG Rn. 29 f. [die Hälfte des vollen Werts des Vermögens]; *Ländernotarkasse*, Leipziger Kostenspiegel, Teil 23 Rn. 13.

1298 *Fackelmann* in: Fackelmann/Heinemann, § 98 GNotKG Rn. 11.

1299 *Arnold* in: Renner/Otto/Heinze, Leipziger Kommentar-GNotKG, § 98 GNotKG Rn. 47.

1300 *Renner* NotBZ 2014, 11 (16); *Waldner*, GNotKG für Anfänger, Rn. 192 f.

1301 Nämlich von 20 bis 50 %, siehe *Renner* NotBZ 2014, 11 (16).

1302 Vgl. BT-Drucks. 17/11471, S. 180.

der Vollmachtserklärung selbst; mit ihr wird die Vertretungsmacht rechtsgeschäftlich initiiert (§ 166 BGB). Trotz der Abstraktheit der Vollmacht sind für die Auslegung ihres konkreten Umfangs aber auch das Innenverhältnis und dessen Zweckbestimmung mit heranzuziehen, was insbesondere im Fall der Innenvollmacht zu beachten gilt.[1303] Die Konsequenz hieraus ist, dass es unter rechtlichen Gesichtspunkten nicht von vornherein ausgeschlossen ist, Wertungen aus dem Innenverhältnis (quasi als einem abstrakten Annex zur Vollmacht) mit einzubeziehen, um sich über den konkreten Umfang der Vollmacht ein Bild zu verschaffen. Richtig ist auch, dass das BGB keine sonstige, nähere Regelung zum Umfang der Vollmacht enthält.[1304] Als Geschäftswertregelung zielt § 98 GNotKG nun nach Sinn, Zweck und Funktion auf eine Kostengerechtigkeit im Einzelfall ab. Die möglichen Abzugsposten, die sich unter rechtlichen Erwägungen ergeben können, müssen daher auch mit wirtschaftlichen Aspekten in Einklang gebracht werden. Sachgerecht erscheint es dann, die Gegebenheiten im Ganzen zu werten, was auch die Beachtung des Innenverhältnisses mit einschließt. Ist eine Vollmacht bspw. dahingehend sachlich beschränkt, dass das Immobilienvermögen des Vollmachtgebers weder veräußert noch belastet werden darf, so stellt das nicht in den Vollmachtsumfang mit einbezogene Immobilienvermögen bei der Geschäftswertbestimmung einen Abzugsposten dar.[1305] Eine Reduzierung des Geschäftswerts drängt sich jedenfalls dann auf, sofern diese Einschränkung im Außenverhältnis oder zusätzlich sowohl im Außen- als auch im Innenverhältnis reguliert wurde. Ist die Beschränkung nur im Innenverhältnis festgehalten worden, so deckt das weitergehende Außenverhältnis potentiell mehr Rechtsfolgen ab, als nach innen gestattet wird. Der Wertposten „Immobilienvermögen“ bleibt über die vollumfängliche Generalvollmacht nach außen erhalten. So ist selbst bei Berücksichtigung des Innenverhältnisses eine wertungsmäßige Überlagerung durch das Außenverhältnis nicht von der Hand zu weisen. Meines Erachtens hat die Maßgeblichkeit des Außenverhältnisses somit seine Richtigkeit, da dessen (überlagernde) Uneingeschränktheit ausschlaggebend ist.

Eine Vorsorgevollmacht, die im Übrigen ausschließlich für die personalen, d.h. nur für die nicht-vermögensrechtlichen Angelegenheiten erteilt wird,[1306] ist ihrem Wert nach gemäß § 98 Abs. 3 i.V.m. § 36 Abs. 2, Abs. 3 GNotKG zu bestimmen.[1307] § 36 Abs. 2 GNotKG verlangt dabei die Berücksichtigung aller Umstände des Einzelfalls, insbesondere des Umfangs und der Bedeutung der Sache sowie der Vermögens-

1303 Vgl. BGH NJW 2010, 1203 (1204); Soergel/*Leptien*, § 167 BGB Rn. 39; *Wolf/Neuner*, AT des Bürgerlichen Rechts, § 50 Rn. 31.

1304 Soergel/*Leptien*, § 167 BGB Rn. 38.

1305 So *Ländernotarkasse*, Leipziger Kostenspiegel, Teil 23 Rn. 14

1306 Bei einer Generalvollmacht, die sowohl vermögensrechtliche als auch personale Angelegenheiten umfasst, wird der Geschäftswert einheitlich bestimmt; die Einkommensverhältnisse bedürfen grundsätzlich keiner zusätzlichen Einbeziehung (großes Vermögen steht im Normalfall im Gleichlauf zu einem besseren Einkommen), hierzu *Renner* NotBZ 2014, 11 (18 f.) (allerdings unter Vorbehalt einer etwaigen zusätzlichen Korrektur über die Einkommensverhältnisse als einem Ausnahmefall); zur einheitlichen Berechnung siehe auch Fallbeispiel bei *Diehn*, Notarkostenberechnungen, Rn. 1314 f.

1307 *Tiedtke* in: Korintenberg, § 98 GNotKG Rn. 24; *Waldner*, GNotKG für Anfänger, Rn. 192 f.

und Einkommensverhältnisse nach billigem Ermessen. Die nach dem GNotKG neugeregelte Berücksichtigung der Vermögens- und der Einkommensverhältnisse bereitet in der Praxis ebenfalls Schwierigkeiten.[1308] Sofern nicht genügend Anhaltspunkte für die Bestimmung des Geschäftswerts bestehen, ist gemäß § 36 Abs. 3 GNotKG von einem Geschäftswert von 5.000 € auszugehen. Die oberste Grenze beträgt auch hier einen Geschäftswert von 1 Million Euro (§ 36 Abs. 2 GNotKG). Die vorherrschende Auffassung setzt nun den Auffangwert in Höhe von 5.000 € als Regelwert an (früher: 3.000 € nach § 30 Abs. 3, 2 KostO).[1309] Der Gesetzeswortlaut sieht jedoch vielmehr eine Ermessensentscheidung im Einzelfall vor, weshalb nicht von einem Regelwert, sondern von einem „reinen Hilfswert" ausgegangen werden müsste.[1310] Der Rückgriff auf den Hilfswert müsse somit als Ausnahme und nicht als Regel verstanden werden.[1311] Deshalb wird vorgeschlagen, den Geschäftswert nicht pauschal am Auffangwert festzumachen, sondern differenziert vorzugehen. Beispielsweise indem 10 - 50% des Aktivvermögens als Geschäftswert ermittelt werden[1312] oder indem der Ausgangswert von 5.000 € angemessen vervielfacht wird.[1313] § 95 GNotKG verpflichtet insoweit auch die Beteiligten, die Informationsgewinnung durch vollständige und wahrheitsgemäße Angaben zu unterstützen und bei der Wertermittlung mitzuwirken.[1314] Ein solches Procedere erzeugt allerdings einen gewissen Befragungs- und Berechnungsaufwand.[1315] Es liegt auf der Hand, dass es dabei nahezu unmöglich scheint, allgemeingültig „gerechte" Kriterien für die einzelfallbezogene Festlegung des konkreten Geschäftswerts aufzustellen.[1316] Für die Praxis ist es daher handhabbarer – auch mit Blick auf das Haftungsrisiko des Notars – einen einheitlichen Regelwert (also 5.000 €) zu veranschlagen.[1317]

Mit dem bisher Gesagten können im Allgemeinen Beurkundungskosten in einer Spannweite der Gebühren von mindestens 60 € (Nr. 21200 KV bei 1,0 Gebühr) und höchstens 1.735 € (Geschäftswert von 1 Mio. Euro i.S.d. § 98 Abs. 4 GNotKG bzw. § 36 Abs. 2 GNotKG) entstehen.[1318] Durchschnittlich, d.h. ausgehend vom „Normal-

1308 *Diehn/Sikora/Tiedtke*, Notarkostenrecht, Rn. 854; *Diehn*, Notarkostenberechnungen, Rn. 1316.

1309 OLG Hamm NJW-RR 2006, 1365 (Geschäftswert der Patientenverfügung: 3.000 €); *Fackelmann* in: Fackelmann/Heinemann, § 98 GNotKG Rn. 21; *Tiedtke* in: Korintenberg, § 98 GNotKG Rn. 24; *Diehn*, Notarkostenberechnungen, Rn. 1316; *Waldner*, GNotKG für Anfänger, Rn. 192 f.; *Sikora/Tiedtke* NJW 2013, 2310 (2315).

1310 *Hüttinger* in: Renner/Otto/Heinze, Leipziger Kommentar-GNotKG, § 36 GNotKG Rn. 14, 66; *Renner* NotBZ 2014, 11 (18).

1311 *Hüttinger* in: Renner/Otto/Heinze, Leipziger Kommentar-GNotKG, § 36 GNotKG Rn. 15.

1312 *Diehn* in: Bormann/Diehn/Sommerfeldt, § 98 GNotKG Rn. 31 [10 bis 20 %]; *Ländernotarkasse*, Leipziger Kostenspiegel, Teil 23 Rn. 12.

1313 *Tiedtke* in: Korintenberg, § 98 GNotKG Rn. 24; *Diehn/Sikora/Tiedtke*, Notarkostenrecht, Rn. 854: Auffangwert kann bis zum 10-fachen erhöht werden.

1314 *Hüttinger* in: Renner/Otto/Heinze, Leipziger Kommentar-GNotKG, § 36 GNotKG Rn. 15; *Renner* NotBZ 2014, 11 (18).

1315 *Renner* in: Müller/Renner, BtR und Vorsorgeverfügungen, Rn. 842.

1316 Beispiele bei *Renner* in: Müller/Renner, BtR und Vorsorgeverfügungen, Rn. 834.

1317 So einräumend *Renner* in: Müller/Renner, BtR und Vorsorgeverfügungen, Rn. 844; vgl. auch *Scharf/Dommermühl* in: Rudolf/Bittler/W.Roth, Vorsorgevollmacht, S. 205.

1318 Siehe auch *Waldner*, GNotKG für Anfänger, Rn. 30 (Tabelle S. 14) bei Gebühr 10/10; weitere Beispiele auch bei *Kurze* in: Burandt/Rojahn, ErbR, § 167 BGB Rn. 14.

bürger", liegen die Gebühren zwischen 300 € und 400 €.[1319] Anwaltsnotare können dabei sowohl als Notar als auch als Rechtsanwalt tätig werden und entsprechend nach dem GNotKG oder dem RVG abrechnen. Die Abgrenzung beider Tätigkeitsbereiche geschieht durch § 24 Abs. 2 BNotO und ist insbesondere deshalb unerlässlich, da hier verschiedene Regelungen zur Anwendung kommen und zwar nicht nur im Hinblick auf die Gebühren,[1320] sondern auch im Hinblick auf die Haftung und die Beitreibung der Gebühren.[1321] Soll eine Beurkundung (§ 20 BNotO) vorbereitet werden, so ist gemäß § 24 Abs. 2 S. 1 BNotO anzunehmen, dass der Rechtsberatende wegen Vorliegens eines typischen Amtsgeschäfts i.S.d. §§ 20 bis 23 BNotO als Notar agiert. Generell kann im Verhältnis der Kosten von Anwälten und Notaren gegenüberstellend festgehalten werden, dass jedenfalls die Abrechnung der anwaltlichen Tätigkeit nach dem Gegenstandswert i.S.d. RVG erheblich kostenintensiver ausfällt als nach dem GNotKG.[1322] Anders als einem Notar steht es einem Anwalt gemäß § 4 RVG jedoch zu, eine Gebührenvereinbarung zu treffen.[1323] So wird ihm ermöglicht, einen deutlich geringeren Gegenstandswert anzusetzen oder sogar auf Grundlage eines Zeithonorars abzurechnen.[1324] Bei einem Stundensatz von 100 € bis 150 € und einem Zeitaufwand von zwei bis vier Stunden, würden sich auch hier die Gebühren zwischen 200 € und 600 € zzgl. Umsatzsteuer und Auslagen bewegen.[1325] Insgesamt gilt mitzubedenken, dass ein Anwalt nicht befähigt ist, die Vorsorgevollmacht zu beurkunden. Wird also im Nachhinein die Beurkundung der anwaltlich entworfenen Urkunde für erforderlich erachtet, so werden die gleichen Notarkosten ausgelöst, als hätte sich der ratsuchende Betroffene von vornherein an einen Notar gewandt, der Beratung, Entwurf und Beurkundung in einem leisten kann.[1326] Den Anwalt können bzgl. der Kostenfrage und einer nachfolgend gewünschten Beurkundung etwaige Hinweis- bzw. Aufklärungspflichten treffen.[1327] Kostenmäßig steht es im Übrigen einer Beurkundung gleich, wenn der Notar die Vollmacht entwirft und lediglich die Unterschrift beglaubigt.[1328] Bedeutsamer Unterschied ist aber, dass bei der Beurkundung zu späterer Zeit auch weitere Ausfertigungen möglich sind.[1329]

1319 *Renner* NotBZ 2014, 11 (14) mit dem Beispiel: Besitzer eines schuldenfreien Einfamilienhauses ohne weiteres sonstiges Sparvermögen.

1320 Siehe Gegenüberstellung der Kosten für eine Rechtsberatung bei *Spalckhaver* in: Lipp, Vorsorgeverfügungen, § 7 Rn. 15 f. (in Anlehnung hieran folgendes Beispiel: Bei einem Geschäftswert von 125.000 € entstehen zzgl. Umsatzsteuer und Auslagen Rechtsanwaltskosten in Höhe von 2.382 € (§§ 13, 14 RVG bei 1,5 Mittelgebühr) und Notarkosten in Höhe von 300 € (§§ 34, 92 Abs. 2 GNotKG, Nr. 24101 KV bei 10/10 Gebühr).

1321 Siehe *Reithmann* in: Schippel/Bracker, § 24 BNotO Rn. 132 ff.: Der Notar haftet nach Amtsrecht und vollstreckt, der Rechtsanwalt haftet nach Vertragsgrundsätzen und muss klagen.

1322 *Spalckhaver* in: Lipp, Vorsorgeverfügungen, § 7 Rn. 15 ff.

1323 Gemäß § 17 Abs. 1 S. 1 BNotO unterliegt der Notar einer Gebührenerhebungspflicht; im Übrigen erklärt das Gesetz in § 125 GNotKG Vereinbarungen über die Höhe der Kosten für unwirksam.

1324 *Spalckhaver* in: Lipp, Vorsorgeverfügungen, § 7 Rn. 18.

1325 *Spalckhaver* in: Lipp, Vorsorgeverfügungen, § 7 Rn. 18.

1326 *Spalckhaver* in: Lipp, Vorsorgeverfügungen, § 7 Rn. 19.

1327 *Spalckhaver* in: Lipp, Vorsorgeverfügungen, § 7 Rn. 19; *Doering-Striening* in: Richter (u.a.), Seniorenrecht, § 4 Rn. 291 f.

1328 § 92 Abs. 2 GNotKG; Nr. 24101, 21200 KV; *Waldner*, GNotKG für Anfänger, Rn. 39.

1329 *Renner* NotBZ 2014, 11 (23).

IV. Grundverhältnis

Ferner ist zu überlegen, welche Form sich für das der Vorsorgevollmacht zugehörige Grundverhältnis empfiehlt. Die schuldrechtliche Vereinbarung im Innenverhältnis kann formfrei getroffen werden, sodass jede rechtlich mögliche Erklärungsform in Betracht zu ziehen ist – darunter auch die mündliche Erklärung oder ein konkludentes Handeln.[1330] Sollten die Regelungen von Bedeutung sein – wie bspw. solche zur Vereinbarung einer Vergütung – so gilt aus Gründen der Nachweisbarkeit auch hier ein praktisches Erfordernis zur Einhaltung der einfachen Schriftform.[1331] Denkbar ist neben der privatschriftlich erstellten Urkunde jedoch auch die Form der Beglaubigung oder der Beurkundung. Das Grundverhältnis fällt dabei als vertragliche Vereinbarung (zumeist ein unentgeltliches Auftragsverhältnis) nicht in den Zuständigkeitsbereich der Betreuungsbehörde – eine Beglaubigung kann dort nicht vorgenommen werden. Der Gang zum Notar bleibt möglich, bedeutet aber, dass zu den Kosten für die Beglaubigung/Beurkundung der Vollmacht, ggf. noch weitere Kosten für das Grundverhältnis hinzukommen. Das Thema „Grundverhältnis“ durchläuft im Range der Vorsorgevollmacht viele Fragenpunkte, die uneinheitlich beantwortet werden: Ob es überhaupt einer näheren Ausgestaltung bedarf und, falls ja, wie und wo genau es niedergeschrieben werden soll.[1332] Letzteres beeinflusst auch die gebührenrechtliche Handhabe: Getrennte Urkunden verursachen bei der Beurkundung Zusatzkosten, weshalb die Beurkundung einer Urkunde, in der sowohl Regelungen zum Außen- als auch zum Innenverhältnis getroffen wurden, die kostengünstigere Variante darstellt.[1333] Wegen der Möglichkeit, beide Regelungen deutlich getrennt voneinander in einer Urkunde zu konkretisieren und nur auszugsweise Ausfertigungen über einzelne Urkundenblätter zu erstellen (nicht jeder soll Einblick in die internen Regelungen bekommen), ist es dem Notar anheim gestellt, diese kostengünstige Alternative nahezulegen.[1334] Kostenrechtlich ist in der Vollmacht und dem ihr zugrunde liegenden Rechtsverhältnis gemäß § 109 Abs. 1 GNotKG derselbe Beurkundungsgegenstand zu sehen, da die Vollmacht dem Grundverhältnis unmittelbar dient.[1335] Der Geschäftswert ist in Ermangelung einer spezialgesetzlichen Regelung gemäß § 36 GNotKG zu ermitteln.[1336] Für den Gebührensatz kommt es nun darauf an, ob es um eine einseitige Erklärung (Auftragsangebot) oder um eine vertragliche Ausgestaltung geht, m.a.W. ob also wie bei der Vollmacht eine 1,0-Gebühr (Nr. 21200 KV) oder wie bei Verträgen eine 2,0-Gebühr (Nr. 21100 KV) anzunehmen ist.[1337] Eine 2,0-Gebühr wird insbesondere dann angesetzt, wenn beide Vertragsparteien anwesend sind, einander korre-

1330 *Spalckhaver* in: Lipp, Vorsorgeverfügungen, § 13 Rn. 1.
1331 Ähnlich *Renner* in: Müller/Renner, BtR und Vorsorgeverfügungen, Rn. 637.
1332 Vgl. nur *Renner* in: Münch, FamR in der Notar- und Gestaltungspraxis, § 16 Rn. 139 ff.; *Litzenburger* NotBZ 2007, 1 ff.; *Sauer* RNotZ 2009, 79 ff.
1333 *Renner* in: Müller/Renner, BtR und Vorsorgeverfügungen, Rn. 640 f.
1334 *Renner* in: Müller/Renner, BtR und Vorsorgeverfügungen, Rn. 641.
1335 *Arnold* in: Renner/Otto/Heinze, Leipziger Kommentar-GNotKG, § 98 GNotKG Rn. 60.
1336 *Arnold* in: Renner/Otto/Heinze, Leipziger Kommentar-GNotKG, § 98 GNotKG Rn. 60.
1337 *Kurze* in: Burandt/Rojahn, ErbR, § 167 BGB Rn. 14.

spondierende Erklärungen abgeben und das schuldrechtliche Innenverhältnis nicht nur deklaratorisch erwähnt wird.[1338] Wird also das Grundverhältnis im Beisein des Bevollmächtigten mitbeurkundet, verdoppelt sich die Gebühr, es entstehen Zusatzkosten.[1339] Der Notar hat nicht nur die Aufgabe darüber zu belehren, dass eine Regelung im Innenverhältnis grundsätzlich formfrei ist, sondern auch darüber, welche rechtlichen Vor- oder Nachteile eine ausdrückliche Regelung bringt, welche Gestaltungsformen sich anbieten sowie darüber, dass eine Mitbeurkundung Zusatzkosten auslöst.[1340] Der unterlassene Hinweis auf die (im Grunde unnötigen) Mehrkosten führt dabei zu einer unrichtigen Sachbehandlung gemäß § 21 GNotKG, in dessen Folge eine Kostenerhebung zu unterbleiben hat – ihre Beitreibung also rechtswidrig wäre.[1341] Mit Blick auf die genannten etwaigen Zusatzkosten sowie angesichts der generell bestehenden Formfreiheit und in Anbetracht des zumeist innerfamiliär gegebenen Näheverhältnisses zur unentgeltlichen Aufgabenwahrnehmung muss die Beglaubigung oder (Mit-)Beurkundung des der Vorsorgevollmacht zugrundeliegenden Rechtsverhältnisses nicht als notwendig betrachtet werden.[1342]

V. Zwischenergebnis

Gesamtbetrachtend sind formlose Vollmachten weitestgehend als praxisuntauglich einzustufen: Ihnen fehlt es nicht nur an der Möglichkeit, die Vertretungsbefugnis im Rechtsverkehr nachweisen zu können, darüber hinaus erfüllen sie nicht das in § 1904 Abs. 5 BGB und § 1906 Abs. 5 BGB verlangte Schriftform- und Ausdrücklichkeitserfordernis, um in entsprechende Maßnahmen des Gesundheitsfürsorgebereichs einwilligen bzw. die Einwilligung versagen und widerrufen zu können. Lediglich alltägliche Rechtsgeschäfte sowie Einwilligungen in ungefährliche, medizinische Maßnahmen außerhalb des Anwendungsbereichs von § 1904 Abs. 5 BGB können auch mit Hilfe konkludenter Vollmachten abgewickelt bzw. legitimiert werden. Besondere gesetzliche Formerfordernisse ergeben sich für die Vorsorgevollmacht – abgesehen von dem für die Vorsorgevollmacht im Bereich der Gesundheitsfürsorge charakteristischen § 1904 Abs. 5 BGB und § 1906 Abs. 5 BGB – je nach ihrem gegenständlichen Bezug: Sofern die Vollmacht bspw. zum Abschluss eines Verbraucherdarlehens befugen soll, verlangt § 492 Abs. 4 S. 1 BGB die einfache Schriftform (§ 126 BGB); in Anbetracht der einzuhaltenden Vorgaben in § 492 Abs. 2 BGB und der Ausnahmeregelung in § 492 Abs. 4 S. 2 BGB ergibt sich aus rechtspraktischen Erwägungen jedoch

1338 *Ländernotarkasse*, Leipziger Kostenspiegel, Teil 23 Rn. 8.

1339 *Renner* in: Müller/Renner, BtR und Vorsorgeverfügungen, Rn. 640.

1340 *Kordel* in: Kersten/Bühling, Formularbuch und Praxis der Freiwilligen Gerichtsbarkeit, § 96 Rn. 48.

1341 Hierin kann eine Amtspflichtverletzung gesehen werden, die den Notar gemäß § 19 Abs. 1 BNotO zum Schadensersatz verpflichtet; der Kostenschuldner kann dann mit diesem Anspruch gegenüber der Kostenforderung aufrechnen, *Wudy* in: Renner/Otto/Heinze, Leipziger Kommentar-GNotKG, § 21 GNotKG Rn. 17 ff.

1342 Ähnlich *Renner* in: Müller/Renner, BtR und Vorsorgeverfügungen, Rn. 637 ff. (642) [anders aber bspw. bei Regelungen zur Vergütung].

ein faktischer Beurkundungszwang. Im Übrigen ist eine notarielle Beurkundung nach der eindeutigen Gesetzeslage aber dann erforderlich, sofern die Befugnis zum Abschluss von Gesellschaftsverträgen in ihr enthalten ist. Daneben besteht lediglich ein faktischer Beurkundungsbedarf, wenn eine Befugnis zur Vornahme von Grundstücksgeschäften mit geregelt werden soll. Dieser Bedarf, eine Beurkundung vorsichtshalber vornehmen zu lassen, resultiert aus der Ungewissheit, ob in Zukunft aus rechtsmethodischen Gründen, nämlich angesichts einer teleologischen Reduktion des Regelungsgehalts von § 167 Abs. 2 BGB – wie es die Rechtsprechung handhabt – die Schutzfunktion des Beurkundungserfordernisses nach § 311b Abs. 1 S. 1 BGB auf die Vollmacht übergreifen muss. Selbiges gilt dabei in Fällen von Vorsorgevollmachten, die Berührungspunkte mit der Ermächtigung zum Versprechen einer Schenkung, einer Bürgschaft oder zum Erbverzicht haben sollen. Außerhalb dieses faktischen Beurkundungsbedarfs, der im Grunde als zukunftsorientierte Absicherungsmaßnahme verstanden werden kann, genügt im Zusammenhang mit Grundstücksgeschäften und diesbezüglich vorzunehmenden Eintragungen im Grundbuch jedoch regelmäßig die öffentlich beglaubigte Form der Vorsorgevollmacht nach § 29 GBO. Es handelt sich insoweit um eine formalgesetzliche Anforderung an den Nachweis. Die öffentliche Beglaubigung gilt darüber hinaus bspw. auch für Vollmachten zur Vornahme von Eintragungen im Handelsregister. Ein zumindest schriftlicher Nachweis wird verlangt, sofern die Vorsorgevollmacht gleichzeitig als Prozessvollmacht fungieren soll. Im Bereich der personalen Wohnungs-, Post-, Fernmelde- und Umgangsangelegenheiten kann lediglich aus Zweckmäßigkeitserwägungen heraus ein Erfordernis zur Schriftform festgehalten werden. Eine Analogie zum zwingenden Konkretisierungserfordernis aus §§ 1904 Abs. 5, 1906 Abs. 5 BGB kann nicht hergeleitet werden.

Da die Schriftform als ein Mindestmaß an Formgestaltung unter praktischen Gesichtspunkten außer Frage steht, lässt sich im Vergleich zwischen den Formen von Beglaubigung und Beurkundung nun Folgendes zusammentragen: Die Beglaubigung ist zumeist ausreichend und bietet sich bei besonders einfach gelagerten, überschaubaren Vermögensverhältnissen an. Da der Gang zum Notar oder auch zur Betreuungsbehörde nötig ist und die Echtheit der Unterschrift dokumentiert wird, kann trotz fehlender inhaltlicher Überprüfung des Urkundentextes dennoch ein Übereilungs- und Fälschungsschutz gewährleistet werden.[1343] Die Beglaubigung bei der Betreuungsbehörde ist im Verhältnis zur notariellen Beglaubigung kostenmäßig günstiger. Allgemein liegt der Nachteil der Beglaubigung darin, dass das einzig beglaubigte Exemplar verloren gehen und die erneute Vollmachtserteilung in Ansehung des Vorsorgefalles unmöglich geworden sein kann.[1344] Unter Kostengesichtspunkten ist die Beurkundung – sollte sie im Einzelfall überhaupt zwingend sein – samt Beratung und Entwurf bei einem Notar vorteilhaft. Die Inanspruchnahme anwaltlicher Dienstleistung erscheint demgegenüber nur bei entsprechender Gebühren- bzw. Honorarver-

1343 Vgl. *Medicus*, AT des BGB, Rn. 621.
1344 *Renner* NotBZ 2014, 11 (23).

einbarung konkurrenzfähig[1345] und stellt sich kostenmäßig sogar als wenig zweckdienlich dar, sollte in der Sache eine (nachfolgende) Beurkundung erforderlich sein. Für Regelungen bzw. Vereinbarungen im Innenverhältnis – sollten solche überhaupt zur Frage einer etwaigen schriftlichen Ausgestaltung anstehen – ist im Normalfall (unentgeltliche Aufgabenwahrnehmung von bevollmächtigten Familienangehörigen) weder eine Beglaubigung noch eine Beurkundung nötig.

B. Betreuungsverfügung

I. Grundsatz der Formfreiheit

Auch für die Betreuungsverfügung gilt, dass sie formlos erteilt werden kann.[1346] Zwar spricht § 1901c BGB von der Betreuungsverfügung als ein Schriftstück, von einem Formerfordernis hat der Gesetzgeber jedoch bewusst abgesehen.[1347] D.h. sie kann nicht nur schriftlich oder mündlich, sondern auch per Videoaufnahme oder auf einem sonstigen digitalen Datenträger festgehalten werden.[1348]

II. Zweckmäßigkeit der Schriftform

Allerdings besteht auch hier das Problem des Nachweises der Echtheit der Vorsorgemaßnahme. Auf die an das Betreuungsgericht adressierten Vorschläge, z.B. zur Betreuerperson, darf selbiges nur eingehen, wenn es die Vorschläge für erwiesen erachtet.[1349] Eine schriftliche Fixierung kann daher empfohlen werden[1350] und ist auch von Nutzen für die Anordnungen, die das Betreuungsverhältnis näher gestalten.

III. Notarielle Beurkundung

Betreuungsverfügungen als solche sind zwar als Willensäußerungen zu qualifizieren, dennoch sind sie als Willenserklärungen i.S.d. §§ 6 ff. BeurkG notariell beurkun-

---

1345 *Kurze* in: Burandt/Rojahn, ErbR, § 167 BGB Rn. 20 hebt die individuelle und ausführliche anwaltliche Beratung hervor; bzgl. der Beratung durch einen Notar verweist er auf die häufigen Standardtexte, was angesichts der Breite der notariellen Tätigkeit, des erforderlichen Beratungsaufwands und der im Vergleich zu anderen Geschäften überschaubaren Vergütung auch nachzuvollziehen sei.

1346 BT-Drucks. 11/4528, S. 128.

1347 BT-Drucks. 11/4528, S, 128, 208.

1348 *Zimmermann* in: Damrau/Zimmermann, BtR, § 1901c BGB Rn. 9; *Faupel*, Die Betreuungsverfügung, S. 38.

1349 BT-Drucks. 11/4528, S. 128; *Faupel*, Die Betreuungsverfügung, S. 38; *Perau* MittRhNotK 1996, 285 (290).

1350 BT-Drucks. 11/4528, S. 128; Epple BWNotZ 1992, 27 (30); *Perau* MittRhNotK 1996, 285 (290).

dungsfähig.[1351] Dadurch, dass für die Betreuungsverfügung weder die Geschäfts- noch die Einwilligungsfähigkeit des Vorsorgenden verlangt wird, ist eine notarielle Beurkundung weniger von Bedeutung und eine Beweissicherung in dieser Hinsicht gleichsam weniger von Relevanz.[1352] Zumindest können aber über die notarielle Beurkundung solche Zweifel ausgeräumt werden, die das Vorliegen oder Nichtvorliegen eines selbstständig und frei von Irrtum zustande gekommenen Wunsches betreffen.[1353] Der inzwischen handlungsunfähig gewordene Betroffene kann jedoch auch weiterhin verbindlich zu seinen Wünschen befragt werden. Im Übrigen entsteht für die Betreuungsverfügung auch nicht die der Vollmacht immanente Problematik hinsichtlich beurkundungsbedürftiger Rechtsgeschäfte – schließlich kommt ein Betreuer kraft seiner durch das Betreuungsgericht festgelegten Aufgabenkreisbefugnisse zum Einsatz.[1354]

Gebührenmäßig wird die in der Notarpraxis nicht allzu häufig in Erscheinung tretende Betreuungsverfügung mit der Vorsorgevollmacht in nicht-vermögensrechtlichen Angelegenheiten gleichgestellt. Aus § 109 Abs. 2 GNotKG, der ausdrücklich die Gegenstandsgleichheit mit einer Patientenverfügung festschreibt, und in Ermangelung einer Spezialvorschrift im GNotKG, wird gefolgert, den Geschäftswert für die Betreuungsverfügung nach dem soeben beschriebenen Maßstab, d.h. „nicht-vermögensrechtlich", zu ermitteln. Einschlägig ist dann § 36 Abs. 2 GNotKG, mit welchem die Mehrheit der Stimmen aus der Literatur auf einen Geschäftswert von 5.000 € abstellt.[1355] Anders als eine Patientenverfügung weist eine Betreuungsverfügung jedoch auch Bezüge zu vermögensrechtlichen Belangen auf, da sie Weisungen zur Durchführung der Betreuung sowohl im vermögens- wie im nicht-vermögensrechtlichen Bereich enthalten kann.[1356] Vorgeschlagen wird deshalb bei der Bestimmung des Geschäftswerts die Vermögensverhältnisse verstärkt in den Blick zu nehmen.[1357] Auch hier ist für die Beurkundung jedoch mindestens eine Gebühr von 60 € vorgesehen (entspricht bei einer 1,0-Gebühr nach Nrn. 24101, 21200 KV im Übrigen einem Geschäftswert von etwa 8.000 €).[1358]

IV. Öffentliche Beglaubigung

Ausreichend ist deshalb die öffentliche Beglaubigung der Betreuungsverfügung, denn hierüber kann die Echtheit der Unterschrift des Erklärenden sichergestellt werden. Ein Bedürfnis, die Unterschrift beglaubigen zu lassen, kann sich vor allem dann auf-

---

1351 *Epple* BWNotZ 1992, 27 (30); *Perau* MittRhNotK 1996, 285 (290).

1352 *Langenfeld*, Vorsorgevollmacht, S. 157; *Faupel*, Die Betreuungsverfügung, S. 39.

1353 *Lipp* in: Festschr f Bienwald, S. 177 (179).

1354 Näher *Faupel*, Die Betreuungsverfügung, S. 39.

1355 *Macht* in: Fackelmann/Heinemann, § 109 GNotKG Rn. 38; *Diehn/Sikora/Tiedtke*, Notarkostenrecht, Rn. 853.

1356 So *Renner* NotBZ 2014, 11 (21).

1357 *Waldner*, GNotKG für Anfänger, Rn. 192 f.; *Renner* NotBZ 2014, 11 (21). Mit Hinweis auf die vermögensrechtliche Nähe auch: *Ländernotarkasse*, Leipziger Kostenspiegel, Teil 23 Rn. 17.

1358 Siehe Tabelle bei *Waldner*, GNotKG für Anfänger, Rn. 30 (S. 14).

drängen, wenn die Unterschrift des Betroffenen nur noch geringfügig als die seinige erkennbar ist.[1359] Genauso wie bei der Vorsorgevollmacht ist neben dem Notar auch die Urkundsperson einer Betreuungsbehörde gem. § 6 Abs. 2 BtBG befugt, Unterschriften oder Handzeichen auf Betreuungsverfügungen öffentlich zu beglaubigen. Während beim Notar – im Gleichlauf zu den Gebührenregelungen der Vorsorgevollmacht – Kosten zwischen mindestens 20 € und höchstens 70 € denkbar sind, erhebt die Betreuungsbehörde grundsätzlich eine Gebühr von 10 €.[1360]

V. Zwischenergebnis

Wegen der zuvor aufgezeigten Möglichkeit, von einer Beurkundung oder auch von einer öffentlichen Beglaubigung ohne gesondert erhöhtes Nachweisrisiko Abstand nehmen zu können, ist für die Betreuungsverfügung insgesamt festzuhalten, dass für sie die Schriftform genügt. Auch Änderungen und Anpassungen sind auf diese Weise jederzeit möglich, ohne – wie es sonst bspw. bei der zuvor notariell beurkundeten Betreuungsverfügung der Fall wäre – neue Kosten zu verursachen.[1361]

C. Patientenverfügung

Anders als die Vorsorgevollmacht und die Betreuungsverfügung ist die Patientenverfügung, wie sie das Gesetz seit dem 01.09.2009 begrifflich handhabt, formgebunden.

I. Schriftformerfordernis aus § 1901a Abs. 1 S. 1 BGB

Das Schriftformerfordernis (§ 126 BGB) ergibt sich – wie oben unter dem Punkt „Voraussetzungen zum wirksamen Bestehen“ angesprochen – aus ihrer Legaldefinition in § 1901a Abs. 1 S. 1 BGB. Da die Patientenverfügung keine empfangsbedürftige Erklärung ist, wird sie nicht erst wirksam, wenn sie auch in Schriftform zugeht.[1362] Sie wird bereits mit ihrer Abgabe wirksam, d.h. wenn sie schriftlich verfasst und eigenhändig unterzeichnet wird.[1363] Eine handschriftliche Gesamtabfassung ist auch bezüglich des „Patiententestaments“ nicht erforderlich, ein maschinell erstellter Text mit handschriftlicher Unterschrift genügt.[1364] Daher ist die Schriftform auch dann gewahrt, wenn Multiple-Choice-Texte oder sonstige Musterformulare eigenhändig

1359 Vgl. *Perau* MittRhNotK 1996, 285 (291).
1360 Siehe Nr. 25100 KV und § 6 Abs. 5 BtBG (länderspezifische Regelung).
1361 *Perau* MittRhNotK 1996, 285 (290).
1362 Für empfangsbedürftige Erklärungen ergibt sich dies aus § 130 Abs. 1 S. 2 BGB.
1363 *Lipp* in: Lipp, Vorsorgeverfügungen, § 17 Rn. 143;
1364 *Grotkopp* BtPrax 2015, 39 (41).

durch Namensunterschrift unterzeichnet werden.[1365] Die Textform i.S.d. § 126b BGB reicht nicht aus, sodass die Festlegung bspw. durch eine Email nicht genügen würde, wenn nicht die Voraussetzungen der elektronischen Form vorliegen.[1366] Gleiches gilt für eine auf Video festgehaltene, mündliche Anordnung.[1367]

II. Notarielle Beurkundung

Das Erfordernis einer notariellen Beurkundung, wie es der Bosbach-Entwurf für „qualifizierte" Patientenverfügungen zunächst vorgesehen hatte, ist vom Gesetzgeber nicht übernommen worden.[1368] Genau wie in Bezug auf eine ärztliche Beratungspflicht ging es dem Gesetzgeber des 3. BtÄndG darum, eine formale Erschwernis zur Errichtung der Patientenverfügung zu vermeiden: Es sollen „keine zu hohen Hürden für die Wirksamkeit einer Patientenverfügung und damit für die Verwirklichung des Selbstbestimmungsrechts" aufgestellt werden.[1369] Kritisiert worden ist in dieser Hinsicht, dass das Einhalten solcher Formalitäten auch einen gewichtigen Beitrag zur Ermöglichung der Patientenautonomie leisten kann.[1370] Die Vorteile eines Formzwangs werden argumentativ sodann damit belegt, dass Formerfordernisse nicht nur eine freiheitsbeschränkende Wirkung haben, sondern gleichermaßen auch eine Garantie für eine freie und funktionierende Ausübung von Privatautonomie zu begründen vermögen.[1371] Der zwingende Gang zum Notar kann allerdings aus Sicht eines potentiellen Vorsorge-Erklärenden wegen des Aufwands an Mühen und Kosten als lästig empfunden werden, was naturgemäß ablehnende Grundhaltungen provoziert.[1372] Dieses Risiko der gesellschaftlichen Nichtanerkennung möglichst klein zu halten und in gleicher Richtung auch den Weg zu reflektierten, freien Vorsorge-Entscheidungen zu ebnen, kann dabei durch das Erfordernis der einfachen Schriftform erreicht werden.[1373] Außerdem ist es wie auch sonst möglich, die einfache Schriftform durch die notarielle Beurkundung zu ersetzen (§ 126 Abs. 4 BGB). Dem Einzelnen verbleibt somit ein Gestaltungsspielraum, den er selbstbestimmt verantworten kann. Hingewiesen wird vermehrt auch darauf, dass die notarielle Beurkundung in denjenigen Fällen unumgänglich ist, in denen der Patient aufgrund seiner gesundheitlichen Situation zwar geistig klar ist, jedoch nicht mehr selbst unterschreiben kann (plötzliche Lese-Rechtschreib-Schwäche infolge eines Herzinfarkts, Lähmungen, Querschnittslähmungen, Parkinson). Hier kann gemäß § 25 BeurkG die eigenhändige Unterschrift durch die eines

1365 *Walter* in: Wenzel, Medizinrecht, Kap. 4 Rn. 918; *Krutzki* in: Richter (u.a.), Seniorenrecht, § 5 Rn. 128.
1366 MünchKommBGB/*Schwab*, § 1901a Rn. 11.
1367 *Kurze* in: Burandt/Rojahn, ErbR, § 1901b BGB Rn. 17.
1368 BT-Drucks. 16/11360, S. 4, 13 f.
1369 BT-Drucks. 16/13314, S. 19.
1370 Siehe *Höfling* NJW 2009, 2849 (2852).
1371 Hierzu *Röthel* AcP 211 (2011), 196 (203); *di Fabio* DNotZ 2006, 342 ff.; *Hagen* DNotZ 2010, 644 ff.
1372 Vgl. *Heßler*, Stellungnahme, S. 13 f.
1373 *Wassem*, In dubio pro vita?, S. 95 ff.; *Lemmerz*, Die Patientenverfügung, S. 86 f.: Die notarielle Beurkundung bewirkt nicht stärker als die einfache Schriftform eine freie und bedachte Entscheidung.

Dritten als sog. Schreibzeugen ersetzt werden.[1374] Ohne krankheitsbedingte Sondersituation ergibt sich streng genommen kein zwingendes Bedürfnis zu einer notariellen Beurkundung. Ähnlich wie im Vergleich zur Betreuungsverfügung erübrigt sich ein Bedürfnis aus funktionellen Gründen: Die Patientenverfügung ist in ihren Wirkungen auf den medizinisch-personalen Bereich beschränkt, rechtsgeschäftliche Formbezüge, wie bspw. bei Grundstücksgeschäften, sind hier irrelevant. Außerhalb dessen ist wie üblich als vorteilhaft anzusehen, dass über die notarielle Beurkundung nicht nur die Feststellung der Identität gewährleistet werden kann, was Fälschungen von Dokumenten vorbeugen kann, sondern auch die Feststellung der Einwilligungsfähigkeit nach § 11 BeurkG mit abgesichert wird.[1375]

Für den seltenen Fall, dass die „Patientenverfügung" eines Minderjährigen beurkundet werden soll, ist vorgeschlagen worden, die Mitwirkung bei der Errichtung als Notar nicht ohne weiteres abzulehnen, insbesondere nicht, wenn der Minderjährige über die erforderliche Einsichtsfähigkeit verfüge.[1376] Für das Beurkundungsverfahren empfehle es sich sodann, die Feststellungen zur Einsichtsfähigkeit in der Urkunde festzuhalten und durch einen Vermerk klarzustellen, dass die rechtliche Wirkung derzeit unsicher sei.[1377] Diese Unsicherheit würde jedoch zu Lasten des Ratsuchenden gehen, denn augenblicklich ist die Rechtslage so, dass Patientenverfügungen nur wirksam sind, wenn der Betroffene im Zeitpunkt der Abfassung einwilligungsfähig *und* volljährig ist,[1378] mag es hieran auch verfassungsrechtliche Zweifel zu Bedenken geben. Dem Notar ist es nicht erlaubt, an unwirksamen Rechtsgeschäften bzw. Erklärungen mitzuwirken. Er ist vielmehr gesetzlich dazu verpflichtet, die Beurkundung einer solchen Erklärung zu versagen, vgl. § 15 BNotO i.V.m. § 4 BeurkG. Eine notarielle Beurkundung kann nicht über das gesetzliche Erfordernis der Volljährigkeit hinweghelfen.

Kostenspezifisch wird die Beurkundung einer Patientenverfügung genauso wie die der Vorsorgevollmacht in ausschließlich personalen Angelegenheiten behandelt, da auch in diesem Fall keine Spezialvorschrift zur Geschäftswertbestimmung vorhanden ist. Gemäß § 36 Abs. 2 GNotKG müssen zur Ermittlung des Geschäftswerts die Einkommens- und Vermögensverhältnisse berücksichtigt werden. Bei der Mehrzahl der Fälle wird gemäß § 36 Abs. 3 GNotKG ein Geschäftswert von 5.000 € als Auffangwert in Ansatz gebracht.[1379] Die näheren Einzelheiten sind im Gleichlauf zur personalen Vorsorgevollmacht und zur Betreuungsverfügung umstritten. Auch hier liegt die Mindestgebühr bei 60 €.

1374 *Kordel* in: Kersten/Bühling, Formularbuch und Praxis der Freiwilligen Gerichtsbarkeit, § 96 Rn. 93; *Albrecht/Albrecht* MittBayNot 2009, 426 (431).

1375 *Albrecht/Albrecht*, Die Patientenverfügung, Rn. 160; allgemein kritisch *Krüger/Helm* GesR 2012, 456 (457).

1376 *Rieger* FamRZ 2010, 1601 (1603).

1377 Vgl. *Rieger* FamRZ 2010, 1601 (1603), der von der Möglichkeit einer entsprechenden Anwendung des § 17 Abs. 2 BeurkG ausgeht.

1378 Vgl. auch *Lipp* notar 2014, 111 (119).

1379 *Diehn*, Notarkostenberechnungen, Rn. 1316; *Sikora/Tiedtke* NJW 2013, 2310 (2315); kritisch hierzu *Renner* NotBZ 2014, 11 (19).

III. Öffentliche Beglaubigung

1. Beglaubigung durch den Notar

Abseits der üblichen Unterschriftenbeglaubigung reicht es zur Wahrung der Schriftform in § 126 BGB aus, dass der Vorsorge-Entschlossene die Patientenverfügung mittels beglaubigten Handzeichens unterzeichnet.[1380] Als Handzeichen werden dabei wie üblich Kreuze, Striche, Initialen, insbesondere aber auch der Fingerabdruck anerkannt.[1381] Die Möglichkeit des notariell beglaubigten Handzeichens kommt deshalb auch im Fall von Multiple-Choice-Texten in Betracht.[1382] Die Gebühren für die Beglaubigung beim Notar liegen wie bei den anderen beiden Vorsorgeverfügungen zwischen mindestens 20 € und höchstens 70 €.[1383]

2. Beglaubigung durch die Betreuungsbehörde?

Ausweislich des Wortlauts von § 6 BtBG sind Patientenverfügungen nicht von der Beglaubigungsbefugnis der Betreuungsbehörde erfasst. Nun sind Patientenverfügungen aber oftmals mit Vorsorgevollmachten in einem Dokument enthalten. Obwohl § 6 BtBG also nicht explizit von (isolierten) Patientenverfügungen spricht, kann sich die Beglaubigung der Patientenverfügung durch deren indirekte Einbeziehung ergeben.[1384] Solange die Patientenverfügung also in inhaltlicher Deckungsgleichheit zu einer Vorsorgevollmacht oder insbesondere zu einer Betreuungsverfügung und den dort getroffenen Entscheidungen zu medizinischen Maßnahmen und Behandlungswünschen steht, ist hierin kein Versagungsgrund für eine Unterschrifts- oder Handzeichenbeglaubigung durch die Betreuungsbehörde zu erblicken.[1385] Somit fällt die Beglaubigung einer Patientenverfügung wenn überhaupt nur faktisch bzw. reflexartig in den Kompetenzbereich der Betreuungsbehörde.

IV. Zwischenergebnis

Die Überlegung darüber, welche Form für die Patientenverfügung ausreichend ist, hängt im Wesentlichen von der Entscheidung ab, ob ein „Mehr“ an Schriftform nötig und gewollt ist, da die einfache Schriftform gesetzlich vorgeschrieben wird. Abgenommen ist die Entscheidung für den Fall, dass besondere Schwierigkeiten bestehen, die erforderliche Unterschrift zu leisten oder überhaupt einen Text aufzusetzen, trotz geistiger Klarheit. In dieser Hinsicht ist es unerlässlich, einen Notar aufzusuchen, da

1380 Kritisch hierzu, dass Schreibunfähige von der Errichtung einer wirksamen Patientenverfügung ausgenommen sind: *Schumacher* FPR 2010, 474 (478).

1381 *K.Winkler*, § 40 BeurkG Rn. 72.

1382 *Krutzki* in: Richter (u.a.), Seniorenrecht, § 5 Rn. 128.

1383 Nr. 25100 KV bei einer 0,2 Gebühr.

1384 *Kania/Langholf* in: Jurgeleit, BtR, § 6 BtBG Rn. 11; *W.Bienwald* in: W.Bienwald/ Sonnenfeld/Harm, BtR, § 6 BtBG Rn. 27; *Zimmermann*, Vorsorgevollmacht, S. 53.

1385 Staudinger/*W.Bienwald*, § 1901a und b BGB Rn. 11.

dieser die Befugnis hat, auch ein bloßes Handzeichen zu beglaubigen bzw. mittels Unterschrift durch einen Schreibzeugen eine Niederschrift zu beurkunden.

§ 4 Möglichkeiten zu Hinterlegung und Registrierung

Wer sich als Vorsorge-Entschlossener Gedanken darüber gemacht hat, wie er seine Vorsorgeregelung inhaltlich gestalten möchte und welche Form diese Regelung bekommen soll, kommt im nächsten Schritt nicht umhin, auch eine Antwort darauf zu finden, wie und an welchem Ort das Ganze abgelegt werden soll bis zum erwarteten Stichtag, an dem zur Legitimation nach außen ein Zugriff auf die Vorsorgeregelung erforderlich wird. Neben der einfachen Handhabe, die errichteten Vorsorgeverfügungen privat aufzubewahren bzw. verwahren zu lassen, kommen dabei vor allem die Möglichkeiten der Hinterlegung bei Gericht und der Registrierung in Betracht.

A. Hinterlegung bei Gericht

I. Landesspezifische Regelungen

Gegenwärtig gestaltet sich die gerichtliche Hinterlegung infolge der landesspezifischen Ausgangsregelungen sehr unterschiedlich. Für Vorsorgeschriftstücke besteht keine bundeseinheitliche Hinterlegungsmöglichkeit – nur auf Länderebene wurde zum Teil für die Möglichkeit einer gerichtlichen Verwahrung gesorgt.[1386] So besteht in Abhängigkeit vom jeweiligen Wohnsitz teilweise die Möglichkeit, eine Betreuungsverfügung beim jeweils zuständigen Amtsgericht zu hinterlegen, d.h. in amtliche Verwahrung nehmen zu lassen und damit sicherzustellen, dass zumindest dieses Gericht die Betreuungsverfügung mit sofortiger Zugriffsmöglichkeit berücksichtigt.[1387] Für die Vorsorgevollmacht oder die Patientenverfügung gilt diese landesrechtsspezifische Hinterlegungsmöglichkeit nicht bzw. nicht unmittelbar. Beide können aber mit einer entsprechenden Betreuungsverfügung inhaltlich verbunden sein und auf diese Weise ebenfalls hinterlegt werden.[1388] Das Problem der Unkenntnis des örtlich zuständigen Betreuungsgerichts (§ 272 FamFG, § 13 ZPO) kann sich nun bedingt durch den

---

1386 *Müller* in: Würzburger Notarhandbuch, Teil 3 Kap. 3 Rn. 125; Auflistung der landesspezifischen Regelungen (z.B. Runderlasse bzw. Verwaltungsvorschriften der jeweiligen Justizministerien) bei *W.Bienwald* in: W.Bienwald/Sonnenfeld/B.Hoffmann, BtR, § 1901c BGB Rn. 39 (5. Auflage 2011). Die meisten Länder haben jedoch keine Hinterlegungsmöglichkeit geschaffen bzw. die bestehenden Regelungen aufgehoben, vgl. *W.Bienwald* in: W.Bienwald/Sonnenfeld/Harm, § 1901c BGB Rn. 39 f. So hat bspw. Bayern die gemäß Art. 34 BayGGVG normierte Hinterlegungsmöglichkeit infolge der Schaffung des Zentralen Vorsorgeregisters bei der Bundesnotarkammer aufgehoben (Aufhebungsgesetz vom 07.03.2007 [BayGVBl. S. 212] m.W.v. 01.04.2007, siehe Bamberger/H.Roth-*Müller*, § 1901c BGB Rn. 8).

1387 *Lipp* in: Lipp, Vorsorgeverfügungen, § 5 Rn. 19; *Thar/Raack*, Leitfaden Betreuungsrecht, S. 28.

1388 *Müller* in: Limmer (u.a.), Würzburger Notarhandbuch, Teil 3 Kap. 3 Rn. 125.

Wohnsitzwechsel des Betroffenen ergeben, da hinterlegte Betreuungsverfügungen mangels amtsinterner Befugnis nicht an das für den neuen gewöhnlichen Aufenthalt zuständige Amtsgericht weitergegeben werden können.[1389] Die Neuhinterlegung sollte daher eigenständig organisiert werden, sofern die nach einzelnem Bundesland divergierende Hinterlegungsmöglichkeit für das neu zuständige Amtsgericht überhaupt besteht. Auch den Betreuungsbehörden ist keine Hinterlegungsmöglichkeit zugewiesen.

II. Ablieferungs- und Unterrichtungspflicht

Während das Betreuungsgericht bei einer gerichtlich hinterlegten Vorsorgeverfügung zügig auf deren Inhalt zurückgreifen kann, ist es in sonstigen Fällen darauf angewiesen, von außen stehenden Dritten in Kenntnis über eine möglicherweise vorhandene Vorsorgeverfügung gesetzt zu werden.[1390] Die landesspezifischen Hinterlegungsmöglichkeiten zielen letztlich auf die freiwillige Zuführung von Vorsorgeverfügungen ab. Dagegen postuliert § 1901c BGB die Verpflichtung einer gerichtlichen Zuführung der Vorsorgeschriftstücke, worunter ihre tatsächliche Ablieferung bzw. eine entsprechende Informationskundgabe zu verstehen sind. Diese Verpflichtung soll hier ergänzend mit abgehandelt werden, da so verdeutlicht werden kann, welche staatlichen Mechanismen greifen, wenn die selbstgestaltende Zuführungsmöglichkeit, dem Gericht entsprechende Kenntnisparameter zu vermitteln, nicht stattgefunden oder versagt hat. Gestalterische Überlegungen selbst werden von dieser Verpflichtung also nicht berührt.

1. Betreuungsverfügung

§ 1901c S. 1 BGB normiert hierbei bundeseinheitlich, dass eine existierende Betreuungsverfügung unverzüglich an das jeweilige, für den Betroffenen zuständige Betreuungsgericht (§ 272 FamFG) abzuliefern ist. Mit „Abliefern“ ist gemeint: Die betreffende Betreuungsverfügung muss im Original oder als Ablichtung[1391] herausgegeben werden, also persönlich oder durch Boten überbracht oder per Postzusendung zugestellt werden.[1392] Einig ist man sich, dass im Rahmen des § 1901c BGB nicht nur entsprechend mit „Betreuungsverfügung“ gekennzeichnete Dokumente, sondern unproblematisch auch allgemeine Schreiben und Briefe des Betroffenen von der Ablieferung umfasst werden.[1393] Abseits dieser eindeutigen Konstellation bereitet die gesetzliche Formulierung „Schriftstück“ Probleme. Umstritten ist, ob sich die Ablieferung auch auf elektronische Datenträger bzw. allgemein auf alle Informationsträger aus-

1389 *Faupel*, Die Betreuungsverfügung, S. 40.
1390 Siehe BT-Drucks. 11/4528, S. 208.
1391 Erman/*A.Roth*, § 1901c BGB Rn. 6; *Kieß* in: Jurgeleit, BtR, § 1901c BGB Rn. 12 f.
1392 *Jürgens* in: Jürgens, BtR, § 1901c BGB Rn. 16.
1393 Vgl. *W.Bienwald* in: W.Bienwald/Sonnenfeld/Harm, BtR, § 1901c BGB Rn. 6; Palandt/*Götz*, § 1901c BGB Rn. 1.

weiten lässt und sich somit eine Analogie der Vorschrift aufdrängen muss.[1394] Es gilt zu bedenken, dass § 1901c BGB – ursprünglich als § 1901a BGB a.F. – durch das Betreuungsgesetz vom 12.09.1990[1395] mit Wirkung vom 01.01.1992 eingeführt worden ist.[1396] Mit dem Zweck der Vorschrift, die Beachtung des Willens des vom Betreuungsverfahren Betroffenen zu sichern,[1397] und unter dem Eindruck einer zeitgemäßen Gesetzesanwendung, muss die Frage der Analogie differenziert angegangen werden. So gehen größere Erklärungsnöte mit der Vorstellung einher, dass ein Textträger auf einem USB-Stick (denkbar: eine Scann-Kopie des eigenen Briefes), bei dem es mit dem Ausdruckvorgang auf Papier nur eines kleinen Zwischenschritts für das Vorliegen eines Schriftstücks bedarf, nicht der Ablieferungspflicht unterliegen soll.[1398] Gleichwohl misslich erscheint die Lage bei rein mündlichen Überlieferungsdokumenten, bspw. in Form einer Tonband- oder Videoaufnahme.

Der normspezifische Blickwinkel von § 1901c BGB darf bei diesen Beispielen jedoch nicht verklärt werden: Es geht nicht um eine Annahmepflicht seitens des Betreuungsgerichts, also nicht darum, was das Betreuungsgericht entgegenzunehmen hat oder entgegennehmen darf. An einer Entgegennahme von Datenträgern sowie an einer Auswertung im Rahmen seiner Amtsermittlung ist das Gericht ohnehin nicht wegen § 1901c BGB gehindert.[1399] Es geht vielmehr darum, welcher normspezifische Gegenstand eine Ablieferungspflicht gegenüber dem Betreuungsgericht begründet. Dabei ist zu vergegenwärtigen, dass das Betreuungsgericht die Ablieferung gemäß §§ 285, 35 FamFG gegen den Ablieferungspflichtigen auch zwangsweise durchsetzen kann, jedenfalls wenn zur Überzeugung des Gerichts feststeht, dass die betreffende Person im Besitz einer Betreuungsverfügung ist.[1400] Weitergehend ist dem Gesetzge-

1394 Für eine Analogie: MünchKommBGB/*Schwab*, § 1901c Rn. 3; *Zimmermann* in: Damrau/Zimmermann, BtR, § 1901c BGB Rn. 6; *Jürgens* in: Jürgens, BtR, § 1901c BGB Rn. 15; *Spickhoff* in: Spickhoff, MedR, § 1901c BGB Rn. 2; RGRK-*Dickescheid*, § 1901a BGB Rn. 2; *Lipp* in: Lipp, Vorsorgeverfügungen, § 5 Rn. 25. Dagegen: *W.Bienwald* in: W.Bienwald/Sonnenfeld/Harm, BtR, § 1901c BGB Rn. 7; Erman/*A. Roth*, § 1901c BGB Rn. 3a; *Kieß* in: Jurgeleit, BtR, § 1901c BGB Rn. 9; schlicht von ‚Schriftstück' ausgehend auch: *Bamberger/H.Roth-Müller*, § 1901c BGB Rn. 2; H.Prütting/Wegen/Weinreich-*Bauer*, § 1901c BGB Rn. 1.

1395 BGBl. I, S. 2002.

1396 Änderungen hat er durch das 2. BtÄndG von 2005 (Regelung zur Vorsorgevollmacht) und durch das 3. BtÄndG von 2009 (Neuverortung als § 1901c BGB) erfahren.

1397 BT-Drucks. 11/4528, S. 208; BT-Drucks. 11/6949, S. 72.

1398 Ähnlich MünchKommBGB/*Schwab*, § 1901c Rn. 3.

1399 *Kieß* in: Jurgeleit, BtR, § 1901c BGB Rn. 9.

1400 Siehe hierzu *Jox* in: Fröschle, Betreuungs- und Unterbringungsverfahren, § 285 FamFG Rn. 2f. (Fn. 6) und *Fröschle* in: H.Prütting/Helms, § 285 FamFG Rn. 6: Kommt der Verpflichtete der durch Beschluss ergangenen Anordnung auf fristgemäße Ablieferung nicht nach, kann das Gericht Zwangsgeld, ersatzweise Zwangshaft festsetzen; neben oder anstelle von Zwangsgeld oder Zwangshaft kann das Gericht auch die Wegnahme des Schriftstücks durch den Gerichtsvollzieher anordnen (§ 35 Abs. 4 S. 1 FamFG i.V.m. § 883 Abs. 1 ZPO); die Abgabe einer eidesstattlichen Versicherung über den Verbleib einer Betreuungsverfügung ist nach dem FamFG nunmehr nicht mehr vorgesehen (BT-Drucks. 16/6308, S. 282), wenn lediglich Grund zur Annahme besteht, dass jemand in Besitz einer solchen ist, der Besitz aber nicht zur vollen Überzeugung des Gerichts feststeht. Ohne volle Überzeugung kann das Gericht die Person, die im Besitz eines etwaigen Dokuments sein soll, zu einer förmlichen – ggf. beeideten – Zeugenvernehmung zwingen, § 30 FamFG i.V.m. §§ 337 ff. ZPO, sofern diese Vorgehensweise nicht an einem Zeugnisverweigerungsrecht scheitert.

ber zu unterstellen, dass ihm die Vielfalt an willensbekundenden Abfassungsmöglichkeiten, insbesondere elektronischer Art, bekannt gewesen sein muss.[1401] Wenngleich dies bei Einführung des Betreuungsrechts im Jahr 1992 nicht im Mittelpunkt gestanden haben mag, wäre doch bei den späteren Änderungen im Jahr 2005 bzw. 2009 Gelegenheit gewesen, den Wortlaut dahingehend zu ergänzen. Eine Ausdehnung der Verpflichtung aus § 1901c BGB erscheint mangels Planwidrigkeit der Regelungslücke deshalb nicht angebracht,[1402] obgleich daneben vieles für die Vergleichbarkeit der Interessenlage spricht. Argumentativ ändert sich hieran auch dadurch nichts, dass solche Textträgerdokumente und Video- oder Tonbandaufnahmen dennoch als Betreuungsverfügungen zu qualifizieren sein können.[1403] § 1901c BGB ist nämlich keine Formvorschrift,[1404] sie wendet sich lediglich an denjenigen, der Kenntnis von einem für eine Betreuungssache relevanten Schriftstück hat.[1405] Gesetzliche Ausdehnungen sind – entgegen etwaiger Stimmen aus der Literatur[1406], die überwiegend mit dem erhöhten, betreuungsspezifischen Schutzzweck der Norm argumentieren – daher nicht einzufordern. Die Pflicht aus § 1901c BGB, dem zuständigen Gericht ein Schriftstück abzuliefern, hält im Gegenzug schließlich nicht davon ab, auch andere Datenträger entsprechend zuzuleiten, die in hilfreicher Weise als Augenscheinsobjekte oder über eine Zeugenaussage in das Verfahren eingeführt werden können.[1407] Der Unterschied besteht lediglich darin, dass hierauf keine gesetzliche Ablieferungsverpflichtung geschrieben steht. Nachvollziehbar ist dies zum einen deshalb, weil ein Schriftstück offenkundig einsehbar und inhaltlich schnell(er) greifbar erscheint. Im gleichen Zuge ist einzusehen, dass weniger offensichtliche Dokumente, die bspw. irgendwo auf einer Festplatte gespeichert sind, überwiegend dem Risikobereich desjenigen zuzuordnen sind, dessen Rechtssphäre betroffen ist. In dieser Hinsicht also jeder dafür Sorge zu tragen hat, dass seine Erklärungen und Wünsche auf freiwilliger Basis bekannt werden. Für Fälle, in denen die gerichtliche Kenntniserlangung mit Benachteiligungsabsicht vereitelt wird, verbliebe zudem eine mögliche Strafverfolgung gemäß § 274 Abs. 1 Nr. 1 StGB im Raume[1408] sowie die Möglichkeit, diesbezüglich einen richterlichen Hinweis zu erteilen oder entsprechende Kenntnisse sogleich an die Staatsanwaltschaft weiterzuleiten.

Verpflichtet ist nun derjenige, der einen solchen Datenträger „besitzt", wobei dieses Merkmal nicht an rechtlichen Eigentumsverhältnissen festzumachen ist.[1409] Gemeint ist das bewusste tatsächliche Innehaben der unmittelbaren Verfügungsgewalt

---

1401 *Kieß* in: Jurgeleit, BtR, § 1901c BGB Rn. 9.
1402 So auch *A.Roth* in: Dodegge/A.Roth, BtKomm, C 139.
1403 Siehe § 3 B. I.
1404 BT-Drucks. 11/4528, S. 128, 208.
1405 *Kieß* in: Jurgeleit, BtR, § 1901c BGB Rn. 10.
1406 MünchKommBGB/*Schwab*, § 1901c Rn. 3; *Zimmermann* in: Damrau/Zimmermann, BtR, § 1901c BGB Rn. 6; *Jürgens* in: Jürgens, BtR, § 1901c BGB Rn. 15; *Spickhoff* in: Spickhoff, MedR, § 1901c BGB Rn. 2; *Lipp* in: Lipp, Vorsorgeverfügungen, § 5 Rn. 25.
1407 Vgl. auch Staudinger/*W.Bienwald*, § 1901c BGB Rn. 13; *Kieß* in: Jurgeleit, BtR, § 1901c BGB Rn. 11.
1408 Siehe Erman/*A.Roth*, § 1901c BGB Rn. 6.
1409 Palandt/*Götz*, § 1901c BGB Rn. 1.

ausgerichtet auf eine gewisse Dauer.[1410] Insofern genügt nicht nur das In-den-Händen-halten, sondern auch die Einwirkung auf Gegenstände im zugänglichen Herrschaftsbereich. Die Person des Ablieferungspflichtigen kann deshalb bspw. ein Angehöriger des Betroffenen sein, der die Wohnung versorgt und dort etwas findet, nicht aber der Betroffene selbst, dem es in selbstbestimmter Entscheidung obliegt, ob er seinen Willen und seine Wünsche tatsächlich „abliefern" will.[1411] Auf der Hand liegt dabei zudem, dass auch der Notar ablieferungsverpflichtet sein kann, sofern eine Betreuungsverfügung notariell hinterlegt, d.h. in Verwahrung gegeben worden ist.[1412] Die Ablieferungspflicht beginnt ab Kenntnis der Eröffnung eines Betreuungsverfahrens bzw. ab Kenntnis der Einrichtung einer Betreuung und erstreckt sich bis hin zu ihrer Aufhebung, damit gewährleistet ist, dass Wunsch und Wille des Betroffenen rechtzeitig und auch während der Betreuungsführung berücksichtigt werden können.[1413]

2. Vorsorgevollmacht

Mit dem 2. BtÄndG kam ergänzend zur Ablieferungspflicht bzgl. der Betreuungsverfügung auch eine ähnliche Regelung für die Vorsorgevollmacht hinzu.[1414] Allerdings verfolgt diese nicht das Konzept der Ablieferung – denn dies widerspräche den Legitimationserfordernissen im Rechtsverkehr, die an das Original der Vollmacht geknüpft sind.[1415] Vielmehr ist in § 1901c S. 2 und S. 3 BGB vorgesehen, dass das zuständige Betreuungsgericht unterrichtet werden muss und ggf. eine Abschrift der Vollmacht bekommen soll, sofern das Betreuungsgericht dies verlangt. Unterrichten bedeutet letztlich, über die Existenz und den Inhalt einer Vollmacht Mitteilung beim Betreuungsgericht zu machen, also eine Information abzuliefern. Auch hier lassen sich über den genauen Gegenstand, der von der Pflicht, zu unterrichten, erfasst sein soll, gewisse Fragen aufwerfen. Zunächst geht der Gesetzeswortlaut in S. 2 allgemein von einer „Bevollmächtigung" aus, während die amtliche Begründung und die Überschrift des Gesetzes den näheren Begriff „Vorsorgevollmacht" verwenden.[1416] Da die Vorsorgevollmacht nicht legal definiert ist, kann wie auch sonst nur der Gesetzeswortlaut selbst maßgebendes Auslegungskriterium sein, nicht aber eine Überschrift, mit welcher lediglich eine redaktionell vorgesehene Schnellübersicht bezweckt wird, keinesfalls aber eine materiell-rechtliche Bedeutungsdimension erreicht werden kann. Die allgemeine Formulierung auf ein Schriftstück, in welchem „der Betroffene eine ande-

1410 MünchKommBGB/*Schwab*, § 1901c Rn. 4 (unmittelbarer Besitz gemäß § 854 BGB).

1411 Vgl. auch MünchKommBGB/*Schwab*, § 1901c Rn. 4; *Kieß* in: Jurgeleit, BtR, § 1901c BGB Rn. 16, 35; a.A. Staudinger/*W.Bienwald*, § 1901c BGB Rn. 13; Erman/*A.Roth*, § 1901c BGB Rn. 3a.

1412 *Jürgens* in: Jürgens, BtR, § 1901c BGB Rn. 16: Grundsätzlich ist es ausreichend eine Ausfertigung des Originals abzuliefern; ausnahmsweise, gemäß den Voraussetzungen in § 45 BeurkG, sogar das Original selbst.

1413 MünchKommBGB/*Schwab*, § 1901c Rn. 5; Staudinger/*W.Bienwald*, § 1901c BGB Rn. 22 ff.

1414 2. BtÄndG vom 21.04.2005 m.W.v. 01.07.2005, BGBl. I, S. 1073.

1415 BT-Drucks. 15/4874, S. 27; ursprünglich war es aber die Idee, die Ablieferungspflicht auf die Vorsorgevollmacht zu erstrecken: BT-Drucks. 15/2494, S. 30.

1416 BT-Drucks. 15/2494, S. 30.

re Person mit der Wahrnehmung seiner Angelegenheiten bevollmächtigt hat", entspricht dem Regelungskonzept des § 1896 Abs. 2 BGB, der in gleichgeschalteter Weise von einem „Bevollmächtigten" spricht.[1417] Ausgehend von dieser systematischen Gleichschaltung und dem Sinn und Zweck, den das Betreuungsrecht erstrebt, nämlich die Beachtung des selbstbestimmten Willens des Betroffenen bei gleichzeitiger Subsidiarität des Instituts der rechtlichen Betreuung gegenüber einer ebenso geeigneten Bevollmächtigung, werden nicht nur Vorsorgevollmachten erfasst, sondern auch solche Vollmachten, in denen irgendwie eine (auf Dauer angelegte) Aufgabenübertragung auf eine Person zum Ausdruck kommt, bspw. Konto- und Depotvollmachten.[1418] Ob die Vollmacht dann tatsächlich geeignet ist, eine rechtliche Betreuung zu erübrigen (hierzu muss sie wenigstens auf Dauer angelegt sein), unterliegt in dieser Folge der Entscheidung des zuständigen Betreuungsgerichts. Im Umkehrschluss könnte natürlich auch danach gefragt werden, ob nicht nur die Bevollmächtigung, sondern auch ein diesbezüglicher Widerruf unter die Informationspflicht fallen muss. Dies wird unterschiedlich beantwortet, wobei sich der wesentliche Kern der Argumentation erneut darauf beschränkt, dass sich strikt an den Wortlaut gehalten wird (dann: kein Erfassen des Widerrufs)[1419] oder über den Wortlaut hinaus, vom Sinn und Zweck einer entsprechenden Gesetzesanwendung[1420] ausgegangen wird. Letzteres führt zum Teil so weit, dass auch etwaige Urkunden, die Regelungen zum Grundverhältnis bzw. auch die Kündigung eines Vorsorgegrundverhältnisses dokumentieren, als von der Unterrichtungspflicht mit umfasst angesehen werden.[1421] Ähnlich wie in den obigen Ausführungen unter § 4 A. II. 1., erscheint die Vorgehensweise über die Analogie zwar praxisgerecht(er), um den Betroffenenschutz im Sinne eines effizienten und rechtsstaatlichen Betreuungsverfahrens zu gewährleisten. Gleichzeitig mutet es beschwerlich gegen dieses Rechtsstaatsprinzip an, Analogien dort zu knüpfen, wo das Gericht als Behörde zu hoheitlicher Ausübung von Zwang befugt sein soll. Anders als bei der Analogie um den Begriff des Schriftstücks, ist es vorliegend jedoch so, dass der Verpflichtete erst eine rechtliche Vorprüfung leisten müsste, um richtig einschätzen zu können, dass das Dokument in seinen Händen, bei dem sich irgendwie ein Zusammenhang zu einer Vollmacht andeutet, rechtlich als Widerruf oder als Auftrag bzw. als dessen Kündigung einzustufen wäre. Selbst für den Fall, dass auf dem Schriftstück explizit „Widerruf der Vorsorgevollmacht" geschrieben stünde, muss die rechtliche Überprüfung, ob diese Bezeichnung im Ergebnis tatsächlich auch den ihr laienhaft zugeschriebenen rechtlichen Folgerungen entspricht, eigens dem Betreuungsge-

1417 Vgl. *W.Bienwald* in: W.Bienwald/Sonnenfeld/Harm, BtR, § 1901c BGB Rn. 17.

1418 *W.Bienwald* in: W.Bienwald/Sonnenfeld/Harm, BtR, § 1901c BGB Rn. 17; MünchKommBGB/*Schwab*, § 1901c BGB Rn. 7; *Zimmermann* in: Damrau/Zimmermann, BtR, § 1901c BGB Rn. 26; *Kieß* in: Jurgeleit, BtR, § 1901c BGB Rn. 28; *Lipp* in: Lipp, Vorsorgeverfügungen, § 5 Rn. 27; *Spickhoff* in: Spickhoff, MedR, § 1901c BGB Rn. 3.

1419 Staudinger/*W.Bienwald*, § 1901c BGB Rn. 51.

1420 MünchKommBGB/*Schwab*, § 1901c BGB Rn. 7; *A.Roth* in: Dodegge/A.Roth, BtKomm, C 140; *Kieß* in: Jurgeleit, BtR, § 1901c BGB Rn. 32; RGRK-*Dickescheid*, § 1901a BGB Rn. 2; *Lipp* in: Lipp, Vorsorgeverfügungen, § 5 Rn. 27.

1421 MünchKommBGB/*Schwab*, § 1901c BGB Rn. 7; *Lipp* in: Lipp, Vorsorgeverfügungen, § 5 Rn. 27.

richt unterstellt sein.[1422] Die Informationspflicht hierüber kann jedenfalls nicht in Abhängigkeit zu einer rechtlichen Vorprüfung stehen, die der Verpflichtete, wohl als Laie, ohnehin nicht zu leisten imstande wäre. Somit erübrigt sich das Problem der Einbeziehung des Schriftstücks „Widerruf" letztlich daran, dass eine Prüfung durch das Gericht nicht auf den Zeitpunkt vorverlagert werden kann, in welchem es noch keine Kenntnis von der Existenz eines Schriftstücks sowie dessen Inhalts hat. Es schadet schließlich nicht, wenn sich im Nachhinein herausstellt, dass es sich in Wirklichkeit um einen Widerruf der Vollmacht gehandelt hat, der vom genauen Gesetzeswortlaut her gar nicht von einer Unterrichtungspflicht umfasst ist. Die Möglichkeit eines solchen „Fehlgriffs" wird dabei vom Verfahrenskonzept der Norm getragen, das Bedürfnis zu einer analogen Anwendung dürfte sich hieran faktisch erübrigen.

Entsprechend wie in S. 1 trifft die Unterrichtungspflicht den unmittelbaren Besitzer eines solchen Dokuments, das einen „Vollmachtscharakter" aufweist. Unerheblich ist, ob es sich um das Original oder eine bloße Ablichtung handelt.[1423] Ob eine Einflussnahme auf das Betreuungsverfahren aufgrund der Vorlage einer bloßen Kopie in Betracht kommt, muss im Anschluss an die Ablieferung vom Betreuungsgericht materiell-rechtlich geklärt werden. In Bezug auf elektronische oder sonstige Datenträger bzw. einer Analogie des § 1901c S. 2 und 3 BGB und auch in Bezug auf die zeitliche Dauer gilt das zu § 1901c S. 1 BGB Gesagte.

3. Patientenverfügung

Im Weiteren ist auch eine Patientenverfügung für einen im Aufgabenkreisbereich Gesundheitsfürsorge bestellten Betreuer von Bedeutung. Die Patientenverfügung kann als Schriftstück, das „Wünsche zur Wahrnehmung der Betreuung" i.S.v. § 1901c S. 1 BGB beinhaltet, ausgelegt werden und würde somit auch der Ablieferungspflicht unterfallen.[1424] Sie ist damit faktisch deckungsgleich mit einer Betreuungsverfügung.[1425] Dadurch, dass die Patientenverfügung gleichzeitig im Falle der Einwilligungsunfähigkeit des Betroffenen zur Legitimation nach außen, d.h. gegenüber den Ärzten dient, welche die Behandlung gemäß des verfügten Patientenwillens ausführen oder unterlassen sollen, ist die Sachlage um die Patientenverfügung im Hinblick auf dieses Legitimationsbedürfnis vergleichbar mit derjenigen der Vorsorgevollmacht. Aus diesem Grunde wäre eine entsprechende Handhabe wie bei der Vorsorgevollmacht angezeigt. Dies hätte eine analoge Anwendung des § 1901c S. 2 und 3 BGB zur Konsequenz.[1426] Im Übrigen gilt, dass Patientenverfügungen, die in Deckungsgleichheit zu einer Betreuungsverfügung stehen, oder die mit einer Vorsorgevoll-

1422 Vgl. *W.Bienwald* in: W.Bienwald/Sonnenfeld/Harm, BtR, § 1901c BGB Rn. 18; anders wohl aber Staudinger/*W.Bienwald*, § 1901c BGB Rn. 51.
1423 Geltung der Verpflichtung auch für Kopien: MünchKommBGB/*Schwab*, § 1901c BGB Rn. 7; dagegen: *Kieß* in: Jurgeleit, BtR, § 1901c BGB Rn. 34.
1424 MünchKommBGB/*Schwab*, § 1901c BGB Rn. 2; Erman/*A.Roth*, § 1901c BGB Rn. 6; *Lipp* in: Lipp, Vorsorgeverfügungen, § 5 Rn. 29.
1425 Siehe § 2 C. VII.
1426 *Lipp* in: Lipp, Vorsorgeverfügungen, § 5 Rn. 29.

macht verbunden sind, ebenfalls über die direkte Anwendung von § 1901c S. 1 bzw. S. 2 und 3 BGB der Ablieferungs- bzw. der Unterrichtungspflicht unterfallen können.[1427]

4. Zwischenergebnis

Für den Fall, dass ein Betreuungsverfahren eingeleitet wird, weil das zuständige Betreuungsgericht auf entsprechende Lebensumstände des Betroffenen aufmerksam gemacht worden ist, ist es zur Beachtung schriftlich festgehaltener Willens- und Wunschbekundungen erforderlich, dass das betreffende Gericht Kenntnis hierüber erlangt. Am effizientesten ist der Weg, sofern landesrechtlich möglich, eine entsprechende Betreuungsverfügung – und in Verbindung mit dieser auch eine Vorsorgevollmacht oder Patientenverfügung – zu hinterlegen, also in gerichtliche Verwahrung zu geben. Ohne eine solche Hinterlegung wäre das Gericht darauf angewiesen, dass irgendwie Kenntnisse von außen herangetragen werden oder gewonnen werden können. Die in § 1901c BGB normierte Verpflichtung zur Ablieferung bzw. Information soll den Prozess der Kenntniserlangung fördern und eine zuvor versäumte eigenverantwortlich initiierte Kenntniszuführung abfedern. § 1901c BGB bezieht sich auf schriftliche Dokumente, die im Kontext einer Betreuungsverfügung oder Vorsorgevollmacht stehen, indirekt hierüber letztlich auch auf Patientenverfügungen. Eine rechtliche Überprüfung, ob es sich überhaupt um eine Vorsorgeverfügung handelt und ob diese (noch) wirksam ist oder welche rechtliche Relevanz sie insgesamt haben könnte, braucht für den durch Gesetz verpflichteten Ablieferer oder Informationsträger nicht von Belang sein. Diese Überprüfung obliegt dem Gericht. Um dieses Vakuum zur Kenntniserlangung von vornherein zu vermeiden und Verzögerungen auszumerzen, ist das Zentrale Vorsorgeregister errichtet worden.

B. Zentrales Vorsorgeregister der Bundesnotarkammer

Das Zentrale Vorsorgeregister der Bundesnotarkammer als Registerbehörde ist ein elektronisches Register, bei welchem die Kenndaten einer bestehenden Vorsorgeverfügung registriert werden. Es versteht sich daher als Speicherstelle für vorsorgespezifische Angaben, nicht aber als Sammelverwahr- oder Hinterlegungsstelle für die Urkunde der Vorsorgeverfügung – also des Schriftstücks – selbst.[1428]

1427 Vgl. *W.Bienwald* in: W.Bienwald/Sonnenfeld/Harm, BtR, § 1901c BGB Rn. 6; Staudinger/*W.Bienwald*, § 1901c BGB Rn. 19; *Kieß* in: Jurgeleit, BtR, § 1901c BGB Rn. 5; H.Prütting/Wegen/Weinreich-*Bauer*, § 1901c BGB Rn. 1.

1428 *Sandkühler* in: Arndt/Lerch/Sandkühler, § 78a BNotO Rn. 10; *Rezori* in: Armbrüster/Preuß/Renner, § 20a BeurkG Rn. 8.

I. Entstehung und Ziele

Rechtsgrundlage für das Zentrale Vorsorgeregister ist die Bundesnotarordnung. Durch Gesetz vom 23.04.2004[1429] wurden zunächst in §§ 78 a bis 78 c BNotO die rechtlichen Rahmenbedingungen für den Betrieb des Zentralen Vorsorgeregisters der Bundesnotarkammer geschaffen.[1430] Von der Möglichkeit der Übertragung des Registerwesens auf das deutsche Notariat wurde dabei bewusst abgesehen: Statt kleiner dezentraler Register bei den vielen im Bundesgebiet tätigen Notaren, wurde die elektronische Zentral-Registrierung bei der Bundesnotarkammer als Dachorganisation des deutschen Notariats als vorzugswürdiger ersehen und eingerichtet.[1431] Die Registerführung ist der Bundesnotarkammer seit 01.07.2004 als eine allgemeine staatliche Pflichtaufgabe übertragen worden – sie wird gemäß § 78a Abs. 1 S. 3 BNotO von dem Bundesministerium der Justiz beaufsichtigt.[1432] Um die näheren Bestimmungen über Einrichtung und Führung des Zentralen Vorsorgeregisters sowie die Auskunft aus dem Register, über Anmeldung, Änderung und Löschung sowie über Einzelheiten der Datenübermittlung, -speicherung und der Datensicherheit zu regulieren, hatte das Bundesjustizministerium eine Rechtsverordnung mit Zustimmung des Bundesrates zu erlassen (§ 78 Abs. 2 S. 2 BNotO). Mit der Vorsorgeregister-Verordnung (VRegV)[1433] vom 21.02.2005 in der Fassung des 2. Justizmodernisierungsgesetzes vom 22.12.2006[1434] ist das Bundesjustizministerium diesem gesetzlichen Auftrag nachgekommen. Erklärtes Ziel des Registers ist eine zügige und verlässliche Feststellung von Vorsorgevollmachten und seit 2009[1435] auch von isolierten Betreuungsverfügungen (§ 10 VRegV) – von Patientenverfügungen hingegen nur sofern sie mit einer Vorsorgevollmacht oder Betreuungsverfügung verbunden sind (§ 1 Abs. 1 Nr. 6c VRegV).[1436] Die Registrierung einer isolierten Patientenverfügung ist demnach nicht möglich.[1437] Der Feststellung von Vorsorgevollmacht und Betreuungsverfügung bedarf es, um die Einrichtung einer rechtlichen Betreuung zu vermeiden bzw. um die Betreuung nach Maßgabe der Vorstellungen des Betroffenen ausgestalten zu können.[1438]

1429 Art. 2b des Gesetzes zur Änderung der Vorschriften über die Anfechtung der Vaterschaft und das Umgangsrecht von Bezugspersonen des Kindes, zur Registrierung von Vorsorgeverfügungen und zur Einführung von Vordrucken für die Vergütung von Berufsbetreuern (BGBl. I, S. 598).

1430 *Müller* in: Müller/Renner, BtR und Vorsorgeverfügungen, Rn. 22.

1431 Ebenso wurde ab dem 01.01.2012 auch das zentrale Testamentsregister in Betrieb genommen (www.testamentsregister.de).

1432 Siehe *Lohmann* in: Kilian/Sandkühler/vom Stein, Praxishandbuch Notarrecht, S. 59 (63) [Funktion und Aufgaben der Bundesnotarkammer].

1433 VRegV- Vorsorgeregister-Verordnung; Verordnung über das Zentrale Vorsorgeregister vom 21.02.2005 (BGBl. I, S. 318) in der Fassung des Gesetzes vom 06.07.2009 (BGBl. I, S. 1696).

1434 BGBl. I, S. 3416.

1435 Art. 10 des Gesetzes zur Änderung des Zugewinnausgleichs- und Vormundschaftsrechts vom 06.07.2009 (BGBl. I, S. 3416).

1436 *Sandkühler* in: Arndt/Lerch/Sandkühler, § 78 BNotO Rn. 48 f., § 78a BNotO Rn. 5; *Görk* in: Schippel/Bracker, § 78a BNotO Rn. 11.

1437 Staudinger/*W.Bienwald*, § 1901a und b BGB Rn. 11.

1438 Vgl. BT-Drucks. 15/2253, S. 19.

II. Gegenstand der Registereintragungen

1. Angaben i.S.d. § 78a BNotO und § 1 VRegV

Verantwortlich für die Eintragungen und die Sicherstellung des zulässigen Registerinhalts ist gemäß §§ 78 Abs. 2 S. 1 Nr. 1, 78a BnotO und gemäß der diese Vorschriften konkretisierende § 1 VRegV also die Bundesnotarkammer. Die inhaltliche Einschränkung für die Registereintragungen leisten dem Effizienzgebot zügiger Tatsachenfeststellung Folge: In das Register aufgenommen werden dürfen deshalb nur die Angaben über Vollmachtgeber, Bevollmächtigte, über die Vollmacht und deren Inhalt sowie über Vorschläge zur Auswahl des Betreuers, Wünsche zur Wahrnehmung der Betreuung und über den Vorschlagenden.[1439] Diese sind als an das Register zu vermittelnde „Grunddaten" zu verstehen.[1440] Aus § 2 Abs. 1 und Abs. 3 VRegV ergeben sich dabei die Mindestanforderungen an die zu vermittelnden Daten: Hiernach muss ein Antrag mindestens solche personenbezogenen Angaben zum Vorsorgeerklärenden enthalten, wie Name, Geschlecht, Geburtsort, Geburtstag und Adresse, die derart nachgewiesen werden müssen, dass sie eine eindeutige Identifizierung der antragstellenden Person zur Überzeugung der Bundesnotarkammer zulassen; es handelt sich deshalb um notwendige Pflichtangaben.[1441] Die personenbezogenen Angaben zur bevollmächtigten Person bzw. zur vorgeschlagenen Betreuerperson müssen allerdings nicht zwingend beigebracht werden, obgleich diese Kontaktdaten im Ernstfall wesentlich sind.[1442] Ohne Kontaktdaten kann die betreffende Person womöglich nicht (rechtzeitig) erreicht werden, was ggf. eine vorläufige Bestellung eines (anderen) Betreuers mit sich brächte.[1443] Dass diese Kontaktangaben fakultativ sind, ergibt sich aus § 2 Abs. 1 S. 2 VRegV und ist – da auf Veranlassung eines Dritten fremde Daten angegeben werden – datenschutzrechtlichen Gesichtspunkten geschuldet.[1444] So kann die für die rechtliche Vertretung vorgesehene Person auch jederzeit die Löschung ihrer gespeicherten Daten verlangen, wobei zu mutmaßen ist, dass dies nach Sinn und Zweck der hier in Rede stehenden Belange praktisch nicht vorkommt. Ohnehin muss die Bundesnotarkammer den Betroffenen zunächst benachrichtigen und – für den Fall, dass diese bei Eingang des Antrags nicht angefügt war – seine schriftliche Einwilligung für die Datenspeicherung einholen (§ 4 VRegV). Im Übrigen sind auch alle anderen Angaben außerhalb der Pflichtangaben fakultativ, d.h. solche, die in § 1 Abs. 1 Nr. 3 bis 6 und Abs. 2 VRegV genannt werden, wie bspw. Angaben zum Aufbewahrungsort oder zum Umfang der Vollmacht bzw. zu Wünschen bzgl. der Betreuung.[1445] Auch das Datum der Errichtung der Vollmachtsurkunde ist aus dem Umkehrschluss zu

1439 *Sandkühler* in: Arndt/Lerch/Sandkühler, § 78a BNotO Rn. 5.

1440 *Görk* FPR 2007, 82 (82).

1441 *Sandkühler* in: Arndt/Lerch/Sandkühler, § 78a BNotO Rn. 7.

1442 Vgl. BR-Drucks. 22/05, S. 7; *Diehn* in: Diehn, § 78a BNotO Rn. 10.

1443 Vgl. *K. Winkler*, § 20a BeurkG Rn. 11; *Sandkühler* in: Arndt/Lerch/Sandkühler, § 78a BNotO Rn. 10.

1444 *Görk* in: Schippel/Bracker, § 78a BNotO Rn. 21 spricht von einer Kompromisslösung zwischen Zweckerfüllung des Registers und datenschutzrechtlichen Belangen.

1445 *Sandkühler* in: Arndt/Lerch/Sandkühler, § 78a BNotO Rn. 14.

§ 2 Abs. 1 VRegV als eine freiwillige Angabe zu betrachten. Gemäß § 2 Abs. 1 S. 4 VRegV i.V.m. § 1 Abs. 3 VRegV erfolgt die Eintragung selbst jedoch unter Angabe ihres Datums und unabhängig von dem Antrag.

2. Keine Speicherung konkreter Inhalte

Dadurch, dass § 78a BNotO und § 1 VRegV die personenbezogenen Daten für die Registrierung abschließend regeln, gilt folglich die Wiedergabe des gesamten Inhalts der Vollmachtsurkunde oder auch das Speichern näherer Ausführungen zum rechtlichen Bestehen der Vorsorgeverfügung als unzulässig.[1446] Nur die „Grunddaten“ der Vorsorgevollmacht oder Betreuungsverfügung werden eingetragen, nicht aber deren vollständiger Inhalt.[1447] Datenmäßig gespeichert wird bspw. nur, „ob“ eine Vollmacht zur Erledigung von Vermögensangelegenheiten oder von Angelegenheiten der Gesundheitssorge erteilt wurde, insbesondere „ob“ ausdrücklich Maßnahmen nach § 1904 BGB und § 1906 BGB umfasst sind (vgl. § 1 Abs. 1 Nr. 5 VRegV). Ebenso soll abgespeichert werden, ob die Vorsorgevollmacht oder die Betreuungsverfügung besondere Angaben oder Wünsche über das Verhältnis mehrerer Bevollmächtigter zueinander enthält oder für den Fall, dass das Betreuungsgericht einen Betreuer bestellt oder – was besonders wichtig ist – ob Anordnungen oder Wünsche hinsichtlich Art und Umfang medizinischer Versorgung umfasst (§ 1 Abs. 1 Nr. 6 a-c VRegV). Hieraus erschließt sich, dass zusammen mit den Angaben zur Vorsorgevollmacht oder zur Betreuungsverfügung auch Angaben sonstiger Vorsorgeverfügungen, d.h. von Patientenverfügungen und – in Ableitung von eben diesen – auch von Organspendeverfügungen registrierungsfähig sind.[1448]

3. Rechtliches Bestehen

In der Folge, dass nur die Grunddaten einer registrierfähigen Vorsorgeverfügung abgeklopft werden, fällt die Prüfung des rechtlichen Bestehens nicht in den Aufgabenbereich der Registerbehörde.[1449] Mit dem Prinzip der Gewaltenteilung obliegt die Prüfung des materiell-rechtlichen Bestands dem zuständigen Betreuungsgericht, welchem über das Register lediglich ein erstes Bild über den Umfang der noch näher zu prüfenden Vorsorgeerklärung vermittelt werden kann.[1450] Die Registrierung ist eben keine Wirksamkeitsvoraussetzung der Vorsorgevollmacht; weder der Akt der Bevollmächtigung noch die Aushändigung einer Vollmachtsurkunde kann durch die Eintragung im Register ersetzt werden.[1451] Das gilt genauso für die Betreuungsverfügung und auch für die indirekt einbezogene Patientenverfügung.[1452] Schließlich entfaltet

1446 *Sandkühler* in: Arndt/Lerch/Sandkühler, § 78a BNotO Rn. 5.
1447 *Görk* FPR 2007, 82 (83).
1448 *Rezori* in: Armbrüster/Preuß/Renner, § 20a BeurkG Rn. 9.
1449 *Sandkühler* in: Arndt/Lerch/Sandkühler, § 78 BNotO Rn. 60.
1450 *Görk* FPR 2007, 82 (83).
1451 *Sandkühler* in: Arndt/Lerch/Sandkühler, § 78 BNotO Rn. 60.
1452 Siehe dort: § 2 C. IV. 3.

andersherum auch der Fortbestand im Register keine materiell-rechtliche Wirkung auf einen bereits ergangen Widerruf oder ein Erlöschen der Vorsorgeverfügung aus sonstigen Gründen.[1453] Registerbestand und Rechtsbestand sind daher rechtlich völlig unabhängig voneinander. Das Betreuungsgericht hat den Rechtsbestand selbst zu prüfen, d.h. es muss beispielsweise anhand der Vollmachtsurkunde ermitteln, ob die Vollmacht wirksam erteilt ist und wirksam fortbesteht und vor allem, ob sie ihrem Inhalt nach eine Betreuung entbehrlich macht und ob der Bevollmächtigte zur Vertretung des Vollmachtgebers geeignet ist.[1454] Verständlich ist nunmehr auch, warum der Aufbewahrungsort als zumindest fakultative Grundangabe mit einbezogen worden ist (§ 1 Abs. 1 Nr. 4 VRegV), denn erst das Auffinden des Vorsorgeschriftstücks ermöglicht dessen spätere tatsächliche und rechtliche Überprüfung und die Veranlassung weiterer Ermittlungen durch das Gericht nach Maßgabe von § 26 FamFG.

III. Antragsstellung

Da die Registerbehörde nur auf Antrag tätig wird, wie es in § 2 VRegV bzw. § 10 VRegV i.V.m. § 2 VRegV analog bestimmt ist, muss die Antragsstellung auf Initiative des Vollmachtgebers oder desjenigen ergehen, der eine Betreuungsverfügung errichtet hat. Dabei kann sich der Vollmachtgeber oder derjenige, der die Daten seiner Betreuungsverfügung registrieren lassen möchte, auch eines Boten bedienen oder einen Stellvertreter aussenden.[1455] Es ist daher möglich, den Antrag über institutionelle Nutzer einreichen zu lassen. Institutionelle bzw. registrierte Benutzer, die die Anmeldung der Vorsorgeverfügung vornehmen können, sind vor allem Notare, Rechtsanwälte sowie Betreuungsvereine und Betreuungsbehörden.[1456] Zur Antragseinreichung ist neben einer diesbezüglichen Beauftragung daher eine entsprechende Bevollmächtigung rechtlich abzuverlangen.[1457] Im Zusammenhang mit dem Vorsorgeregister besteht in Ansehung von Datenschutzgesichtspunkten jedenfalls keine gesetzliche Vermutung für eine derart weitreichende Befugnis. Ebenso hat der in der registrierfähigen Vorsorgevollmacht bedachte Bevollmächtigte hieraus selbst keine Befugnis zur Antragsstellung – auch für ihn müsste daher eine gesonderte Vollmacht ausgestellt werden und die Veranlassung der Registrierung in Auftrag gegeben werden.[1458] Der Antrag kann schriftlich oder elektronisch eingereicht werden, vgl. § 2 Abs. 1 und Abs. 2 VRegV.

1453 *Sandkühler* in: Arndt/Lerch/Sandkühler, § 78 BNotO Rn. 60; *Görk* in: Schippel/Bracker, § 78 BNotO Rn. 18.

1454 *Sandkühler* in: Arndt/Lerch/Sandkühler, § 78 BNotO Rn. 58; *Görk* in: Schippel/Bracker, § 78 BNotO Rn. 18.

1455 *Sandkühler* in: Arndt/Lerch/Sandkühler, § 78a BNotO Rn. 17.

1456 Vgl. *Schmidt/Bayerlein/Mattern/Ostermann*, Betreuungspraxis, Rn. 20.

1457 Anders als in § 24 Abs. 3 BNotO gilt für den Notar keine Einreichungsermächtigung *Sandkühler* in: Arndt/Lerch/Sandkühler, § 78a BNotO Rn. 17 f.

1458 Vgl. BR-Drucks. 22/05, S. 7 (mit Hinweis darauf, dass selbstverständlich auch die Überbringung des Antrags durch einen Boten möglich wäre).

IV. Gebühren

Die Bestimmungen der §§ 78 a bis 78c BNotO werden durch die von der Bundesnotarkammer gemäß § 78e Abs. 4 BNotO erlassene Satzung über die Gebühren in Angelegenheiten des Zentralen Vorsorgeregisters (Vorsorgeregister-Gebührensatzung – VRegGebS) vom 02.02.2005,[1459] geändert durch Satzung vom 02.12.2005,[1460] ergänzt. Das Erfordernis, Gebühren zu erheben, resultiert aus dem Selbsfinanzierungsbedürfnis des Registerbetriebs, vgl. § 78e Abs. 1 BNotO. Die Kosten für den Verwaltungsaufwand einschließlich der Personal- und Sachkosten müssen über die zu entrichtenden Gebühren gedeckt werden, um die Führung und Nutzung des Registers dauerhaft sicherzustellen (§ 78e Abs. 3 BNotO). Die Höhe der Gebühren wurde deshalb differenzierend nach dem Aufwand bzw. Mehraufwand des jeweiligen Registrierungsverfahrens ausgestaltet.[1461] So unterscheidet sich die Höhe der aufwandsbezogenen Gebühren bspw. danach, ob die Antragsübermittlung als privater oder als institutioneller Nutzer erfolgt. Da das Verfahren über den registrierten Nutzer bzw. die registrierte Einrichtung weniger aufwändig für den Registerbetrieb ist,[1462] führt die so gewählte Antragsstellung zu entsprechenden Vergünstigungen.[1463] Weitere Differenzierungskriterien sind die Art der Übermittlung, d.h. online oder auf dem Postweg, sowie die Art der Begleichung der Gebühr, also mit oder ohne Lastschriftverfahren und die Anzahl der Bevollmächtigten oder der für eine etwaige Betreuung vorgeschlagenen Personen.[1464] Dabei ist die online-Registrierung günstiger als das Postverfahren und das Lastschriftverfahren bringt ebenfalls Ermäßigungen gegenüber einer Überweisung. So ergibt sich bspw. für die Antragstellung auf dem Papierwege mit Lastschriftverfahren für den privaten Nutzer eine Gebühr von 16,00 €. Über den institutionellen Nutzer würde die Gebühr hierbei nur 13,50 € betragen. Insgesamt liegt die Höhe der Gebühren des Zentralen Vorsorgeregisters im Übrigen zwischen 8,50 € und bspw. 21,50 € (Postversand ohne Lastschriftverfahren und bei Vorhandensein zweier Be-

---

1459 DNotZ 2005, 81.
1460 DNotZ 2006, 2.
1461 *Görk* FPR 2007, 82 (83).
1462 Für Notare über das Programm „XNotar", vgl. *Diehn* DNotZ 2013 (Sonderheft), 132 (133).
1463 Vgl. Gebührenverzeichnis-VRegV Nr. 10 und Nr. 20; *Görk* FPR 2007, 82 (83).
1464 Gebührenübersicht:

	Antragsstellung durch registrierte Person/Einrichtun	Persönliche Antragsübermittlung
Online		
ohne Lastschriftverfahren:	15,50 €	11,00 €
mit Lastschriftverfahren:	13,00 €	8,50 €
für jeden weiteren Bevollmächtigten/Betreuer:	2,50 €	2,50 €
Postweg		
ohne Lastschriftverfahren:	18,50 €	16,00 €
mit Lastschriftverfahren:	16,00 €	13,50 €
für jeden weiteren Bevollmächtigten/Betreuer:	3,00 €	3,00 €

vollmächtigter). Dabei kann die Bundesnotarkammer gemäß § 3 Abs. 1 S. 1 VRegV die Zahlung eines zur Deckung der Gebühren hinreichenden Vorschusses verlangen. Ebenso kann sie auf Grundlage von § 3 Abs. 1 S. 2 VRegV die Vornahme der Eintragung von der Zahlung an sich oder von der Sicherstellung des zu leistenden Vorschusses abhängig machen.[1465] Der Registerbehörde wird hierüber also ein Ermessensspielraum eingeräumt, der über die Härtefallregelung in § 6 VRegGebS noch eine nähere Ausformung des Verhältnismäßigkeitsgrundsatzes erfährt: Hiernach kann die Bundesnotarkammer Gebühren ermäßigen oder von der Erhebung von Gebühren absehen, wenn dies durch die Umstände des Einzelfalls geboten erscheint, insbesondere wenn die volle Gebührenerhebung für den Gebührenschuldner eine unzumutbare Härte darstellen würde oder wenn der mit der Erhebung der Gebühr verbundene Verwaltungsaufwand außer Verhältnis zu der Höhe der zu erhebenden Gebühr stünde. Unklar bleibt, in welchen Fällen die tatbestandlich ausgelöste Erhebung von Gebühren zu einer unzumutbaren Härte führen soll. Auf Rechtsfolgenseite wäre die Bundesbehörde dann gehindert, die (vollen) Gebühren beizutreiben.[1466] Es müssten (besondere) Umstände im Einzelfall dafür sprechen, dass die Gebührenerhebung gegenüber dem Vorsorge-Erklärenden eine derartige Härte bedeuten würde, die mit den guten Sitten nicht zu vereinbaren ist; die (volle) Gebührenerhebung also zu einem derart untragbaren Ergebnis führen würde, dass dies aus Gründen der Schutzwürdigkeit des Einzelnen und nach dem Verständnis aller billig und gerecht Denkenden nicht hinnehmbar erscheinen würde.[1467] Ob zur Bejahung unzumutbarer Härte allgemein solche Konstellationen ausreichen, in denen ein Gebührenschuldner Empfänger von Sozialhilfe, d.h. bspw. von einer Hilfe zum Lebensunterhalt oder einer Grundsicherung im Alter nach dem SGB XII ist, bleibt in Anbetracht der Freiwilligkeit der Registrierung sowie der Einmaligkeit der zu leistenden Gebühren und der an und für sich geringfügigen Höhe der Gebühren als sehr unwahrscheinlich einzuschätzen.

V. Auskunft aus dem Register nur für die Justiz

Das Zentrale Vorsorgeregister dient ausschließlich als Informationssystem für die Betreuungsgerichte; ihnen – sowie dem Landgericht als Beschwerdegericht – wird Auskunft erteilt, §§ 78d BNotO, § 6 Abs. 1 VRegV. Insoweit besteht für die Bundesnotarkammer eine Auskunftspflicht. Der Gesetzgeber hat umgekehrt allerdings keine Abrufpflicht der Gerichte normiert. Der Abruf steht vielmehr im pflichtgemäßen Ermessen des Gerichts und wird dadurch, dass das Betreuungsgericht von Amts wegen zu ermitteln und Beweise aufzunehmen hat, in der Mehrheit der Fälle erforderlich sein,

1465 Vgl. BR-Drucks. 22/05, S. 9: Das Verlangen eines Gebührenvorschusses wird der Regelfall sein, insbesondere wenn Anträge im Wege der Datenfernübertragung gestellt werden.

1466 Zur unzumutbaren Härte als Vollstreckungshindernis siehe *Lemke* in: Fehling/ Kastner/Störmer, VerwR, § 15 VwVG Rn. 43.

1467 Im Vergleich zu den Kriterien im Zwangsvollstreckungsschutz siehe Zöller/*Stöber*, § 765a ZPO Rn. 4 ff.

um ohne unnötige Verzögerungen und unter geringstmöglichem Aufwand eine materiell-richtige Entscheidung in der konkreten Betreuungssache herbeiführen zu können.[1468] Diese Bewandtnis führt faktisch zum Pflichtstatut, dem Abruf des Registers nachzukommen.[1469] Das Auskunftsersuchen kann auf schriftlichem oder elektronischem Wege erfolgen, möglich ist aber auch ein automatisierter Abruf gemäß § 6 Abs. 1 VRegV.[1470] Ausnahmsweise, bei Vorliegen besonderer Dringlichkeit, d.h. wenn ein vorläufiger Betreuer bestellt werden soll, kann gemäß § 6 Abs. 2 S. 2 VRegV die Auskunftsanfrage auch fernmündlich erfolgen.[1471] Monatlich lassen sich dabei durchschnittlich mehr als 20.000 Abfragen[1472] durch die Justiz feststellen, die vorwiegend über einen besonders geschützten Bereich im Internet bzw. das Justiznetz oder über Fax stattfinden.[1473] Ein Abfragen ist dabei permanent und in Echtzeit via Internet möglich, sodass die Datenbank auch im Eilfall durch online-Abruf zur Verfügung steht.[1474]

VI. Keine Rechtsscheinwirkung

Aus dem vorstehend genannten ergibt sich darüber hinaus, dass durch die Eintragung im Vorsorgeregister (anders als bspw. über das Handelsregister) kein Rechtsscheintatbestand erzeugt werden kann.[1475] Dadurch, dass nur der Justiz ein Zugriff auf die Daten gestattet wird, ist mit der Registrierung keine öffentliche Bekanntmachung i.S.d. § 171 BGB verbunden.[1476] Und auch wenn der Bevollmächtigte schriftlich von der Bundesnotarkammer informiert wird, ist hierin keine Kundgabe der Vollmachtserklärung gemäß § 171 BGB zu sehen, denn im Wesentlichen geht es nur um die Einholung der schriftlichen Einwilligung für die Speicherung und Verwendung der jeweiligen personenbezogenen Daten. Diese Unterrichtung ersetzt keineswegs den erforderlichen Zugang der einseitigen empfangsbedürftigen Bevollmächtigungserklärung. Im Hinblick auf die Betreuungsverfügung und unter indirekter Einbeziehung auch für die Patientenverfügung erübrigt sich ein etwaiger Vertrauensschutz in den (Fort-)Bestand der Vorsorgeverfügung gegenüber „Geschäftsgegnern" per se, die Grundsätze über die Rechtsscheinhaftung sind nicht anwendbar. Mangels Verkehrsfä-

---

1468 *W.Bienwald* in: W.Bienwald/Sonnenfeld/Harm, BtR, § 1901c BGB Rn. 32.

1469 *Fröschle* in: Fröschle, Betreuungs- und Unterbringungsverfahren, § 26 FamFG Rn. 8; *Heinemann* DNotZ 2009, 6 (22).

1470 Vgl. *Fröschle* in: Fröschle, Betreuungs- und Unterbringungsverfahren, § 26 FamFG Rn. 8; *Diehn* DNotZ 2013 (Sonderheft), 132 (133).

1471 *Bucic* in: Jurgeleit, BtR, Übersicht vor §§ 271 ff. FamFG Rn. 20.

1472 Justizabfragen für das Quartal vom 01.01. bis zum 31.03.2015: 60.850 und für das Quartal vom 01.04. bis zum 30.06.2015: 53.823 (siehe Statistik auf www.vorsorgeregister.de).

1473 *Viefhues* in: Hoeren/Sieber/Holznagel, Multimedia-Recht, Teil 24 Rn. 22; *Diehn* DNotZ 2013 (Sonderheft), 132 (133).

1474 *Diehn* DNotZ 2013 (Sonderheft), 132 (133): Daher bislang keine telefonischen Anfragen.

1475 Vgl. auch *Diehn* in: Diehn, § 78a BNotO Rn. 25 ff.; *Sandkühler* in: Arndt/Lerch/Sandkühler, § 78 BNotO Rn. 60, *Zimmermann*, Vorsorgevollmacht, S. 139 (2. Auflage 2010).

1476 *Heinemann* in: Keidel, § 374 FamFG Rn. 10; *Lipp* in: Lipp, Vorsorgeverfügungen, § 5 Rn. 4.

higkeit gilt dies im Ergebnis ebenso für die Vorsorgevollmacht in Gesundheitsfürsorgeangelegenheiten.[1477]

VII. Kritik

Obgleich das Zentrale Vorsorgeregister sich bisher als nützlich aufgestelltes Datenspeicherungssystem erwiesen hat, welches Vorsorgeverfügungen und der in ihnen zum Ausdruck gebrachten Selbstbestimmung einen verlässlichen Informationstransfer verschafft, sind naturgemäß auch kritische Stimmen zu vermerken.

Primär wird dem System des Zentralen Vorsorgeregisters vorgeworfen, dass es sich in seiner Informationsvermittlung ausschließlich an die Justiz wendet.[1478] Das Problem wird darin gesehen, dass auch ein Zugriff durch Ärzte oder Krankenhäuser, insbesondere im Notfall, von Bedeutung wären, um schnellstmöglich den Vorsorgebevollmächtigten als Patientenvertreter ausfindig machen zu können und ggf. auch Daten zur Patientenverfügung in Erfahrung bringen zu können.[1479] Krankenhäuser müssen deshalb bspw. den Umweg über die Betreuungsgerichte gehen.[1480] Eine Erweiterung der Zugriffsmöglichkeit durch behandelnde Ärzte auf die Daten des Vorsorgeregisters als staatlich organisierte zentrale Anlaufstelle könnte dabei technisch sogar realisiert werden, rechtlich würde es jedoch einer Regulierung durch formelles Gesetz bedürfen.[1481] Darüber hinaus würden sich auch datenschutzrechtliche Folgeprobleme[1482] für die bereits bestehenden Registrierungen ergeben, da sich deren Einverständnis zu einer berechtigten Abfrage bislang lediglich auf die Justiz bezieht.[1483] Das Nachholen einer Einwilligung für einen zukünftigen Datenabruf könnte sich in Anbetracht der erreichten Millionen an Registrierungen als in der Umsetzung schwerfällig gestalten.[1484] Dennoch gehen die Überlegungen, auch der ärztlichen Seite einen Zugriff zum Informationssystem des Vorsorgeregisters zu verschaffen, in die richtige Richtung.[1485] Ausgehend vom Adressatenhorizont der Patientenverfügung, die im vorzugswürdigeren Falle mit einer Vorsorgevollmacht für Gesundheitsangelegenheiten verbunden ist, kann dem nur der Zuspruch erteilt werden.[1486] Die Daten der Patientenverfügung müssen (schnell) verfügbar gemacht werden. Eine Ansprechperson, die im Normalfall das Auffinden des Dokuments mit erklärtem Patientenwillen organisieren könnte, sollte unabhängig von dem Umweg über die Justiz ermittel-

1477 Näher siehe § 5 A. I. 1. b) bb).
1478 Siehe *Meyer-Götz* FPR 2010, 270 (271).
1479 Vgl. *Diehn* DNotZ 2013 (Sonderheft), 132 (134).
1480 *Kurze* in: Burandt/Rojahn, ErbR, § 1901a BGB Rn. 36.
1481 Vgl. *Diehn* DNotZ 2013 (Sonderheft), 132 (134); *Lipp* in: Lipp, Vorsorgeverfügungen, § 5 Rn. 3.
1482 Siehe hierzu *Probst*, Betreuungs- und Unterbringungsverfahren, S. 51 (Fn. 108) sowie BR-Drucks. 118/04, S. 5 f.
1483 Vgl. BT-Drucks. 15/2716, S. 3; *Diehn* DNotZ 2013 (Sonderheft), 132 (134).
1484 Vgl. *Diehn* DNotZ 2013 (Sonderheft), 132 (134).
1485 Siehe *Lemmerz*, Die Patientenverfügung, S. 92 (Fn. 517) mit Verweis auf TOP IV des 113. Deutschen Ärztetages.
1486 Siehe § 2 C. VII.; § 3 A. I. und § 3 C. II.

bar sein. Zwar gibt es auch in Bezug auf die Patientenverfügung bereits über Privatanbieter eine Vielzahl an Möglichkeiten zur (kostenpflichtigen) Hinterlegung bzw. Registrierung,[1487] dies erscheint allerdings kein gleich verlässlicher Informationsweg zu sein, sofern die Behandlungsseite nicht verpflichtet ist, alle denkbaren Anlaufstellen abzufragen und dies abgesehen davon auch außerhalb dessen liegen würde, was ihrerseits geleistet werden könnte.[1488] Auch in Österreich besteht derweil neben dem Österreichischen Zentralen Vertretungsverzeichnis (ÖZVV) ein von der Rechtsanwaltskammer geschaffenes Patientenverfügungsregister, bei welchem sogar konkrete Inhalte einer Patientenverfügung gespeichert werden können, auf welche auch Krankenhäuser direkten Zugriff haben.[1489] Mit der Abfragemöglichkeit der Behandlungsseite beim Zentralen Vorsorgeregister würde sich das Prozedere auch hier zu Lande verkürzen und die Justiz entlastet werden, denn – und hierüber ist zugleich der nächste Kritikpunkt angesprochen – ohne eine bereits eingeleitetes Betreuungsverfahren, hat das Gericht keinen Anlass, im Rahmen seiner Amtsermittlungspflicht (§ 26 FamFG) nach einer eventuell vorhandenen Vorsorgeverfügung zu forschen und ihre Vorrangigkeit und Funktionsfähigkeit zu überprüfen.[1490]

Es wird bemängelt, dass das Zentrale Vorsorgeregister dem erklärten Ziel der Vermeidung von Betreuungsverfahren und der Kostenbelastung der Länderjustizhaushalte nur unzureichend gerecht werden könne.[1491] Schließlich setzt § 6 VRegV voraus, dass ein Betreuungsverfahren bereits anhängig sein muss.[1492] Erst wenn sich im Rahmen der Vorermittlungen über das Zentrale Vorsorgeregister das Bestehen einer wirksamen Vorsorgevollmacht zeigt, ist das Verfahren ohne Bestellung eines Betreuers einzustellen.[1493] Die „Vermeidung“ von Betreuungsverfahren beschreibt die Ausgangslage also nicht in ihrer Vollständigkeit nach. Insgesamt bleibt jedoch anzumerken, dass der durch das Register ermöglichte Informationstransfer und die bereits durch Schaffung des Registers eingeleitete Sensibilisierung für dieses Thema innerhalb der Gesellschaft jedenfalls im Hinblick auf das Vorliegen einer Vorsorgevollmacht die allmähliche Verringerung von Betreuungen im Allgemeinen begünstigen kann und auf Dauer betrachtet auch die Einleitung eines Betreuungsverfahrens vermeidet.[1494]

Dem vorgelagert ist die Kritik, dass keine Pflicht zur Registrierung besteht.[1495] Wie in den vorherigen Kapiteln[1496] angesprochen, gilt für den deutschen Gesetzgeber im Hinblick auf Vorsorgeverfügungen die Prämisse, keine formalen Erschwernisse bzw. nicht zu hohe Hürden zu schaffen, da anderenfalls für die Ausübung des Selbst-

---

1487 Für Beispiele siehe *Hack* in: Rudolf/Bittler/W.Roth, Vorsorgevollmacht, S. 218 m.w.N.; *Meyer-Götz* FPR 2010, 270 (271).

1488 Vgl. *Kurze* in: Burandt/Rojahn, ErbR, § 1901b BGB Rn. 36.

1489 Hierzu *Heggen* ZNotP 2008, 184 (188); *Steiner* ZEV 2008, 76 (80).

1490 *W.Bienwald* in: W.Bienwald/Sonnenfeld/Harm, BtR, § 1901c BGB Rn. 37.

1491 Staudinger/*W.Bienwald*, § 1896 BGB Rn. 269.

1492 *Schmidt/Bayerlein/Mattern/Ostermann*, Betreuungspraxis, Rn. 15.

1493 *Bucic* in: Jurgeleit, BtR, Übersicht §§ 271 ff. FamFG Rn. 21.

1494 Vgl. *Hartmann* in: Eylmann/Vaasen, § 78a BNotO Rn. 6 ff.

1495 *W.Bienwald* in: W.Bienwald/Sonnenfeld/Harm, BtR, § 1901c BGB Rn. 37.

1496 Siehe § 2 C. IV. 3.

bestimmungsrechts verfassungsrechtlich nicht hinnehmbare Hindernisse entstehen könnten oder würden.[1497] Die Errichtung des Zentralen Vorsorgeregisters zusammen mit den Pflichten für Notare gemäß § 20a BeurkG bzw. für Gerichte gemäß § 278 Abs. 2 S. 2 FamFG, auf die Registrierungsmöglichkeit hinzuweisen, verspricht dabei eine Kompromisslösung zu sein, die in Anbetracht der mit der Registrierung oder mit dem Gang zum Notar verbundenen Gebührentatbestände weniger in die Handlungsfreiheit des Einzelnen eingreift und dennoch den Bekanntheitsgrad des Registers voranzutreiben sowie dessen rechtsfürsorgende Funktion zu stärken vermag.[1498]

Unglücklich erscheint darüber hinaus, dass der Aufbewahrungsort der Vorsorgeverfügung nicht zu den Pflichtangaben i.S.v. § 2 Abs. 1 und Abs. 3 VRegV gehört.[1499] Denn ohne Kenntnis der im Schriftstück geregelten Einzelheiten könnte bspw. der Vorsorgebevollmächtigte keine Informationen an das Betreuungsgericht abliefern bzw. keine Abschrift auf ein etwaiges Verlangen vorlegen (§ 1901c S. 2 und S. 3 BGB). Das Betreuungsgericht wäre dementsprechend außerstande gestellt, die rechtliche Bedeutung der Vorsorgeregelung zu überprüfen.[1500] Sofern das betreffende Schriftstück im Ernstfall tatsächlich nicht aufgefunden werden kann, würde hierüber auch die zugehörige ZVR-Karte, auf welcher der Aufbewahrungsort nebst Kontaktdaten des Vorsorgebevollmächtigten abgespeichert werden kann,[1501] nicht hinweghelfen.[1502] Andererseits müsste jede Änderung des Aufbewahrungsortes mitgeteilt werden, sofern es nicht möglich ist, den Ort dauerhaft festzulegen. Aus diesem Blickwinkel betrachtet, leuchtet es ein, warum der Aufbewahrungsort nur eine fakultative Angabe darstellt.

Zu vergegenwärtigen ist also, dass trotz Registrierung bestimmte Defizite in der Informationsvermittlung entstehen können: Im schlimmsten Fall hat das Betreuungsgericht infolge des Abrufens des Vorsorgeregisters zwar bspw. Kenntnis über das etwaige Vorliegen einer Vorsorgevollmacht, aber nicht über deren tatsächlichen Inhalt oder – aus Datenschutzgründen – nicht über den Bevollmächtigten selbst. Die Registrierung allein wäre in diesem Falle nicht von großem Nutzen für die vorsorgeverfügende Person, deren Wille und Wunsch sich auf diese Weise nicht oder nur erschwert durchsetzen lassen wird. Ebenso sagt die Tatsache, dass eine Vorsorgeverfügung registriert wurde, nichts darüber aus, ob sie wirksam zustande gekommen, inzwischen nicht aufgehoben oder eingeschränkt worden ist bzw. ob sie inhaltlich überhaupt et-

---

1497 Zur Vorsorgevollmacht: BT-Drucks. 11/4528, S. 122. Zur Betreuungsverfügung: BT-Drucks. 11/4528, S. 128, 208. Zur Patientenverfügung: BT-Drucks. 16/13314, S. 19.

1498 Vgl. *Heinemann* DNotZ 2009, 6 (22).

1499 Indirekt: *Lerch*, § 20a BeurkG Rn. 4.

1500 Vgl. *Lipp* in: Lipp, Vorsorgeverfügungen, § 5 Rn. 5.

1501 Bei der ZVR-Karte handelt es sich um eine Plastikkarte in Scheckkartenformat, die vom Zentralen Vorsorgeregister auf Verlangen ausgestellt wird und auf die Registrierung im Vorsorgeregister verweist; eingetragen werden können auf die Karte neben den Kontaktdaten der Person des Vorsorgebevollmächtigten oder Betreuers auch der Aufbewahrungsort der Vorsorgeverfügung, vgl. auch *Peter/Führ* in: Faßbender (u.a.), Notariatskunde, § 4 Rn. 696.

1502 Gleiches gilt für Eintragungen auf der elektronischen Gesundheitskarte nach Maßgabe von § 291a SGB V, der eine solche Technik postuliert, die zukünftig das Speichern von Erklärungen zur Organ- und Gewebespende sowie von Hinweisen auf das Vorhandensein und den Aufbewahrungsort von Patientenverfügungen nach § 1901a BGB unterstützt, siehe hierzu *Bales/von Schwanenflügel* NJW 2012, 2475 (2479).

was zu der in Frage stehenden Angelegenheit reguliert.[1503] Dem System des Vorsorgeregisters liegt primär die Idee zugrunde, dass alle Fäden in der Person des Bevollmächtigten oder des in der Betreuungsverfügung Benannten zusammenlaufen.[1504] Dieser muss im besten Falle über den Aufbewahrungsort der Urkunde Bescheid wissen und das Betreuungsgericht mit weiterführendem Sachvortrag informieren können. Gleichermaßen wird davon ausgegangen, dass der Bevollmächtigte als Vertrauensperson imstande ist, die neben der Vorsorgevollmacht oder Betreuungsverfügung datenmäßig benannte Patientenverfügung mit einzubringen, sie schnellstmöglich an die behandelnden Ärzte weiter zu leiten bzw. die Behandlungsentscheidung anhand der Patientenverfügung mit ihnen gemeinsam zu erörtern und den Anordnungen in der Patientenverfügung Ausdruck und Geltung zu verschaffen.[1505]

VIII. Zwischenergebnis

Die Vorsorgeverfügungen können nicht nur registriert werden, sondern es kann ggf. zusätzlich eine Hinterlegung am örtlich zuständigen Betreuungsgericht in die Wege geleitet werden. Die überwiegend zu empfehlende Alternative zur Hinterlegung bleibt, die betreffende Vertrauensperson mit einzubeziehen, d.h. sie in Kenntnis über den Aufbewahrungsort der Vorsorgevollmacht bzw. der Betreuungsverfügung nebst Patientenverfügung zu setzen oder ihr die Urkunde(n) auszuhändigen. Eine Registrierung kann für sich genommen nicht die rechtliche Durchsetzbarkeit der jeweiligen Vorsorgeerklärung garantieren, sondern vermag lediglich als Plattform zum Informationstransfer den notwendigen Rahmen zur Kenntniserlangung des Gerichts über die schlichte Tatsache, ob überhaupt eine Vorsorgeverfügung in der Welt ist oder nicht, zu begünstigen. Im Mittelpunkt steht die Person des Bevollmächtigten bzw. die in der Betreuungsverfügung benannte Person: Diese soll die Einrichtung einer Betreuung erübrigen bzw. mitgestalten und für weitere Veranlassungen Sorge tragen.

1503 Vgl. *W.Bienwald* in: W.Bienwald/Sonnenfeld/Harm, BtR, § 1901c BGB Rn. 37.

1504 Siehe auch BR-Drucks. 22/05, S. 7 (Das Gericht ist anhand der registrierten Daten in der Lage zu beurteilen, ob die erteilte Vollmacht relevant ist und das Gericht deshalb mit dem Bevollmächtigten in Kontakt treten muss).

1505 Ähnlich *Görk* FPR 2007, 82 (82).

§ 5 Änderung, Ergänzung und Löschung

Privatautonome Vorsorge steht zur freien Disposition der erklärungswilligen und -fähigen Person. Dies gilt für den privatrechtlichen Begründungsakt der jeweiligen Vorsorgeverfügung als dem formulierten Selbstbestimmungswillen genauso wie für deren bewusste Abänderung oder Aufhebung.

A. Abänderung oder Aufhebung im Allgemeinen

I. Vorsorgevollmacht

Im Bereich der Vorsorgevollmacht sind viele verschiedene Szenarien denkbar, die eine Änderung oder auch eine Ergänzung der Bevollmächtigung abverlangen oder sonst erforderlich machen können. Mit Verweis auf die Abhandlungen im obigen Kapitel (§ 2) können nicht nur die inhaltlichen Ausgestaltungen oder Beschränkungen bzw. die jeweiligen Aufgabenkreise neu zu überdenken sein, auch können sich die Umstände um die Person des Bevollmächtigten zwischenzeitlich in eine andere Richtung entwickelt haben. Neben einem etwaigen Vertrauensschwund oder einem Zerwürfnis, können auch sonstige Umstände, wie eine beruflich bedingte räumliche Entfernung oder eine eigene Erkrankung der bevollmächtigten Person eine Rolle spielen.

1. Widerrufserklärung: Wirksamkeit, Form, Umsetzung und Durchsetzbarkeit

Rechtlich betrachtet setzt eine Abänderung bzw. Ergänzung und auch die komplette Aufhebung der Bevollmächtigung stets eine entsprechende Widerrufserklärung voraus. Der Vollmachtgeber kann die Vollmacht jederzeit und ohne nähere Begründung widerrufen, selbst wenn das der Vollmacht zugrunde liegende Rechtsverhältnis noch nicht beendet ist, vgl. § 168 S. 2 BGB.[1506]

a) Zugang der Erklärung

Da nach Maßgabe des § 171 Abs. 2 BGB ein Widerruf entsprechend der Kundgabe der Vollmacht zu erfolgen hat, ist im Rahmen der Vorsorgevollmacht als typischer Innenvollmacht anzunehmen, dass sie gegenüber dem Bevollmächtigten erklärt werden muss, ihm also zugehen muss.[1507] Neben einer persönlichen Übergabe, ggf. im Bei-

1506 Vgl. MünchKommBGB/*Schubert*, § 168 Rn. 1 f.

1507 Vgl. *Renner* in: Münch, FamR in der Notar- und Gestaltungspraxis, § 16 Rn. 130; *Kurze* in: Burandt/Rojahn, ErbR, § 168 BGB Rn. 25.

sein eines Dritten, der als Zeuge für den Zugang des Schriftstücks fungieren könnte, kommt auch der postalische Weg über ein Einwurf-Einschreiben oder eine Zustellung über einen Gerichtsvollzieher (§ 132 Abs. 1 BGB i.V.m. §§ 192 ff., 178 ff. ZPO) in Betracht.[1508] Sofern der Bevollmächtigte (dauerhaft) nicht erreichbar ist, ein Zugang der Widerrufserklärung zu deren Wirksamkeit also nicht machbar scheint, wäre es ebenso möglich und vor allem zweckmäßig, den Widerruf gegenüber dem jeweiligen Geschäftsgegner (bspw. der Bank) zu erklären[1509] oder – wohl seltener, weil zeit- und kostenaufwändiger – eine Kraftloserklärung i.S.v. § 176 BGB durch öffentliche Bekanntmachung zu veranlassen.[1510]

b) Maßnahmen zur Beseitigung des Rechtsscheins

aa) Vollmacht für rechtsgeschäftliche und rechtsgeschäftsähnliche Belange

Die genannte Vorgehensweise, den jeweiligen Geschäftspartner über den intern beabsichtigten Widerruf zu informieren oder die Vollmacht für kraftlos erklären zu lassen, ist deshalb ratsam, da der Rechtsverkehr im Hinblick auf den (Fort-)Bestand einer Vollmacht Vertrauensschutz genießt: Den jeweiligen Geschäftsgegnern ist es nach Maßgabe von §§ 170 ff. BGB nicht zuzumuten, das tatsächliche Bestehen einer Vollmacht nachzuprüfen.[1511] Bei ausgehändigten Innenvollmachten – wie es bei Vorsorgevollmachten typischerweise der Fall ist – erzeugt die Vollmachtsurkunde solange einen Rechtsschein im Rechtsverkehr, wie sie den jeweiligen Geschäftsgegnern im Original oder als notarielle Ausfertigung vorgelegt werden kann (§§ 172, 171 BGB).[1512] Gemäß § 172 Abs. 2 BGB kann dieser Rechtsschein durch Rückgabe der Vollmachtsurkunde (§ 175 BGB) oder durch Kraftloserklärung (§ 176 BGB) beseitigt werden.[1513] Anderenfalls könnte die weiterhin im Rechtsverkehr vorlegbare Vollmacht als sog. Rechtsscheinvollmacht ihrerseits vollmachtsgleiche Wirkungen auslösen und – aus der Konsequenz ihrer Verwendung – den (scheinbar) Vertretenen rechtlich mit allen denkbaren wie unerwünschten Haftungskonsequenzen verpflichten.[1514] So darf bspw. auch der Arzt im Hinblick auf den Abschluss eines Behandlungsvertrages bei Vorlage einer schriftlichen Vollmacht nach Maßgabe von § 172 BGB auf selbige vertrauen.[1515] Gesamtbetrachtend muss die „alte" Vollmachtsurkunde aus Gründen der missbräuchlichen oder unerwünschten Verwendung daher so zügig wie möglich zurückverlangt bzw. eingezogen, hilfsweise allge-

---

1508 Vgl. *Kurze* in: Burandt/Rojahn, ErbR, § 168 BGB Rn. 25.

1509 *Zimmermann*, Vorsorgevollmacht, S. 138 f.

1510 Vgl. *Kurze* in: Burandt/Rojahn, ErbR, § 168 BGB Rn. 25. Die öffentliche Bekanntmachung hat gemäß § 186 Abs. 2 ZPO durch Aushang bei Gericht zu erfolgen; die Kraftloserklärung steht in ihrer Wirkung der Rückgabe i.S.v. § 172 Abs. 2 BGB gleich, siehe Palandt/*Ellenberger*, § 176 BGB Rn. 1. Zur Kraftloserklärung einer Vorsorgevollmacht siehe OLG Frankfurt BtPrax 2014, 179.

1511 Palandt/*Ellenberger*, § 172 BGB Rn. 6.

1512 BGHZ 102, 60 (63).

1513 Vgl. *Bork*, AT des BGB, Rn. 1529.

1514 MünchKommBGB/*Schubert*, § 170 Rn. 14; § 172 Rn. 24 f.

1515 Vgl. *Lipp* in: Laufs/Katzenmeier/Lipp, ArztR, Kap. III Rn. 12.

mein für kraftlos erklärt werden.[1516] Soweit es angezeigt ist, vorsorglich einzelne Geschäftsgegner über den internen Widerruf zu informieren, liegt die Zweckmäßigkeit dieser Maßnahme darin, dass den Geschäftsgegnern ab dem Zugang dieser Information, Bösgläubigkeit i.S.v. § 173 BGB zu unterstellen ist und ihnen dadurch der von der Vollmachtsurkunde ursprünglich erzeugte Vertrauensschutz versagt wird.[1517]

bb) Vollmacht im personalen Bereich

Fraglich ist, mit welcher Relevanz die rechtsgeschäftlichen Grundsätze zum Rechtsschein auch auf personaler Ebene der Vorsorgevollmacht, vor allem also im Hinblick auf stellvertretende (Nicht-)Einwilligungsentscheidungen im Bereich medizinischer Eingriffe, Bedeutung gewinnen können. Der gute Glaube des Arztes an die in Wirklichkeit nicht (mehr) bestehende Einwilligungsvollmacht, hätte zur Folge, dass der Arzt bei Vorlage der Vollmacht den mutmaßlichen Patientenwillen (ggf. auch den Behandlungswunsch) mit einer nicht (mehr) legitimierten Vertreterperson gemäß § 1901b Abs. 1 S. 2 BGB erörtern würde. Sodann würde dieser vermeintliche Patientenvertreter nach Maßgabe von § 1901a Abs. 2 S. 1 BGB stellvertretend eine Entscheidung für oder gegen die jeweilige Behandlungsmaßnahme treffen.[1518] Stellt sich im Nachhinein heraus, dass dies nicht dem Willen des Betroffenen entsprochen hat, etwa weil dieser aus seinem einwilligungsunfähigen Zustand zurückkehrt und sich zu den ergangenen ärztlichen Maßnahmen äußern kann, so haben ihn ggf. bereits alle Konsequenzen dieser vermeintlichen Stellvertretungssituation getroffen, denn der betroffene Patient „haftet" auf dieser Ebene mit seiner körperlichen Integrität (bzw. mit seinem Leben). Vor diesem Hintergrund ist der Umstand, dass die Behandlungsentscheidung angesichts der ungültigen Vollmacht formal mit der „falschen" Vertrauensperson festgestellt wurde, weniger von Belang. Maßgebend ist nicht die Stellung der Vertreterperson an sich oder das formale Erörterungsprocedere, es kommt vielmehr auf das Endresultat, nämlich darauf an, ob die ergangenen medizinischen Eingriffsmaßnahmen im Ergebnis rechtlich legitim waren.[1519] Wenn also trotz ungültiger Vollmacht die getroffene Entscheidung letztlich dem Patientenwillen entsprochen hat, so würden hieraus keine Konsequenzen erwachsen.[1520] Die Behandlungsentscheidung

1516 *Renner* in: Müller/Renner, BtR und Vorsorgeverfügungen, Rn. 678.

1517 Vgl. Palandt/*Ellenberger*, § 172 BGB Rn. 4; *Bork*, AT des BGB, Rn. 1526, 1529.

1518 Sollte eine einschlägige Patientenverfügung existieren, kommt es nicht originär zu einer Stellvertretungssituation (siehe oben § 2 C. VI.); die Grundsätze zum Rechtsschein und ihre Übertragbarkeit auf die Einwilligungsvollmacht sollen an dieser Stelle folglich nur bezüglich des Anwendungsbereichs von § 1901a Abs. 2 BGB betrachtet werden.

1519 Zu den strafrechtlichen Auswirkungen eines Verstoßes gegen die prozeduralen Vorschriften der §§ 1901a ff. BGB: BGH DnotZ 2011, 622 ff.; *Sternberg-Lieben* in: Festschr f Roxin, S. 537 ff.

1520 Ähnlich auch bei grundlegender Missachtung der §§ 1901a Abs. 2, 1901b BGB: Wollte man dies als vertragliche Pflichtverletzung nach §§ 280 Abs. 1, 630a, 241 Abs. 2 BGB durchgehen lassen, bliebe die Frage danach, worin der Eintritt eines kausalen Schadens zu sehen sein soll, denn die (Nicht-)Behandlung erfolgte im Ergebnis ordnungs- und willensgemäß. Zur Frage der Strafbarkeit vgl. Schönke/Schröder-*Lenckner/Sternberg-Lieben*, Vorbem §§ 32 ff. StGB Rn. 58 a.E.: Entspricht die Tat dagegen dem wahren Willen des Betroffenen, so ist die Verletzung der Prüfungspflicht ohne Bedeutung.

war im Ergebnis korrekt. Anderenfalls stünde zur Frage, ob dem Arzt wegen der vorgenommenen Heilbehandlung bzw. ihrem Unterlassen eine Straftat vorzuwerfen ist[1521] oder ob er zivilrechtlich zur Haftung[1522] herangezogen werden könnte. Insoweit interessiert besonders eines: Trifft den Arzt, der durch den Einfluss eines scheinbaren Vorsorgebevollmächtigten von der Richtigkeit des jeweils ermittelten, mutmaßlichen Patientenwillens ausging, ein etwaiges Verschulden? Ist ihm die jeweilige Tat subjektiv vorwerfbar? Hätte der Arzt also bemerken müssen bzw. können,[1523] dass sein Handeln in Wirklichkeit nicht gerechtfertigt ist? Um die Frage des Verschuldens bzw. der subjektiven Vorwerfbarkeit zu klären, müsste bezogen auf den Einzelfall eruiert werden, wie sich die medizinische Gesamtsituation des Patienten dargestellt hat; wie das Ermittlungsgespräch mit dem vermeintlichen Stellvertreter – auch unter Berücksichtigung zeitbedingter Umstände – abgelaufen ist; welche Kriterien vermittelt und welche Abwägungspunkte zum Für und Wider der Behandlungsentscheidung getroffen worden sind oder ob es Anzeichen dafür gab, dass es sich bei dem vermeintlichen Patientenvertreter um eine „falsche“ Vertrauensperson handeln musste, dessen Beiträge insbesondere nicht als Mehrwert für die Ermittlung des Patientenwillens hätten betrachtet werden können bzw. dürfen. Geht es um einen Missbrauch dergestalt, dass der Arzt von einem vermeintlichen Patientenvertreter beeinflusst wird, der es obendrein bewusst im Sinn hat, den Patientenwillen zu übergehen und den Arzt zu blenden,[1524] so würde sich der Patientenvertreter als mittelbarer Täter strafbar machen.[1525] Der Arzt, der als doloses Werkzeug zum Heileingriff bzw. zu dessen Unterlassen instrumentalisiert wurde, würde hierbei infolge des Erlaubnistatbestandsirrtums einem Defekt auf Schuldebene unterliegen – der Vorsatz-Schuld-Vorwurf müsste demgemäß analog § 16 StGB entfallen.[1526] Dies schließt eine Fahrlässigkeitsstrafbarkeit des Arztes jedoch nicht aus (vgl. § 16 Abs. 1 S. 2 StGB). Auch für das Zivilrecht würde es im Falle eines Irrtums über das Vorliegen eines Rechtfertigungsgrundes, hier: das Vorliegen der mutmaßlichen Einwilligung, auf die Frage einer Fahrlässigkeitshaftung des Arztes hinauslaufen.[1527]

1521 §§ 229; 222 StGB ggf. i.V.m. § 13 StGB.

1522 §§ 823, 276, 249 ff. BGB; ggf. auch über §§ 280 Abs. 1, 630a, 249 ff. BGB (falls zuvor noch ein Behandlungsvertrag zustande gekommen ist).

1523 Während das Strafrecht auf die subjektiv-individuelle Vorwerfbarkeit abstellt (bemerken „können“), gilt im Zivilrecht ein objektiv-typisierter Sorgfaltsmaßstab (bemerken „müssen“). Zum objektiven Sorgfaltsmaßstab siehe BGH NJW 2002, 2022 (2024); insgesamt vgl. *Deutsch/Spickhoff*, Medizinrecht, Rn. 706; *Spickhoff* FamRZ 2009, 1949 (1953).

1524 Eine solche Situation lässt sich schwer vorstellen; kreieren ließe sich jedoch folgendes Beispiel: Der Patientenvertreter gibt bewusst wahrheitswidrig vor, es handele sich bei dem Patienten um einen Zeugen Jehova, der eine lebensrettende Bluttransfusion ablehnen würde.

1525 Vgl. *Sternberg-Lieben* in: Festschr f Lenckner, S. 349 (369 (Fn. 94)).

1526 Nach der vorherrschenden eingeschränkten Schuldtheorie, vgl. *Fischer*, § 16 StGB Rn. 20 ff. (Rn. 22b).

1527 Vgl. hierzu *Spickhoff*, Gesetzesverstoß und Haftung, S. 208, 213; *Deutsch/Spickhoff*, Medizinrecht, Rn. 311; allgemein hierzu Palandt/*Grüneberg*, § 276 BGB Rn. 11: Nach der Vorsatztheorie bedeutet Vorsatz letztlich Wissen und Wollen des pflichtwidrigen Erfolgs; das Bewusstsein der Rechtswidrigkeit (Unrechtsbewusstsein) ist somit vom Vorsatz umfasst. Ein Irren über tatsächliche Umstände, die das Bewusstsein der Pflichtwidrigkeit betreffen, schließt den Vorsatz daher aus.

Gleichgültig also ob der Arzt, der von einem „falschen" Patientenvertreter beeinflusst wird, zusammen mit diesem einem Irrtum unterliegt oder ob er – instrumentalisiert als dessen Werkzeug – allein einem Irrtum unterliegt, kann für die Anforderungen an das Verhalten des Arztes festgehalten werden: Ausschlaggebend ist am Ende das, was dem Arzt an Sorgfalt objektiv abzuverlangen gewesen wäre bzw. was unter Berücksichtigung der gebotenen Sorgfalt notwendig gewesen wäre, um eine Fehleinschätzung auszuschließen[1528] und was subjektiv erkennbar gewesen wäre.[1529] Indirekt lassen sich hierbei auch die Grundsätze und gesetzlichen Wertungen zum Rechtsschein von Vollmachtsurkunden einbeziehen: Die Vorlage der Vollmacht fungiert zumindest als gewichtiges Indiz dafür, dass der Arzt, der sich an die Verfahrensregeln der §§ 1901a ff. BGB hält, zunächst auf die Richtigkeit der Legitimation seines Gegenübers vertrauen durfte.[1530] Im weiteren Verlauf besagt dieser Umstand aber nichts über den zu prüfenden Wertgehalt der Informationen oder über den Weg bis hin zur Feststellung des Patientenwillens. Die Aufmerksamkeit richtet sich in der Sache also nicht auf den Verkehrsschutz, sondern vielmehr, praktisch in Umkehr der Schutzrichtung, auf den bedeutenderen Lebensschutz des Betroffenen, der hier – was (fast) nebensächlich ist – zufällig zugleich auch ein Vollmachtgeber ist.

c) Form

Für die Erklärung des Widerrufs bestehen keine Formzwänge, sodass sie auch mündlich oder konkludent, bspw. durch Rückfordern der Vollmachtsurkunde, erfolgen kann.[1531] Mit Ausnahme der vollständigen Aufhebung ist es dabei nicht zwingend, dass der Widerruf die bisherige Vollmacht insgesamt beseitigen müsste; auch ein teilweiser Widerruf, bspw. in Form einer inhaltlichen Beschränkung, ist zulässig, ohne dass die bisherige Vollmacht komplett aufgehoben und eine Neuerteilung einer nunmehr beschränkten Vollmacht erforderlich wäre.[1532] Bei Ergänzungen könnte entsprechend an die fortbestehende Vollmacht angeknüpft werden. In der praktischen Durchführung wird es sich jedoch so ergeben, dass die Vollmachtsurkunde zurück-

---

1528 Vgl. Schönke/Schröder-*Lenckner/Sternberg-Lieben*, Vorbem §§ 32 ff. StGB Rn. 19: Die pflichtgemäße Prüfung der Sachlage durch den Täter wird im Falle eines Widerspruchs zum wirklichen Willen bei der mutmaßlichen Einwilligung zur (subjektiven) Rechtfertigungsvoraussetzung.

1529 Für das Strafrecht: Schönke/Schröder-*Lenckner/Sternberg-Lieben*, Vorbem §§ 32 ff. StGB Rn. 18 f., 58: Die Rechtfertigung durch mutmaßliche Einwilligung beruhe auf dem Gedanken des erlaubten Risikos; die Tat ist deshalb auch dann gerechtfertigt, wenn es nicht erkennbar war, dass der Betroffene eine andere als die nach Lage der Dinge zu vermutende Entscheidung getroffen hätte; andersherum mache aber die Verletzung der Prüfungspflicht oder eine schlicht oberflächlich ergangene Prüfung die Tat nicht rechtswidrig, wenn die Tat (dennoch) dem wahren Willen des Betroffenen entspräche. Für das Zivilrecht: Fehldeutung des mutmaßlichen Willens als eine Frage der Fahrlässigkeitshaftung bei entsprechend objektiviertem Verschuldensmaßstab, vgl. *Spickhoff* in: Spickhoff, MedR, § 1901a BGB Rn. 15; *Spickhoff* FamRZ 2009, 1949 (1953).

1530 Ähnlich *A.Albrecht* in: Löhnig/Schwab/Henrich/Gottwald/Kroppenberg, Vorsorgevollmacht und Erwachsenenschutz in Europa, S. 45 (48). Pauschal unter Hinweis auf §§ 172, 173 BGB auch *Schwab* in: Festschr f Henrich, S. 511 (525).

1531 MünchKommBGB/*Schubert*, § 168 Rn. 17.

1532 Staudinger/*Schilken*, § 168 BGB Rn. 7; Soergel/*Zimmermann*, § 168 BGB Rn. 19.

verlangt wird (§ 175 BGB), neu aufgesetzt, d.h. neu formuliert bzw. abgeändert ausgedruckt und unterzeichnet wird, um sodann wieder ausgehändigt zu werden. Für den Fall, dass eine andere Person als Bevollmächtigter eingesetzt werden soll, versteht sich die Aufhebung in Verbindung mit dem Rückverlangen der Urkunde gegenüber dem alten Bevollmächtigten sowie eine (Neu-)Erteilung gegenüber dem nunmehr auserwählten Bevollmächtigten angesichts der Rechtsscheinhaftung von selbst. Handschriftlich vorgenommene Streichungen oder Ergänzungen auf der bisherigen Urkunde würden womöglich Unsicherheiten im Rechtsverkehr auslösen, insbesondere, wenn diese Abänderungen nicht gesondert mit einer zusätzlichen Einzel-Unterzeichnung an jeweiliger Stelle kenntlich gemacht worden sind.[1533] Um die Erklärung des Widerrufs der Vollmacht im Allgemeinen, d.h. unabhängig zu einer etwaigen Neuerteilung, nach außen nachvollziehbar und beweisbar zu machen, ist wie auch sonst das Einhalten der Schriftform zweckmäßig.[1534] Darüber hinaus ist es als ein „Mehr" auch möglich die Widerrufserklärung selbst notariell beglaubigen oder beurkunden zu lassen.[1535] Für den Widerruf bzw. die Komplett-Aufhebung von beglaubigten und beurkundeten Vollmachten genügt dabei ebenfalls die Schriftform, denn die Widerrufserklärung selbst hat nichts mit der Erteilung einer neuen, abgeänderten Vollmacht zu tun, für welche die qualifizierte Formgestaltung ggf. aufrecht erhalten werden soll.

d) Wahrung der qualifizierten Form bei Abänderungen

Soll die qualifizierte Form jedoch auch für die abgeänderte Vorsorgevollmacht gewahrt werden, so ist für Abänderungen bei einer zuvor (notariell) beglaubigten Vollmacht folgendes zu bedenken: Nachträgliche Änderungen des über der Unterschrift stehenden Textes durch den Unterzeichnenden sind zwar uneingeschränkt selbst auch noch nach einer Unterschriftsbeglaubigung zulässig.[1536] Die Änderungen haben schließlich keine Auswirkung auf die Form der öffentlichen Beglaubigung, da mit dem Beglaubigungsvermerk lediglich die Unterschrift beglaubigt wird, nicht der Inhalt der Erklärung. Hiervon zu unterscheiden ist indessen die Beweiskraft, die einer nachträglich geänderten Erklärung zukommt. Bei ersichtlichen Änderungen oder später beigefügten Anhängen ist die Vermutung der Echtheit der Erklärung (§ 440 Abs. 2 ZPO) eingeschränkt, da ihre Änderungen nicht von der einstigen Beglaubigung gedeckt sind.[1537] Mit Blickrichtung auf die freie Beweiswürdigung vor Gericht können berechtigte Zweifel darüber aufkommen, ob die geänderte Vorsorgevollmacht wirklich vom Unterzeichner stammt oder ob die Änderungen auch wirklich

1533 Vgl. *Köhler* in: Festschr f Schippel, S. 208 (219 f.).

1534 *Zimmermann*, Vorsorgevollmacht, S. 138.

1535 Vgl. *Renner* in: Münch, FamR in der Notar- und Gestaltungspraxis, § 16 Rn. 130; siehe zudem *Ländernotarkasse*, Leipziger Kostenspiegel, Teil 23 Rn. 23 [Fallbeispiel 13: notarielle Beurkundung des Widerrufs einer Vorsorgevollmacht samt Betreuungstätigkeit zur Zustellung des Widerrufs an den Bevollmächtigten].

1536 Soergel/*Hefermehl*, § 129 BGB Rn. 3.

1537 *Lerch*, § 40 BeurkG Rn. 31; *K. Winkler*, § 40 BeurkG Rn. 81; *Preuß* in: Armbrüster/Preuß/Renner, § 40 BeurkG Rn. 37.

von ihm ausgegangen sind.[1538] Für den Rechtsverkehr wäre es ebenfalls nicht ohne weitere Anstrengungen nachvollziehbar, ob es sich um entsprechend autorisierte Nachträge handelt. Das Grundbuchamt bspw. kann eine solche geänderte Erklärung im Zweifelsfalle mangels Formwahrung i.S.d. § 29 GBO zurückweisen.[1539] Eventuelle Streichungen oder Ergänzungen sollten daher erneut bzw. gesondert unterschrieben und beglaubigt werden.[1540] Allerdings ist eine Textänderung beweisrechtlich irrelevant, solange nicht der Inhalt der Erklärung betroffen ist, also nur formal-redaktionelle Korrekturen vorgenommen worden sind.[1541]

Für Änderungen der notariell beurkundeten Vorsorgevollmacht kämen eigene Streichungen und formale Anpassungen dagegen nicht in Betracht. Andernfalls würde sich die einst durch den Notar vorgenommene Beurkundung nicht auf den neuen, eigenständig abgeänderten Inhalt der Erklärung beziehen. Die mit der notariellen Beurkundung bezweckte gesetzliche Beweiskraft der öffentlichen Urkunde (§ 415 ZPO) zugunsten des beurkundeten Vorgangs und des Inhalts der beurkundeten, rechtsgeschäftlichen Erklärung würde folglich (teilweise) zerstört werden: Die Urkunde wäre angesichts der Durchstreichungen und Änderungen mit einem äußeren Mangel behaftet, weshalb sie gemäß § 419 ZPO – zumindest in Bezug auf die von den Änderungen betroffenen Teile – frei nach § 286 ZPO gewürdigt werden müsste.[1542] Auch für etwaige Geschäftsgegner ließen sich je nach dem äußeren Bild dieses abgeänderten, angeblich notariell beurkundeten Schriftstücks typischerweise Bedenken nicht ausschließen. Im Sinne des Verkehrsschutzes gelten im Beurkundungsverfahren für nachträglich beabsichtigte Abänderungen daher strenge Regeln: Soweit die Beurkundung abgeschlossen ist, können Änderungen nur noch nach Maßgabe von § 44a Abs. 2 BeurkG vorgenommen werden, weshalb inhaltliche Abänderungen oder Ergänzungen anders als die Behebung von offensichtlichen, formalen Unrichtigkeiten[1543] hiernach nicht möglich sind.[1544] Werden demgemäß Änderungen oder Ergänzungen des beurkundeten Erklärungsinhalts gewünscht, dann sind diese Gegenstand eines neuen Beurkundungsverfahrens, für das eine entsprechende Gebühr zu entrichten ist.[1545]

1538 Vgl. *K. Winkler*, § 40 BeurkG Rn. 82.

1539 BayOblG DNotZ 1985, 220 (223); LG Itzehoe DNotZ 1990, 520; Staudinger/*Hertel*, § 129 BGB Rn. 130; *Preuß* in: Armbrüster/Preuß/Renner, § 40 BeurkG Rn. 38.

1540 Vgl. *Lerch*, § 40 BeurkG Rn. 31.

1541 *Preuß* in: Armbrüster/Preuß/Renner, § 40 BeurkG Rn. 37.

1542 Rechtsfolge des § 419 ZPO bei notarieller Urkunde umstritten; Für das Entfallen der gesetzlichen Beweisregeln und uneingeschränkte Anwendung des § 419 ZPO i.V.m. § 286 ZPO: BGH DNotZ 1956, 643; Baumbach/Lauterbach/Albers/Hartmann-*Hartmann*, § 419 ZPO Rn. 5; Anwendung von § 419 ZPO nur bezogen auf die betroffenen Teile der Niederschrift, im Übrigen Geltung der gesetzlichen Beweiskraft: Zöller/*Geimer*, § 419 ZPO Rn. 2.

1543 Beispiel: Zweiter Vorname des Bevollmächtigten falsch geschrieben.

1544 Vgl. auch *Preuß* in: Armbrüster/Preuß/Renner, § 44a BeurkG Rn. 7, 9 ff. [nicht geringfügig sind Änderungen, die sich auf den Inhalt der beurkundeten Erklärung auswirken].

1545 Vgl. *Waldner*, GNotKG für Anfänger, Rn. 51.

e) Geschäftsfähigkeit

Da der Widerruf der Vollmacht ebenso wie dessen Erteilung eine einseitige empfangsbedürftige Willenserklärung ist (§ 168 S. 3, § 167 Abs. 1 BGB), bedarf es zur Wirksamkeit der Widerrufserklärung, dass (noch) Geschäftsfähigkeit anzunehmen ist.[1546] In Anbetracht der speziellen Ausrichtung der Vorsorgevollmacht auf die Situation der eigenen Handlungsunfähigkeit kann es dazu kommen, dass die Vollmacht aus tatsächlichen Gründen nicht mehr vom Vollmachtgeber selbst widerrufen werden kann. Der Widerruf des Geschäftsunfähigen ist daher nach den allgemeinen Regeln auch im Fall der Vorsorgevollmacht wirkungslos, die Vollmacht besteht weiter fort.[1547] Dieser Umstand muss für das Institut „Vorsorgevollmacht" als unumgänglich mitbedacht werden. Ab diesem Zeitpunkt ist der Vollmachtgeber de facto an seine einst erteilte Bevollmächtigung „gekettet".[1548] Erforderlichenfalls – bspw. im Falle eines (erwiesenen) Vollmachtsmissbrauchs oder einer Vollmacht, die zur anstehenden Aufgabenbewältigung inhaltlich nicht in ausreichendem Umfang erteilt worden ist – würde das Betreuungsgericht Abhilfe schaffen, indem es einen Betreuer mit entsprechendem Aufgabenkreis bzw. mit Befugnis zum Vollmachts-widerruf oder zur Vollmachtsüberwachung (§ 1896 Abs. 3 BGB) bestellt. Dieser hoheitliche Kontrollmechanismus kann jedoch erst und nur dann greifen, wenn das Gericht zumindest über etwaige Tatsachen Kenntnis erlangt hat.

Für den Bereich von Gesundheitsangelegenheiten bzw. den sonstigen einwilligungsspezifischen, personalen Bereich ist ein Widerruf zur Abänderung oder Aufhebung der Vollmacht ebenfalls denkbar. Wie auch für die Erteilung dieser in besonderer Dimension zum Selbstbestimmungsrecht stehenden Vollmacht wird ebenso für die Widerrufserklärung mehrfach vertreten, dass eine natürliche Einsichtsfähigkeit ausreichend sei und keine Geschäftsfähigkeit abverlangt werden dürfe.[1549] Nach der hier vertretenen Auffassung zur Erteilung der personalen Vollmacht[1550] ist auch für den Widerruf als actus contrarius anzunehmen, dass Geschäftsfähigkeit vorauszusetzen ist. Grenzlinien zwischen einer noch vorhandenen Einwilligungsfähigkeit, aber einer im Einzelfall nicht mehr bestehenden Geschäftsfähigkeit lassen sich in praxi nicht ziehen. Argumentativ lässt sich hierbei noch ergänzen, dass ein Bevollmächtigter ohnehin nicht zum Einsatz kommt, solange der Vollmachtgeber einwilligungsfähig ist und seinen Willen selbst durchsetzen kann.[1551] Sollte der Betroffene bspw. mit „natürlichem Willen" gegen den Vorsorgebevollmächtigten als Vertrauensperson „rebellieren" – soweit sich dies nach außen dauerhaft begreifbar machen lässt – könnte das Betreuungsgericht zur Überprüfung der Sachlage durch Dritte eingeschaltet werden; vermutlich würde es sich bei solchen Dritten um Ärzte, Krankenschwestern oder

1546 BayObLG FamRZ 2002, 1220; Palandt/*Ellenberger*, § 168 BGB Rn. 5; *Walter*, Vorsorgevollmacht, S. 142.
1547 Vgl. MünchKommBGB/*Schwab*, § 1896 Rn. 53.
1548 Vgl. *Renner* in: Müller/Renner, BtR und Vorsorgeverfügungen, Rn. 673.
1549 *Doering-Striening* in: Richter (u.a.), Seniorenrecht, § 4 Rn. 207; *Walter*, Vorsorgevollmacht, S. 234.
1550 Siehe § 2 A. V. 1.
1551 So auch *Zimmermann*, Vorsorgevollmacht, S. 135.

das Heim- bzw. Pflegepersonal, evtl. auch um nicht bevollmächtigte Angehörige handeln. In der Sache stünde auch hier die Anordnung einer Vollmachtsüberwachungs- bzw. Kontrollbetreuung zur Frage, ggf. mit dem Aufgabenkreis des Vollmachtswiderrufs (§ 1896 Abs. 3 BGB).[1552] Demgemäß müsste ermittelt werden, inwieweit konkrete Anhaltspunkte dafür vorliegen, dass das Festhalten an der erteilten Vorsorgevollmacht unzumutbar erscheint.[1553] Der Vollmachtswiderruf durch einen zu bestellenden Kontrollbetreuer muss vor dem Hintergrund des hohen Stellenwerts der selbstbestimmt erteilten, personalen Vollmacht als letztes Mittel angesehen werden; dies gebietet bereits der Grundsatz der Verhältnismäßigkeit.[1554] Von einer „bewussten" Abänderung oder Aufhebung wäre hierbei jedoch nicht auszugehen. Das Risiko, dass die Vorsorgevollmacht ab dem Zeitpunkt dauernder Handlungsunfähigkeit „zementiert" wird[1555] und letztlich nur über den betreuungsgerichtlichen Schutzmechanismus wieder „aufgebrochen" werden könnte, haftet dem Vorsorge-Institut permanent an. Dies entspricht der rechtlichen Tragweite sowie dem rechtlichen Selbstverständnis dieses Instituts und zwar sowohl im Hinblick auf den vermögensrechtlichen wie auch auf den personalen Bereich.

2. Grundverhältnis

Auch auf Ebene des Grundverhältnisses können sich inhaltsbezogene Änderungen ergeben, bspw. im Hinblick auf die Vorgaben zur Höhe von Geldschenkungen, oder es kann eine komplette Aufhebungserklärung, bspw. wegen des Austauschs der Bevollmächtigtenperson, angezeigt sein.

a) Kündigung des Auftragsverhältnisses

Das zugrunde liegende Rechtsverhältnis tritt für gewöhnlich als Auftragsvereinbarung in Erscheinung.[1556] Dementsprechend ist für ein Loskommen von dieser Vereinbarung eine Kündigungserklärung von Seiten des Auftraggebers nötig, vgl. § 671 Abs. 1 Hs. 1 BGB.[1557] Die Kündigung ist hierbei jederzeit möglich.[1558] Zumal „jederzeit" als Grundsatz zu verstehen ist, denn eine Kündigung ist bspw. dann ausgeschlossen, wenn das in Auftrag gegebene Geschäft bereits abgewickelt ist (vgl. § 671 Abs. 2 BGB). Zudem dürfte deutlich geworden sein, dass sich ab dem Zeitpunkt einer etwaigen Geschäftsunfähigkeit ebenfalls eine Aufkündigung zu „jederzeit" erle-

1552 Palandt/*Götz*, § 1896 BGB Rn. 23.

1553 Allgemein zum Verfahren um § 1896 Abs. 3, Abs. 1a BGB vgl. auch BGH FamRZ 2015, 2163 = NJW 2015, 3657.

1554 Zum Vollmachtswiderruf als ultima ratio siehe auch BGH BtPrax 2016, 187 (191).

1555 *Zimmermann*, Vorsorgevollmacht, S. 137.

1556 Oder – im Fall einer bestehenden Vergütungsregelung – als Geschäftsbesorgungsvertrag, siehe oben § 2 A. I. 2. a) dd).

1557 Bzw. bei Vorliegen eines Geschäftsbesorgungsvertrages gemäß § 675Abs. 1 BGB, § 627 Abs. 1 BGB, näher *Spalckhaver* in: Lipp, Handbuch der Vorsorgeverfügungen, § 15 Rn. 145 f.; im Ergebnis auch: Palandt/*Sprau*, § 675 BGB Rn. 8.

1558 *Spalckhaver* in: Lipp, Vorsorgeverfügungen, § 15 Rn. 145 f.; *Zimmermann*, Vorsorgevollmacht, S. 105.

digt hat. Im Falle einer etwaigen, alters-, unfall- oder krankheitsbedingten Handlungsunfähigkeit bliebe daher nur noch die Einschaltung des Betreuungsgerichts, um die Bestellung eines Kontrollbetreuers (§ 1896 Abs. 3 BGB) zu bewirken, welcher befugt ist, den Auftrag oder das Geschäftsbesorgungsverhältnis zu kündigen.[1559] Da die Lebensumstände schnellen Veränderungen unterliegen können, ist auch im Hinblick auf ein etwaiges Vorsorge-Grundverhältnis die „Zementierung“ der intern getroffenen Regelungen zu bedenken.[1560] Wie gesehen finden die allgemeinen Vorschriften über Willenserklärungen Anwendung, sodass die einseitige, empfangsbedürftige Kündigungserklärung dem Vertragspartner auch zugehen muss, um wirksam zu sein.[1561] Der Auftrag basiert zwar – nicht nur wegen seiner Unentgeltlichkeit – auf einem Vertrauensverhältnis, dennoch erscheint es zweckmäßig, die Kündigung schriftlich zu erteilen, obschon von Gesetzes wegen eine formlose Willensäußerung genügen würde.[1562] Dies gilt umso mehr für den Fall, dass die bisherige interne Übereinkunft bereits schriftlich abgefasst ist.

Bei endgültiger Aufhebung der unvollkommen zweiseitigen Vereinbarung bietet es sich an, den Zugang der schriftlichen Kündigungserklärung mit den üblichen Mitteln sicherzustellen.[1563] Bedeutsam kann die Sicherstellung des Zugangs der Kündigungserklärung auch deshalb sein, da das zugrunde liegende Rechtsverhältnis – wie aus § 168 S. 1 BGB folgt – zugleich für das Schicksal der Vorsorgevollmacht maßgeblich ist: Sofern das Auftragsverhältnis kraft Kündigung beendet wird, erlischt in der Regel auch die Vollmacht.[1564] Es dürfte jedenfalls den Vorstellungen des Rechtsverkehrs entsprechen, dass ein Vorsorgebevollmächtigter bei ausdrücklicher Kündigung des Auftragsverhältnisses gemäß § 671 BGB auch die vom Vollmachtgeber erteilte Vertretungsmacht verliert, ohne dass es einer besonderen Widerrufserklärung bedürfen würde.[1565] Beide Seiten würden – lebensnah betrachtet – davon ausgehen, dass nunmehr auch die Vertretungsmacht erloschen ist.[1566] Anders als diese rechtliche Sichtweise es nahelegt, ist bei der praktischen Umsetzung – sollte es bspw. das Ziel sein, die Person des Bevollmächtigten auszutauschen – jedoch nicht darauf zu setzen, dass über die Kündigung des Grundverhältnisses alles im Hinblick auf die einst erteilte Vollmacht geklärt bzw. abgesichert ist. Wie oben dargestellt müssen hierzu weitere Schritte, insbesondere solche zur Beseitigung des Rechtsscheins, bedacht und ggf. veranlasst werden.[1567]

Bei Abänderungen oder Ergänzungen ist eine schriftliche (Neu-)Fixierung ebenfalls angezeigt, um Unklarheiten dem Inhalt oder Umfang nach zu vermeiden und

1559 Vgl. *Lipp* in: Lipp, Vorsorgeverfügungen, § 4 Rn. 30; *Zimmermann*, Vorsorgevollmacht, S. 105.
1560 Ähnlich *Renner* in: Müller/Renner, BtR und Vorsorgeverfügungen, Rn. 635 mit Verweis auf *Sauer* RNotZ 2009, 79 (83).
1561 § 130 Abs. 1 BGB.
1562 Vgl. Soergel/*Beuthien*, § 671 BGB Rn. 1.
1563 Siehe oben unter § 5 A. I. 1. a) und b).
1564 Vgl. MünchKommBGB/*Schubert*, § 168 Rn. 1 f.
1565 Vgl. *Bork*, AT des BGB, Rn. 1499 mit Beispiel des gekündigten Arbeitnehmers.
1566 Vgl. *Bork*, AT des BGB, Rn. 1499.
1567 Siehe § 5 A. I. 1. a) und b).

Streitigkeiten vorzubeugen.[1568] Das alte Schriftstück sollte sodann im (erneuten) Einvernehmen mit dem Beauftragten durch das umformulierte Schriftstück ersetzt werden. Auf diese Weise wäre die Aufkündigung des alten Auftrages konkludent in der neuen, schriftlich fixierten Auftragsvereinbarung enthalten. Zusätzlich könnten die vorgenommenen Änderungen oder Ergänzungen noch in einem gesonderten Schriftstück unter entsprechender Bezugnahme und Datumsangabe vermerkt und von beiden unterzeichnet werden. Sofern die qualifizierte Form der Unterschriftsbeglaubigung oder der notariellen Beurkundung beibehalten werden soll, müsste ein erneutes Beglaubigungs- oder Beurkundungsverfahren angestrengt werden.[1569]

Anders als bei einseitig erteilten Vollmachten gibt es für Urkunden, die eine zweiseitige Auftragsvereinbarung dokumentieren, systembedingt keine Schutznorm nach dem Vorbild von § 175 BGB, die einen Rückgabeanspruch gewähren würde. Zu überlegen ist, welche Missbrauchsgefahr nach außen von einem Schriftstück ausgehen könnte, in welchem lediglich ein intern ausgestaltetes Pflichtenprogramm fixiert worden ist. Zumindest im Zusammenspiel mit einer Vollmachtsurkunde könnte der einst Beauftragte die Dokumentationen im Innenverhältnis – bspw. um die internen Vorgaben zum Handlungsspielraum zu verdeutlichen oder zu belegen – missbräuchlich nach außen hin nutzbar machen. Im Übrigen wäre die unerlaubte Weitergabe vertraulicher Daten, bspw. zur Person oder zum Vermögen, nicht allein wegen der bloßen Weitergabe oder Vorlage des Schriftstücks selbst denkbar; eine solche Befürchtung ließe sich bereits auf die bloße Kenntnislage des einst Beauftragten stützen, das Schriftstück selbst ist schließlich nicht erforderlich, um auf mündlichem Wege vertrauliche Informationen preiszugeben.[1570] Ohnehin kommt es freilich auf die jeweilige inhaltliche Ausgestaltung im Einzelnen an. Sollten bspw. auch vorsorgespezifische Äußerungen zum Patientenwillen dokumentiert worden sein, so könnte das einbehaltene Schriftstück später sowohl als Patientenverfügung, ggf. auch als Behandlungswunsch Außenrelevanz erfahren. Würde sich der ehemals Beauftragte nicht darauf einlassen oder sich gar weigern, die gemeinsame Vertragsurkunde, in der gleichzeitig etwas zum Patientenwillen dokumentiert ist, herauszugeben, so würde sich hierüber die Gefahr mehrerer vorhandener und sich widersprechender Verfügungen verstärken. Ein Anspruch auf Rückgabe dieses Teils des Dokuments kann jedoch aus § 667 Alt. 1 BGB hergeleitet werden: Der Beauftragte hat nach dieser Vorschrift das, was er zur Auftragsdurchführung erhalten hat, herauszugeben.[1571] Dabei ist offensichtlich, dass der Beauftragte nach der Auflösung des Auftragsverhältnisses keinen Bedarf mehr an Dokumenten oder Unterlagen hat, die etwas zum Patientenwillen des Auftraggebers vermitteln. Er benötigt sie nicht mehr, um seine Aufgabe zu erfüllen,[1572]

1568 Siehe *Spalckhaver* in: Lipp, Vorsorgeverfügungen, § 15 Rn. 201.

1569 Vgl. oben unter § 3 A. IV.; § 5 A. I. 1. d).

1570 Siehe auch den Vorschlag einer Verschwiegenheitsklausel bei *Spalckhaver* in: Lipp, Vorsorgeverfügungen, § 15 Rn. 206 ff.

1571 Staudinger/*Martinek*, § 667 BGB Rn. 5: Hierzu gehören bspw. Unterlagen, Schlüssel, Computer oder Fahrzeuge, die im zum Besitz überlassen worden sind.

1572 MünchKommBGB/*Seiler*, § 667 Rn. 3: Das zur Durchführung des Auftrags „Erhaltene" muss den Beauftragten rechtlich oder tatsächlich in die Lage versetzen, das Geschäft durchzuführen.

d.h. um dem Patientenwillen Ausdruck und Geltung zu verschaffen. Übrig bleibt jedoch die Frage danach, wie ein solcher Herausgabeanspruch, der auf einen einzelnen Teil eines Dokuments beschränkt ist, praktisch umgesetzt werden soll. Hieran verdeutlicht sich abermals, dass es nicht angezeigt ist, Dokumente im Innenverhältnis mit Regelungen aus Patientenverfügungen bzw. mit patientenautonomen Behandlungswünschen zu vermengen.[1573]

b) Widerruf von einzelnen Weisungen

Darüber hinaus ist der Widerruf einer Weisung innerhalb eines bestehenden Auftrags- oder Geschäftsbesorgungsverhältnisses denkbar.[1574] So etwa, wenn der Auftrag- und Vollmachtgeber aufgrund geänderter, äußerer Umstände eine andere Leitlinie zur Erledigung seiner Angelegenheiten verfolgt wissen möchte; er also neue Weisungen erteilen bzw. auf neue Weisungen verzichten möchte und die Auftragsdurchführung der pflichtgemäßen Beurteilung des Beauftragten überlassen will; ferner wäre auch denkbar, dass eine bestimmte Weisung nunmehr ganz außen vor gelassen werden soll.[1575] Ein solcher Widerruf der einzelnen und konkretisierten Wünsche und Anweisungen ist folglich von der Kündigung des Auftrages an sich zu unterscheiden.[1576] In seiner Position als Auftragnehmer ist der Bevollmächtigte dabei grundsätzlich an die Weisungen innerhalb des vereinbarten Grundverhältnisses gebunden, vgl. § 665 S. 1 BGB.[1577] Hierzu gehört auch der Widerruf der einzelnen Weisung. Folgenlos ist der Weisungswiderruf lediglich dann, wenn ein Auftrag bereits ausgeführt worden ist.[1578] Demnach hat der Widerruf für die Zukunft zu erfolgen und muss – da die Weisung genauso wie deren Widerruf als eine einseitige empfangsbedürftige Willenserklärung zu verstehen ist – gegenüber dem Beauftragten erklärt werden.[1579] Der Zugang dieser Erklärung muss also abgesichert werden, außerdem empfiehlt sich die schriftliche Fixierung, um Abänderungen und Ergänzungen nach außen nachvollziehbar zu machen, obgleich auch ein mündlicher oder konkludenter Weisungswiderruf legitim wäre.[1580] Zusätzlich könnte sich der Auftraggeber die Kenntnisnahme der neu erteilten oder aufgehobenen Weisung mit Datum und Unterschrift quittieren lassen. Es kommt dabei naturgemäß darauf an, welche Bedeutung den neu erklärten Anweisungen zuteil wird. Für Belanglosigkeiten könnte sich der Sicherungsaufwand in Grenzen halten. Es ist hierbei jedoch zu berücksichtigen, dass auch ein abgeänderter Wille in gesundheitsspezifischen Angelegenheiten, d.h. der Patientenwille, den verbindlichen Weisungen innerhalb des Grundverhältnisses unterfällt. Auch die Än-

---

1573 Siehe bereits oben unter § 2 C. VII. Auf dieser Gestaltungslinie auch *Spalckhaver* in: Lipp, Vorsorgeverfügungen, § 15 Rn. 1 ff.

1574 RGZ 90, 129 (133); BGHZ 103, 143 (145) = NJW 1988, 1320.

1575 Vgl. Staudinger/*Martinek*, § 665 BGB Rn. 7.

1576 Vgl. Jauernig/*Mansel*, § 671 BGB Rn. 3; Bamberger/H.Roth-*Fischer*, § 665 BGB Rn. 4.

1577 Zur Unterscheidung von Weisungen und Vertragsvereinbarungen siehe auch MünchKommBGB/*Seiler*, § 665 Rn. 9.

1578 BGHZ 103, 143 (145); MüchKommBGB/*Seiler*, § 665 Rn. 7; Soergel/*Beuthien*, § 665 BGB Rn. 7.

1579 MüchKommBGB/*Seiler*, § 665 Rn. 5, 7 f.; Soergel/*Beuthien*, § 665 BGB Rn. 7.

1580 Vgl. Staudinger/*Martinek*, § 665 BGB Rn. 7: Weisungen sind frei widerrufbar.

derung einer Patientenverfügung hat demnach zugleich Auswirkungen auf die weisungsinternen Vorgaben.[1581] Vor diesem Hintergrund ist eine nach außen nachvollziehbare Dokumentation der Abänderung unerlässlich.[1582] Aus der Rechtsnatur des Weisungswiderrufs als Willenserklärung folgt das Erfordernis zum Vorliegen von Geschäftsfähigkeit im Zeitpunkt der Erklärung. Ein Weisungswiderruf im Zustand der Geschäftsunfähigkeit wäre somit nach §§ 104 Nr. 2, 105 Abs. 1 und Abs. 2 BGB unwirksam und könnte keine Bindungswirkung entfalten.[1583] In dieser Situation verliert der Auftrag- und Vollmachtgeber also die Möglichkeit, das Auftragsverhältnis bewusst abzuändern und umzugestalten.[1584] Maßgeblich bleibt aber sein früher erklärter bzw. mutmaßlicher Wille, an den der Beauftragte weiterhin gebunden ist.[1585] Sofern der Beauftragte den äußeren Umständen nach annehmen darf, dass sein Auftraggeber bei Kenntnis der aktuellen Sachlage von seinen einst erteilten Weisungen abweichen würde, so ist der Beauftragte nach § 665 S. 1 BGB zu einer entsprechenden Abweichung „berechtigt". Diese Berechtigung ist jedoch vielmehr als Pflicht zum Abweichen zu begreifen, sofern die unveränderte Durchführung der in Rede stehenden Weisung nicht sinnvoll bzw. interessengemäß wäre.[1586] Für den hier beschriebenen situativen Kontext erübrigt sich derweil auch eine Anzeige der beabsichtigten Weisungsabweichung gegenüber dem Auftraggeber i.S.d. § 665 S. 2 BGB. Da eine Rücksprache mit ihm nicht mehr möglich ist, ginge ein etwaiger Hinweis oder eine etwaige Warnung ins Leere. Der Beauftragte muss die Frage der Weisungsabweichung somit hypothetisch, nach Maßgabe einer gedachten Billigung seitens seines Auftraggebers beurteilen. Um die Interessen seines Auftraggebers sowie dessen fortwirkenden Selbstbestimmungswillen zu wahren, ist der Beauftragte verpflichtet, sein Handeln an die veränderte Sachlage anzupassen.[1587]

II. Betreuungsverfügung

Ebenso wie die Vorsorgevollmacht kann auch die Betreuungsverfügung jederzeit abgeändert, d.h. widerrufen werden: Der Betreute ist weder im Hinblick auf die Auswahl der Betreuerperson noch im Hinblick auf sonstige früher geäußerte Wünsche gebunden, vgl. § 1897 Abs. 4 S. 3, § 1901 Abs. 3 S. 2 BGB.[1588] Auch hier ist eine schlichte Abänderung oder Ergänzung der ursprünglichen Betreuungsverfügung ge-

1581 Vgl. BT-Drucks. 16/8442, S. 17; *Lipp*, Patientenautonomie und Lebensschutz, S. 32 (35).
1582 Hierzu auch unter § 5 A. IV.
1583 Hierzu *Lipp* in: Lipp, Vorsorgeverfügungen, § 4 Rn. 22; *Brauer*, Autonomie und Familie, S. 45 f.
1584 Vgl. Staudinger/*Martinek*, § 665 BGB Rn. 7.
1585 Allgemein Palandt/*Sprau*, § 665 BGB Rn. 3 („mitdenkender Gehorsam"); vorsorgespezifisch vgl. *Spalckhaver* in: Lipp, Vorsorgeverfügungen, § 15 Rn. 88 f.; *Brauer*, Autonomie und Familie, S. 45 f. Siehe auch die Abhandlungen oben unter § 2 A. I. 2. a) dd) und b) cc).
1586 Allgemein hierzu: MünchKommBGB/*Seiler*, § 665 Rn. 26.
1587 Vgl. MünchKommBGB/*Seiler*, § 665 Rn. 19, 26.
1588 BT-Drucks. 11/4528, S. 128 [Vermeidung von Selbstbindung].

nauso wie auch deren Komplett-Aufhebung in Verbindung mit einer Neu-Errichtung der Betreuungsverfügung denkbar.[1589]

1. Bewusste Änderung oder Aufhebung

Will der Vorsorge-Erklärende aus verschiedenen Gründen nicht mehr an den in seiner Betreuungsverfügung getroffenen Vorgaben festhalten, so kann er bspw. eine neue Betreuungsverfügung mit entsprechenden Anpassungen aufsetzen. Auch sind handschriftliche Streichungen und Ergänzungen möglich; diese erscheinen anders als bei einer Vorsorgevollmacht, die unmittelbar im Rechtsverkehr überzeugen muss, weniger abträglich, wenn auch nicht ratsam. Zu bedenken ist nämlich, dass zunächst das zwischengeschaltete Betreuungsgericht die Betreuungsverfügung zu überprüfen hat, bevor es eine Betreuung anordnet und einen Betreuer mit entsprechender Legitimation nach außen bestellt. Dem Betroffenen steht es jederzeit frei, seine aktuellen Wünsche und Vorstellungen – schriftlich wie auch mündlich – zu äußern, er muss hierzu auch nicht geschäfts- oder einwilligungsfähig sein.[1590] Seine Äußerungen kann er dabei an das Betreuungsgericht, genauso aber auch an den Betreuer richten.[1591] Die bisherigen sowie die (aktuell) abgeänderten Wünsche müssen vom Betreuungsgericht, bspw. für die Auswahl der zu bestellenden Betreuerperson (§ 1897 Abs. 4 BGB), berücksichtigt werden, genauso aber auch vom Betreuer – und zwar im jeweiligen Zeitpunkt, in dem eine Angelegenheit zu besorgen ist (§ 1901 Abs. 3 S. 1 BGB).[1592] Trotz dieser betreuungsrechtlichen Pflichten zur Überprüfung und Berücksichtigung hat der Vorsorgeverfügende dafür Sorge zu tragen, dass sowohl Betreuungsgericht als auch Betreuer in die Lage versetzt sind, sich von etwaigen Abänderungen im Verhältnis zum früher abgefassten Schriftstück zu überzeugen bzw. diese überhaupt als solche zu erkennen. Solange nichts Gegenteiliges bekannt ist, ist nämlich davon auszugehen, dass der Betroffene an seinen antizipierten Wünschen festhalten will.[1593] Dies entspricht der gesetzlichen Wertung in § 1901 Abs. 3 S. 2 BGB.[1594] Um demgemäß keine Zweifel darüber aufkommen zu lassen, dass die Änderungen ernsthaft gewollt und auch wirklich aus freien Stücken und ohne Druck von außen, d.h. selbstbestimmt, vorgenommen worden sind, empfiehlt es sich, die Vorsorgeverfügung – auch der Wirkung ihrer Echtheit wegen – neu und ohne Störanzeichen zu errichten.[1595] In Entsprechung zur Vorsorgevollmacht müsste ggf. eine erneute Beglaubigung oder notarielle Beurkundung eingeholt werden.

1589 *Lenz-Brendl/Roglmeier*, Richtig vorsorgen, S. 68.

1590 MünchKommBGB/*Schwab*, § 1897 Rn. 22; Staudinger/*W.Bienwald*, § 1901 BGB Rn. 36.

1591 Zu Erkundigungen des Betreuers im Umfeld des Betroffenen (bspw. wegen möglicher Äußerungen gegenüber dem Pflege-/Betreuungspersonal) siehe *W.Bienwald* in: W.Bienwald/Sonnenfeld/Harm, § 1901 BGB Rn. 24.

1592 Vgl. MünchKommBGB/*Schwab*, § 1897 Rn. 22; § 1901 Rn. 13.

1593 Vgl. *Faupel*, Die Betreuungsverfügung, S. 26 f.

1594 Vgl. *Faupel*, Die Betreuungsverfügung, S. 26 f.

1595 Im Umkehrschluss hierzu vgl. *Lipp* in: Lipp, Vorsorgeverfügungen, § 18 Rn. 14 f.

2. Änderung der äußeren Umstände

Bis zu dem Zeitpunkt, an dem eine Betreuung eingerichtet werden muss und man als Vorsorge-Erklärender nicht mehr äußerungsfähig ist, können sich die äußeren Umstände derart geändert haben, dass der Regelungsgehalt der einst abgefassten Betreuungsverfügung nicht oder nicht mehr auf die aktuelle Lebenssituation passt.[1596] Für die Bindungswirkung der Betreuungsverfügung kommt es nunmehr darauf an, zunächst durch Auslegung zu ermitteln, was der Betroffene wirklich bzw. mutmaßlich gewollt hat oder – im Wege der ergänzenden Auslegung – hypothetisch gewollt hätte.[1597] Zuständig sind hierfür je nach Sachlage der zur Entscheidung befugte Betreuer oder das die Betreuung prüfende und anordnende wie kontrollierende Betreuungsgericht.[1598] Es besteht – genau wie bei der Patientenverfügung – ein gewisser Beurteilungsspielraum und demgemäß auch das Risiko zu einer Fehlinterpretation.[1599] Gleichzeitig bietet die einzelfallbezogene Auslegung ihrem Ansatz nach auch eine Gewähr für die „richtige" Umsetzung des Selbstbestimmungswillens und somit für den Schutz des Betroffenen.[1600] Dabei kann ohnehin nicht ohne weiteres von einer Änderung der äußeren Umstände auf eine etwaige Willensänderung rückgeschlossen werden. Für die Annahme einer Änderung müssen konkrete Anhaltspunkte nachweislich ersichtlich sein.[1601] Zusammenfassend lässt sich damit im Hinblick auf die Betreuungsverfügung ausführen, dass sich der Betroffene ab dem Zeitpunkt einer vollumfänglichen Betreuungsbedürftigkeit infolge rechtlicher Handlungsunfähigkeit darauf verlassen muss, dass seine konkreten Wünsche befolgt bzw. auf die zutreffende Weise interpretiert und – nötigenfalls in Anpassung an die geänderten, äußeren Umstände[1602] – umgesetzt werden.[1603]

III. Patientenverfügung

Im Gleichlauf zur Betreuungsverfügung kann sich auch in Bezug auf eine – wegen § 1901 Abs. 3 BGB zumeist sogar deckungsgleiche – Patientenverfügung ein Bedürfnis zur Abänderung oder zur Aufhebung ihres Regelungsgehalts bzw. einzelner Teile ergeben.

1596 Vgl. *Lipp* in: Lipp, Vorsorgeverfügungen, § 18 Rn. 31.
1597 Siehe *Lipp* in: Lipp, Vorsorgeverfügungen, § 18 Rn. 28, 30; § 17 Rn. 22.
1598 *Lipp* in: Lipp, Vorsorgeverfügungen, § 18 Rn. 19, 30; *Faupel*, Die Betreuungsverfügung, S. 26.
1599 Siehe oben § 2 C. III. 2. a).
1600 Auch die ergänzende Auslegung verwirkliche die Privatautonomie, vgl. *Lipp* in: Lipp, Vorsorgeverfügungen, § 17 Rn. 22.
1601 Vgl. *Lipp* in: Lipp, Vorsorgeverfügungen, § 18 Rn. 33 [Formulierungsvorschlag].
1602 Dies würde einer Abweichung von Weisungen wie in § 665 BGB entsprechen.
1603 Vgl. *Lipp*, Patientenautonomie und Lebensschutz, S. 32 (36 u. 39).

1. Bewusste Änderung oder Aufhebung

Zeigen sich nach dem Errichten einer Patientenverfügung plötzliche Erkrankungen, bspw. genetisch bedingte oder solche die als Unfallfolgen bzw. altersbedingt auftreten, so kann es erforderlich werden, die bisherige Formulierung der Patientenverfügung zu ergänzen bzw. anzupassen.[1604] Bestimmte Erkrankungen werden in absehbarer Zeit bestimmte Behandlungsmethoden notwendig machen, Folgeerkrankungen werden hervorgerufen und spezielle Medikamente oder Therapiemöglichkeiten müssen zukünftig mit berücksichtigt werden.[1605] So kann bspw. ein Vorsorge-Erklärender, der in seiner Patientenverfügung die Vornahme künstlicher Beatmung abgelehnt hat, im Nachhinein an einer neurologischen Erkrankung leiden, welche nun eine Beatmung notwendig machen würde und mit deren Eingriffsintensität der Betroffene unter bestimmten Bedingungen evtl. auch einverstanden wäre.[1606] Außerdem können neue Behandlungsmethoden, etwa im Bereich der Palliativmedizin, die von der bisherigen Verfügung nicht erfasst werden, genauso aber auch die Entwicklung einer neuen Lebensphilosophie oder eine abgeänderte Sichtweise den Ausschlag dafür geben, Ergänzungen und Änderungen der vorweggenommenen Entscheidung vorzunehmen.[1607] Derartige Anzeichen im eigenen Krankheits- oder Lebensverlauf sowie sonstige persönliche Kriterien können dazu überleiten, die bisherige Patientenverfügung zu widerrufen. Dies ist nach § 1901a Abs. 1 S. 3 BGB jederzeit formlos möglich, was bedeutet, dass ein Widerruf auch mündlich oder lediglich nonverbal durch Handzeichen bzw. durch ein Kopfnicken auf entsprechende Nachfrage bzw. andere konkrete Gesten erfolgen kann.[1608] In der Gesetzesbegründung wird deshalb darauf hingewiesen, dass sich auch aus dem aktuellen Verhalten des Betroffen entnehmen lassen kann, dass er unter den gegebenen Umständen die vorsorgliche Willensbekundung nicht mehr gelten lassen will, was sich z.B. in Form von „situativ spontanem Verhalten" des Patienten gegenüber der vorzunehmenden oder zu unterlassenden ärztlichen Maßnahme zeigen kann – nicht aber durch „unwillkürliche, rein körperliche Reflexe".[1609] Erforderlich ist jedenfalls, dass die Willensänderung hinreichend deutlich zum Ausdruck kommt.[1610] Insoweit bedarf der Widerruf einer Patientenverfügung des „Zugangs" gegenüber den außen stehenden Beteiligten. Bei diesen dürfte es sich um die typischen Adressaten im medizinischen Behandlungsgeschehen handeln, vornehmlich also Ärzte und Pflegepersonal, oder auch die im sonstigen Kontext Beteiligten wie Bevollmächtigte und Betreuer sowie nahe Angehörige und Vertrauenspersonen. Da eine Patientenverfügung keine im rechtstechnischen Sinne zu verstehende empfangsbedürftige Willenserklärung ist, sollte ihr Widerruf – um Missverständnissen vorzubeugen –

1604 *Noe* Seniorenrecht 2014, 13 (13).
1605 *Noe* Seniorenrecht 2014, 13 (13 f.).
1606 Beispiel bei *Noe* Seniorenrecht 2014, 13 (15).
1607 *Noe* Seniorenrecht 2014, 13 (14).
1608 BT-Drucks. 16/8442, S. 15 [situativ spontanes Verhalten]; *Dommermühl* in: Rudolf/Bittler/W.Roth, Vorsorgevollmacht, S. 114; *Noe* Seniorenrecht 2014, 13 (15)
1609 BT-Drucks. 16/8442, S. 15.
1610 BT-Drucks. 16/8442, S. 13.

als „mitteilungsbedürftig" bezeichnet werden.[1611] Es versteht sich von selbst, dass der wahre Wille des Vorsorge-Erklärenden und später äußerungsunfähigen Patienten nur dann ohne Umschweife festgestellt werden kann, wenn diese Mitteilung nach außen nachvollzogen werden kann.[1612] Daher ist ein schriftlicher Widerruf anzuraten,[1613] insbesondere wenn die abgefasste Patientenverfügung insgesamt beseitigt werden soll. Sollen lediglich einzelne Teilregelungen abgeändert werden, dürfte es ratsam sein, die Patientenverfügung neu zu fassen, da es der Beweisfunktion abträglich ist, wenn der Urkunde wegen vorgenommener Durchstreichungen oder unleserlicher Zusätze entsprechende Makel und Störzeichen anhaften.[1614] Dies würde ihre Echtheit und Aktualität in Zweifel ziehen. Der Teilwiderruf ist sodann konkludent in der Neuabfassung zu sehen.[1615] Für den Fall, dass die nunmehr abzuändernde Patientenverfügung bereits einem Vorsorgebevollmächtigten oder dem (zukünftigen) Betreuer[1616] ausgehändigt worden ist, sollte sie zurückverlangt werden, um die Gefahr zu verringern, dass zukünftig einander widersprechende Verfügungen in Umlauf sind. Hierauf hat der Vorsorgeverfügende bspw. bei einem gleichzeitig bestehendem Auftragsverhältnis einen Anspruch, der sich aus den Treuepflichten bzw. über § 667 Alt. 1 BGB herleiten lässt.[1617] Im Hinblick auf das Betreuungsverhältnis findet § 667 Alt. 1 BGB analoge Anwendung.[1618] Einigkeit herrscht im Übrigen darüber, dass für einen wirksamen (Teil-) Widerruf der Patientenverfügung lediglich Einwilligungsfähigkeit gegeben sein muss.[1619] Ab dem Zeitpunkt, in welchem der Betroffene nicht mehr einwilligungs- und äußerungsfähig ist,[1620] ist er somit außerstande, seine einst abgefasste Erklärung zu ändern. Dieses Risiko, die Patientenverfügung später nicht mehr abändern zu können oder zuvor nicht rechtzeitig abgeändert zu haben, nimmt der Vorsorge-Erklärende bei Errichtung seiner Verfügung (selbstbestimmt) auf sich.[1621]

1611 Ähnlich *Diederichsen* in: Festschr f Schreiber, S. 635 (649); *A.Roth* JZ 2004, 494 (497).

1612 Zum Adressatenhorizont *Lipp* in: Lipp, Vorsorgeverfügungen, § 17 Rn. 19, 112 f., 167.

1613 *Kieß* in: Jurgeleit, BtR, § 1901a BGB Rn. 38.

1614 Für Neufassung vgl. MünchKommBGB/*Schwab*, § 1901a Rn. 36.

1615 Vgl. MünchKommBGB/*Schwab*, § 1901a Rn. 36.

1616 Es muss nicht zutreffen, dass eine vollumfängliche Betreuung eingerichtet worden ist; ein Betreuungsbedarf kann sich auch in geringerem Umfang ergeben, bspw. in Bezug auf Behördenangelegenheiten.

1617 Allgemein: Palandt/*Sprau*, § 667 BGB Rn. 2.

1618 OLG Saarbrücken FamRZ 2011, 1170; OLG Naumburg FamRZ 2008, 182.

1619 MünchKommBGB/*Schwab*, § 1901a Rn. 35; Palandt/*Götz*, § 1901a BGB Rn. 25; *Spickhoff* in: Spickhoff, MedR, § 1901a BGB Rn. 20; *Brauer*, Autonomie und Familie, S. 121 ff. m.w.N.

1620 Problematisch ist die Situation, in der ein Patient nicht mehr einwilligungsfähig, aber äußerungsfähig ist und sich mit natürlichem Willen, bspw. durch widerstrebendes Verhalten gegen einen Behandlungsabbruch und damit erkennbar gegen seine Patientenverfügung wendet. Im Ergebnis muss eine solche erkennbare Willensänderung beachtlich sein, hierzu *Lipp* in: Lipp, Vorsorgeverfügungen, § 17 Rn. 168; MünchKommBGB/*Schwab*, § 1901a Rn. 35; *Coeppicus* NJW 2011, 2085 (2089 f.); *Spickhoff* FamRZ 2009, 1949 (1955); *Steenbreker* NJW 2012, 3207 (3209 f.); *Locher* FamRB 2010, 56 (59).

1621 Hierzu *Diederichsen* in: Festschr f Schreiber, S. 635 (648); *Rieger*, Die mutmaßliche Einwilligung, S. 90; *Lipp* FamRZ 2004, 317 (320); *A.Roth* JZ 2004, 494 (497).

2. Änderung der äußeren Umstände

Für den Fall, dass sich die äußeren Umstände derart geändert haben, dass die einst schriftlich fixierten Anordnungen innerhalb der Patientenverfügung ihren eigentlichen Sinn verloren haben, ist der Betroffene, der nicht mehr nach seinen Wünschen befragt werden kann, jedoch nicht schutzlos gestellt.[1622] Als Beispiel für eine erhebliche Änderung wird hierbei vermehrt die Entwicklung neuer Behandlungsmethoden ins Feld geführt.[1623] So vermag der medizinisch-technische Fortschritt (bspw. innerhalb eines Jahrzehnts) bisweilen auch sanftere oder angenehmere Behandlungsmethoden hervorzubringen.[1624] Wie ist in einem solchen Fall mit der vorgefundenen Patientenverfügung umzugehen? Rechtfertigt eine derartige Änderung der äußeren Umstände, dass die einst abgegebenen Erklärungen des nun nicht mehr zur Kommunikation und Interaktion fähigen Betroffenen ab sofort keine Geltung mehr beanspruchen können? Es steht dabei zur Frage, mit welcher rechtlichen Methodik dieses Phänomen einer nachträglichen, erheblichen Änderung der Sachlage im Anwendungsbereich der Patientenverfügung nach der derzeitigen Rechtslage operationalisierbar sein soll bzw. an welcher Stelle es rechtsspezifisch zu verorten sein soll.

a) Einbeziehung in die umfassende Verbindlichkeitsprüfung nach § 1901a Abs. 1 S. 1 BGB

§ 1901a Abs. 2 S. 1 BGB selbst legt expressis verbis zumindest keine ausdrückliche Regelung für den Fall einer erheblichen Änderung der äußeren Umstände fest.[1625] Die im Gesetz umschriebene Voraussetzung, dass die Festlegungen in der Patientenverfügung auf die „aktuelle Lebens- und Behandlungssituation" zutreffen müssen, erfordert laut Gesetzesbegründung jedoch eine Prüfung, die *alle* Gesichtspunkte umfassen muss, die sich aus der aktuellen Lebens- und Behandlungssituation ergeben können.[1626] Die Überprüfung, ob die Patientenverfügung einschlägig ist und bspw. die gewünschte Ablehnung einer bestimmten medizinischen Maßnahme auf die aktuelle Lebens- und Behandlungssituation zutrifft, ist vom Gesetzgeber als Schutzmechanismus für solche Fälle geschaltet worden, in denen der Betroffene bei Abfassung seiner Patientenverfügung die später eingetretene Situation nicht vor Augen gehabt hatte oder haben konnte.[1627] Es geht also auch um Fälle, in denen sich die Sach- bzw. Lebenslage zwischenzeitlich so erheblich geändert hat, dass die frühere selbstverant-

---

1622 Vgl. *Schwab* in: Festschr f Henrich, S. 511 (518).

1623 Zum Beispiel *Schwab* in: Festschr f Henrich, S. 511 (518); *Sternberg-Lieben* Jahrbuch für Recht und Ethik 2007, 307 (323); ähnlich *Noe* Seniorenrecht 2014, 13 (13 f.).

1624 *Albrecht/Albrecht* MittBayNot 2015, 110 (112) mit Beispiel zu veränderter Methode um einen künstlichen Darmausgang; *Pawlowski* in: Festschr f Bienwald, S. 215 (221) mit Beispiel zu veränderter Mittel bei der künstlichen Ernährung.

1625 Siehe *Lipp* in: Lipp, Vorsorgeverfügungen, § 17 Rn. 109. Anders dagegen die Rechtslage in Österreich: § 10 Abs. 1 Nr. 3 PatVG. Hiernach wird eine Patientenverfügung sogar unwirksam, wenn der Stand der medizinischen Wissenschaft sich erheblich im Hinblick auf den Inhalt der Patientenverfügung geändert hat, kritisch hierzu *Heggen* ZNotP 2008, 184 (185 f., 187).

1626 BT-Drucks. 16/8442, S. 14.

1627 BT-Drucks. 16/8442, S. 15.

wortlich getroffene Entscheidung eben diese aktuelle Situation nicht erfasst.[1628] Die Prüfung bezieht daher mit ein, dass die Festlegungen in der Patientenverfügung auch (noch) dem „aktuellen Willen“[1629] entsprechen müssen und verlangt ferner eine Überprüfung dahingehend, ob der Betroffene die vorgefundene Lebenssituation bei seinen Festlegungen „mitbedacht“ hat.[1630] Der Gesetzgeber verortet somit die Frage einer nachträglichen, erheblichen Änderung der Sachlage bei der Prüfung der Passgenauigkeit bzw. der Verbindlichkeit einer Patientenverfügung nach § 1901a Abs. 1 S. 1 BGB.[1631] Es handelt sich um das Merkmal „Lebenssituation“, über welches die Wertigkeit der äußeren Lebensumstände – als ein hineinzulesender Unterpunkt – Eingang in die Prüfung erhält.[1632] Unklar bleibt, mit welchen methodisch-strukturellen Vorgaben diese „Prüfung“ der Passgenauigkeit unter dem Aspekt einer Änderung der äußeren Umstände im Einzelnen umzusetzen sein soll.

b) „Fehlen oder Wegfall der Erklärungsgrundlage“

In der Rechtsliteratur wird für diese Konstellation methodisch zum Teil ein Vergleich zum Institut des Fehlens oder des Wegfalls der Geschäftsgrundlage (§ 313 BGB) gezogen.[1633] Dem Normzweck nach ist § 313 BGB allerdings auf Verträge gemünzt, sodass die gesetzliche Schablone des § 313 BGB nicht oder nicht ohne weiteres auf die Patientenverfügung, die weder als zweiseitig noch als klassisches Rechtsgeschäft zu verstehen ist, projiziert werden kann.[1634] Vorauszuschicken ist zunächst, dass in Rechtsprechung und in großen Teilen der Literatur eine analoge Anwendung von § 313 BGB bereits auf einseitige Willenserklärungen abgelehnt wird.[1635] Argumentiert wird damit, dass die Lehre von der Geschäftsgrundlage nicht auf einseitige Willenserklärungen passe.[1636] Sie sei im Rahmen von Vertragsstörungen entwickelt worden, eine schutzwürdige Gegenpartei existiere bei einseitigen Rechtsgeschäften gerade nicht, sodass der eigentliche Sinn und Zweck dieser Vorschrift, nämlich eine nach Maßgabe von Treu und Glauben interessengerechte Vertragsanpassung bzw. ggf. Ver-

---

1628 BT-Drucks. 16/8442, S. 15; BT-Drucks. 16/13314, S. 7.

1629 *Lipp* in: Lipp, Vorsorgeverfügungen, § 17 Rn. 106 erachtet die Begrifflichkeit „aktueller Wille“ in diesem Zusammenhang für missverständlich, da der Betroffene aktuell nichts erklären kann.

1630 Vgl. BT-Drucks. 16/8442, S. 14 f.

1631 BT-Drucks. 16/8442, S. 15; BT-Drucks. 16/13314, S. 7.

1632 So auch *Baltz*, Lebenserhaltung als Haftungsgrund, S. 67; ähnlich *Albrecht/Albrecht* MittBayNot 2015, 110 (112).

1633 *Deutsch/Spickhoff*, Medizinrecht, Rn. 1014; *Spickhoff* in: Spickhoff, MedR, § 1901a BGB Rn. 12; *Spickhoff* AcP 208 2008, 345 (406 f.); *Sternberg-Lieben* Jahrbuch für Recht und Ethik 2007, 307 (323).

1634 Hierzu ausdrücklich *Deutsch/Spickhoff*, Medizinrecht, Rn. 1014 mit Verweis auf BGH NJW 1993, 850 (Vermächtnis); *Spickhoff* in: Spickhoff, MedR, § 1901a BGB Rn. 12; siehe allgemein auch MünchKommBGB/*Finkenauer*, § 313 Rn. 12, Rn. 50; MünchKommBGB/*Leipold*, § 2084 Rn. 79.

1635 BGH NJW 1993, 850 (Vermächtnis); BAG NJW 1992, 2173 (2175) (Kündigung); OLG Rostock OLG-NL 1994, 40 (42) (Erbausschlagung); MünchKommBGB/*Finkenauer*, § 313 Rn. 50; Jauernig/*Stadler*, § 313 BGB Rn. 6.

1636 BGH NJW 1993, 850; BAG NJW 1992, 2173 (2175).

tragsaufhebung zu erzielen, von vornherein verfehlt werde.[1637] Zwar könne ein etwaiges Korrekturbedürfnis auch bei einer einseitigen, privatautonomen Regelung zu Tage treten,[1638] da der Betroffene die einseitige Erklärung jedoch allein gestalte und diese Erklärung ausschließlich seiner eigenen Willensdurchsetzung dienen solle, müsse ihn auch das entsprechende Erklärungsrisiko treffen.[1639] Darüber hinaus wird argumentativ ins Feld geführt, dass es bereits an einer Regelungslücke mangele, da für einseitige Rechtsgeschäfte besondere Anfechtungsvorschriften wie in §§ 119 ff. BGB oder solche im Erbrecht (bspw. §§ 2078 ff., § 2281 BGB) abschließend seien.[1640] All diese Argumente, die gegen eine Übertragbarkeit auf einseitige Willenserklärungen sprechen, können zwar nicht unmittelbar auf Patientenverfügungen übergreifen, da eine Patientenverfügung als solche schon nicht als Willenserklärung im rechtstechnischen Sinne einzuordnen ist.[1641] Es dürfte rückfolgernd und mit Blick auf die Verwandtschaft zur rechtfertigenden Einwilligung aber umso mehr einleuchten, dass sich weder die §§ 119 ff. BGB noch § 313 BGB anbieten, um diese dogmatisch sachgerecht auf Patientenverfügungen zu übertragen.[1642] Ein Loskommen von einer Patientenverfügung wird zudem in § 1901a Abs. 1 S. 3 BGB und – zumindest im Hinblick auf die Anerkennung ihrer Verbindlichkeit (nicht ihrer Wirksamkeit) – auch in § 1901a Abs. 1 S. 1 BGB reguliert.[1643]

Stellt man nun die Schwierigkeit der Analogiefähigkeit von § 313 BGB in diesem Zusammenhang kurzerhand gedanklich beiseite, so lassen sich im Einklang mit dem Grobmuster der Norm wertungsgemäß dennoch folgende Überlegungen machen: Es könnte zunächst festgehalten werden, dass jede Patientenverfügung auf einer subjektiv geprägten Erklärungsgrundlage aufbaut, die nach außen erkennbar gemacht sein kann, es aber nicht muss. Unter der gedanklichen Einbeziehung der Wertungen aus § 313 BGB würde die Patientenverfügung eine Art „Vertrag" mit sich selbst bzw. mit den eigenen Wertvorstellungen begründen. Mit welcher Gewichtung die in Rede stehende Erklärungsgrundlage dabei nicht nur an innergedankliche und ggf. nach außen erkennbare Vorstellungen anknüpft, sondern im besonderen Maße auch äußere Bedingungen und sonstige Umweltfaktoren mit einbezieht, müsste dann für jeden konkreten Einzelfall hinterfragt werden.[1644] Was die Nachvollziehbarkeit dieser Erklärungsgrundlage angeht, so kommt es darauf an, wie gut Außenstehende im Umfeld des jeweiligen Vorsorgeverfügenden Einblick in diese internen Vorgänge erhalten und wie weit ihnen – auch über die Festschreibungen in der Patientenverfügung selbst –

1637 Vgl. MünchKommBGB/*Finkenauer*, § 313 Rn. 50 sowie MünchKommBGB/*H.Roth*, § 313 Rn. 127 (5. Auflage 2007).

1638 MünchKommBGB/*G.Roth*, § 313 Rn. 127 (5. Auflage 2007); Bamberger/H.Roth-*Unberath*, § 313 BGB Rn. 10.

1639 Vgl. MünchKommBGB/*Finkenauer*, § 313 Rn. 50.

1640 MünchKommBGB/*Finkenauer*, § 313 Rn. 50.

1641 Siehe § 2 C. I.

1642 Vgl. hierzu *Spickhoff* AcP 208 2008, 345 (385, 406 f.).

1643 Ähnlich *Deutsch/Spickhoff*, Medizinrecht, Rn. 1014.

1644 Wertung aus § 313 Abs. 1 und Abs. 2 BGB.

Zugang zu dessen Erklärungsgrundlage gewährt wird.[1645] All dies unterliegt naturgemäß der höchstpersönlichen Fasson, daneben auch der Intensität und dem Vertraulichkeitsgepräge vorhandener, zwischenmenschlicher Beziehungen. Für den Fall, dass sich hierbei herausstellt, dass sich die Vorstellungen, die der Patientenverfügung zugrunde gelegt wurden, im Nachhinein als unzutreffend erwiesen haben, etwa weil eine Vorstellung über künftige Entwicklungen generell fehlte (Wertung aus § 313 Abs. 1 BGB) oder weil die Patientenverfügung auf Fehlvorstellungen über bestimmte Umstände beruhte (Wertung aus § 313 Abs. 2 BGB), müsste die Patientenverfügung eine „Anpassung" an die geänderte Sachlage erfahren, ggf. müsste sie als (teilweise) widerrufen betrachtet werden (Wertung aus § 313 Abs. 3 BGB).[1646] Dies würde letztlich bedeuten, dass von der Patientenverfügung in der jeweiligen Lebenssituation abgewichen werden müsste.[1647]

Die subjektive Färbung und individuelle Gewichtung der einzelnen Faktoren, die für die Erklärungsgrundlage der Patientenverfügung in Betracht zu nehmen sind, machen die Abklärung ihrer Verbindlichkeit und Grenzen jedoch schwerfällig. Diese äußeren Lebensumstände müssen dabei für zwei verschiedene Zeitpunkte überprüft werden, um eine Änderung als solche überhaupt in Erwägung ziehen zu können: Zum einen müsste nachvollzogen werden können, welche Bedeutung den äußeren Umständen im Zeitpunkt der Errichtung der Patientenverfügung zuteil geworden ist. Zum anderen müsste feststellbar sein, welche Lebensumstände im Zeitpunkt der nun aktuell gewordenen Behandlungsentscheidung den entscheidenden Ausschlag geben. Es ist demnach eine Vorher-Nachher-Betrachtung anzustellen, welche im Kern vor dem besonderen Problem steht, überhaupt die individuellen Kriterien und Lebensumstände ausfindig zu machen, die dem Betroffenen zur Erklärungsgrundlage bei seiner Patientenverfügung gedient haben. So ist es denkbar, dass nicht jeder Vorsorge-Erklärende dem äußeren Faktor einer späteren Entdeckung neuer Behandlungsmethoden eine gesonderte, alles verändernde Bedeutung beimessen würde. Es dürfte einzusehen sein, dass sich das individuelle Interesse an singulären, neuen Behandlungsmethoden für einen jungen Menschen von 25 Jahren anders gestalten könnte als für einen durch Alter und mehrfache Krankheit äußerst geschwächten Menschen von 85 Jahren. Abseits von neuen Therapiemöglichkeiten werden weitere Beispiele für die Änderung äußerer Umstände angesprochen. Etwa Fälle, in denen (junge) Menschen eine Patientenverfügung errichtet haben und entgegen ihrer eigenen Erwartung bei Abfassung der Patientenverfügung im Nachhinein bspw. eine Familie gegründet haben, für die sich – eine solche Grundhaltung unterstellt – jeder medizinische Versuch lohnen würde, der die Chance auf Weiterleben erhöht.[1648] Aber auch hier ist Abstand

1645 Die Erklärungsgrundlage muss gegenüber den potentiellen Adressaten einer Patientenverfügung nachvollziehbar sein. Zu den Adressaten siehe oben § 2 C. VI.

1646 Im Allgemeinen: MünchKommBGB/*Finkenauer*, § 313 Rn. 15, 88 ff.

1647 Ohne Bezug zu § 313 BGB, aber im Ergebnis ebenfalls wie hier BT-Drucks. 16/8842, S. 15 (linke Spalte).

1648 Beispiel bei *Spickhoff* ZfRV 2008, 33 (41): 22-jährige, verunfallte Mutter eines einjährigen Kindes hat sich in einer vier Jahre zuvor errichteten Patientenverfügung intensivmedizinische Maßnahmen verbeten; siehe auch *Baltz*, Lebenserhaltung als Haftungsgrund, S. 67.

davon zu nehmen, die einer Patientenverfügung zugrunde liegenden Umstände nach generellem Verständnis beurteilen zu wollen. Im Weiteren werden Fälle von Demenz in diesem Zusammenhang erwähnt. Hierzu kann an die bereits oben unter § 2 C. III. 2. a) genannten Beispiele angeknüpft werden, in denen sich ein Vorsorgeverfügender jeglichen Verzicht auf Antibiotika in einer Situation eines „weit fortgeschrittenen Hirnabbauprozesses" erbeten hat und sich zu späterer Zeit, d.h. im Stadium fortgeschrittener Demenz, einen (leichten) Harnwegsinfekt oder eine Lungenentzündung zugezogen hat. Obgleich die selbstbestimmte, ursprüngliche Festlegung in der Patientenverfügung nicht ohne begründete Anhaltspunkte übergangen und vermeintlich korrigiert werden darf,[1649] könnten für die hier beschriebene Situation jedoch vehemente Zweifel daran begründet sein, die Festlegung in der Patientenverfügung als „zutreffend" anzuerkennen und zu befolgen. War wirklich genau dies mit der Patientenverfügung beabsichtigt? Oder war ein Absehen von medizinischer Hilfe – und in dessen Verlauf für ein Loslassen vom Leben – für eben diese Lebens- und Behandlungssituation gerade (noch) nicht oder nicht so gemeint? Bei der Beurteilung der äußeren Umstände und deren Maßgeblichkeit für den wirklichen Willen des Betroffenen darf freilich nicht zu Spekulationen übergegangen werden.[1650] Ebenso kann nicht generalisierend darauf abgestellt werden, dass einer Patientenverfügung die Vorstellung zugrunde liege, dass sie ohnehin nur in solchen Situationen verbindlich gelten solle, in denen ein therapeutischer Erfolg unmöglich bzw. die Situation „ausweglos" erscheine.[1651] Aus alledem kann folglich zusammengetragen werden, dass nicht nur eine objektiv anzunehmende Änderung der äußeren Umstände vorliegen muss, sondern auch deren Relevanz und Erheblichkeit subjektiv feststellbar sein muss. Nicht jedwede Änderung der äußeren Umstände muss bei individueller Betrachtungsweise als „schwerwiegend" auf die innere Erklärungsgrundlage durchdringen. Generalisierungen dahingehend, wann eine schwerwiegende Veränderung der äußeren Umstände zu bejahen sein soll, sind demnach nicht machbar.[1652]

Im Übrigen stellt sich die Frage nach einer etwaigen „Unzumutbarkeit", welche vorliegen muss, um zunächst die Rechtsfolge des § 313 BGB auszulösen.[1653] Sinngemäß müsste es für den Betroffenen unzumutbar sein, an der Patientenverfügung (als quasi selbstbindenden Vertrag mit sich selbst) festgehalten zu werden. Unzumutbarkeit dürfte in diesem Kontext vorliegen, wenn das Festhalten an der einst getroffenen Anordnung mit dem Selbstbestimmungswillen des Betroffenen und seinen individu-

1649 Vgl. *Deutsch/Spickhoff*, Medizinrecht, Rn. 1006; *Höfling/Engels* in: D.Prütting, MedR, § 1901a BGB Rn. 9 a.E.

1650 Vgl. *A.Roth* JZ 2004, 494 (499). Im Zusammenhang zu einem vermeintlichen Widerruf: *Renner* ZNotP 2009, 371 (377); *Duttge* Jahrbuch der Juristischen Gesellschaft Bremen 2014, 66 (75).

1651 In der Tendenz aber: *Renner* in: Müller/Renner, BtR und Vorsorgeverfügungen, Rn. 559.

1652 So im Ergebnis auch *Lipp* in: Lipp, Vorsorgeverfügungen, § 17 Rn. 22, 110 (ohne Bezug zu § 313 BGB).

1653 Auf Rechtsfolgenseite muss die Unzumutbarkeit erneut geprüft werden, um die Anpassungsinhalte zu bestimmen („soweit"), MünchKommBGB/*Finkenauer*, § 313 Rn. 81, 88.

ellen Interessen nicht zu vereinbaren wäre.[1654] Mit anderen Worten: Das Festhalten an der unveränderten Patientenverfügung wäre dann als unzumutbar einzustufen, wenn eine am hypothetischen Selbstbestimmungswillen orientierte Auslegung zu einer anderen Vorsorgeregelung führen müsste.[1655] Nicht nur an diesem Kriterium zeigt sich, dass sich einseitige Erklärungen, noch dazu solche mit höchstpersönlichem Einschlag, nur in gekünsteltem Maße durch die Folie des § 313 BGB lesbar machen lassen. Auf Ebene der Geltendmachung von Anpassungen muss die per se unterschiedliche Ausgangslage berücksichtigt werden: Während § 313 BGB eine handlungsfähige Vertragspartei im Sinn hat, welche die Grundlagenstörung geltend machen will und dies entsprechend außergerichtlich oder mit gerichtlicher Hilfe veranlassen kann,[1656] sieht die Situation bei der Patientenverfügung vielmehr so aus, dass der Betroffene handlungsunfähig ist und von außen jemand dafür sorgen müsste, dass sich sein wahrer, ggf. sein hypothetisch an die Lebensumstände angepasster Selbstbestimmungswille durchzusetzen vermag.[1657] Eine Anpassung findet nach Maßgabe von § 313 BGB daher nur auf Verlangen statt (Geltendmachung eines Anpassungsanspruchs oder als dilatorische Einrede);[1658] im Rahmen der Patientenverfügung müsste dies „automatisch" kraft Anerkennung und Achtung des Selbstbestimmungsrechts des Betroffenen geschehen.[1659]

c) Ergänzende (Testaments-)Auslegung

Des Weiteren wird die Konstellation der nachträglichen Änderung der äußeren Umstände für die Patientenverfügung auch unter dem Stichwort der „ergänzenden Auslegung" thematisiert und zwar in Anlehnung an die ergänzende Testamentsauslegung.[1660] Die Gemeinsamkeit dieses Ansatzes mit der oben, in Anlehnung an § 313 BGB beschriebenen „Störung der Erklärungsgrundlage" besteht darin, dass auch § 313 BGB in seiner Methodik letztlich eine ergänzende (Vertrags-)Auslegung

1654 Nach der von der Rechtsprechung bemühten Formel ist eine Berufung auf eine Grundlagenstörung nach Maßgabe von § 313 BGB nur dann zulässig, wenn „dies zur Vermeidung eines untragbaren, mit Recht und Gerechtigkeit nicht zu vereinbarenden und damit der betroffenen Partei nach Treu und Glauben nicht zuzumutenden Ergebnisses unabweislich scheint", siehe MünchKommBGB/*Finkenauer*, § 313 Rn. 76 m.w.N.

1655 Allgemein: MünchKommBGB/*Finkenauer*, § 313 Rn. 77.

1656 MünchKommBGB/*Finkenauer*, § 313 Rn. 124 f.

1657 *Lipp* in: Lipp, Vorsorgeverfügungen, § 17 Rn. 110 f.

1658 Vgl. BT-Drucks. 14/6040, S. 176; MünchKommBGB/*Finkenauer*, § 313 Rn. 124 f.: Keine Prüfung von Amts wegen, sondern Geltendmachung als Anspruch bzw. als dilatorische Einrede.

1659 Eine ähnliche Situation entstünde jedoch, wenn eine Vertragspartei nach Abschluss eines Vertrages handlungsunfähig werden würde und nun ein Betreuer umfassend mit dem Aufgabenkreis der Vermögenssorge bestellt werden müsste. Dieser wäre sodann dazu befugt, einen Anspruch auf Vertragsanpassung durchzusetzen.

1660 Siehe *Lipp* in: Lipp, Vorsorgeverfügungen, § 17 Rn. 107 ff. (111); *B.Hoffmann* BtPrax 2009, 7 (11); *A.Roth* JZ 2004, 494 (499); ähnlich *Schwab* in: Festschr f Henrich, S. 511 (518); allgemein: Palandt/*Ellenberger*, § 133 BGB Rn. 13. Ähnlich auch Palandt/*Götz*, § 1901a BGB Rn. 18 mit Vergleich zu § 2084 BGB.

verkörpert.[1661] Die Prüfung einer Grundlagenstörung in § 313 BGB entspricht strukturell jedenfalls derjenigen der Auslegung einer Willenserklärung nach § 157 BGB.[1662] Wie bereits oben durch die gedanklich unterstellten Modifikationen an § 313 BGB kenntlich gemacht muss eine Patientenverfügung jedoch unabhängig vom Vertrauens- bzw. Verkehrsschutz Dritter hinterfragt werden.[1663] Ihre Auslegung hat sich deshalb am wahren Willen des Erklärenden zu orientieren, was allein dem subjektiven Auslegungsgrundsatz des § 133 BGB entspricht.[1664] Zuzugeben ist daher, dass sich über die methodische Anlehnung an die Auslegung über einseitige Willenserklärungen nach § 133 BGB eine engere, rechtliche Verwandtschaft aufzeigt als über die Konstellation in § 313 BGB.[1665] Die Auslegungsmethode bei Patientenverfügungen lässt sich ihrer Grundkontur nach also naheliegender am Vorbild einseitiger Willenserklärungen festzeichnen.

So ist im Rahmen der ergänzenden Auslegung danach zu fragen, was der Erklärende hypothetisch gewollt hätte, wenn er die ursprünglichen Lücken oder die nachträglichen Entwicklungen vor Auge gehabt hätte.[1666] Da der aktuelle Zuschnitt der Patientenverfügung zu überprüfen ist, bietet es sich – wie bei der zuvor beschriebenen, modifizierten Anwendung von § 313 BGB – an, eine Vorher-Nachher-Betrachtung anzustellen. Das bedeutet, dass für die Ermittlung des hypothetischen Willens die zwischenzeitlichen Entwicklungen (also solche zwischen der Errichtung der Patientenverfügung und der nun aktuell gewordenen Entscheidungssituation) „in allen wesentlichen Verhältnissen" beleuchtet werden müssten.[1667] Es kommt entscheidend darauf an, wie die Patientenverfügung angesichts der veränderten Umstände aktuell zu verstehen ist.[1668] Bezugspunkt für die ergänzende Auslegung ist deshalb nicht allein der Zeitpunkt der Errichtung,[1669] sondern auch die jetzt aktuell gewordene Entscheidungssituation.[1670] Der in der Patientenverfügung erklärte Wille darf somit in Anbetracht der aktuellen Lebenssituation „weitergedacht", also fortgeschrieben und an die veränderten Umstände angeglichen werden.[1671]

1661 Zu den Einzelheiten um das Verhältnis von §§ 157, 242, 313 BGB siehe MünchKommBGB/*Finkenauer*, § 313 Rn. 23, 41, 44, 46, 77.

1662 MünchKommBGB/*G.Roth*, § 313 Rn. 131 f. (5. Auflage 2007); MünchKomm-BGB/*Finkenauer*, § 313 Rn. 48.

1663 *A.Roth* JZ 2004, 494 (499); *B.Hoffmann* BtPrax 2009, 7 (11).

1664 *A.Roth* JZ 2004, 494 (499).

1665 Kritisch hierzu *Spickhoff* AcP 208 (2008), 345 (406 f.).

1666 *Lipp* in: Lipp, Vorsorgeverfügungen, § 17 Rn. 22; *A.Roth* JZ 2004, 494 (499); *B.Hoffmann* BtPrax 2009, 7 (11); allgemein zur ergänzenden Testamentsauslegung: MünchKommBGB/*Leipold*, § 2084 Rn. 85.

1667 So zur ergänzenden Testamentsauslegung: MünchKommBGB/*Leipold*, § 2084 Rn. 85.

1668 *Lipp* in: Lipp, Vorsorgeverfügungen, § 17 Rn. 107.

1669 Hierzu *Brox/Walker*, Erbrecht, Rn. 203: Der später eingetretene Umstand ist in den Erblasserwillen hineinzuprojizieren wie er im Zeitpunkt der Testamentserrichtung bestand.

1670 Anders noch *A.Roth* JZ 2004, 494 (499); *B.Hoffmann* BtPrax 2009, 7 (11).

1671 Vgl. *Lipp* in: Lipp, Vorsorgeverfügungen, § 17 Rn. 107. Ähnlich bei Testamenten: Es sei zwar nicht Aufgabe der ergänzenden Auslegung, die Testamente an den späteren Willen anzugleichen – nur der Erblasser könne eine neue, formgerechte Verfügung aufsetzen –, aber es könne ein Rückschluss vom späteren, wirklichen Willen auf einen entsprechend hypothetischen Willen bei Testamentserrichtung gezogen werden, vgl. MünchKommBGB/*Leipold*, § 2084 Rn. 90 ff. m.w.N.

Hierbei entsteht ein gewisser Konflikt zwischen der „passenden" Auslegung[1672] einerseits und dem für die Patientenverfügung nunmehr in § 1901a Abs. 1 BGB vorgesehenen Formerfordernis andererseits. In Anlehnung an die ergänzende Auslegungsmethode bei Testamenten und der dort von der Rechtsprechung[1673] in Anbetracht der Formbedürftigkeit entwickelten Andeutungstheorie müsste dann auch hier verlangt werden, dass ein etwaiger aus den Umständen außerhalb der Patientenverfügung ermittelter, hypothetischer Wille einen – wenn auch unvollkommenen – Ausdruck in der Urkunde gefunden haben muss.[1674] Somit könnten nur solche Umstände berücksichtigt werden, deren Auswirkungen auf den Willen des Vorsorge-Erklärenden irgendeinen erkennbaren Anhalt in der Patientenverfügung gefunden haben.[1675] Allgemein grenzt die Andeutungstheorie die zu berücksichtigenden Umstände dabei nach Maßgabe der sich in der Urkunde andeutenden Willensrichtung ein.[1676] Hiernach müsste also auf eine solche Willensrichtung abgestellt werden, die der Patientenverfügung zugrunde liegt und die nach außen anhand der Patientenverfügung erkennbar ist.[1677] Eine Feststellung der Willensrichtung auf Grundlage der Patientenverfügung wäre deshalb auch dann möglich, wenn diese nicht unmittelbar aus der Patientenverfügung hervorginge.[1678]

Fraglich ist jedoch, wie vollumfänglich sich die im Erbrecht entwickelte Andeutungstheorie auf den Fall der Patientenverfügung übertragen lässt. Dies betrifft vor allem die Überlegung darüber, mit welcher Intensität ein Bezug zur festgeschriebenen Erklärung selbst herstellbar sein muss. Aufschluss hierüber gibt üblicherweise der konkrete Zweck der Formvorschrift.[1679] Dieser Zweck kann es gebieten, dass eine Regelung relativ präzise schriftlich Anklang finden muss – evtl. genügt aber auch ein rudimentärer Zusammenhang.[1680] Unter dem Gesichtspunkt der weitreichenden Folgen für Gesundheit und Leben hat der Gesetzgeber die Schriftform für eine Patientenverfügung mit dem vorrangigen Ziel begründet, die Betroffenen vor übereilten oder unüberlegten Festlegungen zu warnen.[1681] Zudem kann und soll das Formerfordernis auch zur Klarstellung des Gewollten beitragen.[1682] Nach Maßgabe dieser Zwecksetzung dürfte anzunehmen sein, dass die Rückführung auf die Grundlage der formbedürftigen Patientenverfügung in relativ präziser Weise möglich sein muss. Das heißt:

1672 Ausdruck nach *Spickhoff* AcP 208 (2008), 345 (407).

1673 RGZ 154, 41 (44 f.); 95, 125 (126); BGH NJW 1981, 1736; 1987, 2437; 1996, 2793; 2000, 1569; 2007, 250. Ebenso die Literatur: Palandt/*Ellenberger*, § 133 BGB Rn. 19; MünchKommBGB/*Leipold*, § 2084 Rn. 87 ff.; *Wolf/Neuner*, AT des Bürgerlichen Rechts, § 35 Rn. 37. Die Andeutungstheorie ablehnend: MünchKommBGB/*Busche*, § 133 Rn. 60 m.w.N. (Fn. 263).

1674 Ausdrücklich: *Reimer*, Die Forschungsverfügung, S. 204 f.; aus heutiger Sicht wohl ebenso für die Anwendung der Andeutungstheorie: *A.Roth* JZ 2004, 494 (499); *B.Hoffmann* BtPrax 2009, 7 (12).

1675 Allgemein: Palandt/*Ellenberger*, § 133 BGB Rn. 19; *Wolf/Neuner*, AT des Bürgerlichen Rechts, § 35 Rn. 48.

1676 Allgemein: MünchKommBGB/*Leipold*, § 2084 Rn. 88; Palandt/*Ellenberger*, § 133 BGB Rn. 19.

1677 Vgl. MünchKommBGB/*Leipold*, § 2084 Rn. 88.

1678 Vgl. MünchKommBGB/*Leipold*, § 2084 Rn. 89.

1679 Allgemein: *Wolf/Neuner*, AT des Bürgerlichen Rechts, § 35 Rn. 37.

1680 So *Wolf/Neuner*, AT des Bürgerlichen Rechts, § 35 Rn. 37.

1681 BT-Drucks. 16/8442, S. 13.

1682 BT-Drucks. 16/8442, S. 13.

Nur wenn der durch die ergänzende Auslegung ermittelte Wille eine hinreichende Stütze in der Patientenverfügung findet, könnte dieser Wille als formgültig erklärt bezeichnet werden. Insoweit würde derjenige, der weitschweifige Ausführungen zu seinen Wertvorstellungen und inneren Beweggründen macht, gegenüber demjenigen besser gestellt, der seine Patientenverfügung nur knapp formuliert.[1683] Ein solches Verständnis dürfte zum Schutz des Erklärenden vor willkürlicher Unterstellung anderer Erklärungsinhalte und wegen der Gefahr sonstiger heteronomer Einwirkungen nötig sein. Dem steht nicht entgegen, dass die Formstrenge bei Testamenten[1684] wegen des Erfordernisses der Handschriftlichkeit[1685] nicht mit derjenigen von Patientenverfügungen gleichzusetzen ist. Die Andeutungstheorie wird in gleicher Weise auch auf das Formbedürfnis von § 126 BGB übertragen, so etwa im Fall von Bürgschaftserklärungen (§§ 766 S. 1, 126 Abs. 1 BGB).[1686] Das führt vorliegend dazu, dass für das „Anklingen" von Wünschen nach konkreten Anknüpfungen gesucht werden muss. Denkbar ist sowohl ein Forschen zwischen den festgeschriebenen Zeilen, als auch ein Forschen außerhalb der festgeschriebenen Zeilen, solange nur der ermittelte Wille irgendwie, jedoch mit der nötigen Sicherheit auf die Erklärungsgrundlage der Patientenverfügung rückgeführt werden kann.

Kann nach alledem eine erhebliche Änderung der Sachlage festgestellt werden, so ist in dieser Folge eine Angleichung an die äußeren Umstände vorzunehmen bzw. eine Abweichung von der Patientenverfügung zu billigen. Da der Zuschnitt auf die aktuelle Lebens- und Behandlungssituation verneint werden müsste, würde der Patientenverfügung in der gegenwärtigen Entscheidungssituation der Verbindlichkeitscharakter abgesprochen, ohne dass jedoch ihre Wirksamkeit an sich angetastet werden würde.[1687] Dies entspricht gleichwohl den Wirkungen der ergänzenden Auslegung im Erbrecht, bei welcher die Verfügung ggf. als widerrufen bzw. gegenstandslos zu behandeln ist, ohne dass dabei die letztwillige Verfügung selbst ersetzt werden könnte; die Verfügung wird lediglich auf Grundlage des hypothetischen Willens angepasst.[1688]

Im Wesentlichen lässt sich das Erforschen der Erklärungsgrundlage und die eventuell vorzunehmende Angleichung bzw. Anpassung auf Rechtsfolgenseite daher wie in dem oben skizzierten Anwendungsrahmen von § 313 BGB ausfindig machen. Und obgleich die Andeutungstheorie nach allgemeinem Verständnis keine Anwendung im Bereich der ergänzenden Vertragsauslegung findet,[1689] dürfte sich im praktischen Ergebnis für die hier interessierenden Belange kein Unterschied daran festmachen lassen, ob die Untersuchung der geänderten äußeren Umstände nun in Anlehnung an

---

1683 Dieser Umstand wird als zentraler Kritikpunkt gegen die Andeutungstheorie angeführt, vgl. *Brox/Walker*, Erbrecht, Rn. 204.

1684 Siehe zum Grundsatz der Formstrenge bei Testamenten OLG Düsseldorf, Beschl. v. 16.08.2013 – I-3 Wx 134/13 = FamRZ 2014, 1142.

1685 Siehe § 2247 BGB.

1686 BGH NJW 1995, 1886.

1687 Dies ist die Konsequenz aus dem Selbstbestimmungsrecht, das ausschließlich dem Erklärenden zusteht. Siehe auch oben § 2 C. II. und III.

1688 Vgl. Palandt/*Weidlich*, § 2084 BGB Rn. 8 ff.

1689 BGHZ 86, 47 f.; Palandt/*Ellenberger*, § 133 BGB Rn. 19.

§ 313 BGB oder im Sinne einer ergänzenden Auslegung samt Andeutungstheorie vorgenommen werden würde. Trotz dieser Ähnlichkeiten ist die Auslegungsmethode nach dem Vorbild der ergänzenden (Testaments-) Auslegung vorzugswürdig. Die Patientenverfügung als vorweggenommene Willensbekundung mit höchstpersönlichem Einschlag und unmittelbarer Außenwirkung lässt sich in ihrem rechtlichen Gebilde gedanklich näher an den einseitigen Willenserklärungen mit der dort verfügbaren Auslegungsmethodik spezifizieren.[1690] Die Ähnlichkeiten beider Ansätze resultieren letztlich lediglich daraus, dass der an sich auf „Zweiseitigkeit" eingestellte Auslegungsfokus von § 313 BGB, für das hier interessierende Anwendungsfeld künstlich auf die Dimension der „Einseitigkeit" zurück gestellt wird. Der Umweg über § 313 BGB braucht somit nicht angestrengt zu werden, wenn dasselbe Ergebnis bereits durch ein Abstellen auf das rechtlich sachnähere Instrument erzielt werden kann. Dass hier wie dort die Auslegungsparameter für die Patientenverfügung angepasst werden müssen, ist insoweit nicht ausschlaggebend. Welche Umstände mittels der ergänzenden Auslegung am Ende in Betracht zu nehmen sind und ob im Einzelfall annehmbar ist, dass diese erhebliche Auswirkungen auf den wirklichen Willen des Vorsorge-Erklärenden haben, dürfte sich – auch im Gleichlauf zu den obigen Ausführungen zur „Störung der Erklärungsgrundlage" – jedenfalls vom Grundsatz her nicht ohne gewisse Beschwerlichkeiten aufklären lassen.

B. Ausgangslage bei hinterlegten und registrierten Vorsorgeverfügungen

Es ist nun im Weiteren danach zu fragen, was zur effizienten Umsetzung einer Änderung, Ergänzung oder Aufhebung der hier in den Blick genommenen Vorsorgeverfügungen zu berücksichtigen ist, wenn diese bereits hinterlegt oder registriert worden sind.

I. Abänderung und Aufhebung nach gerichtlicher Hinterlegung

Sofern es landesspezifisch überhaupt (noch) möglich gewesen ist, eine Betreuungsverfügung bzw. – in Ableitung von eben dieser – eine Vorsorgevollmacht oder Patientenverfügung beim örtlich zuständigen Betreuungsgericht zu hinterlegen, so muss die für die Verwahrung zuständige Stelle über den vorgenommenen Widerruf oder über eine etwaige Neufassung in Kenntnis gesetzt werden. Dies führt dazu, dass das bisher hinterlegte Schriftstück auf einen entsprechendes Verlangen hin herauszugeben ist,[1691] gegebenenfalls auch in Verbindung mit einer Hinterlegung der neu abgefassten

1690 Ähnlich *Spickhoff* AcP 208 (2008), 345 (407), der die Anwendung von § 313 BGB analog nur insoweit als methodisch ehrlicher betrachtet, als einer Patientenverfügung lediglich indizielle Beachtlichkeit zuzuschreiben wäre. Dies dürfte sich spätestens mit Einführung von § 1901a Abs. 1 BGB bzw. § 630d Abs. 1 S. 2 BGB erübrigt haben.

1691 Siehe bspw. Niedersächsisches Hinterlegungsgesetz (NHintG), das für Hinterlegungen, die durch ein Gericht zugelassen wurden, Anwendung findet, vgl. § 1 NHintG. Nach § 17 NHintG ist bei der

Vorsorgeverfügung. Die Kenntlichmachung dieser Änderungen ist deshalb so bedeutsam, da das Gericht, bei dem die veraltete Vorsorgeverfügung hinterlegt ist, anderenfalls nicht imstande ist, die aktuell geänderte Tatsachenlage zu berücksichtigen.

II. Abänderungs- bzw. Löschungsverfahren beim Vorsorgeregister

Das gleiche Informationsdefizit entsteht konsequenterweise, wenn dem Betreuungsgericht bei Abruf des Zentralen Vorsorgeregisters lediglich veraltete Daten mitgeteilt werden. Demnach muss die Registrierung den tatsächlichen Gegebenheiten nach aktualisiert werden.[1692]

1. Gebührenpflichtiges Antragsverfahren

Gemäß § 5 Abs. 1 VRegV haben Änderungen, Ergänzungen und Löschungen von Eintragungen auf schriftlichen Antrag gegenüber der Bundesnotarkammer als Registerbehörde zu erfolgen. Über § 5 Abs. 1 S. 2 VRegV, § 2 Abs. 2 VRegV wäre ein Antrag auch per online-Eingabe des Vollmachtgebers denkbar, jedoch hat die Bundesnotarkammer die Möglichkeit der Datenfernübertragung in dieser Hinsicht nicht eröffnet.[1693] Somit ist für das Antragsverfahren ein Schreiben zu formulieren, das einen deutlichen Hinweis darauf enthält, dass die bereits registrierte Vorsorgeverfügung geändert bzw. ersetzt worden ist.[1694] So könnte in dem schriftlichen Antrag bspw. mitgeteilt werden, dass die Urkunde der Vorsorgevollmacht oder die der Betreuungsverfügung fortan nun keine Anordnungen oder Wünsche mehr „hinsichtlich Art und Umfang medizinischer Versorgung (Patientenverfügung)“ enthält. Auch könnte Mitteilung über die Änderung der vorgeschlagenen Betreuerperson[1695] oder des Verwahrorts der Urkunde gemacht werden. Aus Gründen der Sicherheit des Datenbestandes muss bei jedem Antrag die der bisherigen Eintragung zugrunde gelegte Register- und Buchungsnummer mit angegeben werden.[1696] Für den Fall, dass die Kontaktdaten auf Seiten von Vollmachtgeber, Vollmachtnehmer bzw. der vorgeschlagenen Betreuerperson oder dem Betreuungsverfügenden geändert werden müssen, gibt es dabei ein spezielles Formular, das sog. „Meldeformular K“, das ausgefüllt an die Bundesnotarkammer gesendet werden muss.[1697]

Hinterlegungsstelle ein Antrag auf Herausgabe schriftlich oder zu Protokoll der Geschäftsststelle zu stellen.

1692 Hierauf besonders hinweisend *Noe* Seniorenrecht 2014, 13 (15).

1693 Siehe www.vorsorgeregister.de/ZVR-Zentrales-Vorsorgeregister/Spaetere-Aenderungen/ index.php (Stand: 17.01.2017).

1694 *Noe* Seniorenrecht 2014, 13 (15).

1695 Denkbar wäre der Austausch oder die Ergänzung einer vorgeschlagenen Vertrauensperson.

1696 Hierzu www.vorsorgeregister.de/ZVR-Zentrales-Vorsorgeregister/Spaetere-Aenderungen/ index.php (Stand: 17.01.2017).

1697 Siehe auf der Homepage unter www.vorsorgeregister.de/ZVR-Zentrales-Vorsorgeregister/ Spaetere-Aenderungen/Aenderung-von-Kontaktdaten.php (Stand: 17.01.2017).

Um die Authentizität der Registereintragungen zu schützen, erfolgt die Korrespondenz ausschließlich mit dem Inhaber der Registereintragung, also dem Vollmachtgeber oder mit demjenigen, der die Betreuungsverfügung errichtet hat.[1698] In diesem Zusammenhang ist zu erwähnen, dass der Bevollmächtigte nach § 5 Abs. 3 VRegV zwar die Löschung der ihn betreffenden Daten beantragen kann (also bspw. Name, Adresse, Telefonnummer), im Übrigen kann er jedoch nicht stellvertretend die Änderung oder Löschung von Eintragungen veranlassen.[1699] Deshalb kann auch eine Adressänderung auf Seiten des Bevollmächtigten nur über den Vollmachtgeber selbst mitgeteilt werden.[1700] Sollte der Vollmachtgeber nicht mehr zu eigenen Erklärungen fähig sein, können Änderungen durch den Bevollmächtigten jedoch insoweit beantragt werden, als dieser die entsprechende Vollmachtsurkunde im Original oder als notarielle Ausfertigung vorlegen, also nach Berlin schicken kann.[1701]

Innerhalb einer Frist von zwei Wochen nach der Erstregistrierung sind etwaige Änderungen und Ergänzungen gebührenfrei – im Falle einer kompletten Löschung sogar mit Aussicht auf eine Rückerstattung der Eintragungsgebühr.[1702] Nach dieser Zeit aber fallen die für eine Eintragung üblicherweise zu verbuchenden Gebühren an, vgl. § 5 Abs. 1 S. 2 VRegV i.V.m. § 3 VRegV.[1703]

2. Empfehlung der Registerbehörde: Eintragung eines Widerrufs

a) „Meldeformular W" bei Widerruf der Vorsorgevollmacht

In Bezug auf eine komplette Aufhebung der Vorsorgevollmacht wird von der Registerbehörde empfohlen, eine Eintragung ihres Widerrufs vorzunehmen.[1704] Hierzu ist das sog. „Meldeformular W" auszufüllen.[1705] Dieses Formular ist via Internet als pdf-Dokument abrufbar und fordert dazu auf, eine Mitteilung darüber zu machen, dass die Vorsorgevollmacht vollständig widerrufen sei sowie darüber, zu welchem Zeitpunkt der Widerruf erfolgt sei.[1706] Neben der Angabe des Geburtsdatums muss der Vollmachtgeber zur näheren Identifizierung auch die Register- und Buchungsnum-

1698 Vgl. www.vorsorgeregister.de/ZVR-Zentrales-Vorsorgeregister/Spaetere-Aenderungen/ Aenderung-von-Kontaktdaten.php (Stand: 17.01.2017).

1699 § 5 Abs. 3 VRegV ist eine abschließende Regelung, siehe hierzu *Görk* in: Schippel/Bracker, § 78a BNotO Rn. 24.

1700 www.vorsorgeregister.de/ZVR-Zentrales-Vorsorgeregister/ Spaetere-Aenderungen/ Aenderung-von-Kontaktdaten.php (Stand: 17.01.2017).

1701 www.vorsorgeregister.de/ZVR-Zentrales-Vorsorgeregister/ Spaetere-Aenderungen/ Korrespondenz-mit-Bevollmaechtigten.php (Stand: 17.01.2017).

1702 Siehe www.vorsorgeregister.de/ZVR-Zentrales-Vorsorgeregister/Spaetere-Aenderungen/ Loeschung-von-Registereintragungen.php (Stand: 17.01.2017).

1703 Siehe oben unter § 4 B. IV.

1704 *Renner* in: Münch, FamR in der Notar- und Gestaltungspraxis, § 16 Rn. 130; *Diehn* in: Diehn, § 78a BNotO Rn. 20; *Litzenburger* in: Eylmann/Vaasen, § 78a BNotO Rn. 8.

1705 *Diehn* in: Diehn, § 78a BNotO Rn. 21.

1706 www.vorsorgeregister.de/ZVR-Zentrales-Vorsorgeregister/ Spaetere-Aenderungen/ Widerruf.php (Stand: 17.01.2017).

mer eintragen.[1707] Das Formular muss mit Datum versehen und unterschrieben auf postalischem Wege an die Bundesnotarkammer geschickt werden.

b) Dokumentation der Eintragungshistorie

Auf diese Weise ist bei Abfrage des Vorsorgeregisters aus dem Datenspeicherverlauf erkennbar, dass auf die frühere Eintragung hin ein Widerruf eingetragen worden ist.[1708] Es geht also darum die Eintragungshistorie nachvollziehbar zu machen, damit das abrufende Gericht den aktuellen Registerbestand besser beurteilen kann.[1709] Das abfragende Betreuungsgericht erhält hierüber einen sachdienlichen Hinweis auf eine etwaige Aufhebung der Vorsorgevollmacht und ist imstande weitere Nachforschungen zu veranlassen, sollte es später bspw. darauf ankommen, dass die Fortgeltung der Vollmacht behauptet wird.[1710] Das heißt, die Eintragung des Widerrufs stellt ein hilfreiches Indiz dafür dar, dass es zu Unstimmigkeiten bezüglich der Vorsorgevollmacht gekommen ist; der Blick des abrufenden Gerichts wird bewusst auf diese Ungereimtheiten gelenkt.

c) Weitere Nachforschungen durch das abrufende Betreuungsgericht

In materiell-rechtlicher Hinsicht ist wegen des bloßen Eintrags im Register jedoch keineswegs zwangsläufig davon auszugehen, dass tatsächlich eine Widerrufserklärung ergangen ist bzw. dass diese auch wirksam war.[1711] Anders als im Zivilprozess muss das Betreuungsgericht von Amts wegen die zur Aufklärung des Sachverhalts erforderlichen Ermittlungen einleiten und durchführen; diese Ermittlungen darf es erst abschließen, wenn von weiteren Nachforschungen ein sachdienliches, die Entscheidung beeinflussendes Ergebnis nicht mehr erwartet werden könnte.[1712] Gemäß §§ 29, 30 FamFG trägt das Betreuungsgericht dabei die alleinige Verantwortung darüber, die Beweise in geeigneter Form zu erheben.[1713] So kann das Gericht seine Erkenntnisse im Wege des Freibeweises (§ 29 FamFG) bspw. aus mündlichen, schriftlichen oder telefonischen Auskünften gewinnen oder auch durch Einsicht von Urkunden oder durch persönliche Augenscheinseinnahme, sofern eine förmliche Beweisaufnahme nach pflichtgemäßem bzw. nach intendiertem Ermessen nicht notwendig erscheint.[1714] Im Rahmen von formlosen Ermittlungen kann das Gericht an jedem

---

1707 Vgl. auch BR-Drucks. 22/05, S. 10 f.

1708 Siehe www.vorsorgeregister.de/ZVR-Zentrales-Vorsorgeregister/Spaetere-Aenderungen/Widerruf.php (Stand: 17.01.2017).

1709 BR-Drucks. 22/05, S. 11; *Görk* in: Schippel/Bracker, § 78a BNotO Rn. 29; *Sandkühler* in: Arndt/Lerch/Sandkühler, § 78a BNotO Rn. 26.

1710 Siehe www.vorsorgeregister.de/ZVR-Zentrales-Vorsorgeregister/Spaetere-Aenderungen/Widerruf.php (Stand: 17.01.2017).

1711 Vgl. *W.Bienwald* in: W.Bienwald/Sonnenfeld/Harm, BtR, § 1901c BGB Rn. 36.

1712 BGH FamRZ 1984, 1084 (1085); OLG Köln FamRZ 2014, 242; *Fröschle* in: Fröschle, Betreuungs- und Unterbringungsverfahren, § 26 FamFG Rn. 3.

1713 Vgl. *Sternal* in: Keidel, § 29 FamFG Rn. 5, 16.

1714 Vgl. *Fröschle* in: Fröschle, Betreuungs- und Unterbrinungsverfahren, § 29 FamFG Rn. 1 f.; *A.Roth* in: Dodegge/A.Roth, BtKomm, A 105.

Ort, bei jeder Gelegenheit und zu jeder Zeit Beweis erheben.[1715] Es kommen jedwede Mittel in Betracht, welche aufgrund der objektiven Umstände und unter Beachtung der Denkgesetze geeignet sind, vom Gericht wahrgenommen zu werden und hierdurch – unmittelbar oder mittelbar – einen Beitrag zur Überzeugungsbildung des Gerichts leisten zu können.[1716] Hält es das Gericht jedoch für erforderlich, kann es nach § 30 Abs. 1 FamFG i.V.m. den Strengbeweismitteln der ZPO[1717] auch in ein förmliches Beweisverfahren übergehen.[1718] Sollte also ein Vorsorgebevollmächtigter den Fortbestand der Vollmacht behaupten oder anders formuliert: sollte er als Beteiligter i.S.d. §§ 274 Abs. 1 Nr. 3, § 7 Abs. 2 Nr. 2 FamFG ausdrücklich einen angeblich ergangenen Widerruf bestreiten, so kann es nach § 30 Abs. 3 FamFG geboten sein, dass zur Frage über diese entscheidungserhebliche Tatsache eine förmliche Beweisaufnahme stattfindet.[1719] Wie müsste das Gericht jedoch entscheiden, wenn der Vorsorgebevollmächtigte behauptet, bisher nichts von dem Widerruf gewusst zu haben? Der Zugang der Willenserklärung also aufklärungsbedürftig ist? Gewiss reicht es materiell-rechtlich zur Wirksamkeit des Widerrufs nicht aus, dass der Bevollmächtigte nur zufällig von einem Widerruf erfährt, der lediglich registriert worden ist. Die Vollmacht kann nicht über die Umwege von Registrierung und zwischengeschaltetem Betreuungsgericht beseitigt werden.[1720] Was passiert demnach, wenn ein Widerruf zwar eingetragen ist, aber weder ein Schriftstück noch ein Zeuge ermittelt werden können? Die Antwort muss lauten: Kann weder die Wirksamkeit noch die Unwirksamkeit des Widerrufs mit hinreichender Sicherheit festgestellt werden, so können die Angelegenheiten eines Betroffenen regelmäßig nicht ebenso gut wie durch einen Betreuer besorgt werden.[1721] Da nicht aufgeklärt werden kann, ob die Vorsorgevollmacht bspw. für den Bereich der Vermögenssorge oder der Gesundheitsfürsorge nun tatsächlich wirksam ist oder nicht, haftet ihr der Makel an, eventuell unwirksam zu sein. Im Zweifelsfalle wird das Betreuungsgericht demnach eine Betreuung anordnen müssen. Durch die Eintragung des Widerrufs unterstützt man also die Arbeit des Gerichts, in dem man aus wohlverstandenem Eigeninteresse heraus, Zeichen setzt bzw. „Spuren“ legt und das Gericht bei seinen Nachforschungen auf die richtige Fährte lenkt. Die rechtlichen Voraussetzungen zur Wirksamkeit eines Widerrufs müssen jedoch unabhängig von einer vorgenommenen Registrierung erfüllt sein. Das Nötige hierzu muss der betroffene Vollmachtgeber zuvor in Eigenverantwortung bereits selbst veranlasst haben. Im Übrigen würde eine schlichte Austragung aus dem Register – d.h. ohne explizite

1715 *Sternal* in: Keidel, § 29 FamFG Rn. 18.

1716 MünchKommFamFG/*Ulrici*, § 29 Rn. 12.

1717 Beweis durch Augenschein (§§ 371 ff. ZPO), Zeugenbeweis (§§ 373 ff. ZPO); Beweis durch Sachverständige (§§ 402 ff. ZPO), Urkundenbeweis (§§ 415 ff. ZPO), Beteiligtenvernehmung (§§ 445 ff. ZPO); amtliche Auskunft (§ 358a S. 2 Nr. 2 ZPO); selbstständiges Beweisverfahren (§§ 485 ff. ZPO).

1718 *Fröschle* in: Fröschle, Betreuungs- und Unterbringungsverfahren, § 30 FamFG Rn. 3.

1719 Vgl. BT-Drucks. 16/6308, S. 189 f.; *Fröschle* in: Fröschle, Betreuungs- und Unterbringungsverfahren, § 30 FamFG Rn. 1 f.

1720 Hierauf deutlich hinweisend: www.vorsorgeregister.de/ZVR-Zentrales-Vorsorgeregister/ Spaetere-Aenderungen/Widerruf.php (Stand: 17.01.2017).

1721 BGH ZNotP 2015, 352 (353 f.); OLG Schleswig BtPrax 2006, 191.

Kenntlichmachung eines ergangenen Widerrufs – sogar zur vollständigen Entfernung des bisher gespeicherten Datensatzes führen und könnte dem zuständigen Gericht somit keine Anhaltspunkte zu etwaigen Unstimmigkeiten oder ggf. zum zeitlichen Verlauf liefern.[1722]

d) Löschung der Registereintragung selten zweckmäßig

Die Löschung von Registrierungen nach Maßgabe von § 5 Abs. 1 VRegV scheint deshalb selten zweckmäßig. Die Registerbehörde empfiehlt eine komplette Löschung des Datensatzes lediglich in zwei Fällen: Zum einen sollten Registrierungen nur dann gänzlich gelöscht werden, wenn sie auf einem Versehen beruhen.[1723] Dies ist innerhalb von zwei Wochen nach der Eintragung sogar kostenfrei möglich.[1724] Zum anderen empfiehlt sich eine Austragung, wenn der Vollmachtgeber verstorben ist.[1725] Die Erben können sodann einen schriftlichen Löschungsauftrag unter Nachweis ihrer Erbenstellung zur Bundesnotarkammer entsenden.[1726] Der Nachweis gelingt durch Vorlage eines Erbscheins, im Übrigen genügt aber bspw. auch die Vorlage eines öffentlichen Testaments mit angefügtem Eröffnungsprotokoll.[1727] Für den Fall, dass eine Beantragung der Datenlöschung versäumt wird oder schlicht der Aufwand hierfür als zu groß empfunden wird, so wird die Eintragung gemäß § 5 Abs. 4 VRegV von Amts wegen 110 Jahre nach der Geburt des Vollmachtgebers automatisch gelöscht. Insoweit erspart diese automatische Datenlöschung auch jene Gebühr, die für einen Löschungsantrag vor dem gedachten 110. Geburtstag anfallen würde.

e) Eintragung eines Widerrufs auch bei Betreuungsverfügung und Patientenverfügung?

In Bezug auf spätere Änderungen von Betreuungsverfügungen oder Patientenverfügungen werden keine speziellen Empfehlungen seitens der Bundesnotarkammer als Registerbehörde ausgesprochen.[1728] Auch wird in dieser Hinsicht kein gesondertes Widerrufs-Meldeformular angeboten.

Das liegt vor allem daran, dass bei Vorhandensein einer Betreuungsverfügung gerade nicht zur Frage steht, ob eine Betreuung durch wirksame, gleich gut geeignete Bevollmächtigung entbehrlich scheint. Anders als bei einer Vorsorgevollmacht ist die spätere Einrichtung einer Betreuung über die Betreuungsverfügung ja gerade gewollt. Sie soll das später zugrunde liegende Betreuungsverhältnis gestalten. Ähnlich ist es auch bei der Patientenverfügung: Sie gestaltet die Entscheidungsparameter im Innen-

---

1722 Umkehrschluss aus § 5 Abs. 2 VRegV.

1723 www.vorsorgeregister.de/ZVR-Zentrales-Vorsorgeregister/Spaetere-Aenderungen/ Loeschung-von-Registereintragungen.php (Stand: 17.01.2017).

1724 Siehe Fn. zuvor.

1725 Siehe Fn. zuvor.

1726 Siehe Fn. zuvor.

1727 Siehe BGH NJW 2013, 3716 zum Erbberechtigungsnachweis in Sparkassen-AGB und zum Beweiswert des öffentlichen Testaments.

1728 Auch nicht unter „FAQ-Betreuungsverfügung" oder „FAQ-Patientenverfügung", vgl. www.vorsorgeregister.de/Service/FAQs/Patientenverfügung.php (Stand: 17.01.2017).

verhältnis, denen die jeweilige Vertreterperson im Außenverhältnis Ausdruck und Geltung zu verschaffen hat.[1729] Der Zweck der Eintragung eines Widerrufs liegt also darin, die Tatsachengrundlage für die Prüfung des Betreuungsgerichts, ob die Anordnung einer Betreuung subsidiär ist oder nicht, so effektiv wie möglich zu gestalten und zu vereinfachen. Ein Widerruf der Vorsorgevollmacht soll entsprechend nur für den Fall eingetragen werden, dass die Vollmacht vollständig beseitigt ist. Wird eine Betreuungsverfügung gänzlich widerrufen, so genügt ihre Löschung aus dem Zentralen Vorsorgeregister, da in einer Situation „ohne Betreuungsverfügung“ und ohne Angaben zu einer Vertrauensperson gleichermaßen die Anordnung einer Betreuung im Raume stünde.[1730] Wird dagegen eine Patientenverfügung komplett aufgehoben, so könnte diese auch „isoliert“ ausgetragen werden: Entweder müsste dann über die eingetragene Vorsorgevollmacht oder Betreuungsverfügung eine schriftliche Abänderung dahingehend erfolgen, dass die Angabe zur Patientenverfügung nunmehr ausgetragen werden soll. Denkbar wäre jedoch auch, dass eine der hauptregistrierfähigen Vorsorgeverfügungen derart neu eingetragen wird, dass das hierfür vorgesehene Angabenfeld für eine Patientenverfügung unausgefüllt bleibt. Letztgenannte Möglichkeit einer Neueintragung könnte demgemäß auch über das Online-Verfahren wahrgenommen werden, indem das Häkchen an betreffender Stelle weggelassen wird. Insoweit wäre die Eingrenzung, dass Abänderungen lediglich auf schriftlichem Wege vorgenommen werden könnten, theoretisch überwunden. Es dürfte jedoch davon auszugehen sein, dass die Registerbehörde, die die Daten des online-Antrags abgleicht, im Nachgang dennoch auf das Erfordernis eines schriftlichen Antrages zur Abänderung bestehen würde.

Von der Bundesnotarkammer ist gemäß § 5 Abs. 2 VRegV sicherzustellen, dass bei Eintragung von Änderungen und Ergänzungen die bisherige Eintragung auf Anforderung erkennbar bleibt. Auf diese Weise werden auch Abänderungen von Betreuungsverfügungen und Patientenverfügungen gespeichert. Über den Eintragungsverlauf[1731] wird sodann indirekt ein etwaiger Widerruf bzw. teilweiser Widerruf einer Betreuungsverfügung oder Patientenverfügung dokumentiert. Hierbei lässt sich über den Abänderungsmodus bei der eingetragenen Betreuungsverfügung nicht nur ein neuer oder ergänzender Vorschlag einer Vertrauensperson festhalten, sondern auch die Austragung der Patientenverfügung kann wie vorangegangen beschrieben initiiert werden.

Bei der kompletten Austragung einer Betreuungsverfügung (und in Ableitung hierüber: auch derjenigen einer mitregistrierten Patientenverfügung) wird der Datensatz jedoch wie bei der Vorsorgevollmacht zur Gänze gelöscht. Anders als bei einer ursprünglich vorhandenen Vorsorgevollmacht hat die Löschung von Betreuungsverfügung und Patientenverfügung an sich keine Auswirkung auf die Frage der Einrich-

1729 Zum Verhältnis der Vorsorgeinstitute untereinander vgl. oben § 2 C. VII.

1730 Siehe oben § 1 B. IV.

1731 Was die Eintragungshistorie der Datensätze anbelangt, so muss lediglich das Datum der Vorsorgeurkunde in Bezug auf die Vorsorgevollmacht und die Betreuungsverfügung festgehalten werden. Die Patientenverfügung wird dann unter dem Datum der jeweiligen Vorsorgeurkunde mitregistriert, mit welcher sie verbunden und konsequenterweise auch am selben Tag errichtet worden ist.

tung einer rechtlichen Betreuung.[1732] Das erklärt, warum kein gesondertes Bedürfnis besteht, den Widerruf einer Betreuungsverfügung oder einer Patientenverfügung kenntlich zu machen. Dass eine Patientenverfügung oder Betreuungsverfügung dennoch im Gesamtkontext von gewichtiger Bedeutung für ein gedachtes Betreuungsverfahren sein kann, ändert nichts daran, dass das Zentrale Vorsorgeregister eine andere Zweckrichtung verfolgt.

III. Versteinerungsgefahr und Risiko der Zementierung des Willens

Um den registrierten Datenbestand abzuändern, müssen gegenüber der Bundesnotarkammer – wie auch sonst gegenüber Behörden – also bestimmte Verfahrensregularien eingehalten werden. Auch die Tatsache, dass eine Abänderungs- bzw. Neueintragungsgebühr beglichen werden muss, entspricht der gängigen Verwaltungspraxis. Derartige Anstrengungen zur Abänderung des datenmäßig erfassten Selbstbestimmungswillens stellen dabei an sich keine größere Schwierigkeit dar. Dies gilt jedenfalls solange, wie man sich einen Menschen in gesunden Tagen vorstellt, der selbstreflektiert und tüchtig im Leben steht und auch bisher imstande war, seine privatautonome Vorsorge zu organisieren und das Einzelne in die Wege zu leiten, d.h. bspw. die erteilte Vorsorgevollmacht als privater Nutzer beim Zentralen Vorsorgeregister anzumelden.

1. Umregistrierung: Hindernisse, Hemmnisse und Versäumnisse

Diese Vorstellung ist schnell zunichte gemacht, vergegenwärtigt man sich, dass Abänderungswünsche nicht nur in gesunden Tagen, sondern auch zu einem späteren Zeitpunkt gewollt sein können. Der Gesamtumstand, dass Vorsorgeverfügungen typischerweise mehr oder weniger nahtlos an den Zustand eigener Hilflosigkeit und Unzulänglichkeit anknüpfen bzw. an deren Übergangsphasen, vermag Zweifel darüber aufkommen lassen, dass der Betroffene auch später tatsächlich in der Lage sein wird, ein Loskommen und Abändern von den bisher gemachten Festsetzungen durch eine eigens initiierte „Umregistrierung“ zu veranlassen. Der formale Aufwand der Umregistrierung durch schriftlichen Antrag (ggf. über das Verfahren einer Neueintragung auch durch online-Antrag) bei entsprechenden Gebührentatbeständen mag dabei zwar rechtsstaatlich legitim zu sein, wirft aber Fragen der organisatorischen Handhabe auf, sofern man sich in Gedanken ältere Menschen vor Augen führt, die bspw. im Altenheim leben und denen es – bedingt durch die Abhängigkeit der Hilfe anderer und auch von den Sozialsystemen – an technischen wie finanziellen Mitteln fehlt.[1733] Dabei ist mitzubedenken, dass der Großteil der im jetzigen Zeitpunkt alternden Menschen solchen Jahrgängen entstammt, die sich an der Vielfalt der flexiblen Informati-

1732 Siehe § 1 B. III. 2. und B. IV.

1733 Beispiel in Anlehnung an *Deutsch/Spickhoff*, Medizinrecht, Rn. 1029; *Spickhoff* VersR 2006, 1569 (1579); a.A. *Diehn/Rebhan* NJW 2010, 326 (330) dort Fn. 40.

onszugänge schwer tun bzw. die den Umgang mit neuen Medien nicht mehr erlernt haben. Auch ohne Bezugnahme auf die Personengruppe älterer Menschen wären jedoch Beispielsfälle denkbar, in denen Menschen unfall- oder krankheitsbedingt nicht in der Lage sind oder es schlicht nicht im Blick haben, die Änderung im Register vorzunehmen. Das bedeutet, dass zusätzlich zu der Problematik, rechtlich ggf. ohnehin außer Stande gestellt zu sein, einen Widerruf erklären zu können und demgemäß auf die Bestellung eines (Kontroll-)Betreuers angewiesen zu sein, ein organisatorisches Erschwernis auftreten kann, die Registrierung überhaupt rückgängig zu machen bzw. inhaltlich entsprechend anzupassen. Festzuhalten bleibt damit, dass angesichts dieses organisatorischen Aufwands und des vorsorgespezifisch-situativen Kontexts gewisse Hindernisse sowie Hemmnisse und im Allgemeinen auch Versäumnisse zur Abänderung des registrierten Datenbestands nicht auszuschließen sind.[1734] Die Folge ist, dass die spätere Willensänderung – ob nun zur Abänderung einer Vorsorgevollmacht oder Betreuungsverfügung bzw. in Ableitung hierüber: zur Anpassung der Daten zum Vorhandensein einer Patientenverfügung – nicht über das Register ermittelbar ist. Die bisher getroffenen Regelungen und Anordnungen behalten auf diese Weise zumindest in datenmäßiger Fassung einen (Schein-)Bestand im Register bei, ohne dass sich der rechtliche Bestandsstatus in realita mit diesem Datensatz decken würde.

2. Mögliche Konsequenzen einer nicht erfolgten Umregistrierung

Aus dem Umstand des Auseinanderfallens von datenmäßigem Registerbestand und wirklichem, rechtlichen Bestand der jeweiligen Vorsorgeverfügung können gewisse Schwierigkeiten erwachsen, was die Feststellung des wahren Selbstbestimmungswillens des Vorsorge erklärenden Register-Nutzers anbelangt.

a) Ausgangspunkt: Richtigkeit und Vollständigkeit der über das Register auffindbaren Vorsorgeverfügungen

aa) Abrufendes Betreuungsgericht

Zunächst einmal wäre das abrufende Betreuungsgericht infolge mangelnder Kenntniserlagung außerstande gestellt, die zwischenzeitlich ergangene Änderung oder Aufhebung nachzuvollziehen, geschweige denn als Tatsache zu verwerten.[1735] Die von Amts wegen zu veranlassenden Ermittlungen zur materiell-rechtlichen Überprüfung, ob bspw. die Anordnung einer Betreuung erforderlich ist und falls ja in welchem Umfang (Vorsorgevollmacht) bzw. mit wem als einzusetzendem Betreuer (Betreuungsverfügung) oder ob bspw. eine gerichtliche Genehmigungsentscheidung nach Maßgabe von § 1904 Abs. 4, § 1901a Abs. 1 BGB zu erteilen ist oder nicht (Patientenverfü-

1734 Ähnlich *Choi*, Patientenverfügung und Patientenautonomie, S. 202; vgl. auch *Vossler* BtPrax 2002, 240 (242): Aktualisierung der Patientenverfügung würde bei zentraler Hinterlegung erheblich erschwert werden.

1735 Vgl. *W.Bienwald* BtPrax 2002, 244 (245).

gung),[1736] würden – bei gedachter Abfrage des Vorsorgeregisters und dem etwaigen Auffinden der veralteten Vorsorgeverfügungen – von vornherein auf einer unrichtigen Tatsachen- und Beurteilungsgrundlage erfolgen. Andersherum ließen sich ohne Hinweise auf eine zwischenzeitlich ergangene Änderung, Ergänzung bzw. Aufhebung oder sonstige an das Gericht herangetragene sachdienliche Informationen die gerichtlichen Nachforschungen auch nicht rechtfertigen: Der Amtsermittlungsgrundsatz verlangt die Ermittlung der materiellen Wahrheit, er verlangt jedoch nicht, dass alle nur denkbaren Prüfungspflichten ergriffen werden, weshalb über § 26 FamFG gerade keine Ermittlungspflicht „ins Blaue hinein“ forciert wird.[1737] So gesehen wäre es der Durchsetzungsfähigkeit der privatautonomen Vorsorgeinstitute auch abträglich, würde man sie ohne greifbare Anhaltspunkte unter den Generalverdacht stellen, sie seien unwirksam und entsprächen nicht dem Willen des Betroffenen. Hieran spiegelt sich der eigentliche Sinn und Zweck des Vorsorgeregisters wider: Es dient ausschließlich dazu, auf schnelle und effiziente Weise die Durchsetzung eines bereits *abgeschlossenen* Willensbildungsprozesses sicherzustellen.[1738] Weist der dort registrierte Datensatz jedoch auf veraltete und überholte Verfügungen hin, ohne dass es nach außen anderweitig erkennbar gemacht worden ist oder werden kann, so würde das Register in der Konsequenz, dass sich unter Umständen nicht der echte und aktuelle Selbstbestimmungswille durchsetzen wird, seinen eigentlichen Zweck verfehlen. Das prüfende Betreuungsgericht würde in Anbetracht der Unvollkommenheit seiner Tatsachenkenntnisse eine unbewusste Fehlentscheidung treffen. Es würde eine falsche Person als Betreuer bestellen, mit dem falschen Bevollmächtigten in Kontakt treten oder gar eine nicht mit dem wahren Selbstbestimmungswillen konform gehende Genehmigung i.S.d. § 1904 Abs. 4, § 1901a Abs. 1 BGB aussprechen.

bb) Weitere Adressaten: Betreuer, Vorsorgebevollmächtigter, Arzt, nahe Angehörige

In dieser Folge müssen sich auch alle weiteren Adressaten wie bspw. die Beteiligten im formalen Procedere der §§ 1901a ff. BGB, also Patientenvertreter, Arzt und nahe Angehörige sowie sonstige Vertrauenspersonen, grundlegend darauf verlassen, dass im Zeitpunkt einer zu treffenden Entscheidung, die ihnen vorliegenden Dokumente, auf die sie über die abgespeicherten Daten im Register unter Einschaltung des Betreuungsgerichts aufmerksam geworden sind, ihre Richtigkeit haben und keine Änderungen der Wünsche des Betroffenen zu unterstellen bzw. keine Ergänzungen hinzuzudenken sind.[1739] Fehlt es demnach an einer Möglichkeit zu anderweitiger Kenntniserlangung außerhalb des Vorsorgeregisters, so können das abrufende Gericht und die

---

1736 Von Amts wegen zu ermittelnder Patientenwille: BGH FamRZ 2014, 1909 (1911).

1737 BGH FamRZ 2011, 959; Musielak/Borth-*Borth*, § 26 FamFG Rn. 7; *Gomille* in: Haußleiter, § 26 FamFG Rn. 3.

1738 So *Choi*, Patientenverfügung und Patientenautonomie, S. 203; vgl. auch *W.Bienwald* BtPrax 2002, 244 (245).

1739 Zum grundsätzlichen Fortbestehen eines einmal manifestierten Willens vgl. *Lipp* in: Lipp, Vorsorgeverfügungen, § 3 Rn. 55; *Faupel*, Die Betreuungsverfügung, S. 27 ff.; allgemein zur Gefahr von Spekulationen oder eines unterstellten Widerrufs bei Patientenverfügungen: *Deutsch/Spickhoff*, Medizinrecht, Rn. 1023; *Duttge* Jahrbuch der Juristischen Gesellschaft Bremen 2014, 66 (75); *Ol-*

weiteren, in das Geschehen mit einbezogenen Adressaten der jeweiligen Vorsorgeverfügung lediglich von den auf diese Weise nach außen kenntlich gemachten, festgehaltenen Tatsachen und Gegebenheiten ausgehen.

b) Problem der Nachweisdichte bei Abweichungen

Sollte es hingegen in einer Situation, in der ein Betroffener nicht mehr selbst befragt werden kann, Anhaltspunkte für zwischenzeitlich ergangene Willensänderungen geben, so kommt es zu ihrer Durchsetzungsfähigkeit entscheidend darauf an, in welcher Form diese nach außen nachempfunden werden können.

aa) Schriftliche Abweichungen

Hat der Vorsorgeverfügende bei Zeiten bspw. noch eine Änderung oder Ergänzung dahingehend veranlasst, dass etwas aufgeschrieben, mit Datum versehen und fein säuberlich unterschrieben wurde, so ist derjenige, der Kenntnis hierüber hat, imstande, entsprechende Überzeugungsarbeit zu leisten – je nach Sachlage bspw. gegenüber dem Betreuungsgericht oder auch gegenüber dem Arzt oder dem Bevollmächtigten bzw. dem Betreuer. Gegenüber dem Betreuungsgericht treffen denjenigen, der im Besitz eines etwaigen Schriftstücks ist, ab Beginn eines Betreuungsverfahrens bis zu dessen Ende über § 1901c BGB ohnehin entsprechende Ablieferungs- bzw. Informationspflichten.[1740] So kann eine schriftliche Formulierung, die eine Ausweitung einer bereits bestehenden Vorsorgevollmacht auf nunmehr alle Bankkonten beinhaltet und im Nachhinein aufgefunden wird, eine etwaige Betreuerbestellung entbehrlich machen. Was passiert jedoch in derselben Situation, wenn kein Datum auf dem ergänzenden oder abändernden Schriftstück vorhanden ist? Und wenn nun laut Vorsorgeregister eine notariell beurkundete Vorsorgevollmacht für lediglich ein bestimmtes Bankkonto existieren soll? Sofern das Betreuungsgericht an dieser Stelle keine weiteren Erkenntnisse darüber erlangen kann, welche von beiden Erklärungen zuerst in der Welt gewesen sein muss, könnte nicht mit der erforderlichen Sicherheit festgestellt werden, welche Vollmacht von beiden den Widerruf der jeweils anderen darstellen müsste. Bei dem so gewählten Beispielsfall wäre der Sachverhalt zwar insoweit aufgeklärt, als feststeht, dass der Bevollmächtigte zumindest die Legitimation für eines der Konten haben soll. Bleibt aber zweifelhaft, ob auch eine Befugnis für alle weiteren Konten erteilt worden ist oder ob dies dem Willen des Betroffenen gerade zuwider laufen würde, so könnte in dieser Situation nicht mit der hinreichenden Sicherheit festgestellt werden, dass die weitergehende Bevollmächtigung (unbekannten Datums) ebenso gut für die zu besorgenden Angelegenheiten geeignet wäre wie eine darauf begrenzte rechtliche Betreuung.[1741]

---

zen/Schneider MedR 2010, 745 (745); *Renner* ZNotP 2009, 371 (377); *Baumann/Hartmann* DNotZ 2000, 594 (608 ff.).

1740 Siehe oben § 4 A. II.

1741 Vgl. nur BGH, Beschl. v. 19.08.2015 – XII ZB 610/14 = ZNotP 2015, 352; BayObLG FamRZ 2004, 402; *S.Meier/Deinert,* Handbuch Betreuungsrecht, Rn. 116. Im Zweifel würde das Gericht den ver-

Eine ähnliche „Patt"-Situation entsteht, wenn neben einer Patientenverfügung, die ihrem Datensatz nach im Vorsorgeregister mit abgespeichert ist, zusätzlich ein Schriftstück auftaucht, evtl. auch überschrieben mit: „Patientenverfügung", in welchem bspw. in Bezug auf den Fall eines Wachkomas eine genaue Wartezeit von sechs Monaten bis zur Beendigung von lebenserhaltenden Maßnahmen erklärt wird. Kann sich der Patientenvertreter oder der Arzt nicht von den inhaltlich unterschiedlich lautenden Schriftstücken und ihrer zeitlichen Abfolge überzeugen – denkbar wäre schließlich auch, dass der betroffene Patient es sich anders überlegt hatte und keine zeitliche Grenze der Behandlung von sechs Monaten mehr geregelt wissen wollte – so läge es (das Scheitern eines Einvernehmens zwischen Arzt und Patientenvertreter i.S.d. § 1904 Abs. 4 BGB vorausgesetzt) erneut am Betreuungsgericht, den wirklichen Patientenwillen zu erforschen. Lässt sich der Sachverhalt nicht zur Überzeugung des Gerichts aufklären, so hat – in dubio pro vita – im Zweifelsfalle immer der Lebensschutz Vorrang.[1742] Im hier gewählten Beispiel dürfte sich dann nicht nach der angezweifelten sechs monatigen Zeitgrenze gerichtet werden.

bb) Mündliche Abweichungen

Es deutet sich an, mit welchem Unsicherheitspotential der Frage der Durchsetzbarkeit des Selbstbestimmungswillens in diesem Kontext begegnet werden muss – umso mehr wenn es um Entscheidungen geht, die nicht mehr rückgängig gemacht werden können. Diese Ausgangssituation verstärkt sich noch, wenn mündliche Abänderungen oder (Teil-)Aufhebungen im Hinblick auf eine Vorsorgeverfügung in Rede stehen. Obgleich von Gesetzes wegen auch mündlichen Äußerungen Verbindlichkeitscharakter zukommt, kann ihnen in der praktischen Wirklichkeit der Mangel an Nachweisbarkeit zum Verhängnis werden.[1743] Das Problem liegt bekanntermaßen in der Flüchtigkeit des Wortes, Schriftliches ist buchstäblich „fassbarer".[1744] Wie überzeugend und stimmig wirkt also eine (angebliche) mündliche Abänderung gegenüber der privatschriftlichen oder gar notariell beurkundeten Vorsorgeverfügung, die ggf. noch nicht vor all zu langer Zeit verfasst und mit entsprechenden Inhalten registriert worden ist? Es dürfte dabei unbestritten sein, dass eine notariell beurkundete Vollmacht, Betreuungsverfügung oder Patientenverfügung, die bspw. nach Abruf des Registers am jeweils genannten Aufbewahrungsort bzw. über den benannten Patientenvertreter ausfindig gemacht werden konnte, bedingt durch ihre schriftliche Festschreibung und ihre bewusste Veredelung im urkundlichen Errichtungsverfahren einen gewissen Vertrauensvorsprung gegenüber mündlichen Erklärungen genießt.[1745] Hierin liegt gerade auch der anvisierte Vorteil bzw. der Sinn und Zweck einer solchen

meintlich benannten Bevollmächtigten auch nicht als Betreuer bestellen, ähnliches Beispiel bei BR-Drucks. 22/05, S. 11.

1742 Vgl. BT-Drucks. 16/13314, S. 4; *Spickhoff* FamRZ 2014, 1913 (1915).

1743 *Deutsch/Spickhoff*, Medizinrecht, Rn. 1029.

1744 *Schreiber* Medizinische Klinik 2005, 429 (432) [zur Patientenverfügung].

1745 *Deutsch/Spickhoff*, Medizinrecht, Rn. 1029.

Beurkundung.[1746] Die Gefahr jedoch, dass sich zu späterer Zeit mündlich Erklärtes gegenüber schriftlich Fixiertem oder notariell Beurkundetem nicht mehr ohne Weiteres auf der Linie des Selbstbestimmungswillens durchsetzen kann, weil die jeweiligen Adressaten der Vorsorgeverfügungen diese Veränderungen selbst nicht nachvollziehen können bzw. sich nicht von der geänderten Tatsachenlage überzeugen können, ist im Bereich privatautonomer Vorsorge gesondert in Bedacht zu nehmen.[1747] Möglicherweise wollen die Adressaten auch untereinander nicht auf solche Informationen vertrauen, die lediglich auf mündliche Äußerungen des Betroffenen zurück zu führen sein sollen.[1748] Das Risiko fremdgesteuerter Einflussnahme ist bei der Überbringung von mündlichen Willensbekundungen besonders hoch: Mitunter muss in der Praxis mit entsprechender Aufmerksamkeit abgeklärt werden, ob die überbrachten Informationen in Bezug auf eine angebliche, nachträgliche Änderung des Willens nicht durch finanzielle oder anderweitige persönliche Eigeninteressen des Informationsträgers abgefälscht worden sind.[1749] Darüber hinaus kann es schwierig sein, Einigkeit darüber herzustellen, dass es sich bei der betreffenden Äußerung der Wertigkeit und Erklärungstiefe nach überhaupt um eine solche Bekundung gehandelt haben soll, die als Änderung oder Widerruf einer bestimmten Vorsorgeregelung zu verstehen sein muss.[1750] Für den Abänderungswunsch müssen daher konkrete und (zweifelsfrei) belegbare Anhaltspunkte vorgefunden werden können.[1751]

Es ist dabei einzusehen, dass bestimmte Umstände (zunächst) gegen eine solche Willensänderung sprechen oder wenigstens triftige Zweifel aufwerfen können. Hierzu gehört im Einzelfall, dass der Betroffene die jeweilige für eine Abänderung in Rede stehende Vorsorgeverfügung noch an einer Stelle aufbewahrt, an welcher sich auch andere wichtige Dokumente befinden – sie also nicht zerrissen oder stellenweise durchgestrichen hat – oder dass er sie weiterhin registriert hat und über eine ZVR-Karte, die er weiterhin bei sich trägt, auf selbige aufmerksam macht.[1752] Die Registrierung selbst und alle Veranlassungen, um diese nach außen nachvollziehbar zu machen, liefern damit gewichtige Anhaltspunkte für die Ordnungsgemäßheit, Richtigkeit sowie Abgeschlossenheit der vorgefundenen Regelungen. Die gegenteilige Auffassung würde jedenfalls die Sinnhaftigkeit der Informationsplattform des Zentralen Vorsorgeregisters verklären. Was würde ein solches Hinweis-Register nützen, wenn

---

1746 Zu „mehr Vertrauen" siehe *Renner* in: Müller/Renner, BtR und Vorsorgeverfügungen, Rn. 742.

1747 Vgl. *Deutsch/Spickhoff*, Medizinrecht, Rn. 1029; *Olzen* JR 2009, 354 (358); siehe sodann *Baumann/Hartmann* DNotZ 2000, 594 (611): „Für ein besonderes Gewicht der in der Patientenverfügung zutage tretenden Überzeugung kann sprechen, dass der Erklärende bei der Verfügung einen gewissen formalen Aufwand getrieben hat, etwa mit Zeugen gehandelt hat oder die Form der notariellen Beurkundung gewählt hat." Ähnlich *Schöllhammer*, Die Rechtsverbindlichkeit des Patiententestaments, S. 54; *Rieger*, Die mutmaßliche Einwilligung, S. 87.

1748 Hierzu BGH NJW 2014, 3572 (zur Verbindlichkeit von mündlichen Äußerungen in Form von Behandlungswünschen nach § 1901a Abs. 2 BGB).

1749 Vgl. *Schöllhammer*, Die Rechtsverbindlichkeit des Patiententestaments, S. 122; hierzu auch *Duttge* JZ 2015, 43 (46).

1750 Für die Patientenverfügung exemplarisch: BGH NJW 2014, 3572 ff.

1751 Vgl. *Schöllhammer*, Die Rechtsverbindlichkeit des Patiententestaments, S. 122.

1752 Ähnlich bereits *Schöllhammer*, Die Rechtsverbindlichkeit des Patiententestaments, S. 122 (noch ohne Bezug zum Vorsorgeregister).

von vornherein nicht darauf vertraut werden könnte, was dort abgespeichert ist? Ob sich der erste Eindruck, der zunächst über die Informationen aus dem Register gewonnen werden kann, sodann bestätigen lassen wird oder ob sich begründete Zweifel am Fortbestand des einst in Schriftform gegossenen Willens ergeben werden, muss eben für jeden Einzelfall überprüft werden. Da sich der Betroffene aktuell nicht mehr äußern kann, gehen Anzweifelungen über die Wirksamkeit und Ernsthaftigkeit etwaiger mündlicher Bekundungen zu seinen Lasten. Er selbst trägt das Risiko seiner später nicht mehr registrierten, dokumentierten oder sonst feststellbaren Willensänderungen.[1753] Dies käme schlimmstenfalls einer so nicht gewollten Zementierung bzw. Versteinerung des vorsorglich festgeschriebenen Willens gleich. Die Vorabfixierung der Vorsorgeverfügungen und ihr verzögerter Einsatz in Zeiten der Unfähigkeit zu Kommunikation und Interaktion tragen zusammen mit der Tatsache der datenmäßigen und allem Anschein nach ordnungsgemäßen Registrierung zu dem hier beschriebenen Versteinerungspotential bei. Dabei muss an dieser Stelle hervorgehoben werden, dass die Gefahr einer Versteinerung bzw. der Zementierung des eigenen Willens der privatautonomen Vorsorge auch ohne jedweden Zusammenhang zum Vorsorgeregister anhaftet.[1754] Das Vorsorgeregister selbst setzt nicht die Ursache für den hier beschriebenen Versteinerungsvorgang; dieser wird vielmehr durch eine Verkettung von Umständen außerhalb des Registers in Gang gesetzt, der gewiss auch völlig unabhängig von einer Eintragung im Vorsorgeregister möglich erscheint. Als schlichte Informationsplattform begünstigt das Vorsorgeregister diesen Vorgang jedoch zusätzlich bzw. verstärkt ihn, weil die Auskunft über die unveränderte Datenspeicherung einen ersten Anhaltspunkt liefert bzw. den Eindruck der Ordnungsgemäßheit vermittelt und die Aufmerksamkeit bei der materiell-rechtlichen Überprüfung in eine bestimmte Richtung lenkt. Diese Steuerungsfunktion darf keinesfalls unterschätzt werden.[1755]

3. Änderungslast und Umregistrierungslast

Zu vergegenwärtigen bleibt daher, dass jedem Selbstbestimmungsfähigen die Freiheit zusteht, eine Vorsorgereglung trotz der Ungewissheit zukünftiger Entwicklungen zu erklären.[1756] Die getroffenen Festlegungen erzeugen eine Bindungswirkung nach außen bis zum jeweiligen Zeitpunkt, in dem der Vorsorgeerklärende seine Abänderungen mitteilt.[1757] Der Betroffene trägt damit die Änderungslast für das Loskommen von seinen einst gemachten Erklärungen.[1758] Es liegt an ihm, die Verbindlichkeit der Vorsorgeverfügungen (noch rechtzeitig) außer Kraft zu setzen oder eben darauf zu

---

1753 *Spickhoff* VersR 2006, 1569 (1579).
1754 Vgl. *Lipp* in: Lipp, Vorsorgeverfügungen, § 3 Rn. 53 ff. Siehe bereits zuvor unter § 5 A.
1755 Was im Grunde auch von Seiten des Zentralen Vorsorgeregisters auf deren Homepage betont wird, vgl. oben unter § 5 B. II. zur Empfehlung der Eintragung eines Widerrufs.
1756 *Lipp* in: Lipp, Vorsorgeverfügungen, § 3 Rn. 54; § 17 Rn. 40.
1757 Vgl. *Lipp* in: Lipp, Vorsorgeverfügungen, § 3 Rn. 55.
1758 *Lipp* in: Lipp, Vorsorgeverfügungen, § 3 Rn. 55; § 17 Rn. 45 und Rn. 99.

vertrauen, dass der eigene Wille zukünftig richtig gedeutet bzw. umgedeutet wird.[1759] Die hier beschriebene Gefahr, dass die einst errichteten Vorsorgeregelungen den späteren Wünschen und Interessen aus verschiedenen Gründen nicht gerecht werden könnten, entsteht somit als logische Konsequenz des ausgeübten Selbstbestimmungsrechts sowie aus der Eigenheit der Vorsorge-Situation.[1760] Die sog. Versteinerungsgefahr stellt dabei ein gewichtiges und zugleich wenig reflektiertes Charakteristikum der privatautonomen Vorsorge dar. Diese Typizität liegt folglich auch der Situation der Registrierung beim Zentralen Vorsorgeregister zugrunde: Der Vorsorge-Erklärende trägt nämlich die Umregistrierungslast, d.h. das Risiko dafür, Abänderungen zur Aktualisierung des Registerbestands noch eigenverantwortlich und rechtzeitig vornehmen bzw. organisieren zu können. Diese Eigenverantwortlichkeit stellt die Kehrseite seines verfassungsrechtlich verbürgten Anspruchs auf Selbstbestimmung und freie Entfaltung dar.[1761] Demnach steht es dem Betroffenen nach eigenen Gutdünken frei, eine Registrierung vorzunehmen, sie wieder abzuändern oder sie zu unterlassen. Nach dem Verständnis unseres liberalen Gesetzgebers hat sich letztlich jeder Erklärungswillige vor der Errichtung einer Vorsorgeverfügung über den Inhalt, die Tragweite und die Auswirkungen der von ihm beabsichtigten Regelungen zu informieren.[1762] Die Folgen eines möglichen Defizits in der Informations- und Mitteilungskette der von ihm auf freiwilliger Basis errichteten oder registrierten Vorsorgeverfügungen hat er dabei allein zu tragen.[1763]

4. Abänderungslast auch im Hinblick auf hinterlegte Vorsorgeverfügungen

Diese „Last“ ist gleichermaßen auf den Fall von hinterlegten Vorsorgeverfügungen übertragbar: Auch dort gilt es, selbstbestimmt dafür Sorge zu tragen, eine rechtzeitige Änderung der Vorsorgeverfügung samt Neuhinterlegung oder Aufhebung des Verwahrungsverhältnisses zu veranlassen.

5. Notwendigkeit von Risiko-Hinweisen in der Praxis

Dieses Ausmaß dürfte keineswegs als allgemeingültig bekannt zu unterstellen sein. So bleibt anzumerken, dass die Freiheit zu ungestörter Selbstbestimmung und privatautonomer Lebensgestaltung bereits dort auf nicht hinnehmbare Weise konterkariert wird, wo keine Klarheit über die Tragweite und das (Abänderungs-)Risiko einer selbstbestimmt in die Welt geschickten Vorsorgeverfügung besteht. Dies umso mehr als dass das beschriebene Risiko der Versteinerung des eigenen Willens durch eine Registrierung im Zentralen Vorsorgeregister oder durch eine vorgenommene Hinterlegung noch zusätzlich erhöht werden kann. Zur Wahrung und Achtung der Selbstbe-

1759 *Lipp* in: Lipp, Vorsorgeverfügungen, § 3 Rn. 55; § 17 Rn. 44 (Änderung durch den Erklärenden oder durch seinen Stellvertreter).
1760 Vgl. *Lipp* in: Lipp, Vorsorgeverfügungen, § 3 Rn. 53 ff.
1761 So auch *Kaiser* in: Ratzel/Luxenburger, Medizinrecht, § 13 Rn. 522 (2011).
1762 Vgl. *Kaiser* in: Ratzel/Luxenburger, Medizinrecht, § 13 Rn. 522 (2011).
1763 Vgl. *Kaiser* in: Ratzel/Luxenburger, Medizinrecht, § 13 Rn. 522 (2011).

stimmungsfreiheit müsste in diesem Kontext deshalb deutlich auf die Versteinerungsgefahr als solche hingewiesen werden.[1764]

a) Ministerien und Betreuungsbehörden

Dieses Verständnis zugrunde gelegt bedeutet in der Praxis, dass man dem Auftrag des Gesetzgebers zur Förderung privatautonomer Vorsorge nur dann vollständig gerecht werden kann, wenn die Aufklärungsarbeit der öffentlichen Stellen nicht nur im Zeichen von Kosten-Nutzen-Erwägungen bzw. nicht nur in der Absicht einer bloß flächendeckenden, massiven Verbreitung der Vorsorge-Instrumente angegangen wird,[1765] sondern gleichermaßen – bürgerorientiert[1766] – auch die möglichen Konsequenzen und Risiken näher in den Blick genommen würden. Demnach müsste zur Verwirklichung des Selbstbestimmungsrechts auch umfassend darüber aufgeklärt werden, wie sich der Einzelne auf effiziente Weise von seinen festgehaltenen Vorsorgeverfügungen loslösen kann und welche Schritte er hierfür zu organisieren hat. Die Informationsmaterialien und Broschüren der Ministerien konzentrieren sich schwerpunktmäßig darauf, dass Vorsorgeverfügungen rechtzeitig errichtet und individuell so gestaltet werden, dass sie nach außen nachvollziehbar erscheinen und zur Kenntnis gelangen können. Insbesondere auch zur Kenntnis der Justiz, deren Ressourcen geschont werden sollen. Es entsteht der Eindruck, dass für die einmal errichtete und sorgfältig überdachte Vorsorgeverfügung im Normalfall kein späterer Abänderungsbedarf mehr aufkommen wird.[1767] Dennoch ist die Frage zur Verfahrensweise bei Abänderungswünschen oder generell bei Rückgängigmachungen berechtigt. Bürgerinnen und Bürger sollten auch in dieser Hinsicht sensibilisiert werden und zum eigenen Schutz eine kurz gehaltene, erläuternde Anleitung an die Hand gereicht bekommen.

b) Bundesnotarkammer als Registerbehörde

Die Bundesnotarkammer als Registerbehörde hat dieses Problem zum Teil erkannt und zumindest auf der Homepage des Zentralen Vorsorgeregisters aufgegriffen. Dort weist es unter der Rubrik „Spätere Änderungen" in knappen Ausführungen auf die Konsequenzen eines nicht aktualisierten Registerbestands im Zusammenspiel mit

---

1764 *Spickhoff* in: Spickhoff, MedR, § 1901c BGB Rn. 4.

1765 Vgl. ausschnitthaft BR-Drucks. 22/05, S. 6 (Betreuungsvermeidende Wirkung wird das Register dann erzielen, wenn möglichst viele Vorsorgevollmachten registriert werden; um die mit der Führung des Registers verbundenen Kosten gering zu halten, wird die Auskunft an die Gerichte vorrangig im Wege der Datenfernübertragung stattfinden; die bei den Ländern durch Abruf des Registers verursachten Kosten stehen den weit höheren Einsparungen gegenüber, die durch die Vermeidung überflüssiger Betreuungen zu erwarten sind).

1766 Vgl. BR-Drucks. 15/2253, S. 18 zur Notwendigkeit einer bürgerorientierten Ausgestaltung der Vorsorgevollmacht und zum gesetzgeberischen Handlungsbedarf für eine zentrale Registrierung.

1767 So wird in *Bayerisches Staatsministerium der Justiz,* Vorsorge für Unfall, Krankheit, Alter, S. 17 zwar für die Errichtung einer Patientenverfügung bemerkt, dass sich Entscheidungen und Einstellungen im Laufe eines Lebens ändern können, weshalb eine Patientenverfügung erst nach sorgfältiger Überlegung und Auseinandersetzung abgefasst werden solle, im Näheren werden aber keine Ausführungen dazu gemacht, sollte es *nach* Errichtung zu Änderungswünschen kommen.

dem um Auskunft ersuchenden Betreuungsgericht hin. Es bezieht sich dabei allerdings nur auf die betreuungsvermeidende Vorsorgevollmacht. Weitere Erläuterungen bzw. Hinweise lassen sich (indirekt) dem abrufbaren „Meldeformular W" entnehmen. Hierüber erhält der Register-Nutzer, der einen Widerruf seiner registrierten Vorsorgevollmacht beabsichtigt, weitere Empfehlungen zur Vorgehensweise. Er sollte der Reihe nach einfach das umsetzen, was ihm über das Formular suggeriert wird und wozu er sich durch seine eigene Mitteilung erklärt hat.[1768] Im Übrigen wäre aber auch im Hinblick auf Abänderungen einer Betreuungs- oder Patientenverfügung eine Aufklärung bzw. kurze Anleitung wünschenswert, um die Durchsetzbarkeit des abgeänderten Willens im Einklang mit der aktuellen Registrierung abzusichern. Hierzu würde insbesondere gehören, darauf aufmerksam zu machen, dass keine sich widersprechenden Verfügungen in Umlauf sind.

c) Rechtsanwälte und Notare

Im Übrigen kann dieses Aufklärungsdefizit nur durch eine umsichtige Rechtsberatung aufgefangen werden. Da – anders als in Österreich[1769] – keine gesetzliche Beratungspflicht zur Errichtung einer Vorsorgeverfügung existiert, lässt sich der Umfang zu juristischer Aufklärung nur eigendynamisch und einzelfallbezogen bestimmen. Es ist dann zunächst Sache des Ratsuchenden selbst, wie weit sein Erkundigungsinteresse reicht und inwieweit er um rechtlichen Rat bitten möchte. Die Beratungstätigkeit von Rechtsanwälten richtet sich dabei an dem vertraglich festgelegten Gegenstand der Beratung aus. Dieser umfasst regelmäßig zwar lediglich die Errichtung einer Vorsorgeverfügung und nicht deren Abänderung. Insoweit lässt sich aber nur der Schwerpunkt bzw. die grobe Richtschnur der Beratungstätigkeit einsehen, denn der auftraggebende Mandant ist als rechtsunkundiger Laie in der Regel nicht imstande, vorab die eindeutige Richtung zu bestimmen, in welche die Beratung gehen soll.[1770] Der Beratungsgegenstand muss demnach gemeinsam entwickelt, geformt und eingegrenzt werden. Erst im Rahmen der näheren Besprechung darüber, was sinnvollerweise wie in einer Vorsorgeverfügung niedergelegt werden sollte und durch Abklopfen der persönlichen Interessen des Mandanten, kann der Beratungsgegenstand seinem Umfang nach konkretisiert werden. Nicht nur reflexartig dürfte in diesem Zusammenhang und im Interesse des Mandanten dann auch zu vermitteln sein, was zu beachten ist, sollten sich einmal Änderungen an einem der in den Blick genommenen Gestaltungspunkte ergeben. Dies dürfte vor allem für ein Gespräch über die Errichtung einer Patientenverfügung und der ohnehin vermehrt aufkommenden Frage nach einer Aktualisierung anzunehmen sein. Auch wenn von Gesetzes wegen eine Aktualisierung gerade nicht eingefordert wird, wird verstärkt vor dem Hintergrund, sich selbst und der

1768 Siehe unter § 5 B. II. 2. a).
1769 Vgl. § 6 PatVG.
1770 Vgl. insoweit auch BGH NJW 1996, 2931; Palandt/*Grüneberg*, § 280 BGB Rn. 66: Soweit der Auftraggeber nicht unzweideutig zu erkennen gibt, dass er des Rates nur in einer bestimmten Richtung bedarf, ist der Rechtsanwalt zu einer umfassenden und möglichst erschöpfenden Belehrung des Auftraggebers verpflichtet.

Außenwelt ein Gefühl der Sicherheit zu verschaffen, zumindest auf ein erneutes Überdenken, ggf. verbunden mit einem Aktualisieren der Patientenverfügung hingewiesen.[1771] Allein hierin dürfte also ein thematischer Anknüpfungspunkt dafür zu sehen sein, über mögliche Abänderungen (auch im Bedenken um die zukünftige Vorsorge-Situation) zu sprechen.

Selbiges kann dann auch für das Aufklärungsbedürfnis im Rahmen der Beratung durch Notare unterstellt werden. Dabei sind diese über § 20a BeurkG sogar gesondert dazu aufgefordert, auf die Möglichkeit der Registrierung hinzuweisen.[1772] Für sie lässt sich kraft dieser Zuweisung daher zumindest eine gewisse Sachnähe und Verantwortung festhalten, über die beschriebenen Zusammenhänge von Registrierung, späterer Änderung und diesbezüglich nicht erfolgter Umregistrierung oder Austragung aufzuklären. Ein Hinweis auf die Registrierungsmöglichkeit dürfte im Normalfall zumindest zur Frage überleiten, warum eine solche Registrierung sinnvoll sein soll. Dann sollte aber auch thematisiert werden, was in Zukunft typischerweise zu berücksichtigen sein wird, sollten sich Änderungen im Hinblick auf die errichteten und registrierten Vorsorgeverfügungen ergeben. Es dürfte klar sein, dass sich hier ein schmaler Grat bezogen darauf auftut, den Ratsuchenden, der zur Gestaltung privatautonomer Vorsorge entschlossen ist, nicht unnötig „abzuschrecken". Dem Vorsorge-Interessierten dürfte aber daran gelegen sein, umfassend und erschöpfend über die verschiedenen Aspekte der privatautonomen Vorsorge beraten zu sein. Hierzu gehören Nutzen wie Risiken gleichermaßen.[1773]

1771 So hierzu oben § 2 C. IV. 2.

1772 Siehe *Bücker/Viefhues* ZNotP 2007, 126 (130) zu Verstößen gegen die notarielle Hinweispflicht in § 20a BeurkG.

1773 Siehe auch *Deutsch/Spickhoff*, Medizinrecht, Rn. 1027 ff.

Zusammenfassung

§ 1: Einführung in das rechtliche Themenumfeld

Der Gestaltung privatautonomer Vorsorge liegt das Konzept der Abänderung der gesetzlichen Ordnung zugrunde.[1774] Ohne eine etwaige Ausgestaltung sind es die Regelungen zur Handlungsunfähigkeit, d.h. zur Geschäfts- bzw. Einwilligungsunfähigkeit, gleichermaßen auch die für den Notfallbereich relevanten Regelungen über die Geschäftsführung ohne Auftrag in §§ 677 ff. BGB bzw. die Grundsätze über die mutmaßliche Einwilligung und insbesondere die Einrichtung einer rechtlichen Betreuung, die zum Schutze des Betroffenen greifen. In Anknüpfung hieran lassen sich die der Vorsorge zugänglichen Bereiche im Wesentlichen in einen Vermögens- und einen Gesundheitsfürsorgebereich unterteilen. Im Rahmen des Vermögensbereichs ist die wesentliche Ausgangslage der Vorsorgevollmacht – und mit ihr korrelierend auch diejenige der rechtlichen Betreuung – darin zu sehen, die Unfähigkeit des Einzelnen, am **Rechtsgeschäftsverkehr teilzunehmen**, zu überwinden. Eine dahingehende Handlungsunfähigkeit bedeutet für den Betroffenen nicht nur ein Zugangshindernis zum Rechtsverkehr, sondern berührt umgekehrt auch die **Unsicherheit über bereits abgegebene Erklärungen**, deren „Rückgängigmachung" aufgrund der Beweisführung im jeweiligen Einzelfall schwierig sein kann.[1775] **Zur Durchsetzung und Geltendmachung der persönlichen Interessen** bedarf es dabei der Hilfe Außenstehender. Für diejenigen, die eine solche Hilfs- und Vertrauensperson nicht vorweisen können, verbleibt die Einbeziehung von Betreuungsgericht, Behörden und Betreuern. Über die Betreuungsverfügung ist eine entsprechende Einflussnahme auf das staatliche Verfahren sowie auf das hieraus resultierende Fürsorgeverhältnis möglich. Entscheidend für die Frage also, an welches System die privatautonome Gestaltung anknüpfen soll, kommt es im Einzelfall auf das Vorhandensein einer Hilfs- bzw. Vertrauensperson an, die ohne oder eben nur mit gehöriger Kontrolle agieren können soll.[1776] Im Bereich der Gesundheitsfürsorge zeigt diese Ausgangsfrage ihr Fortwirken: Die gewünschte **Willensbefolgung und kontinuierliche Interessendurchsetzung** soll durch eine entsprechende Kenntlichmachung des eigenen (Patienten-) Willens nach außen sowie durch das Zwischenschalten von entscheidungsbefugten Hilfspersonen gewährleistet werden.[1777] Patientenverfügung und Patientenvertretung – gleichgültig, ob durch einen Bevollmächtigten oder einen Betreuer – sind hierzu die durch das Gesetz zur Verfügung gestellten Mittel.

1774 § 1 C.
1775 § 1 B. II. 1. c).
1776 § 1 B. II. 1. c) und § 1 B. II. 2. d).
1777 § 1 B. II. 3. c) und § 1 B. III. 1. c).

§ 2: Spezifische Merkmale und wesentliche Aspekte zur Gestaltung privater Vorsorge

Bedingt durch das weite Anwendungsfeld in vermögensspezifischer Hinsicht steht vor allem die **Vorsorgevollmacht** im besonderen Fokus privatautonomer Gestaltung. Der Betreuungsverfügung kommt demgegenüber – wenn auch nicht nur – eine Art „Auffangrolle" zu, was letztlich der gesetzgeberischen Zielvorstellung zur Entlastung des Betreuungswesens gerecht wird. Zunehmende Bedeutung gewinnt die Vorsorgevollmacht im gesundheitsspezifischen, personalen Bereich, zumeist in Kombination mit einer Patientenverfügung. Die Zulässigkeit dieser sog. **Einwilligungsvollmacht** wurde mit Einführung der §§ 1904 Abs. 5, 1906 Abs. 5 BGB gesetzlich festgeschrieben. Als privatautonomes Folgekonstrukt zur Einwilligung selbst liegt die wesentliche Aufgabe dieser Vollmacht darin, die Wirksamkeit der rechtfertigenden Einwilligung über die Erklärung des insoweit Bevollmächtigten sicherzustellen.[1778] Dies ist der Grund dafür, warum ihre Rechtsdogmatik vom Gesetzgeber nicht genau festgelegt, aber zumindest in Anlehnung an eine vertretungsrechtliche Konstruktion formuliert worden ist. Eine teilweise **Analogiefähigkeit** zu den Vorschriften über Willenserklärungen in **§§ 164 ff. BGB** ist im Gleichlauf zur rechtlichen Handhabe um die Einwilligungserklärung selbst jedoch nachvollziehbar und stringent.[1779]

Die von einer Vorsorgevollmacht erfassbaren Angelegenheiten unterteilen sich in Anknüpfung an die Aufgabenkreise im Rahmen der rechtlichen Betreuung in **vermögensrechtliche und nicht-vermögensrechtliche Aufgabenbelange**. Die Vollmacht im Bereich Vermögenssorge ist ein gängiges Instrument, um eine wirtschaftlich effektive Teilnahme am Rechtsverkehr zu ermöglichen. Auch die vermögensähnlichen Angelegenheiten – bspw. Behördenangelegenheiten – gehören zum typischen und insoweit rechtlich unauffälligen Regelungsbereich. Das besondere Augenmerk richtet sich vielmehr auf die nicht-vermögensrechtlichen Angelegenheiten: Neben den medizinischen Maßnahmen als den Gesundheitsangelegenheiten schlechthin, die zuletzt in Anbetracht der Thematik hinsichtlich des Behandlungsverzichts bzw. Behandlungsabbruchs im Jahr 2009 um die Möglichkeit der Nichterteilung und des Widerrufs einer Einwilligung ergänzt wurden, sind es die Aufgaben rund um den Bereich der Aufenthaltsbestimmung, Freiheitsentziehung und ärztlichen Zwangsmaßnahmen, die gegenwärtig ein weites Feld rechtsforensischer Auseinandersetzung erzeugen. Hervorzuheben ist hierbei die Legitimation zu ärztlichen Zwangsmaßnahmen, die erst im Jahr 2013 eine formelle Ermächtigungsgrundlage erfahren hat und demgemäß über § 1906 Abs. 5 BGB ausdrücklichen Einzug in die Regelungsmaterie der Vorsorgevollmacht erhält. Da eine medizinische Zwangsmaßnahme in dieser Form nur im Kontext einer freiheitsentziehenden Unterbringung zulässig ist, fehlt für den **ambulanten Bereich**, d.h. im häuslichen Umfeld oder im Bereich offener Krankenhäuser, Altenheime etc., eine entsprechende Rechtsgrundlage, obgleich eine Medikation – wenn auch zwangsweise – ohne eine zusätzliche mit Freiheitsentzug verbundene Unterbrin-

1778 § 2 A. I. 2. b) bb).
1779 § 2 A. I. 2. b) bb).

gung gleichwohl weniger eingriffsintensiv wirken würde.[1780] Für die **Gestaltungsweise der Vorsorgevollmacht** bleibt dabei im Ergebnis festzuhalten, dass sie sich an den aktuellen Vorgaben der bestehenden Gesetzeslage auszurichten hat. Bedeutung erlangt diese Aufarbeitung auch unter dem Eindruck eines gedachten Beratungsgesprächs; denn im Einzelfall ist Aufklärung darüber geboten, welche Tragweite eine Vorsorgevollmacht mit derartigem Aufgabenbereich mit sich bringt.[1781]

Als weiterer Aufgabenbereich verdient derjenige der **Umgangsbestimmung** Erwähnung: Im Rahmen der rechtlichen Betreuung gehört dieser Bereich zum gewöhnlichen Aufgabenfeld, da sich Menschen, die bspw. bedingt durch ihre kognitiven bzw. geistigen Einschränkungen und damit einhergehender Naivität, auf vordringlichere Weise schädlichen Einflüssen ausgesetzt sehen müssen als Menschen, die sich durch entsprechende Vorsorgeregelung für künftige Vorkommnisse aus allgemeinen, altersbedingten oder familiären Gründen absichern wollen. Ebenso wie bei der Einwilligung in medizinische Behandlungsmaßnahmen steht es dem betreffenden Rechtsgutträger zur freien Disposition, einen Bevollmächtigten mit der Befugnis auszustatten, seinen Umgangswillen nach außen zu wahren und eine Kontaktverweigerung gegenüber bestimmten Personen durchzusetzen.[1782] Dies ist nur möglich, soweit der Betroffene nicht selbst für die Wahrung seiner Selbstbestimmung Sorge tragen kann. Der typische Anwendungsfall wird sich somit auf den Zustand der Bewusstlosigkeit beschränken, wie er im Zusammenhang mit einem Krankenhausaufenthalt und der dortigen Ausübung des Besuchsrechts denkbar erscheint. Ohne dass diese Befugnis über die Ausübung des Besuchsrechts explizit eine Regelung erfahren hat, kann sie – ähnlich wie die Befugnis zum notwendigen Abschluss des Behandlungsvertrages – dennoch kraft Auslegung im Einzelfall **als Annexbefugnis zur Gesundheitsfürsorge** hergeleitet werden.[1783] Zu den Sonderfällen der regelungsbedürftigen Angelegenheiten zählen die Aufgabenbereiche von Post-/Telekommunikation sowie Wohnung und auch der Bereich der Totensorge: Angesichts ihres personalen und vermögensrechtlichen Einschlags können sie nicht oder nicht vollständig einem der beiden Oberbereiche zugeordnet werden oder verlassen sogar – wie im Falle der Totensorge – den originären Regelungsbereich der Vorsorgevollmacht.[1784] Eine Vollmacht für Bestattungs- und Organspende-Angelegenheiten versteht sich dabei als ein eigenständiger Zusatz, der – anders als die Vorsorgevollmacht – an den Tod der betreffenden Person anknüpft und dennoch in schlichter Kombination mit den Regelungen zur Vorsorgevollmacht festgehalten werden kann.

Vorsorgevollmachten in vermögensrechtlichen Angelegenheiten werden aus dem Anlass, eine Betreuung umfassend zu vermeiden, typischerweise als umfangreiche **Generalvollmacht** erteilt. Für die nicht-vermögensrechtlichen Angelegenheiten kann die Begrifflichkeit „Generalvollmacht" aus rechtsdogmatischen Gründen nicht übernommen werden. Ohne dass es für die praktische Anwendung von großer Bedeutung

---

1780 § 2 A. III. 1. b) aa) (3) und (4).
1781 § 2 A. III. 1. b) aa) (4) (c).
1782 § 2 A. III. 1. b) bb).
1783 § 2 A. III. 1. b) aa) (5).
1784 § 2 A. III. 1. b) cc) und dd).

wäre, kann eine Vollmacht im Bereich der Gesundheitsfürsorge und der sonstigen personalen Anliegen (Wohnung, Post, Umgang etc.) ihrem Umfang nach vielmehr als **gesetzlich typisierte Gattungs- oder Spezialvollmacht** eingeordnet werden.[1785] Die Frage der inhaltlichen Konkretisierungsbedürftigkeit stellt sich in Anbetracht von **§§ 1904 Abs. 5, 1906 Abs. 5 BGB** nur für die dort von Gesetzes wegen näher bezeichneten Angelegenheiten. Eine **analoge Anwendung** dieser Normen auf den übrigen personalen Bereich ist vor dem Hintergrund der mangelnden Vergleichbarkeit der Sachlage und der mangelnden Verallgemeinerungsfähigkeit sowie der hohen Anforderungen an eine Formstrenge nicht möglich, obgleich die rechtliche Überlegung einer Analogie im Ergebnis der praktischen Gestaltungshandhabe entspricht – dort aber aus Gründen der Nachweisbarkeit veranlasst wird.[1786] Im Gegensatz zu dem sich aus §§ 1904 Abs. 5 S. 2, 1906 Abs. 5 S. 1 BGB ergebenden **Konkretisierungserfordernis** ist das für den Bereich der Vermögenssorge propagierte (faktische) **Konkretisierungsbedürfnis** zur Veranschaulichung des Umfangs der Generalvollmacht rechtlich betrachtet überflüssig.[1787]

Für die unterschiedlich angelegten **Vollmachtsgegenstände** ist nicht nur in dieser Hinsicht ein entsprechend divergierendes Gestaltungskonzept zu berücksichtigen. Für eine Generalvollmacht können sich bestimmte Einschränkungen und Einzelfallbefugnisse zur Klärung aufdrängen, die für eine Vorsorgevollmacht im personalen Bereich von vornherein keine Rolle spielen, so etwa für den Klärungspunkt, ob **Insichgeschäfte** und **Schenkungen** möglich sein sollen und – falls ja – unter welchen Voraussetzungen.[1788] Beides zusammen birgt offenkundig ein erhöhtes Risikopotential für die eigenen Vermögensverhältnisse in sich, da der Bevollmächtigte ohne größeren Aufwand Übertragungen an sich selbst vornehmen könnte. Um dem entgegen zu wirken ist eine Regelung denkbar, die sich an die Vorgaben aus dem Betreuungsrecht anlehnt und bspw. Schenkungen nur im Rahmen von Pflicht-, Anstands- und Gelegenheitsschenkungen ermöglicht. Umgekehrt kann mit Blick auf die vorweggenommene Erbfolge auch ein gesonderter Bedarf für bestimmte Transferleistungen vorliegen.

Ein gemeinsamer und gleich geschalteter Klärungsbedarf, d.h. sowohl für den vermögensrechtlichen als auch für den personalen Bereich der Vollmacht, besteht dagegen für die Regelung einer **Gesamt- oder Einzelvertretungsbefugnis.**[1789] Zu unterscheiden ist, ob mehrere Bevollmächtigte für denselben oder für jeweils verschiedene Aufgabenbereiche zuständig sein sollen. Schwierigkeiten infolge von Uneinigkeit ergeben sich naturgemäß nur dann, wenn mehrere für dieselbe Angelegenheit die Verantwortung tragen sollen. Eine Gesamtvertretungsbefugnis kann bei andauernder Uneinigkeit bis hin zur faktischen Funktionslosigkeit der Vorsorgeregelung führen. Dies gilt auch im Fall der Einzelvertretungsbefugnis, wenn dauerhaft entgegengesetzte Entscheidungen veranlasst werden. Abhilfe würde eine Regelung zur Einzelvertre-

1785 § 2 A. III. 2. b) cc).
1786 § 2 A. III. 2. b) bb).
1787 § 2 A. III. 2. a) cc).
1788 § 2 A. III. 3.
1789 § 2 A. III. 3. c).

tung schaffen, bei welcher intern festgehalten würde, wem die Letztentscheidungsbefugnis bei Uneinigkeit zuteil werden soll. Zur Absicherung von Konflikten kann darüber hinaus eine Überwachungsbevollmächtigung geschaltet werden, welche den Überwachungsbevollmächtigten befugt, einzuschreiten, sollten sich konkrete Verdachtsmomente eines Missbrauchs durch das Verhalten des Hauptbevollmächtigten erhärten. Daneben kommt, um für den Fall eines personellen Ausfalls oder sonstiger personenbezogener Hindernisse gerüstet zu sein, sowohl für die Vollmacht in vermögensrechtlicher als auch in nicht-vermögensrechtlicher Hinsicht eine **Ersatz- bzw. Unterbevollmächtigung** in Betracht.[1790] Insbesondere ist eine Untervollmacht auch für den gesundheitsspezifischen, personalen Bereich möglich; die Erweiterung des Personenkreises obliegt dabei der privatautonomen Gestaltung des Betroffenen. Ergänzende Auslegungen zur Erweiterung des Personenkreises sind mangels Verkehrsfähigkeit personaler Vollmachten und insbesondere unter Berücksichtigung der höchstpersönlichen Schutzrichtung faktisch ausgeschlossen.[1791] Die Befugnis zu einer Unterbevollmächtigung ist daher nur bei einer ausdrücklichen Erteilung denkbar.

Dadurch, dass Vorsorgevollmachten auf die Anwendung zu Lebzeiten des Vollmachtgebers ausgerichtet sind und vorrangig zur Vermeidung der Einrichtung einer rechtlichen Betreuung dienen, erübrigt sich ihre Vorsorgeregelung weitestgehend durch den Tod des jeweiligen Auftrag- und Vollmachtgebers.[1792] Die Rechtsprechung tendiert bei ihrer Auslegung im Ergebnis dazu, die Vorsorgevollmacht als mit dem Todesfall für erloschen einzustufen. Unter dem Zuschnitt einer sog. transmortalen Vollmacht kann die Vorsorgevollmacht dahingehend ergänzt werden, dass ihr eine **Geltung über den Tod hinaus** zuteil wird. Zweck einer solchen Regelung ist es, die Zeit bis zur Handlungsfähigkeit der jeweiligen Erben zu überbrücken.

Auch für die Vorsorgevollmacht als Generalvollmacht bzw. als Vollmacht im personalen Bereich ist die Rechtsprechung zur **Unwiderruflichkeit** von Vollmachten zu vergegenwärtigen: Ein Ausschluss der Widerruflichkeit wird dort wegen einer nicht hinnehmbaren Einschränkung der Privatautonomie und dem Überwiegen der schützenswerten Belange des Vollmachtgebers für unzulässig erachtet.[1793] Beides ist für das Institut der Vorsorgevollmacht in Anbetracht der drohenden Fremdbestimmung und der Höchstpersönlichkeit der Belange anzunehmen. Anders als eine mit dem Bevollmächtigten vereinbarte Unwiderruflichkeit, die das Verhältnis zwischen Vollmachtgeber und Bevollmächtigten betrifft, berührt die Thematik der gegenseitigen Widerrufsmöglichkeit das Verhältnis mehrerer Bevollmächtigter untereinander. Im Ergebnis erscheint eine Auslegung dahingehend, dass die (gegenseitige) Widerrufsbefugnis der jeweils erteilten Generalbevollmächtigung immanent sein soll, nicht interessengerecht – denn die Folge wäre ein „Wettlauf" der Bevollmächtigten um den frühzeitigeren Ausspruch des Widerrufs der jeweils anderen Vollmacht.[1794] In dieser Konsequenz wäre die Befugnis zum Widerruf zu weitreichend. Vielmehr muss ein etwaiger

---

1790 § 2 A. III. 3. e).
1791 § 2 A. III. 3. e).
1792 § 2 A. III. 3. f).
1793 § 2 A. III. 3. g).
1794 § 2 A. III. 3. g) bb).

Widerruf dem Vollmachtgeber vorbehalten sein. Ist dieser außerstande gestellt, den Widerruf vorzunehmen, wird bei entsprechend konkreten Anzeichen für das Vorliegen von Missbrauch eine Kontroll- bzw. Überwachungsbetreuung durch das Betreuungsgericht einzurichten sein.

Da die Vorsorgevollmacht den allgemeinen Regeln über Vollmachten folgt (im personalen Bereich zumindest ihrem Grundgerüst nach), ist für ihren **Wirksamkeitsbeginn** darauf Acht zu geben, dass sie als einseitig empfangsbedürftige Willenserklärung dem Bevollmächtigten auch zugegangen sein muss, d.h. dass dieser Kenntnis von der Erklärung und ihrem Inhalt erlangen muss.[1795] Eine diesbezügliche Aushändigung der Vollmachtsurkunde kann dabei im Konflikt mit der Befürchtung stehen, dass die Vollmacht bereits vorzeitig und ungewollt in Gebrauch genommen wird. Dadurch, dass eine gewisse Zeitspanne zwischen ihrer Erteilung und ihrem tatsächlichen Einsatzbedarf liegen kann, gilt es als zentralen Gestaltungspunkt herauszuarbeiten, unter welchen Voraussetzungen ihr erstmaliger Einsatz legitim sein soll. Als praxisuntauglich hat es sich erwiesen, die Vollmachtserklärung unter die aufschiebende Bedingung des Eintritts der Geschäftsunfähigkeit bzw. der Fürsorgebedürftigkeit zu stellen.[1796] Anders muss das Ergebnis für die Einwilligungsvollmacht im personalen Bereich lauten: Die **Bedingung der Einwilligungsunfähigkeit** ist ihr bereits kraft ihrer Verwurzelung mit dem Selbstbestimmungsrecht des Vollmachtgebers zwingend auferlegt.[1797] Für die Vorsorgevollmacht im vermögensrechtlichen Bereich hat sich hingegen eine Gestaltungspraxis entwickelt, die dafür plädiert, eine Bevollmächtigung so zu erteilen, dass sie nach außen von Bedingungen frei ist.[1798] Ein missbräuchliches Verwenden soll vielmehr dadurch unter Kontrolle gehalten werden, dass die Vollmachtsurkunde zunächst nicht herausgegeben wird und/oder im Innenverhältnis eine Vereinbarung über ihre Verwendungsmodalität dahingehend festgeschrieben wird, dass sie vor dem Vorsorgefall nicht zum Einsatz kommen darf. Die Aushändigung der Urkunde selbst, die zur Legitimation im Rechtsverkehr unverzichtbar ist, kann auch durch Zwischenschaltung eines Notars oder Rechtsanwalts veranlasst werden. Auf diesen würde dabei die Verantwortung über die Einschätzung fallen, ob der gedachte Vorsorgefall tatsächlich eingetreten ist.[1799]

Für die Vorsorgevollmacht in vermögensrechtlicher Hinsicht ist es ihren Wirksamkeitsvoraussetzungen nach unabdingbar, dass der Vollmachtgeber im Zeitpunkt der Abgabe der Vollmachtserklärung **geschäftsfähig** war.[1800] Dies muss **ebenfalls für die Vollmachtserteilung im personalen Bereich** gelten, auch wenn vermehrte Stimmen in der Literatur das Vorliegen von Einwilligungsfähigkeit genügen lassen wollen.[1801] Im Ergebnis wird hierbei verkannt, dass nicht auf den Gegenstand der Vollmacht als solchen abzustellen ist, sondern auf den rechtsgeschäftlichen Begründungs-

1795 § 2 A. IV.
1796 § 2 A. IV. 1.
1797 § 2 A. IV. 1. c).
1798 § 2 A. IV. 2.
1799 § 2 A. IV. 3.
1800 § 2 A. V.
1801 § 2 A. V. 1.

akt an sich. Außerdem schließen sich Geschäftsfähigkeit und Einwilligungsfähigkeit im Bereich des Erwachsenenschutzes nicht zwingend gegenseitig aus: Es ist schwer vorstellbar, dass ein Volljähriger nicht mehr geschäftsfähig ist, aber seine Einsichtsfähigkeit zur Errichtung einer Einwilligungsvollmacht für komplexe, in der Zukunft liegende Behandlungssituationen noch ausreichen soll. Zweifelsfälle können darüber hinaus über das Vorliegen der Voraussetzungen zur partiellen, gegenständlich begrenzten Geschäftsfähigkeit abgefedert werden.

Da für die Folgezeit der Zustand der Geschäftsunfähigkeit praktisch anlassbezogen mit einkalkuliert wird, ist zu vergegenwärtigen, dass die eigenen Kontrollmöglichkeiten über die **Person des Bevollmächtigten** entsprechend geschmälert werden. Es muss daher eine Vertrauensperson gefunden werden, die nach der persönlichen Vorstellung und auch unter rechtlichen Aspekten für die Aufgabe der Stellvertretung geeignet ist.[1802] Anderenfalls ist das reibungslose Funktionieren des Vorsorge-Instituts gefährdet; eine erteilte Vorsorgevollmacht erfüllt ihren Zweck dann ggf. nicht gleichermaßen gut wie es über das Institut der rechtlichen Betreuung möglich wäre. Besonders hervorzuheben ist, dass Minderjährige wegen § 165 BGB grundsätzlich als Bevollmächtigte in Betracht kommen. Je nach Alter und Verstandesreife sowie nach jeweiligem Angelegenheiten-Spektrum dürfte sich im Einzelfall entscheiden lassen, ob der jeweilige Minderjährige bereits imstande ist, seine Aufgabe zu erfüllen.[1803] Komplizierter gestaltet sich dabei die Ebene des Innenverhältnisses, welche für sich genommen eine rechtlich nachteilhafte Willenserklärung seitens des Minderjährigen erfordern würde. Dieses Hindernis könnte nur durch Zustimmung des gesetzlichen Vertreters oder eines Verfahrenspflegers überwunden werden. Daneben ist es denkbar, dass Rechtsanwälte als Vorsorgebevollmächtigte agieren, wobei anders als in rein privaten Verhältnissen die Vereinbarung einer Vergütungsregelung typisch sein wird.

Die Vorsorgevollmacht steht aufgrund ihrer Rechtsverkehrsbezogenheit bzw. aufgrund ihrer gesundheitsrechtlichen Bezüge im Mittelpunkt der Gestaltung privatautonomer Vorsorge, die – wie aufgezeigt – zum Teil sehr individuell und fein regulierbar ist. Demgegenüber zeigt die **Betreuungsverfügung** in ihrer Funktion zur selbstbestimmten Einflussnahme auf die staatliche Rechtsfürsorge einen beträchtlich kleineren Gestaltungsspielraum auf, der eher als Möglichkeit zur ‚Mitgestaltung' zu verstehen ist.[1804] Im Wesentlichen bezieht sich die inhaltliche Ausgestaltung darauf, zu bestimmen, wer die Person des Betreuers sein soll – oder in Ermangelung einer solchen Vertrauensperson – zumindest darauf, unter welchen Rahmenbedingungen das Betreuungsverhältnis durchgeführt werden soll.[1805] Ähnlich wie bei der Vorsorgevollmacht können bspw. Vorgaben zur Höhe von Schenkungen einbezogen werden. Die dem Betreuungsverhältnis zugrunde zu legenden Wünsche können sich daneben natürlich auch auf Gesundheitsangelegenheiten beziehen, welche ggf. mit den Bestimmungen einer Patientenverfügung korrespondieren.[1806] Zur Errichtung einer Betreu-

1802 § 2 A. VI.
1803 § 2 A. VI. 2. a).
1804 § 2 B.
1805 § 2 B. IV.
1806 § 2 B. IV. 2.

ungsverfügung genügt im Gegensatz zur Vorsorgevollmacht eine betreuungsrechtsspezifische „Willensäußerungsfähigkeit", die unabhängig von einer Geschäfts- und Einwilligungsfähigkeit zu beurteilen ist und sich vornehmlich am natürlichen Willen ausrichtet. Die Vorzüge der rechtlichen Betreuung können nicht nur in ihren Überwachungs- Genehmigungs- und Kontrollmechanismen gesehen werden, sondern auch darin, dass es Bereiche gibt, die einer rechtsgeschäftlichen Stellvertretung von vornherein nicht zugänglich sind.[1807] Eine Betreuungsverfügung ist deshalb mehr noch als eine ‚Auffangregelung' auch als mögliche Alternative zur Vorsorgevollmacht in Erwägung zu ziehen.

Die **Patientenverfügung**, die als eine der bekanntesten Optionen der privatautonomen Vorsorge im Gesundheitsbereich bezeichnet werden kann, steht in komplexer Beziehung zu den anderen beiden Vorsorgeinstituten.[1808] Einerseits – und dies bestätigt nunmehr auch § 630d Abs. 1 S. 2 BGB – wirkt sich die Patientenverfügung zwar auch unabhängig von den anderen beiden Vorsorgemöglichkeiten vornehmlich auf das Arzt-Patienten-Verhältnis aus, da sie als Vorabentscheidung für die jeweilige ärztliche Behandlung verbindlich ist und sich insoweit direkt an den behandelnden Arzt richtet. Andererseits beeinflusst sie die Vorsorgevollmacht und die rechtliche Betreuung, indem sie die Entscheidungsparameter für die jeweilige Stellvertretungsaufgabe im Kontext der medizinischen Behandlung vorgibt. Der Patientenverfügung ist daher eine gewisse **„Janusköpfigkeit"** zuzuschreiben: Sie entfaltet selbst **unmittelbare Außenwirkung**, gleichzeitig ist sie auch **interne Handlungsanweisung** für den Patientenvertreter.[1809] Für die bereits in der Patientenverfügung passgenau getroffene Behandlungsentscheidung erübrigt sich dabei eine (zusätzliche) Entscheidung durch den Stellvertreter. Seine Aufgaben beschränken sich diesbezüglich darauf, die **„Botschaft"** zu überbringen und dem so gefassten Patientenwillen nach außen zur Durchsetzung zu verhelfen. Relevant ist eine **stellvertretende Entscheidung** – soweit nichts anderes verfügt ist – daher prinzipiell nur außerhalb des Anwendungsbereichs von § 1901a Abs. 1 BGB, wenn also Entscheidungen auf Grundlage von Behandlungswünschen oder des mutmaßlichen Willens zu treffen sind (§ 1901a Abs. 2 BGB).

Diese Mehrfachausrichtung der Patientenverfügung hat zusammen mit den Regelungen der §§ 1901a ff. BGB zur Konsequenz, dass sich ein vom Gesetzgeber idealisiertes und **gleichrangiges Nebeneinander von Arzt und Patientenvertreter** ergibt.[1810] Beide sind als gleichrangige Adressaten in das Procedere nach §§ 1901a ff. BGB eingebunden. Die Patientenverfügung löst eine direkte Bindung aus. Während Familienangehörige und sonstige Vertrauenspersonen als wichtige Informationsträger fungieren, die nach Maßgabe von § 1901b Abs. 2 BGB beratend, unterstützend und letztlich kontrollierend tätig werden (ohne dass ihnen jedoch ein Recht auf verbindliche Mitbestimmung und Entscheidung zukäme), sind sowohl Arzt als auch Patientenvertreter verpflichtet, den in der Patientenverfügung enthaltenen Pati-

1807 § 2 B. II.
1808 § 2 C. VII.
1809 § 2 C. VII.
1810 § 2 C. VI. 2. b) (3) und (4).

entenwillen festzustellen und umzusetzen. Die Verknüpfung von Patientenverfügung und Patientenvertretung ist dabei nicht zwingend. Der Gesetzgeber hat es dem Selbstbestimmungsfähigen insoweit freigestellt, seine Patientenverfügung isoliert und im Vertrauen auf ihre **eigendynamische „Selbstdurchsetzung"** in die Welt zu schicken.[1811] Der neue § 630d Abs. 1 S. 2 BGB bestätigt hierbei die **Grundoption** dafür, dass der Arzt auch ohne Zusammenwirken mit einem Patientenvertreter dazu aufgefordert ist, eine ihm vorgelegte Patientenverfügung unmittelbar umzusetzen.[1812] Die verfahrensrechtlichen Vorschriften in §§ 1901a ff. BGB umkleiden diese Grundoption für den Fall, dass ein Stellvertreter in Gesundheitsangelegenheiten vorhanden ist. Ist ein Patientenvertreter nicht bestellt bzw. nicht vorhanden, ist der Anwendungsbereich der §§ 1901a ff. BGB schon nicht eröffnet. Es verbleibt die Grundoption zur direkten Umsetzung der Patientenverfügung.

In welchem **Verhältnis Patientenverfügung und Patientenvertretung** ins-gesamt zu begreifen sind bzw. welchem Verhältnis sie ggf. zugeführt werden müssten (wenn zunächst kein Vertreter vorhanden ist), ist eine Frage, die bei jeder aufkommenden Entscheidungssituation neu bewertet werden muss.[1813] Die Faktoren, die für die Auslotung dieses **einzelfallbezogenen Sonderverhältnisses** eine Rolle spielen, sind zum einen das **begrenzte Funktionsfeld** der Patientenverfügung an sich, zum anderen die Frage nach der **Validität** und der situativen **Passgenauigkeit** der Patientenverfügung.[1814] Dass das Funktionsfeld der Patientenverfügung begrenzt ist, führt dazu, dass überprüft werden muss, ob es zum Schutze des jeweiligen Patienten und zur Wahrnehmung seiner Interessen „um die Behandlung herum" erforderlich ist, die Bestellung eines Betreuers anzuregen. Anzweifelungen über die Validität und Passgenauigkeit der Patientenverfügung leiten ebenfalls dazu über, das Betreuungsgericht einzuschalten, damit ein gemeinsames Erörterungsverfahren stattfinden und ggf. eine stellvertretende Entscheidung durch einen Betreuer auf Grundlage von § 1901a Abs. 2 BGB getroffen werden oder eine betreuungsgerichtliche Genehmigung eingeholt werden kann.[1815] In **Notfällen**, in denen keine Zeit für die Einschaltung des Betreuungsgerichts verbleibt, müsste der behandelnde Arzt „sogar" auf Grundlage des mutmaßlichen Patientenwillens entscheiden, sollte er die Patientenverfügung nicht für wirksam oder einschlägig erachten. Die Überlegung darüber, ob die vorgefundene Patientenverfügung sofort umsetzbar ist oder ob – erforderlichenfalls – ein weitergehender Schutzbedarf für den Betroffenen besteht, ist einer gerichtlichen (Erforderlichkeits-) Prüfung dabei typischerweise vorverlagert. Nach aktueller Gesetzeslage fällt eine **erste Auswertung** der Patientenverfügung auf Ebene der beschriebenen Grundoption damit de facto in den Verantwortungsbereich der behandelnden Ärzte.[1816]

1811 § 2 C. VI. 2. b) (3) (b).
1812 § 2 C. VI. 2. b) (3) (b).
1813 § 2 C. VI 2. b) (2) und (3) und § 2 C. VII.
1814 § 2 C. VI 2. b) (2) und (3) und § 2 C. VII.
1815 § 2 C. VI 2. b) (3) (b).
1816 § 2 C. VI 2. b) (3) (b).

Für die Gestaltung der Patientenverfügung ist zu berücksichtigen, dass ihr wirksames Bestehen nach der gegenwärtigen Gesetzeslage vom Vorliegen der **Volljährigkeit**, der **Einwilligungsfähigkeit** und der **Schriftlichkeit** abhängig ist. Was ihre Rechtsnatur anbelangt, so dürfte die (wirksame und passgenaue) Patientenverfügung als eine Art Sonderfall einer rechtfertigenden Einwilligung anzusehen sein.[1817] Im Fall einer **positiven Patientenverfügung**, die eher als untypischer Regelungsgehalt einer Patientenverfügung bezeichnet werden kann, wird von Gesetzes wegen nunmehr auch im Rückschluss zu §§§ 630d Abs. 2 i.V.m § 630e Abs. 1 bis 3 bzw. zu §§ 630c Abs. 4 und 630e Abs. 3 BGB eine vorherige Aufklärung oder ein entsprechender Verzicht eingefordert.[1818] Um verbindlich bestehen zu können, d.h. um konkret zur Anwendung gelangen zu können, muss die Patientenverfügung bestimmt genug erteilt sein, d.h. sie muss sich auf bestimmte Behandlungsmaßnahmen beziehen. Gleichzeitig müssen diese festgelegten Maßnahmen mit der aktuellen Lebens- und Behandlungssituation korrespondieren, damit die Patientenverfügung **verbindliche Wirkung** nach außen entfalten kann. Es ist daher bereits für die Errichtung und Gestaltung der Patientenverfügung als obligatorisch anzuerkennen, dass bestimmte Behandlungs- und Lebenssituationen kontextbezogen benannt werden müssen.[1819] Faktisch handelt es sich um ein **doppeltes Bestimmt-heitserfordernis**, nämlich in Bezug auf die konkreten Maßnahmen einerseits sowie auf die jeweilige Fall- bzw. Anwendungssituation andererseits.[1820] Die Anforderungen an das Bestimmtheitserfordernis müssen subjektiv zugunsten des Betroffenen interpretiert werden. Die für § 1901a Abs. 1 BGB erforderliche Konkretisierung kann demnach durch die Benennung bestimmter ärztlicher Maßnahmen oder die Bezugnahme auf ausreichend spezifizierte Krankheiten oder Behandlungssituationen erfolgen. Verbindlich anzuerkennen ist eine Patientenverfügung jedoch erst, wenn die in ihr enthaltenen Anordnungen auf die aktuelle Lebens- und Behandlungssituation zugeschnitten sind. Diese Anwendungssituationen werden zustandsbezogen und abstrahiert beschrieben. Der Begriff der Lebenssituation ist dabei naturgemäß weiter gespannt als der Begriff der Behandlungssituation, da er sämtliche Lebensumstände zu umfassen vermag.[1821] Angesichts der Komplexität des menschlichen Körpers und der Vielfalt von denkbaren Lebenskonstellationen ist in der Überprüfung der Passgenauigkeit das Kernstück der Patientenverfügung zu sehen. Sie hält eine gewichtige Aufgabe für alle Beteiligten bereit, die für die Auslegung, Deutung und Umsetzung der Patientenverfügung zuständig sind. Die Patientenverfügung lässt sich deshalb als **eine Art „Interpretationsstück“** kennzeichnen, das in besonderem Maße bereits für sich selbst „sprechen“ muss.[1822] Aus diesen Gegebenheiten heraus ist die klare Tendenz zu erheben, dass eine Patienten-

1817 § 2 C. I.
1818 § 2 C. II. 3.
1819 § 2 C. III. 1. und 2. a).
1820 § 2 C. III. 1.
1821 § 2 C. III. 2. a).
1822 § 2 C. III. 2. a).

verfügung nicht allein, sondern zusammen mit einer Stellvertretung in Gesundheitsangelegenheiten errichtet werden sollte.[1823]

Im Gegensatz zur österreichischen Gesetzeslage ist die Wirksamkeit einer Patientenverfügung nicht an die Voraussetzung einer **ärztlichen oder rechtlichen Beratung** geknüpft – zumal nun auch nach deutscher Rechtslage zumindest für positive Patientenverfügungen eine vorherige ärztliche Aufklärung oder ein entsprechender Verzicht vonnöten ist.[1824] Im Übrigen setzt der deutsche Gesetzgeber aber auf das Prinzip der Freiwilligkeit, sodass jeder über die Einholung eines entsprechenden Beratungsangebots selbstbestimmt befinden kann. Für die Errichtung einer Patientenverfügung gilt wie stets im Privatrecht der **Grundsatz inhaltlicher Gestaltungsfreiheit.**[1825] Rechtsverbindliche Anerkennung erhalten jedoch nur solche Regelungen, die im **Einklang zur Rechtsordnung** stehen. Hierbei gilt zu berücksichtigen, dass die palliativ-medizinische Versorgung, d.h. eine menschenwürdige Basisbetreuung, nicht zur Disposition des Vorsorge-Erklärenden steht. Unzulässig wäre zudem eine Anordnung, welche die gezielte Herbeiführung des Todeseintritts in Form der **direkten Sterbehilfe** beinhalten würde. Gegenstand der Regelung innerhalb einer Patientenverfügung kann hingegen die Sterbehilfe in Form des **Verzichts auf die (Weiter-)Behandlung** sein: Durch § 1901a Abs. 3 BGB ist nunmehr gesetzlich klargestellt worden, dass es für die verbindliche Beachtung des Patientenwillens nicht auf Art und Stadium einer Erkrankung ankommt, mithin also auch die Situation der Sterbehilfe zwar im Kontext einer Behandlung, aber unabhängig vom jeweiligen Krankheitszustand zu beurteilen ist.[1826] Der mögliche Anwendungsbereich einer Patientenverfügung ist damit nicht mehr auf den unumkehrbaren Sterbeprozess mit unmittelbarer Todesnähe beschränkt. Somit werden auch Fälle des **Wachkomas** und der **Demenz** mit umfasst, obgleich ein Versterben der derart entscheidungsunfähigen und lebensbedrohlich erkrankten Menschen nicht in absehbarer Zeit eintreten wird – trotz schlechter Prognose.[1827] Darüber hinaus kann eine Regelung zur **Schmerztherapie mit ggf. lebensverkürzender Auswirkung** inhaltlich Einzug in die Patientenverfügung finden. Hierbei handelt es sich bspw. um eine palliativ-medizinische Tiefen-Sedierung durch Schmerzmittelgabe, die unbeabsichtigt, aber reflexartig, in unvermeidbarer Nebenfolge den Tod herbeizuführen vermag. Eine **Maximalbehandlung** kann demgegenüber mittels Patientenverfügung nur dann eingefordert werden, wenn eine medizinische Indikation für entsprechende Maßnahmen vorliegt.

Die Patientenverfügung dringt derweil auch in den **psychiatrischen Bereich** vor: Für psychisch kranke Menschen stellt sich das Abfassen einer Patientenverfügung nämlich deshalb als attraktiv dar, weil hierüber indirekt die Voraussetzungen für eine Unterbringung nach § 1906 Abs. 1 Nr. 2 BGB torpediert werden können.[1828] Die Ablehnung einer medizinisch-psychiatrischen Behandlung, bspw. in Form einer Elektro-

1823 § 2 C. VI. 2. b) aa) (4).
1824 § 2 C. IV.
1825 § 2 C. V.
1826 § 2 C. V. 2.
1827 § 2 C. V. 2. b).
1828 § 2 C. V. 6.

schock-Therapie, würde somit gleichzeitig die Anknüpfungsgrundlage für eine Unterbringung wegfallen lassen. Gleiches gilt für unterbringungsähnliche Maßnahmen, die über § 1906 Abs. 4 i.V.m. Abs. 1 Nr. 2 BGB ebenso an diese Grundlage anknüpfen. Die öffentlich-rechtliche Unterbringung zum Zwecke der Prävention vor einer Selbst- bzw. Fremdgefährdung und demgemäß auch die Unterbringung wegen Eigengefährdung i.S.v. § 1906 Abs. 1 Nr. 1 BGB können jedoch nicht durch eine Patientenverfügung ausgeschlossen werden. Aufgrund des psychischen Zustands besteht in diesem Bereich dabei vermehrt ohnehin rechtliches Unvermögen zur wirksamen Errichtung einer Patientenverfügung.

§ 3: Formfragen

Die drei Vorsorge-Institute sind im Hinblick auf ihre formalen Gestaltungsmerkmale unter unterschiedliche Voraussetzungen gestellt. Während die Patientenverfügung wegen § 1901a BGB formgebunden zu errichten ist, können **Vorsorgevollmachten** nach Maßgabe von **§ 167 Abs. 2 BGB** grundsätzlich formfrei erteilt werden. Aus Gründen der Nachweisbarkeit im Rechtsverkehr ist die schriftliche Form jedoch insbesondere für weitreichendere Rechtsgeschäfte unerlässlich.[1829] Dies gilt für Bankgeschäfte noch mit dem Zusatz, dass dort sogar gesonderte Formulare für die Vollmachtsurkunde abverlangt werden. Die Banken können die Vorlage einer solchen gesonderten **Bankvollmacht** jedoch nicht ohne entsprechende vertragliche Vereinbarung zu ihrem Bankkunden als dem Vollmachtgeber einfordern. Sie sind dabei auch nicht berechtigt, die einfachschriftliche Vorsorgevollmacht zurückzuweisen, sofern ihnen nicht triftige Gründe zur Annahme von Fälschung oder Unwirksamkeit vorliegen.[1830] Im **personalen Bereich** wird das Schriftformerfordernis in Ansehung von §§ 1904 Abs. 5, 1906 Abs. 5 BGB unumgänglich – konkludente Bevollmächtigungen zur Befugnis der Erteilung von rechtfertigenden **Einwilligungen** in medizinische Behandlungsmaßnahmen haben sich somit von Gesetzes wegen erübrigt. Lediglich Einwilligungen in ungefährliche, medizinische Maßnahmen außerhalb des Anwendungsbereichs von § 1904 Abs. 5 BGB können auch mit Hilfe konkludenter Vollmachten legitimiert werden.[1831] Das Schriftformerfordernis berührt dabei nicht die Befugnis zum Abschluss eines **Behandlungsvertrages**. Mündliche oder konkludente Vollmachten für die rechtsgeschäftliche Legitimation gegenüber dem behandelnden Arzt bleiben also denkbar, sind jedoch wenig verkehrstauglich. Dem Arzt steht es im Verhältnis zu einem (vermeintlichen) Stellvertreter insoweit frei, das Vertragsangebot anzunehmen oder nicht. Anders stellt sich die Situation lediglich im Verhältnis zum Notfallpatienten selbst dar, denn hier trifft den Arzt eine aus der Notsituation heraus resultierende Behandlungs- bzw. Kontrahierungspflicht, sofern der Notfallpatient selbst imstande ist, (wenigstens konkludent) einen entsprechenden Behandlungsauf-

1829 § 3 A. I. 1.
1830 § 3 A. I. 1. b) aa).
1831 § 3 A. I. 1. c).

trag bzw. ein entsprechendes Vertragsangebot zu vermitteln. Eine Stellvertretungssituation spielt in dieser Hinsicht keine Rolle.

Im Übrigen hat die vermögensrechtlich ausgerichtete Vorsorgevollmacht jedoch auch Berührungspunkte mit solcher Gesetzesmaterie, durch welche die Einhaltung einer **bestimmten Form erforderlich** wird.[1832] Neben den gesetzlichen Formerfordernissen wie sie nach Maßgabe von §§ 492 Abs. 4, 1943 Abs. 3 BGB oder § 2 Abs. 2 GmbHG für die Vorsorgevollmacht beachtlich sein können, sind ggf. auch formalgesetzliche Anforderungen an das Vorliegen einer öffentlichen oder öffentlich beglaubigten Urkunde zu berücksichtigen, um die Voraussetzungen an den Nachweis im Verkehr mit dem Grundbuchamt oder dem Registergericht erfüllen zu können. Angesichts der je nach Einzelfall zu erwägenden **teleologischen Reduktion des § 167 Abs. 2 BGB** kann der Vorsorgevollmacht auch ein Formbedürfnis aus rechtsmethodischen Gründen auferlegt werden. Soll die Vorsorgevollmacht eine Befugnis zur Vornahme von Grundstücksgeschäften enthalten, kann ein Formerfordernis, hier: die **notarielle Beurkundung**, wegen der Schutzfunktion des § 311b BGB jedoch nicht pauschal mit der Begründung hergeleitet werden, es liege schlicht eine Vorsorgevollmacht vor.[1833] Um von einer rechtlichen oder tatsächlichen Gebundenheit ausgehen zu können, müssen die konkreten Umstände einzelfallbezogen bewertet werden. Es besteht in dieser Hinsicht also kein allgemeingültiges Formerfordernis zur Beurkundung, sondern allenfalls – ähnlich wie bei den Verbraucherdarlehensverträgen aufgrund von § 492 Abs. 2 u. Abs. 4 S. 2 BGB – ein **faktischer Beurkundungsbedarf** aus Gründen der Vorsicht.[1834]

Ohne dass durch die gesetzlichen Regelungsmechanismen Vorgaben für die Formgestaltung gemacht werden, kann der Vorsorgevollmachtgeber frei über die Gestaltungsweise entscheiden, wobei zumindest die einfache **Schriftform gemäß § 126 BGB** einzuhalten ist, um die privatautonome Vorsorge wirkungsvoll zu organisieren. Eine **öffentliche Beglaubigung**, die von einem **Notar** oder durch die Betreuungsbehörde vorgenommen werden kann, bietet sich an, wenn schlicht die Echtheit der Unterschrift unter der Vorsorgevollmacht oder der Betreuungsverfügung dokumentiert werden soll, ohne dass eine inhaltliche Beratung gewünscht wird. Im Verhältnis zur notariellen Beglaubigung ist die öffentliche Beglaubigung bei der **Betreuungsbehörde** günstiger (10 € im Verhältnis zu mind. 20 € bis 70 €).[1835] Die Kritik an der Beglaubigungskompetenz der Behörde von notarieller Seite erweist sich dabei als unberechtigt: Da die Mitarbeiter der Betreuungsbehörde ihrem durch Bundesgesetz zugewiesenen staatlichen Auftrag nach zur Beratung über Vorsorgevollmachten und Betreuungsverfügungen befugt sind, sind sie in dieser Sache auch als kompetent genug anzusehen, um das Vorliegen oder Nichtvorliegen einer entsprechenden Vorsorgeverfügung zu überprüfen.[1836] Zurückzuweisen ist zudem der Einwand, erforderliche Unterschriftenbeglaubigungen könnten unter dem Deckmantel einer Vorsorge-

1832 § 3 A. II.
1833 § 3 A. II. 3. a) und b).
1834 § 3 A. II. 3. b).
1835 § 3 A. III. 2.
1836 § 3 A. III. 2. b).

vollmacht dergestalt bei der Betreuungsbehörde eingeholt werden, um Notarkosten für eine sonstige Generalvollmacht einzusparen. Es entspricht dem Wesen der Vorsorgevollmacht möglichst umfassend und betreuungsvermeidend als Generalvollmacht ausgestaltet zu werden. Ein „Missbrauch" kann hierin nicht begründet liegen. Solange eine Vollmacht als Vorsorgevollmacht zugeordnet werden kann, erfüllt sie (auch) den förderungswürdigen Zweck privater Vorsorge, zu welcher sich der Gesetzgeber veranlasst gesehen hat.[1837]

Die **öffentliche Beglaubigung** – gleichgültig, ob von einem Notar oder von einer Betreuungsbehörde vorgenommen – birgt dabei den Nachteil in sich, dass das beglaubigte Exemplar verloren gehen kann, ohne dass eine Vollmacht wegen zwischenzeitlich eingetretener Geschäftsunfähigkeit erneut erteilt werden könnte. Im Anschluss an eine notarielle Beurkundung sind demgegenüber weitere Ausfertigungen der in Verwahrung genommenen Originalvollmacht erbringbar.[1838] Die **Beurkundung** bezieht sich nicht nur auf die Unterschrift, sondern den gesamten Erklärungsvorgang, sodass die Echtheit der Urkunde abgesichert wird.[1839] Den Notar treffen zur Vorbereitung, Ausführung und Sicherung dieses Beurkundungsvorgangs gehörige Prüfungs-, Beratungs-, Belehrungs- und Hinweispflichten. Letztgenannte vor allem auch in Bezug auf die Registrierungsmöglichkeit der Vorsorgevollmacht im Zentralen Vorsorgeregister (§ 20a BeurkG). Als Argument für eine notarielle Beurkundung wird stets die Überprüfung der Geschäftsfähigkeit seitens des Notars ins Feld geführt, da sich hierdurch – was im Ergebnis auch zutreffend ist – die Verkehrstauglichkeit der Vollmacht erhöhe.[1840] Die **Kosten für die notarielle Beurkundung** einer Vorsorgevollmacht bewegen sich im Rahmen von mindestens 60 € und höchstens 1.735 €, wobei zur Ermittlung des Geschäftswerts einer Vollmacht im vermögensrechtlichen Bereich maßgeblich auf das Außenverhältnis abzustellen ist – denn selbst bei Berücksichtigung des Innenverhältnisses würde dieses im Ergebnis durch die Festlegungen im Außenverhältnis „überlagert" werden.[1841] Nur nach Maßgabe des Außenverhältnisses kann das tatsächliche, rechtsgeschäftliche Wertpotential der Vollmacht im Rechtsverkehr kostengerecht erfasst werden. Für die Vorsorgevollmacht im personalen Bereich bestimmt sich der jeweilige Geschäftswert nach billigem Ermessen, d.h. unter Berücksichtigung aller Umstände des Einzelfalls, insbesondere des Umfangs und der Bedeutung der Sache sowie der Vermögens- und Einkommensverhältnisse (§§ 98 Abs. 3 i.V.m. § 36 Abs. 2, Abs. 3 GNotKG). Der Rückgriff auf den Geschäftswert in Höhe von 5.000 € gemäß § 36 Abs. 3 GNotKG versteht sich dabei als Auffang- bzw. als Hilfswert und damit nicht als starrer Regelwert ohne Einbeziehung von Ermessenserwägungen. Insgesamt liegen die vom Notar zu erhebenden Gebühren durchschnittlich zwischen 300 € und 400 €. Die Inanspruchnahme anwaltlicher Dienstleistung erscheint demgegenüber nur bei entsprechender Gebühren- bzw. Honorarvereinbarung konkurrenzfähig und stellt sich kostenmäßig sogar als weniger

1837 § 3 A. III. 2. b).
1838 § 3 A. III. 3. d).
1839 § 3 A. III. 3. a).
1840 § 3 A. III. 3. c).
1841 § 3 A. III. 3. d).

sachdienlich heraus, sollte eine (nachfolgende) Beurkundung erforderlich sein. Einer Beglaubigung oder (Mit-)Beurkundung des der Vorsorgevollmacht zugrundeliegenden Rechtsverhältnisses bedarf es im Übrigen angesichts der generell bestehenden Formfreiheit nicht.[1842]

Im Unterschied zur Vorsorgevollmacht besteht für die **Betreuungsverfügung**, die sogar in Form einer Videoaufnahme festgehalten werden könnte, kein Beurkundungsbedarf.[1843] Dies folgt bereits daraus, dass die im Beurkundungsverfahren vorzunehmende notarielle Überprüfung der Geschäfts- bzw. Einwilligungsfähigkeit nicht von Bedeutung ist, da sowohl im Zeitpunkt der Errichtung der Betreuungsverfügung als auch für zukünftige Änderungen und Ergänzungen eine sog. Willensäußerungsfähigkeit genügt. Allenfalls könnte sich ein Bedürfnis zur öffentlichen Beglaubigung aufzeigen, soweit die Unterschrift des Vorsorge-Erklärenden nicht mehr ohne Weiteres identifizierbar scheint.

In der Folge, dass für die **Patientenverfügung** die einfache Schriftform gesetzlich vorgeschrieben wird, bleibt für ihre Formgestaltung lediglich die Frage übrig, ob ein „Mehr“ an Schriftform zweckmäßig ist. Abgenommen ist die Entscheidung für den Fall, dass besondere Schwierigkeiten bestehen, die erforderliche Unterschrift zu leisten oder überhaupt einen Text aufzusetzen, trotz geistiger Klarheit – was etwa bei plötzlicher Lese-Rechtschreib-Schwäche infolge eines Herzinfarkts oder bei Lähmungen bzw. Querschnittslähmungen sowie Parkinson denkbar wäre.[1844] In dieser Hinsicht ist es unerlässlich, einen Notar aufzusuchen, da dieser die Befugnis hat, auch ein bloßes Handzeichen zu beglaubigen.[1845] Ebenso ist es möglich, die Patientenverfügung bei der Betreuungsbehörde beglaubigen zu lassen, sofern diese über eine Kombination mit einer entsprechenden Vorsorgevollmacht oder Betreuungsverfügung indirekt in den Anwendungsbereich von § 6 BtBG zu gelangen vermag.[1846] Darüber hinaus kann eine etwaige krankheitsbedingte Sondersituation dadurch überwunden werden, dass ein Notar eine Niederschrift der Patientenverfügung mittels Unterschrift durch einen Schreibzeugen beurkundet.[1847] Ohne diese Sondersituation ergibt sich streng genommen **kein zwingendes Bedürfnis zu einer notariellen Beurkundung**. Ähnlich wie im Vergleich zur Betreuungsverfügung erübrigt sich ein solches Bedürfnis aus funktionellen Gründen: Eine Patientenverfügung ist in ihren Wirkungen auf den medizinisch-personalen Bereich beschränkt, rechtsgeschäftliche Formbezüge sind daher nicht von Relevanz. Anders als in Österreich ist eine Pflicht, die Patientenverfügung notariell zu beurkunden bzw. damit einhergehend eine Pflicht zur rechtlichen Beratung vom deutschen Gesetzgeber nicht umgesetzt worden, um formale Erschwernisse zu vermeiden und um privatautonome Erklärungen in ihrem Zugang zum Rechtsverkehr nicht unnötig zu beschränken.[1848] Angesichts des Volljährigkeits-

1842 § 3 A. IV.
1843 § 3 B. III.
1844 § 3 C. II.
1845 § 3 C III. 1.
1846 § 3 C. III. 2.
1847 § 3 C II.
1848 § 3 C II.

erfordernisses ist es dem Notar im Übrigen nicht erlaubt, die **„Patientenverfügung" eines Minderjährigen** zu beurkunden. Das Gesuch zu einer derartigen Beurkundung muss er in Anbetracht von § 15 BNotO i.V.m. § 4 BeurkG zurückweisen.

§ 4: Möglichkeiten zu Hinterlegung und Registrierung

Die Möglichkeit, die Vorsorgeverfügungen bei Gericht hinterlegen zu können – sofern es das jeweilige Landesrecht (noch) vorsieht – oder sie im Zentralen Vorsorgeregister der Bundesnotarkammer registrieren zu lassen, versteht sich vor dem Hintergrund, dass sich die individuell ausgestaltete jeweilige Vorsorgeregelung nur dann mit Erfolg durchsetzen kann, wenn sie nach außen zur Kenntnis genommen werden kann.[1849] Das zuständige Betreuungsgericht wäre dann bspw. imstande, über kurze Wege an die jeweils hinterlegte Betreuungsverfügung – und in Verbindung mit dieser auch an eine Vorsorgevollmacht oder Patientenverfügung – zu gelangen. Ohne eine solche Hinterlegung wäre das Gericht darauf angewiesen, dass sich irgendwie Kenntnisse von außen ermitteln lassen oder herangetragen werden. Über **§ 1901c BGB** müssen deshalb schriftliche Dokumente, die im Kontext einer **Betreuungsverfügung** stehen, verpflichtend bei Gericht abgeliefert werden – letztlich um ggf. eine zuvor versäumte eigenverantwortlich initiierte Kenntniszuführung kompensieren zu können.[1850] Selbiges gilt auch für **Vorsorgevollmachten**, dort aber lediglich in Form einer Informationspflicht, damit das zur Legitimation im Rechtsverkehr erforderliche Schriftstück erhalten bleibt. Auch eine **Patientenverfügung** kann dabei indirekt von der in § 1901c BGB bestehenden Ablieferungs- bzw. Informationspflicht betroffen sein, je nach dem ob sie – inhaltlich deckungsgleich – einer Betreuungsverfügung oder einer Vorsorgevollmacht mit anhaftet.[1851] Um ein Vakuum zur Kenntniserlangung von vornherein zu unterbinden und Verzögerungen auszumerzen, ist dem digitalisierten und schnell-lebigen Informationszeitalter Rechnung tragend das **Zentrale Vorsorgeregister** errichtet worden.[1852] Das Register ist als eine datenbezogene Sammelstelle (nicht: Hinterlegungsstelle) in der Sache auf Vorsorgevollmachten beschränkt bzw. seit 2009 auch für Betreuungsverfügungen freigeschaltet. Eine Patientenverfügung kann somit nur in Ableitung über die Daten einer Vorsorgevollmacht oder Betreuungsverfügung Einzug in die dortige Daten-Registrierung erhalten. Über § 1 Abs. 1 Nr. 6 a-c VRegV darf bspw. abgespeichert werden, „ob" die Vorsorgevollmacht oder die Betreuungsverfügung Anordnungen oder **Wünsche hinsichtlich Art und Umfang der medizinischen Versorgung** umfasst. Es gilt hierbei zu bedenken, dass das Vorsorgeregister keine Speicherung konkreter Inhalte vorsieht, sondern lediglich die Speicherung von Grunddaten zulässt.[1853] Die nach Maßgabe von § 78a BNotO i.V.m. § 1 VRegV erforderlichen Angaben unterteilen sich in **verpflichtende,**

1849 § 4 A. und B.
1850 § 4 A. II. 1.
1851 § 4 A. II. 3.
1852 § 4 B.
1853 § 4 B. II. 2.

personenbezogene Mindestangaben – wie sie zur Identifizierung des Antragstellenden unabkömmlich sind – und im Weiteren in sonstige, **fakultative Angaben**.[1854] Die personenbezogenen Angaben zur Person des Bevollmächtigten bzw. zur vorgeschlagenen Betreuerperson gehören dabei aus datenschutzrechtlichen Gründen nicht zu den notwendigen Pflichtangaben, obgleich diese Kontaktangaben im Ernstfall so wesentlich erscheinen. Der Zweck des Registers erschöpft sich darin, ein **effizientes Datenvermittlungssystem zum Abruf seitens der Justiz** bereit zu stellen. Da die Registrierung keine Wirksamkeitsvoraussetzung für die Errichtung einer Vorsorgeverfügung darstellt, sind der Bestand im Register und der rechtliche Bestand der jeweiligen Vorsorgeverfügung völlig unabhängig voneinander zu bewerten.[1855] Die Prüfung des materiell-rechtlichen Bestands obliegt demnach dem zuständigen Betreuungsgericht, welchem über das Register lediglich ein **erster Eindruck über den Umfang** der noch näher zu prüfenden Vorsorgeerklärung vermittelt werden kann.[1856] Erst das Auffinden des Vorsorgeschriftstücks ermöglicht im Näheren dessen spätere tatsächliche und rechtliche Überprüfung und die Veranlassung weiterer Ermittlungen durch das Gericht. Hieraus erschließt sich, warum der Aufbewahrungsort der jeweiligen Vorsorgeverfügung zu den registrierungsfähigen Angaben gemäß § 1 Abs. 1 Nr. 4 VRegV gehört.[1857] Die für das Registrierungsverfahren zu erhebenden **Gebühren** richten sich nach dem jeweiligen Verwaltungsaufwand sowie danach, ob die Antragstellung persönlich oder über die Übermittlung durch einen registrierten Nutzer, wie bspw. einem Notar, erfolgt ist und liegen zwischen 8,50 € und bspw. 21,50 €.[1858] Festzuhalten bleibt, dass eine Registrierung für sich genommen nicht die rechtliche Durchsetzbarkeit der jeweiligen Vorsorgeerklärung garantieren kann.[1859] Das Register vermag als Plattform zum Informationstransfer lediglich den notwendigen Rahmen zur Kenntniserlangung über die Tatsache, ob überhaupt eine Vorsorgeverfügung in der Welt ist oder nicht, zu fördern und zu stärken. Es verfolgt dabei den **ausschließlichen Zweck, die Einrichtung einer Betreuung zu erübrigen bzw. die Betreuung mitzugestalten**, weshalb die registrierte Vertrauensperson im Mittelpunkt steht, um für weitere Veranlassungen, wie bspw. die Weiterleitung der Patientenverfügung, Sorge zu tragen.[1860]

§ 5: Änderung, Ergänzung und Löschung

Das Bedürfnis, eine Abänderung oder Aufhebung der bereits erklärten Vorsorgeregelung vorzunehmen, kann auf verschiedenartige Gründe zurückgehen. Sowohl Wünsche zur inhaltlichen Neugestaltung als auch personelle Abänderungen infolge eines Zerwürfnisses können den Ausschlag dafür geben. Im Allgemeinen ist die **Erklärung**

1854 § 4 B. II. 1.
1855 § 4 B. II. 3.
1856 § 4 B. II. 3.
1857 § 4 B. VII.
1858 § 4 B. IV.
1859 § 4 B. II. 3. und VI.
1860 § 4 B VII. und VIII.

eines Widerrufs nötig, um eine Vorsorgeverfügung, so wie sie bisher bestanden hat, aus der Welt zu schaffen.[1861]

Im Hinblick auf die erteilte **Vorsorgevollmacht** muss berücksichtigt werden, dass auch eine Widerrufserklärung als einseitige empfangsbedürftige Willenserklärung zugangsbedürftig ist. Ihr Zugang gegenüber dem bisher Bevollmächtigten muss durch eine persönliche Übergabe der Erklärung, evtl. im Beisein eines Zeugen sichergestellt werden. Weitere Möglichkeiten zur Absicherung bestehen darüber, eine Zustellung mittels eines Einwurf-Einschreibens oder durch einen Gerichtsvollzieher in die Wege zu leiten.[1862] Ebenso kann es ratsam sein, die eigenen Geschäftspartner und insbesondere die Bank über den intern beabsichtigten Widerruf in Kenntnis zu setzen oder eine Kraftloserklärung i.S.v. § 176 BGB zu veranlassen. Die Sicherstellung des Zugangs bzw. die Kenntniserlangung nach außen ist deshalb von Bedeutung, da der Rechtsverkehr im Hinblick auf den (Fort-)Bestand einer Vollmacht Vertrauensschutz genießt.[1863] Solange die bisherige Vollmachtsurkunde weiterhin im Original oder als notarielle Ausfertigung vorgelegt werden kann, erzeugt sie als sog. Rechtsscheinvollmacht vollmachtsgleiche Wirkungen. Um zu verhindern, über den Rechtsschein der unerwünscht verwendeten Vollmacht rechtsgeschäftlich verpflichtet zu werden, muss die Vollmachtsurkunde daher schnellstmöglich zurückverlangt, eingezogen oder für kraftlos erklärt werden.

Die **Grundsätze zur Rechtsscheinhaftung** sind dabei im **personalen Bereich** der Vorsorgevollmacht weniger von Belang.[1864] Dort steht nicht der Verkehrsschutz im Vordergrund, sondern der Lebensschutz des Einzelnen. Der Betroffene „haftet" infolge einer vermeintlichen Stellvertretung auf Einwilligungsebene schließlich mit seiner körperlichen Integrität bzw. mit seinem Leben. Die Vorlage der Vollmacht fungiert insoweit aber zumindest als gewichtiges Indiz dafür, dass der Arzt, der sich an die Verfahrensregeln der §§ 1901a ff. BGB hält, zunächst auf die Richtigkeit der Legitimation seines Gegenübers vertrauen durfte. Im weiteren Verlauf besagt dieser Umstand aber nichts über den zu prüfenden Wertgehalt der durch den Vertreter mitgeteilten Informationen oder über den Weg bis hin zur Feststellung des Patientenwillens.[1865]

Für die Erklärung des Vollmachtswiderrufs bestehen dabei **keine Formzwänge**.[1866] Das Einhalten der Schriftform ist aus Gründen der Nachweisbarkeit zweckmäßig, als ein „Mehr" könnte die Widerrufserklärung selbst auch notariell beurkundet oder beglaubigt werden. Sofern die qualifizierte Form der Vollmacht gewahrt werden soll, muss ein **neues Beurkundungsverfahren** angestrengt werden, da selbst vorgenommene, nachträgliche Änderungen nicht von der einstigen Beurkundung umfasst werden. Die mit der notariellen Beurkundung bezweckte gesetzliche Beweiskraft der öffentlichen Urkunde zugunsten des beurkundeten Vorgangs und des Inhalts der beurkundeten, rechtsgeschäftlichen Erklärung würde (teilweise) zerstört werden. Die

1861 § 5 A.
1862 § 5 A. I. 1. a).
1863 § 5 A. I. 1. b).
1864 § 5 A. I. 1. b) bb).
1865 § 5 A. I. 1. b) bb).
1866 § 5 A. I. 1. c).

Urkunde wäre mit einem äußeren Mangel behaftet und müsste vor Gericht frei gewürdigt werden. Auf die Form der öffentlichen Beglaubigung haben nachträgliche Änderungen oder Durchstreichungen jedoch keine Auswirkung, da mit dem Beglaubigungsvermerk lediglich die Unterschrift beglaubigt wird, nicht aber der Inhalt der Erklärung. Die Vermutung der Echtheit ist allerdings eingeschränkt. Vor Gericht und auch im Rechtsverkehr können Zweifel darüber aufkommen, ob es sich um entsprechend **autorisierte Nachträge zum Urkundentext** handelt. Außerhalb eines Bedürfnisses zur Wahrung der beurkundeten oder beglaubigten Form, dürfte sich für die praktische Durchführung bei Änderungen und Ergänzungen ebenso ein **privatschriftliches Neuaufsetzen** der Vollmachtserklärung anbieten.

Eine wirksame Umsetzung des Widerrufs setzt sowohl im Bereich der vermögensrechtlichen wie auch im Bereich der nicht-vermögensrechtlichen Vorsorgevollmacht auf Seiten des Erklärenden **Geschäftsfähigkeit** voraus.[1867] Der Widerruf eines Geschäftsunfähigen ist auch im Bereich der Vorsorgevollmacht wirkungslos. Ab diesem Zeitpunkt ist der Vollmachtgeber an seine Erklärung „gekettet", die Vorsorgevollmacht wird „zementiert". Abhilfe kann im Nachhinein nur das Betreuungsgericht schaffen, indem es erforderlichenfalls eine **Vollmachtsüberwachungs- bzw. Kontrollbetreuung** anordnet, als ultima ratio ggf. mit dem Aufgabenkreis des Vollmachtswiderrufs (§ 1896 Abs. 3 BGB). Hierzu müssen dem Gericht jedoch auch entsprechende Tatsachen bekannt sein.

Ebenso können sich Änderungen auf **Ebene des Grundverhältnisses** ergeben.[1868] Dieses besteht für gewöhnlich als Auftragsverhältnis, bei welchem eine Kündigung grundsätzlich jederzeit möglich ist. Wie beim Widerruf der Vorsorgevollmacht gehört die Geschäftsfähigkeit im Zeitpunkt der Abgabe zu den Wirksamkeitsvoraussetzungen. Auch hier kommt es ab dem Zeitpunkt der Handlungsunfähigkeit folglich zur „Zementierung" der intern festgehaltenen Regelungen. Es verbleibt die Einschaltung des Betreuungsgerichts, das einen Kontrollbetreuer bspw. mit der Befugnis zur Beendigung des Auftragsverhältnisses bestellen kann. Die Kündigungserklärung sollte schriftlich zugehen. Ihr Zugang sollte mit den üblichen Maßnahmen abgesichert werden, da eine Kündigung des Grundverhältnisses auch Bedeutung für das Schicksal der Vorsorgevollmacht hat (§ 168 S. 1 BGB). Es dürfte den Vorstellungen des Rechtsverkehrs entsprechen, dass ein Vorsorgebevollmächtigter bei ausdrücklicher Kündigung des Auftragsverhältnisses gemäß § 671 BGB auch die vom Vollmachtgeber erteilte Vertretungsmacht verliert. Aus praktischer Sicht würde es sich jedoch nicht empfehlen, das Erlöschen der Vertretungsmacht allein über die Kündigung des Innenverhältnisses sicherstellen zu wollen. Bei bloßen Abänderungen oder Ergänzungen bietet sich im Normalfall eine **gemeinsame Neuformulierung** an, um Unklarheiten und Unsicherheiten entgegen zu wirken. Sofern die qualifizierte Form der Unterschriftsbeglaubigung oder der notariellen Beurkundung beibehalten werden soll, müsste ein erneutes Beglaubigungs- oder Beurkundungsverfahren angestrengt werden. Anders als bei einseitig erteilten Vollmachten gibt es für Urkunden, die eine zweiseitige Auf-

1867 § 5 A. I. 1. e).
1868 § 5 A. I. 2. a).

tragsvereinbarung dokumentieren, systembedingt **keinen Rückgabeanspruch** nach dem Vorbild von § 175 BGB. Eine Missbrauchsgefahr einer Urkunde mit intern festgehaltenem Pflichtenprogramm hält sich dabei in Grenzen. Außenrelevanz könnte sich jedoch ergeben, wenn das Schriftstück **Äußerungen zu Behandlungswünschen und zum Patientenwillen** enthält. Ein Anspruch auf Rückgabe dieses Teils des Dokuments lässt sich aus § 667 Alt. 1 BGB herleiten. Der einst Beauftragte hat nach der Auflösung des Auftragsverhältnisses keinen Bedarf mehr an Dokumenten oder Unterlagen, die etwas zum Patientenwillen des Auftraggebers vermitteln. Wie ein solcher Herausgabeanspruch, der auf einen einzelnen Teil eines Dokuments beschränkt ist, praktisch umgesetzt werden soll, bleibt fraglich. Daher sollten Patientenverfügung und Grundverhältnis nicht in einer Urkunde vermengt werden.

Auch für die im Rahmen des Grundverhältnisses erteilten **Weisungen** können sich Anpassungen und Änderungen aufdrängen.[1869] Ein Widerruf dieser einzelnen und konkretisierten Wünsche und Anweisungen ist von der Kündigung des Auftrages an sich zu unterscheiden. Der Widerruf einer einzelnen Weisung kann sich nur auf die Zukunft beziehen und ist gegenüber dem Auftragnehmer und Vorsorgebevollmächtigten zu erklären. Ihr Zugang sollte sichergestellt werden. Je nach Bedeutungsgehalt dürfte sich die Schriftform der Widerrufserklärung und neu erklärten Anweisung empfehlen. Da auch der Patientenwille den verbindlichen Weisungen innerhalb des Grundverhältnisses unterfällt, hat auch die Änderung einer Patientenverfügung zugleich Auswirkungen auf die weisungsinternen Vorgaben. Eine nach außen nachvollziehbare Dokumentation der Abänderung ist insoweit unerlässlich. Der Weisungswiderruf eines Geschäftsunfähigen entfaltet keinerlei Bindungswirkung gegenüber dem Auftragnehmer. Ab dem Zeitpunkt der Handllungsunfähigkeit verliert der Auftraggeber daher die Möglichkeit zur bewussten Abänderung und Umgestaltung. Maßgeblich bleibt aber sein früher erklärter bzw. mutmaßlicher Wille, an den der Beauftragte weiterhin gebunden ist. Sofern der Beauftragte den äußeren Umständen nach annehmen darf, dass sein Auftraggeber bei Kenntnis der aktuellen Sachlage von seinen einst erteilten Weisungen abweichen würde, so ist er nach § 665 S. 1 BGB zu entsprechenden Abweichungen „berechtigt". Da eine Rücksprache mit dem Betroffenen nicht mehr möglich ist, muss der Beauftragte die Frage der Weisungsabweichung hypothetisch, nach Maßgabe einer gedachten Billigung seitens seines Auftraggebers beurteilen und sein Handeln an die veränderte Sachlage anpassen.

Ebenso wie die Vorsorgevollmacht kann auch die **Betreuungsverfügung** jederzeit abgeändert, d.h. widerrufen werden.[1870] Will der Vorsorge-Erklärende aus verschiedenen Gründen nicht mehr an den in seiner Betreuungsverfügung getroffenen Vorgaben festhalten, so empfiehlt es sich, eine neue Betreuungsverfügung mit entsprechenden Anpassungen aufsetzen. Dadurch, dass das Betreuungsgericht zwischengeschaltet ist und die Legitimation eines Betreuers nach außen erst noch durch Bestallungsurkunde veranlasst werden muss, sind handschriftliche Durchstreichungen, Abänderungen und Ergänzungen in der Sache nicht so abträglich wie auf einer Vollmachtsur-

1869 § 5 A. I. 2. b).
1870 § 5 A. II.

kunde. Auch braucht der Betroffene weder geschäfts- noch einwilligungsfähig zu sein, um Änderungswünsche rechtswirksam mitteilen zu können. Dennoch muss dafür gesorgt sein, dass das Gericht und der Betreuer etwaige Abänderungswünsche nachvollziehen und als solche überhaupt erkennen können. Ändern sich die äußeren Umstände derart, dass die einst gemachten Vorgaben in Ansehung der aktuellen Situation nicht mehr sinnvoll erscheinen und ist der mittlerweile Betreute nicht mehr äußerungsfähig, so gilt es durch Auslegung zu ermitteln, was der Betroffene wirklich bzw. mutmaßlich gewollt hat oder – im Wege der ergänzenden Auslegung – hypothetisch gewollt hätte. Hierzu müssen konkrete Anhaltspunkte nachweislich ersichtlich sein. Ab dem Zeitpunkt einer vollumfänglichen Betreuungsbedürftigkeit muss sich der Betreute darauf vertrauen, dass seine konkreten Wünsche befolgt bzw. zutreffend interpretiert und – nötigenfalls in Anpassung an die geänderten, äußeren Umstände – umgesetzt werden.

Auch nach dem Errichten einer **Patientenverfügung** kann es erforderlich sein, die bisher getroffenen Formulierungen zu überdenken, etwa um sie einer nunmehr aufgetretenen Erkrankung anzupassen.[1871] Veränderungen im eigenen Krankheits- oder Lebensverlauf sowie sonstige persönliche Kriterien, wie bspw. die Entwicklung einer neuen Lebensphilosophie, können dazu überleiten, die bisherige Patientenverfügung zu widerrufen. Dies ist formlos möglich, weshalb auch ein spontanes Abwehrverhalten beachtlich ist, nicht aber willenlose, körperliche Reflexe. Da eine Patientenverfügung keine im rechtstechnischen Sinne zu verstehende empfangsbedürftige Willenserklärung ist, ist ihr Widerruf als „mitteilungsbedürftig“ zu bezeichnen. Um sich widersprechende Verfügungen und Störzeichen auf der Urkunde zu vermeiden, sollte eine schriftliche Neuformulierung vorgenommen werden. Bei einer Aufhebung der Patientenverfügung insgesamt, sollte ihr Widerruf schriftlich nach außen nachvollziehbar gemacht werden. Der Vorsorgeverfügende hat bei einem gleichzeitig bestehendem Auftragsverhältnis dabei einen **Anspruch auf Rückgabe** der ausgehändigten Patientenverfügung. Dieser Anspruch lässt sich aus den Treuepflichten bzw. über § 667 Alt. 1 BGB herleiten. Bezüglich des Betreuungsverhältnisses findet § 667 Alt. 1 BGB analoge Anwendung. Anders als für den Widerruf der Vorsorgevollmacht, genügt für den Widerruf der Patientenverfügung das Vorliegen von Einwilligungsfähigkeit. Ab dem Zeitpunkt der Einwilligungs- und Äußerungsunfähigkeit kann der Vorsorgeverfügende demgemäß keine bewussten Abänderungen mehr vornehmen. Im Gleichlauf zur Betreuungsverfügung ist es denkbar, dass sich die äußeren Umstände derart geändert haben, dass die einst schriftlich fixierten Anordnungen innerhalb der Patientenverfügung ihren eigentlichen Sinn verloren haben.[1872] Als Beispiel einer solchen Veränderung werden neue Behandlungsmethoden genannt. Die Frage einer **nachträglichen und individuell erheblichen Änderung der Sachlage** verortet der Gesetzgeber bei der Prüfung der Passgenauigkeit bzw. der Verbindlichkeit einer Patientenverfügung nach § 1901a Abs. 1 S. 1 BGB. Es handelt sich um das Merkmal „Lebenssituation“, über welches die Wertigkeit der äußeren Lebensumstände Eingang in

1871 § 5 A. III.
1872 § 5 A. III. 2.

die Prüfung erhält.[1873] Methodisch ist diese Prüfung an die **ergänzende Auslegung von Testamenten** anzulehnen.[1874] Die Patientenverfügung als vorweggenommene Willensbekundung mit höchstpersönlichem Einschlag und unmittelbarer Außenwirkung lässt sich in ihrem rechtlichen Gebilde gedanklich näher an den einseitigen Willenserklärungen mit der dort verfügbaren Auslegungsmethodik festzeichnen. Es muss sich demnach in Entsprechung zu § 133 BGB, jedoch unabhängig vom Vertrauens- bzw. Verkehrsschutz Dritter, am wahren Willen des Erklärenden orientiert werden. So ist im Rahmen der ergänzenden Auslegung danach zu fragen, was der Erklärende hypothetisch gewollt hätte, wenn er die ursprünglichen Lücken oder die nachträglichen Entwicklungen vor Auge gehabt hätte. Der in der Patientenverfügung erklärte Wille darf somit in Anbetracht der aktuellen Lebenssituation fortgeschrieben und an die veränderten Umstände angeglichen werden. Der Konflikt zwischen der ergänzenden Auslegung und der Formbedürftigkeit kann dabei nach Maßgabe der im Erbrecht entwickelten Andeutungstheorie geordnet werden. Die **Andeutungstheorie** ist also auf die Auslegungsmethodik bei Patientenverfügungen übertragbar. Danach muss ein etwaiger aus den Umständen außerhalb der Patientenverfügung ermittelter, hypothetischer Wille einen – wenn auch unvollkommenen – Ausdruck in der Urkunde gefunden haben. Das bedeutet: Nur wenn der durch die ergänzende Auslegung ermittelte Wille eine hinreichende Stütze in der Patientenverfügung findet, könnte dieser Wille als formgültig erklärt bezeichnet werden. Nach diesem Verständnis dürfte das Erforschen der Erklärungsgrundlage der Patientenverfügung nicht ohne gewisse Beschwerlichkeiten vonstatten gehen. Zum Schutz des Erklärenden vor willkürlicher Unterstellung anderer Erklärungsinhalte und wegen der Gefahr sonstiger heteronomer Einwirkungen ist diese Grenzziehung (faktisch am äußersten Rand der Patientenverfügung) jedoch nötig. Kann hiernach eine erhebliche Änderung der äußeren Umstände festgestellt werden, so kann auf Rechtsfolgenseite eine entsprechende Angleichung bzw. Anpassung vorgenommen werden. Um die Prüfung der Passgenauigkeit unter dem Aspekt einer Änderung der äußeren Umstände methodisch operationalisierbar zu machen, wird auch ein **Vergleich zu § 313 BGB** im Sinne eines **„Wegfalls oder Fehlens der Erklärungsgrundlage“** gezogen.[1875] Zwar bietet § 313 BGB im Kern ebenfalls eine ergänzende (Vertrags-)Auslegung. Eine Analogiefähigkeit scheitert jedoch an dem Bestehen einer Regelungslücke, da ein Loskommen von einer Patientenverfügung bereits in § 1901a Abs. 1 S. 3 BGB und insbesondere die Frage nach ihrer Verbindlichkeit in § 1901a Abs. 1 S. 1 BGB reguliert werden. Im Übrigen zeigt die methodische Anlehnung an die ergänzende Auslegung über einseitige Willenserklärungen eine engere, rechtliche Verwandtschaft auf als sie über die Konstellation in § 313 BGB erzielt werden könnte.[1876] Dort ist der Auslegungsfokus auf „Zweiseitigkeit“ und einen Interessenausgleich eingestellt. Das künstliche Zurückstellen auf die Dimension der „Einseitigkeit“ braucht nicht angestrengt zu werden. Die ergänzende Auslegungs-

1873 § 5 A. III. 2. a).
1874 § 5 A. III. 2. c).
1875 § 5 A. III. 2. b).
1876 § 5 A. III. 2. c).

methode von einseitigen Willenserklärungen bzw. wie bei Testamenten ist insoweit als das rechtlich sachnähere Instrument zu begreifen.[1877]

Sobald eine Vorsorgeverfügung nicht nur errichtet, sondern zusätzlich beim Betreuungsgericht hinterlegt oder beim Zentralen Vorsorgeregister der Bundesnotarkammer registriert worden ist, sind entsprechende Verfahrensregularien gegenüber der jeweiligen Behörde zu berücksichtigen, um Änderungen kenntlich zu machen.[1878] Es handelt sich um ein Antragsverfahren, für welches als **Abänderungs- oder Löschungsverfahren** insbesondere vor dem Zentralen Vorsorgeregister entsprechende Gebührentatbestände vorgesehen sind. Im Hinblick auf den Widerruf einer Vorsorgevollmacht empfiehlt die Bundesnotarkammer als Registerbehörde eine **Eintragung des Widerrufs** vorzunehmen. Es soll sichergestellt werden, dass das zuständige Betreuungsgericht Kenntnis über diese Tatsache erlangt. Der Blick des Richters soll also bewusst auf diese Änderung bzw. Unstimmigkeit gelenkt werden. Er kann weitere Nachforschungen veranlassen, um bspw. materiell-rechtlich zu überprüfen, ob dieser Widerruf auch wirksam ergangen ist. Dem Gericht obliegt im Wege des Amtsermittlungsgrundsatzes die Verantwortung darüber, Beweise in geeigneter Form zu erheben (§§ 29, 30 FamFG). Die Registrierung des Widerrufs und die damit einhergehende Dokumentation im Rahmen der Eintragungshistorie geben dabei Anhaltspunkte zum zeitlichen Verlauf von Vollmachtserteilung und Widerruf. Eine einfache Austragung aus dem Register, d.h. eine Löschung der Daten zur Vorsorgevollmacht i.S.v. § 5 Abs. 1 VRegV, würde die Entfernung des bisher gespeicherten Datensatzes mit sich bringen. Insoweit würde das Gericht keine Anhaltspunkte vorfinden können. Die Löschung ist daher selten zweckmäßig. Da das Vorsorgeregister den Zweck verfolgt, der Justiz zu ermöglichen, über kurze Informationswege, die Frage nach der Erforderlichkeit der Einrichtung einer Betreuung abzuklären, erübrigt es sich, den **Widerruf einer Betreuungs- oder einer Patientenverfügung** gesondert eintragen zu lassen.[1879] Eine Betreuung müsste auch im Falle des Fehlens einer Betreuungsverfügung angeordnet werden. Ebenso macht eine Patientenverfügung angesichts ihres begrenzten Funktionsfeldes die Bestellung eines Betreuers nicht von vornherein entbehrlich. Wird eine Betreuungsverfügung widerrufen, genügt es daher auch, einen entsprechenden Antrag auf Löschung zu stellen. Eine Patientenverfügung, deren Registrierungsschicksal an die jeweilige, hauptregistrierte Vorsorgeverfügung geknüpft ist, kann dabei auch „isoliert“ ausgetragen werden. Entweder kann ein entsprechender Änderungsantrag im Hinblick auf die Vorsorgevollmacht oder die Betreuungsverfügung formuliert werden oder es könnte – was auch via Internet möglich ist – ein Neueintrag veranlasst werden, ohne das Häkchen bei dem Angabenfeld zur Patientenverfügung zu setzen. Dadurch, dass die Bundesnotarkammer bei Eintragung von Änderungen und Ergänzungen gemäß § 5 Abs. 2 VRegV gewährleisten muss, dass die bisherige Eintragung auf Anforderung erkennbar bleibt, werden hierüber auch Abänderungen von Betreuungsverfügungen und mitregistrierten Patientenverfügungen ge-

1877 § 5 A. III. 2. c).
1878 § 5 B.
1879 § 5 B. II. 2. e).

speichert. Auch ein etwaiger (Teil-)Widerruf von Betreuungsverfügung oder Patientenverfügung kann demnach indirekt in der Eintragungshistorie erfasst werden.

Ausgehend von diesem organisatorischen Aufwand sowie dem vorsorgespezifisch-situativen Kontext ist es nicht fernliegend, dass Menschen alters-, unfall- oder krankheitsbedingt nicht (mehr) imstande sind, eine Rückgängigmachung oder Änderung der Registrierung vorzunehmen bzw. diese zu veranlassen.[1880] Demnach sind gewisse **Hindernisse** sowie **Hemmnisse** und im Allgemeinen auch **Versäumnisse zur Abänderung des registrierten Datenbestands** nicht auszuschließen. Dies kann dazu führen, dass der registrierte Datenbestand nicht mit dem wirklichen, rechtlichen Bestand der Vorsorgeverfügungen übereinstimmt; dem Betreuungsgericht werden bei Abruf des Zentralen Vorsorgeregisters also veraltete Daten mitgeteilt. Es entsteht ein **Informationsdefizit**, da das Gericht nicht imstande ist, die zwischenzeitlichen Änderungen nachzuvollziehen. Sowohl das abrufende Gericht als auch die weiteren, in das Geschehen mit einbezogenen Adressaten der jeweiligen Vorsorgeverfügungen müssen im Grundsatz aber davon ausgehen, dass die über das Register ausfindig gemachten Vorsorgeverfügungen **richtig und vollständig** sind. Soll von diesen selbstbestimmt festgeschriebenen Verfügungen abgewichen werden, so müssen hinreichende Anhaltspunkte für eine zwischenzeitliche Willensänderung nach außen erkennbar sein. Ob sich der geänderte Selbstbestimmungswille in der praktischen Wirklichkeit durchsetzen kann, wird sich an der **Nachweisdichte der vorgefundenen Abweichungen** entscheiden lassen müssen.[1881] Inwieweit sich schriftliche und insbesondere mündliche Abweichungen gegenüber vorabfixierten, beglaubigten und notariell beurkundeten Vorsorgeverfügungen durchsetzen können, bleibt dabei eine Frage der Gesamtumstände des Einzelfalls. Da sich der Betroffene nicht mehr äußern kann, gehen Anzweifelungen über die Wirksamkeit und Ernsthaftigkeit etwaiger schriftlicher und mündlicher Andersbekundungen zu seinen Lasten. Er selbst trägt das Risiko seiner später nicht mehr registrierten, dokumentierten oder sonst feststellbaren Willensänderungen.[1882] Insoweit haftet den vorab festgeschriebenen Vorsorgeverfügungen bedingt durch ihren verzögerten Einsatz in Zeiten der Unfähigkeit zu Kommunikation und Interaktion eine Gefahr der Versteinerung bzw. das Risiko der Zementierung des vorsorglich festgeschriebenen Selbstbestimmungswillens an.[1883] Es besteht demnach eine **Versteinerungsgefahr** dahingehend, dass sich Wünsche und Interessen im Nachhinein nicht (mehr) durchsetzen werden können, da der Betroffene nicht befragt werden kann und eine anderweitige Kenntniserlangung nicht möglich oder nicht überzeugend erscheint. Der Umstand einer datenmäßigen und allem **Anschein nach ordnungsgemäßen Registrierung verstärkt das hier beschriebene Versteinerungspotential** zusätzlich, da die Auskunft über die unveränderte Datenspeicherung dem abrufenden Gericht und den anschließend zu Beteiligenden eine erste Richtungsweisung vorgibt. Dem Vorsorgeregister kommt als Informationsplattform daher

1880 § 5 B. III.
1881 § 5 B. III. 2. b).
1882 § 5 B. III. 2. b) bb).
1883 § 5 B. III. 2. b) bb).

eine **nicht zu verkennende Steuerungsfunktion** zu.[1884] Der Betroffene trägt somit nicht nur die **Änderungslast** im Hinblick auf seine einst gemachten Vorsorgeerklärungen, zusätzlich trägt er auch die ebenso freiwillig übernommene **Umregistrierungslast**, d.h. das Risiko dafür, Abänderungen zur Aktualisierung des Registerbestands noch eigenverantwortlich und rechtzeitig vornehmen bzw. organisieren zu können.[1885] Im Gleichlauf hierzu trifft ihn auch die **Last, eine Änderung und Neuhinterlegung** oder Aufhebung des öffentlichen Verwahrungsverhältnisses zu organisieren.

Angesichts dieses Abänderungsrisikos und der beschriebenen Versteinerungsgefahr wäre es notwendig, in der Praxis entsprechende **Hinweise** zu erteilen.[1886] Eine bürgerorientierte Aufklärung über die zur Verfügung stehenden Medien der **Justizministerien und Betreuungsbehörden** wäre eine Möglichkeit, um zu vermitteln, was im Falle von späteren Änderungswünschen im Rahmen von Vorsorgevollmacht, Betreuungsverfügung und Patientenverfügung beherzigt werden sollte und welche Schritte hierzu organisiert werden sollten. Die **Bundesnotarkammer** als zuständige Registerbehörde hat die Problematik um ein späteres Änderungsbedürfnis zwar aufgegriffen. Entsprechend der Zwecksetzung des Vorsorgeregisters beschränkt es seine Aufklärungsarbeit jedoch lediglich auf die Vorsorgevollmacht. Auch hier wäre eine weitergehendere und transparentere Informationsvermittlung wünschenswert, um die Folgen eines Änderungsbedürfnisses im Zusammenhang mit einer Registrierung zu verdeutlichen. Und obgleich jeder Vorsorge-Interessierte nach dem Verständnis unseres liberalen Gesetzgebers selbst dafür verantwortlich ist, sich vor der Errichtung einer Vorsorgeverfügung über den Inhalt, die Tragweite und die Auswirkungen der von ihm beabsichtigten Regelungen zu informieren, sollten etwaige Aufklärungsdefizite dennoch oder gerade deswegen durch eine umsichtige Rechtsberatung aufgefangen werden. **Rechtsanwälte** und insbesondere auch **Notare,** die zur Gestaltung privatautonomer Vorsorge beratend tätig werden, sollten die Vorsorge-Interessierten daher nicht nur auf die Vorzüge hinweisen, sondern auch die Risiken im Blick behalten, die sich im Kontext von errichteten und registrierten Vorsorgeverfügungen und etwaigen Willensänderungen ergeben können.

1884 § 5 B. III. 2. b) bb).
1885 § 5 B. III. 3.
1886 § 5 B. III. 5.

Literaturverzeichnis

Ackermann, Brunhilde/ Kania, Margit, Auf die Plätze, fertig (?), los, BtPrax 2014, S. 101–102

Albrecht, Andreas, Die Patientenverfügung – eine noatrielle Aufgabe?, in: Die Patientenverfügung, herausgegeben von Johannes Hager, Baden-Baden 2006, S. 51–96

Albrecht, Andreas, Vorsorgevollmacht und Patientenverfügung als Instrumente der Vorsorgenden Rechtspflege, in: Vorsorgevollmacht und Erwachsenenschutz in Europa, herausgegeben von Martin Löhnig/ Dieter Schwab/ Dieter Henrich/ Peter Gottwald/ Inge Kroppenberg, Bielefeld 2011, S. 45–56

Albrecht, Andreas, Notarielle Gestaltung bei geänderten Familienstrukturen – Vorsorgevollmacht und Patientenverfügung, in: Notarielle Gestaltung bei geänderten Familienstrukturen, herausgegeben von Herbert Grziwotz, Würzburg 2012, S. 29–45

Albrecht, Elisabeth/ Albrecht, Andreas, Patientenverfügung ohne Vertreter – geht das?, MittBayNot 2015, S. 110–114

Albrecht, Elisabeth/ Albrecht, Andreas, Die Patientenverfügung – jetzt gesetzlich geregelt, MittBayNot 2009, S. 426–435

Amelung, Knut, Probleme der Einwilligungsfähigkeit, R&P 1995, S. 20–28

Armbrüster, Christian/ Preuß, Nicola/ Renner, Thomas, Beurkundungsgesetz und Dienstordnung für Notarinnen und Notare,
- 7. Auflage, Bonn 2015 (zitiert: Bearbeiter in: Armbrüster/Preuß/Renner)
- 5. Auflage, Bonn 2008 (gesondert kenntlich gemacht)

Arndt, Herbert (Begr.)/ Lerch, Klaus / Sandkühler, Gerd, Bundesnotarordnung Kommentar, 8. Auflage, Köln 2016 (zitiert: Bearbeiter in: Arndt/Lerch/Sandkühler)

Bahner, Beate, Recht im Bereitschaftsdienst: Handbuch für Ärzte und Kliniken, Berlin 2013

Bales, Stefan/ von Schwanenflügel, Matthias, Die elektronische Gesundheitskarte, NJW 2012, S. 2475–2479

Baltz, Petra, Lebenserhaltung als Haftungsgrund, Berlin 2010

Bamberger, Heinz Georg/ Roth, Herbert, Kommentar zum Bürgerlichen Gesetzbuch,
- Band 1: §§ 1–610, 3. Auflage, München 2012;
- Band 2: §§ 611–1296, 3. Auflage, München 2012;
- Band 3: §§ 1297–2385, 3. Auflage, München 2012;

(zitiert: Bamberger/H.Roth-Bearbeiter)

Bauer, Axel/ Klie, Thomas, Patientenverfügungen/Vorsorgevollmachten – richtig beraten?, 2. Auflage, Heidelberg 2005

Baumann, Wolfgang, Generalvollmachten als Vorsorgevollmachten, MittRhNotK 1998, S. 1–8

Baumann, Wolfgang/ Hartmann, Christian, Die zivilrechtliche Absicherung der Patientenautonomie am Ende des Lebens aus der Sicht der notariellen Praxis, DNotZ 2000, S. 594–615

Baumbach, Adolf (Begr.)/ Lauterbach, Wolfgang/ Albers, Jan/ Hartmann, Peter, Zivilprozessordnung, München 2016

Bavastro, Paolo, Patientenverfügung – Vorsorgevollmacht, Bad Schussenried 2013

Bayerisches Staatsminsterium der Justiz (Hrsg.), Vorsorge für Unfall, Krankheit, Alter durch Vollmacht, Betreuungsverfügung, Patientenverfügung, 16. Auflage, München 2015

Becker-Schwarze, Kathrin, Integration privatrechtlicher Elemente der Patientenverfügung in das Geflecht übergreifender Normen, in: Patientenverfügungen, herausgegeben von Marion Albers, Baden-Baden 2008, S. 133–149

Beck'scher Online-Kommentar BGB, herausgegeben von Bamberger/H.Roth, 41. Edition, Stand: 01.11.2016 (zitiert: Bearbeiter in: Beck'scher Online-Kommentar)

Beckmann, Rainer, Der „natürliche Wille" – ein unnatürliches Rechtskosntrukt, JZ 2013, S. 604–608

Beermann, Christopher, Die Patientenverfügung, FPR 2010, S. 252–255

Beetz, Claudia, Stellvertretung als Instrument der Sicherung und Stärkung der Patientenautonomie, Frankfurt am Main 2013

Berger, Christian, Privatrechtliche Gestaltungsmöglichkeiten zur Sicherung der Patientenautonomie am Ende des Lebens, JZ 2000, S. 797–852

Bergmann, Otto/ Pauge, Burkhard/ Steinmeyer, Heinz-Dietrich, Gesamtes Medizinrecht, 2. Auflage, Baden-Baden 2014

Beykirch, Ursula/ Knüppel, Renate, Christliche Patientenverfügung – Handreichung und Formular, NJW 2000, S. 1776–1777

Bichler, Christian, Zwischen Selbstbindung und Bevormundung–die zivilrechtliche Behandlung der Patientenverfügung, Göttingen 2013

Bickhardt, Jürgen, Folgerungen für die Beratungspraxis, in: Patientenverfügung, herausgegeben von Gian Domenico Borasio (u.a.), Stuttgart 2012, S. 45–61

Bienwald, Christa, Der Rechtsanwalt als Betreuer und Vorsorgebevollmächtigter, FPR 2012, S. 28–31

Bienwald, Werner, Die Notwendigkeit der Schaffung einer Zentrale für Vorsorgeverfügungen, BtPrax 2002, S. 244–245

Bienwald, Werner, Mängel in der Anwendung des Betreuungsrechts, RpflStud 2013, S. 81–84

Bienwald, Werner/ Sonnenfeld, Susanne/ Hoffmann, Birgit/ Bienwald, Christa, Betreuungsrecht, 5. Auflage, Bielefeld 2011 (zitiert: Bearbeiter in: W.Bienwald/Sonnenfeld/B.Hoffmann, BtR)

Bienwald, Werner/ Sonnenfeld, Susanne/ Bienwald, Christa/ Harm, Uwe, Betreuungsrecht, 6. Auflage, Bielefeld 2016 (zitiert: Bearbeiter in: W.Bienwald/Sonnenfeld/Harm, BtR)

Boemke, Burkhard, Unterlassen lebenserhaltender Maßnahmen bei einwilligungsunfähigen Patienten, NJW 2013, S. 1412–1414

Böhm, Horst/ Marburger, Horst/ Spanl, Reinhold, Betreuungsrecht Betreuungspraxis Ausgabe 2014, 5. Auflage, Regensburg 2014

Bonefeld, Michael/ Wachter, Thomas, Der Fachanwalt für Erbrecht, 3. Auflage, Bonn 2014

Bork, Reinhard, Allgemeiner Teil des Bürgerlichen Gesetzbuchs, 4. Auflage, Tübingen 2016

Bormann, Jens (Hrsg.)/ Diehn, Thomas/ Sommerfeldt, Klaus, Gesetz über Kosten der freiwilligen Gerichtsbarkeit für Gerichte und Notare, Kommentar, 2. Auflage, München 2016

Borowy, Oliver, Die postmortale Organentnahme und ihre zivilrechtlichen Folgen, Frankfurt am Main 2000

Brauer, Daniel, Autonomie und Familie, Berlin 2013

Brauer, Daniel/ Lipp, Volker, Patientenautonomie und Familie, MedR 2016, S. 231–236

Breidenstein, Christiane, Pflegerecht für Angehörige, Herne 2012

Brennecke, Philipp, Ärztliche Geschäftsführung ohne Auftrag, Heidelberg 2010

Brosey, Dagmar, Der Wille des Patienten entscheidet, BtPrax 2009, S. 175–177

Brosey, Dagmar, Psychiatrische Patientenverfügung nach dem 3. Betreuungsrechts-änderungsgesetz, BtPrax 2010, S. 161–167

Brox, Hans (Begr.)/Walker, Dietrich, Erbrecht, 27. Auflage, München 2016

Bücker, Ludger/ Viefhues, Wolfram, Notarprüfung: Häufige Fehler bei der notariellen Amtsführung (Teil II). Vorsorgevollmacht, ZNotP 2007, S. 126–130

Bühler, Martin, Vollmachtserteilung zur Vermeidung einer Betreuerbestellung, FamRZ 2001, S. 1585–1597

Bühler, Martin, Vorsorgevollmacht zur Vermeidung einer Gebrechlichkeitspflegschaft oder Betreuung, BWNotZ 1990, S. 1–5

Bühler, Martin, Zum Betreuungsrechtsänderungsgesetz und zur Vorsorgevollmacht, BWNotZ 1999, S. 25–41

Bühler, Ernst/ Riedel, Annette/ Stolz, Konrad, Alzheimerdemenz – Medizinische, rechtliche und ethische Fragestellungen im Krankheitsverlauf, BtPrax 2014, S. 197–204

Bundesministerium für Gesundheit (Hrsg.), Wenn das Gedächtnis nachlässt, 10. Auflage, Stand: 2014 (online abrufbar)

Bundesministerium der Justiz und für Verbraucherschutz (Hrsg.), Patientenverfügung – Leiden – Krankheit – Sterben, Stand: Oktober 2016 (online abrufbar)

Bünnigmann, Kathrin, Zu den Zulässigkeitsvoraussetzungen der Einwilligung des Betreuers in eine ärztliche Zwangsmaßnahme, § 1906 Abs. 3 BGB, BtPrax 2015, S. 91–94

Burandt, Wolfgang/ Jensen, Ole, Der „dominus negotii“ im Falle einer trans- oder postmortalen Vollmacht – Erb- und steuerrechtliche Schwierigkeiten, FuR 2014, S. 254–256

Burandt, Wolfgang/ Rojahn, Dieter, Erbrecht, 2. Auflage, München 2014

Burchardt, Monika, Vertretung handlungsunfähiger volljähriger Patienten durch Angehörige, Göttingen 2010

Choi, Seong Jin, Patientenverfügung und Patientenautonomie zwischen Rechtsdogmatik und Rechtswirklichkeit, Frankfurt am Main 2010

Coeppicus, Rolf, Das „Gesetz über Patientenverfügungen“ und Sterbehilfe, Heidelberg 2010 (zitiert: Coeppicus, Patientenverfügungen und Sterbehilfe)

Coeppicus, Rolf, Offene Fragen zum „Patientenverfügungsgesetz“, NJW 2011, S. 2085–2091

Coeppicus, Rolf, Erfordernis der Zustimmung eines Betreuers und einer gerichtlichen Genehmigung für einen Behandlungsabbruch, NJW 2013, S. 2939–2942

Damrau, Jürgen/ Zimmermann, Walter, Betreuungsrecht: Kommentar zum materiellen und formellen Recht, 4. Auflage, Stuttgart 2011 (zitiert: Damrau/Zimmermann, BtR)

Deinert, Horst, Betreuung und Bestattung, in: Festschrift für Werner Bienwald, Nichtalltägliche Fragen aus dem Alltag des Betreuungsrechts, herausgegeben von Susanne Sonnenfeld, Bielefeld 2006, S. 33–48

Deinert, Horst, Zur Bestattungspflicht von Betreuern beim Tod von Betreuten und ihren Angehörigen, BtPrax 2016, S. 96–101

Deutsch, Erwin, Das Persönlichkeitsrecht des Patienten, AcP, Bd. 192 (1992), S. 161–180

Deutsch, Erwin/ Spickhoff, Andreas, Medizinrecht, 7. Auflage, Berlin (u.a.) 2014

Deutscher Caritasverband e.V. (Hrsg.), Praxiswissen Betreuungsrecht, 2. Auflage, München 2014 (zitiert: Bearbeiter in: Dt. Caritasverband, Praxiswissen Betreuungsrecht)

Demertzi, Athena (u.a.), Wachkoma: medizinische Grundlagen und neurowissenschaftliche Revolution, in: Leben im Koma, herausgegeben von Ralf Jox, Katja Kühlmeyer, Gian Domenico Borasio, Monika Führer, Stuttgart 2011, S. 21–32

Demharter, Johann, Grundbuchordnung, 30. Auflage, München 2016

Di Fabio, Udo, Form und Freiheit, DNotZ 2006, S. 342–350

Dieckmann, Jochen, Zur Neuregelung von § 1906 BGB durch das Gesetz vom 18.02.2013 und zu den Auswirkungen auf die notarielle Praxis, BWNotZ 2013, S. 34–46

Dieckmann, Jochen/ Jurgeleit, Andreas, Die Reform des Betreuungsrechts, BtPrax 2002, S. 135–140

Diederichsen, Uwe, Bemerkungen zu Tod und rechtlicher Betreuung, in: Festschrift für Hans-Ludwig Schreiber – Strafrecht, Biorecht, Rechtsphilospohie, herausgegeben von Knut Amelung, Werner Beulke (u.a.), Heidelberg 2003, S. 635–655 (zitiert: Diederichsen in: Festschr f Schreiber)

Diehn, Thomas, Notarkostenberechnungen, 3. Auflage, München 2014

Diehn, Thomas, ZTR und ZVR – Erfahrungen und Ausblicke, DNotZ 2013, Sonderheft, S. 132–139

Diehn, Thomas, Das Ausdrücklichkeitsgebot des neuen § 1904 Abs. 5 Satz 2 BGB, FamRZ 2009, S. 1958–1960

Diehn, Thomas (Hrsg.), Bundesnotarordnung, Kommentar, Köln 2015

Diehn, Thomas/ Rebhan, Ralf, Vorsorgevollmacht und Patientenverfügung, NJW 2010, S. 326–331

Diehn, Thomas/ Sikora, Markus/ Tiedtke, Werner, Das neue Notarkostenrecht: Einführung in das Gerichts- und Notarkostengesetz (GNotKG), München 2013

Diekmann, Andrea, Stellvertretung in Gesundheitsangelegenheiten, Göttingen 2009

Diekmann, Andrea, Neuregelungen durch das Gesetz zur Stärkung der Funktionen der Betreuungsbehörde, BtPrax 2014, S. 103–106

Diener, Jens, Patientenverfügungen psychisch kranker Personen, Berlin 2013

Dodegge, Georg, Ärztliche Zwangsmaßnahmen und Betreuungsrecht, NJW 2013, S. 1265–1270

Dodegge, Georg, Aktuelles aus dem Betreuungsrecht, BtPrax 2016, S. 3–8

Dodegge, Georg, Anmerkung zu einer Entscheidung des BGH, Beschluss vom 01.07.2015 (XII ZB 89/15) – Zu Zwangsmaßnahmen außerhalb einer Unterbringung, BtPrax 2015, S. 185–188

Dodegge, Georg, Aktuelles aus dem Betreuungsrecht, BtPrax 2014, S. 3–11

Dodegge, Georg/ Roth, Andreas, Praxiskommentar Betreuungsrecht, 4. Auflage, Köln 2014

Doering-Striening, Gudrun, Die Patientenverfügung und ihr Adressat, Zweiter Deutscher Seniorenrechtstag, Berlin 2011 (25.08.2011), abrufbar unter:

www.rue94.de/cmshandler/download/id.19/patientenverfuegung-und-ihr-adressat.pdf

(Stand: 17.01.2017)

Duttge, Gunnar, Disziplinenübergreifende Regulierung von Patientenverfügungen: Ausweg aus der strafrechtlichen Zwickmühle?, in: Patientenverfügungen, herausgegeben von Monica Albers (u.a.), Baden-Baden 2008, S. 185–195

Duttge, Gunnar, Wachkomapatienten, in: Handbuch Ethik und Recht der Forschung am Menschen, herausgegeben von Christian Lenk/ Gunnar Duttge/ Heiner Fangerau, Berlin 2014, S. 403–407

Duttge, Gunnar, Preis der Freiheit – Reichweite und Grenzen individueller Selbstbestimmung zwischen Leben und Tod, 2. Auflage, Thüngersheim 2006

Duttge, Gunnar, Die Patientenverfügung: Sinngebung, Kritik und offene Fragen, in: Jahrbuch der Juristischen Gesellschaft Bremen 2014, S. 66–80

Duttge, Gunnar, Anmerkung zum Beschluss des BGH vom 17.09.2014 (XII ZB 202, 13) – Zu Fragen des Selbstbestimmungsrechts von Patienten im Rahmen der Sterbehilfe, JZ 2015, S. 43–46

Eibach, Ulrich, Künstliche Ernährung um jeden Preis?, MedR 2002, S. 123–131

Epple, Dieter, Die Betreuungsverfügung, BWNotZ 1992, S. 27–31

Erman, Bürgerliches Gesetzbuch, herausgegeben von Harm Peter Westermann (u.a.),
- Band 1: §§ 1–758, 14. Auflage, Köln 2014
- Band 2: §§ 759–2385, 14. Auflage, Köln 2014

(zitiert: Erman/Bearbeiter)

Eylmann, Horst/ Vaasen, Hans-Dieter, Bundesnotarordnung, Beurkundungsgesetz, 4. Auflage, München 2016

Fackelmann, Christian/ Heinemann, Jörn (Hrsg.), Gerichts- und Notarkostengesetz, Handkommentar, Baden-Baden 2013

Faßbender, Hermann (Begr.), Notariatskunde, 18. Auflage, Bonn 2014

Faupel, Frederike, Die Betreuungsverfügung, Göttingen 2010

Fehling, Michael/ Kastner, Berthold/ Störmer, Rainer (Hrsg.), Verwaltungsrecht, 4. Auflage, Baden-Baden 2016 (zitiert: Bearbeiter in: Fehling/Kastner/Störmer, VerwR)

Fischer, Thomas, Strafgesetzbuch, 63. Auflage, München 2016

Flume, Werner, Allgemeiner Teil des Bürgerlichen Rechts. Zweiter Band: Das Rechtsgeschäft, 3. Auflage, Berlin u.a. 1979 (zitiert: *Flume*, AT II)

Frohn, Peter, Der Erbe als sein eigener Bevollmächtigter – eine rechtliche Unmöglichkeit?, RpflStud 2013, S. 169–171

Fröschle, Tobias, Studienbuch Betreuungsrecht, 3. Auflage, Köln 2013

Fröschle, Tobias (Hrsg.), Praxiskommentar Betreuungs- und Unterbringungsverfahren, 3. Auflage, Köln 2014 (zitiert: Bearbeiter in: Fröschle, Betreuungs- und Unterbringungsverfahren)

Füllmich, Reiner, Der Tod im Krankenhaus und das Selbstbestimmungsrecht des Patienten, Frankfurt am Main 1990

Ganner, Michael, Selbstbestimmung im Alter, Wien 2005

Geißendörfer, Sylke Edith, Die Selbstbestimmung des Entscheidungsunfähigen an den Grenzen des Rechts, Berlin 2009

Gernhuber, Joachim, Der Senior und sein Zwangsvermögenspfleger, FamRZ 1976, S. 189–197

Gödicke, Patrick, Gesetzliche Vertretungsmacht für nahe Angehörige?, FamRZ 2003, S. 1894–1900

Görk, Stefan, Das Zentrale Vorsorgeregister der Bundesnotarkammer – ein zentraler Baustein bei der Durchsetzung des Selbstbestimmungsrechts, FPR 2007, S. 82–84

Gottwald, Uwe, Rechtsprobleme um die Feuerbestattung, NJW 2012, S. 2231–2234

Grandel, Mathias/ Stockmann, Roland, Familienrecht: Materielles Recht, Verfahrensrecht, 2. Auflage, Baden-Baden 2014 (zitiert: Bearbeiter in: Grandel/Stockmann, FamR)

Grengel, Martin/ Roth, Andreas, Die Zwangsbehandlung von Betreuten – Notwendigkeit und Inhalt einer Neuregelung, ZRP 2013, S. 12–16

Grotkopp, Jörg, Die Rolle des Betreuungsgerichts bei Entscheidungen des Betreuers am Lebensende des Betroffenen – zugleich eine Besprechung des Beschlusses des Bundesgerichtshofs vom 17.09.2014 – XII ZB 202/13, BtPrax 2015, S. 39–44

Grunewald, Barbara, Vereinsaufnahme und Kontrahierungszwang, AcP 182, S. 181–213, Tübingen 1982

Grziwotz, Herbert/ Heinemann, Jörn, Beurkundungsgesetz, Kommentar, 2. Auflage, Köln 2015 (zitiert: Bearbeiter in: Grziwotz/Heinemann)

Günther, Thomas, Legitimationsprüfungen bei Erben, Betreuern und Bevollmächtigten, NJW 2013, S. 3681–3744

Hagen, Horst, Die Form als „Schwester der Freiheit", DNotZ 2010, S. 644–655

Handkommentar, Bürgerliches Gesetzbuch, unter Schriftleitung von Reiner Schulze, 8. Auflage, Baden-Baden 2014 (zitiert: Hk-BGB/Bearbeiter)

Hartmann, Tanja, Patientenverfügung und Psychiatrische Verfügung – Verbindlichkeit für den Arzt?, NStZ 2000, S. 113–120

Hausmann, Rainer/ Hohloch, Gerhard, Handbuch des Erbrechts, 2. Auflage, Berlin 2010

Haußleiter, Martin (Hrsg.), FamFG Kommentar, München 2011

Heckschen, Heribert/ Herrler, Sebastian/ Starke, Timm, Beck'sches Notar-Handbuch, 6. Auflage, München 2015 (zitiert: Bearbeiter in: Heckschen (u.a.), Beck'sches Notar-Handbuch)

Heggen, Marc, Die neue österreichische Gesetzgebung im Bereich Patientenverfügung und Vorsorgevollmacht, ZNotP 2008, S. 184–197

Heggen, Marc, Regelung der Patientenverfügung im europäischen Ausland, FPR 2010, S. 272–275

Heinemann, Jörn, Wirksamkeit einer durch die Betreuungsbehörde beglaubigten Vorsorgevollmacht, Anmerkung zu OLG Karlsruhe, Beschl. v. 14.09.2015 – 11 Wx 71/15, FGPrax 2016, S. 11

Heinemann, Jörn, Die Reform der freiwilligen Gerichtsbarkeit durch das FamFG und ihre Auswirkungen auf die notarielle Praxis, DNotZ 2009, S. 6–43

Herrler, Sebastian, Münchener Vertragshandbuch, Band 6: Bürgerliches Recht II, 7. Auflage, München 2016 (zitiert: Bearbeiter in: Herrler, Münchener Vertragshandbuch)

Heßler, Hans-Joachim, Direkte Wirkung von Patientenverfügungen, wenn es keinen Betreuer gibt?, in: Patientenverfügung, herausgegeben von Gian Domenico Borasio (u.a.), Stuttgart 2012, S. 140–145

Heßler, Hans-Joachim, Schriftliche Stellungnahme zu den dem Deutschen Bundestag vorliegenden Entwürfen zu einer gesetzlichen Regelung der Patientenverfügung (Öffentliche Sachverständigenanhörung im Rechtsausschuss des Deutschen Bundestages am 4. März 2009 in Berlin), abrufbar unter: www.dgpalliativmedizin.de/images/stories/pdf/sn/090304%20Stellungnahme%20Hessler.pdf

(Stand: 17.01.2017)

Heussen, Benno/ Hamm, Christoph, Beck'sches Rechtsanwalts-Handbuch, 11. Auflage, München 2016 (zitiert: Bearbeiter in: Heussen/Hamm, Beck'sches Rechtsanwalts-Handbuch)

Heyers, Johannes, Passive Sterbehilfe bei entscheidungsunfähigen Patienten und das Betreuungsrecht, Berlin 2001

Hoeren, Thomas/ Sieber, Ulrich/ Holznagel, Bernd, Handbuch Multimedia-Recht, München 2014

Hoffmann, Birgit, Personensorge, 2. Auflage, Baden-Baden 2013

Hoffmann, Birgit, Auslegung von Patientenverfügungen, BtPrax 2009, 7–13

Hoffmann, Birgit, Patientenwille, Patientenverfügung, Behandlungswunsch ein Jahr nach Inkrafttreten des 3. BtÄndG, R&P 2010, S. 201–210

Hoffmann, Birgit/ Klie, Thomas, Freiheitsentziehende Maßnahmen im Betreuungs- und Kindschaftsrecht, 2. Auflage, Heidelberg 2012

Hoffmann, Peter Michael/ Hütter, Ulrike / Tamayo Korte, Miguel, Die Lebenslage älterer Menschen mit rechtlicher Betreuung in Deutschland, in: Autonomie im Alter: Stellvertretungsregelungen und Schutzrechte, herausgegeben von Peter Michael Hoffmann, Arno Pilgram, Wien 2004, S. 35–43

Hoffmann, Peter Michael/ Schumacher, Bettina, Vorsorgevollmachten und Betreuungsverfügungen: Handhabung in der Praxis, BtPrax 2002, S. 191–196

Höfling, Wolfram, Transplantationsgesetz (TPG), Kommentar, 2. Auflage, Berlin 2013

Höfling, Wolfram, Das neue Patientenverfügungsgesetz, NJW 2009, S. 2849–2852

Höfling, Wolfram/ Rixen, Stephan, Vormundschaftsgerichtliche Sterbeherrschaft?, JZ 2003, S. 884–894

Holzhauer, Heinz, Patientenautonomie, Patientenverfügung und Sterbehilfe, FamRZ 2006, S. 518–528

Hoppe, Jörg-Dietrich, Patientenverfügungen – eine Stellungnahme aus ärztlicher Sicht, FPR 2010, S. 257–260

Hörr, Christof, Passive Sterbehilfe und betreuungsgerichtliche Kontrolle, Baden-Baden 2011

Hufen, Friedhelm, In dubio pro dignitate, NJW 2001, S. 849–920

Ihrig, Thomas, Leitlinien zur Ermittlung und Durchführung des Patientenwillens, Zugleich Anmerkung zum Beschluss des BGH vom 10.11.2010 – 2 StR 320/10, DNotZ 2011, S. 583–589

Ihrig, Thomas, Mehr Rechtssicherheit durch das Gesetz über die Patientenverfügung, notar 2009, S. 380–388

Jacobs, Holger, Freiheitsentziehende Maßnahmen nach § 1906 Abs. 4 BGB durch optische oder verbale Täuschungen, BtPrax 2012, S. 99–100

Jauernig, Bürgerliches Gesetzbuch, herausgegegben von Rolf Stürner, 16. Auflage, München 2015 (zitiert: Jauernig/Bearbeiter)

Jurgeleit, Andreas, Betreuungsrecht, Handkommentar, 3. Auflage, Baden-Baden 2013 (zitiert: Bearbeiter in: Jurgeleit, BtR)

Jürgens, Andreas, Betreuungsrecht, 5. Auflage, München 2014 (zitiert: Bearbeiter in: Jürgens, BtR)

Jox, Ralf/ Führer, Monika/ Borasio, Gian Domenico, Patientenverfügung und Elternverfügung, Monatsschrift Kinderheilkunde 2009, S. 26–32

Kappler, Susanne/ Kappler, Tobias, Handbuch Patchworkfamilie, Köln 2013

Katzenmeier, Christian, Arzthaftung, Tübingen 2002

Keidel, Theodor (Begr.), FamFG-Gesetz über das Verfahren in Familiensachen und in Angelegenheiten der freiwilligen Gerichtsbarkeit, 18. Auflage, München 2014 (zitiert: Bearbeiter in: Keidel)

Keilbach, Heinz, Formular für Vorsorgeregelungen, DNotZ 2004, S. 164–172

Keilbach, Heinz, Vorsorgeregelungen zur Wahrung der Selbstbestimmung bei Krankheit, im Alter und am Lebensende, FamRZ 2003, S. 969–1048

Kern, Bernd-Rüdiger, Fremdbestimmung bei der Einwilligung in ärztliche Eingriffe, NJW 1994, S. 753–759

Kerscher, Karl-Ludwig/ Krug, Walter/ Spanke, Tobias, Das erbrechtliche Mandat, 5. Auflage, Bonn 2014

Kersten, Fritz / Bühling, Selmar (Begr.), Formularbuch und Praxis der Freiwilligen Gerichtsbarkeit, 25. Auflage, Köln 2016

Killinger, Elmar, Die Besonderheiten der Arzthaftung im medizinischen Notfall, Berlin 2009

Klasen, Bernd/ Klasen, Christine, Selbstbestimmung durch Patientenverfügung? Oder: ...und sie wissen nicht, was sie tun, jM 2016, S. 227–230

Klie, Thomas/ Bauer, Axel, Wie ist eine Betreuung vermeidbar?, FPR 2004, S. 671–677

Knauf, Christian, Mutmaßliche Einwilligung und Stellvertretung bei ärztlichen Eingriffen an Einwilligungsunfähigen, Baden-Baden 2005

Knittel, Bernhard, Die Vorsorgevollmacht – Was darf der Bevollmächtigte?, 3. Auflage, München 2015

Köhler, Helmut, Die Unterschrift als Rechtsproblem, in: Festschrift für Helmut Schippel zum 65. Geburtstag, herausgegeben von der Bundesnotarkammer, München 1996, S. 207–220 (zitiert: Köhler in: Festschr f Schippel)

Kohte, Wolfhard, Die rechtfertigende Einwilligung, AcP, Bd. 185 (1985), S. 105–161

Korintenberg, Werner (Begr.), Gerichts- und Notarkostengesetz, Kommentar, 19. Auflage, München 2015 (zitiert: Bearbeiter in: Korintenberg)

Kostorz, Peter, Das neue Patientenverfügungsrecht und die Behandlung einwilligungsunfähiger Patienten, ArztR 2010, S. 116–120

Kostroman, Anna, Die Umsetzung des Patientenwillens im Rahmen einer Patientenverfügung, Halle 2014

Krauß, Dieter, Die Änderung des Betreuungsrechts durch das 2. Gesetz zur Änderung des Betreuungsrechts, BWNotZ 2006, S. 35–38

Krenzler, Michael (Hrsg.), Rechtsdienstleistungsgesetz: Handkommentar, Baden-Baden 2010 (zitiert: Bearbeiter in: Krenzler).

Krenzler, Michael/ Borth, Helmut, Anwalts-Handbuch Familienrecht, Köln 2010

Krug, Walter/ Rudolf, Michael/ Kroiß, Ludwig, Erbrecht, Bonn 2001

Krug, Walter/ Rudolf, Michael/ Kroiß, Ludwig/ Bittler, Jan, Anwaltsformulare Erbrecht, 5. Auflage, Bonn 2015

Krüger, Matthias/ Helm, Jürgen, Neues vom (Berufs-) Recht zur Sterbehilfe, GesR 2012, S. 456–462

Kropp, Gabriela, Die Vorsorgevollmacht, FPR 2012, S. 9–13

Kubella, Kathrin, Patientenrechtegesetz, Berlin 2011

Kühle, Benedikt, Der Dualismus von ausdrücklicher und stillschweigender Willenserklärung, 2009

Kurz, Alexander/ Freter, Hans-Jürgen/ Saxl, Susanna/ Nickel, Ellen, Demenz. Das Wichtigste, 2. Auflage, Berlin 2016 (zitiert: Kurz (u.a.), Demenz)

Kurze, Dietmar, Die Vollmacht nach dem Erbfall, ZErb 2008, S. 399–410

Kutzer, Klaus, Patientenautonomie und Strafrecht – aktive und passive Sterbehilfe, FPR 2007, S. 59–63

Kutzer, Klaus, Ärztliche Pflicht zur Lebenserhaltung unter besonderer Berücksichtigung des neuen Patientenverfügungsgesetzes, MedR 2010, S. 531–533

Kuschel, Amelia, Der ärztlich assistierte Suizid, Frankfurt am Main 2007

Laband, Paul, Die Stellvertretung bei dem Abschluß von Rechtsgeschäften nach dem allgemeinen Deutschen Handelsgesetzbuch, ZHR 10 (1866), 183 ff.

Lange, Wolfgang, Inhalt und Auslegung von Patientenverfügungen, Baden-Baden 2009

Lange, Wolfgang, Zur Auslegung des Inhalts einer Patientenverfügung, NotBZ 2008, S. 357–358

Lange, Wolfgang, Das Patientenverfügungsgesetz, ZEV 2009, S. 537–544

Langenbucher, Katja/ Bliesener, Dirk/ Spindler, Gerald (Hrsg.), Bankrechts-Kommentar, 2. Auflage, München 2016

Langenfeld, Andrea, Vorsorgevollmacht, Betreuungsverfügung und Patiententestament, Konstanz 1994

Ländernotarkasse (Hrsg.), Leipziger Kostenspiegel – das neue Notar-Kostenrecht, Köln 2013

Larenz, Karl, Lehrbuch des Schuldrechts, Erster Band: Allgemeiner Teil, 14. Auflage, München 1987 (zitiert: Larenz, SchuldR AT)

Larenz, Karl/ Canaris, Claus-Wilhelm, Methodenlehre der Rechtswissenschaft, 3. Auflage, Berlin 1995

Laufs, Adolf (Begr.)/ Katzenmeier, Christian/ Lipp, Volker, Arztrecht, 7. Auflage, München 2015 (zitiert: Bearbeiter in: Laufs/Katzenmeier/Lipp, ArztR)

Laufs, Adolf/ Kern, Bernd-Rüdiger (Hrsg.), Handbuch des Arztrechts, 4. Auflage, München 2010 (zitiert: Bearbeiter in: Laufs/Kern, ArztR)

Leipziger Kommentar, Strafgesetzbuch, Band 2, §§ 32–55, herausgegeben von Heinrich Wilhelm Laufhütte, Ruth Rissing-van Saan, Klaus Tiedemann, 12. Auflage, Berlin 2006 (zitiert: Leipziger Kommentar/Bearbeiter)

Lemmerz, Anna-Luisa, Die Patientenverfügung: Autonomie und Anknüpfungsgerechtigkeit, Tübingen 2014

Lenz-Brendel, Nina/ Roglmeier, Julia, Richtig vorsorgen – Patientenverfügung, Vorsorgevollmacht, Betreuungsverfügung, München 2012

Leutheusser-Schnarrenberger, Sabine, Was die Politik weiter tun kann und tun wird, in: Patientenverfügung, herausgegeben von Gian Domenico Borasio (u.a.), Stuttgart 2012, S. 145–150

Lerch, Klaus, Beurkundungsgesetz, 5. Auflage, Köln 2016

Lichtenwimmer, Andrea, Die Feststellung der Geschäfts- und Testierfähigkeit durch den Notar, MittBayNot 2002, S. 240–244

Limmer, Peter/ Hertel, Christian/ Frenz, Norbert/ Mayer, Jörg, Würzburger Notarhandbuch, 4. Auflage, Köln 2015 (zitiert: Bearbeiter in: Limmer (u.a.), Würzburger Notarhandbuch)

Lipp, Volker (Hrsg.), Handbuch der Vorsorgeverfügungen, München 2009

Lipp, Volker, Freiheit und Fürsorge, Tübingen 2000

Lipp, Volker, Autonomie im Alter, in: Festschrift für Jan Schapp zum 70. Geburtstag, herausgegeben von Patrick Gödicke, Wolfgang Schur, Wolf-Dietrich Walker, Tübingen 2010, S. 383–400 (zitiert: Lipp in: Festschr f Schapp)

Lipp, Volker, Die Betreuungsverfügung als Instrument privater Vorsorge, in: Festschrift für Werner Bienwald, Nichtalltägliche Fragen aus dem Alltag des Betreuungsrechts, herausgegeben von Susanne Sonnenfeld, Bielefeld 2006, S. 177–193 (zitiert: Lipp in: Festschr f Bienwald)

Lipp, Volker, Rechtliche Aspekte stellvertretender Entscheidungen bei „passiver Sterbehilfe", in: Passive Sterbehilfe: Besteht gesetzlicher Regelungsbedarf?, herausgegeben von Arndt T. May (u.a.), Münster 2002, S. 37–57

Lipp, Volker, Patientenautonomie und Lebensschutz – zur Diskussion um eine gesetzliche Regelung der „Sterbehilfe", Göttingen 2005

Lipp, Volker, Anmerkung zum Urteil des BGH vom 25.06.2010 (2 StR 454/09, FamRZ 2010, 1551) – Zur Strafbarkeit der passiven Sterbehilfe, FamRZ 2010, S. 1555–1556

Lipp, Volker, „Sterbehilfe" und Patientenverfügung, FamRZ 2004, S. 317–412

Lipp, Volker, Die neue Geschäftsfähigkeit Erwachsener, FamRZ 2003, S. 721–729

Lipp, Volker, Erwachsenenschutz und Verfassung – Betreuung, Unterbringung und Zwangsbehandlung, FamRZ 2013, S. 913–923

Lipp, Volker, Vorsorgevollmacht, Patientenverfügung und Organspendeerklärung, notar 2014, S. 111–122

Lipp, Volker/ Brauer, Daniel, Patientenvertreter und Patientenvorsorge, in: Patientenautonomie, herausgegeben von Claudia Wiesemann und Alfred Simon, Köln 2013, S. 106–120

Lipp, Volker/ Brauer, Daniel, Patientenvertreter, Betreuungsgericht und Patientenwille, in: Das neue Patientenverfügungsgesetz in der Praxis, herausgegeben von Wolfram Höfling, Baden-Baden 2011, S. 17–45

Litzenburger, Wolfgang, Vorsorgevollmacht ohne Auftrag?, NotBZ 2007, S. 1–10

Litzenburger, Wolfgang, Anmerkung zu BGH, Beschl. v. 06.07.2016 – XII ZB 61/16, FD-ErbR 2016, Ausgabe 8, 380731 (beck-online)

Locher, Matthias, Die neuen Regelungen zur Patientenverfügung, FamRB 2010, S. 56–64

Löhnig, Martin/ Schärtl, Christoph, Zur Dogmatik des § 105a BGB, AcP, Bd. 204 (2004), S. 25–58

Lohmann, Thilo, Funktion und Aufgaben der Bundesnotarkammer, in: Praxishandbuch Notarrecht, herausgegeben von Matthias Kilian, Christoph Sandkühler, Jürgen vom Stein, 2. Auflage, Bonn 2011, S. 59 – 72

Lorenz, Stephan, Grundwissen – Zivilrecht: Die Vollmacht, JuS 2010, S. 771–774

Magnus, Dorothea, Sterbehilfe und Demenz, NStZ 2013, S. 1–6

Mankowski, Peter, Verändert die Neurobiologie die rechtliche Sicht auf Willenserklärungen?, AcP, Bd. 211 (2011), S. 153–195

May, Arnd/ Kreß, Hartmut/ Verrel, Torsten/ Wagner, Till (Hrsg.), Patientenverfügungen, Heidelberg 2016

Medicus, Dieter, Allgemeiner Teil des BGB, 10. Auflage, Heidelberg (u.a.) 2010 (zitiert: Medicus, AT des BGB)

Medicus, Dieter/ Petersen, Jens, Bürgerliches Recht, 25. Auflage, München 2015

Meier, Sybille, Inhalt und Reichweite einer Vorsorgevollmacht, BtPrax 2002, S. 184–191

Meier, Sybille, Zu den Aufgaben der Betreuungsbehörde, BtPrax 2005, S. 82–87

Meier, Sybille/ Deinert, Horst, Handbuch Betreuungsrecht, 2. Auflage, Heidelberg 2016

Mensch, Sebastian, Die Kontrollbetreuung – Neue Herausforderungen und alte Probleme, BtPrax 2016, S. 92–96

Merkel, Reinhard, Tödlicher Behandlungsabbruch und mutmaßliche Einwilligung bei Patienten im apallischen Syndrom, ZStW 107 (1995), S. 545–575

Meyer-Götz, Karin (Hrsg.), Familienrecht: Vereinbarungen, Verfahren, außergerichtliche Korrespondenz, 3. Auflage, Baden-Baden 2014 (zitiert: Bearbeiter in: K.Meyer-Götz, FamR)

Meyer-Götz, Heinrich, Kritische Anmerkung zum Patientenverfügungsgesetz, FPR 2010, S. 270–271

Meyer-Götz, Heinrich, Kritische Anmerkung zum Patientenverfügungsgesetz, FPR 2010, S. 270–271

Milzer, Lutz, Delegierte Patientenautonomie – Wahrnehmung von Patientenrechten durch Vorsorgebevollmächtigte, FPR 2007, S. 69–73

Milzer, Lutz, Die adressatengerechte Vorsorgevollmacht, NJW 2003, S. 1836–1840

Milzer, Lutz, Die Neuregelung ärztlicher Zwangsbehandlungen in § 1906 BGB und deren Auswirkungen auf die notarielle Praxis, DNotZ 2014, S. 95–103

Müller, Gabriele, Altersvorsorgevollmacht – Gestaltung des Inkrafttretens, DNotZ 1997, S. 100–113

Müller, Gabriele, Auswirkungen des Betreuungssrechtsänderungsgesetzes (BtÄndG) auf die Vorsorgevollmacht in Angelegenheiten der Personensorge, DNotZ 1999, S. 107–122

Müller, Gabriele, Die Patientenverfügung nach dem 3. Betreuungsrechtsänderungsgesetzes, DNotZ 2010, S. 169–188

Müller, Gabriele, Aktuelle Probleme der Vorsorgevollmacht und der Patientenverfügung, ZNotP 2012, S. 404–415

Müller, Gabriele, Neuregelung der Einwilligung des Betreuers bzw. des Bevollmächtigten in ärztliche Zwangsmaßnahmen – Auswirkungen auf die Gestaltung von Vorsorgevollmachten, ZEV 2013, S. 304–306

Müller, Gabriele/ Renner, Thomas, Betreuungsrecht und Vorsorgeverfügungen in der Praxis, 4. Auflage, Köln 2015

Müller-Busch, Christof, „Terminale Sedierung" – Ausweg im Einzelfall, Mittelweg oder schiefe Ebene?, in: Selbstbestimmung am Lebensende, herausgegeben von Dietrich Kettler, Alfred Simon, Reiner Anselm, Volker Lipp und Gunnar Duttge, Göttingen 2006, S. 124–135

Müller-Freienfels, Wolfram, Die Altersvorsorge-Vollmacht, in: Festschrift für Helmut Coing zum 70. Geburtstag, Band 2, herausgegeben von Norbert Horn, München 1982, S. 395–422 (zitiert: Müller-Freienfels in: Festschr f Coing)

Müller-Freienfels, Wolfram, Die Vertretung beim Rechtsgeschäft, Tübingen 1955

Müller-von Münchow, Michael, Rechtliche Vorgaben zu Inhalt und Form von Vollmachten, NotBZ 2010, S. 31–41

Münch, Christof, Ehebezogene Rechtsgeschäfte, Handbuch der Vertragsgestaltung, 4. Auflage, Köln 2015

Münch, Christof, Familienrecht in der Notar- und Gestaltungspraxis, München 2013

Münchener Kommentar zum Bürgerlichen Gesetzbuch, herausgegeben von Franz Jürgen Säcker und Roland Rixecker,
- Band 1: Allgemeiner Teil, §§ 1–240, 6. Auflage, München 2012
- Band 1: Allgemeiner Teil, §§ 1–240, 7. Auflage, München 2015
- Band 2: Schuldrecht, Allgemeiner Teil, §§ 241–432, 5. Auflage, München 2007
- Band 2: Schuldrecht, Allgemeiner Teil, §§ 241–432, 7. Auflage, München 2016
- Band 4: Schuldrecht, Besonderer Teil II, §§ 611–704, 6. Auflage, München 2012
- Band 5: Schuldrecht, Besonderer Teil III, §§ 705–853, 6. Auflage, München 2013
- Band 8: Familienrecht II, §§ 1589–1921, SGB VIII, 6. Auflage, München 2012
- Band 9: Erbrecht, §§ 1922–2385, §§ 27–35 BeurkG, 6. Auflage, München 2013

(zitiert: MünchKommBGB/Bearbeiter)

Münchener Kommentar zum Gesetz über das Verfahren in Familiensachen und in den Angelegenheiten der freiwilligen Gerichtsbarkeit (FamFG) mit Internationalem und Europäischem Zivilverfahrensrecht (IZVR, EuZVR), herausgegeben von Thomas Rauscher, 2. Auflage, München 2013 (zitiert: MünchKommFamFG/Bearbeiter)

Münchener Kommentar zum Strafgesetzbuch, herausgegeben von Wolfgang Joecks, Band 4, §§ 185–262 StGB, 2. Auflage, München 2012 (zitiert: MünchKommStGB/Bearbeiter)

Musielak, Hans-Joachim (Hrsg.)/ Borth, Helmut, Familiengerichtliches Verfahren, München 2015

Nauck, Friedemann/ Jaspers, Birgit/ Radbruch, Lukas, Terminale bzw. palliative Sedierung, in: Recht und Ethik der Palliativmedizin, herausgegeben von Wolfram Höfling (u.a.), Berlin 2007, S. 67–74

Nedden-Boeger, Claudio, Der Widerruf der Vorsorgevollmacht durch den Kontrollbetreuer, FamRZ 2014, S. 1589–1596

Nepodil, Norbert, Patientenverfügung – Besonderheiten in der Psychiatrie, in: Patientenverfügung, herausgegeben von Gian Domenico Borasio (u.a.), Stuttgart 2012, S. 123–128

Niemeck, Sven, Das neue „Patientenverfügungsgesetz", Hinweise zu ärztlichem Handeln, Berliner Ärzte 2009, S. 14–21

Noe, Christian, Patientenverfügung – Notwendigkeit von Änderungen erkennen und umsetzen, Seniorenrecht aktuell 2014, S. 13–16

Ohly, Ansgar, „Volenti non fit iniuria": die Einwilligung im Privatrecht, Tübingen 2002

Olzen, Dirk, Die gesetzliche Neuregelung der Patientenverfügung, JR 2009, S. 354–362

Olzen, Dirk/ Lilius-Karakaya, Juliane, Patientenrechtegesetz und rechtliche Betreuung, BtPrax 2013, S. 127–132

Olzen, Dirk/ Schneider, Frank, Das Patientenverfügungsgesetz (PatVG) vom 1.9.2009 – Eine erste Bilanz, MedR 2010, S. 745–751

Palandt, Otto (Begr.), Bürgerliches Gesetzbuch, 71. Auflage, München 2012

Palandt, Otto (Begr.), Bürgerliches Gesetzbuch, 76. Auflage, München 2017

Papenmeier, Thomas, Transmortale und postmortale Vollmachten als Gestaltungsmittel, Bonn 2013

Pawlowski, Hans-Martin, Patientenverfügung, Vorsorgevollmacht und Betreuungsverfügung – Zur rechtlichen Vorsorge für das Alter, in: Festschrift für Werner Bienwald zum 70. Geburtstag, herausgegeben von Susanne Sonnenfeld, Bielefeld 2006, S. 215–225

Perau, Guido, Betreuungsverfügung und Vorsorgevollmacht, MittRhNotK 1996, S. 285–301

Platz, Siegfried, Die Vorsorgevollmacht in der Bank- und Sparkassenpraxis, 2. Auflage, Stuttgart 2007

Prange, Hilmar, Selbstbestimmung bei Wachkoma und Demenz, in: Selbstbestimmung am Lebensende, herausgegeben von Dietrich Kettler, Alfred Simon, Reiner Anselm, Volker Lipp und Gunnar Duttge, Göttingen 2006, S. 69–88

Prütting, Hanns/ Wegen, Gerhard/ Weinreich, Gerd, Bürgerliches Gesetzbuch, 11. Auflage, Köln 2016

Prütting, Hanns/ Helms, Tobias, FamFG, Gesetz über das verfahren in Familiensachen und in Angelegenheiten der freiwilligen Gerichtsbarkeit, Kommentar, 3. Auflage, Köln 2014

Prütting, Dorothea (Hrsg.), Medizinrecht Kommentar, 4. Auflage, Köln 2016 (zitiert: Bearbeiter in: D.Prütting, MedR)

Probst, Martin, Betreuungs- und Unterbringungsverfahren, 2. Auflage, Berlin 2010

Pschyrembel, Willibald (Hrsg.), Klinisches Wörterbuch, 261. Auflage, Berlin 2007

Putz, Wolfgang, Die Patientenverfügung, FPR 2012, S. 13–16

Putz, Wolfgang/ Steldinger, Beate, Patientenrechte am Ende des Lebens: Vorsorgevollmacht, Patientenverfügung, Selbstbestimmtes Sterben, 6. Auflage, München 2016

Quaas, Michael/ Zuck, Thomas, Medizinrecht, 3. Auflage, München 2014

Ramstetter, Michael, Das 2. BtÄndG – Eine Chance für anwaltliche Berufsbetreuer, BtPrax 2005, S. 88–90

Ratzel, Rudolf/ Luxenburger, Bernd (Hrsg.), Handbuch Medizinrecht, 3. Auflage, Heidelberg 2015

Ratzel, Rudolf/ Luxenburger, Bernd (Hrsg.), Handbuch Medizinrecht, 2. Auflage, Bonn 2011 (zitiert: Bearbeiter in: Ratzel/Luxenburger, Medizinrecht (2011))

Reimer, Ekkehart, Suizidbeihilfe: Der verfassungsrechtliche Rahmen bundesgesetzlicher Regelungen, ZfL 2015, S. 66–77

Reimer, Felix, Die Forschungsverfügung, Berlin 2017

Renner, Thomas/ Otto, Dirk-Ulrich/ Heinze, Volker, Leipziger Gerichts- und Notarkosten-Kommentar (GNotKG), 2. Auflage, Köln 2016 (zitiert: Bearbeiter in: Leipziger Kommentar-GNotKG)

Renner, Thomas, Nur „alter Wein in neuen Schläuchen"? – Zur gesetzlichen Regelung der Patientenverfügung, ZNotP 2009, S. 371–384

Renner, Thomas, Die „richtige" und gleichzeitig „gerechte" Bewertung von Vorsorgeverfügungen – Überlegungen zur Lösung eines Problems nach Inkrafttreten des GNotKG, NotBZ 2014, S. 11–26

Renner, Thomas, Von der Betreuungsbehörde beglaubigte Vollmachten – grundbuch- und registertauglich?, Rpfleger 2007, S. 367–374

Reus, Katharina, Die neue gesetzliche Regelung der Patientenverfügung und die Strafbarkeit des Arztes, JZ 2010, S. 80–84

RGRK, Das Bürgerliche Gesetzbuch mit besonderer Berücksichtigung der Rechtsprechung des Reichsgericht und des Bundesgerichtshofs, herausgegeben von Mitgliedern des Bundesgerichtshofes, Band 4, 4. Teil: §§ 1741–1921, 12. Auflage, Berlin 1999 (zitiert: RGRK-Bearbeiter)

Richter, Ronald/ Doering-Striening, Gudrun/ Schröder, Anne/ Schmidt, Bettina, Seniorenrecht, 2. Auflage, Baden-Baden 2011 (zitiert: Bearbeiter in: Richter (u.a.), Seniorenrecht)

Rieger, Gregor, Die mutmaßliche Einwilligung in den Behandlungsabbruch, Frankfurt am Main 1998

Rieger, Gregor, Gesetzliche Regelung von Patientenverfügungen und Behandlungswünschen: Auswirkungen auf die Beratungspraxis, FamRZ 2010, S. 1601–1608

Roglmeier, Julia, Der Bevollmächtigte oder der gerichtlich bestellte Betreuer als zentraler Kompetenzträger im Rahmen der gesetzlichen Neuregelungen zur Patientenverfügung, FPR 2010, S. 282–285

Rosenau, Henning, Die Neuausrichtung der passiven Sterbehilfe – Der Fall Putz im Urteil des BGH vom 25.06.2010 – 2 StR 454/09, in: Festschrift für Ruth Rissing-van Saan zum 65. Geburtstag, herausgegeben von Klaus Bernsmann und Thomas Fischer, Berlin 2011, S. 547–566

Rosenau, Henning, Aktive Sterbehilfe, in: Festschrift für Claus Roxin zum 80. Geburtstag, Band 1, herausgegeben von Manfred Heinrich (u.a.), Berlin 2011, S. 577–591

Roßnagel, Alexander, Elektronische Signaturen mit der Bankkarte?, NJW 2005, S. 385–388

Roth, Andreas, Die Verbindlichkeit der Patientenverfügung und der Schutz des Selbstbestimmungsrechts, JZ 2004, S. 494–502

Roth, Herbert, Der Arzt als Samariter und das Haftungsrecht, NJW 2006, S. 2814–2817

Roxin, Claus/ Schroth, Ulrich (Hrsg.), Handbuch des Medizinstrafrechts, 4. Auflage, Stuttgart 2010 (zitiert: Bearbeiter in: Roxin/Schroth, Medizinstrafrecht)

Röthel, Anne, Form und Freiheit der Patientenautonomie, AcP, Bd. 211 (2011), S. 196–220

Röthel, Anne, Erwachsenenschutz in Europa: Von paternalistischer Bevormundung zu gestaltbarer Fürsorge, FamRZ 2004, S. 999–1005

Röthel, Anne, Patientenverfügung und Vorsorgevollmacht in europäischer Perspektive, FPR 2007, S. 79–82

Röthel, Anne/ Woitge, Evelyn, Das Kollisionsrecht der Vorsorgevollmacht, IPrax 2010, S. 494–499

Röver, Julia, Einflussmöglichkeiten des Patienten im Vorfeld einer medizinischen Behandlung. Antezipierte Erklärung und Stellvertretung in Gesundheitsangelegenheiten, Frankfurt am Main (u.a.) 1997

Rudolf, Michael /Bittler, Jan /Roth, Wolfgang, Vorsorgevollmacht, Betreuungsverfügung und Patientenverfügung, 4. Auflage, Bonn 2015

Uhlenbruck, Wilhelm, Die endlose Geschichte der Patientenverfügung, in: Medizin und Haftung, Festschrift für Erwin Deutsch zum 80. Geburtstag, herausgegeben von Hans-Jürgen Ahrens, Christian von Bar, Gerfried Fischer und Andreas Spickhoff, Berlin 2009, S. 663–678

Uhlenbruck, Wilhelm, Der Patientenbrief – die privatautonome Gestaltung des Rechts auf einen menschenwürdigen Tod, NJW 1978, S. 566–570

Sagmeister, Holger, Pflichtteilsrechtliche und erbschaftssteuerliche Probleme bei trans-/ postmortalen Vollmachten, MittBayNot 2013, S. 107–114

Saliger, Frank, Sterbehilfe mit staatlicher Genehmigung, JuS 1999, S. 16–21

Sauer, Ulrich, Die Gestaltung des Innenverhältnisses von General- und Vorsorgevollmachten, RNotZ 2009, S. 79–96

Sarres, Ernst, Informations- und Gegenrechte bei der vorsorgenden Vollmacht, ZEV 2013, S. 312 – 15

Scherer, Stephan, Münchener Anwalts-Handbuch: Erbrecht, 4. Auflage, München 2014 (zitiert: Bearbeiter in: Scherer, Münchener Anwaltshandbuch Erbrecht)

Schippel, Helmut (Begr.)/ Bracker, Ulrich (Hrsg.), Bundesnotarordnung, Kommentar, 9. Auflage, München 2011 (zitiert: Schippel/Bracker-Bearbeiter).

Schmidl, Stephan, Demenzerkrankungen als Regelungsproblem bei Patientenverfügungen – Versuch einer Annäherung, ZErb 2005, S. 399–404

Schmidt, Gerd/ Bayerlein, Reiner/ Mattern, Christoph/ Ostermann, Jochen (Bearb.), Betreuungspraxis und psychiatrische Grundlagen, 2. Auflage, Köln 2011

(zitiert: Schmidt/Bayerlein/Mattern/Ostermann, Betreuungspraxis)

Schmitz, Benedikt, Voraussetzungen und Umsetzung der Patientenverfügung nach neuem Recht, FamFR 2009, S. 64–67

Schobert, Kurt F., Schutzbrief für lebenserhaltende Therapie, NJW 2000, S. 2724–2725

Schöllhammer, Lutz, Die Rechtsverbindlichkeit des Patiententestaments, Berlin 1993

Schönke, Adolf/ Schröder, Horst, Strafgesetzbuch, 29. Auflage, München 2014

Schork, Vanessa, Ärztliche Sterbehilfe und die Bedeutung des Patientenwillens, Frankfurt am Main 2008

Schreiber, Hans-Ludwig, Palliative und kurative Therapie am Lebensende, Medizinische Klinik 2005, S. 429–433

Schreiber, Lothar Hans, Die medikamentöse Versorgung als Heilbehandlung gemäß § 1904 BGB n. F. im zukünftigen Betreuungsgesetz, FamRZ 1999, S. 1014–1022

Schumacher, Ulrich, Ist die Umsetzung des Patientenverfügungsgesetzes gefährdet?, FPR 2010, S. 474–478

Schumann, Eva, Patientenverfügung und Patienten ohne Verfügung, in: Patientenverfügungen, herausgegeben von Monica Albers (u.a.), Baden-Baden 2008, S. 215–242

Schumann, Eva, Dignitas – Voluntas – Vita – Überlegungen zur Sterbehilfe aus rechtshistorischer, interdisziplinärer und rechtsvergleichender Sicht, Göttingen 2006

Schwab, Dieter, Stellvertretung bei der Einwilligung in die medizinische Behandlung – ein Aufriss der Probleme, in: Festschrift für Dieter Henrich zum 70. Geburtstag, herausgegeben von Peter Gottwald (u.a.), S. 511–531, Bielefeld 2000 (zitiert: Schwab in: Festschr f Henrich)

Schwab, Dieter, Vorsorgevollmacht und Selbstbestimmung, FamRZ 2014, S. 888–891

Schwedler, Anna, Die Einwilligung des Berechtigten in eine ärztliche Behandlung, MedR 2013, S. 652–655

Schwedler, Anna, Die Beendigung lebenserhaltender Maßnahmen bei minderjährigen Patienten, NJOZ 2014, S. 1–3

Seitz, Walter, Vorsorgeverfügung!, BtPrax 2002, Heft 3, Editorial

Sikora, Markus/ Tiedtke, Werner, Grundlegende Änderungen durch das Gerichts- und Notarkostengesetz, NJW 2013, S. 2310–2316

Simon, Alfred, Die Praxis der aktiven Sterbehilfe in den Niederlanden und Belgien, in: Selbstbestimmung am Lebensende, herausgegeben von Dietrich Kettler, Alfred Simon, Reiner Anselm, Volker Lipp und Gunnar Duttge, Göttingen 2006, S. 115–123

Soergel, Hans Theodor (Begr.), Bürgerliches Gesetzbuch,
- Band 2: Allgemeiner Teil 2, §§ 104–240, Stand: März 1999, Stuttgart 1999
- Band 10: Schuldrecht 8, §§ 652–704, Stand: Sommer 2011, Stuttgart 2012
- Band 12: Schuldrecht 10, §§ 823–853, Stand: Sommer 2005, Stuttgart 2005

(zitiert: Soergel/Bearbeiter)

Sowada, Christoph, Zur straf- und standesrechtlichen Beurteilung des ärztlich assistierten Suizids und der organisierten Suizidbeihilfe, ZfL 2015, S. 34–43

Spanl, Reinhold, Zur Formbedürftigkeit einer Vorsorgevollmacht, Rpfleger 2006, S. 455–458

Spickhoff, Andreas, Medizinrecht, 2. Auflage, München 2014 (zitiert: Bearbeiter in: Spickhoff, MedR)

Spickhoff, Andreas, Gesetzesverstoß und Haftung, Köln 1998

Spickhoff, Andreas, Selbstbestimmungsfähigkeiten, in: Recht der Älteren, herausgegeben von Ulrich Becker und Markus Roth, Berlin 2013, S. 101–125 (zitiert: Spickhoff in: Becker/M.Roth, Recht der Älteren)

Spickhoff, Andreas, Probleme der Patientenverfügung nach deutschem Recht, in: Vorsorgevollmacht und Erwachsenenschutz, herausgegeben von Martin Löhnig/ Dieter Schwab/ Dieter Henrich/ Peter Gottwald/ Inge Kroppenberg, Bielefeld 2011, S. 27–44

Spickhoff, Andreas, Autonomie und Heteronomie im Alter, AcP, Bd. 208 (2008), S. 345–415

Spickhoff, Andreas, Die Patientenautonomie am Ende des Lebens – Ende der Patientenautonomie?, NJW 2000, S. 2297–2304

Spickhoff, Andreas, Haftungsrechtliche Fragen der Biomedizin, VersR 2006, S. 1569–1581

Spickhoff, Andreas, Selbstbestimmung im Alter – Möglichkeiten und Grenzen, ZfRV 2008, S. 33–41

Spickhoff, Andreas, Rechtssicherheit kraft Gesetzes durch sog. Patientenverfügungen?, FamRZ 2009, S. 1949–1957

Spickhoff, Andreas, Die Entwicklung des Arztrechts 2010/2011, NJW 2011, S. 1651–1658

Spickhoff, Andreas, Patientenrechte und Patientenpflichten – Die medizinische Behandlung als kodifizierter Vertragstypus, VersR 2013, S. 267–282

Spickhoff, Andreas, Anmerkung zu BGH, Beschl. v. 17.09.2014 – XII ZB 202/13, FamRZ 2014, S. 1913–1915

Spickhoff, Andreas, Die Arzthaftung im neuen bürgerlich-rechtlichen Normenumfeld, MedR 2015, S. 845–855

Spickhoff, Andreas, Anmerkung zu BGH, Beschl. v. 01.07.2015 – XII ZB 89/15, FamRZ 2015, S. 1490–1491

Staudinger, Kommentar zum Bürgerlichen Gesetzbuch,
- Buch 1: Allgemeiner Teil, §§ 125–129, BeurkG, Neuberabeitung 2012, Berlin 2012
- Buch 1: Allgemeiner Teil, §§ 139–163, Neubearbeitung 2015, Berlin 2015
- Buch 1: Allgemeiner Teil, §§ 164–240, Neubearbeitung 2014, Berlin 2014
- Buch 2: Recht der Schuldverhältnisse, §§ 657–704, Neubearbeitung 2006, Berlin 2006
- Buch 2: Recht der Schuldverhältnisse, §§ 677–704, Neubearbeitung 2015, Berlin 2015
- Buch 2: Recht der Schuldverhältnisse, §§ 823 E–I, 824, 825, Neuberarbeitung 2009, Berlin 2009
- Buch 4: Familienrecht, §§ 1896–1921, Neubearbeitung 2013, Berlin 2013

(zitiert: Staudinger/Bearbeiter)

Steenbreker, Thomas, Zivilrechtliche Unbeachtlichkeit eines „natürlichen Willens" für den Widerruf einer Patientenverfügung, NJW 2012, S. 3207–3211

Steenbreker, Thomas, Selbstbestimmung und Demenz – medizinethische Grenzen der Patientenverfügung?, MedR 2012, S. 725–728

Steiner, Anton, Länderberichte, Österreich: Mustervorsorgevollmacht, ZEV 2008, 76 (80)

Sternberg-Lieben, Detlev, Selbstbestimmtes Sterben: Patientenverfügung und gewillkürte Stellvertretung, in: Festschrift für Lenckner zum 70. Geburtstag, herausgegeben von Albin Eser (u.a.), München 1998, S. 349–375 (zitiert: Sternberg-Lieben in: Festschr f Lenckner)

Sternberg-Lieben, Detlev, Gesetzliche Anerkennung der Patientenverfügung: offene Fragen im Strafrecht, insbesondere bei Verstoß gegen die prozeduralen Vorschriften der §§ 1901a ff. BGB, in: Festschrift für Claus Roxin zum 80. Geburtstag, Band 1, herausgegeben von Manfred Heinrich (u.a.), Berlin 2011, S. 537–556 (zitiert: Sternberg-Lieben in: Festschr f Roxin)

Sternberg-Lieben, Detlev, Gesetzliche Regelung der Patientenverfügung – wie viel gesetzgeberischen Paternalismus verträgt die Patientenautonomie?, Jahrbuch für Recht und Ethik 2007, S. 307–336

Sternberg-Lieben, Detlev/ Reichmann, Philipp, Die gesetzliche Regelung der Patientenverfügung und das medizinische Selbstbestimmungsrecht Minderjähriger, NJW 2012, S. 257–262

Stolz, Konrad, Patientenverfügungen in Notfallsituationen, BtPrax 2011, S. 103–107

Tachezy, Dorothea, Mutmaßliche Einwilligung und Notkompetenz in der präklinischen Notfallmedizin, Frankfurt am Main 2009

Tamm, Marina/ Tonner, Klaus, Verbraucherrecht, Baden-Baden 2012 (zitiert: Bearbeiter in: Tamm/ Tonner, Verbraucherrecht (2012))

Taupitz, Jochen, Empfehlen sich zivilrechtliche Regelungen zur Absicherung der Patientenautonomie? Gutachten A zum 63. Deutschen Juristentag Leipzig 2000, München 2000

Taupitz, Jochen, Das Patientenverfügungsgesetz: Mehr Rechtssicherheit?, in: Jahrbuch für Wissenschaft und Ethik 2010, S. 155–177

Taupitz, Jochen, Die mutmaßliche Einwilligung bei ärztlicher Heilbehandlung: insbesondere vor dem Hintergrund der höchstrichterlichen Rechtsprechung des BGH, in: 50 Jahre Bundesgerichtshof, herausgegeben von Claus-Wilhelm Canaris, München 2000, S. 497–521

Tersteegen, Jens, Bankgeschäfte mittels Vorsorgevollmacht – Verpflichtung der Banken zur Anerkennung von Vorsorgevollmachten?, NJW 2007, S. 1717–1724

Thar, Jürgen, Die Einwilligung des Betreuers in die Zwangsbehandlung, BtPrax 2013, S. 91–94

Thar, Jürgen/ Raack, Wolfgang, Leitfaden Betreuungsrecht, 6. Auflage, Köln 2014

Tiedtke, Werner, Kostenrechtliche Behandlung von Vorsorgevollmachten, MittBayNot 2006, S. 397–401

Tiedtke, Werner, Anmerkung zur Entscheidung des OLG Hamm, Beschluss vom 10.07.2013 (I-15 W 113/13) – Zur kostenrechtlichen Bewertung von Vorsorgevollmacht, Generalvollmacht sowie Patienten- und Betreuungsverfügung nach der KostO und dem GNotKG, ZNotP 2013, S. 398–399

Trimborn von Landenberg, Dieter, Kontrolle und Durchsetzung von Vorsorgeverfügungen, Bonn 2008

Truong, Thu-Ly, Vorsorgevollmacht und Vorsorgetreuhand in Gesundheitsangelegenheiten, Würzburg 2006

Verrel, Torsten, Patientenautonomie und Strafrecht bei der Sterbebegleitung, Gutachten C für den 66. Deutschen Juristentag, München 2006 (zitiert: Verrel, Gutachten zum 66. DJT).

Verrel, Torsten, Ein Grundsatzurteil? – Jedenfalls bitter nötig, Besprechung der Sterbehilfeentscheidung des BGH vom 25.6.2010 – 2 StR 454/09 (Fall Fulda), NStZ 2010, S. 671–676

Verrel, Torsten/ Koranyi, Johannes, Die straf- und standesrechtliche Bewertung ärztlicher Suizidbeihilfe, FPPK 2013, S. 273 ff.

Verrel, Torsten, Der Bundestag entscheidet über eine gesetzliche Regelung der Suizidbeihilfe – Ein Vergleich der (Nicht-)Regelungsvorschläge, BtPrax 2015, S. 173–176

Vollmert, Daniel, Richter über Leben und Tod?, Hamburg 2005

Von Sachsen Gessaphe, Karl August, Der Betreuer als gesetzlicher Vertreter für eingeschränkt Selbstbestimmungsfähige, Tübingen 1999

Vorländer, Julia, Medizinische Indikation und Selbstbestimmung des Patienten bei der Heilbehandlung und am Lebensende, Berlin 2016

Vossler, Norbert, Verwirklichung der Patientenautonomie am Ende des Lebens durch Patientenverfügungen, BtPrax 2002, S. 240–244

Waldner, Wolfram, GNotKG für Anfänger, 9. Auflage, München 2015

Walter, Ute, Das neue Patientenrechtegesetz, München 2013

Walter, Ute, Die Vorsorgevollmacht: Grundprobleme eines Rechtsinstituts unter besonderer Berücksichtigung der Frage nach Vorsorge im personalen Bereich, Bielefeld 1997

Walter, Ute, Das Betreuungsrechtsänderungsgesetz und das Rechtsinstitut der Vorsorgevollmacht, FamRZ 1999, S. 685–695

Wassem, Stephanie, In dubio pro vita?: Die Patientenverfügung, Berlin 2010

Weber, Martin/ Leeb, Christina-Maria, Die verdeckte Gabe von Medikamenten als ärztliche Zwangsmaßnahme i.S.v. § 1906 Abs. 3 BGB, BtPrax 2014, S. 119–121

Wedemann, Frauke, Die Geschäftsunfähigkeit, Jura 2010, S. 587–594

Wedlich, Sven, Wege der Behandlungsentscheidung, BtPrax 2014, S. 60–64

Wegner, Gudrun, Rechtsfragen des Wachkomas, Hamburg 2006

Wenzel, Frank, Handbuch des Fachanwalts, Medizinrecht, 3. Auflage, Köln 2013

Widmaier, Gunter (Begr.), Münchener AnwaltsHandbuch Strafverteidigung, 2. Auflage, München 2014

Wietfeld, Dominik, Selbstbestimmung und Selbstverantwortung – die gesetzliche Regelung der Patientenverfügung, Baden-Baden 2012

Winkler, Matthias, Vorsorgeverfügungen, 5. Auflage, München 2016

Winkler, Karl, Beurkundungsgesetz, 17. Auflage, München 2013

Wolf, Manfred/ Neuner, Jörg, Allgemeiner Teil des Bürgerlichen Rechts, 11. Auflage, München 2016

Wunder, Michael, Die Problematik der gesetzlichen Regulierung von Patientenverfügungen aus medizinischer und psychologischer Sicht, in: Patientenverfügungen, herausgegeben von Marion Albers, Baden-Baden 2008, S. 39–52

Zimmer, Maximilian, Der Widerruf wechselbezüglicher Verfügungen bei Geschäftsunfähigkeit des Widerrufsgegners, ZEV 2007, S. 159–162

Zimmer, Maximilian, Vorsorgevollmachten im Erbrecht, ZEV 2013, S. 307–312

Zimmer, Maximilian, Anmerkung zum Beschluss des OLg Naumburg vom 08.11.2013 (Az: 12 Wx 45/13; NotBZ 2014, 234) – „Zur Frage der Verwendung und der Reichweite einer von der Betreuungsbehörde beglaubigten Vorsorgevollmacht", NotBZ 2014, 237–238

Zimmermann, Walter, Vorsorgevollmacht – Betreuungsverfügung – Patientenverfügung, 3. Auflage, Berlin 2017

Zimmermann, Walter, Vorsorgevollmacht – Betreuungsverfügung – Patientenverfügung, 2. Auflage, Berlin 2010

Zimmermann, Walter, Die Vergütung des Vorsorgebevollmächtigten, FamRZ 2013, S. 1535–1538

Zimmermann, Walter, Die Formulierung der Vorsorgevollmacht, NJW 2014, S. 1573–1576

Zimmermann, Walter, Praxisprobleme der ärztlichen Zwangsbehandlung bei Betreuten, NJW 2014, S. 2479–2481

Zitelmann, Ernst, Ausschluß der Widerrechtlichkeit, AcP, Bd. 99 (1906), S. 1–130

Zöller, Richard (Begr.), Zivilprozessordnung, 31. Auflage, Köln 2016 (zitiert: Zöller/Bearbeiter)

Kolibri 360 GmbH
Ferdinand-Jühlke-Straße 7
99095 Erfurt, Deutschland
produktsicherheit@kolibri360.de